실수와 트레이드오프로부터 배우는
현명한 소프트웨어 설계 가이드

이펙티브
소프트웨어 설계

실수와 트레이드오프로부터 배우는
현명한 소프트웨어 설계 가이드

이펙티브
소프트웨어 설계

지은이 **토마스 레렉, 존 스키트**

옮긴이 **박재호**

펴낸이 **박찬규** 엮은이 **전이주** 디자인 **북누리** 표지디자인 **Arowa & Arowana**

펴낸곳 **위키북스** 전화 **031-955-3658, 3659** 팩스 **031-955-3660**

주소 **경기도 파주시 문발로 115, 311호 (파주출판도시, 세종출판벤처타운)**

가격 **32,000** 페이지 **472** 책규격 **188 x 240mm**

초판 발행 2025년 03월 12일
ISBN 979-11-5839-564-3 (93000)

등록번호 **제406-2006-000036호** 등록일자 **2006년 05월 19일**
홈페이지 **wikibook.co.kr** 전자우편 **wikibook@wikibook.co.kr**

© WIKIBOOKS 2025. Authorized translation of the English edition © 2022 Manning Publications.
This translation is published and sold by permission of Manning Publications, the owner of all rights to publish
and sell the same.

이 책의 한국어판 저작권은 대니홍 에이전시를 통한 저작권사와의 독점 계약으로 위키북스가 소유합니다.
신저작권법에 의해 한국 내에서 보호를 받는 저작물이므로 무단 전재와 복제를 금합니다.

이 책의 내용에 대한 추가 지원과 문의는 위키북스 출판사 홈페이지 wikibook.co.kr이나
이메일 wikibook@wikibook.co.kr을 이용해 주세요.

이펙티브
소프트웨어 설계

실수와 트레이드오프로부터 배우는
현명한 소프트웨어 설계 가이드

토마스 레렉, 존 스키트 지음
박재호 옮김

위키북스

토마스는 이 책을 모든 오픈소스 공동체에 바친다. 대다수 도구와 아키텍처는 여러분의 헌신과 기여에서 비롯됐다. 여러분 덕분에 소프트웨어가 발전하고 오늘날 세계의 요구에 부합하는 것이다.

존은 시간대와 다이아몬드 종속성이 초래하는 문제로 인해 완전히 당혹감을 느낀 모든 소프트웨어 엔지니어들에게 자신이 쓴 장을 바친다. (이런 엔지니어들이 개발자 인구의 상당한 비중을 차지한다…)

서문

소프트웨어 배포와 관련된 모든 사람의 작업은 트레이드오프로 가득 차 있다. 우리는 제한된 시간, 제한된 예산, 제한된 지식으로 작업하려는 경향이 있다. 따라서 오늘 우리가 내리는 소프트웨어에 대한 의사 결정은 유지보수 비용, 변경이 필요할 때 발목을 잡는 소프트웨어의 경직성, 확장할 필요가 있을 때 직면하는 제한된 성능 등과 같은 미래의 결과에 영향을 미칠 것이다. 모든 의사 결정이 특정 컨텍스트에서 이뤄진다는 사실에 각별히 주의할 필요가 있다. 의사 결정이 내려진 컨텍스트에 대한 완벽한 지식 없이 과거의 의사 결정을 판단하기는 쉽다. 하지만 의사 결정 시점에서 더 많은 지식과 더 심층적인 분석이 있으면 의사 결정에 수반되는 트레이드오프를 더 많이 인식할 수 있다.

우리는 이 분야에서 전문 경력을 쌓으며 많은 소프트웨어 의사 결정에 참여하고 목격하고 이런 결정에 수반되는 트레이드오프에 대해 배웠다. 그 과정에서 토마스는 특정 의사 결정이 내려진 상황에 대한 개인적인 의사 결정 기록을 남기기 시작했다. 그 컨텍스트는 무엇이었는가? 대안은 무엇이었는가? 특정 해법을 어떻게 평가했는가? 그리고 마지막으로, 결과는 어떻게 되었는가? 특정 해법의 모든 가능한 트레이드오프를 예상했는가? 아니면 예상치 못한 결과에 놀랐는가? 이런 개인적인 교훈을 수집한 목록에는 실제로 많은 엔지니어가 해결할 필요가 있는 문제와 의사 결정이 반영됐음이 밝혀졌다. 이 시점에서 토마스는 이런 지식을 세상에 공유하는 좋은 기회가 도래했다고 판단했다. 이게 바로 이 책의 아이디어가 탄생한 배경이다.

우리는 모놀리스, 마이크로서비스, 빅데이터 처리, 라이브러리 등과 같은 다양한 소프트웨어 시스템에서 경험한 교훈을 공유하고자 한다. 이 책은 실제 양산 서비스 시스템에서 가져온 의사 결정, 트레이드오프, 실수를 깊이 있게 분석한다. 이런 패턴, 실수, 교훈을 제시함으로써 당신이 컨텍스트를 넓히고 일상 작업에서 더 나은 의사 결정을 내릴 수 있게 돕는 향상된 도구로 무장하기를 바란다. 향후 벌어질 설계의 잠재적인 문제와 제약 사항을 볼 수 있다면 미래에 많은 시간과 돈을 절약할 수 있다. 이 책에서 궁극적인 답을 제시하지는 않을 것이다. 복잡한 문제는 종종 여러 가지 접근 방법으로 해결되기도 한다. 이 책에서는 이런 도전적인 문제 몇 가지를 제시하고, 명확한 답이 없는 질문을 던질 것이다. 각 해법에는 장단점이 존재하며, 이 장단점을 분석해 볼 것이다. 해법마다 저마다의 트레이드오프가 존재하며, 무엇이 자신의 상황에 가장 잘 맞을지 결정하는 주체는 바로 당신이다.

감사의 글

책을 쓰는 데는 많은 노력이 들어간다. 하지만 매닝 출판사 덕분에 즐겁게 작업할 수 있었다.

무엇보다도 내 아내인 마고르자타에게 감사하고 싶다. 아내는 항상 나를 지지해왔으며 내 아이디어와 문제에 귀를 기울여줬다. 당신 덕분에 나는 책에 집중할 수 있었다.

다음으로, 매닝의 편집자인 더그 러더에게 감사의 인사를 전하고 싶다. 나와 함께 일해줘서 감사하다. 러더의 의견과 피드백은 매우 귀중했다. 러더의 참여 덕분에 내 글쓰기 실력이 한 단계 더 발전할 수 있었다. 책의 제작과 홍보를 위해 나와 함께 작업했던 매닝에 있는 다른 모든 분들께도 감사의 말을 전한다. 정말 팀 워크가 돋보이는 작업이었다. 제작 편집자인 디르드레 히암, 교열 담당자인 크리스티안 버크, 검토 편집자인 미하엘라 바티닉, 교정자인 제이슨 에버렛 등 매닝의 나머지 직원들에게도 큰 감사를 전한다.

또한 원고를 작성하는 동안에 다양한 단계에서 시간을 내어 초고를 읽고 귀중한 피드백을 준 검토자들에게 감사의 말씀을 전하고 싶다. 알렉스 사에즈, 알렉산더 바이허, 앤드류 사코, 앤드류 엘레네스키, 앤디 커쉬, 코너 레드먼드, 코시모 아타나시, 데이브 코룬, 조지 토마스, 질 이아첼리니, 그레고리 바르게세, 휴고 크루즈, 요하네스 베르베이넨, 존 거스리, 존 헨리 갈리노, 조니 슬로스, 막심 프로코렌코, 마크-올리버 셸레, 넬슨 곤잘레스, 올리버 코르텐, 파올로 브루나스티, 라파엘 아빌라 마르티네스, 라제쉬 모하난, 로버트 트라우스무스, 로베르토 카사데이, 사우 파이 퐁, 숀 램, 스펜서 마크스 바실 보리스, 빈센트 델코인, 비토시 도이노프, 월터 스톤버너, 윌 프라이스 등 여러 검토자들의 제안이 이 책을 더 좋게 만들었다.

기술적인 관점에서 내용을 주의 깊게 검토해준 제작 편집자인 잔느 보야르스키에게 특별히 감사한다.

이 책은 내가 내린 모든 전문적인 의사 결정과 내 경력을 통틀어 만났던 사람들의 결과물이다. 소프트웨어 엔지니어로서의 나를 만들고 내 인생에 긍정적인 영향을 미친 많은 사람이 존재한다. 경력 초기부터 이런 사람들을 만나서 함께 일할 수 있는 행운을 누려왔다. 쉬브스테드, 알레그로, 데이터스택스, 드리미오에서 함께 일한 모든 동료에게 감사의 말을 전하고 싶다. 동료 중 몇몇에게는 특별한 감사를 표하고 싶다.

- 파웰 볼워신 – 훌륭한 대학교 강사이며 프로그래밍이 우리 세상에 큰 영향을 미칠 수 있다는 사실을 내게 가르쳐줬다.
- 앤드루 그제식 – 매우 야심찬 목표를 향해 가도록 나를 격려해줬다.
- 마테우스 크바스니에프스키 – 배움에 대한 무한한 갈망의 불씨를 지펴줬다.
- 루카스 반세로프스키 – 초기 방향을 제시하고 향후 JVM 경력을 쌓게 도와줬다.
- 야로슬라프 파우카 – 실험과 학습을 위한 신뢰와 공간을 제공했다.
- 알렉상드르 뒤트라 – 솔선수범하며 최고의 직업 윤리를 보여줬다.

– 토마스 레렉

지난 몇 년 동안 내가 시간대 일반상식으로 지루하게 만든 모든 사람, 특히 오랫동안 고생한 내 가족에게 감사한다. 구글에서 내 동료들은 노다 타임(Noda Time)과 다른 프로젝트의 오픈 소스 협력자들과 더불어 이 책에서 내가 작성한 주제에 대해 생각하는 데 필수적인 역할을 했다.

– 존 스키트

책 소개

양산 시스템에서 직면할지도 모르는 실제 문제의 목록을 정리한 이 책은 모든 트레이드오프를 고려하고 다양한 컨텍스트에서 모든 상황을 분석하려고 시도한다. 또한 (정확성뿐만 아니라) 다양한 관점에서 시스템에 심각하게 영향을 미칠지도 모르는 명백하지 않은 몇 가지 실수를 제시한다.

대상 독자

《이펙티브 소프트웨어 설계》는 양산 서비스 시스템에서 사용되는 트레이드오프와 패턴을 이해하고 싶은 모든 소프트웨어 엔지니어를 위한 책이다. 또한 명백하지 않은 실수를 피하는 방법도 알려준다. 이 책은 관련 업무를 시작한 소프트웨어 엔지니어를 위한 저수준의 주제지만, 알아둘 만한 가치가 있는 주제로 시작한다. 그리고 나서 최고급 독자도 도움을 받을 수 있는 더 고급 주제로 내용이 전개된다. 예제, 패턴, 코드를 만든 기본 언어는 자바이지만, 의사 결정 자체는 자바에만 국한되지 않는다.

이 책의 구성

이 책은 13개 장으로 구성된다. 1장은 이 책에서 사용되는 트레이드오프 분석을 개괄한다. 나머지 장은 상대적으로 서로 독립적이며, 소프트웨어 공학의 다양한 측면에 초점을 맞춘다. 이 책을 최대한 효과적으로 활용하려면 원래의 목차 순서대로 읽는 방식을 권장한다. 소프트웨어 공학의 특정 측면에 관심이 있다면 해당 장으로 건너 뛸 수 있다.

- 1장은 이 책이 특정 컨텍스트에서 트레이드오프를 분석하는 접근 방법을 제시한다. 소프트웨어 아키텍처, 코드, 품질 보증 수준에서 고려해야 하는 트레이드오프의 예를 보여준다.

- 2장은 코드 중복이 항상 안티 패턴은 아니라는 사실을 보여준다. 다양한 아키텍처를 고려하고 시스템의 느슨한 결합도에 어떻게 영향을 미치는지 분석한다. 마지막으로, 암달의 법칙을 사용해 팀 사이와 팀 내부의 조정 비용을 계산한다.

- 3장은 코드에서 비정상적인 상황을 처리하기 위한 전략을 기술한다. 확인된 예외와 확인되지 않은 예외 둘 다에 대한 사용 사례를 보여준다. 또한 공개 API(라이브러리)를 위한 예외 전략을 개발하는 방법을 보여준다. 마지막으로 오류를 처리하기 위한 객체지향과 함수형 프로그래밍 접근 방법 사이의 트레이드오프를 고려한다.

- 4장은 코드와 API의 복잡성 대 유연성 사이의 균형을 잡는 방법을 알려준다. 한 방향으로 코드를 진화시키다 보면 종종 다른 방향에 영향을 미치게 된다는 사실을 보여준다.

- 5장은 섣부른 최적화가 항상 나쁘지만은 않다는 사실을 설명한다. 적절한 도구와 정해진 SLA에 따라 핫 코드 경로를 감지해 이를 최적화할 수 있다. 또한 시스템의 적절한 장소에서 최적화 노력에 집중하도록 돕기 위해 파레토 법칙을 활용하는 방법을 보여준다.

- 6장은 UX 친화적인 API를 설계하는 방법을 설명한다. UX 친화성이 UI 인터페이스뿐만 아니라 REST API, 명령줄 도구 등과 같은 프로그래밍 인터페이스의 특징임을 보여준다. 이 장에서는 또한 UX 친화성을 위해 때로는 늘어나는 유지보수 비용을 지불할 필요가 있음을 보여준다.

- 7장은 날짜와 시간 정보와 관련해 까다로운 문제를 다룬다. 대다수 데이터에 생년월일이나 로그 타임스탬프와 같은 몇몇 날짜와 시간 항목들이 포함되어 있다는 사실을 고려할 때 뭔가 잘못될 가능성이 상당히 높다. 날짜와 시간은 다루기 쉬운 분야이지만, 특별한 주의가 필요하다.

- 8장은 빅데이터 처리 과정에서 데이터 지역성이 중요한 이유를 설명한다. 또한 데이터와 트래픽을 분산시키는 과정에 도움을 주는 파티션 알고리즘의 필요성을 보여준다.

- 9장은 사용하는 라이브러리가 곧 코드가 된다는 사실을 보여준다. 9장은 외부 라이브러리를 코드베이스에 임포트할 때 고려할 필요가 있는 다양한 문제와 트레이드오프를 보여준다. 마지막으로 9장은 라이브러리를 임포트해야 할지, 아니면 라이브러리의 일부를 재구현해야 할지에 대한 해답을 제시하려 노력한다.

- 10장은 분산 시스템에서 일관성과 원자성 사이의 트레이드오프에 초점을 맞춘다. 분산 시스템에서 가능한 경쟁 조건을 분석하고 멱등성이 시스템 설계 방식에 어떤 영향을 미치는지 보여준다.

- 11장은 분산 시스템에서 배송 의미론을 다루는 방법을 설명한다. 최소한 한 번(at-least-once), 기껏해야 한 번(at-most-once), 정확히 한 번(exactly-once) 의미론을 이해하게 돕는다.

- 12장은 소프트웨어, API, 저장된 데이터가 모두 시간이 지남에 따라 어떻게 진화하는지, 그리고 다른 시스템과 호환성을 유지하면서 어떻게 진화할 수 있는지를 고려한다.

- 13장은 IT 업계에서 최신 유행을 따라잡는 것이 항상 현명한 판단은 아님을 보여준다. 13장은 리액티브 프로그래밍과 같이 광범위하게 사용되는 몇 가지 패턴과 프레임워크를 분석하지만, 몇몇 특정 컨텍스트에서 최신 기술을 사용해야 할지 말지의 여부도 논한다.

코드 설명

이 책에는 번호가 매겨진 코드 목록이나 일반 텍스트 형식의 많은 소스 코드 예제가 담겨 있다. 소스 코드는 일반 텍스트와 구분하기 위해 고정 너비 글꼴로 서식이 지정되어 있다. 몇몇 코드는 새로운 기능이 기존 코드 행에 추가되는 경우처럼 해당 장의 이전 단계에서 변경된 코드를 강조하기 위해 **볼드체**로 표시한다.

많은 경우 원본 소스 코드의 서식이 변경되었으며, 책에서 사용 가능한 페이지 공간에 맞게 줄 바꿈을 추가하고 들여쓰기를 재작업했다. 드문 경우지만, 이마저도 충분하지 않은 경우라면 줄바꿈 표식(➥)을 넣었다. 또한 본문에서 코드를 설명할 때는 소스 코드의 주석을 제거한 경우도 있다.

이 책은 번호가 매겨진 목록과 코드 조각 형태로 다양한 소스 코드 예제를 포함한다. 소스 코드는 구글 코드 지침에 따라 자동화된 플러그인을 사용해 포매팅되었다. 많은 예제 코드에 주석이 있으며, 이는 중요한 개념을 강조한다. 각 장마다 코드 저장소에 전용 폴더가 있다. 최상의 코드 품질을 보증하기 위해 이 책에서 사용된 모든 코드를 위한 다양한 단위 테스트와 통합 테스트도 포함되어 있다. 모든 테스트를 책 본문의 목록에 제시하지는 않는다. 특정 로직을 더 깊이 이해하고 싶다면 테스트를 실행하고 읽어 보기 바란다. 예제를 임포트하고 수행하기 위한 모든 명령어는 코드 저장소의 README.md 파일에 제공된다.

예제 코드 다운로드

이 책에 나오는 예제 전체 코드는 아래 사이트에서 내려 받을 수 있다.

- 깃허브: https://github.com/wikibook/smat
- 책 홈페이지: https://wikibook.co.kr/smat/

저자 소개

토마스 레렉(Tomasz Lelek)

전문적인 소프트웨어 공학 경력을 쌓는 과정에서 토마스는 다양한 실제 양산 서비스, 아키텍처, 프로그래밍 언어(주로 JVM)를 작업해 왔다. 토마스는 모놀리스와 마이크로서비스 아키텍처에 대한 실전 경험이 있다. 토마스는 수천만 명의 고유한 사용자와 초당 수십만 건에 이르는 연산을 처리하는 시스템을 설계해 왔다. 토마스는 주로 다음과 같은 작업을 수행해 왔다.

- (아파치 카프카를 사용해) CQRS로 마이크로서비스 아키텍처 수립
- 마케팅 자동화와 이벤트 스트림 처리
- 아파치 스파크와 스칼라를 사용한 빅데이터 처리

토마스는 현재 현대적인 데이터 레이크하우스 솔루션을 만드는 드레미오(Dremio)에서 일한다. 그전에는 카산드라 데이터베이스를 중심으로 다양한 제품군을 만드는 데이터스택스(DataStax)에서 일했다. 토마스는 수천 명의 개발자를 위해 API 설계, 성능, UX 친화성이 중요한 역할을 하는 도구를 설계했다. 토마스는 자바 드라이버, 카산드라 쿼커스(Quarkus), 카산드라 카프카 커넥터, 스타게이트(Stargate)에 기여했다.

존 스키트(Jon Skeet)

존은 구글의 스태프 개발자 데브렐(Developer Relations) 엔지니어이며, 현재 .NET을 위한 구글 클라우드 클라이언트 라이브러리를 개발하고 있다. 존은 .NET을 위한 노다 타임(Noda Time) 날짜와 시간 라이브러리(https://nodatime.org)를 포함해 오픈 소스에 기여하고 있으며, 스택 오버플로에 대한 기여는 아마도 가장 잘 알려져 있을 것이다. 존은 매닝에서 출간한 《C#을 다루는 기술》(길벗, 2021)의 저자이며, 《프로그래밍 그루비》(인사이트, 2009)와 《Real-World Functional Programming》에도 기여했다. 존은 남들이 보기에는 특이하다고 간주되는 날짜와 시간 API와 함께 버전 관리 분야에 관심이 많다.

표지 설명

이 책의 표지에 나오는 그림은 1797년에 출간된 자크 그라셋 드 생소베르의 컬렉션에서 가져온 "그린란드의 여인" 또는 "Groenlandaisse"이다. 각 삽화는 정교하게 수작업으로 그려지고 채색되었다. 당시에는 복장만 봐도 사람들이 어디에 사는지 직업이나 지위가 무엇인지 쉽게 파악할 수 있었다. 매닝은 수백 년 전 지역 문화의 풍부한 다양성을 바탕으로 하는 책 표지를 통해 컴퓨터 업계의 창의성과 진취성을 기념하며, 이와 같은 컬렉션에서 가져온 그림으로 의미를 되살려냈다.

역자 서문

소프트웨어 개발 분야에서 공학적으로 풀기 어려운 난제가 무엇인지에 대한 질문을 받았을 때 세 가지가 떠올랐다. 가장 먼저 날짜와 시간이었고, 다음으로 주소 체계였고, 마지막으로 결제 연동이었다. 물론 현재 최신 기술로도 풀지 못하는 수준의 엄청나게 어려운 다양한 문제가 존재한다. 하지만 앞서 언급한 세 가지 문제를 쉽게 풀 수 있다고 얕잡아 보는 순간 그야말로 기획자나 개발자, QA가 엄청난 고생을 하게 된다. 세 가지 문제의 공통점은 무엇일까? 바로 개발 시점의 지원 범위와 향후 일어날 지원 범위에 대한 의사 결정이 어렵다는 점이다.

예를 들어, 한국 날짜와 시간만을 다룬다고 하면 그래도 어느 정도 해볼 만하다는 생각이 든다. 하지만 이 책에서도 설명하듯이 전 세계에 걸쳐 과거와 현재와 미래를 누비는 시간대를 고려하는 순간 엄청난 도전에 직면하게 된다. 한국의 주소 체계만 하더라도 정말로 복잡하며 예상치 못한 불일치 지점이 등장함에 따라 온갖 우회책을 적용해야 하는데 전 세계 여러 곳의 주소 체계를 다뤄야 한다면 국가마다 이런 고생을 반복해야 할 것이다. 결제 연동은 복잡한 국내외 결제 수단과 쿠폰, 마일리지, 정산이라는 비즈니스 로직이 강하게 결합되는 특성이 있기에 외부와 내부의 컨텍스트를 연계해서 정확하게 짚지 않으면 금전적인 손실을 입은 고객들의 항의에 직면하게 된다.

그렇다고 해서 무작정 유연성, 확장성, 재사용성, 성능을 최대한으로 높일 수는 없으며, 어느 선에서는 양보와 타협이 필요하다. 유감스럽지만 이런 내용은 학교나 학원에서 배울 수 있는 성격이 아니며, 실무에서도 수많은 시행 착오 끝에 교훈을 얻을 수 있을 뿐이다. 과연 개발자가 요구 사항 분석부터 배포에 이르기까지 소프트웨어 개발 전반에 걸쳐 지속적으로 요구되는 트레이드오프에 대한 의사 결정을 제대로 내리기 위해서는 무엇을 알아야 할까? 이 책은 소프트웨어 개발자들이 실무적으로 해결해야만 하는 문제와 이에 대한 의사 결정을 트레이드오프 관점에서 다룬다. 모든 상황에서 누구나 만족할 수 있는 정답은 없지만 어느 선까지 문제 해결이 가능한 해답은 존재하기 마련이므로, 이 책은 각 문제에 대해 컨텍스트에 따라 최적의 근사한 방식을 설명하고 장단점을 비교 평가하는 방식으로 전개된다.

이 책은 아키텍처와 설계와 프로그래밍을 넘나들면서 다양한 각도에서 문제를 바라보며, 미처 생각하지 못했던 함정과 이를 피하기 위한 우회책을 설명한다. 또한 소프트웨어의 비기능적인 특성 관점에서 문제 해결 방식마다 필연적으로 드러나는 트레이드오프를 분석하며, 트레이드오프의 한쪽 면을 택할 때 손익을 어떻게 계산하고 평가하는지를 명료하게 정리하고 있다. 만일 고참 개발자라면 이 책을 읽으면서 기존의 개발 과정에서 의사 결정을 어떻게 내려왔으며 그 추이가 어떻게 되었는지를 떠올리게 될 것이며, 신입 개발자라면 앞으로 정말 일어날 법한 의사 결정에 대해 시뮬레이션하고 있다는 느낌이 들 것이다.

기존의 소프트웨어 공학 관련 서적들은 이론을 중심으로 실무에 접근하는 방식을 택하는 경우가 많았기에 최전방 개발자들에게는 약간의 괴리감을 느끼게 만들었다면, 이 책은 추상적인 담론 대신에 구체적인 경험을 바탕으로 각 주제마다 개발자의 시선을 사로잡는 묘한 매력을 발산한다. 이 책을 처음부터 끝까지 순서대로 차분하게 읽다 보면 저자들이 우리에게 알려주고 싶은 소프트웨어 개발의 숨은 비밀이 무엇인지 눈치채게 될 것이다. 정말 잘 짜인 커리큘럼 내에서 과제나 프로젝트를 수행하지 않는 이상 실무 소프트웨어 개발 과정에서는 누구나 의사 결정을 내리고 대안을 마련하고 트레이드오프를 평가해야 하는 상황이 오기 마련인데, 아무쪼록 이 책이 독자 여러분의 중요한 의사 결정 과정에 도움이 되면 좋겠다.

2025년 박재호

01. 도입 — 1

1.1 모든 결정과 패턴의 결과 — 3
    1.1.1 단위 테스트 결정 사항 — 3
    1.1.2 단위 테스트와 통합 테스트의 비율 — 4

1.2 코드 디자인 패턴과 그것이 항상 동작하지 않는 이유 — 7
    1.2.1 코드 측정하기 — 11

1.3 아키텍처 설계 패턴이 항상 동작하지는 않는 이유 — 13
    1.3.1 확장성과 탄력성 — 14
    1.3.2 개발 속도 — 15
    1.3.3 마이크로서비스의 복잡성 — 16

    요약 — 17

02. 코드 중복 대 유연성 – 코드 중복이 항상 나쁘지만은 않다 — 18

2.1 코드베이스 사이의 공통 코드와 중복 — 19
    2.1.1 코드 중복을 요구하는 새로운 비즈니스 요구사항 추가 — 21
    2.1.2 새로운 비즈니스 요구사항 구현 — 21
    2.1.3 결과 평가 — 23

2.2 라이브러리, 그리고 코드베이스 사이에서 코드 공유 — 24
    2.2.1 공유 라이브러리의 트레이드오프와 단점 평가하기 — 25
    2.2.2 공유 라이브러리 생성 — 27

2.3 독립적인 마이크로서비스로 코드 추출 — 28
    2.3.1 독립적인 서비스의 트레이드오프와 단점 살펴보기 — 31
    2.3.2 독립적인 서비스에 대한 결론 — 35

2.4 코드 중복으로 느슨한 결합 향상시키기 — 35

- **2.5 중복을 줄이기 위해 상속을 사용하는 API 설계** — 40
  - 2.5.1 기초 요청 처리기 추출 — 42
  - 2.5.2 상속과 강한 결합을 살펴보기 — 44
  - 2.5.3 상속과 합성 사이의 트레이드오프 살펴보기 — 46
  - 2.5.4 내재된 중복과 우연한 중복 살펴보기 — 47
  - 요약 — 48

03. 코드에서 신경 써야 할 예외와 오류 처리 패턴 — 49

- **3.1 예외의 계층 구조** — 51
  - 3.1.1 모든 예외를 잡는 방식 대 더 세분화된 오류 처리 방식 — 52
- **3.2 당신이 소유한 코드에서 예외를 처리하기 위한 우수 사례** — 56
  - 3.2.1 공개 API에서 확인된 예외 처리하기 — 56
  - 3.2.2 공개 API에서 확인되지 않은 예외 처리하기 — 58
- **3.3 예외 처리에서 주의할 안티 패턴** — 60
  - 3.3.1 오류가 발생할 경우 자원 닫기 — 61
  - 3.3.2 애플리케이션 흐름을 제어하기 위해 예외를 사용하는 안티 패턴 — 64
- **3.4 타사 라이브러리에서 오는 예외** — 65
- **3.5 멀티스레드 환경에서 주의할 예외** — 68
  - 3.5.1 프라미스 API를 사용한 비동기식 작업 흐름의 예외 처리 — 72
- **3.6 Try로 오류를 처리하는 함수형 접근 방식** — 74
  - 3.6.1 실제 양산 서비스 코드에서 Try 사용하기 — 78
  - 3.6.2 예외를 던지는 코드와 Try를 섞어서 사용하기 — 81
- **3.7 예외 처리 코드의 성능 비교** — 82
  - 요약 — 86

04. 유연성과 복잡성 사이의 균형   88

    4.1 탄탄하지만 확장성은 떨어지는 API   89
        4.1.1 새로운 컴포넌트 설계   89
        4.1.2 가장 직관적인 코드로 시작   90

    4.2 클라이언트에게 자신만의 메트릭 프레임워크를 제공하게 허용하기   95

    4.3 훅을 통한 API의 확장성 제공   98
        4.3.1 훅 API의 예기치 못한 사용 방어하기   100
        4.3.2 훅 API의 성능 영향   102

    4.4 리스너를 통한 API의 확장성 제공   106
        4.4.1 리스너 사용 대 훅 사용   107
        4.4.2 설계의 불변성   109

    4.5 API의 유연한 분석 대 유지보수 비용   111

    요약   113

05. 섣부른 최적화 대 핫 코드 경로의 최적화: 코드 성능에 영향을 미치는 의사 결정   114

    5.1 섣부른 최적화가 나쁠 때   115
        5.1.1 계정 처리 파이프라인 생성   116
        5.1.2 잘못된 가정에 기반한 처리 최적화   117
        5.1.3 성능 최적화 벤치마크   118

    5.2 핫 코드 경로   121
        5.2.1 소프트웨어 시스템 컨텍스트에서 파레토 법칙 이해하기   123
        5.2.2 주어진 SLA를 위해 동시 사용자(스레드) 숫자 구성하기   125

    5.3 잠재적인 핫 코드 경로가 존재하는 단어 서비스   126
        5.3.1 오늘의 단어 얻기   127
        5.3.2 단어가 존재하는지 검증하기   129
        5.3.3 HTTP 서비스를 사용해 `WordsService`를 외부에 공개하기   129

5.4 핫 코드 경로 탐지 131
5.4.1 개틀링을 사용해 API 성능 테스트 생성하기 132
5.4.2 MetricRegistry를 사용해 코드 경로 측정하기 135

5.5 핫 코드 경로의 성능 개선 138
5.5.1 기존 해법을 위한 JMH 마이크로벤치마크 생성 138
5.5.2 캐시를 사용한 word-exists 최적화 140
5.5.3 더 많은 입력 단어를 받기 위한 성능 테스트 변경 146

요약 148

06. API를 유지보수하기 위한 비용 대 단순함 149

6.1 다른 도구에서 사용되는 기본 라이브러리 150
6.1.1 클라우드 서비스 클라이언트 만들기 151
6.1.2 인증 전략 탐색 152
6.1.3 구성 메커니즘 이해하기 154

6.2 의존성 라이브러리의 설정을 외부에 직접 공개하기 159
6.2.1 배치 도구 구성하기 161

6.3 의존성 라이브러리의 설정을 추상화하는 도구 163
6.3.1 스트리밍 도구 구성하기 164

6.4 클라우드 클라이언트 라이브러리를 위해 새로운 설정 추가하기 166
6.4.1 배치 도구에 새로운 설정 추가하기 167
6.4.2 스트리밍 도구에 새로운 설정 추가하기 169
6.4.3 UX 친화성과 유지보수성 측면에서 두 해법을 비교하기 170

6.5 클라우드 클라이언트 라이브러리에서 설정을 더 이상 사용하지 않기로 결정하거나 제거하기 171
6.5.1 배치 도구에서 설정 제거하기 173
6.5.2 스트리밍 도구에서 설정 제거하기 176
6.5.3 UX 친화성과 유지보수성 측면에서 두 해법 비교하기 177

요약 178

07. 날짜와 시간 데이터로 효율적으로 작업하기 — 179

- **7.1 날짜와 시간 정보에 대한 개념** — 180
  - 7.1.1 컴퓨터 시간: 인스턴트, 에포크, 시간 간격 — 181
  - 7.1.2 상용 시간: 달력 시스템, 날짜, 시간, 날짜 간격 — 185
  - 7.1.3 시간대, UTC, 그리고 UTC 오프셋 — 192
  - 7.1.4 머리가 아파지는 날짜와 시간 개념들 — 198
- **7.2 날짜와 시간 정보로 작업할 준비** — 200
  - 7.2.1 범위 제한하기 — 201
  - 7.2.2 날짜와 시간 요구사항을 명확하게 만들기 — 203
  - 7.2.3 올바른 라이브러리 또는 패키지 사용하기 — 208
- **7.3 날짜와 시간 코드 구현하기** — 210
  - 7.3.1 개념을 일관성 있게 적용하기 — 210
  - 7.3.2 기본값을 피함으로써 테스트 가능성 개선하기 — 213
  - 7.3.3 텍스트에서 날짜와 시간 값 표현하기 — 221
  - 7.3.4 주석으로 코드 설명하기 — 229
- **7.4 명시하고 테스트해야 하는 특이한 경우** — 232
  - 7.4.1 달력 산술 연산 — 232
  - 7.4.2 자정에 시간대 변환 — 233
  - 7.4.3 모호하거나 건너뛴 시간 처리하기 — 234
  - 7.4.4 진화하는 시간대 데이터로 작업하기 — 234
- **요약** — 239

08. 컴퓨터에서 데이터 지역성과 메모리 활용하기 — 241

- **8.1 데이터 지역성이란 무엇일까?** — 242
  - 8.1.1 계산을 데이터로 옮기기 — 243
  - 8.1.2 데이터 지역성을 사용한 처리 규모 확장 — 244

8.2 데이터 파티셔닝과 데이터 나누기 246
8.2.1 오프라인 빅데이터 파티셔닝 246
8.2.2 파티셔닝 대 샤딩 249
8.2.3 파티셔닝 알고리즘 250

8.3 여러 파티션에서 가져온 빅데이터 집합을 조인하기 253
8.3.1 동일 물리 컴퓨터 내에서 데이터 조인하기 254
8.3.2 데이터 이동이 필요한 조인 작업 256
8.3.3 브로드캐스팅을 활용한 조인 최적화 257

8.4 데이터 처리 과정: 메모리 대 디스크 259
8.4.1 디스크 기반의 처리 과정 259
8.4.2 맵리듀스가 필요한 이유 260
8.4.3 접근 시간 계산하기 263
8.4.4 램 기반의 처리 과정 265

8.5 아파치 스파크를 사용한 조인 구현 266
8.5.1 브로드캐스트 없이 조인 구현하기 268
8.5.2 브로드캐스트로 조인 구현하기 271

요약 273

09. 외부 라이브러리: 사용하는 라이브러리가 곧 코드가 된다 274

9.1 라이브러리를 임포트하고 설정에 대해 완벽하게 책임지기: 기본값에 주의하자 275

9.2 동시성 모델과 확장성 280
9.2.1 비동기식 API와 동기식 API 사용하기 281
9.2.2 분산된 확장성 285

9.3 테스트 가능성 287
9.3.1 테스트 라이브러리 288
9.3.2 가짜 객체(테스트 더블)와 목 객체로 테스트하기 290
9.3.3 테스트 툴킷 통합 295

9.4 타사 라이브러리의 의존성 297
    9.4.1 버전 충돌 회피하기 297
    9.4.2 너무 많은 의존성 299

9.5 외부 의존성을 선택하고 유지 관리하기 301
    9.5.1 첫 인상 301
    9.5.2 코드 재사용에 대한 다양한 접근 방식 302
    9.5.3 공급 업체 종속 302
    9.5.4 라이선스 303
    9.5.5 라이브러리 대 프레임워크 303
    9.5.6 보안과 업데이트 304
    9.5.7 의사 결정을 위한 점검 목록 305

    요약 306

10. 분산 시스템에서의 일관성과 원자성 307

10.1 최소한 한 번 이상 데이터 소스 전송 308
    10.1.1 노드 하나짜리 서비스 사이의 트래픽 308
    10.1.2 애플리케이션 호출 재시도하기 310
    10.1.3 데이터 생성과 멱등성 311
    10.1.4 CQRS(Command Query Responsibility Segregation) 이해하기 314

10.2 중복 제거 라이브러리의 단순한 구현 316

10.3 분산된 시스템에서 중복 제거를 구현할 때 흔히 저지르는 실수 319
    10.3.1 노드가 하나만 있는 컨텍스트 319
    10.3.2 다중 노드 컨텍스트 321

10.4 경쟁 조건을 방지하기 위해 로직을 원자적으로 만들기 324

    요약 329

11. 분산 시스템에서의 배송 의미론 — 330

11.1 이벤트 주도 애플리케이션의 아키텍처 — 331
11.2 아파치 카프카에 기반한 생산자와 소비자 애플리케이션 — 335
- 11.2.1 카프카의 소비자 쪽 살펴보기 — 336
- 11.2.2 카프카 브로커 설정 이해하기 — 338

11.3 생산자 로직 — 339
- 11.3.1 생산자를 위한 일관성 대 가용성 선택하기 — 342

11.4 소비자 코드와 다양한 배송 의미론 — 345
- 11.4.1 수동으로 소비자 커밋하기 — 348
- 11.4.2 가장 처음 오프셋 또는 가장 최신 오프셋에서 재시작하기 — 349
- 11.4.3 (사실상) 정확히 한 번 의미론 — 353

11.5 내결함성을 제공하기 위해 배송 의미론을 활용하기 — 354
요약 — 356

12. 버전과 호환성 관리하기 — 357

12.1 추상적으로 생각해보는 버전 관리 — 358
- 12.1.1 버전의 속성 — 358
- 12.1.2 하위 호환성과 상위 호환성 — 359
- 12.1.3 유의적 버전 관리 — 360
- 12.1.4 마케팅 버전 — 363

12.2 라이브러리를 위한 버전 관리 — 364
- 12.2.1 소스 코드, 바이너리, 그리고 유의적 호환성 — 365
- 12.2.2 의존성 그래프와 다이아몬드 의존성 — 375
- 12.2.3 호환성에 손상을 가하는 변경을 처리하기 위한 기법 — 381
- 12.2.4 내부 전용 라이브러리 관리하기 — 386

12.3 네트워크 API를 위한 버전 관리 — 387
- 12.3.1 네트워크 API 호출이라는 컨텍스트 — 388
- 12.3.2 고객 친화적인 명료함 — 389
- 12.3.3 일반적인 버전 관리 전략 — 390
- 12.3.4 추가적인 버전 관리 고려 사항 — 397

12.4 데이터 저장소를 위한 버전 관리 — 401
- 12.4.1 프로토콜 버퍼에 대한 간략한 소개 — 402
- 12.4.2 호환성이 손상되는 변경 사항은 무엇일까? — 404
- 12.4.3 저장소 내에서 데이터 이주하기 — 405
- 12.4.4 예상치 못한 상황을 예상하기 — 409
- 12.4.5 API와 저장소 표현 분리하기 — 410
- 12.4.6 저장소 형식 평가하기 — 413

요약 — 414

13. 최신 유행을 따르는 방식 대 코드 유지보수 비용을 줄이는 방식 — 416

13.1 언제 의존성 주입 프레임워크를 사용할까? — 417
- 13.1.1 DIY(Do-it-yourself) 의존성 주입 — 418
- 13.1.2 의존성 주입 프레임워크 사용하기 — 420

13.2 리액티브 프로그래밍을 사용할 때 — 424
- 13.2.1 단일 스레드, 차단 처리 생성하기 — 425
- 13.2.2 CompletableFuture 사용하기 — 427
- 13.2.3 리액티브 해법을 구현하기 — 430

13.3 함수형 프로그래밍을 사용할 때 — 433
- 13.3.1 비함수형 언어에서 함수형 코드 생성하기 — 433
- 13.3.2 꼬리 재귀 최적화 — 437
- 13.3.3 불변성 활용하기 — 438

13.4 지연(lazy) 평가 대 빠른(eager) 평가 — 440

요약 — 443

실수와 트레이드오프로부터 배우는
현명한 소프트웨어 설계 가이드

이펙티브
소프트웨어 설계

01 도입

이 장에서 다루는 내용

- 실제 양산 서비스 시스템에서 중요한 트레이드오프
- 단위 테스트와 통합 테스트의 결과 비교
- 코드와 아키텍처 설계 패턴이 모든 문제에 적합하지는 않음을 이해하기

코드, API, 시스템 아키텍처를 설계할 때 유지보수, 성능, 확장성을 비롯해 다양한 요소에 영향을 미치는 결정을 내릴 필요가 있다. 한쪽으로 가기로 한 결정은 십중팔구 다른 쪽으로 진화하는 가능성을 제약한다. 시스템이 더 오랫동안 살아남을수록 설계를 변경하고 앞선 의사 결정을 취소하기가 점점 더 어려워진다. 이 책에서 제시하는 설계와 프로그래밍 사이의 트레이드오프는 시스템이 진화하는 둘 이상의 방향 사이에서 무엇을 선택할지에 초점을 맞춘다. 무엇을 결정하든 한쪽 방향으로 갈 때 필연적으로 따라오는 장단점을 수용할 필요가 있다는 사실이 중요하다.

상황, 출시 시점, 서비스 수준 협약(SLA, Service Level Agreement), 기타 다른 요소에 따라 팀은 이런 어려운 결정을 내릴 필요가 있다. 이 책에서 우리는 실제 양산 서비스 시스템에서 작업하기 위한 의사 결정을 내리고 이에 따른 트레이드오프를 비교해서 보여줄 것이다. 이 책을 읽고 나면 여러분이 매일 내리는 설계 결정에 주목하는 작업을 시작하기 바란다. 이를 알게 되면 장단점을 고려할 때 의식적으로 선택할 수 있다.

이 책의 1부는 모든 소프트웨어 엔지니어가 코드와 API에서 내릴 필요가 있는 저수준 설계 의사 결정에 초점을 맞춘다. 이 책의 2부는 시스템의 더 큰 그림에 초점을 맞춰서 컴포넌트 사이의 아키텍처와 데이터 흐름을 살펴본다. 분산 시스템에서 작업할 때 염두에 둬야 하는 트레이드오프를 고려할 것이다.

이 장의 다음 절은 트레이드오프를 분석할 때 이 책이 취하는 접근 방법을 보여준다. 먼저, 모든 소프트웨어 엔지니어가 염두에 둬야 하는 트레이드오프에 초점을 맞출 것이다. 즉, 단위 테스트, 통합 테스트, E2E(End-to-End, 종단간) 테스트 등 다양한 테스트 사이에서 일어나는 트레이드오프를 설명한다. 현실 세계에서는 소프트웨어를 통해 가치를 전달하는 데 시간적 제약이 있다. 이로 인해 더 많은 시간을 단위 테스트, 통합 테스트, E2E 테스트 등에 투자해야 할지 말지를 결정할 필요가 있다. 특정 유형의 테스트를 더 많이 수행하는 방식의 장단점을 분석할 것이다.

다음으로 제대로 입증된 싱글턴(Singleton) 패턴을 보여주고 이 패턴의 편리함이 단일 스레드와 멀티 스레드 컨텍스트에 따라 바뀌는 방식을 분석해서 설명할 것이다. 마지막으로, 마이크로서비스 대 모놀리스라는 더 고수준 아키텍처의 트레이드오프를 살펴볼 것이다.

종종 모놀리스만으로, 아니면 마이크로서비스만으로 아키텍처를 기술할 수 없다는 사실에 주목하자. 두 가지를 혼합한 접근 방식은 흔히 볼 수 있다. 몇몇 기능은 서비스로 구현되는 반면, 시스템의 다른 부분은 모놀리스로 존재할 수 있다. 예를 들어, 레거시 시스템은 모놀리스로 구축되고 시스템의 아주 작은 부분만 마이크로서비스 아키텍처로 이전되었을 수 있다. 또한 무시할 수 없는 비용이 드는 신규 프로젝트인 경우 단일 애플리케이션 접근 방식에서 시작하고 마이크로서비스로 나누지 않는 편이 훨씬 더 타당할지도 모른다. 우리는 간결하게 마이크로서비스와 모놀리스 사이의 트레이드오프를 분석할 것이다. 마이크로서비스와 모놀리스를 혼합한 아키텍처를 따르더라도 이 책에서 소개하는 논증 결과 중 몇 가지를 여러분의 컨텍스트에 적용해야 한다.

이어지는 절에서는 각 장에서 다룰 접근 방법을 보여줄 것이다. 즉, 특정 컨텍스트에서 문제를 풀고 대안을 분석하고 최종적으로 트레이드오프 및 의사 결정과 관련된 컨텍스트를 추가할 것이다. 구체적인 컨텍스트에서 모든 해법의 이해득실을 따져볼 것이다. 이어지는 장에서는 트레이드오프를 더 깊숙하게 파고들 것이다.

1.1 모든 결정과 패턴의 결과

이 책의 목표는 설계와 함께 프로그래밍 트레이드오프와 실수를 보여주는 것이다. 이 책에서 트레이드오프와 설계 선택을 설명할 때 사람들이 작성한 코드의 전반적인 품질이 충분히 좋다고 가정할 것이다. 일단 코드 품질이 만족스럽다면 향후 진화 방향을 결정할 필요가 있다.

이 책에서 각 장의 흐름을 이해하려면 먼저 코드에서 사용해야 하는 두 가지 가장 유용하고 명백한 기법인 통합 테스트와 단위 테스트 사이의 트레이드오프를 검토해야 한다. 테스트 커버리지의 궁극적인 목표는 단위 테스트와 통합 테스트로 거의 모든 실행 경로를 탐색하는 것이다. 현실적으로 코드를 작성하고 테스트하기 위한 시간이 제한되므로 이런 원대한 목표는 종종 실현 불가능하다. 따라서 단위 테스트와 통합 테스트 사이의 비율을 결정하는 것은 매일 결정해야 할 트레이드오프로 봐야 한다.

1.1.1 단위 테스트 결정 사항

테스트를 작성할 때 코드의 어떤 부분을 테스트할지 결정해야 한다. 단위 테스트가 필요한 간단한 컴포넌트를 생각해 보자. `publicApiMethod()`라는 공개 API 메서드 하나만 외부에 공개하는 `SystemComponent`가 있다고 가정하자. 다른 메서드는 private 접근 제어자를 사용해 클라이언트로부터 숨겨져 있다. 다음은 이와 같은 시나리오를 위한 코드를 보여준다.

코드 1.1 단위 테스트를 위한 컴포넌트

```java
public class SystemComponent {

  public int publicApiMethod() {
    return privateApiMethod();
  }

  private int privateApiMethod() {
    return complexCalculations();
  }

  private int complexCalculations() {
    // 몇 가지 복잡한 로직
    return 0;
  }
}
```

여기서 complexCalculations()를 단위 테스트에 넣을지 아니면 private을 사용해 비공개로 유지할지 결정할 필요가 있다. 이런 단위 테스트는 공개 API만을 다루는 블랙박스 테스트다. 이 정도만 해도 충분히 좋은 단위 테스트다. 하지만 종종 비공개 메서드에도 단위 테스트를 수행할 가치가 있는 복잡한 로직이 존재한다. 이런 상황에서는 가시성을 조정하기 위해 complexCalculations()의 접근 제어자 수준을 비공개에서 공개로 완화할 필요가 있다. 다음 코드는 이런 접근 방식을 보여준다.

코드 1.2 외부에 공개된 단위 테스트를 위한 컴포넌트

```
@VisibleForTesting
public int complexCalculations() {
  // 몇 가지 복잡한 로직
  return 0;
}
```

외부에 공개하도록 가시성을 조정함으로써 외부에 공개하지 않게 지정된 API의 일부를 다루는 단위 테스트를 작성하게 허용할 수 있다. 이런 공개 메서드는 해당 컴포넌트의 API를 사용하는 클라이언트에 노출될 것이므로 클라이언트가 이 API를 직접 사용할지도 모르는 위험에 직면한다. 코드 1.2에서 @VisibleForTesting 애노테이션(http://mng.bz/y4wq을 참고)은 정보를 제공할 목적으로만 사용된다. API의 공개 메서드를 호출하지 못하게 호출자를 막는 방어책은 없다. 호출자가 애노테이션을 인식하지 못한다면 이런 암묵적인 제약을 무시할지도 모른다.

이 절에서 언급한 단위 테스트 기법은 둘 다 맞다. 외부에 공개하게 변경하는 방식은 더 많은 유연성을 제공하지만 유지보수 비용이 더 늘어날 수 있다. 두 가지 방법 사이에서 중간을 택할 수도 있다. 해당 코드를 패키지 수준의 비공개 코드로 만드는 방식이 그것이다. 그렇게 하면 테스트가 실제 양산 서비스에 적용되는 코드로서 동일 패키지 내에 존재할 때 코드를 외부에 공개하지 않고서도 테스트 코드에서 해당 메서드를 사용할 수 있게 될 것이다.

1.1.2 단위 테스트와 통합 테스트의 비율

로직을 테스트할 때 시스템을 위한 통합 테스트와 단위 테스트의 비율을 잡기 위한 결정을 내릴 필요가 있다. 종종 한쪽으로 가는 결정은 다른 쪽의 발전 가능성을 제약한다. 게다가 이런 제약은 시스템 개발 시작 시점에 부과될 수 있다.

일반적으로 기능 개발을 위한 제한된 기간 때문에 단위 테스트나 통합 테스트 중 무엇에 더 많은 시간을 투자해야 할지 결정해야 한다. 현실 세계의 시스템은 단위 테스트와 통합 테스트 양쪽을 섞어서 테스트해야 하므로 그 비율을 어떻게 잡을지 결정할 필요가 있다.

단위 테스트나 통합 테스트 모두 장단점이 있으며, 코드를 작성할 때 직면하는 전형적인 트레이드오프가 발생한다. 단위 테스트는 더 빠르게 수행되며 더 빠른 피드백이 가능하므로 디버깅 과정이 종종 더 빨라진다. 그림 1.1은 두 테스트에 대한 장단점을 보여준다.

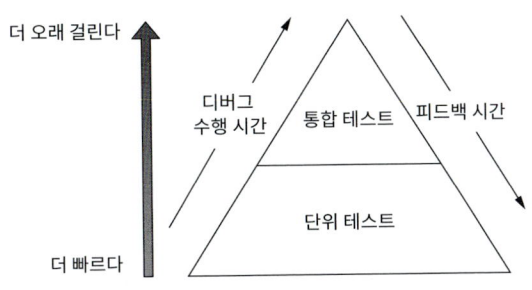

그림 1.1 통합 테스트 대 단위 테스트: 테스트 수행에 따른 시간의 길이(속도)

그림 1.1에 제시한 도형이 피라미드인 이유는 소프트웨어 시스템이 흔히 통합 테스트보다는 단위 테스트를 더 많이 채택하기 때문이다. 단위 테스트는 개발자에게 거의 즉각적인 피드백을 제공하므로 생산성을 높인다. 단위 테스트는 또한 더 빠르게 수행되며 코드의 디버깅 시간을 줄인다. 코드베이스의 단위 테스트를 100% 달성하면 새로운 버그가 유입될 때 단위 테스트 중 하나가 이 문제를 잡을 확률이 높아진다. 특정 단위 테스트가 다루는 메서드 수준에서 이를 감지할 수 있을 것이다.

반면, 시스템에 통합 테스트가 없으면 컴포넌트 사이의 연결과 통합 방식에 대해 추론할 수가 없다. 더 큰 그림을 테스트하지 않고서도 알고리즘을 제대로 테스트할 수는 있다. 코드 중심의 저수준에서는 올바른 시스템을 만들어내지만, 시스템을 구성하는 컴포넌트가 테스트되지 않기에 고수준에서 정확성을 추론할 수 없다. 현실 세계에서 코드는 단위 테스트와 통합 테스트를 섞어 놓은 형태가 돼야 한다.

그림 1.1은 테스트의 한 가지 측면인 실행 시간, 즉 피드백 시간에만 초점을 맞춘다는 사실에 주목해야 한다. 실제 양산 서비스 시스템에서는 테스트를 위한 다른 계층이 존재한다. 비즈니스 시나리오를 총체적으로 검증하는 종단간 E2E 테스트를 해야 할 수도 있다. 더 복잡한 아키텍처에서는 이런 비즈니스 기능을 제공하기 위해 연결된 N개의 서비스를 시작해야 할 수도 있다. 이런 테스트는 테스트의 인프라스트럭처 설정 부담으로 인해 피드백 시간을 느리게 만들 가능성이 높다. 반면, 이런 테스트는 종단간 흐름과 시스템의 정확성과 관련해 더 높은 확신을 줄 것이다. 종단간 테스트를 단위 테스트나 통합 테스트와 비

교할 때 다양한 차원을 사용해서 분석해야 한다. 예를 들어, 그림 1.2가 제시하듯이 그런 테스트는 우리 시스템을 어떻게 총체적으로 제대로 검증할 수 있을까?

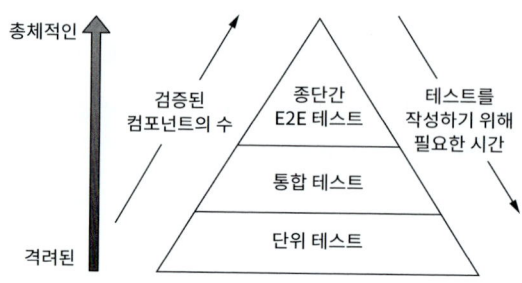

그림 1.2 통합 테스트 대 단위 테스트 대 종단간 E2E 테스트

단위 테스트는 격리되어 돌아가므로 우리 시스템에서 다른 컴포넌트와 관련된 다양한 정보는 물론이고 여러 컴포넌트 사이의 상호 작용 방식에 대한 정보도 제공하지 못한다. 통합 테스트는 더 많은 컴포넌트와 그들 사이의 상호 작용을 검증하려고 시도하지만, 종종 주어진 비즈니스 기능을 제공하는 여러 (마이크로)서비스로 확장되지 못한다. 마지막으로, 종단간 테스트는 시스템을 총체적으로 검증함에도 불구하고 마이크로서비스 N개, 데이터베이스, 큐와 같은 모든 인프라스트럭처를 가동할 필요가 있어 테스트된 컴포넌트의 수가 상당히 많을 수 있다.

우리가 고려해야 할 다른 차원(자원)은 테스트를 만들기 위해 요구되는 시간이다. 단위 테스트는 상대적으로 개발하기 쉽고, 단기간에 많이 만들 수 있다. 통합 테스트는 종종 만드는 과정에서 시간이 더 많이 걸린다. 마지막으로 종단간 테스트는 필요한 인프라스트럭처를 만들기 위해 상당한 선행 투자가 필요하다.

현실적으로 우리에게 (예산과 시간이라는) 자원은 유한하므로 이런 제약 조건을 고려해 소프트웨어 품질을 최대로 높일 필요가 있다. 하지만 테스트로 코드를 보호하면 더 나은 품질의 소프트웨어를 만들어내며, 등장하는 버그 수를 줄일 수 있다. 테스트는 또한 향후 소프트웨어의 유지보수성을 개선한다. 이를 위해 어떤 유형의 테스트를 사용할지, 그리고 얼마나 많은 테스트를 구현할지 선택해야 한다. 자원이 유한하기 때문에 단위 테스트, 통합 테스트, 종단간 테스트 사이의 비율을 찾을 필요가 있다. 다양한 차원과 특정 테스트 유형의 장단점을 분석하면 더 합리적인 결정을 내릴 수 있다.

테스트를 구현하면 개발 시간이 늘어난다는 사실에 주목해야 한다. 원하는 테스트가 더 많을수록, 거기에 더 많은 시간을 할애할 필요가 있다. 종종 정해진 마감일에 맞춰 테스트를 계획하지 않을 때 훌륭한 종단간 테스트를 구현하기란 어렵다. 따라서 몇몇 유형의 테스트는 나중에 고민하기보다는 새로운 기능을 추가하는 것과 같은 방식으로 미리 계획해야 한다.

1.2 코드 디자인 패턴과 그것이 항상 동작하지 않는 이유

빌더(Builder), 데코레이터(Decorator), 프로토타입(Prototype) 등과 같은 코드 디자인 패턴은 여러 해 전에 소개됐다. 코드 디자인 패턴은 대다수 잘 알려진 문제를 위해 실제 양산 서비스에서 증명된 해법을 제공한다. 이런 패턴을 학습하고(추가 정보는 에릭 감마가 집필한 《GoF의 디자인 패턴: 재사용성을 지닌 객체지향 소프트웨어의 핵심요소》(프로텍미디어, 2015년 출간)를 참고한다) 더 나은 재사용 가능성과 확장성을 위해 이런 패턴을 코드에 적용하는 방식을 강력하게 권장한다. 반면, 디자인 패턴을 조심해서 사용해야 하는 이유는 이런 패턴 구현이 컨텍스트에 크게 의존하기 때문이다. 이미 알고 있겠지만, 나는 이 책에서 소프트웨어에서 내리는 모든 의사 결정에는 트레이드오프가 있으며 필연적인 결과로 이어진다는 사실을 보여주려고 애쓰고 있다.

코드 수준에서 트레이드오프를 이해하기 위해 싱글턴(Singleton, https://refactoring.guru/design-patterns/singleton) 패턴을 예로 들 것이다. 이 패턴은 모든 컴포넌트 사이에서 상태를 공유하기 위한 수단으로 도입됐다. 싱글턴은 애플리케이션의 생명 주기 동안 살아있는 하나의 인스턴스다. 이 하나의 인스턴스를 다른 여러 클래스가 참조한다. 새로운 인스턴스 생성을 방지하기 위해 비공개 생성자를 만들 필요가 있다고 가정하자. 다음 코드에서 볼 수 있듯이 이를 위해 싱글턴을 만들기란 쉽다.

코드 1.3 싱글턴 구현

```java
public class Singleton {
  private static Singleton instance;
  private Singleton() {}

  public static Singleton getInstance() {
    if (instance == null) {
      instance = new Singleton();
    }
    return instance;
  }
}
```

싱글턴을 얻는 유일한 방법은 여러 컴포넌트들 사이에서 안전하게 공유가 가능한 유일한 인스턴스 하나를 반환하는 `getInstance()` 메서드뿐이다. 여기서 호출자의 코드가 싱글턴에 접근하기를 원할 때마다 `getInstance()`를 통해야 한다는 가정이 존재한다. 나중에 이 메서드를 통해 매번 싱글턴에 접근할 필요가 없는, 다른 사용 사례를 고려할 것이다. 이 패턴은 즉각적인 성과를 보여주는 듯 보이며, 전역 싱글턴 인스턴스를 통해 코드를 공유할 수 있을 것이다. 어쩌면 "도대체 싱글턴에서 트레이드오프가 존재하긴 하는가?"라고 자문할지도 모르겠다.

싱글턴 패턴을 다른 컨텍스트에서 사용하는 경우를 고려해 보자. 멀티스레드 환경에서 이 패턴을 사용할 경우 어떤 일이 벌어질까? `getInstance()`를 동시에 호출하는 스레드가 둘 이상이 있을 때 경쟁 조건이 발생할 수 있다. 이런 상황에서 앞서 제시한 코드는 싱글턴 인스턴스를 두 개 생성한다. 싱글턴 인스턴스가 두 개 존재하면 이 패턴의 불변성에 손상을 주며, 결국 시스템이 실패할 수도 있다. 이런 잘못된 행동을 방지하기 위해 다음에 이어지는 코드 1.4와 같이 초기화 로직을 수행하기 앞서 동기화 수단을 추가할 필요가 있다.

코드 1.4 스레드에 안전한 싱글턴을 위한 동기화

```java
public class SystemComponentSingletonSynchronized {
  private static SystemComponent instance;

  private SystemComponentSingletonSynchronized() {}

  public static synchronized SystemComponent getInstance() {   ← ① 동기화 블록을 시작한다
    if (instance == null) {
      instance = new SystemComponent();
    }
    return instance;
  }
}
```

동기화된 블록은 두 스레드가 동시에 이 로직에 접근하는 상황을 방지한다. 하나를 제외한 나머지 모든 스레드는 차단되어 초기화 로직을 기다릴 것이다. 언뜻 보기에는 모든 것이 예상대로 동작한다. 하지만 코드의 성능이 최우선순위라면 여러 스레드에서 싱글턴 하나만 사용하게 될 경우에는 코드 성능을 크게 떨어뜨릴 수도 있다.

초기화는 여러 스레드가 락을 잡고 기다릴 필요가 있는 첫 장소다. 일단 싱글턴을 만들고 나면, 이 객체에 대해 접근할 때마다 동기화가 필요할 것이다. 싱글턴은 스레드 경쟁(http://mng.bz/M2nn)을 유발할 수 있으며, 이는 심각한 성능 위험 요소가 된다. 객체의 공유된 인스턴스가 있으며, 여러 스레드가 동시에 이 인스턴스에 접근할 때 이런 현상이 발생한다.

동기화된 `getInstance()` 메서드는 스레드 하나만 임계 영역에 진입하게 허용하며, 다른 스레드들은 해당 락에 대해 대기해야 한다. 일단 먼저 진입한 스레드가 임계 영역을 벗어나면 큐에 있는 다음 스레드가 임계 영역에 진입할 수 있다. 이런 접근 방식은 동기화를 요구하므로 프로그램을 상당히 느리게 만든다는 문제점이 있다. 간단히 말하면, 코드가 동기화된 호출을 수행할 때마다 추가적인 부하가 걸릴 수 있다.

이 예에서는 단일 스레드 컨텍스트와 멀티스레드 컨텍스트에서 싱글턴을 사용할 때 코드의 성능과 관련해 트레이드오프가 있다는 결론을 내릴 수 있다. 하지만 핵심적인 사안은 코드가 수행되는 컨텍스트다. 코드를 동시에 수행하지 않거나 싱글턴이 여러 스레드 사이에서 공유되지 않을 경우에 트레이드오프는 존재하지 않는다. 하지만 싱글턴이 스레드 사이에서 공유되면 싱글턴을 스레드에 안전하게 만들어야 하며, 이는 잠재적으로 성능에 영향을 미친다. 이런 트레이드오프를 알면 설계와 코드에 대한 이성적인 결정을 내릴 수 있게 된다.

특정 설계를 선택하는 과정에서 장점이 더 많다고 판단되면 의사 결정을 바꾸게 될지도 모른다. 예를 들어, 싱글턴 예에서 다음 두 가지 패턴 중에 한 가지를 적용해 해법을 개선할 수도 있다.

먼저, DCL(Double Checked Locking) 기법을 이용한다. 이 접근 방법이 기존 방법과 다른 점은 동기화된 임계 영역에 진입하기에 앞서 인스턴스가 null인지 점검해야만 하는 것이다. 만일 null이라면 계속해서 임계 영역에 진입할 수 있게 된다. null이 아니라면 임계 영역에 진입할 필요가 없으며, 기존에 생성된 싱글턴 객체를 반환하기만 하면 된다. 다음 코드는 DCL 기법을 보여준다.

코드 1.5 싱글턴 DCL 기법

```
private volatile static SystemComponent instance;

public static SystemComponent getInstance() {
  if (instance == null) {    ← ① 만일 null이 아니면 임계 영역으로 진입하지 않는다
    synchronized (ThreadSafeSingleton.class) {
      if (instance == null) {
        instance = new SystemComponent();
      }
    }
  }
  return instance;
}
```

이 패턴을 사용하면 동기화와 스레드 경쟁을 확실하게 줄일 수 있다. 이런 동기화에 따른 영향은 모든 스레드가 싱글턴을 초기화하려고 하는 시작 시점에서만 관측될 것이다.

두 번째로 선택 가능한 패턴은 스레드 한정(confinement)이다. 이 기법은 특정 스레드에 상태를 고정시키게 만든다. 하지만 더 이상 전역 애플리케이션 수준에서 싱글턴 패턴이 될 수 없음에 유의해야 한다. 스레드별로 객체의 단일 인스턴스를 유지한다. 스레드가 N개라고 가정하면 인스턴스도 N개가 될 것이다.

이 패턴을 사용할 때 코드에서 각 스레드는 가시성이 있으며 특정 스레드에 묶인 객체의 인스턴스를 소유한다. 이로 인해 여러 스레드 사이에서 공유되는 객체에 접근할 때 경쟁이 일어나지 않는다. 한 스레드가 소유한 객체는 공유되지 않는다. 자바에서 ThreadLocal 클래스(http://mng.bz/aD8B)를 사용해 이런 효과를 달성할 수 있다. 이 클래스는 특정 클래스에 묶여야 할 시스템 컴포넌트를 감싸게 만든다. 코드 관점에서 보면, 다음 코드에서 볼 수 있듯이 객체는 ThreadLocal 인스턴스의 내부에 존재한다.

코드 1.6 ThreadLocal을 사용한 스레드 한정

```java
private static ThreadLocal<SystemComponent> threadLocalValue = new ThreadLocal<>();

public static void set() {
  threadLocalValue.set(new SystemComponent());
}

public static void executeAction() {
  SystemComponent systemComponent = threadLocalValue.get();
}

public static SystemComponent get() {
  return threadLocalValue.get();
}
```

SystemComponent를 특정 스레드에 고정시키는 로직은 ThreadLocal 내에 캡슐화된다. 스레드 A가 set() 메서드를 호출할 때 SystemComponent의 새로운 인스턴스가 ThreadLocal 내에 만들어진다. 이 인스턴스가 이 스레드에서만 접근 가능하다는 사실이 중요하다. 만일 다른 스레드(예를 들어 B)가 직전에 set()를 호출하지 않고서 Action()을 수행하면 null SystemComponent 인스턴스를 얻는데, 아직 이 스레드를 위한 컴포넌트 set()이 SysmtemComponent를 만들지 않았기 때문이다. 스레드 B가 set() 메서드를 호출하고 나서야 이 스레드만을 위한 새로운 인스턴스가 만들어지고, 그제서야 접근 가능하게 된다.

`withInitial()` 메서드에 공급자를 전달하는 방식으로 이를 단순화할 수 있다. 이 공급자는 `ThreadLocal`에 값이 없을 경우 호출될 것이기에 null을 얻는 위험을 무릅쓰지 않아도 된다. 다음 코드는 이러한 구현 방식을 보여준다.

코드 1.7 초기 값으로 스레드 한정
```
static ThreadLocal<SystemComponent> threadLocalValue =
    ThreadLocal.withInitial(SystemComponent::new);
```

이 패턴을 사용해 경쟁을 없애면 성능이 개선된다. 하지만 이런 해법에는 복잡성이라는 단점이 따라온다.

> **참고**
> 호출자의 코드가 싱글턴에 접근하기를 원할 때마다 `getInstance()` 메서드를 통해 접근할 필요는 없다. 싱글턴 인스턴스에 접근하고 나서 변수(참조)에 대입하면 된다. 일단 변수에 대입되고 나면 연이은 호출은 `getInstance()`를 호출할 필요 없이 이 변수 참조를 통해 싱글턴 객체를 얻을 수 있다. 이는 경쟁을 줄인다.

싱글턴 인스턴스는 또한 이 인스턴스를 사용할 필요가 있는 다른 컴포넌트로 주입될 수도 있다. 이상적으로, 애플리케이션은 한 곳에서 모든 컴포넌트를 만들며, (예를 들어, 의존성 주입 기법을 활용해) 이렇게 만들어진 컴포넌트들을 서비스에 주입한다. 이 경우, 싱글턴 패턴이 전혀 필요하지 않을지도 모른다. 공유돼야 할 객체의 인스턴스를 하나만 만든 다음에 모든 의존적인 서비스에 이 인스턴스를 주입할 수 있다(http://mng.bz/g4dE 참고). 다른 대안으로 기반 싱글턴 패턴을 지렛대로 사용하는 enum 타입을 사용할 수도 있다. 이제 코드를 측정하는 방법으로 우리의 가정을 입증해 보자.

1.2.1 코드 측정하기

지금까지 싱글턴 패턴을 스레드에 안전하게 구현하는 다음과 같은 세 가지 방법을 설명했다.

- 모든 연산을 위해 동기화 기법을 사용한다.
- DCL을 이용한다.
- (`ThreadLocal`을 통해) 스레드 한정을 사용한다.

우리는 첫 번째 버전이 가장 느릴 것이라고 가정했지만, 아직 어떤 데이터도 확보되지 않았다. 세 가지 구현을 검증할 성능 벤치마크 프로그램을 만들어보자. 여기서는 JMH 성능 테스트 도구(https://openjdk.java.net/projects/code-tools/jmh/)를 사용할 계획인데, 이 도구는 앞으로도 코드 성능을 검증하기 위해 이 책에서 여러 차례 활용될 것이다.

다음(코드 1.8)처럼 SystemComponent (싱글턴) 객체를 얻기 위한 연산을 50,000회 실행하는 벤치마크 구현을 생성해 보자. 세 가지 벤치마크를 구현할 것인데, 각각은 다른 싱글턴 접근 방법을 사용한다. 스레드 사이의 경쟁이 성능에 영향을 어떻게 미치는지 검증하기 위해 병행 스레드를 100개 만들어 코드를 돌릴 것이다. 마지막으로 밀리초 단위로 (평균 시간) 결과를 보고할 것이다.

코드 1.8 싱글턴 구현 벤치마크 생성

```
@Fork(1)
@Warmup(iterations = 1)
@Measurement(iterations = 1)
@BenchmarkMode(Mode.AverageTime)
@Threads(100)    ← ①병행 스레드 100개로 코드를 돌린다
@OutputTimeUnit(TimeUnit.MILLISECONDS)
public class BenchmarkSingletonVsThreadLocal {
  private static final int NUMBER_OF_ITERATIONS = 50_000;

  @Benchmark
  public void singletonWithSynchronization(Blackhole blackhole) {
    for (int i = 0; i < NUMBER_OF_ITERATIONS; i++) {
      blackhole.consume(
➡ SystemComponentSingletonSynchronized.getInstance());    ← ②SystemComponentSingletonSynchronized를 위한 테스트
    }
  }

  @Benchmark
  public void singletonWithDoubleCheckedLocking(Blackhole blackhole) {
    for (int i = 0; i < NUMBER_OF_ITERATIONS; i++) {
      blackhole.consume(
➡ SystemComponentSingletonDoubleCheckedLocking.getInstance());    ← ③SystemComponentSingletonDoubleCheckedLocking를 위한 테스트
    }
  }

  @Benchmark
  public void singletonWithThreadLocal(Blackhole blackhole) {
    for (int i = 0; i < NUMBER_OF_ITERATIONS; i++) {
      blackhole.consume(SystemComponentThreadLocal.get());    ← ④SystemComponentThreadLoc을 위한 테스트
    }
  }
}
```

이 테스트를 돌릴 때 병행 스레드 100개에 대해 50,000번 호출의 평균 시간을 확인할 것이다. 실제 숫자는 환경에 따라 달라질지도 모르지만, 전반적인 경향은 다음에 이어지는 코드 1.9에서 보듯이 동일하게 유지될 것이라는 사실에 주목하자.

코드 1.9 싱글턴 구현 벤치마크 결과 보기

벤치마크	모드	개수	점수	오류	단위
CH01.BenchmarkSingletonVsThreadLocal.singletonWithDoubleCheckedLocking	avgt		2.629		ms/op
CH01.BenchmarkSingletonVsThreadLocal.singletonWithSynchronization	avgt		316.619		ms/op
CH01.BenchmarkSingletonVsThreadLocal.singletonWithThreadLocal	avgt		5.622		ms/op

결과를 보면 `singletonWithSynchronization` 구현이 정말로 가장 느렸다. 벤치마크 로직을 완료하기까지 평균 시각은 300밀리초를 상회했다. 다음으로 이런 동작 방식을 개선한 두 가지 해법을 살펴보자. `singletonWithDoubleCheckedLocking`이 최고 성능을 발휘했고(대략 ~2.6밀리초), `singletonWithThreadLocal` 해법이 5.6밀리초 내에 완료됐다. 싱글턴 패턴의 초기 버전을 개선하면 `ThreadLocal` 해법의 경우 대략 50배의 성능 개선이 있었고, DCL 해법의 경우 대략 115배의 성능 개선이 있었다는 결론을 내릴 수 있다.

우리의 가정을 측정함으로써 멀티스레드 컨텍스트에서 좋은 의사 결정을 내릴 수 있다. 성능이 비슷할 때 하나의 해법을 선택할 필요가 있다면 더 직관적인 해법을 선택해야 할 수도 있다. 하지만 실제 데이터가 없다면 완전히 이성적인 결정을 내리기는 어렵다.

이제 아키텍처 의사 결정과 관련된 설계 트레이드오프를 살펴보자. 다음 절에서는 마이크로서비스 대 모놀리스 아키텍처와 각각의 설계 트레이드오프를 살펴볼 것이다.

1.3 아키텍처 설계 패턴이 항상 동작하지는 않는 이유

지금까지 다양한 코드 설계로 이어지는 저수준의 프로그래밍 패턴과 트레이드오프를 살펴봤다. 코드 설계가 중요하기는 하지만, 애플리케이션의 컨텍스트가 바뀌면 이런 저수준의 요소들을 수정하는 것이 더 편할 수 있다. 이 책의 2부는 아키텍처 설계 패턴에 초점을 맞춘다. 아키텍처 설계 패턴을 변경하기가 더 어려운 이유는 시스템을 생성하는 여러 서비스의 전체 아키텍처로 확장되기 때문이다. 지금은 마이크로서비스 아키텍처(http://mng.bz/enlv 참고)에 초점을 맞추는데, 이 아키텍처는 오늘날 소프트웨어 시스템을 만들 때 가장 널리 사용되는 패턴이다.

마이크로서비스 아키텍처는 모든 비즈니스 로직이 구현된 하나의 모놀리스 시스템을 만드는 접근 방식과 비교해 장점이 많다. 하지만 무시할 수 없는 유지보수 비용이 들어가고 복잡도를 높인다. 모놀리스 아키텍처와 비교해 마이크로서비스 아키텍처의 가장 핵심적인 장점 몇 가지를 살펴보자.

1.3.1 확장성과 탄력성

우리가 만드는 시스템은 높은 통신량을 처리해야 하지만, 요청에 맞춰 확장될 필요도 있다. 애플리케이션의 노드 하나가 초당 요청 N개를 처리할 수 있으며, 통신이 급증하는 경우 마이크로서비스 아키텍처는 빠르게 수평으로 확장할 수 있게 돕는다(그림 1.3 참고). 물론 애플리케이션은 쉽게 확장 가능한 방식으로 작성되고 기반 컴포넌트를 사용해야 한다.

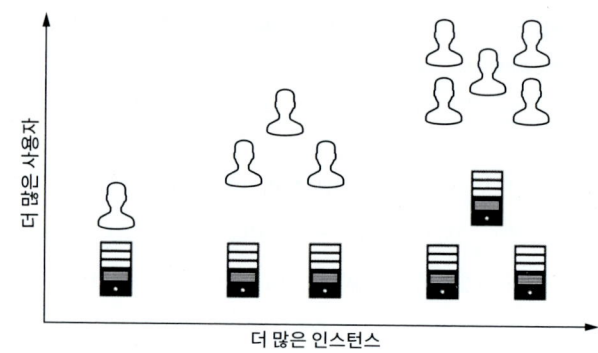

그림 1.3 수평 확장은 요청이 늘어남에 따라 더 많은 컴퓨터를 자원 풀에 추가함을 의미한다

예를 들어, 동일 마이크로서비스의 새로운 인스턴스를 추가해서 초당 ~2×N 요청(여기서 2는 서비스 숫자이며, N은 서비스 하나가 처리할 수 있는 요청 수)을 처리할 수 있게 시스템을 만들 수 있다. 하지만 이는 기반 데이터 접근 계층 역시 확장이 가능한 경우에만 달성할 수 있다.

물론, 새로운 노드가 추가되고 나서 처리량을 크게 개선하지 못하기 때문에 확장성에는 상한 임곗값이 있을 수 있다. 데이터베이스, 큐, 네트워크 대역폭 등과 같은 기반 컴포넌트의 확장성 제약이 이런 제한을 초래할 수 있다.

그럼에도 불구하고 마이크로서비스 아키텍처의 전반적인 확장성은 모놀리스 접근 방식과 비교해 훨씬 더 쉬워지는 경향이 있다. 모놀리스 아키텍처는 몇몇 상한 자원 한계에 부딪히고 나면 그 즉시 수직 확장이 허용되지 않는다.

컴퓨팅 인스턴스에 더 많은 CPU, 메모리, 디스크 용량을 추가하는 방법으로 애플리케이션을 수직으로 확장할 수 있지만(수직 확장), 여기에도 수직 확장이 불가능한 엄격한 한계가 있다. 예를 들어, 모놀리스 애플리케이션을 클라우드에 배포할 때 더 강력한 클라우드 타입 인스턴스(더 많은 CPU나 메모리)를 사용해 배포하는 방식으로 수직 확장을 할 수도 있다. 더 많은 자원을 추가할 수만 있다면 이런 접근 방식도 괜찮다. 하지만 클라우드 서비스 공급자가 어떤 지점에서 더 강력한 컴퓨터를 배포하는 선택지를 제공하지 않을 수도 있으며, 이런 경우에는 (수평으로) 확장하는 편이 훨씬 더 유연하다. 만일 애플리케이션이 N 개 인스턴스로 배포될 수 있는 방식으로 작성되었다면, 서비스의 전체 처리량을 증가시키기 위해 더 많은 인스턴스를 배포할 수 있다.

1.3.2 개발 속도

마이크로서비스 아키텍처에서 작업은 여러 팀에 쉽게 나눠줄 수 있다. 팀 A는 독자적인 마이크로서비스로 구현되는 비즈니스 기능을 대상으로 작업할 수 있다. 동시에 팀 B는 비즈니스 영역의 다른 부분에 초점을 맞출 수 있다. 두 팀의 작업은 독립적이므로 두 팀 다 더 빠르게 움직일 수 있다.

마이크로서비스를 사용하면 코드베이스의 수준에서 조정이 필요하지 않다. 팀은 기술에 대해 독자적인 의사 결정을 내려 더 빠르게 진화할 수 있다. 새로운 팀원이 특정 비즈니스 영역에 대해 작업하는 팀에 합류할 때 시스템을 이해하고 거기서 작업을 시작하는 것이 훨씬 더 쉽다.

배포 과정이 훨씬 더 탄탄한 이유는 개별 팀이 코드베이스를 독립적으로 배포할 수 있기 때문이다. 이런 결과는 위험을 줄이며 더 잦은 배포를 가능하게 만든다. 심지어 팀이 실수로 버그를 만들어내더라도 배포된 변경 사항은 훨씬 더 적다. 이 때문에 잠재적인 문제를 디버깅하는 작업이 훨씬 더 빠르다. 너무 조밀하게 나눠진 마이크로서비스 사이의 통합 과정에서는 오류가 발생할 때 디버깅과 관련된 문제가 일어난다. 이런 경우에는 여러 마이크로서비스를 거쳐 흘러 다니는 요청을 추적할 필요가 있다(http://mng.bz/p2w8 참고).

이와는 반대로, 모놀리스 아키텍처에서 코드베이스는 종종 여러 팀원이 공유하게 된다. 애플리케이션 코드가 저장소 한 곳에 존재하고 애플리케이션이 복잡하면 여러 팀이 저장소를 중심으로 동시에 작업할 수도 있다. 이런 상황에서는 코드에서 충돌이 일어날 가능성이 매우 높다. 따라서 개발 시간의 상당 부분이 이런 충돌을 해소하기 위해 희생될 수도 있다. 물론, 제품의 코드가 모듈화된 방식으로 구조화될 수 있다면 충돌이라는 나쁜 효과를 줄일 수도 있다. 하지만 더 많은 사람이 함께 작업하면 제품의 핵심 코드베이스가 훨씬 더 빠르게 변하기에 코드베이스를 재설정할 필요성도 훨씬 더 자주 생길 것이다. 모놀리스를 마이크로서비스와 비교할 때 마이크로서비스의 전용 비즈니스 영역을 위한 코드가 모놀리스와 비교해 종종 훨씬 더 작아진다는 사실을 쉽게 목격할 수 있다. 따라서 충돌이 훨씬 더 줄어들 확률이 상당히 높다.

모놀리스 애플리케이션에서 배포 빈도는 훨씬 더 적다. 그 이유는 (더 많은 사람이 동시에 작업하므로) 더 많은 기능이 주 코드 브랜치에 합쳐지기 때문이다. 기능이 더 많으면 테스트도 더 오래 걸린다. 동일 릴리스에서 더 많은 기능이 배포됨에 따라 시스템에 버그가 침투할 기회도 늘어난다.

튼튼한 연속적인 통합(또는 연속적인 배포) 파이프라인을 만들어서 이 모든 고통을 줄일 수 있다는 사실에 주목할 필요가 있다. 이런 파이프라인을 더 자주 돌리고 새로운 애플리케이션 버전을 더 자주 빌드할 수 있으며, 매 버전은 훨씬 적은 기능을 포함할 것이다. 새로운 릴리스에 문제가 발생하더라도 문제를 추론하고 디버깅하는 작업이 훨씬 더 쉬워질 것이다. 릴리스에 포함된 새로운 기능 목록이 더 작을 때 기저에 깔린 문제를 훨씬 더 빨리 찾을 수 있다. 이런 잦은 빌드 방식을 새로운 애플리케이션을 빌드하는 빈도가 낮은 릴리스 주기와 비교하면 빌드하는 빈도가 낮은 릴리스는 실제 양산 서비스 목적으로 배포되는 기능을 해당 시점에 더 많이 포함하게 될 것이다. 릴리스 한 번에 더 많은 기능이 포함될수록 잠재적인 문제가 더 많이 생기고, 디버깅도 훨씬 더 어려워질 것이다.

1.3.3 마이크로서비스의 복잡성

일단 모놀리스와 비교해 마이크로서비스의 장점을 알고 나면 단점도 알아야 한다. 마이크로서비스 아키텍처는 구동 부분이 많이 포함된 복잡한 설계다. 작동 중인 서버 목록을 유지하고 네트워크 통신을 라우팅하는 적절한 로드 밸런서가 있으면 확장성을 달성할 수 있다. 기반 서비스는 수직 확장과 수직 축소가 가능하며, 이는 서비스가 등장했다가 사라질 수 있음을 의미한다. 이런 변경 사항을 추적하는 작업은 쉽지 않다. 이렇게 동작하게 만들려면 새로운 서비스 레지스트리 컴포넌트가 필요하다(그림 1.4).

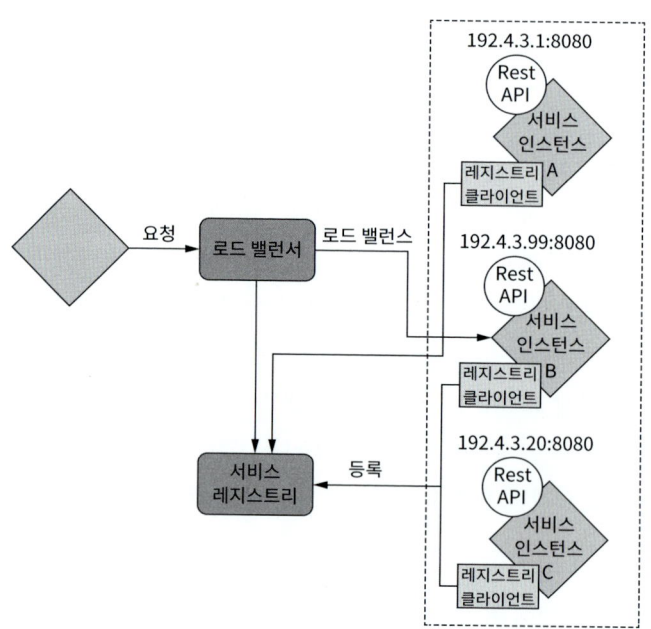

그림 1.4 마이크로서비스 서비스 레지스트리

마이크로서비스마다 서비스 레지스트리에 등록할 책임을 맡은 동작 중인 레지스트리 클라이언트가 있어야 한다. 일단 서비스 인스턴스가 등록되고 나면, 로드 밸런서는 새로운 인스턴스로 네트워크 통신을 라우팅할 수 있다. 서비스 레지스트리는 서비스 인스턴스의 상태를 점검해서 등록 해제 과정을 처리한다. 이것이 배포를 훨씬 더 어렵고 복잡하게 만드는 마이크로서비스 아키텍처의 복잡성 중 하나다.

일단 문제의 장단점을 알고 나면 설계에 대한 바람직한 결정을 내리기 위해 컨텍스트를 추가할 필요가 있다. 컨텍스트상 확장성 면에서 유연성이 높지 않고 개발자 팀이 작다면 모놀리스 아키텍처가 적합하다는 결정을 내릴 수도 있다. 심지어 이 책의 모든 장은 설계 선택을 평가하기 위해 이번 장에서 제시된 과정과 유사한 과정을 따른다. 즉, 각 설계의 장단점을 찾고, 컨텍스트를 추가하고, 특정 컨텍스트에서 어떤 설계가 훨씬 더 바람직할지 묻는 질문에 대해 대답한다.

이번 장에서는 이 책에서 다룰 설계 트레이드오프 유형에 대한 예를 소개했다. 애플리케이션을 위한 단위 테스트와 통합 테스트의 비율을 선택하는 과정에서 저수준의 트레이드오프에 대해 배웠다. 또한 사용되는 컨텍스트에 따라 싱글턴과 같은 실전에서 증명된 패턴이 최선의 선택이 아닐 수 있다는 사실도 논했다. 예를 들어 스레드 경쟁을 초래하는 멀티스레드 환경에서 싱글턴은 시스템의 성능에 영향을 미칠 수 있다. 마지막으로 고수준 설계 선택의 예로서 마이크로서비스와 모놀리스 아키텍처 디자인 패턴을 살펴봤다.

다음 장에서는 코드 중복과 재사용성의 트레이드오프를 자세히 살펴볼 것이다. 컨텍스트에 따라 코드 중복이 항상 나쁘지만은 않다는 점을 살펴볼 것이다.

요약

- 소프트웨어 개발 과정에서 유한한 시간이 주어질 때 단위 테스트 또는 통합 테스트를 다루는 설계 추이를 고려할 필요가 있다.
- (싱글턴과 같이) 실전에서 증명된 저수준의 코드 설계 패턴은 애플리케이션의 컨텍스트에 따라 (예를 들어 스레드 안정성 관점에서) 좋은 설계 선택이 아닐 수 있다.
- 고수준 마이크로서비스 아키텍처가 모든 문제에 맞아떨어지지는 않으므로 아키텍처 설계 선택을 평가하기 위한 프레임워크가 필요하다.

02

코드 중복 대 유연성 – 코드 중복이 항상 나쁘지만은 않다

이 장에서 다루는 내용

- 독립적인 코드베이스 사이에서 공통 코드 공유
- 코드 중복, 유연성, 배포 사이에서 트레이드오프
- 코드 중복이 느슨한 결합을 제공하는 현명한 선택이 되는 시점

DRY(Don't Repeat Yourself) 원칙은 가장 잘 알려진 소프트웨어 공학 규칙이다. 이 규칙의 핵심 아이디어는 중복된 코드를 제거해서 버그를 더 적게 만들고 소프트웨어의 더 나은 재사용성을 이끄는 것이다. 하지만 가능한 모든 시스템을 구축하는 과정에서 DRY 원칙에 지나치게 집중하는 것은 위험할 수 있으며 많은 복잡성을 숨길 수 있다. 구축 중인 시스템이 모놀리스라면, 즉 전체 코드베이스가 대부분 저장소 하나에 위치한다면 DRY 원칙을 따르기가 훨씬 더 쉽다.

오늘날 진화된 시스템에서 우리는 다양한 컴포넌트가 포함된 분산 시스템을 구축하려는 경향이 있다. 이런 아키텍처에서 코드 중복을 줄이려는 선택은 예를 들어 컴포넌트 사이에 강한 결합을 초래하거나, 팀의 개발 속도를 떨어뜨리거나, 여러 장소에서 사용될 코드가 있을 경우 이를 변경하려면 많은 조정이 필요하다는 등의 더 많은 트레이드오프를 불러 일으킨다. 조정이 필요한 곳에서 비즈니스 가치를 전달하는 과정은 느려진다. 이 장은 코드 중복과 관련된 패턴과 트레이드오프를 파고들 것이다. 우리는 코드 중복이 합리적인 트레이드오프일 때가 언제고 코드 중복을 회피해야 하는 때는 언제인지 대한 질문에 답하려 노력할 것이다.

이 장에서는 두 코드베이스에서 몇몇 중복된 코드로 시작할 것이다. 다음으로 공유 라이브러리를 사용해 중복을 줄일 것이다. 마지막으로, 이런 동작 방식을 캡슐화하는 마이크로서비스를 사용해 공통 기능을 추출하기 위한 다양한 접근 방법을 사용할 것이다. 이런 예를 들고 나서 코드에서 중복을 줄이기 위한 패턴으로서 상속을 고려할 것이다. 하지만 우리는 이 과정에서 무시할 수 없는 비용이 든다는 사실을 확인할 것이다.

2.1 코드베이스 사이의 공통 코드와 중복

우리는 마이크로서비스 아키텍처 컨텍스트에서 코드를 공유할 때 처음으로 부딪히는 설계 문제를 분석할 수 있다. 두 팀이 존재하는 시나리오를 상상해보자. 팀 A는 Payment 서비스를 작업하고, 팀 B는 Person 서비스를 작업한다. 그림 2.1은 이런 시나리오를 보여준다.

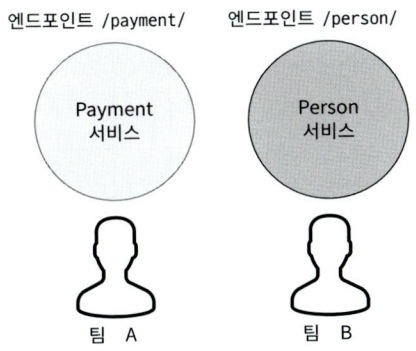

그림 2.1 Payment와 Person이라는 독립적인 두 서비스

Payment 서비스는 /payment URL 엔드포인트로 HTTP API를 외부에 공개한다. Person 서비스는 /person 엔드포인트로 비즈니스 로직을 외부에 공개한다. 두 코드베이스가 동일 프로그래밍 언어로 작성되었다고 가정하자. 이 시점에서 두 팀은 작업을 진행 중이며, 빠르게 소프트웨어를 배포할 수 있다.

여기서 높은 개발 회전율(속도)이 가장 중요한 이유는 팀 사이의 동기화가 필요하지 않기 때문이다. 심지어 암달의 법칙(Amdahl's law)을 사용해 동기화가 소프트웨어 배포 과정의 전체 시간에 어떻게 영향을 주는지도 계산할 수 있다. 이 공식에 따르면 동기화가 덜 필요할수록(따라서 작업 과정에서 병렬로 처리할 수 있는 영역이 더 많아진다) 문제를 해결하기 위해 더 많은 자원을 추가해서 얻는 이익도 더 커진다. 그림 2.2는 이런 원리를 보여준다.

예를 들어, 시간의 50퍼센트 동안 작업을 병렬로 진행할 수 있으면(그리고 이 50퍼센트 시간은 동기화를 요구한다), 자원(그림에서 프로세서의 수)을 추가해도 처리 속도가 상당한 수준까지 향상되지는 못한다. 그럼에도 불구하고 작업을 더 많이 병렬화하고 동기화 부하가 줄어들수록 더 많은 자원을 추가해서 얻는 처리 속도도 높아진다.

암달의 공식을 사용해 병행 처리의 병렬성과 새로운 코어를 추가함으로써 얻는 이익을 계산할 수 있지만, 특정 작업을 수행하는 팀원들의 경우에도 이를 적용할 수 있다(http://mng.bz/OG4R). 팀의 병렬성을 감소시키는 동기화는 회의, 문제 병합, 전체 팀이 개입할 필요가 있는 다른 행위에 소비되는 시간으로 생각할 수 있다.

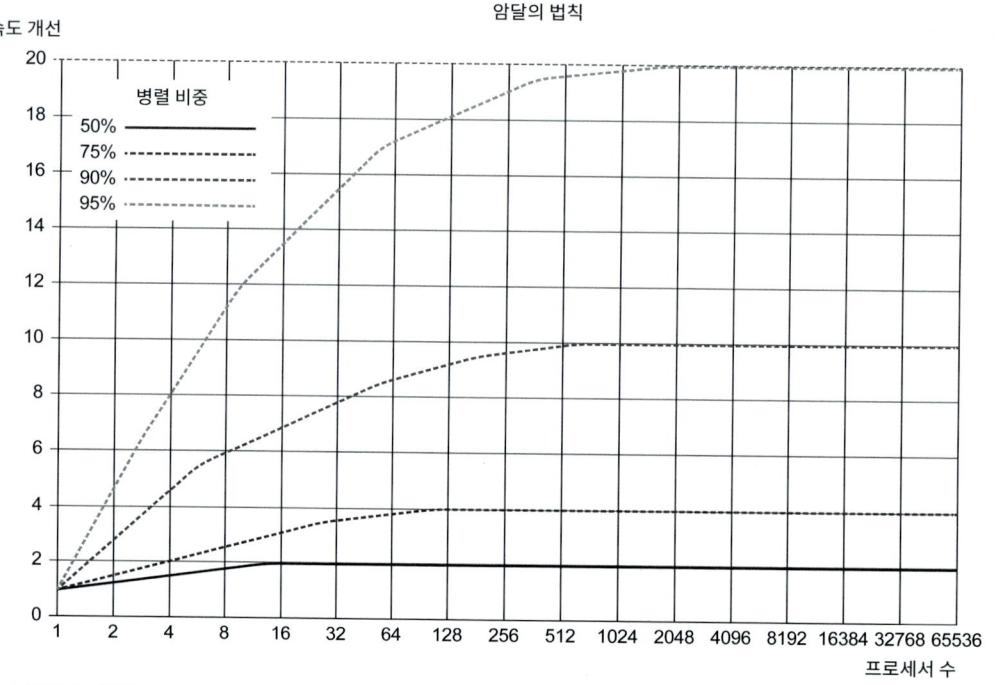

그림 2.2 암달의 법칙은 병렬화 가능한 작업 비율에 따라 전반적인 시스템에서 기대되는 개선 수준의 최대치를 계산한다.

코드가 중복될 때 두 팀이 독립적으로 개발하면 팀 사이에 동기화가 필요하지 않다. 팀원을 팀에 추가하면 효율이 높아진다. 이런 상황은 코드 중복을 줄일 때 두 팀이 동일한 코드를 수정하면서 서로를 차단하는 경우와는 차이가 있다.

2.1.1 코드 중복을 요구하는 새로운 비즈니스 요구사항 추가

두 서비스를 개발하고 나서 시간이 지나면 양쪽 HTTP API에 인가(authorization)를 추가하기 위한 새로운 비즈니스 요구사항이 생긴다. 두 팀에서 처음으로 선택한 방식은 인가 컴포넌트를 양쪽 코드베이스에 구현하는 것이다. 그림 2.3은 변경된 아키텍처를 보여준다.

두 팀은 유사한 인가 컴포넌트를 개발하고 유지보수한다. 하지만 두 그룹의 작업은 여전히 독립적이다.

이 시나리오에서 토큰 기반의 인증이라는 단순화된 버전을 사용하지만 이 해법은 재전송 공격(replay attack, http://mng.bz/YgYB)에 취약하므로 실제 양산 서비스 목적으로는 적합하지 않다는 사실에 주의하자. 이 장에서는 논의할 핵심 사안을 모호하게 하지 않을 목적으로 단순화된 버전을 사용하고 있다. 보안을 제대로 지키기가 어렵다는 사실은 강조할 만한 가치가 있다. 각 팀이 독립적으로 작업한다면 두 팀이 보안을 올바르게 지킬 확률은 상대적으로 낮다. 공유 라이브러리를 개발하는 과정이 더 오래 걸릴지라도 보안 관련 사고를 회피한다는 긍정적인 면이 상당히 중요할 수도 있다.

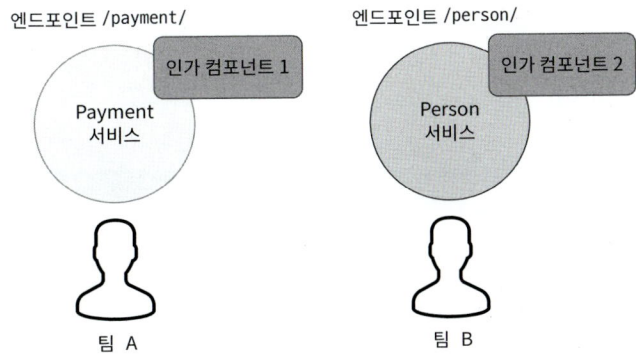

그림 2.3 새로운 인가 컴포넌트

2.1.2 새로운 비즈니스 요구사항 구현

Payment 서비스를 살펴보자. 이 서비스는 /payment라는 Payment HTTP 엔드포인트를 외부에 공개한다. 다음 코드처럼 주어진 토큰에 대한 모든 Payment를 인출하기 위해 @GET 자원 하나만 사용한다.

코드 2.1 /payment 엔드포인트 구현

```
@Path("/payment")   ← ① Payment 마이크로서비스를 위한 인터페이스를 외부에 공개한다
@Produces(MediaType.APPLICATION_JSON)
@Consumes(MediaType.APPLICATION_JSON)
```

```
public class PaymentResource {

  private final PaymentService paymentService = new PaymentService();
  private final AuthService authService = new AuthService();    ← ②AuthService 인스턴스를 생성한다

  @GET
  @Path("/{token}")
  public Response getAllPayments(@PathParam("token") String token) {
    if (authService.isTokenValid(token)) {    ← ③AuthService를 사용해 토큰을 검증한다
      return Response.ok(paymentService.getAllPayments()).build();
    } else {
      return Response.status(Status.UNAUTHORIZED).build();
    }
  }
}
```

코드 2.1에서 볼 수 있듯이, AuthService는 토큰을 검증하므로 호출자는 모든 Payment 내역을 반환하는 Payment 서비스를 연이어 수행한다. 현실 세계에서 AuthService는 로직이 훨씬 더 복잡할 것이다. 다음 코드에서 단순화된 버전을 살펴보자.

코드 2.2 인가 서비스 생성

```
public class AuthService {

  public boolean isTokenValid(String token) {
    return token.equals("secret");
  }
}
```

> **참고**
>
> 현실 세계에서 두 팀이 정확히 동일 인터페이스, 메서드 이름, 시그니처를 고안할 가능성은 희박하다. 초기에 코드를 공유하기로 결정할 경우에 얻을 수 있는 장점은 두 구현이 다른 방향으로 갈 시간이 줄어드는 것이다.

다른 팀은 HTTP /person 엔드포인트를 외부에 공개하는 서비스를 개발하고 있다. 이 서비스 또한 다음 코드처럼 토큰 기반의 인가를 수행한다.

코드 2.3 /person 엔드포인트 구현

```java
@Path("/person")          ← ①Person 마이크로서비스를 위한 인터페이스를 외부에 공개한다
@Produces(MediaType.APPLICATION_JSON)
@Consumes(MediaType.APPLICATION_JSON)
public class PersonResource {

    private final PersonService personService = new PersonService();
    private final AuthService authService = new AuthService();   ← ②AuthService 인스턴스를 생성한다

    @GET
    @Path("/{token}/{id}")
    public Response getPersonById(@PathParam("token") String token,
        @PathParam("id") String id) {
        if (authService.isTokenValid(token)) {   ← ③AuthService를 사용해 토큰을 검증한다
            return Response.ok(personService.getById(id)).build();
        } else {
            return Response.status(Status.UNAUTHORIZED).build();
        }
    }
}
```

이 Person 서비스 역시 `AuthService`를 통합한다. 이 Person 서비스는 사용자가 제공한 토큰을 검증하고 `PersonService`를 사용해 `Person`을 인출한다.

2.1.3 결과 평가

이 시점에서 두 팀이 독립적으로 개발을 진행하고 있으므로 코드와 작업에 중복이 생긴다.

- 중복은 더 많은 버그와 실수를 유발할 수 있다. 예를 들어, Person을 개발하는 팀이 인가 컴포넌트에서 버그를 수정하더라도 Payment를 개발하는 팀이 동일한 실수를 저지르지 않는다는 보장은 없다.
- 독립적인 코드베이스 사이에서 동일하거나 유사한 코드가 중복될 때 개발자들 사이에 지식 공유가 일어나지 않는다. 예를 들어, Person을 개발하는 팀이 토큰 계산 과정에서 버그를 발견하고 팀 내 코드베이스에서 수정한다. 불행히도, 이런 수정은 Payment 개발 팀의 코드베이스까지 자동으로 전파되지 못한다. Payment를 개발하는 팀은 Person을 개발하는 팀과 독립적으로 한참 후에나 이 버그를 수정할 것이다.
- 조정 없는 작업은 더 빠르게 진도가 나갈 수 있다. 그렇다고 하더라도 두 팀이 유사하게 수행한 작업이 상당히 많을 수도 있다.

현실은 처음부터 맨땅에서 로직을 구현하는 대신 OAuth(https://oauth.net/2/) 또는 JWT(https://jwt.io/)와 같이 실전에서 검증된 인증 전략을 사용할 가능성이 높다는 것이다. 이런 검증된 전략은 마이크로서비스 아키텍처의 컨텍스트에서 훨씬 더 유용하다는 사실이 증명된다. 두 방법은 여러 서비스가 다른 서비스에서 제공하는 특정 서비스의 자원에 접근하기 위해 인증을 해야 할 상황에서 여러 가지 장점을 제공한다. 여기서 구체적인 인증과 인가 전략에 초점을 맞추지는 않을 것이다. 그 대신 유연성, 유지 보수성, 복잡성과 같은 코드 측면에 초점을 맞출 것이다. 다음 절에서는 공통 코드를 공유 라이브러리로 추출하는 방법으로 중복을 해결하는 방법을 살펴볼 것이다.

2.2 라이브러리, 그리고 코드베이스 사이에서 코드 공유

독립적인 두 코드베이스 사이에 상당한 분량의 코드가 중복되어 두 팀이 공통 코드를 찾아내 독자적인 라이브러리로 추출하기로 결정했다고 가정하자. 인가 서비스 코드를 독립적인 저장소로 추출할 것이다. 한 팀은 새로운 라이브러리를 위한 배포 프로세서를 만들 필요가 있다. 가장 일반적인 시나리오는 제이프로그(JFrog)의 아티팩토리(Artifactory, https://jfrog.com/open-source/)와 같은 외부 저장소 관리자에 라이브러리를 올리는 방법이다. 그림 2.4는 이런 시나리오를 보여준다.

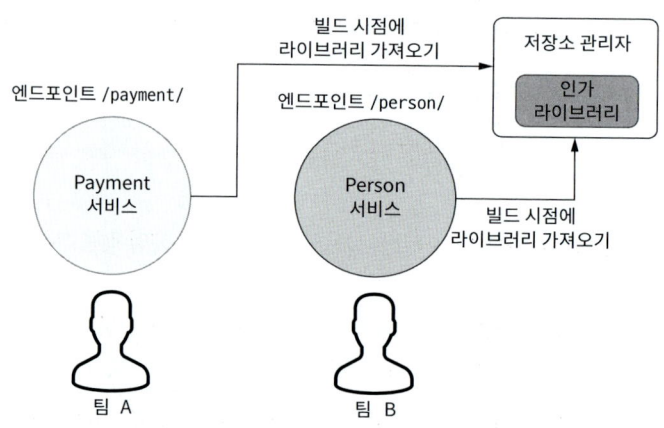

그림 2.4 저장소 관리자에서 공통 라이브러리 가져오기

일단 공통 코드를 저장소 관리자에 올리고 나면 두 서비스는 빌드 시점에 라이브러리를 가져와서 거기에 담긴 클래스를 사용할 수 있다. 이런 접근 방법을 사용해 한 장소에 라이브러리를 저장함으로써 코드 중복을 제거할 수 있다.

중복을 제거함으로써 얻는 명백한 이점 중 하나는 코드의 전반적인 품질 개선이다. 공통 라이브러리를 저장하면 팀 사이에 협력이 가능해지고 동일 코드베이스를 향상시킨다. 이런 이유로 인해 버그 하나가 수정되면 즉시 라이브러리를 사용하는 모든 클라이언트 코드에 반영되므로 작업을 중복해서 진행할 필요가 없다. 이런 접근 방법을 선택하기로 결정했다면 고려할 필요가 있는 단점과 트레이드오프를 살펴보자.

2.2.1 공유 라이브러리의 트레이드오프와 단점 평가하기

일단 새로운 라이브러리를 추출하면 이는 독자적인 코딩 스타일, 배포 과정, 코딩 관례를 따르는 새로운 엔티티가 된다. 이런 컨텍스트에서 라이브러리는 (자바의 JAR, 윈도우 플랫폼의 DLL, 리눅스 플랫폼의 .so 파일 등) 패키지로 묶인 코드를 의미하며, 여러 프로젝트에 사용될 수 있다. 팀이나 개인이 새로운 코드베이스에 대해 책임져야 한다. 누군가는 개발 과정을 설정하고, 프로젝트 코드 품질을 검증하고, 새로운 기능을 개발하는 등의 작업을 수행해야 한다. 하지만 고정 비용이 들기 마련이다.

공유 라이브러리를 포용하기로 결정하면 코딩 관례, 배포 등을 포함해 공유 라이브러리를 위한 개발 과정을 수립해야 한다. 하지만 일단 한번 개발 과정을 만들고 나면 여러 차례 적용할 수 있게 된다. 첫 번째로 만든 공유 라이브러리를 추가하는 비용은 높을 수 있지만, 두 번째로 만든 공유 라이브러리를 추가하는 비용은 훨씬 더 적을 것이다.

이런 접근 방법의 가장 분명한 트레이드오프는 새로운 라이브러리를 만드는 언어가 클라이언트를 만들기 위해 사용되는 언어와 동일할 필요가 있다는 것이다. 예를 들어, Payment와 Person 서비스가 파이썬 또는 자바와 같이 다른 언어를 사용해 개발되고 있다면 새로운 라이브러리 적용은 실현 가능성이 떨어진다. 하지만 현실 세계에서 이것이 크게 문제가 되지 않는 이유는 서비스들은 동일 언어나 유사 언어 집합(예: JVM 기반 언어들)을 사용해서 만들어지기 때문이다.

다양한 기술을 사용해 작성되는 서비스들의 생태계를 만드는 것도 가능하다. 하지만 그럴 경우 전체 시스템의 복잡도를 상당히 높인다. 이는 또한 개발자에게 다양한 기술에 대한 전문성을 요구한다는 의미이기도 하다. 또한 다양한 기술 스택별로 존재하는 빌드 시스템, 패키지 관리자와 같은 여러 가지 도구를 사용해야 한다. 선택된 언어에 따라 그 언어를 둘러싼 다양한 생태계가 존재한다.

> **오픈 소스 기여**
>
> JVM 생태계에는 다양한 라이브러리를 개발하고 유지하는 활기찬 오픈 소스 공동체가 존재한다. 독립적인 라이브러리를 추출하려고 결정하기 앞서, 문제를 해결하는 오픈 소스 라이브러리가 이미 존재하는지 찾기 위해 약간의 조사를 해야 한다. 하지만 요구사항을 충족하기 위해 개작하거나 확장할 필요가 생길 수도 있다.
>
> 유사한 라이브러리가 존재하지 않을 경우 여러분의 코드를 오픈 소스에 기부할 수도 있다. 이미 존재하는 오픈 소스 프로젝트에 기부하는 방법으로 다른 잠재적인 사용자들에게 여러분의 코드를 제공할 수 있다. 또한, 여러분의 코드를 무료로 배포하거나 홍보할 수도 있다. 그러고 나면 다른 사람들이 또한 여러분의 라이브러리를 찾아내어 코드를 재사용할 기회를 얻게 된다.

종종 (C와 같은) 다른 언어로 라이브러리를 작성해서 구현을 위해 선택한 언어의 네이티브 인터페이스 (예: JNI, Java Native Interface)로 감싸는 방식도 가능하다. 하지만 이런 접근 방법이 문제가 될 수 있는 이유는 우리의 코드가 다른 간접 계층을 요구할 것이기 때문이다. 네이티브 인터페이스에 감싸인 코드는 운영 체제 사이에서 호환성이 떨어지거나 (자바 메서드 호출과 비교해) 메서드 호출이 느려질 수 있다. 이런 이유 때문에 이후 설명에서는 동일한 기술 스택을 갖춘 생태계에 초점을 맞춘다고 가정하자.

새로운 라이브러리는 회사 내에 퍼트려 다른 팀에게도 존재를 알리고, 필요할 경우 다른 팀이 사용하게끔 만들 필요가 있다. 그렇지 않으면 결국 몇몇 팀은 이 새로운 라이브러리를 사용하고 다른 팀은 여전히 중복된 코드로 작업하는 혼재된 상황에 처하게 된다.

저장소 관리자는 공유 라이브러리를 위한 멋진 장소지만, 이 라이브러리를 위한 문서화를 제대로 유지보수할 필요도 있다. 종종 좋은 테스트 커버리지는 다른 개발자들이 라이브러리에 대해 훨씬 더 쉽게 기여할 수 있게 돕는다. 다른 개발자들이 사용 가능하거나 실험 가능한 테스트 스위트가 있다면 라이브러리 활용과 기여를 북돋울 것이다. 주목해야 하는 다른 주요 사안은 문서가 금방 구식이 될 수 있다는 것이다. 따라서 주기적으로 문서를 업데이트해야 한다.

테스트 또한 유지보수가 돼야 하고 코드에 맞춰 갱신될 필요도 있는데, 테스트는 사내에서 라이브러리를 위한 좋은 마케팅 도구가 되며, 라이브러리의 전반적인 품질과 관련해 잠재적인 사용자를 설득하는 도구로 사용할 수 있다. 물론 코드 중복이라는 접근 방법을 선택하면 모든 장소에서 중복된 코드를 테스트해야 한다. 이는 또한 중복된 테스트 코드를 유지해야 함을 의미한다.

테스트 커버리지가 훌륭하다는 장점이 라이브러리를 위한 문서를 유지하지 않아도 된다는 변명이 되어서는 안 된다. 학습 목적에 맞춰 특별히 작성되지 않는 이상, 테스트를 살피면서 새로운 라이브러리 사용 방법에 대해 배우려고 시도할 때 어려움을 겪을 수 있다. 테스트는 필수 항목에 국한하지 않고 라이브러리 사용법을 포괄적으로 다룰 필요가 있다. 테스트는 특정 질문에 대해 답을 주는 과정에 도움을 줄 수도 있지만, 예제로 학습을 돕는 페이지나 시작 가이드만큼 유용하지는 않다.

2.2.2 공유 라이브러리 생성

라이브러리를 생성할 때 단순함을 추구하기 위해 노력해야 한다. 이는 타사 라이브러리에 의존할 필요가 있을 때 가장 중요한 사안이다. 우리의 인가 컴포넌트가 인기 있는 자바 라이브러리인 구글 구아바(Guava, https://github.com/google/guava)에 의존할 필요가 있어 이 의존성을 명시적으로 선언해야 한다고 가정하자. Payment 서비스는 새로운 인가 라이브러리를 임포트할 때 구글 구아바에 대한 추이 의존성 역시 포함할 것이다. Payment 서비스가 버전이 다른 구글 구아바에 직접 의존하는 또 다른 타사 라이브러리를 임포트할 필요가 있을 때까지 모든 것이 잘 동작할 것이다. 그림 2.5는 이런 시나리오를 보여준다.

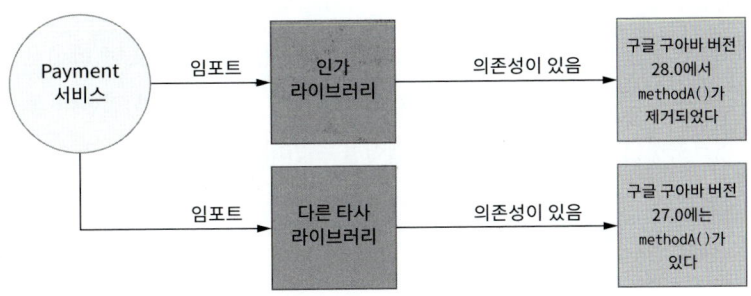

그림 2.5 Payment 서비스를 구현하기 위해 필요한 추이 의존성

이런 상황에서 Payment 서비스에는 동일 라이브러리의 두 가지 버전이 존재할 것이다. 기반 라이브러리의 주 버전이 다르다면 더욱 문제가 커진다. 이런 상황은 이진 호환성이 가능하거나 가능하지 않을 수도 있다는 것을 의미한다. 게다가 두 라이브러리가 classpath에 존재한다면 적절히 구성하지 않는 이상 빌드 시스템(예: 메이븐(Maven)이나 그래들(Gradle))은 종종 새로운 버전을 자동으로 선택한다. 예를 들어, 타사 라이브러리 코드가 구아바의 예전 버전에 의존하며 새로운 버전에 없는 `methodA()`를 호출하는 상황이 벌어질 수도 있다. 구성이 어떤 버전을 사용할지 지정하지 않을 경우 빌드 도구는 라이브러리의 더 최신 버전을 고를지도 모른다. 이와 같은 경우에 `MethodNotFound`나 이와 유사한 예외가 발생할 수 있다. 이런 상황이 벌어지는 이유는 타사 라이브러리가 `methodA()`가 포함된 구아바 버전 27.0을 기대하지만, 빌드 도구는 구아바 버전 28을 선택했기에 타사 라이브러리가 반드시 28 버전을 사용해야만 하기 때문이다. 이는 앞서 언급한 문제를 일으킨다.

이런 충돌은 해소하기가 어렵고 조직 내 다른 팀이 여러분이 추출한 라이브러리를 사용하려는 의욕을 꺾어버릴 수 있다. 따라서 여러분의 라이브러리는 최대한 직접적인 의존성을 적게 가져가려고 노력해야 한다. 시스템을 위한 라이브러리를 선택할 때 고려해야 할 결정사항을 집중적으로 알아보는 9장과 12장에서 이 내용을 추가로 설명할 것이다.

앞서 소개한 시나리오에서 새롭게 추출된 라이브러리는 Payment와 Person 서비스 양쪽에서 사용될 것이라고 가정한다. 이 시점에는 인가 서비스 자체를 맡은 전담 팀이 없으므로 두 팀이 새로운 인가 라이브러리 개발에 관여할 것이다. 이런 라이브러리를 개발하려면 양쪽 팀의 팀원들 사이에 계획과 조정이 필요할 것이다.

2.3 독립적인 마이크로서비스로 코드 추출

라이브러리를 사용해 코드를 공유하는 방식은 좋은 출발점이지만, 2.2.1절에서 트레이드오프와 단점을 살펴봤듯이 몇 가지 문제점이 존재한다. 먼저, 라이브러리를 작업하는 개발자들은 호환성과 다른 요소에 신경 써야 한다. 개발자들은 자유롭게 타사 라이브러리를 사용할 수 없다. 또한 라이브러리 코드를 임포트한다는 행위는 의존성 수준에서 여러분의 코드와 라이브러리 사이에 강한 결합이 존재한다는 의미다. 그렇다고 해서 마이크로서비스 아키텍처가 강한 결합을 수반하지 않는다는 뜻은 아니며, 마이크로서비스 역시 요청 형식 등과 같은 API 수준에서 결합도가 높아질 수 있다. 라이브러리에서 결합도는 마이크로서비스 아키텍처와는 다른 영역에 존재한다.

만일 중복된 기능이 독립적인 비즈니스 도메인으로 포착될 수 있다면 HTTP API로 이런 기능을 외부에 공개하는 또 다른 마이크로서비스를 생성하는 방식을 고려할 수 있다. 예를 들어, 초기에 다른 곳에서 구현된 기능을 추출해서 제공하는 독립적인 비즈니스 도메인을 정의할 수 있다. 우리의 인가 컴포넌트가 이를 위한 훌륭한 후보인 이유는 토큰의 유효성을 검증하는 직교적인 기능을 제공하며, 이를 구현한 Authorization 서비스가 독자적인 비즈니스 도메인에 속하기 때문이다. 사용자 이름과 암호를 포함한 사용자 엔티티처럼 이렇게 새로운 서비스가 처리할 비즈니스 엔티티를 찾을 수 있다.

> **참고**
>
> 우리의 예제는 조금 단순화되었지만, 종종 인가 로직은 (데이터베이스에 들어 있는) 다른 정보에 접근할 필요가 있다. 이런 상황에서, 예를 들어 접근 허가가 데이터베이스에 저장되어 있을 때 로직을 독립적인 마이크로서비스로 추출하려는 시도가 훨씬 더 합리적이다. 예제를 단순화하기 위해 우리의 인가 로직은 외부 서비스에 대한 접근을 요구하지 않는다.

새로운 서비스를 추가하는 작업은 무시할 수 없는 노력이 필요하다. 개발뿐만 아니라 유지보수와도 관련이 있다. Authorization 서비스는 명백히 독립적인 비즈니스 모델을 포함한 독자적인 비즈니스 도메인에 속한다. 인가 기능은 기존 플랫폼과 직교적이다. Person과 Payment 서비스 모두 인가 기능과는 관련이 없다. 이런 정당성을 이해하면서 인가 서비스 구현 방식을 살펴보자. 그림 2.6은 세 서비스 사이의 관계를 보여준다.

그림 2.6에서 볼 수 있듯이, 새로운 아키텍처에는 HTTP API를 사용해 각각과 연결된 세 가지 독립적인 마이크로서비스가 존재한다. 이는 Person과 Payment 서비스가 토큰의 유효성을 검증하기 위해 추가적인 요청을 수행할 필요가 있음을 의미한다. 애플리케이션에 고성능 요구사항이 존재하지 않는다면 추가적인 HTTP 호출은 문제가 되지 않아야 한다(추가적인 호출 요청은 클러스터 내부나 **폐쇄망**에서 일어난다고 가정하며 지구 반대편에 있을지도 모르는 인터넷상의 임의 서버에 대한 통신은 고려하지 않는다).

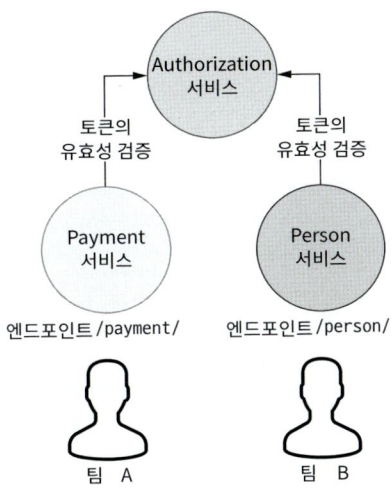

그림 2.6 Person과 Payment 서비스에 대한 Authorization 서비스의 관계

이런 새로운 해법을 사용하면 기존에 중복되거나 라이브러리에 추출되었던 Authorization 서비스 로직은 /auth 엔드포인트로 접근 가능한 HTTP API를 사용해 추상화될 것이다. 우리의 클라이언트는 토큰의 유효성을 검증하기 위해 요청을 보낼 것이고, 검증이 실패하면 401 Unauthorized라는 HTTP 응답 코드가 반환된다. 토큰이 유효하면 HTTP API는 401 대신 200 OK라는 상태 코드를 반환한다. 다음 코드는 새롭게 /auth 엔드포인트 형태로 변경된 Authorization 서비스를 보여준다.

코드 2.4 /auth 엔드포인트 구현

```
@Path("/auth")
@Produces(MediaType.APPLICATION_JSON)
@Consumes(MediaType.APPLICATION_JSON)
public class AuthResource {

  private final AuthService authService = new AuthService();

  @GET
  @Path("/validate/{token}")
```

```java
    public Response getAllPayments(@PathParam("token") String token) {
      if (authService.isTokenValid(token)) {
        return Response.ok().build();
      } else {
        return Response.status(Status.UNAUTHORIZED).build();
      }
    }
  }
```

`AuthService`는 여전히 토큰의 유효성 검증 로직을 캡슐화하고 있으므로 이제 라이브러리 호출을 대신해 HTTP 요청을 수행한다. AuthService 요청을 처리하는 코드는 외부의 전용 Authorization 마이크로서비스 저장소에 존재할 것이다. Payment와 Person 서비스는 더 이상 인가 라이브러리를 직접 임포트할 필요가 없고 코드베이스에서 이 로직을 구현할 필요도 없다. 두 서비스 모두 토큰의 유효성을 검증하기 위해 /auth 엔드포인트로 HTTP 요청을 보내는 HTTP 클라이언트만 필요할 뿐이다. 다음 코드는 외부의 전용 Authorization 마이크로서비스로 요청을 보내기 위한 코드를 보여준다.

코드 2.5 외부의 전용 AuthorizationService로 HTTP 요청 전송

```java
// 독립적인 서비스로 요청 전송
public boolean isTokenValid(String token) throws IOException {
  CloseableHttpClient client = HttpClients.createDefault();
  HttpGet httpGet = new HttpGet("http://auth-service/auth/validate/" + token);
  CloseableHttpResponse response = client.execute(httpGet);   // ① 외부의 전용 AuthorizationService로 HTTP 요청을 전송한다
  return response.getStatusLine().getStatusCode() == HttpStatus.SC_OK;
}
```

코드 2.5에서 HTTP 요청을 수행하는 HTTP 클라이언트를 만들었다. 현실 세계 시스템에서 열린 연결과 자원 소비를 줄이기 위해 호출과 컴포넌트 사이에서 클라이언트가 공유될 것이다.

HttpClient(https://hc.apache.org/)는 토큰의 유효성을 검증하기 위해 HTTP GET 요청을 수행한다. 응답 상태 행이 OK 상태 코드와 일치하면 토큰이 유효하다는 의미다. 그렇지 않으면, 토큰은 유효하지 않다.

> **참고**
>
> Authorization 서비스는 auth-service DNS를 사용해 외부에 공개될 수 있다. 또한 유레카(Eureka, https://github.com/Netflix/eureka), 콘술(Consul, https://www.consul.io/) 등과 같이 다양한 서비스 발견 메커니즘을 사용할 수도 있다. auth-service는 정적 IP를 사용해서 외부에 공개될 수도 있다.

2.3.1 독립적인 서비스의 트레이드오프와 단점 살펴보기

독립적인 마이크로서비스는 공통 코드를 독립적인 라이브러리로 추출할 때 부딪힌 문제점 중 몇 가지를 바로잡는다. 독립적인 라이브러리라는 접근 방법은 마이크로서비스를 사용하는 팀과는 다른 마음가짐을 수반한다. 코드베이스에 라이브러리를 임포트할 때 이 코드는 당신의 코드가 되며, 거기에 대한 책임을 져야 한다. 또한 이런 공통 라이브러리를 사용하면 독립적인 마이크로서비스를 사용하는 경우와 비교해 강한 결합이 수반된다.

다른 마이크로서비스와 통합할 때 해당 마이크로서비스를 블랙박스처럼 취급할 수 있다. 유일한 통합 지점은 API이며, HTTP 또는 다른 프로토콜이 될 수 있다. 이론적으로는 라이브러리도 유사하게 취급될 수 있다. 안타깝게도 2.2절에서 실제로는 라이브러리를 블랙박스로 취급할 수 없는 이유가 코드에 파고드는 의존성 때문임을 확인했다.

마이크로서비스 호출은 실제 코드를 수행하기 위해 사용되는 클라이언트 라이브러리에 새로운 의존성을 추가할 필요가 생길 수도 있음을 의미한다. 이론적으로는, 결국 직전 절에서 설명한 동일한 추이 의존성 문제로 귀결될 수 있다. 여기서 다시 한번 현실을 생각해보자면, 대다수 마이크로서비스는 다른 서비스를 호출하기 위해 클라이언트 라이브러리를 반드시 사용해야만 한다. 이는 사용하는 프로토콜에 따라 HTTP 클라이언트나 (gRPC와 같은) 다른 유형의 클라이언트가 될 수도 있다. 따라서 여러분의 서비스에서 마이크로서비스를 호출할 필요가 있을 때 통일성을 위해 아마도 동일한 HTTP 클라이언트를 사용할 것이다. 이런 이유로 매번 호출된 서비스를 위한 추가적인 의존성이라는 문제는 존재하지 않는다.

우리의 인가 서비스를 독자적인 API가 존재하는 분리된 마이크로서비스로 생각해보자. 이미 라이브러리 접근 방법의 몇 가지 문제점을 해결해주는 상황을 살펴봤다. 하지만 반면에 독립적인 마이크로서비스로 유지하기 위해서는 엄청난 노력이 들어간다. 마이크로서비스 접근 방법을 사용하면 단순히 서비스와 인가 로직을 코딩하는 작업 이외에도 추가적인 작업을 수행할 필요가 있다.

독립적인 마이크로서비스는 코드를 클라우드나 온프레미스 기반에 올리기 위한 배포 과정을 생성할 필요가 있음을 의미한다. 물론 라이브러리 또한 배포 과정이 필요하지만, 훨씬 더 직관적이다. JAR 파일을 패키지로 묶어서 저장소 관리자에 배포하기만 하면 된다. 누군가는 마이크로서비스의 정상 동작을 모니터링하고, 몇 가지 문제가 있을 경우 대응할 필요가 있다. 배포, 유지보수, 모니터링 등을 위한 프로세스를 만드는 비용은 선불로 비싸게 치러야 한다. 하지만 일단 이런 프로세스가 자리를 잡고 나면 뒤를 이어 마이크로서비스를 개발하는 작업은 훨씬 더 쉽고 빠르게 진행할 수 있다(마찬가지로 라이브러리를 위해서도 선불로 비용을 치러야 한다). 독립적인 서비스라는 접근 방법을 선택할 때 가장 중요하게 고려해야 하는 몇 가지 사항을 살펴보자.

- **배포 과정**

마이크로서비스는 배포되어 프로세스로 동작해야 한다. 이는 프로세스를 감시하고, 문제가 있거나 실패할 경우 팀이 대응할 필요가 있음을 의미한다. 따라서 생성, 모니터링, 경보는 독립적인 마이크로서비스를 추출할 때 고려할 필요가 있는 다른 요소들이다. 회사에 마이크로서비스를 위한 생태계가 존재한다면 경보와 모니터링 시스템은 이미 설치되어 있는 것이다. 바꿔 말하면, 회사에서 당신이 마이크로서비스 아키텍처를 사용하려고 하는 첫 번째 사람이라면 직접 이런 경보와 모니터링 시스템을 설정할 필요가 있다는 뜻이다. 이는 또한 상당한 작업을 요구하는 통합 지점이 많다는 뜻이기도 하다.

- **버전 관리**

마이크로서비스의 버전 관리는 몇몇 측면에서 라이브러리 버전 관리보다 훨씬 더 수월할 수 있다. 여러분의 라이브러리는 시맨틱 버전 관리 방식을 따라야 하고, 주요 버전 변경 과정에서 API의 호환성을 깨뜨리지 않아야 한다. 마이크로서비스 API의 버전 관리 또한 하위 호환성을 깨뜨리지 않도록 동일한 지침을 따라야 한다. 여전히, 현실적으로 생각해보면 엔드포인트의 사용 현황을 감시하고 있다가 더 이상 사용되지 않을 경우 재빠르게 지원을 중단하는 방식이 훨씬 더 쉽다. 라이브러리를 개발하고 있으며 새로운 주 버전으로 전환이 가능하지 않으면 호환성을 깨뜨리지 않게 주의할 필요가 있다. 호환성을 깨뜨리는 것은 라이브러리 버전을 올리고 나면 클라이언트가 컴파일되지 않는다는 것을 의미한다. 이런 변화는 받아들일 수 없다.

HTTP API를 사용할 때 드롭위저드 메트릭스(Dropwizard metrics, https://metrics.dropwizard.io/4.1.2/)와 같은 메트릭 라이브러리를 사용해 단순한 카운터로 모든 엔드포인트의 사용 현황을 측정할 수 있다. 특정 엔드포인트의 카운터가 오랜 시간 동안 증가하지 않고 여러분의 서비스가 사내에서만 사용된다면 이 엔드포인트에 대한 지원을 종료하기로 결정할 수 있다. 엔드포인트가 외부에 공개되어 있고 문서화되어 있다면, 더 오랫동안 이 엔드포인트를 지원할 필요가 생길 수도 있다. 설령 특정 엔드포인트의 카운터가 증가하지 않더라도 이런 상황이 엔드포인트를 삭제할 수 있음을 의미하지는 않는다. 외부에 공개되어 있고 문서화되어 있으면 다른 누군가 나중에 사용하려고 할지도 모르기 때문이다.

이제 마이크로서비스 접근 방법이 API 진화와 관련해 훨씬 더 많은 유연성을 제공한다는 사실을 확인할 수 있다. 호환성에 대해서는 12장에서 자세히 설명할 것이다.

- **자원 소비**

클라이언트가 사용하는 라이브러리는 클라이언트 코드의 계산과 자원 소비가 늘어날 수 있음을 의미한다. 매번 Payment 서비스 프로세스가 처리하는 요청마다 토큰의 유효성 검증을 클라이언트 코드에서 처리해야 한다. 이 코드의 자원 소비가 상당히 많을 경우, 사용량에 따라 CPU나 램을 확장할 필요가 있다.

독립적인 서비스가 공개한 API 뒤에 검증 로직을 숨길 경우, 확장과 자원 소비는 더 이상 클라이언트 관점에서 직접적인 문제는 아니다. 처리 과정은 특정 마이크로서비스 인스턴스에서 수행된다. 처리를 위한 요청이 너무 많다면 이 서비스를 책임지고 있는 팀이 거기에 맞춰 대응하고 적절히 서비스를 수직 확장해야 한다.

이런 경우 모든 검증은 마이크로서비스로 왕복 트래픽을 요구하기 때문에 클라이언트 코드가 외부 HTTP 호출을 요구한다는 사실에 주목할 필요가 있다. 만약 마이크로서비스 API를 통해 숨겨진 로직이 복잡하지 않다면 HTTP 호출로 인한 추가 비용이 클라이언트 쪽의 로직을 수행하는 비용 보다 훨씬 더 높게 나온다고 판명될 수도 있다. 로직이 훨씬 더 복잡하면 마이크로서비스 작업과 비교해 HTTP 비용은 무시해도 괜찮을 수 있다. 기능을 외부로 추출할지 말지 결정할 때는 이런 트레이드오프까지 고려해야 한다.

- **성능**

마지막으로, 추가적인 HTTP 요청을 수행할 때 성능에 미치는 영향을 계산할 필요가 있다. 인가를 위해 사용되는 토큰은 일반적으로 인가와 관련된 유효 기간이 정해져 있다. 따라서 서비스가 필요한 요청 수를 줄이기 위해 토큰을 캐시할 수 있다. 캐시 기능을 위해 클라이언트 코드에 캐시 라이브러리를 사용할 필요가 있을 것이다.

종종 비즈니스 기능을 제공하기 위해 두 가지 접근 방법(라이브러리와 외부 서비스)이 사용되는 경우가 있다. 로직을 독립적인 마이크로서비스로 추출하면 당신의 서비스에 대해 모든 사용자의 요청을 위한 추가적인 HTTP 호출을 일으킬 필요성을 강제하며, 이는 상당히 큰 문제가 될 수 있다. 이런 방식이 응답 대기 시간과 서비스의 SLA(Service Level Agreement)에 어느 정도 영향을 미칠지 계산해야 한다. 그림 2.7은 이런 시나리오를 하나 보여준다.

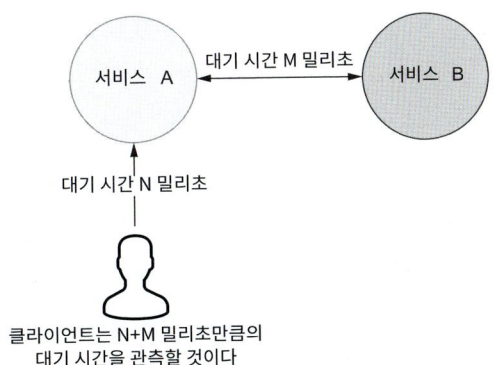

그림 2.7 추가적인 대기 시간을 더하면 서비스에 영향을 미칠 수 있다

가령 SLA에 따라 99번째 백분위 대기 시간이 n 밀리초보다 작아야 한다면 다른 마이크로서비스에 대한 호출을 추가하면 SLA를 깨뜨릴 수도 있다. 하지만 만일 다른 마이크로서비스의 99번째 백분위 대기 시간이 n보다 작으면 병렬로 몇 가지 요청을 수행하거나 재시도하거나 아니면 추측에 근거한 실행 방식을 사용해 추가적인 HTTP 호출을 숨길 수 있다. 두 번째 마이크로서비스의 99번째 백분위 대기 시간이 n보다 커질 경우 상황이 악화될 것이다. 이런 경우에는 SLA를 충족하지 못할 것이다. 가능하면 SLA 요구 사항에서 대기 시간을 늘일 필요가 있다. 시간을 늘이기가 불가능하면 두 번째 서비스의 99번째 백분위 대기 시간을 줄이기 위해 더 많은 시간을 투자하거나 라이브러리로 추출하는 접근 방법을 사용해야 한다.

대기 시간에 대해 엄격하게 고려하지 않더라도 여전히 연쇄적인 실패(http://mng.bz/GGrv)와 의존 중인 마이크로서비스의 일시적인 가용성 장애가 생기지 않게 주의할 필요가 있다. 연쇄적인 실패라는 문제점은 마이크로서비스에 국한되지 않으며 호출할 필요가 있는 어떤 외부 시스템(예: 데이터베이스, 인증 API 등)에서도 발생할 수 있다.

만일 비즈니스 흐름이 추가적인 외부 요청을 요구하면 서비스가 중단될 때 이런 상황을 어떻게 처리할지 결정해야 한다. 너무 많은 요청으로 서비스를 압도당하지 않으면서 다운스트림 서비스가 온라인 상태로 돌아오게끔 허용하기 위해 지수 백오프 기법으로 재시도를 구현해야 할 수도 있다. 이런 기법을 사용해서 다운스트림 서비스를 매 x 밀리초 간격으로 살피게 되며, 온라인 상태로 돌아올 때 점진적으로 통신양을 늘일 수 있다. 지수 백오프 동작 방식을 추가하는 경우, 재시도 전략은 빈도를 줄이는 방향으로 수행돼야 한다. 예를 들어, 1초 후에 첫 번째로 시도하고, 10초 후에 두 번째로 시도하고, 30초 후에 세 번째로 시도한다. 이런 방식이 도움이 되지 않고 서비스가 일시적이 아닌 상태로 중단된다면 회로 차단기 패턴(https://martinfowler.com/bliki/CircuitBreaker.html)을 사용해 방어할 필요가 있다.

다운스트림 서버가 중단될 때 수행될 대체 동작 방식을 제공해야 한다. 예를 들어, 지불 시스템이 있고, 지불 제공자 서비스가 내려가면, 지불을 승인하고 다운스트림 시스템이 다시 온라인으로 돌아온 다음에 어느 정도 시간이 지나서 계좌에서 인출하도록 결정할 수도 있다. 이런 해법은 주의 깊게 구현해야 하며, 의식적으로 내린 사업적 결정이어야 한다.

- **유지보수**

보다시피 독립적인 마이크로서비스에 대한 트레이드오프가 많다. 현실 세계에서 이런 접근 방법은 더 많은 계획과 더 많은 유지보수를 요구할 것이다. 마이크로서비스를 공유 라이브러리라는 더 직관적인 방식과 비교해서 장단점을 나열하는 방법이 최선이다. 공유하고 싶은 로직이 단순하고 의존성이 많지 않다면 라이브러리를 추출하는 방식으로 마무리할 수도 있다. 반면, 로직이 복잡하고 독립적인 비즈니스 컴포넌트로 추출 가능하다면 새로운 마이크로서비스를 고려할 수 있다. 마이크로서비스 접근 방법을 채택하면 더 많은 작업과 아마도 이런 동작 과정을 지원할 수 있는 전담 팀이 붙어야 할 수도 있다는 사실을 명심할 필요가 있다.

2.3.2 독립적인 서비스에 대한 결론

마이크로서비스의 모든 트레이드오프를 살펴보면서 마이크로서비스에도 여러 단점이 존재한다는 사실을 확인할 수 있다. 마이크로서비스에서는 새로운 부분을 상당히 많이 구현해야 한다. 심지어 올바르게 구현이 가능하더라도 신뢰성이 떨어지는 네트워크를 통한 외부 호출을 수행하는 요청이 실패하는 상황은 여전히 불가피하다. 라이브러리 접근 방법과 마이크로서비스 접근 방법 사이에서 선택의 기로에 서 있다면 이 모든 장단점을 고려해야 한다.

> **참고**
>
> 주어진 기능이 독립적인 서비스나 라이브러리로 추상화될 때 외주로 발주하기가 더 쉬워진다. 예를 들어, 인증 로직의 구현을 외부 업체에 외주로 줄 수 있다. 하지만 이런 접근 방법에는 더 높은 가격, 조정 문제, 변경의 경직성을 비롯해 여러 가지 단점이 존재한다.

다음 절에서는 저수준에서 중복을 분석할 것이다. 느슨한 결합을 선호하는 방식을 살펴볼 것이다.

2.4 코드 중복으로 느슨한 결합 향상시키기

이 절에서는 코드 수준에서 중복이라는 문제를 살펴볼 것이다. 특히, 두 가지 추적 요청 유형을 처리하는 두 가지 요청 처리기의 설계를 살펴볼 것이다.

우리 시스템이 두 가지 요청 유형을 처리할 필요가 있다고 가정하자. 첫 번째 요청은 표준적인 추적 요청이며, 두 번째 요청은 그래프 추적 요청이다. 두 요청은 다른 API에서 들어올 수 있다. 따라서 두 요청 유형을 독립적으로 처리하는 두 가지 코드 경로를 준비한다.

독립된 두 가지 처리기 컴포넌트를 사용하는 가장 단순한 접근 방법부터 논의를 시작하자. `GraphTraceHandler`는 그래프 추적 요청을 처리하는 반면, `TraceHandler`는 일반적인 추적 요청을 처리한다. 그림 2.8은 이런 배치를 보여준다.

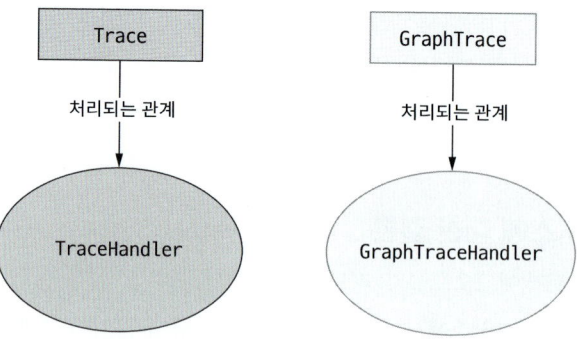

그림 2.8 추적 요청을 처리하기 위한 독립적인 두 추적 처리기

로직이 격리되어 있으므로 두 처리기 사이에 결합은 없다. Trace와 GraphTrace 객체는 유사하다. 즉, 추적을 활성화하면 두 객체 모두 정보를 실어 나르며 실제 데이터를 받는다. 다음 코드가 보여주듯이 GraphTrace 클래스는 정보가 int 타입인 반면, Trace 클래스의 경우 String 타입이다.

코드 2.6 결합이 분리된 Trace와 GraphTrace 클래스

```
public class Trace {
  private final boolean isTraceEnabled;
  private final String data;      ← ① Trace를 위한 데이터 타입 지정

  public Trace(boolean isTraceEnabled, String data) {
    this.isTraceEnabled = isTraceEnabled;
    this.data = data;
  }
  public boolean isTraceEnabled() {
    return isTraceEnabled;
  }

  public String getData() {
    return data;
  }
}

public class GraphTrace {
  private final boolean isTraceEnabled;
  private final int data;       ← ② GraphTrace와 Trace의 데이터 타입이 다르다는 사실에 주목

  public GraphTrace(boolean isTraceEnabled, int data) {
    this.isTraceEnabled = isTraceEnabled;
```

```
    this.data = data;
  }
  public boolean isTraceEnabled() {
    return isTraceEnabled;
  }

  public int getData() {
    return data;
  }
}
```

언뜻 보기에는 두 클래스가 비슷하게 보이지만, 두 클래스 사이에 공유되는 공통 구조체는 없다. 두 클래스는 결합이 완전히 분리되어 있다.

이제 추적 요청을 처리하는 처리기를 살펴보자. 우리가 분석할 첫 처리기는 `TraceRequestHandler`다. 이 처리기의 책임은 들어오는 요청을 버퍼에 쌓는 것이다. 그림 2.9는 `TraceRequestHandler`를 위한 처리 과정을 도식화한다.

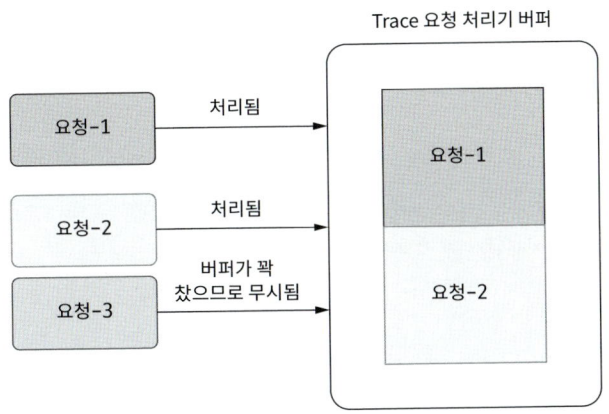

그림 2.9 TraceRequestHandler는 들어오는 요청을 버퍼에 쌓는다

보다시피 `TraceRequestHandler`는 버퍼에 가용 공간이 존재하는 경우에 요청을 버퍼에 쌓는다. 버퍼가 꽉 차면 요청은 무시된다(그림 2.9에서 요청-3의 경우).

`bufferSize` 매개변수는 버퍼의 크기를 제한하기 위해 `TraceRequestHandler`가 처리할 수 있는 항목이 얼마나 되는지를 지정하는 방식으로 이 처리기의 생성자에게 전달된다. 요청은 `ArrayList` 데이터 구

조에 버퍼로 쌓인다. 버퍼가 꽉 차면 processed 플래그가 true로 설정된다. 다음 코드 2.7은 이 처리기의 결합을 분리하기 위한 코드를 보여준다.

코드 2.7 결합이 분리된 TraceRequestHandler

```
public class TraceRequestHandler {
  private final int bufferSize;
  private boolean processed = false;
  List<String> buffer = new ArrayList<>();

  public TraceRequestHandler(int bufferSize) {
    this.bufferSize = bufferSize;
  }

  public void processRequest(Trace trace) {
    if (!processed && !trace.isTraceEnabled()) {
      return;
    }
    if (buffer.size() < bufferSize) {    // ① 기반 버퍼 크기가 bufferSize보다 작으면 버퍼의 끝에 덧붙인다
      buffer.add(createPayload(trace));
    }
    if (buffer.size() == bufferSize) {   // ② 버퍼가 꽉 차면 processed 플래그를 true로 설정한다
      processed = true;
    }
  }

  private String createPayload(Trace trace) {
    return trace.getData() + "-content";
  }

  public boolean isProcessed() {
    return processed;
  }
}
```

위 코드에서 createPayload() 메서드에 주목하자. 이 메서드는 Trace 클래스에만 적용되는 유일한 로직을 포함한다. 이 메서드는 추적 요청을 받아서 데이터를 추출하고 버퍼의 끝에 덧붙일 문자열을 만든다.

이 컴포넌트를 이해하기 위해 단위 테스트를 살펴보자. 단위 테스트는 다섯 가지 요청을 처리할 것이다. 하지만 버퍼 크기를 4로 제한하게 설정될 것이다. 이 경우, 버퍼가 요청 네 개를 받고 나서 다섯 번째 요청은 무시될 것이다. 다음 코드 2.8에서 이런 전략을 구현하기 위해 버퍼 크기가 4인 새로운 TraceRequestHandler를 생성한다. (e 값이 들어 있는) 마지막 요청은 버퍼 크기를 초과하므로 무시돼야 한다.

코드 2.8 TraceRequestHandler 단위 테스트 생성

```
@Test
public void shouldBufferTraceRequest() {
  // given
  TraceRequestHandler traceRequestHandler = new TraceRequestHandler(4);

  // when
  traceRequestHandler.processRequest(new Trace(true, "a"));
  traceRequestHandler.processRequest(new Trace(true, "b"));
  traceRequestHandler.processRequest(new Trace(true, "c"));
  traceRequestHandler.processRequest(new Trace(true, "d"));
  traceRequestHandler.processRequest(new Trace(true, "e"));

  // then
  assertThat(traceRequestHandler.buffer)
      .containsOnly("a-content", "b-content",
➡ "c-content", "d-content");    ← ① 실제 버퍼 내용에는 e-content 항목이 포함되어 있지 않다
  assertThat(traceRequestHandler.isProcessed()).isTrue(); ←
                                  ② 처리를 끝내고 나면 isProcessed는 true를 반환해야 한다
}
```

보다시피 버퍼는 레코드 네 개만 포함한다. 처리기 사이에 중복이 존재하는 이유를 이해하려면 `GraphTraceRequestHandler`의 코드를 분석할 필요가 있다. 실제로 그래프 추적과 일반적인 추적 처리기 사이의 유일한 차이점은 다음 코드 2.9에 구현한 `createPayload()` 메서드다. 이 메서드는 `graphTrace`에서 데이터를 추출해서 `nodeId` 접미사를 덧붙인다.

코드 2.9 GraphTraceRequestHandler를 위한 페이로드 생성

```
private String createPayload(GraphTrace graphTrace) {
  return graphTrace.getData() + "-nodeId";
}
```

처리 코드의 나머지는 두 컴포넌트 모두 동일하다. 이 시점에서 두 추적 요청과 두 처리기가 유사하다는 사실을 확인할 수 있다. 두 컴포넌트는 독립적이며 느슨하게 결합되어 있지만, `TraceRequestHandler`의 `processRequest()` 메서드는 상당히 복잡하며, 우리 코드에서 두 곳에 이 로직을 흩어 놓고 진화하게 만들려면 오류에 취약하고 유지보수도 힘들어질 수 있다.

공통 로직을 독립적인 부모 클래스로 추출할 수 있고, 두 처리기가 가장 복잡한 부분을 상속받을 수 있다는 사실을 파악할 정도로 이 코드에 대한 세부 사항을 충분히 알아봤다. 다음 절에서는 이런 리팩터링 방법을 분석할 것이다.

2.5 중복을 줄이기 위해 상속을 사용하는 API 설계

이 절에서는 상속 기법을 사용해 코드 중복을 줄일 것이다. 우리의 요청 처리기를 위해 공유하고 싶은 가장 복잡한 메서드는 `processRequest()`다. 만일 코드 2.7에서 이 메서드를 다시 살펴본다면 이 메서드가 추적 요청을 버퍼에 넣어야 할지를 감지하기 위한 `isTraceEnabled()` 메서드를 사용한다는 사실을 눈치챌 것이다. `Trace`와 `GraphTrace`가 유사하므로 다음 코드 2.10이 보여주듯이 공통 부분을 새로운 `TraceRequest` 클래스로 추출할 수 있다.

코드 2.10 TraceRequest 부모 클래스 생성

```
public abstract class TraceRequest {
  private final boolean isTraceEnabled;     ← ① isTraceEnabled는 GraphTrace와 Trace 양쪽에서 공유된다

  public TraceRequest(boolean isTraceEnabled) {
    this.isTraceEnabled = isTraceEnabled;
  }

  public boolean isTraceEnabled() {
    return isTraceEnabled;
  }
}
```

이 새로운 구조체를 사용해 `TraceRequest`를 상속받으면 각 요청별 데이터만 제공하는 새로운 추상화를 만들 수 있다. 다음 코드 2.11은 `GraphTrace`와 `Trace`가 `TraceRequest`를 상속받은 방법을 보여준다.

코드 2.11 TraceRequest 상속

```java
public class GraphTrace extends TraceRequest {    ← ① GraphTrace는 TraceRequest를 상속받는다
  private final int data;

  public GraphTrace(boolean isTraceEnabled, int data) {
    super(isTraceEnabled);    ← ② isTraceEnabled를 부모 클래스의 생성자로 전달한다
    this.data = data;
  }

  public int getData() {    ← ③ GraphTrace의 getData()는 int 타입을 반환한다
    return data;
  }
}
public class Trace extends TraceRequest {    ← ④ Trace 클래스 또한 TraceRequest를 상속받는다
  private final String data;

  public Trace(boolean isTraceEnabled, String data) {
    super(isTraceEnabled);
    this.data = data;
  }

  public String getData() {    ← ⑤ Trace의 getData()는 GraphTrace의 getData()와 다르다
    return data;
  }
}
```

그림 2.10은 공통 부분을 추출하고 나면 Trace와 GraphTrace 계층이 어떻게 보이는지 제시한다.

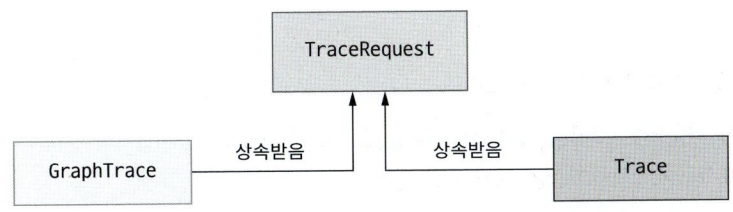

그림 2.10 코드 중복을 줄이기 위해 GraphTrace와 Trace가 상속받을 수 있는 새로운 TraceRequest 클래스

리팩터링 덕분에 TraceRequest와 다음 절에서 추출할 예정인 새로운 BaseTraceHandler 기초 클래스를 사용해 서비스를 확장해 나갈 수 있다.

2.5.1 기초 요청 처리기 추출

현재 진행하고 있는 리팩터링의 목표는 처리기에서 코드 중복을 제거하는 것이다. 이를 위해 우리는 TraceRequest에서 동작하는 새로운 BaseTraceRequestHandler를 추출하고 싶다. 요청 유형별 createPayload() 메서드는 구체적인 동작 방식을 제공하는 자식 클래스에 위치하게 될 것이다. 그림 2.11은 이런 새로운 배치를 보여준다.

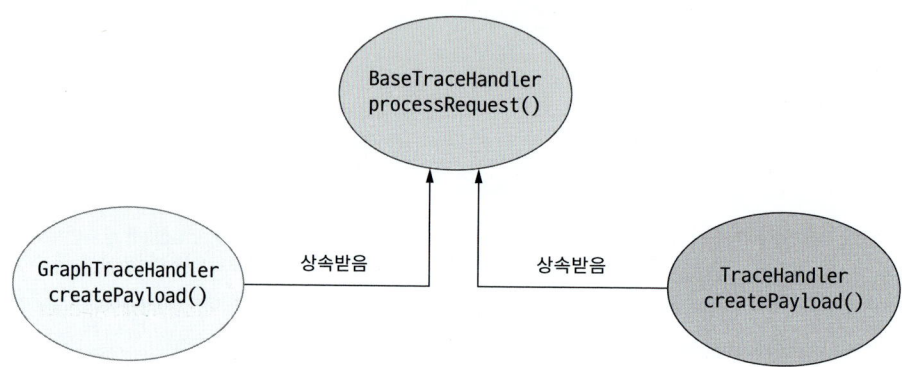

그림 2.11 BaseTraceHandler 부모 클래스 추출

새로운 BaseTraceRequestHandler 클래스를 매개변수화해서 TraceRequest를 상속받은 어떤 클래스에서도 동작하게 할 필요가 있다. 다음 코드 2.12에 있는 수정된 BaseTraceRequestHandler를 살펴보자. 이 클래스는 TraceRequest나 TraceRequest를 상속받은 클래스를 호출하는 모든 클래스에서 동작할 것이다. <T extends TraceRequest>는 이와 같은 불변성을 달성하기 위해 사용되는 자바 기법이다.

코드 2.12 BaseTraceRequestHandler 부모 클래스 생성

```
public abstract class BaseTraceRequestHandler<T extends TraceRequest> {
  private final int bufferSize;
  private boolean processed = false;
  List<String> buffer = new ArrayList<>();

  public BaseTraceRequestHandler(int bufferSize) {
    this.bufferSize = bufferSize;
  }

  public void processRequest(T trace) {   ← ① processRequest는 어떤 TraceRequest도 인수로 받아들인다
    if (!processed && !trace.isTraceEnabled()) {   ← ② trace는 TraceRequest이므로
      return;                                         isTraceEnabled() 메서드가 존재한다
    }
```

```
    if (buffer.size() < bufferSize) {
      buffer.add(createPayload(trace));     ← ③ 핵심 처리 로직은 중복된 접근 방법과 동일하다
    }
    if (buffer.size() == bufferSize) {
      processed = true;
    }
  }

  protected abstract String createPayload(T trace);   ← ④ 페이로드 생성을 위한 구현은 자식 클래스에
  public boolean isProcessed() {                          위치한다
    return processed;
  }
}
```

processRequest() 로직은 이제 어떤 클래스에서도 동작한다. 여기서 isTraceEnabled() 메서드에 접근 가능한 이유는 TraceRequest 클래스가 이 메서드를 정의하기 때문이다. createPayload()가 추상 메서드라는 사실에 주의하자. 이 추상 메서드에 대한 구체적인 구현은 Trace나 GraphTrace 요청을 처리할 수 있는 자식 클래스가 제공할 것이다.

이렇게 리팩터링하고 나면 두 처리기는 구현을 위해 필요한 코드만을 제공하는 방법으로 기초 클래스를 상속받을 수 있다. TraceRequestHandler와 GraphTraceRequestHandler 클래스는 createPayload() 메서드를 위한 구현을 제공하기만 하면 된다. 부모 클래스는 버퍼 크기를 제한하기 위해 핵심 처리 로직에서 사용되는 bufferSize를 매개변수로 받는다. 그리고 나서 자식 클래스의 생성자는 이 인수로 상위 클래스의 생성자를 호출해야 한다. 새로운 TraceRequestHandler는 우리가 추출한 BaseTraceRequestHandler 기초 클래스를 상속받는다. 다음 코드 2.13이 보여주듯이 Trace 클래스를 사용해 매개변수화된다.

코드 2.13 BaseTraceRequestHandler를 상속받아 GraphTraceRequestHandler와 TraceRequestHandler를 추가

```
public class TraceRequestHandler extends BaseTraceRequestHandler<Trace> {

  public TraceRequestHandler(int bufferSize) {
    super(bufferSize);
  }

  @Override
  public String createPayload(Trace trace) {
    return trace.getData() + "-content";
```

```
  }
}

public class GraphTraceRequestHandler extends
        BaseTraceRequestHandler<GraphTrace> {

  public GraphTraceRequestHandler(int bufferSize) {
    super(bufferSize);
  }

  @Override
  public String createPayload(GraphTrace graphTrace) {    ←── ① GraphTrace를 처리하기 위한
                                                                  알고리즘을 제공한다
    return graphTrace.getData() + "-nodeId";
  }
}
```

상속을 사용해 처리기를 상당히 단순화시킬 수 있었다. DRY(Don't Repeat Yourself) 원칙을 사용해 중복된 코드를 제거했다. 우리 코드는 이제 유지보수성이 더 높아졌지만, 그만큼 더 강하게 결합되어 있다. 힘든 작업을 마치고 나서 이런 설계 결정이 트레이드오프를 일으키지 않는다고 생각할지도 모른다. 새로운 비즈니스 요구사항이 도착할 때 우리의 관점은 조금 바뀔 것이다. 다음 절에서 이 사안을 살펴볼 것이다.

2.5.2 상속과 강한 결합을 살펴보기

우리 코드는 지금 상속을 사용하고 처리기는 단지 `createPayload()` 메서드만 제공한다. 새로운 비즈니스 요구사항이 도착했다고 가정하자. 우리는 무한대 `bufferSize`를 사용해 동작하게 `GraphTraceRequestHandler`를 변경할 필요가 있다(실제 양산 서비스 시스템에서 무한대 버퍼를 권장하지 않음에도 불구하고, 우리는 단순함을 위해 이런 시나리오를 고려할 것이다). 이는 또한 이 처리기가 더 이상 `bufferSize` 매개변수를 필요로 하지 않음을 의미한다.

알다시피 `processRequest()` 로직은 부모 클래스에 존재하고, 모든 클라이언트 클래스 사이에서 공유된다. 새로운 비즈니스 요구사항은 다음 코드 2.14가 보여주듯이 요청을 처리하기 위한 책임을 지고 있는 이 메서드를 단순하게 만들 수 있음을 의미한다.

코드 2.14 processRequest를 단순하게 만들기

```
public void processRequest(T trace) {
  if (!processed && !trace.isTraceEnabled()) {
    return;
  }
  buffer.add(createPayload(trace));   ← ① 버퍼에서 추적 요청 숫자를 제한하는 로직은 더 이상 여
}                                         기에 존재하지 않는다
```

여기서 우리가 볼 수 있는 한 가지 문제는 그래프 추적 처리기를 위해서만 `processRequest()` 메서드가 단순화될 수 있다는 사실이다. 표준 처리기를 위한 로직은 버퍼를 추적해야 한다. 따라서 중복을 줄이는 행위가 설계에 강한 결합을 초래했다. 이런 사실로 인해 다른 자식 클래스에 영향을 미치지 않고서 자식 클래스 하나를 위해서만 `processRequest()` 메서드를 변경하는 행위는 현실적으로 불가능하다. 이런 유연성의 부족은 우리가 만들어낸 트레이드오프이며, 우리의 설계를 상당히 크게 제약한다.

이 문제를 해결하는 한 가지 해법은 `instanceof`를 사용해 처리 요청을 위한 특별한 경우를 만들고 추적 클래스가 `GraphTrace`인 경우에 버퍼에 쌓지 않게 만드는 것이다. 다음 코드 2.15에서 이런 해법을 제공한다.

코드 2.15 해결책으로 instanceof 사용

```
if (trace instanceof GraphTrace) {
  buffer.add(createPayload(trace));
}
```

이런 해법은 무너지기 쉽고 애초 상속 도입의 취지에 반한다. 이런 해법은 부모와 자식 클래스 사이에 강한 결합을 초래한다. 갑자기 부모 클래스는 처리할 필요가 있는 모든 요청 유형에 대해 알아야 한다. 더 이상 일반적인 `TraceRequest` 클래스만으로 동작하지 않는다. 부모 클래스는 이제 실제 구현 중 하나인 `GraphTrace`에 대해 알아야 한다. 특정 그래프 처리기의 로직이 일반적인 처리기에 누출되고 있다. 따라서 `GraphTrace` 요청을 처리하는 작업은 이 요청을 처리하는 책임을 맡은 코드에서 더 이상 캡슐화되지 못한다.

이런 문제를 완화하기 위해 중복된 코드를 다루는 해법으로 돌아갈 수 있다. 하지만 현실 세계에서 이런 결정이 문제가 되는 이유는 우리가 리팩터링해야 하는 컴포넌트들은 훨씬 더 복잡하고 상당히 많은 작업을 수반하기 때문이다.

사려 깊은 독자라면 우리의 간단한 예제에서 `GraphTraceRequestHandler`의 생성자에 `bufferSize`로 `Integer.MAX_INT`를 전달하는 방식이 문제를 해결할 수 있음을 알 것이다. 이는 이론적으로 더 많은 코드를 변경하지 않고서도 무한대 버퍼를 유지한다는 비즈니스 목표를 달성할 수 있다는 뜻이다. 하지만 현실 세계 시스템에서 마주치는 비즈니스 요구사항의 변경은 훨씬 더 복잡할 것이다. 강한 결합을 풀고 다시 한번 상속을 제거하지 않은 상태로는 이런 문제를 해결할 수 없을지도 모른다.

원본 코드가 동작하는 컨텍스트 때문에 여기서는 해법으로 상속을 선택했다. 처리기가 구현을 담당하지만 호출자가 (`BaseTraceRequestHandler`에서 볼 수 있는) 몇 가지 구현 부분을 제공하게 하기 위해 호출자에게 기회를 주기를 원한다고 가정하자. 이런 방식을 **전략 패턴**이라고도 한다. 이 경우, 부모 클래스에서 주요 로직과 골격을 제공하며 클라이언트가 빠진 부분을 구현하는 상속을 선택하는 편이 훨씬 더 수월하다.

중복을 줄이기 위해 요구사항에 맞는 디자인 패턴이나 합성과 같은 다른 접근 방법을 시도할 수도 있다. 하지만 어떤 해법을 적용하더라도 장단점이 있으며, 각각의 트레이드오프를 고려할 필요가 있다. 달성하고 싶은 유연성이 다른 방향에서 진화할 수 있는 코드 중복을 유지할 만큼 가치가 있는지를 판단할 필요도 있다. 고려할 만한 한 가지 대안은 상속으로 동작 방식의 여러 측면을 하나로 묶는 대신에 독립적인 레고 블록을 합성하는 방식을 사용하는 것이다.

2.5.3 상속과 합성 사이의 트레이드오프 살펴보기

각 하위 클래스가 항상 다른 클래스와 다소 구분되는 형태의 잘 정의된 요구사항의 집합을 따른다면 우리 예제에 전략 패턴이 잘 맞아 떨어진다. 하지만 요구사항 집합이 커지면 상속 대신 합성을 고려하고 싶을 수 있다. 합성은 요구사항을 다양한 책임으로 분리하는 방식을 요구한다. 기존 시스템에서 이미 궁극적인 페이로드 형식과 버퍼 관리로 데이터를 변환했다.

지금 상황에서 버퍼는 상대적으로 단순하며, 항상 버퍼에 추가될 항목 수에 기반해서 동작한다. 전혀 버퍼를 사용하지 않거나 무한 버퍼, 버퍼의 항목 수에 기반하는 기존 버퍼, 아니면 각 항목의 크기를 고려하는 공간에 기반하는 버퍼와 같이 다양한 버퍼 관리 전략을 적용하고 싶다고 가정하자. 상속 접근 방법을 활용할 경우에는 추상 메서드나 `BaseTraceHandler`에 있는 기본 구현을 사용할 수 있는 `tryAddEntry()` 메서드로 이를 구현하고 싶을지도 모른다. 이런 설계 방식이 여전히 최선일까?

변환과 버퍼 관리 책임을 (잠재적으로 기존 함수 인터페이스를 재사용하는) 다른 추상화로 분리하는 방식은 처리기 코드를 여러 추상화를 적절히 합칠 수 있는 배관 작업으로 바꿀 수 있게 만든다. 이런 방식은 예를 들어 임의 데이터 변환으로 임의의 버퍼 관리를 짜맞추는 과정에서 더 나은 유연성을 발휘하게 만든다. 하지만 이런 방식은 코드에 접근할 때 독자가 이해할 필요가 있는 추상화 수를 늘이는 대가를 치르게 된다. 그림 2.12에서는 두 가지 접근 방법을 나란히 배치했다.

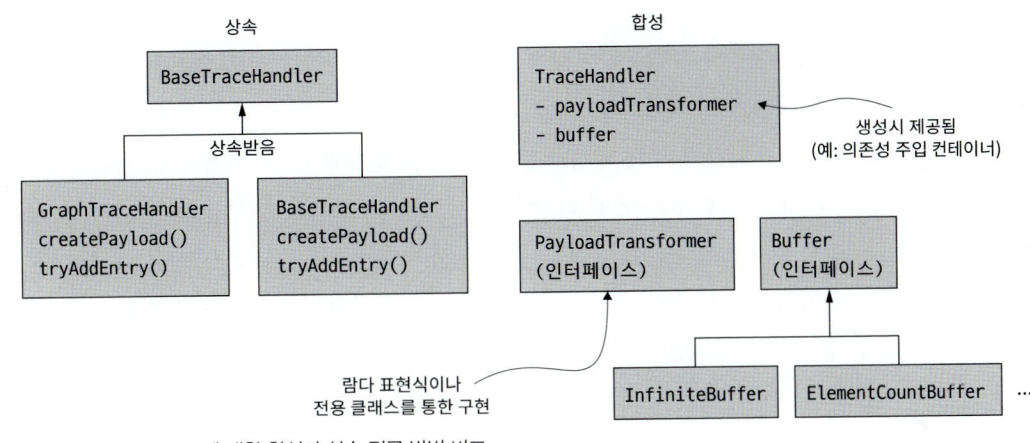

그림 2.12 TraceHandler에 대한 합성과 상속 접근 방법 비교

의존성 주입 단계에서 구성하는 방법처럼 처리기 자체의 추상화가 코드의 나머지로부터 충분히 격리된 상태에서 사용된다면 나머지 코드베이스를 건들지 않고서도 상속 기반의 접근 방법을 합성 기반의 접근 방법으로 (또는 반대로) 전환할 수 있다. 중복을 회피하는 방법에 대한 이 모든 논의는 애당초 진짜 중복이 존재한다는 사실을 상정한다. 언뜻 보기에는 중복처럼 보일 때조차도 항상 그렇다고 예단하기는 어렵다.

2.5.4 내재된 중복과 우연한 중복 살펴보기

현실 세계에서 소프트웨어 공학자들은 패턴에 일치하는 과적합으로 빠져드는 경향이 있다. 한 가지 예제는 공유된 추상화를 만든 다음에 이 추상화를 공유하기 위해 여러 곳에 위치한 코드를 손보는 것이다. 두 가지가 동일해 보인다는 사실이 동일한 비즈니스 목표를 해결할 것이라는 사실을 의미하지는 않는다. 두 가지는 다른 식으로 진화할 수 있다. 이는 작업하는 코드에 **내재된** 중복이라기보다는 **우연한** 중복이다.

다르다고 판명이 날 경우에 분리하는 편보다는 동일하다고 판명이 날 경우에 두 개념을 하나로 합치는 방식이 일반적으로 더 쉽다. 일단 추상화를 만들고 나서 여러 차례 사용하면 컴포넌트 사이의 결합도는 높아질 수 있다. 이는 공유된 코드를 독립된 클래스로 분리하는 작업이 만만치 않을 수도 있음을 의미한다.

때때로 중복처럼 보이는 내용이 현재 요구사항에서는 동일하게 취급되는 다른 사안이지만 나중에 달라질지도 모르므로 동일하게 취급해서는 안 될 수도 있다. 시스템 설계 초기에 이런 두 가지 상황을 구분하기란 어려울 수 있다.

때때로 추상화에서 시작해 모든 가능한 경우를 여기에 맞추는 방식은 최적이 아닐 수도 있다. 이렇게 하는 대신에 (심지어 몇몇 코드 중복을 요구함에도 불구하고) 독립된 컴포넌트를 만들어 당분간 독립적으로 존재하게 허용하는 방식으로 시스템을 구현할 수도 있다. 나중에 이런 컴포넌트 사이에서 몇몇 공통 패턴을 목격하기 시작할 때 추상화가 진화할 수도 있다. 추상화에서 출발하는 대신 적절한 시점에서 몇몇 추상화를 만들어내는 방식으로 중복을 제거할 수 있다.

이 장에서는 코드의 중복을 제거하기 위한 해법을 분석했다. 두 코드베이스 사이에 공유된 코드에서 출발했다. 우리는 라이브러리의 생명 주기 동안 다뤄야 하는 트레이드오프와 문제점을 분석했다. 그리고 API를 추출해서 블랙박스 방식으로 취급할 수 있는 특화된 서비스를 통해 공통 코드를 공유하는 다른 접근 방법을 살펴봤다. 독립적인 마이크로서비스는 라이브러리 접근 방법의 몇 가지 문제점을 해결하지만 다양한 문제와 트레이드오프를 초래했다. 이 장의 후반부는 각각 분리된 두 처리기 컴포넌트 사이의 추상화를 찾는 데 집중했다. 우리는 더 적은 코드로 문제를 해결하게 만드는 상속을 사용한 해법을 고안했다. 상속은 몇 가지 문제를 해결하지만, 유연성이 필요할 때 상속은 설계 가능성을 제한하고 트레이드오프를 일으킨다는 사실을 확인했다.

다음 장에서는 코드에서 예외와 오류를 다루는 방법을 배울 것이다. 또한 외부 코드에서 예외를 다루는 방법과 멀티스레드 환경에서 예외를 다루는 우수 사례에 대해 배울 것이다.

요약

- 독자적인 라이브러리를 추출하는 방식으로 코드베이스 사이에서 공통 코드를 공유할 수 있다. 반대로 라이브러리를 통한 코드 재사용은 강한 결합과 부족한 유연성과 같은 다양한 문제를 일으킨다.
- 공통 비즈니스 로직을 독립적인 서비스로 추출하는 작업은 더 복잡한 문제를 위한 올바른 선택일 수 있지만, 높은 유지보수 비용이 들어간다.
- 상속은 코드 중복을 제거하고 자식 클래스 사이에서 공통 코드를 공유할 수 있게 돕는다. 불행하게도 상속을 사용하면 코드의 유연성을 제한하는 많은 트레이드오프가 생긴다.
- 유연성을 제공하고 팀 사이에 조정을 줄이기 때문에 때때로 중복된 코드를 유지하는 방식도 가치가 있다.

03

코드에서 신경 써야 할 예외와 오류 처리 패턴

이 장에서 다루는 내용

- 예외 처리를 위한 우수 패턴
- 타사 라이브러리에서 발생하는 예외
- 멀티스레드와 비동기식 코드에서 발생하는 예외
- 함수형과 객체지향형 프로그램에서 발생하는 예외

오류와 예외는 코드에서 불가피하게 발생한다. 거의 모든 코드 경로는 뭔가 예상치 못한 상황이 발생하면 실패한다. 단순히 두 숫자를 더하는 작업을 한다고 상상해보자. 언뜻 보기에는 이런 코드 경로는 실패할 수 없다. 하지만 다양한 컨텍스트에서 프로그램이 수행된다는 사실을 의식해야 한다. 예를 들어, 컴퓨터에서 연산을 수행하기 위한 메모리가 충분하지 않을 경우 메모리 부족 오류가 발생할 수 있다. 코드가 독립적인 스레드에서 수행되고 이 스레드가 인터럽트 시그널을 받는다면 멀티스레드 컨텍스트에서 인터럽트 예외를 목격할 수 있다. 여러 가지 잠재적인 문제가 발생할 수 있다.

대부분의 경우에 코드는 사소하지 않으며 다양한 방식으로 실패할 수 있다. 실패 처리는 코드를 생성할 때 처음으로 생각해야 하는 것이다. 코드는 **내결함성**이 있어야 하며, 이는 가능한 범위에서 코드가 문제를 극복해야 함을 의미한다. 예외 처리 방법을 결정하기 전에 문제를 방어해서 명시적인 방식으로 신호를 보내는 API를 설계해야 한다. 하지만 모든 오류의 가능성을 따져 명시적으로 신호를 보낼 경우, 코드를 읽고 유지보수하기가 어려워진다.

모든 오류를 코드에서 복구하려고 애쓸 필요는 없다. 얼랭(Erlang) 생태계에서 처음으로 정의했던, 충돌이 일어나게 **내버려두는** 철학에 따르면 심각한 실패에서 복구하지 않는 편이 더 좋다. 이런 시나리오에서 슈퍼바이저는 프로세스를 감시하고 프로그램이 회복 불가능한 (예를 들어 메모리 부족과 같이) 몇몇 오류로 인해 충돌이 발생할 경우 단순히 프로세스를 재시작한다. 이런 철학은 프로그래머에게 코드를 방어적으로 작성하거나 예외를 초래하는 모든 가능한 경우의 수에 대응할 것을 요구하지 않는다. 이는 자바 생태계에서 주로 사용된 접근 방식과는 다르다. 하지만 아카(Akka)[1]와 같은 몇몇 자바 관련 기술은 얼랭과 같은 패턴을 따른다.

표준적인 자바 기반의 애플리케이션에서 충돌이 일어나게 내버려두는 접근 방식이 문제가 되는 이유는 사용자의 요청을 처리하는 작업이 독립적인 프로세스로 분리되지 않기 때문이다. 전형적인 자바 애플리케이션은 처리 스레드를 n개 포함하며, 각 프로세스는 몇몇 사용자를 위해 작업을 요청한다. 하나의 애플리케이션 내부에서 동작하고 있기에 특정 사용자의 요청으로 인해 전체 애플리케이션이 충돌을 일으킬 경우 다른 사용자에게 영향을 미친다.

얼랭이나 아카 등의 액터 접근 방식에서는 처리 모델이 더욱 세분화되어 있다. 일반적으로 애플리케이션은 액터 수백 개를 포함하며, 각각의 액터는 소규모 사용자 트래픽을 처리할 책임을 맡고 있다. 액터 하나가 충돌을 일으키더라도 다른 액터에 영향을 미치지 않을 것이다. 이런 접근 방식은 몇 가지 유효한 사용 사례를 포함하지만, 애플리케이션과 스레드 모델의 구조에 크게 의존한다.

이제 두 가지 접근 방식의 트레이드오프와 사용 시점을 살펴볼 것이다. 우수 패턴에 대해 설명하고 나서 멀티스레드 환경에서 동작하는 비동기식 코드에서 문제를 처리하는 방법을 다루기 위해 더 복잡한 단계를 추가할 것이다.

API를 미리 설계할 수 있을 때 그것이 명시적이어야 하는 곳에서는 API를 견고하고 상세하게 오류를 보고하도록 만들 수 있다. 하지만 오류가 발생할 때 그다지 많은 작업을 할 수 없는 경우도 있다. 이런 오류는 암시적으로 남겨둬야 하며, 이를 API 계약에 포함시킬 필요도 없다. 그리고 불행하게도 문제를 감추는 API와 타사 라이브러리도 존재한다. 여기서는 이런 문제를 처리하는 방법을 철저하게 파고들 것이다.

마지막으로 문제를 조사하기 위해 Try 모나드를 사용하는 함수형 접근 방식과 일반적인 객체지향 접근 방식을 비교할 것이다. 코드가 신호를 보내고 처리할 수 있는 문제의 계층을 알아봄으로써 예외에 대한 여정을 시작해보자.

---

1 (옮긴이) JVM상에서 액터 모델을 구현한 라이브러리로 고도의 동시성 애플리케이션 코드를 작성할 수 있게 지원한다.

3.1 예외의 계층 구조

API의 예외 처리 체계를 설계하는 것과 같은 더 고급 주제를 깊이 파고들기에 앞서, 코드에서 종종 사용하는 예외와 오류 계층 구조를 간략하게 살펴보자. 그림 3.1은 이런 계층 구조를 도식화한 것이다.

자바에서 모든 예외는 객체다. (`Object`를 확장한) 특수한 `Throwable` 타입은 모든 오류를 위한 유용한 정보를 제공한다. 이 타입은 문제가 발생했다는 신호를 보내는 메시지와 함께 원인을 감싼다. 이 객체가 스택 추적 정보를 포함한다는 사실이 더욱 중요하다. 스택 추적 정보는 예외를 일으킨 구체적인 클래스의 코드에서 특정 행을 식별하는 각 항목의 배열이다. 진단 목적으로 제공되는 이런 정보는 문제 해결에 필수다. 스택 추적 정보는 문제가 발생한 행을 추적해서 디버깅이 가능하게 돕는다. 다음으로, `Throwable`을 확장한 두 가지 클래스 유형(`Error`와 `Exception`)이 존재한다. 애플리케이션이 `Error` 예외를 던지면 이는 심각한 문제가 발생했음을 의미하며, 대부분의 경우에 이를 잡거나 처리하려고 시도해서는 안 된다. 예를 들어, 이런 예외는 환경에 심각한 문제가 발생했음을 나타내는 가상 머신 오류일 수 있다.

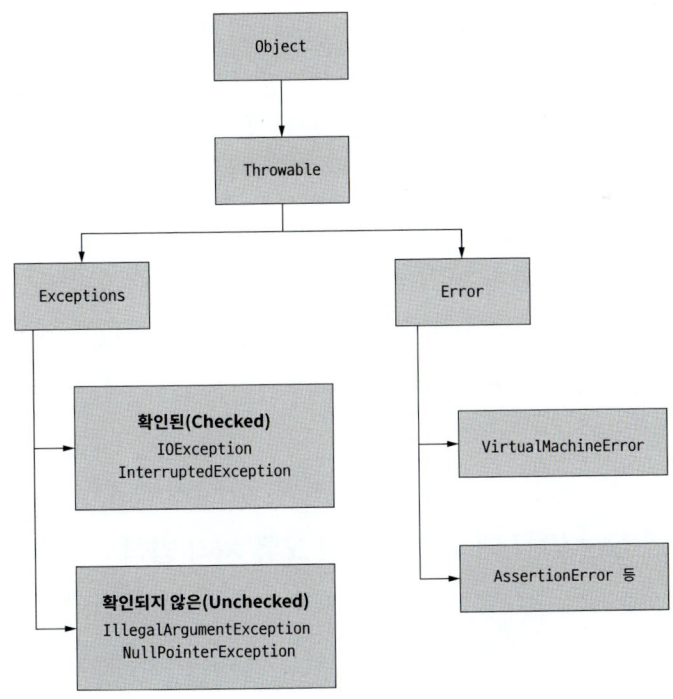

그림 3.1 자바를 위한 예외 계층 구조

이 장에서 자바 오류 처리에 집중하지 않는 이유는 우리가 오류 상황을 충분히 통제할 수 없기 때문이다. 그럼에도 불구하고 예외 처리를 위한 다양한 전략을 고려할 것이다. 또한 이 장의 나머지 부분에서는 **오류**와 **예외**를 동일 개념으로 섞어서 사용할 것이다.

그림 3.1의 왼쪽에서 예외를 볼 수 있다. 예외를 사용해 코드 내에서 문제가 일어났다는 사실을 알려야 한다. 게다가 우아하게 복구하는 방법이 있다면 예외를 처리해야 한다. 사실 메서드가 확인된(Checked) 예외로 선언되었다면 컴파일러는 호출자가 확인된 예외를 처리하도록 요구한다(예외를 잡거나 다시 던질 수 있다). 이는 예외를 처리할 때까지 코드가 컴파일되지 않을 것임을 의미한다. 예를 들어 몇몇 파일을 로드하다가 `IOException`이 발생하면 회복을 위해 파일 시스템의 다른 장소에서 파일을 다시 로드하려고 시도하는 편이 합리적이다. 나중에 오류 처리 API를 명시적으로 설계하기 위해 이런 예외를 사용할 것이다.

반면, 확인되지 않은(Unchecked) 예외는 처리할 필요가 없다. 하지만 코드가 이런 확인되지 않은 예외를 처리하지 않는다면 애플리케이션의 main까지 전파되어 애플리케이션이 중단되게 만들 것이다. 확인되지 않은 예외는 종종 회복될 수 없는 몇 가지 사용 과정에서 드러난 오류를 시사하며, 이런 치명적인 오류라면 문제를 복구하려고 노력하기보다는 빠르게 실패하는 편이 훨씬 더 바람직할 수 있다. 예를 들어, 양수를 넣어야 하는 메서드에 인수로 음수를 전달했다면 복구를 시도하는 행위는 큰 의미가 없기 때문에 확인되지 않은 예외를 던지기로 결정할 수 있다. 다른 예로 호출자는 또한 함수형 인터페이스(람다, lambda) API에서 예외를 사용하는 과정을 단순화하기 위해 확인되지 않은 예외를 사용하는 편을 선호할 수도 있다. 이는 오류 처리 코드의 암시적인 부분이다.

물론 확인된 예외와 확인되지 않은 예외의 개념은 다른 언어에도 존재하지만, 대부분 한 가지 전략만 선택한다. 예를 들어 스칼라와 C# 프로그래밍 언어에서 모든 예외는 확인되지 않은 예외로 취급되므로 예외를 잡을 필요가 없다. 하지만 main 스레드까지 예외를 전파시키지 않게 주의해야 한다. 그렇지 않으면 프로그램이 중단될 것이다.

3.1.1 모든 예외를 잡는 방식 대 더 세분화된 오류 처리 방식

예외와 예외 계층 구조를 경험적인 방식으로 설명하겠다. 다음 코드처럼 두 가지 확인된 예외를 던진다고 선언하는 메서드가 있다고 가정하자.

코드 3.1 확인된 예외를 던지는 메서드

```
public void methodThatThrowsCheckedException()
    throws FileAlreadyExistsException, InterruptedException
```

`FileAlreadyExistsException`과 `InterruptedException`은 확인된 예외다. 이는 이 메서드의 호출자가 컴파일 시점에서 두 예외를 처리할 필요가 있음을 의미한다. 이런 예외를 처리하기 위한 첫 번째 접근 방식은 다음 코드에서 볼 수 있듯이 두 타입을 위한 catch 문을 선언하는 것이다.

코드 3.2 확인된 예외 처리

```
public void shouldCatchAtNormalGranularity() {
  try {
    methodThatThrowsCheckedException();
  } catch (FileAlreadyExistsException e) {   ← ① FileAlreadyExistsException을 잡는다
    logger.error("File already exists: ", e);
  } catch (InterruptedException e) {   ← ② 직전 예외와 무관한 다른 예외를 잡는다
    logger.error("Interrupted", e);
  }
}
```

두 catch 블록을 사용해 타입에 따라 다른 예외 처리 동작 방식을 제공할 수 있다. 이는 예외 처리를 위한 올바른 세분화 수준일 때가 많다.

예외 계층으로 인해 더 넓은 타입을 잡도록 catch 블록을 변경할 수 있다. 예를 들어, `FileAlreadyExistsException`(http://mng.bz/zQwB 참고)은 `IOException`을 상속받으므로 첫째 catch 블록은 다음 코드에서 보듯이 직접 `IOException`을 잡을 수 있다.

코드 3.3 더 포괄적인 타입으로 확인된 예외 처리

```
public void shouldCatchAtHigherGranularity() {
  try {
    methodThatThrowsCheckedException();
  } catch (IOException e) {   ← ① FileAlreadyExistsException은 IOException을
    logger.error("Some IO problem: ", e);        상속받으므로 여기서 IOException이 해당 예외를
  } catch (InterruptedException e) {              대신 처리한다
    logger.error("Interrupted", e);
  }
}
```

이 코드에는 `FileAlreadyExistsException` 예외가 던져졌다는 정보를 잃어버린다는 한 가지 문제점이 있다. 실행 시점에는 `FileAlreadyExistsException` 예외 정보가 존재하는 반면, 컴파일 시점에는 `IOException` 예외를 던졌다는 정보만 얻게 된다.

예외 타입을 `Exception`이나 `Throwable`까지 포괄할 수도 있었다. 하지만 초기에 잡을 필요가 없는 예외까지 잠재적으로 잡을 수도 있다. 그 과정에서 현재 처리 내용과 무관하며 더 상위 컴포넌트로 전파돼야 하는 잠재적으로 심각한 다른 예외를 잡을 수도 있다.

호출된 메서드가 `IOException`을 상속받은 예외를 둘 이상 던지는 경우라면 더 세분화된 몇몇 `catch` 블록 대신에 `catch` 블록 하나만 만드는 방식을 고려할 수도 있다. 특정 타입별로 오류 처리 로직을 생성할 필요가 없으며, 더 일반적인 접근 방식을 써도 문제가 없다면 이는 합리적인 해결책이다.

예외 타입에 대해 신경을 쓰지 않지만 모든 문제를 잡고 싶다면 모든 예외를 잡는다고 선언할 수도 있다. 바로 앞 절에 나온 내용에 따르면 확인된/확인되지 않은 경우와 무관하게 모든 예외는 `Exception` 클래스를 상속받으므로 이런 접근 방법은 호출된 메서드의 모든 문제를 잡을 수 있다. 다음 코드는 이런 접근 방식을 보여준다.

코드 3.4 모든 예외 잡기

```
public void shouldCatchAtCatchAll() {
  try {
    methodThatThrowsCheckedException();
  } catch (Exception e) {    ← ① 확인된/확인되지 않은 경우와 무관하게 모든 예외를 잡는다
    logger.error("Problem ", e);
  }
}
```

이런 접근 방식이 편리한 이유는 코드를 적게 요구하기 때문이다. 하지만 여기서 우리는 많은 정보를 잃어버린다. 또한 심지어 호출된 메서드가 던진 확인된 예외로 선언되지 않는 예외를 포함해 **모든** 예외를 잡을 것이라는 사실 또한 기억해야 한다. 이는 우리가 기대하는 동작 방식이 아닐지도 모른다. 호출 스택에서 더 높은 곳으로 전파돼야 하는 문제를 잡아버릴 위험이 있다.

중복을 줄이고 기대되는 예외에 대한 정보를 유지하기 위해 다중 `catch` 블록을 사용할 수 있다. 다음 코드에서는 `catch` 시그니처에 `IOException`과 `InterruptedException`을 모두 선언한다.

코드 3.5 다중 catch 블록으로 확인된 예외 처리

```java
public void shouldCatchUsingMultiCatch() {
  try {
    methodThatThrowsCheckedException();
  } catch (IOException | InterruptedException e) {
    logger.error("Problem ", e);
  }
}
```

예외 설명을 마무리하기 위해 확인된 예외 두 가지를 선언했지만 확인되지 않은 예외 하나를 던지는 유사한 메서드를 고려해보자. RuntimeException은 확인되지 않은 예외이므로 다음 코드가 보여주듯이 메서드 시그니처에 선언될 필요가 없다.

코드 3.6 확인되지 않은 예외 던지기

```java
public void methodThatThrowsUncheckedException()
    throws FileAlreadyExistsException, InterruptedException {
  throw new RuntimeException("Unchecked exception!");
}
```

코드 3.4는 예외가 일어나기를 기대하지 않음에도 불구하고 이 문제를 잡을 것이다. catch 블록을 좁혀 확인된 예외만 잡는다면 RuntimeException은 잡히지 않고 전파될 것이다. 다음 코드는 이 문제를 해결하는 방법을 보여준다.

코드 3.7 확인되지 않은 예외를 던지는 메서드 호출

```java
public void shouldCatchAtNormalGranularityRuntimeWillBeNotCatch() {
  assertThatThrownBy(
    () -> {
      try {
        methodThatThrowsUncheckedException();   ← ① 확인되지 않은 예외를 던진다
      } catch (FileAlreadyExistsException e) {
        logger.error("File already exists: ", e);
      } catch (InterruptedException e) {
        logger.error("Interrupted", e);
      }
    })
  .isInstanceOf(RuntimeException.class);   ← ② 잡히지 않는 전파된 예외는 RuntimeException이다
}
```

catch 블록이 methodThatThrowsUncheckedException() 시그니처에 선언된 예외만 잡는다는 사실에 주목하자. Exception을 위한 catch를 선언하지 않으므로 확인되지 않은 예외는 처리되지 않을 것이다.

다음 절에서는 예외와 자바 언어 타입에 대한 기억을 되살려 보고, 그 다음 API를 위한 예외 처리 전략을 어떻게 설계해야 할지 살펴볼 것이다.

3.2 당신이 소유한 코드에서 예외를 처리하기 위한 우수 사례

소프트웨어 API를 작성하면 다른 누군가가 이 코드를 사용할 가능성이 아주 높다. 팀으로 작업할 경우 당신이 시스템의 한 부분을 맡아 로직을 개발하면 다른 팀원은 시스템의 다른 부분을 맡아 개발할 것이다.

당신이 작성한 코드 사이의 통합 지점은 코드의 의도를 명시하는 인터페이스가 돼야 한다. 실제로 다른 팀원이 당신이 만든 컴포넌트를 사용하는지, 아니면 더 많은 사람이 당신이 만든 오픈 소스 라이브러리를 사용하는지는 중요하지 않다. API를 설계하고 있다면 호출자가 실패를 어떻게 다룰지 결정하게 예외로 의사소통하는 방식을 명시적으로 고려해야 한다. 하지만 내부 로직을 포함하며 외부에 공개되지 않는 컴포넌트와 메서드를 개발할 수도 있다. 이런 경우에는 코드와 관련해 가능한 모든 문제에 대해 명시적으로 밝힐 필요가 없을 수도 있다.

3.2.1 공개 API에서 확인된 예외 처리하기

공개 API를 외부에 제공하는 컴포넌트를 개발 중이고, 다른 팀원들이 이 API를 사용할 것이라고 가정하자. 확인된 예외에 관해서라면, 우리의 의도를 명백하게 선포하고 던질 수 있는 확인된 예외로 공개 API 메서드를 선언해야 한다. 예를 들어 공개 메서드가 I/O 문제로 실패할 수 있다고 예상하면 공개 API 시그니처에 이 예외를 선언해야 한다.

(스칼라(Scala)와 같은) 몇몇 언어는 메서드가 예외를 선언하지 않아도 되게 허용하면서 모든 예외를 확인되지 않은 예외로 취급하는 경향이 있다. 이런 API를 설계할 경우에는 당신이 만든 코드를 사용하는 클라이언트가 컴파일 시점에 가능한 실패에 대한 정보를 얻지 못하기 때문에 오류가 발생하기 쉽다는 사실을 알고 있어야 한다. 이 문제는 실행 시간까지 보류되며 양산 서비스 환경에서 동작할 때 예상치 못하게 실패할 수 있음을 의미한다. API가 예외를 명시적으로 선언하면 (코드를 작성할 때) 클라이언트가 컴파일 시점에서 예외 처리 전략에 대해 결정해야 하게끔 만들기에 이런 실패 상황은 벌어지지 않는다.

API가 던지는 몇몇 (두 개, 세 개, 심지어 더 많은) 예외를 선언하는 방식이 지나치게 장황하면 클라이언트 코드 작성이 힘든 경우도 종종 생긴다. 이런 메서드를 외부에 제공하고 있다고 가정하고 다음 코드를 살펴보자.

> **코드 3.8 두 가지 예외를 던지는 API 메서드**

```
void check() throws IOException, InterruptedException;
```

이 API를 사용하는 클라이언트가 이 메서드를 호출할 때는 매번 예외를 처리하기 위해 명시적으로 결정을 내려야 한다. 이런 방식이 호출자에게 문제가 된다면 바로 앞 절에서 배웠던 패턴을 사용해 모든 예외를 잡아 확인되지 않은 예외로 바꿔 전파할 수 있다. 다음 코드는 이런 방식의 예를 보여준다.

> **코드 3.9 확인되지 않은 예외로 전파**

```
public void wrapIntoUnchecked() {
  try {
    check();
  } catch (RuntimeException e) {
    throw e;
  } catch (Exception e) {     ← ① 공개 API 메서드 호출에서 모든 예외를 잡는다
    throw new RuntimeException(e);   ← ② 이렇게 잡은 예외를 확인되지 않은 예외로 감싼다
  }
}
```

코드에서 또 다른 `RuntimeException`을 불필요하게 감싸지 않기 위해 `Exception`에 앞서 `RuntimeException`을 잡는다는 사실에 주목하자. 또한 원래 예외를 새로운 확인되지 않은 예외로 감싸는 것이 중요하다. 이렇게 함으로써 호출자는 원래 예외를 일으킨 이유에 대한 모든 정보를 얻는다. 그러면 코드에서 다른 메서드가 이렇게 감싼 메서드를 사용할 수 있게 된다.

나는 모든 문제의 해법으로 코드에서 실제 예외를 감추고 확인되지 않은 예외를 전파하는 API 사용을 권장하지 않는다. 이런 방식은 기대되는 예외를 감추고 API의 내결함성을 떨어뜨린다. 하지만 이는 장황한 API를 만드는 것에 대한 논쟁이 합리적이지 않음을 보여준다. 확인된 예외를 확인되지 않은 예외로 변환하는 작업은 쉽다.

클라이언트가 명시적으로 오류를 처리하게 만들고 싶지 않다면 이런 오류를 무시해서 호출자의 스택까지 전파하는 결정을 의식적으로 내릴 필요가 있다. 종종 이는 올바른 해법이 아니다. 이 시점에서 우리는

공개 API의 메서드 시그니처에 확인된 예외를 선언하는 방식에 다음과 같은 두 가지 중요한 이점이 있음을 확인할 수 있다.

- 이런 API는 계약을 명시적으로 선언한다. 따라서 호출자는 메서드 구현을 살펴보지 않고서도 호출 결과에 대해 추론할 수 있다.
- 호출자는 확인되지 않은 예외로 인해 놀라지 않을 것이다. 호출된 API가 던질 수 있는 예외로 무엇이 가능한지 알고 있을 때 오류 처리 코드 작성이 훨씬 더 쉬워진다.

3.2.2 공개 API에서 확인되지 않은 예외 처리하기

API에서 종종 호출자가 사용하는 객체 상태와 인수를 검증할 필요가 있다. 이런 객체 상태가 유효하지 않으면 확인되지 않은 예외를 던지기로 결정할 수도 있다. 알다시피 확인되지 않은 예외는 메서드 시그니처에 선언될 필요가 없다. 또한 확인되지 않은 예외는 호출자의 코드에서 처리될 필요도 없다.

오류 처리 지침(확인되지 않은 예외는 자바 튜토리얼(http://mng.bz/0wXN)을 참고한다)에 따르면 메서드마다 확인되지 않은 예외를 선언하면 프로그램의 명료성을 떨어뜨린다. 하지만 확인되지 않은 예외를 선언하는 방식이 실행 가능한 해결책인 몇몇 상황도 존재한다. 다음 코드에서 볼 수 있듯이 서비스를 설정하는 API에 메서드가 하나 있다고 가정하자.

코드 3.10 API에서 확인되지 않은 예외를 던지기

```
boolean running;

public void setupService(int numberOfThreads)
    throws IllegalStateException,
           IllegalArgumentException {        ← ①메서드가 확인되지 않은 예외를 던질 수 있게 선언한다
  if (numberOfThreads < 0) {
    throw new IllegalArgumentException(
        "Number of threads cannot be lower than 0."
    );       ← ②인수가 올바르지 않다면 IllegalArgumentException을 던진다
  }

  if (running) {
    throw new IllegalStateException(
        "The service is already running."
      );    ← ③이미 동작 중이면 IllegalStateException을 던진다
  }
}
```

이 메서드 시그니처에 선언된 예외들은 정보 제공이라는 목적이 있다. 이 메서드의 호출자가 다른 API와 상호작용할 때 이런 예외에 대해 알고 있으면 유용하긴 하지만, 이런 예외를 잡을 필요는 없다.

코드에서 다른 컴포넌트가 사용하는 메서드를 만들 때 선행 조건과 기대되는 동작 방식을 문서화해야 한다. 불행히도 개발자가 항상 문서를 읽지는 않으며, 시간이 지나면서 문서도 구식이 될 수 있다. 메서드 시그니처에 확인되지 않은 예외를 선언하면 문서화라는 목적을 달성할 수 있다. 이런 코드 형태의 문서화가 더 좋은 이유는 API를 사용하는 개발자가 이를 읽을 가능성이 훨씬 더 높아지기 때문이다.

확실히 너무 많은 예외를 선언하면 코드가 장황해지고 불분명해질 수 있다. 하지만 현실 세계에서 소프트웨어 컴포넌트는 공개 API로서 메서드들의 부분 집합만 선언한다. 공개 API의 기능을 달성하기 위해 만들어진 나머지 메서드들은 private 접근 변경자를 사용해 감춰져 있다. 이런 메서드들은 그렇게 장황하게 만들어질 필요가 없다. 많은 정보를 잃어버리지 않은 채로 메서드 시그니처에서 확인되지 않은 예외를 누락시킬 수 있다.

특정 컴포넌트의 private 메서드를 변경해야 한다면 내부 구조를 알아야 한다. 변경 대상 메서드를 검사해 던질 수 있는 예외에 대해 확인해야 한다. 컴포넌트가 공개 API만을 통해 블랙박스 식으로 사용되면 호출자가 컴포넌트의 내부 구조에 대해 알 필요가 없게 만들어야 한다. 이런 private 메서드들에 확인되지 않은 예외를 선언하는 방식은 좋은 해법이 될 수 있다.

API가 확인된 예외를 던져야 하는지, 아니면 확인되지 않은 예외를 던져야 하는지에 대한 결정을 내릴 때 여러 가지 요소를 고려해야 한다. 호출자의 코드가 호출하는 API의 모든 코드 경로가 실패할 수 있고 그 결과 예외를 던질 수도 있다는 상황을 고려하자. 이는 아마도 애플리케이션이 호출 스택의 상단에서 모든 예외를 잡는 방식으로 구조화되어 있을 것이다. 다른 사람을 위해 API를 작성하는 상황을 여러분이 컴포넌트와 API를 둘 다 직접 작성하는 상황과 비교할 수 있다. 여러분이 둘 다 직접 작성하는 상황에서는 확인되지 않은 예외를 사용한다는 결정이 합리적이다. 당신은 호출자 코드와 구현 코드를 동시에 소유한다. 호출된 코드가 예측이 불가능한 방식으로 당신을 놀라게 할 가능성은 낮다.

하지만 당신이 모르는 코드가 호출할 수 있는 공개 API를 만들 때 확인된 예외를 통해 모든 문제를 선언하는 더 명시적인 접근 방식을 선택할 수도 있다. 이런 접근 방식은 잠재적인 호출자에게 API에 대한 명시적인 정보를 제공한다. 잠재적인 호출자는 호출된 코드에서 무엇을 기대해야 할지 알 수 있으며, 가능한 예외에 대비해 주의를 기울일 것이다. API 계약에서 명시적으로 예외를 선언할 때 호출자가 잠재적인 모든 문제에 대응해 방어하고 가능한 예외를 추측하게 강제하지 않아야 한다.

여기서 당신이 사용해야 할 예외 유형에 대한 궁극적인 대답을 주려는 의도는 없다. 두 유형 모두 사용 사례가 존재한다. 내가 보여주고 싶은 사안은 두 유형의 트레이드오프다. 이런 트레이드오프와 컨텍스트를 고려해 어떤 예외 유형이 코드에 더 적합한지를 결정할 수 있다. 다음 절에서는 코드에서 내결함성을 방해하는 몇 가지 안티 패턴을 살펴볼 것이다.

3.3 예외 처리에서 주의할 안티 패턴

명시적인 방식으로 문제 파악을 위한 예외를 던지는 튼튼한 API를 만들었다고 가정하자. 이제 이 API를 사용해 적절히 문제에 대응할 필요가 있다. 불행히도 이 시나리오에서 이 정보를 잃어버리거나 예외를 적절히 처리하지 않고 넘어가기 쉽다. 우리가 사용하고 싶은 API가 예외를 선언하면 컴파일 시점에서 이를 처리할 필요가 있다.

종종 기반 코드를 분석해 이런 예외가 어떤 상황에서도 던져질 수 없다는 결론을 내리려는 유혹이 들지도 모른다. 이는 코드를 분석할 때 사실로 밝혀질 수도 있다. 하지만 메서드가 확인되지 않은 예외를 선언하면 이를 메서드 계약으로 취급해야 한다. 심지어 호출자 코드를 작성할 때 예외를 던지지 않을 경우에도 기반 동작 방식이 미래에는 바뀔지도 모른다. 다음 코드는 이런 안티 패턴을 보여준다.

코드 3.11 예외 삼키기
```
try {
  check();     ← ① 직전 절에서 만든 check() 메서드를 사용한다
} catch (Exception e) {    ← ② 호출자는 예외가 일어날 수 없다고 확신한다
  // 예외가 일어나지 않는다고? 이런 가정은 매우 위험하다!
}
```

이렇게 삼켜진 예외는 호출 스택으로 결코 전파되지 않는다. 또한 정보를 잃어버려 시스템에서 무언의 실패를 감수해야 한다. 이런 문제는 디버깅하기가 무척 까다롭다! 호출된 메서드 시그니처에서 선언된 예외는 결코 무시해서는 안 된다. 또한 다음 코드가 보여주듯이 예외의 스택 추적을 단순히 출력하고 끝내려는 유혹이 들 수도 있다.

코드 3.12 스택 추적 출력
```
try {
  check();
} catch (Exception e) {
```

```
    e.printStackTrace();
}
```

이 또한 위험한 이유는 스택 추적이 기본적으로 표준 출력으로 예외 내용을 출력하기 때문이다. 이렇게 하는 대신, `FileOutputStream`처럼 표준 출력이 아닌 다른 곳으로 목적지를 정할 수 있다. 또한 표준 출력을 잡거나 전파하지 않는다면 이 정보를 잃어버릴 위험에 직면한다.

예외가 특정 코드 수준에서 처리돼야 하는지를 판단할 필요가 있다. 만일 그렇다면, 예외를 잡을 때 최대한 많은 정보를 추출해야 한다. `Throwable`에 대한 정보를 추출하기 위해 다음 코드처럼 로거를 사용할 수 있다.

코드 3.13 오류를 잡기 위한 로거 사용

```
try {
  check();
} catch (Exception e) {
  logger.error("Problem when check ", e);   ← ① logger.error 메서드는 필요한 정보를 추출한다
}
```

로거는 예외의 스택 추적을 얻어 호출자에게 전파한다. 해당 내용은 로그 파일 끝에 추가되어 호출자가 더 효율적으로 문제를 디버깅할 수 있게 만든다.

더 높은 수준에서 특정 오류를 처리하기로 결정하면 `check()`를 호출하는 메서드는 이 예외를 잡으려고 해서는 안 된다. 이 예외를 잡는 대신, 메서드 시그니처에 선언만 해야 한다. 메서드 계약에서 예외를 명시적으로 선언하는 방법으로 클라이언트에게 메서드를 호출한 직후 무엇을 기대할지 알려준다. 이런 패턴을 사용해 클라이언트가 예외를 처리하기 위한 독자적인 전략을 고려하게 만든다.

3.3.1 오류가 발생할 경우 자원 닫기

종종 코드는 몇몇 시스템 자원을 소비할 필요가 있는 메서드나 클래스와 상호작용할 필요가 있다. 예를 들어, 새로운 파일 생성은 파일 시스템 핸들을 열도록 요구한다. HTTP 클라이언트 생성은 가용 포트 풀에서 포트를 할당하는 소켓을 열도록 요구한다. 처리 과정이 문제없이 진행되고 모든 작업이 예상대로 동작하는 경우에는 처리 과정이 완료되고 나서 클라이언트를 닫을 필요가 있다.

HTTP 클라이언트를 생성하고 몇몇 요청을 수행하고 클라이언트를 닫는 단순한 예제를 고려해 보자. 다음 코드는 이런 동작 방식을 보여준다.

코드 3.14 HTTP 클라이언트 닫기

```
CloseableHttpClient client = HttpClients.createDefault();   ← ① 클라이언트를 사용해 처리한다
try {
  processRequests(client);   ← ② 시스템 자원을 할당하는 새로운 클라이언트를 생성한다
  client.close();   ← ③ 처리가 끝난 다음에 클라이언트를 닫는다
} catch (IOException e) {
  logger.error("Problem when closing the client or processing requests", e);
}
```
④ close()에 예외가 발생해 실패할 경우 오류를 로그에 기록한다

언뜻 보기에는 코드가 올바르게 보이며 처리가 끝나면 클라이언트를 닫는다. (여기서 처리 과정에 네트워크가 몇몇 패킷을 누락할 경우 실패할 수 있는 로직이 개입된다.) 불행히도 `processRequests()` 메서드는 `IOException`을 던질 수도 있다. 예외가 코드의 이 지점에서 던져지면 `close()` 메서드는 호출되지 않을 것이다. 너무 많은 소켓 연결이나 클라이언트를 열 경우 문제를 일으키는 자원 누수라는 위험에 직면한다.

이 코드를 변경해 심지어 `processRequests()`가 실패할 경우에도 `close()`를 호출하게 만들어야 한다. 또한 `processRequests()`에서 발생한 문제도 별도로 처리해야 한다. 이렇게 처리하고 나서야 클라이언트를 닫을 수 있다. 다음 코드는 이런 작업을 어떻게 수행하는지 보여준다.

코드 3.15 처리 요청에 문제가 생길 경우 HTTP 클라이언트 닫기

```
CloseableHttpClient client = HttpClients.createDefault();
try {
  processRequests(client);
} catch (IOException e) {   ← ① 처리 요청 문제를 잡는다
  logger.error("Problem when processing requests", e);
}
try {
  client.close();   ← ② processRequests()가 완료된 다음에야 close()를 호출한다
} catch (IOException e) {
  logger.error("Problem when closing client", e);
}
```

이런 코드는 장황하고 오류가 발생하기 쉽다. 장황함은 동일 `IOException`을 두 번 다룰 필요가 있다는 사실에서 기인한다. 또한 처리 실패를 방어할 필요가 있고, 심지어 처리 과정에 문제가 있는 경우 `close()` 메서드를 호출하는 대비책도 마련해야 한다. API가 확인되지 않은 예외를 던질 경우 이를

잊어버리기 쉽다. 이런 경우에는 `close()` 메서드를 호출하지 않을 것이므로 자원 누수라는 위험에 직면한다.

코드를 조금 개선하기 위해 닫는 작업을 대신 처리해주는 try-with-resources 문을 사용할 수 있다. 이는 사용하는 클래스가 `AutoCloseable` 인터페이스(http://mng.bz/QWOv 참고)를 구현할 경우에만 동작할 것이다. 코드 3.16은 이 방식을 사용해 HTTP 클라이언트를 자동으로 닫는 방법을 보여준다.

코드 3.16 try-with-resources 문을 사용해 HTTP 클라이언트 닫기

```
try (CloseableHttpClient client = HttpClients.createDefault()) {   ← ① try-with-resources 문 내에서 HttpClient를 생성한다
    processRequests(client);
} catch (IOException e) {
    logger.error("Problem when processing requests", e);   ← ② processRequests()가 던진 예외를 처리한다
}
```

이런 기법을 사용하면 클라이언트 코드가 수행될 필요가 있는 로직에만 집중하게 된다. `Closeable`을 구현한 객체의 생명주기는 우리를 위해 (자동으로) 처리된다. `close()` 메서드는 자원을 해제하기 위해 필요한 로직을 제공해야 한다. 이는 또한 코드의 의도를 명시해 타입과 그 타입에 따른 자원 사용량을 클라이언트가 추론할 수 있게 한다.

> **참고**
>
> 객체가 더 이상 사용되지 않아서 해제돼야 하는 몇몇 자원 소비와 관련된 객체를 반환하게 API를 설계하려면 Closeable 인터페이스를 구현해야 한다.

비록 try-with-resources 추상화가 유용하지만, 언어가 이를 지원하지 않을 수도 있다. 이런 추상화를 사용하는 핵심적인 이유는 처리 결과에 무관하게 자원을 닫고 싶기 때문이다. 확인되지 않은 예외를 던지는 코드를 실행하면 오류가 코드 처리를 중단하게 만들 수도 있다. 이런 경우에는 로직 수행 이후에 자원을 닫아야 한다. 이런 이유 때문에 몇몇 언어는 예외가 던져졌는지와 무관하게 프로그래머가 코드를 수행하게 허용한다.

자바에서는 자원을 닫을 책임이 있는 로직을 구현하기 위해 `finally` 블록을 사용할 수 있다. 이 블록 내부의 코드는 심지어 코드가 예외를 던지더라도 항상 수행하게 되어 있다. 다음 코드는 이런 예를 보여준다.

코드 3.17 finally 블록을 사용해 자원 닫기

```
CloseableHttpClient client = HttpClients.createDefault();
try {
  processRequests(client);
} finally {
  System.out.println("closing");
  client.close();
}
```

이제 `processRequests()`가 예외를 던지더라도 `finally` 블록의 닫는 로직이 실행될 것이다. 닫는 메시지가 표준 출력에 등장할 것이므로 이런 사실을 관찰할 수 있다.

3.3.2 애플리케이션 흐름을 제어하기 위해 예외를 사용하는 안티 패턴

객체지향적인 예외 처리를 구현할 때 흔히 (`goto` 문처럼) 애플리케이션의 흐름을 제어하기 위해 예외를 사용하는 경우가 있다. 이렇게 예외를 남용하는 애플리케이션에서는 호출자에게 로직이 다른 코드 경로를 따라야 한다는 예외를 던지게 된다.

또한 메서드마다 타입을 하나만 반환한다는 제약을 극복하기 위해 예외를 사용하려는 유혹이 생긴다. `String`을 반환하는 메서드가 있다고 가정하자. 시간이 조금 지난 다음, 문자열이 너무 긴 경우 특별한 값을 반환하게 이 메서드를 변경하고 싶다. 언뜻 보기에는 이런 경우에 예외를 던지는 방식이 올바른 해법처럼 보인다. 이런 예외가 정말로 예외적인 상황이면 예외 사용이 정당화된다. 문제는 호출자가 메서드의 결과에 따라 다른 코드 경로를 수행하기 위해 분기 로직을 구축할 때 발생하기 시작할 것이다.

메서드가 던지는 예외 타입이 점점 더 많아질수록 호출자 로직이 점점 더 복잡해진다. 예외를 둘러싼 복잡한 로직을 구현하는 작업에는 비용이 많이 들어간다(이 장 마지막 절에서 성능을 살펴볼 것이다). 예외에 의존해 코드 경로를 변경하는 방식은 코드를 복잡하고 추론하기 힘들게 만들고 유지보수하기 어렵게 만든다.

로직에서 극단적인 경우를 처리할 필요성을 호출자에게 부과하게끔 코드를 설계하고 싶다고 가정하자. 이 경우, (이 장 후반에 설명하는) `Try`나 `Either`와 같은 함수형 프로그래밍 구성 요소를 살펴볼 수 있다. 이런 프로그래밍 구성 요소를 사용하면 예외를 남용하지 않고서도 극단적인 경우를 처리하게 코드를 설계할 수 있다.

종종 코드를 작성할 때 타사 라이브러리를 사용하며 해당 코드베이스의 진화에 어떤 영향도 미치지 못하는 경우가 있다(아니면 아주 제한적인 영향만 미친다). 다음 절은 우리가 소유하지 않은 코드를 호출할 때의 오류 처리 전략에 초점을 맞춘다.

3.4 타사 라이브러리에서 오는 예외

타사 라이브러리와 상호작용할 때는 예외 처리 전략을 심사숙고해야 한다. 개인에 대한 정보를 카탈로그에 저장하는 책임을 맡은 소프트웨어 컴포넌트를 개발하는 예를 들어보자.

API에 public으로 선언된 메서드가 두 개 존재한다. 첫째 메서드는 사람의 이름에 기반해 사람에 대한 정보를 얻는다. 둘째 메서드는 사람의 이름에 대한 정보를 생성한다. `getPersonInfo()` 메서드는 파일 시스템에서 파일을 불러오는 반면, `createPersonInfo()` 메서드는 지정된 사람을 위한 새로운 파일을 만들어 이 파일에 정보를 저장한다. 클라이언트 코드는 그림 3.2처럼 두 public 메서드를 통해 API와 상호작용할 것이다.

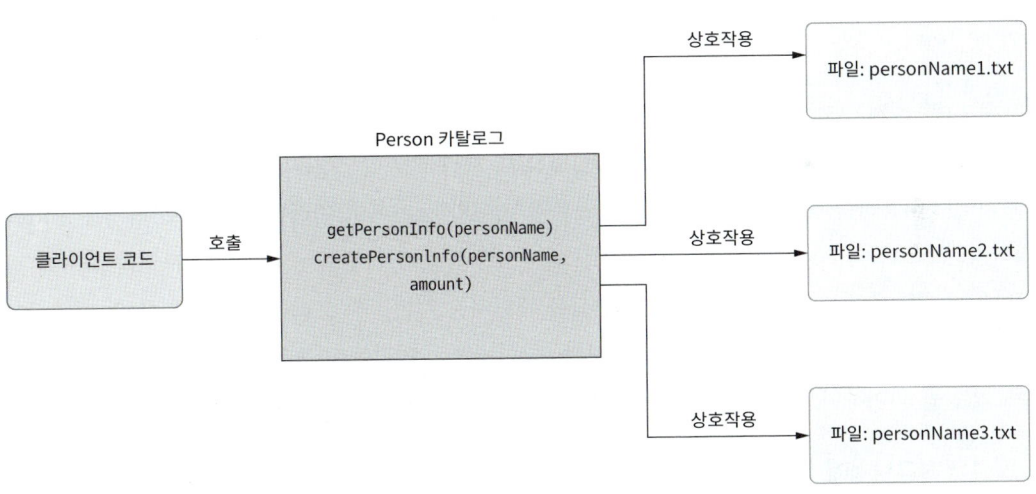

그림 3.2 두 public 메서드를 외부에 공개하는 Person 카탈로그 API

이 시나리오에서 파일 시스템에 파일을 저장하고 인출하기 위한 메커니즘을 제공하는 타사 라이브러리를 사용한다고 가정하자. 이를 위해 아파치 커먼즈 IO 라이브러리(http://mng.bz/9KW7)를 사용할 것이다. 이 라이브러리는 파일 시스템 접근과 관련해 연산 과정에서 문제가 있을 때 `IOException` 또는 `FileExistsException`(http://mng.bz/jynr)을 던진다. 지금쯤이면 알고 있겠지만, 파일 시스템과 엮인 모든 상호작용은 실패할 수 있는 메서드 호출을 수반한다. 코드 3.18은 카탈로그 컴포넌트의 API가 어떻게 구성되는지를 보여준다.

코드 3.18 예외가 선언된 API

```java
import java.io.IOException;
import org.apache.commons.io.FileExistsException;    ← ① 의심스러워 보이는 외부 클래스를 임포트한다

public interface PersonCatalog {
  PersonInfo getPersonInfo(String personName) throws IOException;   ← ② 표준 자바 라이브러리의 IOException을 던진다
  boolean createPersonInfo(String personName, int amount) throws
      FileExistsException;    ← ③ 기반 타사 라이브러리 구현을 바깥으로 노출하는 예외를 던진다
}
```

여기서 가장 주목해야 할 사안은 두 API 메서드 선언이 예외를 던진다는 사실이다. `getPersonInfo()` 메서드는 자바 표준 JDK에서 제공하는 `IOException`을 던진다. `createPersonInfo()` 메서드는 임포트했던 기반 타사 라이브러리와 관련된 예외인 `FileExistsException`을 던진다. 이런 동작 방식이 합리적인 이유는 두 API 메서드 모두 이런 예외들을 선언한 타사 라이브러리를 통해 파일 시스템과 상호작용하기 때문이다.

한편으로 이런 해법은 예상대로 동작할 것이다. 클라이언트는 `PersonCatalog` 컴포넌트와 상호작용할 때 코드에서 `IOException`과 `FileExistsException`을 처리해야 할 것이다. 다른 한편으로 기반 타사 라이브러리가 사용하는 내부 예외를 바깥으로 노출할 것이다. API에서 이런 예외와 예외 타입을 전파하면 클라이언트 코드와 `PersonCatalog` 컴포넌트에서 내부적으로 사용하는 타사 라이브러리 사이에 강한 결합을 초래하게 된다. 이는 파일 시스템 연산을 책임지는 기반 라이브러리를 변경할 수 없기 때문에 앞서 강조한 추상화의 목표에 위배된다. 현재 사용 중인 라이브러리를 변경하는 것은 다른 예외가 던져질 수도 있음을 의미하며, 우리의 API 메서드 시그니처는 더 이상 이를 반영하지 못한다.

또한 메서드 시그니처에 선언했던 `FileExistsException` 클래스를 갖추지 못한 타사 라이브러리도 존재할 가능성이 있다. 반면 `IOException`의 문제가 적은 이유는 그것이 모든 클라이언트 코드에서 사용 가능한 JDK에 존재하기 때문이다. `throws FileExistsException`을 제거하고 이를 다른 타사 라이브러리에서 사용하는 예외로 교체할 수 없는 이유가 궁금할 수도 있다. `FileExistsException`은 public으로 선언된 인터페이스이므로 이 예외 타입을 변경하면 라이브러리 호환성에 손상을 입히기 때문이다. 클라이언트가 이 메서드의 새 버전을 사용할 때 코드는 더 이상 컴파일되지 않을 것이다!

코드의 public으로 선언된 API 메서드에서 타사 라이브러리의 예외를 전파하는 방식이 이상적인 해법이 아닐 수도 있다는 결론을 내릴 수 있다. 이런 문제는 어떻게 해결할 수 있을까? 라이브러리 전용 예외를 도입해 내부에서 기반 예외를 감쌀 수 있다. 파일 시스템과 상호작용하는 책임을 맡은 타사 라이브러리가 던지는 기반 예외를 감쌀 `PersonCatalogException`을 도입해보자. 다음 코드는 이 구현 방식을 보여준다.

코드 3.19 도메인 전용 예외 생성

```java
public class PersonCatalogException extends Exception {
  private PersonCatalogException(String message, Throwable cause) {
    super(message, cause);
  }
  public static PersonCatalogException getPersonException(String personName, Throwable t) {
    return new PersonCatalogException("Problem when getting person file for: " +
        personName, t);
  }
  public static PersonCatalogException createPersonException(String personName, Throwable t) {
    return new PersonCatalogException("Problem when
➥ creating person file for: " + personName, t);
  }
}
```

① private로 선언된 PersonCatalogException 생성자

`PersonCatalogException`은 실제 `Throwable`과 오류 메시지를 캡슐화한 private로 선언된 생성자를 받는다. `getPersonInfo()` 메서드를 위해 도메인 전용 예외를 구성하는 `getPersonException()` 팩토리를 제공한다. `createPersonInfo()` API 메서드는 기반 `Throwable`을 새로운 `PersonCatalogException`으로 감싸는 과정에서 유사한 상황에 대한 대응 방안을 보여준다.

일단 도메인 전용 `PersonCatalogException`을 정의하고 나면 기반 타사 라이브러리의 실제 예외 타입을 누출하지 않고서도 공개된 API에 쉽게 이를 전파시킬 수 있다. 다음 코드는 도메인 전용 예외를 보여준다.

코드 3.20 타사 라이브러리의 예외를 누출하지 않는 PersonCatalog

```java
public interface PersonCatalog {
  PersonInfo getPersonInfo(String personName) throws PersonCatalogException;
  boolean createPersonInfo(String personName, int amount) throws
      PersonCatalogException;
}
```

03 _ 코드에서 신경 써야 할 예외와 오류 처리 패턴

이렇게 변경한 후 get과 create 메서드 모두 `PersonCatalogException`을 던진다고 선언한다. 타사 라이브러리의 예외는 더 이상 누출되지 않고 클라이언트 코드는 현재 사용 중인 특정 구현체와 강하게 결합되지 않고서도 이 API를 사용할 수 있다는 사실에 주목하자. 이런 해법은 API가 진화될 때 더 많은 유연성을 제공하며 클라이언트 코드에 예외가 발생한 이유에 대해 더 많은 정보를 제공한다. 예외 타입만 보고서도 호출자는 오류가 발생한 이유와 예외가 던져진 위치를 추론할 수 있다. `IOException`과 같은 저수준 예외를 사용하면 예외 이름 자체는 제공해야 하는 수준보다 훨씬 적은 정보를 실어 나르게 된다.

예외를 감싸는 기법은 오류에 대한 더 많은 컨텍스트를 제공하므로 공개된 API와 코드에서 이 기법을 유용하게 사용할 수 있음을 확인할 수 있다. 예외를 감싸는 기법은 기본적으로 동일한 예외 출력 결과에 비해 더 많은 정보를 실어 나른다. 이는 타사 라이브러리에서 전파되는 모든 예외를 우리 코드베이스로 감싸야 한다는 의미는 아니며, 새로운 예외가 제공하는 장점과 새로운 예외를 유지보수하는 비용을 비교해서 적용을 고려해야 한다. 흔히 도메인 전용 예외는 유지보수 비용보다 더 많은 이익을 제공해왔다. 클라이언트에 직접 노출되지 않고 내부적으로만 취급할 컴포넌트를 설계하고 있다면 독자적인 예외를 도메인 전용 예외로 감싸지 않아도 문제가 없어야 한다.

또한 심지어 예외 타입이 호출자에게 많은 정보를 주는 경우에도 예외는 어떤 일이 벌어졌는지를 자세히 설명하는 내용을 포함해야 한다는 사실에도 주목하자. 이와 함께 스택 추적이 예외에 기록되면 비정상적인 상황이 일어날 때 무엇이 잘못되었는지에 대해 많은 통찰을 제공한다. 이와 같이 세 가지 정보를 결합하면(즉, 이벤트 타입, 메시지, 스택 추적) 무엇이 잘못되었는지 추론하기가 훨씬 더 쉬워진다. 예외 타입은 또한 컴파일러에도 유용하다. 실행 시점에 오류가 발생할 때 우리는 모든 정보를 확보하기를 원한다.

지금까지 살펴본 설계는 동기식으로 동작하는 코드와 관련이 있었다. 다음 절에서는 멀티스레드와 비동기식으로 동작하는 코드를 다루는 방법을 살펴볼 것이다.

3.5 멀티스레드 환경에서 주의할 예외

멀티스레드 컨텍스트에서 예외를 처리하는 방법은 단일 스레드 컨텍스트에서 프로그램이 수행될 때와는 다르다. 새로운 행위를 Executors에 제출할 때 이 행위의 성공이나 실패에 대한 피드백을 받아야 한다. 이런 정보를 얻는 메커니즘이 없다면 독립된 스레드에서 수행되는 비동기식 행위가 어떤 힌트도 주지 않은 채로 실패할 수 있다는 위험에 직면한다. 이런 무언의 실패는 위험하며 진단하기도 어렵다.

Executors와 상호작용할 때는 두 가지 작업 제출 방식이 있다. Future 인스턴스를 반환하며 나중에 이 인스턴스를 사용해 행위의 결과를 얻을 수 있는 submit() 메서드를 사용해 수행될 새로운 행위를 스케줄링할 수 있다. 비동기식 연산을 스케줄링하는 다른 방법은 execute() 메서드를 사용하는 것이다. 이는 기본적으로 발사 후 망각 접근 방식을 따르는데, 이런 행위로부터 결과를 얻지 않을 것임을 의미한다.

행위의 결과를 얻을 때 코드에서 몇몇 예외가 던져진다면 결과가 성공이 될 수도 있고 실패가 될 수도 있다. 행위를 제출할 때 예외 처리 코드가 어떻게 보이는지 다음을 살펴보자.

코드 3.21 제출 후 대기

```
ExecutorService executorService = Executors.newSingleThreadExecutor();
Runnable r =
    () -> {
        throw new RuntimeException("problem");
    };
Future<?> submit = executorService.submit(r);
assertThatThrownBy(submit::get)
    .hasRootCauseExactlyInstanceOf(RuntimeException.class)
    .hasMessageContaining("problem");
```

① 독립적인 워커 스레드 하나로 Executors를 실행할 것이다
② 제출되는 행위는 확인되지 않은 예외를 던질 것이다
③ submit()은 Future를 반환한다
④ get()은 main 스레드를 차단한다

get() 메서드가 우리의 흐름을 차단하고 차단 연산은 get()이 수행될 때 완료돼야 한다는 사실에 주목할 필요가 있다. 기반 행위가 예외로 끝나면 main 스레드로 전파될 것이다. 행위를 제출하고 이 결과를 코드 어디서든 사용하지 않는다면(발사 후 망각) 예외는 전파되지 않으며 무언의 실패에 대한 위험을 감수해야 한다. Executors 서비스가 Future(프라미스)를 반환할 경우 정확성을 직접 검증해야 한다.

> **참고**
> http://mng.bz/W70a에서 Future 인터페이스에 대한 정보를 찾을 수 있다. .Net 개발자라면 Future는 Task와 유사하다고 보면 된다.

execute() 메서드가 Future 인터페이스와 약간 다른 이유는 어떤 결과도 반환하지 않기 때문이다. 구현 방식은 다음 코드를 살펴보자.

코드 3.22 수행 후 망각

```
Runnable r =
    () -> {
```

```
        throw new RuntimeException("problem");
    };
executorService.execute(r)
```

Executors가 결과를 반환하지 않는다는 사실은 분리된 스레드에서 수행된 비동기식 행위의 실패가 조용하게 넘어갈 수 있음을 의미한다. 고정된 스레드 수로 만들어진 스레드 풀을 사용한다면 이는 문제가 될 수도 있다. 스레드가 실패했을 때 다시 생성되지 않을 수 있으며, 어느 시점에서 모든 스레드가 실패하는 바람에 스레드 풀이 텅 비게 될 위험도 있다. 트래픽에 따라 변하는 스레드 풀을 사용하는 경우라면 자원 누수라는 위험에 직면할 수도 있다. 모든 스레드가 상당한 메모리를 차지하며 새로운 스레드 생성은 메모리 부족 문제를 일으킬 수 있다.

이런 처리 과정을 위한 합리적인 해법은 처리 과정에서 스레드 중 하나에 발생한 실패를 처리하는 전역 예외 처리기를 등록하는 것이다. 그림 3.3처럼 UncaughtExceptionHandler(http://mng.bz/Ex5d)를 사용해 모든 스레드를 위한 예외 처리기를 등록할 수 있다.

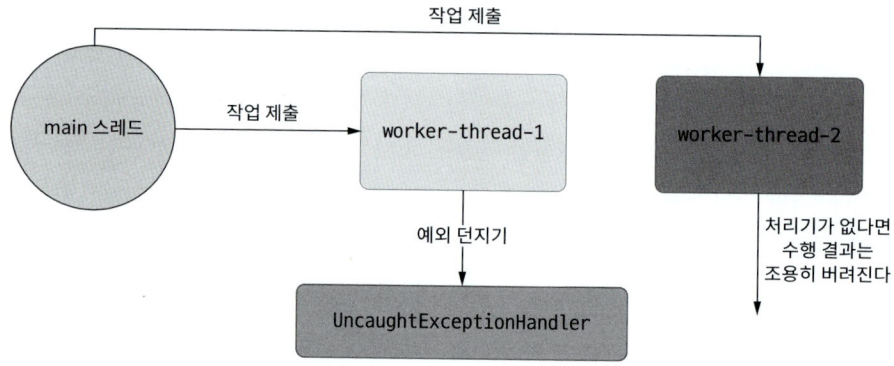

그림 3.3 멀티스레드 컨텍스트에서의 전역 예외 처리 방식

그림 3.3에서 main 스레드는 (프라미스 객체를 되돌려 받지 않은 상황에서) execute() 메서드를 사용해 작업을 worker-thread-1에 제출한다. 그러고 나면 워커 스레드는 이 행위를 비동기식으로 수행한다. 프라미스가 반환되지 않기에 main 스레드는 이제 worker-thread 처리 과정에서 문제가 발생하더라도 우리에게 알려줄 수단이 없다. 다행히 처리 과정에서 예외가 발생할 경우 수행될 전역 예외 처리기를 등록할 수 있다. (worker-thread-2의 경우처럼) 처리기가 없다면 예외는 조용히 폐기되고 워커 스레드는 동작을 멈추므로 직전에 설명한 자원 누수를 일으킬 위험이 있다.

전역 예외 처리기 로직을 검증하는 단위 테스트를 살펴보자. 실패할 행위로 execute() 메서드를 수행할 것이다. 그런 다음에 예외가 발생할 때 UncaughtExceptionHandler가 호출되는지 단정문(assert)으로 검사할 것이다. 다음 코드는 이런 사용 사례를 보여준다.

코드 3.23 UncaughtExceptionHandler 등록

```
// given
AtomicBoolean uncaughtExceptionHandlerCalled = new AtomicBoolean();   ← ① 처리기가 실행되면 true로 설정된다
ThreadFactory factory =
    r -> {
        final Thread thread = new Thread(r);
        thread.setUncaughtExceptionHandler(   ← ② 전역 예외 처리기를 설정한다
            (t, e) -> {
                uncaughtExceptionHandlerCalled.set(true);   ← ③ 예외가 발생하면
                logger.error("Exception in thread: " + t, e);      uncaughtExceptionHandlerCalled가
            });                                                    true로 설정된다.
        return thread;
};

Runnable task =
    () -> {
        throw new RuntimeException("problem");
    };
ExecutorService pool = Executors.newSingleThreadExecutor(factory);
// when
pool.execute(task);   ← ④ execute()는 독립적인 워커 스레드에서 행위를 호출한다.
await().atMost(5,          ⑤ 처리기가 호출될 때까지 기다릴 시간을 설정한다(모든 것이 비동기식으로 동작한다)
    TimeUnit.SECONDS).until(uncaughtExceptionHandlerCalled::get);   ←
```

보다시피 멀티스레드 환경에서의 예외 처리는 생각보다 어렵다. API가 비동기식으로 몇 가지 행위를 처리하고 결과를 잊어버리게 허용하거나 강제할 경우 특히 더 그렇다. 하지만 비동기식 수행 결과를 감싸는 Future 객체를 얻을 수 있다면 결과와 예외 가능성에 대해 반드시 생각하게 만들기 때문에 이 API를 사용해야만 한다.

프라미스 API는 비동기식 코드를 생성하고 비동기식 연산들을 매끄럽게 조합하게 만들기 위한 잘 알려진 언어 구성 요소다. 이 자바 API는 실패를 명시적으로 잡을 수 있는 플루언트 비동기식 API를 생성하기 위한 CompletableFuture 언어 구성 요소를 제공한다(http://mng.bz/NxMn 참고). 또한 다른 프

로그래밍 언어에서도 유사한 API를 찾을 수 있을 것이다. 자바 프라미스 API를 사용해 예외를 처리하는 방법을 살펴보자.

3.5.1 프라미스 API를 사용한 비동기식 작업 흐름의 예외 처리

이상적으로는 비동기식 작업 흐름을 만들 때 비동기적인 방식으로 동작하는 API를 사용해 I/O, 네트워크, 기타 외부 자원과 상호작용을 수행한다. 이런 API는 비동기식 연산을 차례로 연결하기 위해 사용할 수 있는 프라미스를 반환해야 한다. 불행히도 현실 세계에서는 종종 동기식 API와 비동기식 API 사이에 존재하는 변환 계층을 생성할 필요가 있다.

외부 서비스를 호출할 필요가 있다고 가정하자. 이 외부 서비스를 호출할 책임을 맡은 메서드는 동기식으로 동작하므로 이후 비동기식 흐름으로 변경하게 허용하도록 이 메서드를 `CompletableFuture` API로 감싸야 한다. 외부 호출은 I/O 연산을 수반하므로 `IOException`을 던질 수 있게 선언한다.

`IOException`이 확인된 예외이므로 비동기식 방식에서 어디선가는 이를 처리할 필요가 있다. `supplyAsync()` 메서드를 사용해 차단 호출을 감싸고 비차단 타입을 반환하면 비동기식 연산을 기대하는 호출자에게 전파할 수 있다. 첫 접근 방식은 이와 같이 확인된 예외를 확인되지 않은 예외로 감싸 호출자에게 전파하는데, 다음 코드에서 구현 내역을 보여준다.

코드 3.24 비동기식 API에서 예외 감싸기

```
public int externalCall() throws IOException {     ← ① externalCall() 메서드는 IOException을
    throw new IOException("Problem when                던질 수 있다
      calling an external service");             ← ② 실패를 시뮬레이션하기 위해 새로운 IOException을 던진다
}

public CompletableFuture<Integer> asyncExternalCall() {
    return CompletableFuture.supplyAsync(        ← ③ 동기식 호출을 CompletableFuture로 감싼다
      () -> {
        try {
            return externalCall();
        } catch (IOException e) {
            throw new RuntimeException(e);       ← ④ IOException을 확인되지 않은 예외로 감싼다
        }
    });
}
```

예외를 감싸는 도메인 예외를 생성하지 않고서 기반 라이브러리에서 직접 `IOException`을 전파하고 있다는 사실에 주목하자. 예제를 단순하게 만들기 위해 이렇게 했다. 세부적인 장단점에 대해서는 3.4절을 참조하자.

예외를 감싸 확인되지 않은 예외를 전파하는 이런 접근 방식은 이상과는 거리가 멀다. 여기서는 두 추상화 개념을 혼합하고 있다. 한 가지 추상화는 프라미스 API로서 미래에 이행될 결과나 이 행위가 실패할 경우 발생할 예외를 감싼다. 다른 추상화는 호출자에게 전파될 예외를 동기적으로 던진다. 자바 API는 비동기식 행위가 수행될 스레드 풀에서 포착되게끔 이 예외를 `CompletionException`으로 감싼다.

`asyncExternalCall()` 메서드를 호출할 때 병행 API(concurrent API)의 다중 계층으로 이 예외가 전파되었다는 사실을 나타내는 스택 추적을 보게 될 것이다. 그리고 마지막으로 오류를 일으킨 근본 원인을 찾게 될 것이다. 다음 코드는 스택 추적 결과를 보여준다.

코드 3.25 적절히 처리되지 않은 예외가 담긴 스택 추적

```
java.util.concurrent.CompletionException: java.lang.RuntimeException:
    java.io.IOException: Problem when calling an external service    ← ① 예상 밖의 예외를 처리할
    at java.util.concurrent.CompletableFuture.encodeThrowable(           필요가 있는 많은 라이브러리
    CompletableFuture.java:273)                                           호출
    at java.util.concurrent.CompletableFuture.completeThrowable(
    CompletableFuture.java:280)
    at java.util.concurrent.CompletableFuture$AsyncSupply.run(
    CompletableFuture.java:1592)
    at java.util.concurrent.CompletableFuture$AsyncSupply.exec(
    CompletableFuture.java:1582)
    at java.util.concurrent.ForkJoinTask.doExec(ForkJoinTask.java:289)
    at java.util.concurrent.ForkJoinPool$WorkQueue.runTask(
    ForkJoinPool.java:1056)
    at java.util.concurrent.ForkJoinPool.runWorker(ForkJoinPool.java:1692)
    at java.util.concurrent.ForkJoinWorkerThread.run(
    ForkJoinWorkerThread.java:157)
Caused by: java.lang.RuntimeException: java.io.IOException:
 → Problem when calling an external service    ← ② 라이브러리 코드 다음에서 근본 원인을 찾을 수 있다
```

이런 스택 추적은 병행 라이브러리에서 이를 처리하기 위해 많은 중간 단계가 개입되었기에 실패를 올바르게 처리하지 못했음을 보여준다. 프로그래밍 언어나 라이브러리에 따라 이런 예외가 전파되지 못하기에 스택 덤프를 목격하는 행운이 없거나 스레드를 죽이는 바람에 자원 누수로 이어질 수도 있다. 어떻게 프라미스 API로 오류를 처리하고 통합할 수 있을까?

이 문제를 해결하기 위해 결과나 예외를 반환하는 CompletableFuture라는 새로운 인스턴스를 생성해야 한다. 여기서 예외 처리가 중요하다. 다음 코드는 프라미스를 예외로 채우지만 예외는 던져지지 않는다.

코드 3.26 결과나 예외와 함께 프라미스 이행

```
CompletableFuture<Integer> result = new CompletableFuture<>();   ← ① 아직 이행되지 않은 새로운
CompletableFuture.runAsync(                                          CompletableFuture
    () -> {
      try {
        result.complete(externalCall());   ← ② 외부 호출이 성공했고 프라미스를 완료한다
      } catch (IOException e) {
        result.completeExceptionally(e);   ← ③ 예외가 발생하면 이를 프라미스로 감싼다
      }
    });
return result;   ← ④ 값이나 예외로 이행된 결과를 반환한다
```

위에서 설명한 메서드의 호출자는 값이나 예외를 프라미스 API로 감싸는 식으로 실제 근본 원인을 얻는다. 여기서 병행 라이브러리와 관련된 스택 추적이 보이지 않는 이유는 예외를 다시 던지지 않았기 때문이다. 덕분에 이 예외가 스레드를 죽이거나 목격되지 않고 넘어가는 위험을 피한다.

> **참고**
>
> 이 절에서 제시한 기법은 대다수 비동기식 API에서 흔히 볼 수 있다. 여러분이 현재 사용 중인 프로그래밍 언어에서도 유용하게 사용할 방법을 찾아내야 한다.

다음 절에서 객체지향적인 방식으로 예외를 사용해 오류를 처리하는 방법과 함수형 프로그래밍 기법으로 예외를 던지는 방법을 비교할 것이다. 또한 직전에 배운 프라미스 API와 유사하게 동작하면서 성공과 실패를 캡슐화하는 Try 언어 구성 요소를 살펴볼 것이다.

3.6 Try로 오류를 처리하는 함수형 접근 방식

여기까지 오면서 예외를 처리하는 객체지향적인 방식을 설명했다. 이제 오류를 관리하기 위한 함수형 접근 방식을 살펴보겠다. 여기서는 함수형 프로그래밍의 주요 측면 중 하나인 부작용 없는 코드에 초점을 맞출 것이다.

메서드가 예외를 던진다는 것은 부작용이 생김을 의미한다. 값을 반환하고 예외를 던지는 단순한 메서드 하나가 있다면 메서드 선언부에서 예외를 던진다는 사실을 고려해야 한다. 객체지향 세상에서는 이런 패턴을 사용했지만, 예외는 부작용이라는 사실을 기억할 필요가 있다. 호출자는 실제 반환된 값을 처리해야 하지만, 예외를 방어할 필요도 있다. 예외가 명시적으로 메서드의 계약에 언급될 때 함수형 코드는 무슨 일이 일어날지 알고 **Try** 내부에서 이를 감싸는 방법으로 이 부작용을 방어할 수 있다(잠시 후에 자세한 설명이 이어진다).

반면, 던져진 예외가 확인되지 않은 것이고 메서드 계약에 선언되지 않을 때 호출자는 이를 처리하지 않을 수 있으며, 부작용은 호출 스택에 전파될 것이다. 이런 미처리는 호출자가 예외를 예상하지 못하고 그 결과 이를 방어하지 않았기 때문에 생기기도 한다. 이런 동작 방식은 함수형 프로그래밍 세계에서 문제가 된다.

함수형 프로그래밍에서 핵심 철학은 타입으로 함수 호출의 가능한 모든 결과를 모델링하는 것이다. 호출할 수 있는 함수가 실패할 수 있다면 이런 결과는 함수의 반환 타입과 선언된 예외로 모델링이 가능해야 한다. 확인된 예외를 사용한다면 예외를 던지는 행위가 명시적이지만, 메서드가 확인되지 않은 예외를 던진다면 이런 행위는 암시적일 것이다. 이런 일관성 없는 동작 방식은 함수형 프로그래밍 세계에서 금지돼야 한다. 함수가 반환하는 타입은 함수의 가능한 모든 결과를 모델링할 수 있어야 한다. 이는 함수형 프로그래밍에서 오류 처리를 모델링할 때 **Try** 모나드(**Error** 모나드라고 불리기도 한다)가 중요한 이유이기도 하다(http://mng.bz/la42와 http://mng.bz/BxV1을 참고한다).

단순한 **Try** 모나드 언어 구성 요소를 살펴보자. **Try**는 두 가지 상태를 실어나를 수 있다. 첫째로 가능한 상태는 성공이며, 둘째로 가능한 상태는 실패다. 이 타입의 상태는 첫째 아니면 둘째만 가능하며 결코 둘 다 될 수는 없다. 그림 3.4는 두 가지 가능한 상태를 보여준다.

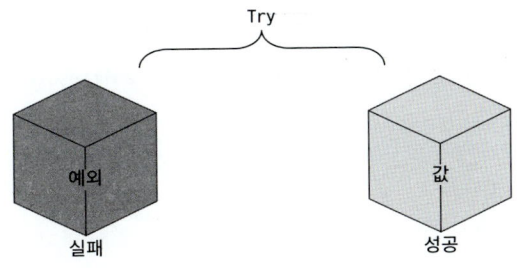

그림 3.4 A Try 모나드 타입

앞 절에서 CompletableFuture API를 사용하는 프라미스 타입을 살펴봤다. 이 타입이 Try 타입과 유사한 이유는 비동기식 계산 결과를 실어 나르거나 API 처리 과정에서 무슨 일이 벌어졌는지를 보여주는 실패를 반환하기 때문이다. 여기서 한 가지 중요한 한계가 존재하는데, 프라미스 타입은 비동기식 처리 과정의 컨텍스트에서만 사용돼야 한다는 점이다.

하지만 Try 모나드는 동기식과 비동기식 컨텍스트 모두에서 처리 상태를 캡슐화할 수 있다. Try 모나드는 더 일반적이고 유연하며, 이 때문에 함수형 프로그래밍 접근 방식에서 실패와 성공을 잡아내기 위한 주요 추상화 역할을 맡는다. 자바 프로그래밍 언어에서 오류를 함수형으로 처리하는 방식을 살펴보자. 여기서는 개발자에게 Try 타입을 제공하는 Vavr 라이브러리(https://www.vavr.io/)를 사용할 것이다.

> **참고**
>
> 메서드가 Try 타입을 반환하면 이 메서드의 호출자는 항상 이런 메서드의 실패를 처리할 필요가 있을 것이다. 후속 처리는 맵, 필터 등의 함수형 프로그래밍 메서드를 사용해서 연쇄도 가능하다.

Try를 반환하는 메서드의 호출자가 반환된 결과를 처리하는 방법을 살펴보자. 클라이언트의 행위는 실패할 수도 있으므로 예외를 던질 수 있다. 따라서 다음 코드가 보여주듯이 감싼 호출이 실패하지 않을 때 Try의 동작 방식을 시연하기 위해 테스트의 목적에 맞춰 목(mock)을 적용한다. 현실의 시스템에서는 실패할 수 있는 외부 시스템이나 컴포넌트를 호출하는 부분을 감쌀 것이다.

코드 3.27 Try 모나드(성공하는 경우)

```
// given
String defaultResult = "default";
Supplier<Integer> clientAction = () -> 100;

// when
Try<Integer> response = Try.ofSupplier(clientAction);
String result = response.map(Object::toString).getOrElse(defaultResult);

// then
assertTrue(response.isSuccess());
response.onSuccess(r -> assertThat(r).isEqualTo(100));
assertThat(result).isEqualTo("100");
```

(클라이언트 행위가) 실패할지도 모르는 행위와 통합되는 지점을 Try 타입으로 감싼다는 사실에 주목하자. Try 추상화는 실패할 수도 있는 메서드에서 반환돼야 한다. 호출자는 예외에 대해 걱정하지 않고서

Try 타입에 대한 처리 과정을 연쇄적으로 연결할 수 있다. Try 모나드는 앞으로 일어날 예외를 사전에 캡슐화한다.

Try에서 실제 `String` 값을 추출하고 싶다면 `getOrElse()` 메서드를 사용해 모나드에서 값을 얻을 수 있다. 하지만 Try 모나드가 예외를 실어나를 경우에는 반환 값을 담고 있지 않을 것이다. 이런 상황에서 Try로 감싼 행위가 실패할 경우 반환할 수 있는 기본 값을 제공할 필요가 있다. `getOrElse()` 메서드 호출을 통해 이런 목표를 달성한다.

행위가 성공했는지 실패했는지에 따라 처리하고 싶다면 이를 확인하기 위해 `isSuccess()` 메서드를 사용할 수 있다(Try 추상화는 함수형 프로그래밍 구성 요소이기 때문에 이런 기능이 가능하다). map과 같은 메서드를 사용해 연쇄적으로 함수형 방식의 처리도 수행할 수 있다. Try가 성공적이면 map이 호출된다. 실패하면 map은 호출되지 않는다. 성공하면 오류가 아니라 값을 포함한 경우에만 콜백이 호출된다.

Try 모나드의 가장 큰 장점은 표준 try-catch 블록에서 예외를 처리할 필요가 없다는 사실이다. 예외는 여전히 잡히지만 이번에는 Try 함수형 프로그래밍 API를 사용하게 된다. 따라서 예외 처리 코드는 비즈니스 로직을 오염시키지 않는다. 감싼 행위가 예외를 던지는 경우에 함수형 오류 처리가 어떻게 동작하는지 살펴보자.

클라이언트 행위가 실패하면 동일한 Try 추상화가 타입 시스템과 상호작용한다. 이번에는 `clientAction`이 예외를 던진다는 사실에 주목하자. 이런 식으로 실패하는 컴포넌트를 호출한 상황을 시뮬레이션한다. Try 추상화가 지금 어떻게 보이는지 테스트하기 위해 이를 활용할 수 있다.

코드 3.28은 행위를 감싼 동일한 Try 타입을 보여준다. 이 단계에서는 처리 과정에 차이점이 보이지 않는다. try-catch 블록으로 오염되지 않은 동일 로직을 만들고 싶다면 API 호출자는 이 Try 타입만을 통해 실패할지도 모르는 컴포넌트와 상호작용해야 한다.

> **코드 3.28** Try 모나드(실패하는 경우)

```
Supplier<Integer> clientAction =
    () -> {
      throw new RuntimeException("problem");
    };

// when
Try<Integer> response = Try.ofSupplier(clientAction);
```

```
String result = response.map(Object::toString).getOrElse(defaultResult);
Option<Integer> optionalResponse = response.toOption();

// then
assertTrue(optionalResponse.isEmpty());
assertTrue(response.isFailure());
assertThat(result).isEqualTo(defaultResult);
response.onSuccess(r -> System.out.println(r));
response.onFailure(ex -> assertTrue(ex instanceof RuntimeException));
```

수행하고 싶은 함수형 처리 과정은 앞서 설명한 방식과 동일하게 연쇄된다는 사실에 주목하자. 우리 로직은 `map()` 메서드를 사용해 기반 클라이언트 행위가 성공할 경우 몇몇 행위를 수행한다. 하지만 이번에는 기반 클라이언트 행위가 예외를 던지기에 `map()`이 호출되지 않는다. 이 경우에는 `Try`가 실패를 실어 나른다. 따라서 `getOrElse()`가 호출되면 이 메서드는 기본값을 반환한다. `Try` 추상화에 처리된 값이 존재하지 않으므로 그 값을 반환할 수는 없다.

`Try`를 다른 함수형 프로그래밍 타입인 (자바 `Optional`과 유사한 Vavr 라이브러리에서 제공하는 구성 요소인) `Option`으로 변환할 수 있다. `Option`은 값의 존재 유무를 알려준다. `Try`와 비슷하지만 값이 비어 있는 이유를 담고 있지는 않다. 몇몇 함수형 API는 `Option` 타입으로 동작한다. 이런 변환을 사용하면 여러 API를 쉽게 통합할 수 있다. `Try` 호출자가 `isSuccess()`를 수행해 결과가 성공했는지를 점검한 직전 예제와 유사한 방식으로 `isFailure()` 메서드를 사용해 결과가 실패했는지를 점검할 수 있다. 여기서는 두 가지 점검 방식을 모두 사용할 수 있다. 마지막으로 두 함수형 처리 과정을 연쇄적으로 연결한다.

실제 양산 서비스 환경에서 `Try`를 사용할 때 코드의 호출자는 성공과 실패 양쪽을 모두 다뤄야 한다. 예를 들어, `onSuccess()`와 `onFailure()` 메서드 양쪽을 만드는 방법으로 처리할 수 있다. 우리 사례에서는 실패를 시뮬레이션할 때 `onFailure()` 메서드만 수행될 것이다. 콜백은 문제의 근본 원인을 추출한다.

3.6.1 실제 양산 서비스 코드에서 Try 사용하기

이제 `Try`를 사용하는 실제에 더 가까운 예제를 살펴보자. 외부 서비스로 HTTP 요청을 수행하고 싶다고 가정하자. 이 서비스는 JSON 콘텐트를 반환한다. 우리는 JSON에서 ID만을 추출하고 싶다. 이를 위해 실패해서 예외를 던질지도 모르는 두 가지 연산을 수행할 필요가 있다.

첫째 행위는 외부 HTTP 호출이다. 다음으로 HTTP 엔티티 본문에서 문자열 콘텐트를 추출할 필요가 있다. 이 연산이 실패할 수 있는 이유는 I/O 연산이 수반되기 때문이다. 마지막으로 문자열 콘텐트를 자바 엔티티 클래스로 매핑해야 한다. 이 연산도 실패할 수 있는 이유는 문자열 콘텐트를 JSON으로 역직렬화하고 있기 때문이다. 일단 엔티티를 확보하고 나면 ID를 추출할 수 있다.

이런 처리 과정은 Try API를 사용해 연쇄적으로 쉽게 연결할 수 있다. 먼저, 클라이언트 호출을 Try 모나드로 감쌀 필요가 있다. Try 모나드는 처리 결과를 캡슐화할 것이다. 다음으로 처리 과정에서 각 단계는 Try API를 사용해 표현될 수 있다. 우리가 수행하고 싶은 행위가 확인되지 않은 예외를 던진다면 mapTry() 메서드 내에서 행위를 수행해야 한다. 예외가 던져질 때 Try 타입이 이행되며 전체 처리 흐름은 실패로 표시될 것이다. 다음 코드는 이런 호출 과정을 보여준다.

코드 3.29 Try를 사용한 HTTP 서비스 호출

```java
private static final Logger logger =
    LoggerFactory.getLogger(HttpCallTry.class);

public String getId() {
  CloseableHttpClient client = HttpClients.createDefault();
  HttpGet httpGet = new HttpGet("http:/ /external-service/resource");
  Try<HttpResponse> response = Try.of(() -> client.execute(httpGet));    // ① 외부 호출을 Try 모나드로 감싼다
  return response
    .mapTry(this::extractStringBody)    // ② extractStringBody()가 예외를 던지므로 mapTry()를 사용한다
    .mapTry(this::toEntity)
    .map(this::extractUserId)    // ③ 처리 과정의 마지막 단계에서 ID를 추출한다
    .onFailure(ex -> logger.error("The getId() failed.", ex))    // ④ 문제가 발생할 경우 예외를 로그에 쌓는다
    .getOrElse("DEFAULT_ID");    // ⑤ 처리 과정의 특정 구간에서 실패할 경우 기본값을 반환한다
}

private String extractUserId(EntityObject entityObject) {
  return entityObject.id;
}

private String extractStringBody(HttpResponse r) throws IOException {
  return new BufferedReader(
            new InputStreamReader(r.getEntity().getContent(),
                StandardCharsets.UTF_8))
        .lines()
        .collect(Collectors.joining("\n"));
```

```
    }

    private EntityObject toEntity(String content) throws JsonProcessingException {
        return OBJECT_MAPPER.readValue(content, EntityObject.class);
    }

    static class EntityObject {
        String id;

        public EntityObject(String id) {
            this.id = id;
        }
    }
}
```

처리 과정의 정의만 보고서도 실패하는 단계와 실패하지 않은 단계에 대해 추론할 수 있다. extractStringBody()와 toEntity() 호출은 실패할 수 있다. extractStringBody() 메서드 선언부를 살펴보면 호출자가 반드시 처리해야만 하는 IOException을 선언하고 있다. 마찬가지로 toEntity()는 JsonProcessingException을 던질 수 있다. 일단 실패할지도 모르는 모든 행위가 완료되면 사용자 ID를 추출한다. 마지막으로 getId() 메서드에서 String 타입을 반환하려고 한다. 이런 상황에서 이 메서드의 호출자는 내부적으로 사용된 Try 모나드에 대해 알지 못한다.

Try 모나드에서 String을 추출하고 싶을 때 몇 가지 선택지가 존재한다. 여기서는 getOrElse() 메서드를 사용한다. 처리 과정이 성공하면 단순히 적절한 사용자 ID를 반환할 것이다. 하지만 처리 과정에서 특정 단계가 실패하고 호출자에게 온전한 기본값을 제공할 수 있다면 이 기본값을 반환하는 식으로 작업을 마무리할 수 있다. 합리적인 기본값을 제공할 방법이 없다면 getId()에서 Try 타입을 반환하고 호출자가 이를 처리하는 방식을 고려할 수도 있다. 물론 호출자가 처리하는 방식이 더 좋을 것이다.

마지막으로, Try에 기반한 함수형 처리 과정을 getOrElseThrow()를 통해 표준 예외 처리 패턴으로 변환할 수도 있다. Try 모나드가 예외를 실어 나른다면 호출자에게 던져질 수 있다. 마지막 접근 방법에는 몇 가지 단점이 존재하는데, 다음 절에서 이를 설명할 것이다. 하지만 이런 접근 방식으로 넘어가기에 앞서 Try 접근 방식을 다음 코드에서 보여주는 자바의 표준 예외 처리 구현 방식과 비교해보자.

코드 3.30 Exception API를 사용한 HTTP 서비스 호출

```
public String getIdExceptions() {
    CloseableHttpClient client = HttpClients.createDefault();
    HttpGet httpGet = new HttpGet("http://external-service/resource");
```

```
try {
  CloseableHttpResponse response = client.execute(httpGet);
  String body = extractStringBody(response);
  EntityObject entityObject = toEntity(body);
  return extractUserId(entityObject);
} catch (IOException ex) {
  logger.error("The getId() failed", ex);
  return "DEFAULT_ID";
}
}
```

실제 로직은 Try 접근 방식과 유사해 보인다. 한 가지 차이점을 들자면 다음 처리 단계에서 사용될 중간 변수 여럿을 생성할 필요가 있다는 것이다. Try 접근 방식은 더 강력한 함수형 접근 방식을 따르므로 함수 참조(람다)를 전달할 수 있다.

표준 try-catch 접근 방식과 함수형 프로그래밍 접근 방식 사이의 주요 차이점은 메서드의 반환 타입이다. 함수형 접근 방식을 사용할 경우 Try<String>을 반환하고, 호출자가 실패를 처리하기 위해 무엇을 할지 결정하게 할 수 있다. 가능한 실패는 컴파일 타입(Try)으로 의사 소통하면서 처리할 필요가 있으며, 그렇지 않으면 코드는 컴파일되지 않는다. 예외 기반의 로직은 더 명시적이며, 성공이나 실패를 캡슐화하는 한 가지 타입을 반환할 방법은 없다. 호출자는 String 결과를 다루고 가능한 예외에 대해 방어할 필요가 있다. 두 접근 방식을 비교하면 비정상적인 상황을 처리하는 철학이 다르다. Exception을 사용하는 API로 Try 추상화를 사용할 때 흔히 빠지는 함정을 설명하겠다.

3.6.2 예외를 던지는 코드와 Try를 섞어서 사용하기

주목할 만한 가장 중요한 사안은 호출자 코드가 Try를 통해 실패할지도 모르는 컴포넌트와 상호작용해야만 하는 상황이다. 하지만 Try 추상화를 사용하면 모든 가능한 결과(성공이나 실패)를 타입 시스템으로 모델링할 수 있다. 불행히도 실패를 알리기 위한 주요 메커니즘으로 예외를 사용하는 언어에서 오류를 처리하기 위해 함수형 프로그래밍 기법을 도입할 때 몇 가지 문제가 발생한다. 예외 처리를 위한 메커니즘(Try를 사용한 함수형 프로그래밍 또는 예외를 사용한 객체지향 프로그래밍)을 선택할 때는 한 가지 방침을 고수하고 코드베이스에서 일관성 있게 사용해야 한다. 두 가지 해법을 섞어서 사용하면 코드를 추론하기가 어려워진다. Try로 성공과 실패라는 두 상태를 모두 다뤄야 하지만, 예외를 잡기 위해 try-catch 패턴을 사용할 필요도 있다.

기억하겠지만, 확인되지 않은 예외는 어떤 메서드에서도 던져질 수 있다. 이런 예외는 메서드 시그니처에 선언할 필요도 없다. 이 때문에 실패할 수 있는 모든 가능한 메서드를 Try로 감싸는 방식은 문제가 된다. 확인되지 않은 예외를 던질지도 모르는 더 많은 컴포넌트와 상호작용해야 하는 로직이 있다고 상상해보자. 이런 시나리오에서 모든 컴포넌트에 대한 모든 호출은 Try 타입으로 감싸야 한다. 이는 코드의 가독성을 떨어뜨리고 장황하게 만들 것이다.

비함수형 코드에서 함수형 코드를 호출할 때는 이를 try-catch 패턴으로 변환할 필요가 있다. 함수형 코드에서 비함수형 코드를 호출할 때는 가능한 모든 예외를 잡아 부작용을 제거하기 위해 Try 모나드로 캡슐화할 필요가 있다.

외부로 공개하는 API를 설계하는 절에서 (확인되거나 확인되지 않은) 모든 예외를 메서드 시그니처에 선언하는 방식이 종종 유용하다고 설명했던 기억이 날 것이다. 이런 컴포넌트와 상호작용한다면 이를 함수형 Try 구성 요소로 감싸는 편이 훨씬 더 쉽다. 모든 것은 명시적이며, 오류를 처리하는 과정에서 함수형 접근 방식을 사용하겠다는 결정을 내렸다면 예외를 던지는 메서드만 감싸는 편이 훨씬 더 쉬울 것이다. 반면, 메서드의 시그니처에 선언되지 않은 (확인되지 않은) 예외를 던지는 API에 함수형 프로그래밍 접근 방식을 통합한다고 가정하자. 이 경우 거의 모든 호출을 Try 모나드로 감싸야 하기에 코드는 가독성도 떨어지고 너무 장황해질 것이다.

오류 처리 과정에서 함수형 접근 방식은 명시적인 타입 시스템을 사용할 때 가장 효과가 좋다는 결론을 내릴 수 있다. 이런 접근 방식이 여러분 코드 스타일에 어울린다면 Try는 도움이 될 것이다. 불행하게도 호출하는 API가 확인되지 않은 예외를 남용한다면 통합된 예외 처리 시스템을 만들기가 어려울 수도 있다. 다음 절에서는 다양한 예외 처리 전략의 성능을 비교할 것이다.

3.7 예외 처리 코드의 성능 비교

마지막으로, 성능 관점에서 예외 처리 전략을 비교해보자. 마이크로벤치마크를 위해 JMH(Java Microbenchmark Harness) 도구를 사용할 것이다. JMH는 세부적인 수준에서 예외 처리 코드를 벤치마크하게 도울 것이다. 여기서는 몇 가지 전략을 테스트하고자 한다.

첫 번째 테스트 전략은 표준 try-catch 접근 방식이다. 다음으로 근본 원인을 감싸는 Try 모나드 접근 방식과 비교한다. 마지막으로 스택 추적이 성능에 영향을 얼마나 주는지 확인할 것이다. 표준 출력을 사용한 예외와 Throwable을 로그에 쌓는 로거를 사용해 테스트를 진행할 것이다.

먼저 예외 처리를 수반하지 않는 기준 메서드가 필요하다. 이는 예외가 성능에 미치는 영향을 비교하기 위해 사용할 것이다. 반복 가능한 실행 결과를 얻기 위해 벤치마크마다 50,000번 실행할 것이다(한 번만 테스트를 실행하면 통찰을 그렇게 많이 얻지 못할 것이다). 이런 동작 방식을 시뮬레이션하기 위해 for 루프를 사용할 것이다. 또한 루프를 수동으로 설정하는 대신 이런 목적을 위해 JMH에서 제공하는 순회 매개변수를 사용할 것이다. 두 해법 모두 우리의 사례에 적합하다. 다음 코드는 벤치마크 기준 코드를 보여준다.

코드 3.31 예외 벤치마크 기준 코드

```
private static final int NUMBER_OF_ITERATIONS = 50_000;
@Benchmark
public void baseline(Blackhole blackhole) {
  for (int i = 0; i < NUMBER_OF_ITERATIONS; i++) {
    blackhole.consume(new Object());
  }
}
```

블랙홀(http://mng.bz/doVo 참고) JMH 컴포넌트는 벤치마크 코드의 실제 활용을 시뮬레이션한다. 이 컴포넌트를 사용하지 않는다면 JIT 컴파일러가 벤치마크 코드를 최적화하거나 완전히 제거하는 위험에 직면한다. 실제 벤치마크 코드는 많은 일을 하지 않는다. 단지 객체를 생성하고 Blackhole이 이를 소비하게 만들 뿐이다. 다음 코드에 나오는 첫 벤치마크 코드를 생성하자. 예외를 던져 catch 블록에서 이를 잡게 만들 것이다.

코드 3.32 예외를 던지는 벤치마크

```
@Benchmark
public void throwCatch(Blackhole blackhole) {
  for (int i = 0; i < NUMBER_OF_ITERATIONS; i++) {
    try {
      throw new Exception();
    } catch (Exception e) {
      blackhole.consume(e);
    }
  }
}
```

이렇게 하면 표준 예외 처리 코드의 성능을 검증할 수 있게 된다. 예외를 Blackhole이 소비했음에 주목하자. 이는 현실에서 코드가 동작하는 방식을 시뮬레이션하지만, 예외의 스택 추적을 검사하거나 예외를 로그에 쌓지는 않는다. 다음 코드는 이런 연산을 포함해 벤치마크 코드를 풍부하게 만드는 방법을 보여준다.

코드 3.33 스택 추적을 소비하는 벤치마크

```
@Benchmark
public void getStackTrace(Blackhole blackhole) {
  for (int i = 0; i < NUMBER_OF_ITERATIONS; i++) {
    try {
      throw new Exception();
    } catch (Exception e) {
      blackhole.consume(e.getStackTrace());   ← ① 예외와 관련된 모든 스택 추적을 얻는다
    }
  }
}


@Benchmark
public void logError() {
  for (int i = 0; i < NUMBER_OF_ITERATIONS; i++) {
    try {
      throw new Exception();
    } catch (Exception e) {
      logger.error("Error", e);   ← ② 예외를 로거에 전달한다
    }
  }
}
```

로거를 사용할 때 오류 메서드가 스택 추적을 얻는다는 사실이 중요하며, 로거를 사용해 로그 파일에 스택 추적 내용을 덧붙일 것이다. 벤치마크 스위트를 마무리하기 위해 다음 코드와 같이 함수형 프로그래밍 접근 방법을 사용해 실패를 처리하는 벤치마크를 추가하자. 예외를 Try 모나드로 감쌀 것이고, Try는 Blackhole이 소비해야 한다.

코드 3.34 Try 모나드 벤치마크

```
@Benchmark
public void tryMonad(Blackhole blackhole) {
  for (int i = 0; i < NUMBER_OF_ITERATIONS; i++) {
    blackhole.consume(Try.of(() -> { throw new Exception();}));
  }
}
```

① 예외를 Try로 감싼다. 스택 추적에 접근하지는 않는다

벤치마크 성능 결과를 살펴보자. 정확한 숫자는 컴퓨터마다 다르지만, 전반적인 경향은 동일할 것이다. 그림 3.5는 내 컴퓨터에서 벤치마크를 돌린 결과를 보여준다.

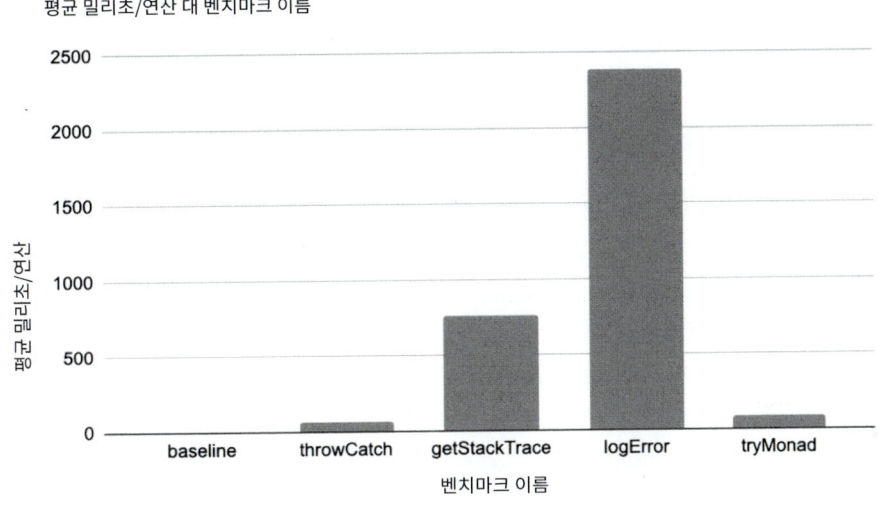

그림 3.5 예외 벤치마크 결과(결과는 컴퓨터마다 다를 수 있다)

기준 평균은 1밀리초(ms)가 안 걸린다. 이는 예외 처리를 수반하지 않은 코드를 보여준다. 다음으로 **throwCatch** 평균 연산은 100밀리초가 안 걸리며, 예외를 Try 모나드로 감싼 경우도 거의 유사하다. 이는 오류를 처리하기 위한 접근 방식(함수형 또는 객체지향형)을 선택할 때 성능은 고려할 필요가 없다는 사실을 의미한다. 스택 추적을 검사할 필요가 있을 때 더욱 흥미로운 일이 벌어진다.

스택 추적을 얻기만 하면, 다시 말해 모든 스택 추적으로 배열을 만들고 소비하면 예외 처리 코드는 대략 연산당 750밀리초를 소비한다. 스택 추적을 검사하지 않고서 예외를 던져서 잡는 경우와 비교해 거의 10배 정도 느리다. 더 비싼 절차는 예외를 로그에 쌓는 행위다. 이는 스택 추적을 얻어 여기서 문자열 메시지를 구성하는 작업을 수반한다. 추가로, 예외 내용을 디스크 파일에 저장하기 위해 I/O 연산을 포함

하는 로거 로직이 수반될 수도 있다. 예외를 로깅하는 성능은 함수형 Try를 사용하거나 throw-catch를 사용하는 접근 방식에 비해 대략 30배 정도 나쁘다. 또한 스택 추적을 얻는 방식보다 세 배 정도 느리다. 많은 추가 작업을 요구하므로 이런 결론은 합리적이다.

성능과 관련한 이 절을 마무리하기 위해 정리하자면, 스택 추적을 검사할 필요가 없는 한 함수형 오류 처리나 객체지향형 오류 처리 모두 문제가 없다는 사실을 확인할 수 있다. 심지어 스택 추적을 검사할 필요가 있을 경우에도 대부분의 경우에는 문제가 되지 않아야 한다. 코드가 예외를 남용하거나 거의 모든 코드 경로에서 예외를 던질 때 성능 문제에 직면할 수 있다.

물론, 예외 스택 추적을 감싸고 디버깅을 위해 이를 로깅하기를 원할 때도 있다. 성능 결과는 이런 관점에서 한 가지 정보를 추가로 제공한다. 예외를 잡아서 던진다면 이런 중간 단계에서 예외를 로깅하는 행위는 상당한 성능 저하를 일으킨다. 고차원으로 예외를 다시 던지고 싶다면 로깅을 하지 않아야 한다. 그러면 호출 스택의 해당 차원에서 처리되어 로깅이 일어날 것이다. 다시 던지는 행위 없이 예외를 잡는다면 스택 추적을 얻는 행위는 정당화된다.

(아주 높은 빈도로 낮은 대기 시간을 요구하는 처리가 아닌 이상) 대부분의 경우 이 절에서 논의한 성능이 미치는 영향은 사소하며 안전하게 무시할 수 있다. 따라서 사용해야 하는 곳에 예외를 사용하지 않으려는 변명이 아니라 더욱 흥미로운 정보 관점에서 이 절을 대할 필요가 있다.

이 장에서는 다양한 예외 처리 전략을 학습했다. 예외와 오류는 비즈니스 로직을 제어하기 위해 쓰여서는 안 된다. 예외와 오류는 코드의 예상치 못한 상황에 대해 알려주는 역할을 해야 한다. 예외를 과도하게 사용하지 않는 이상, 예외와 관련된 성능 문제가 발생할 가능성은 적다.

다음 장에서는 사용자가 필요로 하는 기능을 어떻게 예측할지 살펴볼 것이다. 몇몇 기능이 주는 장점이 기능에 들어가는 복잡도와 유지보수 비용에 못 미치는 상황을 살펴볼 것이다.

요약

- 여러 객체지향 언어에는 예외와 오류의 계층이 존재한다. 진단 목적으로 예외 계층을 확실하게 이해해야 한다.
- 오류 처리 API를 설계하기 위해 확인된 예외와 확인되지 않은 예외를 선택할 수 있다. 확인된 예외는 이런 API에서 명시적인 부분이며 반드시 처리돼야 하며, 확인되지 않은 예외는 오류 처리 코드에서 암시적인 부분이며 처리될 필요가 없다.

- 공개 API를 위한 예외 처리 로직을 설계할 때 우리가 소유한 코드의 예외 처리 과정에서 확인된 예외와 확인되지 않은 예외를 비교하고 양자의 장단점을 분석해야 한다.
- 오류 처리 API에서 문제에 적절히 대응해야 한다. 종종 기반 코드를 분석해서 어떤 상황에서도 예외가 던져질 수 없다고 결론을 내리고자 하는 유혹이 든다. 오류 처리 로직에서 공통적인 안티패턴을 이해하면 이런 결정을 내릴 때 도움이 된다.
- 타사 라이브러리와 상호작용할 때 오류 처리 전략을 개발해야 한다. 타사 라이브러리와 통합할 때 예외 타입을 외부에 노출하면 결합도를 높이므로 외부 예외를 감쌀 필요성을 이해하는 것이 중요하다.
- 멀티스레드가 수반되는 비동기식 처리 과정에서 오류 처리는 주의 깊게 다뤄야 하며, 그렇지 않을 경우에는 조용한 실패가 발생할 위험이 있다.
- 예외를 던지는 행위는 코드에서 실패를 처리하기 위한 유일한 방법이 아니다. Try 모나드 구성 요소는 성공은 물론이고 실패도 캡슐화한다.
- 다양한 오류 처리 전략을 위한 성능 벤치마크를 사용해 어떤 연산이 가장 비싼지를 판단할 수 있다.

04

유연성과
복잡성 사이의 균형

이 장에서 다루는 내용

- API의 유연성과 확장성 대 유지보수 비용과 복잡성
- 리스너와 훅 API로 확장성을 최대로 제공하는 방법
- 복잡성을 따져 예상치 못한 사용을 방지하는 방법

시스템과 API를 설계할 때 기능의 복잡성으로 인한 유지보수 비용과 소프트웨어가 지원하는 기능 집합 사이에서 균형을 찾고 싶을 것이다. 이상적인 세계에서는 새로운 기능을 추가하는 등의 모든 API 변경이 경험적 연구에 의해 뒷받침된다. 예를 들어, 웹 사이트에서 트래픽을 분석하고 요구에 따라 새로운 기능을 추가할 수 있다. 또한 어떤 기능을 유지해야 하며 어떤 기능이 필요하지 않은지를 결정하기 위해 A/B 테스트(http://mng.bz/ragJ)를 수행할 수도 있다. A/B 테스트의 결과에 기반해 필요하지 않은 기능은 제거할 수 있다.

하지만 공개 API에서 기능을 제거하면 문제가 되거나 아예 제거조차 불가능할 수 있다는 사실에 주의해야 한다. 예를 들어 하위 호환성을 유지하고 싶다면 특정 기능 제거는 이에 의존하는 다른 기능에 영향을 미치기 때문에 종종 불가능하다. 기존 기능의 지원을 중단하고 제거된 기능이 없는 새로운 API로 클라이언트를 이주하게 할 수도 있지만, 이는 복잡한 작업이다. 호환성에 대한 자세한 내용은 12장에서 확인할 수 있다.

공개 API를 설계할 때 종종 작게 시작하는 편이 바람직하다. 제거할 가능성을 염두에 두지 않고 여러 기능을 미리 구현하는 대신 제한된 기능 집합으로 시작해서 최종 사용자의 의견을 바탕으로 기능 목록을 확장할 수 있다.

반면, 조직 내 다른 엔지니어나 팀이 사용하는 라이브러리를 구축할 때는 몇 가지 기능에 대한 필요성을 예측해야 한다. 최소한의 기능 집합과 확장성이 떨어지는 설계로 라이브러리를 만들면 코드를 리팩터링하고 API를 자주 변경해야 하는 상황에 직면할 수 있다. 반면, 엄청나게 확장 가능한 코드베이스를 만들어 모든 장소에서 커스터마이징이 가능하게 할 수도 있다. 이렇게 접근하는 경우에는 코드의 모든 가능한 사용 사례를 예측하려고 노력하지만, 필요 이상으로 과하게 공을 들이는 경우가 생긴다. 이 장은 코드베이스의 유연성과 확장성, 그리고 거기서 비롯되는 복잡성과 유지보수성 사이에서 균형을 찾게 도와줄 것이다.

4.1 탄탄하지만 확장성은 떨어지는 API

다른 팀이나 다른 사용자와 공유하기 위한 소프트웨어 컴포넌트를 만드는 새로운 과업이 생겼다고 하자. 일단 이 컴포넌트를 작성하고 나면 다른 사람들이 이를 사용하게 된다. 이런 코드가 충족해야 하는 요구 사항 목록이 있다.

4.1.1 새로운 컴포넌트 설계

우리의 시나리오에서 새로운 컴포넌트의 주요 책임은 주어진 URL을 위한 POST HTTP 요청을 클라이언트가 수행하게 지원하는 것이다. 요청이 성공하면 `requests.success` 메트릭이 증가돼야 한다. 요청이 실패하면 `requests.failure` 메트릭이 증가돼야 한다.

코드가 제공해야 하는 세 번째 기능은 행위를 재시도할 수 있는 가능성이다. 코드의 호출자는 최대 재시도 횟수를 지정할 것이다. 재시도 횟수를 넘어서면 처리 과정은 실패한다. 반면, 한 번 재시도 후 성공하면 재시도는 클라이언트에 투명하게 보여야 한다. 요청을 이행하기 위해 재시도가 필요했음을 보여주기 위해 `requests.retry` 메트릭을 증가시켜야 한다. 정해진 횟수만큼 모든 시도가 진행된 다음에야 실패가 클라이언트에게 전파된다는 사실에 주목하자. API가 지원해야 하는 기능 집합을 보여주는 다이어그램이 그림 4.1에 정리되어 있다.

그러한 컴포넌트를 설계할 때 사용될 타사 라이브러리에 대한 질문에 대답할 필요가 있다. 하지만 더욱 중요한 사안으로, 이런 새로운 컴포넌트를 필요 이상으로 과하게 공들여 개발하지 않고서도 적절한 확장 지점을 허용하는 사용 사례를 예견할 필요가 있다. 종종 소프트웨어 엔지니어들은 향후 코드를 확장할 수 있는 패턴을 사용해 구현 단계를 시작하려는 경향이 있다. 이런 접근 방식으로 시작하면 시스템에 복잡성을 더하는 여러 추상화 단계를 도입할 위험이 생긴다.

이 장에서는 다른 접근 방법을 시도해 볼 것이다. 확장 지점이 없는 가장 직관적인 설계부터 시작할 것이다. 그런 다음 클라이언트 관점에서 더 유연한 코드로 발전해 나갈 것이다. 그 과정에서 유연성이 코드에 복잡성을 더한다는 사실도 관찰할 것이다.

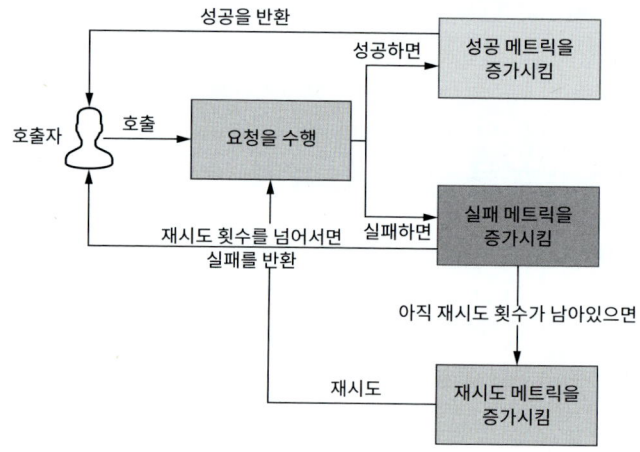

그림 4.1 공유된 소프트웨어 컴포넌트를 위한 지원 기능 집합

4.1.2 가장 직관적인 코드로 시작

가장 직관적인 구현에서 리팩터링 여정을 시작할 것이다. 먼저 구현을 이해한 다음에 제약 사항에 대한 질문에 답해보자. 직관적인 코드를 다 만들고 나면 누락된 사용 사례와 제공 가능한 확장 지점을 예상해 볼 것이다.

여기서는 새 컴포넌트를 `HttpClientExecution`이라고 부를 것이다. 이 컴포넌트의 생성자는 인수로 `MetricRegistry`를 받는다. 이 인수는 메트릭을 공개하기 위해 사용하는 타사 라이브러리에서 가져온 클래스다(https://metrics.dropwizard.io/4.2.0). 다음 코드는 이 컴포넌트의 첫 번째 구현을 보여준다.

코드 4.1 HttpClientExecution 매개변수

```java
import com.codahale.metrics.Meter;
import com.codahale.metrics.MetricRegistry;

private final int maxNumberOfRetries;
private final CloseableHttpClient client;
private final Meter successMeter;
private final Meter failureMeter;
private final Meter retryCounter;

public HttpClientExecution(
    MetricRegistry metricRegistry, int maxNumberOfRetries,
    CloseableHttpClient client) {                              // ① MetricRegistry를 사용해 메트릭을 생성한다
  this.successMeter = metricRegistry.meter("requests.success");
  this.failureMeter = metricRegistry.meter("requests.failure");   // ② 이 컴포넌트가 수행할 수 있는
  this.retryCounter = metricRegistry.meter("requests.retry");     //    재시도 횟수의 상한선을 설정한다
  this.maxNumberOfRetries = maxNumberOfRetries;
  this.client = client;   // ③ 호출자가 제공한 클라이언트로, 구성에 대한 책임을 진다
}
```

우리가 만든 코드는 `MetricRegistry` 클래스(http://mng.bz/Vlzy)를 제공하는 타사 라이브러리를 사용한다는 사실에 주목하자. 이 클래스를 사용해 코드에서 메트릭을 만들어 공개할 것이다. 이 클래스의 공개 API를 사용해 이 클래스를 블랙박스처럼 취급할 수 있다. 하지만 여기서는 우리가 만든 컴포넌트에서 이 클래스를 사용함으로써 `HttpClientExecution`을 특정 메트릭 라이브러리와 결합하고 있다. 사용 가능한 몇 가지 메트릭 라이브러리가 존재하는데, 클라이언트가 다른 라이브러리를 선택하기를 원하는 경우에 우리가 만든 코드는 이를 허용하지 않을 것이다. 이 문제는 나중에 다시 다룰 예정이다.

이제 재시도 로직으로 실행을 위한 알고리즘 구현에 초점을 맞춰보자. POST 요청을 실행하기 위해 이 메서드는 `String` 타입인 `path`만 인수로 받아야 한다. 다음 코드는 메트릭을 증가시키고 재시도를 제공하는 방식을 다시 한번 상기시켜준다.

코드 4.2 재시도 로직으로 POST 실행

```java
public void executeWithRetry(String path) {
  for (int i = 0; i <= maxNumberOfRetries; i++) {   // ① 더 많은 메트릭이 있는 한 반복한다
    try {
      execute(path);
      return;   // ② 문제없이 수행이 끝나면 메서드에서 리턴한다
```

```
      } catch (IOException e) {
        logger.error("Problem when sending request for retry number: " + i, e);
        failureMeter.mark();   ← ③실패할 경우 실패 메트릭을 증가시킨다
        if (maxNumberOfRetries == i) {   ← ④재시도 횟수를 넘어서면 예외를 감싸서 이를 호출자에게 전파한다
          logger.error("This is the last retry, failing.");
          throw new RuntimeException(e);
        } else {   ← ⑤재시도 횟수가 남아 있으면 카운터를 증가시키고 로직을 계속 수행한다
          logger.info("Retry once again.");
          retryCounter.mark();
        }
      }
    }
  }

  private void execute(String path) throws IOException {
    CloseableHttpResponse execute = client.execute(new HttpPost(path));
    if (execute.getStatusLine().getStatusCode() == HttpStatus.SC_OK) {
      successMeter.mark();   ← ⑥성공할 경우 성공 메트릭을 증가시킨다
    } else {
      failureMeter.mark();   ← ⑦200이 아닌 코드를 실패로 간주한다
    }
  }
```

코드 4.2에서 HTTP 상태 코드가 200인 경우에만 successMeter를 증가시키고 있음에 주목하자. 다른 경우에는 예외 발생이나 200이 아닌 상태 코드에 무관하게 `failureMeter`를 증가시킨다. 이를 변경해 모든 **2xx** 코드를 성공으로 간주할 수도 있지만, 이번 예제에서 핵심적인 사안은 아니다.

이 알고리즘을 자세히 분석해보면 지원되는 기능으로 그림 4.1의 로직을 구현하고 있음을 알 수 있다. 우리가 만든 코드는 요구사항을 충족하지만, 이를 확장하기 위한 어떤 수단도 제공하지 않고 있다. 호출자가 동작 방식을 변경할 수 있는 유일한 방법은 `maxNumberOfRetries` 매개변수를 전달하는 것이다. 나중에 이 코드를 변경해서 더 유연하게 만들 것이므로 리팩터링에 앞서 이를 참조 지점으로 사용하자.

마지막으로 종단 간 로직을 이해하기 위해 이 컴포넌트의 동작 방식을 검증하는 단위 테스트를 살펴보자. 첫 단위 테스트는 처음 한 번에 성공할 경우 요청 하나만 수행해야 하는 상황을 검증한다. 다음은 이를 위한 코드를 보여준다.

코드 4.3 재시도 없이 성공 검증

```
@Test
public void shouldNotRetryIfFirstRequestsSuccessful() throws IOException {
    // given
    MetricRegistry metricRegistry = new MetricRegistry();
    CloseableHttpClient client = mock(CloseableHttpClient.class);
    CloseableHttpResponse response = mock(CloseableHttpResponse.class);
    when(response.getStatusLine())
        .thenReturn(new BasicStatusLine(HTTP_1_1, HttpStatus.SC_OK, null));
    HttpClientExecution httpClientExecution = new
        HttpClientExecution(metricRegistry, 3, client);

    when(client.execute(any())).thenReturn(response);   ← ① HTTP 클라이언트가 성공을 반환하게끔
                                                           목(mock)을 만든다
    // when
    httpClientExecution
  → .executeWithRetry("http:/ /localhost/user");   ← ② 공개 API인 executeWithRetry()를 수행한다

    // then
    assertThat(getMetric(metricRegistry, "requests.success"))
  → .isEqualTo(1);   ← ③ request.success 메트릭을 증가시킨다
    assertThat(getMetric(metricRegistry, "requests.failure")).isEqualTo(0);
    assertThat(getMetric(metricRegistry, "requests.retry")).isEqualTo(0);
}
```

연이은 모든 시도가 실패하면 실패와 재시도 메트릭을 증가시켜야 한다. 마지막으로 다음 코드처럼 클라이언트에 근본 원인을 전파시켜야 한다. 다음 테스트에서는 재시도 횟수를 넘어서서 발생하는 실패를 시뮬레이션한다.

코드 4.4 재시도 과정에서 실패 검증

```
when(client.execute(any())).thenThrow(new IOException("problem"));
HttpClientExecution httpClientExecution = new
    HttpClientExecution(metricRegistry, 3, client);

// when
assertThatThrownBy(
    () -> {
        httpClientExecution.executeWithRetry("url");
    })
```

```
        .hasCauseInstanceOf(IOException.class);    ← ① 재시도 횟수를 넘어서면 근본 이유인
                                                         IOException을 전파시킨다
// then
assertThat(getMetric(metricRegistry, "requests.success")).isEqualTo(0);
assertThat(getMetric(metricRegistry,
➥ "requests.failure")).isEqualTo(4);    ← ② 첫 요청에 더해서 재시도를 세 번 수행하게끔 지정한다
assertThat(getMetric(metricRegistry,
➥ "requests.retry")).isEqualTo(3);    ← ③ HttpClientExecution에 전달했던 매개변수와 동일하다
```

> **참고**
>
> requests.failure 메트릭은 클라이언트 재시도보다 하나 더 많다. 첫 요청은 완전한 재시도 카운트에 포함되지 않기 때문이다.

마지막으로, 첫 요청이 실패했지만 두 번째 요청이 성공할 경우 재시도 로직은 호출을 통과하게 허용해야 한다. 클라이언트 입장에서 보면 재시도에 대한 정보는 존재하지 않을 것이다. 단지 메트릭만이 클라이언트에게 재시도가 일어났는지 아닌지를 말할 수 있다. 다음 코드는 이렇게 첫 요청이 실패하고 두 번째 요청이 성공하는 마지막 단위 테스트를 보여준다.

코드 4.5 재시도 후 성공 검증

```
when(client.execute(any())).thenThrow(new
    IOException("problem")).thenReturn(response);    ← ① 실패 후 성공하는 시나리오를 시뮬레이션한다

HttpClientExecution httpClientExecution = new HttpClientExecution(metricRegistry, 3, client);

// when
httpClientExecution.executeWithRetry("url");

// then 첫 번째 호출이 실패하고 재시도한 다음에 두 번째 호출이 성공한다
assertThat(getMetric(metricRegistry,
➥ "requests.success")).isEqualTo(1);    ← ② 일단 우리가 만든 컴포넌트가 처리에 성
                                              공하면 성공 메트릭이 1이 돼야 한다
assertThat(getMetric(metricRegistry,
➥ "requests.failure")).isEqualTo(1);    ← ③ 또한 실패 메트릭도 1이 되며 첫 번째 요청이 실패했음을 알려준다
assertThat(getMetric(metricRegistry,
➥ "requests.retry")).isEqualTo(1)    ← ④ 두 번째 시도에서 성공했기에 재시도 메트릭도 1이다
```

비록 상대적으로 간단하고 유지보수하기 쉬운 컴포넌트를 만들었지만, 여기에는 몇 가지 제약 사항이 있다. 확장 지점이 부족하므로 클라이언트 코드에게 특정 메트릭 라이브러리 구현을 사용하도록 강요한다. 이는 우리가 만든 컴포넌트와 타사 라이브러리 사이에 강한 결합이 존재함을 의미한다.

우리가 만든 컴포넌트를 개선해 더 많은 유연성을 허용하고 싶다고 가정하자. 최종 사용자는 라이브러리를 골라서 구현할 수 있어야 한다. 우리가 만든 컴포넌트는 메트릭을 수집하기 위해 사용되는 실제 라이브러리를 신경 쓰지 않아야 한다. 다음 절에서 이런 기능이 코드베이스에 어떤 영향을 미치는지 살펴볼 것이다.

4.2 클라이언트에게 자신만의 메트릭 프레임워크를 제공하게 허용하기

이 시점에서 우리가 만든 컴포넌트는 그다지 유연하지 않으며, 메트릭을 수집할 책임이 있는 타사 라이브러리에 크게 의존하고 있다. 언뜻 보기에는 문제가 되지 않지만, 다른 소프트웨어 엔지니어나 다른 시스템이 우리가 만든 코드를 사용할 것이다. 코드베이스에서 이런 타사 라이브러리가 제공하는 어떤 클래스를 사용함으로써 우리가 만든 컴포넌트의 향후 구현을 제약하게 된다. 또한 우리가 만든 코드가 사용되는 모든 곳에서 동일한 메트릭 라이브러리를 사용해야 한다는 제한을 두게 된다.

`HttpClientExecution` 컴포넌트에서 `import` 문을 살펴볼 때 타사 라이브러리에 대한 의존성이 있음을 알 수 있다. 다음 코드는 이런 의존성을 보여준다.

코드 4.6 타사 라이브러리에 대한 메트릭 의존성
```
import com.codahale.metrics.Meter;
import com.codahale.metrics.MetricRegistry;
```

우리가 만든 단순한 코드에 테스트하기 어렵고 코드를 확장하기도 어렵게 만드는 강한 결합이 있음이 밝혀졌다. 이런 이유로 측정값 관련 코드를 추상화한다. 추상화 패턴은 상당히 단순하다. 우리 시스템으로 진입 가능한 지점이 될 수 있는 일반적인 인터페이스를 정의해야 한다(그림 4.2 참조). 하지만 이 시점부터는 우리가 만든 코드는 새로운 인터페이스를 통해서만 메트릭과 관련된 모든 구현을 통합할 것이다.

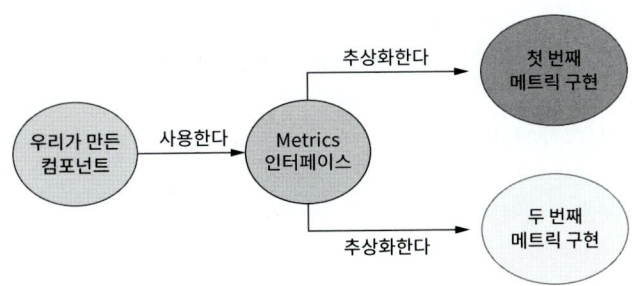

그림 4.2 인터페이스를 사용해 외부 메트릭 라이브러리를 추상화

새로운 메트릭 인터페이스는 우리가 만든 컴포넌트와 타사 라이브러리 사이에 계약을 정의해야 한다. 다음 코드처럼 단순하게 보일 수도 있다.

> **코드 4.7 새로운 메트릭 인터페이스 정의**

```
public interface MetricsProvider {
  void incrementSuccess();
  void incrementFailure();
  void incrementRetry();
}
```

이 인터페이스는 호출자가 컴포넌트 바깥으로 데이터를 가져오는 행위를 허용하지 않는다. 하지만 호출자가 메트릭을 추적하기 위한 메트릭 레지스트리를 삽입할 수 있으므로 타당한 제약 사항이다. 이런 사실 때문에 호출자는 메트릭 레지스트리 코드를 소유하고 메트릭에 직접 접근할 수 있다. 이 `MetricsProvider` 인터페이스에 접근자 메서드를 추가할 필요는 없다. 그리고 `MetricsProvider`는 외부 메트릭 라이브러리에서 어떤 클래스도 임포트할 필요가 없으므로 새로운 `MetricsProvider`와 특정 메트릭 구현 사이에 강한 결합이 존재하지 않는다.

`HttpClientExecution`은 이 추상화를 통해 메트릭과 상호작용할 것이다. 이렇게 하면 이제 구현 세부 사항에 대해 걱정할 필요가 없다. 구현 세부 사항은 클라이언트가 제공해야 한다. 클라이언트가 `Dropwizard` 메트릭 라이브러리를 위한 구현을 제공하고 싶다고 가정하자. 더 중요한 사안으로, 클라이언트는 `MetricsProvider` 인터페이스를 구현해야 한다. 다음 코드는 이런 구현을 보여준다.

> **코드 4.8 메트릭 제공자 구현**

```
public class DefaultMetricsProvider implements MetricsProvider {
  private final Meter successMeter;
  private final Meter failureMeter;
  private final Meter retryCounter;

  public DefaultMetricsProvider(MetricRegistry metricRegistry) {
    this.successMeter =
      metricRegistry.meter("requests.success");   ← ① 이 구현은 내부의 세부 사항을 제공한다
    this.failureMeter = metricRegistry.meter("requests.failure");
    this.retryCounter = metricRegistry.meter("requests.retry");
  }
```

```
    @Override
    public void incrementSuccess() {    ←── ② 인터페이스 메서드는 우리가 만든 컴포넌트에서 유일한 통합 지점이다
      successMeter.mark();
    }

    @Override
    public void incrementFailure() {
      failureMeter.mark();
    }

    @Override
    public void incrementRetry() {
      retryCounter.mark();
    }
}
```

이 기능이 우리가 만든 컴포넌트의 유연성과 복잡성에 어떤 영향을 미쳤을까? 먼저 실제 구현 세부 사항이 우리 컴포넌트에서 추상화되었고, `HttpClientExecution` 로직이 단순화되었음을 확인할 수 있다. 더 이상 우리 시스템에서 메트릭 관련 부분을 구현할 필요가 없다. 이로부터 얻는 명백한 결론은 우리가 만든 컴포넌트의 복잡성이 줄어들었다는 사실이다. 그리고 이제는 클라이언트가 원하는 어떤 메트릭 구현도 제공할 수 있으므로 유연성 또한 증가되었다.

유연성이 증가하고 복잡성이 감소하는 것은 모두가 이득을 보는 상황처럼 보인다. 하지만 이 접근 방식에는 몇 가지 단점이 있다. 시스템에서 제거된 듯 보이는 복잡성은 어딘가 남아 있을 필요가 있다. 만일 여러 클라이언트가 우리 컴포넌트를 사용하면 클라이언트는 모두 새로운 메트릭 인터페이스를 구현해야 한다. 이제 복잡성은 다양한 클라이언트 저장소에 존재한다. 본질적으로 복잡성을 외부 클라이언트에 전가했다. 이는 유연성을 높였지만, 복잡성도 높인 듯이 보인다. 우리가 유지하는 코드베이스에서 복잡성이 증가하지 않았을 뿐이다.

클라이언트 관점에서 보면 독자적인 메트릭 구현을 제공하는 작업과 같이 여러 부가 단계를 요구하는 컴포넌트를 사용하면 번거로울 수도 있으며, 클라이언트는 결국 다른 시스템이나 컴포넌트를 사용하게 될 수도 있다! 여기서 좋은 타협점은 메트릭 인터페이스를 추출하되 대다수 사용자가 사용하는 기본 구현을 제공하는 것이다. 이렇게 하면 확장성을 허용하지만 우리가 만든 시스템에 복잡성도 더할 것이다. 우리는 복잡성을 클라이언트 코드에 전가하지 않을 것이다. 클라이언트가 다른 구현을 원하면 쉽게 구현해서 우리 컴포넌트에 이를 제공할 수 있다.

우리 시스템은 실 세계에서 많은 외부 컴포넌트에 의존하고 이런 외부 컴포넌트를 추상화하기가 불가능할 수도 있다. 심지어 우리가 만든 간단한 예제조차 HTTP 클라이언트의 실제 구현에 의존했다. HTTP 클라이언트는 추상화에 맞서 감추기 어려운 더 많은 메서드를 제공한다. 이런 라이브러리의 모든 사용 사례를 예측하려고 할 때 HTTP 클라이언트를 감추는 추상화를 개발하면 코드의 복잡성은 증가한다.

다음 절에서 이런 확장 지점을 제공하기 위한 가장 유연하고 광범위한 메커니즘 중 하나를 살펴보면서 우리 설계의 복잡성이 상당히 증가한다는 사실을 깨닫게 될 것이다. 컴포넌트 생명 주기의 다양한 지점에서 클라이언트가 동작을 제공할 수 있는 메커니즘과 훅 API를 살펴볼 것이다. (메트릭과 관련 없는) 다른 사용 사례도 살펴볼 것이다.

4.3 훅을 통한 API의 확장성 제공

모든 프레임워크와 시스템마다 여러 단계에 걸친 생명 주기가 존재한다. 클라이언트의 모든 가능한 사용 사례를 예측하려고 애쓰는 대신, 클라이언트가 자신만의 동작을 제공해 이를 우리가 만든 컴포넌트에 주입할 수 있게 허용할 수 있다. 그러면 새로운 기능 요청에 따라 우리의 API와 코드를 더 이상 변경할 필요가 없다. 클라이언트는 자신의 로직을 제공할 수 있고, 우리가 만든 코드는 그것에 대해 알 필요가 없다. 이론적으로 이런 접근 방식은 확장성을 크게 향상시키므로 더 이상 확장성에 대해 걱정할 필요가 없어진다. 실제로는 우리의 시스템으로 주입되는 코드에 대해 주의할 필요가 있다. 호출자가 제공하는 동작에 대해 아무것도 모르기에 우리가 내릴 수 있는 가정의 여지가 많지는 않다.

(앞 절에서 보여준) 추상화나 상속 활용과 같은 다양한 패턴을 사용해 생명 주기의 각 단계마다 확장성과 유연성을 높일 수 있다. 종종 클라이언트를 위해 우리가 만든 코드에 최대한의 유연성을 부여하고 싶다면 훅 메커니즘을 이용하면 된다. 이 패턴은 클라이언트가 특정 컴포넌트의 생명 주기의 단계 사이에 코드를 연결할 수 있게 만든다. 예제 API에서 우리는 클라이언트가 HTTP 요청을 준비한 다음, 그리고 실제 HTTP 요청을 REST 엔드포인트로 전송하기 전에 클라이언트가 코드에 훅을 걸 수 있게 만들고 싶다. 그림 4.3은 이런 배치를 보여준다.

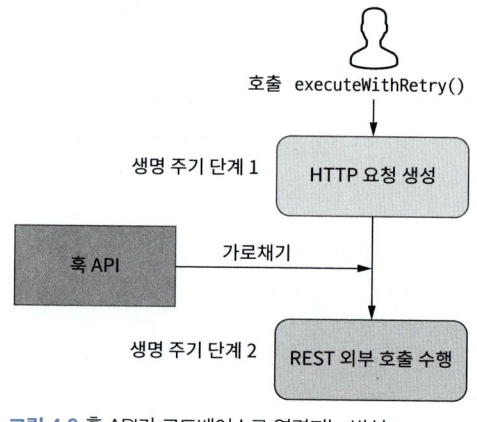

그림 4.3 훅 API가 코드베이스로 연결되는 방식

클라이언트는 먼저 executeWithRetry() 메서드를 수행한다. 이 메서드는 HTTP 요청 메서드를 생성하는 우리 컴포넌트의 생명 주기를 시작한다. 일반적으로 생명 주기에서 이 단계가 완료되면 이 메서드는 외부 REST 호출을 수행하며 컴포넌트의 생명 주기가 끝난다. 훅 API를 도입하는 방법으로 클라이언트가 특정 호출을 **가로채게** 만든다. 클라이언트는 훅 인터페이스를 구현하기만 하면 된다. 다음으로, 우리 컴포넌트의 적절한 생명 주기에서 이 훅을 호출한다. 이런 방식은 미래에 클라이언트가 필요로 할 수 있는 정확한 기능을 예측하는 부담을 덜어주는 유연한 메커니즘을 제공한다.

훅 API를 지원하는 첫째 단계는 우리 코드의 생명 주기의 특정 단계에서 훅을 호출하게 허용하는 인터페이스를 생성하는 것이다. 새로운 인터페이스는 단순하다. 다음 코드와 같이 메서드가 하나만 있다. 생명 주기의 첫 단계에서 만든 인수로 `HttpRequestBase`를 전달하면서 이 메서드를 호출할 것이다.

코드 4.9 훅 인터페이스 구현

```java
public interface HttpRequestHook {
  void executeOnRequest(HttpRequestBase httpRequest);
}
```

우리 컴포넌트의 클라이언트는 훅 구현을 주입한다(클라이언트는 훅을 둘 이상 주입할 수도 있다). 따라서 다음 코드가 보여주듯이 생성자에 훅의 리스트를 받아들일 필요가 있다.

코드 4.10 훅 생성자 활용

```java
public HttpClientExecution(
    MetricRegistry metricRegistry,
    int maxNumberOfRetries,
    CloseableHttpClient client,
    List<HttpRequestHook> httpRequestHooks) {   ← ① 클라이언트 코드는 훅을 주입한다
  this.metricRegistry = metricRegistry;
  this.successMeter = metricRegistry.meter("requests.success");
  this.failureMeter = metricRegistry.meter("requests.failure");
  this.retryCounter = metricRegistry.meter("requests.retry");
  this.maxNumberOfRetries = maxNumberOfRetries;
  this.client = client;
  this.httpRequestHooks = httpRequestHooks;   ← ② 나중에 사용하기 위해 훅 리스트를 저장할 필요가 있다
}
```

다음으로, 훅 API가 컴포넌트의 기존 생명 주기에 연결되는 방법을 살펴보자. 클라이언트 코드는 생명 주기 단계 사이에서 실행되므로 리스트 형태로 주입된 모든 훅을 순회하면서 호출자 코드로 `HttpPost` 객체를 전달한다. 다음 코드는 이런 절차를 보여준다.

코드 4.11 오류 처리 없이 수행

```
private void execute(String path) throws IOException {
  HttpPost httpPost = new HttpPost(path);      ← ① 생명 주기의 첫째 단계는 HttpPost 객체를 생성하는 것이다
  for (HttpRequestHook httpRequestHook : httpRequestHooks) {   ← ② 생명 주기의 첫째 단계와
    httpRequestHook.executeOnRequest(httpPost);                    둘째 단계 사이에서 클라이언트
  }                                                                코드를 수행한다
  CloseableHttpResponse execute = client.execute(httpPost);   ← ③ 생명 주기의 둘째 단계는
  if (execute.getStatusLine().getStatusCode() == HttpStatus.SC_OK) {   외부 REST 호출을 수행한다
    successMeter.mark();
  }
}
```

이런 메커니즘을 사용하면 클라이언트가 자신의 코드를 우리의 처리 과정 중간에 주입하게 만들 수 있다. 여기서 우리는 클라이언트 코드에 HTTP POST 요청을 전달한다. 호출자는 이 요청에 대해 어떤 행위든지 수행할 수 있다. 따라서 우리가 만든 해법의 유연성이 높아진다.

4.3.1 훅 API의 예기치 못한 사용 방어하기

이 예제에서는 클라이언트가 제공한 모든 훅을 순회하면서 `HttpPost` 객체를 API에 전달한다. 이 시점에서 우리는 코드의 복잡성을 크게 높이지 않고서 높은 확장성을 달성할 수 있다는 결론을 내릴 수 있다. 불행히도 우리가 클라이언트 코드에 어떤 영향도 미치지 못했음을 자각할 필요가 있다. 우리의 훅 인터페이스는 어떤 예외도 선언하지 않는다. 하지만 예외에 대해 앞 장에서 배웠듯이, 클라이언트는 여전히 자신의 코드에서 확인되지 않은 예외를 던질 수 있다. 이는 클라이언트 코드가 뭔가 예상치 못한 행위를 했을 때 확인되지 않은 예외를 발생시킬 수도 있음을 의미한다.

> 🔍 **예외를 던지지 않는 훅에 대한 계약을 문서화하는 방법 대 예외를 던질 수 있는 훅을 방어하는 방법**
>
> 이상적인 세계에서는 사용자를 위한 API를 클라이언트에게 공개할 때 계약을 문서화해야 한다. 예를 들어 모든 훅 구현은 예외를 던질 수 없다고 명시할 수 있다. 하지만 모든 클라이언트에게 이런 요구사항을 부과하기는 어렵다. 누군가는 이를 잊어버릴 수도 (아니면 문서를 읽지 않을 수도) 있다. 다른 누군가는 피해야 함에도 불구하고 확인되지 않는 예외를 던지는 몇몇 다른 코드에 의존할 수도 있다. 이런 이유로 어떤 예외도 던지면 안 된다는 사실을 명시하는 경우, 가능한 예외를 방어하는 편이 현명하다. 그렇지 않으면 우리 코드를 사용하는 클라이언트 애플리케이션은 문제를 감지하기 어려운 상황에서 (조용하게) 실패할 수 있다.

확인되지 않는 예외를 던지는 훅을 제공하는 단위 테스트를 작성해서 이런 가정을 검증할 수 있다. 다음 코드는 그런 테스트를 보여준다.

코드 4.12 훅에서 일어나는 예상하지 못한 문제 테스트

```
HttpClientExecution httpClientExecution =
    new HttpClientExecution(
        metricRegistry,
        3,
        client,
        Collections.singletonList(
            httpRequest -> {
                throw new RuntimeException("Unpredictable problem!");    ←
            }
        )
    );
```

① 우리가 제어하지 않는 코드에서 예상치 못한 문제가 발생한다

이런 경우에 우리 컴포넌트의 생명 주기가 영향을 받을 것이다. 클라이언트에 유연성을 제공함으로써 우리 코드에 복잡성을 도입하게 된다. 이런 문제를 방어하기 위해 다음 코드처럼 우리가 소유하지 않은 코드를 try-catch 블록으로 감쌀 필요가 있다.

코드 4.13 실패 방어

```
for (HttpRequestHook httpRequestHook : httpRequestHooks) {
    try {
        httpRequestHook.executeOnRequest(httpPost);
    } catch (Exception ex) {    ← ① 어떤 Exception도 받아들일 수 있게 여기서 처리한다.
        logger.error("HttpRequestHook throws an exception. Please validate your hook logic", ex);
          ↳ ② 클라이언트가 예외를 던지더라도 우리 컴포넌트의 생명 주기를 멈출 수 없다
    }
}
```

우리 코드의 비즈니스 처리(훅을 호출하는 코드) 관점에서 예외가 치명적이지 않을 경우 클라이언트에 피드백을 제공하기 위해 오류를 로그에 쌓을 수 있다. 다시 말해, 호출자가 주입한 로직의 유형과 무관하게 우리의 처리 과정이 이런 문제로 영향을 받기를 원하지 않는다. 훅이 제공한 코드가 실패하면 디버깅 목적으로 이를 로그에 쌓을 수 있지만 여전히 처리를 계속 진행할 수 있다.

이 예외를 전파하게 허용하면 우리 라이브러리의 로직에 영향을 미칠 것이다. 이런 동작을 허용하고 싶지 않은 이유는 우리 라이브러리 코드가 예상대로 동작할 수는 있어도 상황이 훨씬 더 복잡해질 수 있기 때문이다. HTTP 클라이언트 객체와 같은 상태형 객체를 훅 API에 전달하면 우리는 이후에 이 객체가 사용되는 방식에 영향을 미칠 수 없다. 훅 API의 코드는 클라이언트의 내부를 변경하는 코드를 실행할지도 모른다. 예를 들어 추가적인 HTTP 요청을 수행하기 위해 사용될 수 있다. (적절한 큐 사이즈, 타임아웃, 기타 다른 설정을 구성하는 등) 트래픽에 맞게 HTTP 클라이언트를 조율했던 경우라면 이런 동작이 문제가 될 여지가 있다.

호출자가 제공한 로직은 정상적인 작업 흐름에 필요한 자원을 소비할 수 있다. 결과적으로, SLA(Service Level Agreement)를 위반하거나 전체 생명 주기가 실패할 수도 있다. 최악의 경우, 클라이언트의 코드는 HTTP 클라이언트를 실패하게 만드는 몇몇 로직을 수행할 수도 있다. 이런 경우 우리 컴포넌트 역시 실패할 것이다.

> **참고**
> 내 소유가 아닌 코드에 내부 상태를 전달할 때는 주의해야 한다. 훅 API 코드 가정을 문서화하는 관례는 훌륭한 첫 단계지만, 현실에서 예상치 못한 사용을 방지하지는 못할 것이다.

이 절에서 정확성 관점에서 예상치 못한 사용에 대해 방어하는 방법을 배웠다. 성능 관점에서는 어떻게 봐야 할까? 다음 절에서 이 문제를 살펴보자.

4.3.2 훅 API의 성능 영향

정확성 관점에서 우리 코드는 클라이언트 코드가 제공한 코드의 예상치 못한 실패를 처리해야 한다. 하지만 클라이언트가 제공한 로직이 차단될 가능성에 대해서도 주의해야 한다. 이는 훅 API 호출에 걸리는 시간에 우리가 어떤 영향도 미치지 못함을 의미한다.

차단 연산과 관련된 네트워크나 파일 시스템 호출과 같은 몇 가지 I/O 호출을 수행하는 훅 로직을 호출자가 제공한다고 가정하자. 모든 I/O 호출은 예측이 불가능하므로 대기시간이 길어질 수도 있다. 훅 API

호출의 대기시간이 1,000ms라고 가정하자. 첫째 생명 주기 단계에 100ms가 걸리고 둘째 생명 주기 단계에 200ms가 걸리면 300ms 대신 호출 한 번에 총 1,300ms이라는 시간이 걸릴 것이다. 네 배나 더 늦어진다! 이는 컴포넌트의 성능에 상당한 영향을 미친다. 그림 4.4는 이런 시나리오를 요약한 것이다.

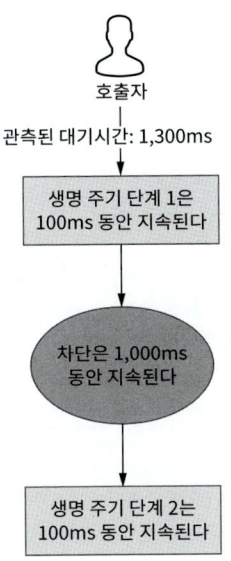

그림 4.4 훅 API 차단 호출

호출자는 높은 대기 시간을 목격하고 우리 컴포넌트의 현재 설계를 살펴볼 텐데, 여기에 대해 우리가 딱히 할 수 있는 일은 없다. 훅의 동기식 호출 내부에서는 우리 컴포넌트가 사용하는 동일 스레드를 사용한다. 이런 이유 때문에 몇몇 상황에서는 심지어 데드락이라는 위험에 처할 수도 있다.

스레드 수가 최소이며, 훅 API에서 제공된 클라이언트 코드가 몇몇 외부 자원이 가용한 상태가 될 때까지 차단되거나 기다리는 시나리오를 상상해보자. 심지어 여러 상황으로 인해 이런 외부 자원을 사용할 수 없는 경우에도 우리의 컴포넌트와 클라이언트 코드 사이에 공유된 스레드는 차단될 것이다. 이런 현상이 여러 차례 일어난다면 요청을 처리하기 위한 스레드가 충분하지 못할 때 문제가 발생할 위험에 처한다.

콜백 코드에서 차단되지 않는 호출을 수행하게끔 클라이언트에 요구할 수 있다. 이는 모든 클라이언트가 훅 API 행위를 처리할 스레드 풀을 관리할 필요가 있음을 의미한다. 다시 말하지만, 이를 문서화한다고 할지라도 이런 규칙을 남에게 쉽게 강제할 수는 없다. 우리 스레드에서 차단과 관련된 호출을 감지할 수도 있지만, 설계를 상당히 복잡하게 만들 것이다.

여러 독립적인 훅 행위가 존재하며, 이런 행위마다 차단 동작 방식이 개입하는 로직을 제각각 수행한다면 위에서 설명한 상황이 훨씬 더 악화된다. 차단과 관련된 훅이 두 개 있고 각각 1,000ms가 걸리면 총 처리 시간은 2,300ms로 늘어나며, 훅 API가 없는 코드보다 여덟 배 더 느린 것이다.

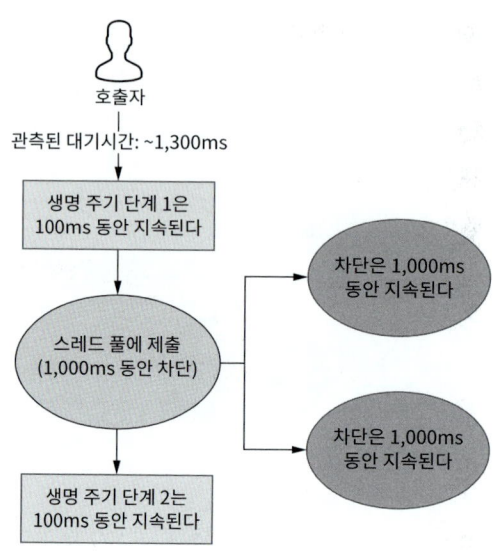

그림 4.5 훅 API는 차단 호출을 병렬로 수행한다

이 문제에 대한 한 가지 해법은 훅 API 코드가 안전하지 않고 항상 차단될 수 있다고 가정하는 것이다. 이런 가정하에서 그림 4.5처럼 모든 훅 API 호출을 독립적인 스레드로 수행되는 행위로 감쌀 수 있다.

현재 설계에서 모든 훅 API는 독립적인 스레드 풀로 제출되며, 스레드 풀은 우리 코드에서 관리되고 유지될 필요가 있다. 필요한 스레드 수, 큐 크기는 물론이고 스레드를 동적으로 추가할지 말지를 허용하는 등 다른 요소에 대해서도 결정할 필요가 있다. 스레드 풀 사용 현황과 스레드 소비를 감시할 필요도 있다.

독립적인 스레드 풀 관리는 코드베이스의 복잡도를 높인다. 스레드 풀은 처리할 수 있는 작업 큐를 포함하므로 중지된 작업으로 메모리를 초과할 위험성이 없게끔 이 큐를 감시할 필요도 있다. 또한 몇몇 예상하지 못한 예외가 발생할 때 스레드가 조용하게 죽지 않게 보증할 필요도 있다.

n개 병렬 훅 수행을 제출할 수 있는데, 여기서 n은 스레드 풀에 있는 스레드 수를 의미한다. 호출자가 훅 두 개를 제공한다고 가정하자. 각각은 1,000ms 동안 지속되는 차단 호출을 수행한다. 이상적으로 이런 훅들은 두 단계 사이에 대기할 필요 없이 독자적으로 동작할 수 있다. 이런 경우, 훅이 늘어나더라도 컴포넌트 호출의 대기 시간에 영향을 미치지 않는다. 그러나 기억하겠지만, 이 새로운 API는 클라이언트가

생명 주기의 단계 사이를 연결할 수 있게끔 허용한다. 그로 인해 모든 훅 API 호출을 완료하고 생명 주기의 다음 단계로 넘어가는 사이에 **선후 관계(happens-before)**가 존재한다. 심지어 호출을 병렬화할 수 있더라도 모든 호출이 종료될 때까지 기다려야 한다. 따라서 추가된 대기시간이 적어도 훅 API를 통해 제공된 가장 느린 연산만큼 늘어날 것이다. 이런 설계의 유연성은 대기 시간을 증가시켜 성능을 떨어뜨린다.

정확성과 성능 관점에서 개선된 `HttpClientExecution` 컴포넌트의 설계를 살펴보자. 훅 API를 위한 전용 스레드 풀을 생성할 필요가 있으며, 이는 복잡도를 높이고 유지보수를 어렵게 만든다. 다음 코드에서 모든 훅 API는 전용 스레드 풀로 제출된다는 사실에 주목하자.

코드 4.14 병렬성 개선

```java
private final ExecutorService executorService =
    Executors.newFixedThreadPool(8);
private void executeWithErrorHandlingAndParallel(String path) throws
    Exception {
  HttpPost httpPost = new HttpPost(path);
  List<Callable<Object>> tasks =
      new ArrayList<>(httpRequestHooks.size());   ← ① 태스크 n개를 호출(여기서 n은 훅 개수와 동일함)
  for (HttpRequestHook httpRequestHook : httpRequestHooks) {
    tasks.add(
        Executors.callable(   ← ② 훅 행위마다 callable을 생성
            () -> {
              try {
                httpRequestHook.executeOnRequest(httpPost);
              } catch (Exception ex) {
                logger.error(
                    "HttpRequestHook throws an exception. Please validate
your hook logic", ex);
              }
            }));
  }
  List<Future<Object>> responses =
      executorService.invokeAll(tasks);    ← ③ 모든 태스크를 호출
  for (Future<Object> response : responses) {   ← ④ 중단된 태스크 리스트를 순회
    response.get();    ← ⑤ 다음 단계로 넘어가기에 앞서 모든 비동기식 행위를 기다림
  }
```

```
CloseableHttpResponse execute = client.execute(httpPost);      ← ⑥ 모든 훅이 완료된 다음에
if (execute.getStatusLine().getStatusCode() == HttpStatus.SC_OK) {    최종 단계를 수행
    successMeter.mark();
}
}
```

우리 컴포넌트의 처음 설계와 비교하면 코드가 복잡해졌다. 스레드 풀에서 스레드를 조용하게 죽이는 위험에 처하지 않게 실패를 처리해야 한다. 또한 훅 수행을 병렬화할 필요가 있지만, 이런 병렬화가 훅을 사용함으로써 발생하는 모든 성능 문제를 해결해 주지는 않는다. 여전히 모든 훅이 완료될 때까지 기다려야 한다. 클라이언트가 훅 API를 사용해 얻는 유연성은 공짜가 아니다. 전용 스레드 풀을 위한 더 많은 유지보수 비용과 해법의 복잡도라는 비용을 치를 것이다.

다음 절에서는 클라이언트가 요청할지도 모르는 모든 기능을 예측할 필요 없이 우리의 API를 유연하게 만들기 위한 또 다른 메커니즘인 리스너 API를 살펴볼 것이다. 또한 재시도 횟수에 대한 정보를 클라이언트에게 전파하는 수단을 제공할 것이다. 마지막으로, 이 기능이 나중에 로직을 복잡하게 만들 가능성도 살펴볼 것이다.

4.4 리스너를 통한 API의 확장성 제공

언뜻 보기에 리스너 API는 훅 API와 비슷하게 보일 수 있지만, 별도로 설명할 가치가 있는 차이점이 존재한다. 기억하겠지만, 훅 API 설계가 동기식인 이유는 다음 단계로 넘어가서 처리하기에 앞서 모든 훅 완료를 기다릴 필요가 있었기 때문이다. 그림 4.6에서 볼 수 있듯이, 리스너 API를 제공하는 옵저버 디자인 패턴은 클라이언트에게 확장 지점을 제공하기 위한 다른 접근 방식을 취한다. (옵저버 패턴에서 **Subject** 인터페이스를 구현한) 우리 컴포넌트는 클라이언트가 옵저버들을 등록하게 만든다. 이런 옵저버들은 컴포넌트에 어떤 행위가 발생할 때 알림을 통보받게 된다.

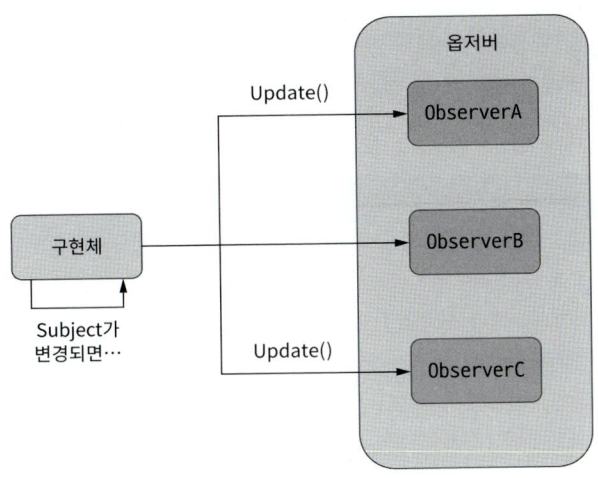

그림 4.6 옵저버 디자인 패턴은 클라이언트가 옵저버를 등록하게 허용한다

클라이언트는 여러 옵저버들을 등록할 수 있다. 리스너 API와 훅 API의 가장 중요한 차이점을 살펴보자.

4.4.1 리스너 사용 대 훅 사용

몇몇 이벤트(예: 우리 컴포넌트가 생명 주기 단계를 완료했음을 나타내는 이벤트)를 전송할 때 알림은 완전히 비동기식이다. 우리 컴포넌트의 다음 단계로 넘어가서 처리하는 과정과 이벤트 사이에는 선후 관계(happens-before)가 존재하지 않는다. 이는 독립적인 스레드 풀에서 리스너를 수행하는 한 성능 저하의 위험성이 없음을 의미한다. 유일한 차이점은 리스너 API 행위가 완료될 때까지 더 이상 기다릴 필요가 없다는 것이다.

리스너 API를 사용해 몇몇 이벤트가 발생했다는 신호나 내부 상태를 외부에 공개하고 싶을 수 있다. 이런 방식이 유연한 추상화인 이유는 우리 코드나 API를 수정하지 않고서도 클라이언트에게 자신만의 동작 방식을 허용할 수 있기 때문이다. 그림 4.7과 같이 새로운 사용 사례를 예측하기를 원하며 우리 컴포넌트가 수행을 완료할 때 재시도 상태로 알림을 보내기로 결정했다고 가정해보자.

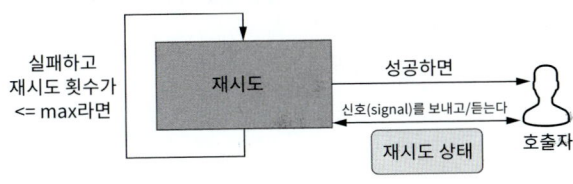

그림 4.7 리스너 API를 사용해 재시도 상태를 전송

모든 재시도가 완료될 때 재시도 상태를 외부에 공개할 것이다. 이를 위해 클라이언트로 전파하고 싶은 정보를 캡슐화하는 새로운 `RetryStatus` 클래스를 생성할 필요가 있다. 다음 코드는 이를 위한 새로운 클래스를 보여준다.

코드 4.15 RetryStatus 클래스 생성

```java
public class RetryStatus {
  private final Integer retryNumber;
  public RetryStatus(Integer retryNumber) {
    this.retryNumber = retryNumber;
  }
  public Integer getRetryNumber() {
    return retryNumber;
  }
}
```

예제를 단순하게 만들기 위해 재시도 상태는 재시도 횟수만을 포함한다. `getRetryNumber()` 메서드는 특정 재시도 횟수를 반환한다.

기대되는 행위가 발생할 때 우리 컴포넌트가 호출하는 `OnRetryListener`를 우리 클라이언트가 등록하게 만들 것이다. `OnRetryListener` 인터페이스는 재시도 상태를 얻기 위해 `onRetry()` 메서드 하나만을 포함하며, 재시도마다 전용 `RetryStatus`가 존재할 것이다. 다음 코드는 `OnRetryListener` 구현을 보여준다.

코드 4.16 OnRetryListener 생성

```java
public interface OnRetryListener {
  void onRetry(List<RetryStatus> retryStatus);
}
public class HttpClientExecution {
  private final List<OnRetryListener> retryListeners = new ArrayList<>();   ← ① 리스너 목록을 유지한다
  public void registerOnRetryListener(OnRetryListener onRetryListener) {   ←
    retryListeners.add(onRetryListener);                                   ② 전용 메서드를 통해 새로운 리스너를 등록한다
  }
// 남아 있는 메서드
}
```

재시도 로직이 완료될 때 모든 리스너를 순회하면서 주어진 수행에 대한 모든 재시도 상태를 전파할 수 있다. 재시도 상태들을 리스트에 집계하고 모든 재시도 리스너에게 이 리스트를 전송해야 한다. 다음 코드는 이를 구현한 것이다.

코드 4.17 OnRetryListener 호출

```
public void executeWithRetry(String path) {
  List<RetryStatus> retryStatuses = new ArrayList<>();   ← ① 리스트에 있는 모든 RetryStatus를 집계한다
  for (int i = 0; i <= maxNumberOfRetries; i++) {
    // 재시도 로직    ← ② 실제 재시도 로직은 변경되지 않은 채로 둔다
    retryListeners.forEach(l -> l.onRetry(retryStatuses));    ← ③ 재시도 상태를 모든 리스너에게 전파한다
  }
}
```

실패를 처리하기 위한 규칙과 코드를 병렬로 수행하는 방법은 4.3절에서 설명한 규칙과 동일하다. 언뜻 보기에는 로직이 올바르게 보이지만, 내부 상태를 클라이언트 코드로 전파할 때 한 가지 주의할 사항이 있다. 우리는 호출자가 전달된 상태를 변경하는 행위를 막을 수 없다. 이 상태를 변경하면 우리 로직이 손상될 수 있다. 다음 절에서 이 문제를 살펴보자.

4.4.2 설계의 불변성

우리 컴포넌트에서 어떤 상태를 전파할 때 이 상태가 클라이언트 코드에서 변경될지 그렇지 않을지를 확신할 수는 없다. 다음 코드는 이런 동작 방식을 시뮬레이션하기 위해 생성할 수 있는 단위 테스트를 보여준다.

코드 4.18 리스너를 통한 상태 변경

```
httpClientExecution.registerOnRetryListener(
    List::clear);    ← ① 클라이언트는 상태를 변경하거나 초기화하므로 부작용을 일으킨다!
httpClientExecution.registerOnRetryListener(
    statuses -> {
      assertThat(statuses.size()).isEqualTo(1);    ← ② 재시도 상태가 1이 되어야 한다
    });
```

OnRetryListener에 전달된 재시도 상태 리스트는 실제 리스트의 참조다. 클라이언트가 `clear()`를 호출하거나 이 리스트에 항목을 추가하거나 삭제하는 행위를 막을 방법은 없다. 첫째 리스너가 상태를 초

기화하면 둘째 리스너는 변경을 보지 못할 것이다. 이는 호출자의 코드가 초래하는 부작용이 존재함을 의미한다. 이런 상황은 우리의 API를 오류에 취약하거나 비결정적이게 만든다. 이런 상황을 방지하기 위해 클라이언트로 전파되는 실제 리스트의 사본을 만들 수 있다. 다음 코드는 이런 방식을 보여준다.

코드 4.19 리스너에게 전파되는 객체 복사

```
retryListeners.forEach(l -> l.onRetry(new ArrayList<>(retryStatuses)));
```

리스너마다 전달될 재시도 상태의 사본을 만든다. 이렇게 하면 호출자가 객체를 변경하더라도 우리 API 코드나 다른 리스너에 영향을 미치지 않을 것이다. 이런 방식에는 몇 가지 단점이 있다.

먼저, 원본 객체의 깊은 복사가 필요할 경우 데이터의 사본을 많이 만들어야 한다. **깊은 복사**는 원본 객체로부터 모든 값을 새로운 객체로 복사하며 애플리케이션의 메모리 사용량을 크게 늘일 수 있다. 리스너가 n개 있으면 실제 데이터를 n번 복사할 필요가 있으며 그만큼 메모리 소비가 늘어난다. 다음으로, 리스너 코드에서 조용한 문제가 발생할지도 모르는 잠재적인 어려움이 존재한다. 클라이언트가 리스트를 변경하는 상황이 의도하지 않은 경우일 수도 있으므로 때로는 예외를 던져서 명시적으로 이런 연산이 금지되었다는 사실을 알려주는 편이 좋다.

상태를 불변 객체로 감싸는 방법으로 두 문제를 모두 해결할 수 있다. 다음 코드와 같이 리스트에 대해 **ImmutableList**(http://mng.bz/xvzd) 컴포넌트를 사용하면 된다.

코드 4.20 불변 객체로 감싸기

```
retryListeners.forEach(l -> l.onRetry(ImmutableList.copyOf(retryStatuses)));
```

실제 상태를 불변 객체로 감싸면 사본을 만들지 않는다. 또한 기반 리스트의 변경에 대해 예외를 던지는 클래스를 생성할 것이다. 리스너에게 전파될 때마다 리스트의 실제 내용을 복사할 필요도 없다. 변경을 가하는 메서드만 금지된다. 이런 접근 방식의 두 번째 이점은 명시적이고 빠른 실패다. 리스너 API의 코드가 우연히 내용을 수정하는 경우 피드백이 즉시 제공되므로 조용하게 실패할 위험성은 없다.

직접 소유하지 않는 코드로 어떤 상태를 전파하고 있다면 해당 상태가 항상 불변임을 단정해야 한다. 이런 식으로 설계함으로써 시작부터 상태를 불변으로 만들 수 있다. 불변 클래스와 final로 정의된 필드를 사용해 이를 달성할 수 있다. 사용하고 있는 API가 불변이라면 방어용 사본을 만들 필요가 없다. 메모리 사용량이 훨씬 줄어들 것이다.

실제로는 불변이 아닌 라이브러리를 종종 사용할 필요가 있다. 리스트나 맵과 같은 대다수 컬렉션은 가변이다. 클라이언트에 이런 컬렉션을 전파할 때는 극도로 주의를 기울이는 편이 도움이 된다. 이런 경우에 기반 데이터의 변경을 숨기거나 금지하는 불변 클래스로 상태를 감싸야 한다.

리스너 API로 상태를 전파할 때 직면하는 또 다른 문제는 트래픽으로 인해 리스너에 과부하가 걸릴 위험성이다. 뭔가 행위가 있을 때마다 리스너를 n개 호출하면 애플리케이션의 메모리 소비가 크게 늘어난다는 의미다. 호출자 코드가 트래픽을 따라잡지 못해 차단되어 애플리케이션의 주요 처리 과정에 영향을 미치는 위험도 존재한다. 역 배압(back pressure)을 추가하거나 더 많은 상태 이벤트를 버퍼링해서 배치로 전송하는 방식을 고려해야 할 수도 있다. 이런 문제에 대한 모든 해법은 설계를 상당히 복잡하게 만든다. 컴포넌트에서 알림을 전송하기로 결정하면 주의를 기울여야 한다.

리스너 API를 사용해 상태를 전파하는 단순한 작업조차 코드를 복잡하게 만든다. 데이터가 불변인지 확인할 필요가 있으며 클라이언트 코드가 트래픽을 따라잡을 수 있을지 확인할 필요도 있다. 언뜻 보기에 단순한 사용 사례의 파장을 예측하는 행위는 코드에 상당한 복잡성을 부여한다.

4.5 API의 유연한 분석 대 유지보수 비용

이 장의 예제에서 얻을 수 있는 가장 중요한 결론은 모든 새로운 기능이 어느 수준까지 복잡성을 높인다는 사실이다. 예를 들어 우리가 의존하는 특정 라이브러리를 추상화하고 싶은 경우가 있다. 메트릭과 관련된 라이브러리를 추상화할 때 이 패턴의 예를 봤다. 실제 구현을 추상화하면 우리 컴포넌트의 복잡성은 낮추지만, 클라이언트 코드의 복잡성은 높인다. 모든 클라이언트는 구체화된 메트릭 라이브러리를 위한 구현을 제공해야 한다. 이를 위해 추상화를 도입하되, 가장 많이 사용되는 기본 구현체를 제공하는 하이브리드 해법이 대다수 사용 사례에 가장 최선이라는 사실을 발견했다.

정확한 사용 사례를 추측하고 예측하려고 애쓰다 보면 리스너 혹 API와 같은 아주 일반적인 패턴을 도입하려는 유혹에 빠질 수 있다. 언뜻 보기에 이런 패턴은 유연하며 복잡성을 크게 추가하지 않는다. 이 말은 정확할지도 모르지만, 확장성을 위해 늘어난 복잡도라는 대가를 치르게 될 것이다.

혹 API를 사용할 때는 예측 불가능한 사용 방식에 대해 대비할 필요가 있다. 이는 코드가 예외를 기대해야 함을 의미한다. 또한 API 확장 지점의 스레드 수행 모델에 주의할 필요가 있다. 설계가 비동기식 클라이언트 호출을 허용하면 몇몇 클라이언트가 이런 호출을 차단해서 우리 컴포넌트의 SLA나 스레드와 같은 자원 사용에 영향을 미친다. 하지만 코드에서 병렬로 수행해야 하는 비동기식 로직을 도입하면 복잡성을 추가한다. 전용 스레드 풀을 유지하고 이를 감시할 필요가 있다.

추가로 컴포넌트 확장 지점과 처리 단계들의 선후 관계에 주의할 필요가 있다. 이런 경우, 심지어 병렬로 처리하게 만들더라도 추가 대기 시간을 0으로 줄일 수 없다. 이게 바로 호출자에게 훅 API를 공개함으로써 지불해야 하는 복잡성이다.

리스너 API는 훅 API와 유사하지만 컴포넌트 수행 단계 사이에서 차단이 생기지 않는다. 방출하는 신호는 비동기식이므로 컴포넌트의 전반적인 대기 시간에 영향을 미치지 않아야 한다. 하지만 방출된 상태에 대해 주의해야 한다. 일단 몇몇 코드를 호출자 컴포넌트로 전달하고 나면 클라이언트가 이를 변경할지 그렇지 않을지를 알지 못한다. 이로 인해 리스너 API에서 전파된 상태의 불변성이 중요해진다.

일반적으로 API의 유연성이 높을수록 더 많은 복잡성이 초래될 것이다. 비동기식 처리를 도입할 필요가 있다면 이는 코드 복잡성이나 수행 모델 복잡성이 될 수 있다. 그림 4.8은 유연성 대 복잡성이라는 두 가지 접근 방식을 보여준다.

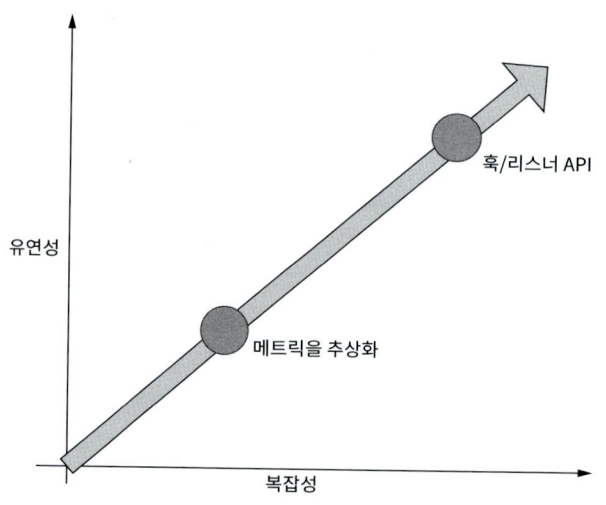

그림 4.8 유연성 대 복잡성

두 접근 방식을 비교해보면, 메트릭 라이브러리를 추상화하면 유연성을 제공하지만 여전히 클라이언트가 수행해야 할 명시적인 API 계약이 존재한다. 반면, 훅이나 리스너 API는 훨씬 더 많은 유연성을 보인다. 하지만 이런 방식은 API의 상태나 내부 이벤트를 외부에 공개한다. 클라이언트는 상태나 이벤트로 뭐든 할 수 있다. 이는 많은 유연성을 제공하지만, 클라이언트 코드에 대해 추론할 수 없으므로 예상치 못한 실패에 대해 방어할 필요가 있다. 이를 위해 불변 상태를 사용할 필요가 있다. 또 다른 단점은 클라이언트의 동기화 모델을 추론할 수 없다는 점이다(차단되는지 비동기식으로 수행되는지 알 수 없다). 이런 이유 때문에 시스템을 유연하게 만들면 훨씬 더 많은 문제가 생길 것이다. 유연성-복잡성 축에 위치할 지점을 찾아서 여기에 맞춰 시스템을 설계할 필요가 있다.

여기서는 패턴과 API를 더 유연하게 만드는 방식의 작은 부분 집합만 설명했다. 사용 가능한 여러 다양한 패턴(데코레이터, 팩토리, 프락시 등)이 존재한다. 이 장의 주요 목표는 이런 패턴 몇 가지를 골라 장단점을 설명하는 것이었다. 주어진 해법이 많은 유연성을 제공하면 내재된 복잡성 역시 분석하기를 원할 것이다. 이런 일반적인 규칙은 모든 소프트웨어 공학 패턴에 적용된다.

다음 장에서는 섣부른 최적화가 항상 나쁘지만은 않다는 사실을 배울 것이다. 또한 코드에서 **핫 코드 경로(hot path)**를 최적화하기 위한 이상적인 시점과 코드의 최적화 대상 부분을 유리하게 결정하기 위해 코드에서 핫 코드 경로를 감지하는 방법을 배울 것이다.

요약

- 외부 로직을 추상화해서 우리 API에 유연성을 도입할 수 있다.
- 훅과 리스너 API를 도입하면 코드에 가장 높은 유연성을 제공할 수 있다. 이런 API는 클라이언트 관점에서 코드를 확장 가능하게 만들어준다.
- 시스템을 더 일반적이고 유연하게 만들면 복잡성을 높일 수 있다.
- 복잡성은 코드와 유지보수뿐만 아니라 시스템의 다른 부분에도 영향을 미칠 수 있다.
- 훅 API를 사용해 코드를 더 확장 가능하게 만들 때는 그 API에서 비롯된 수행 모델의 복잡성과 실패 처리를 주의해야 한다.
- 불변성은 시스템에 대해 추론할 때 우리를 도와준다.
- 여러 패턴을 사용할 때 복잡성과 유연성 사이에 다양한 트레이드오프가 존재한다.

05

섣부른 최적화 대 핫 코드 경로의 최적화: 코드 성능에 영향을 미치는 의사 결정

이 장에서 다루는 내용

- 섣부른 최적화가 나쁠 때
- 성능 테스트와 측정을 사용해 핫 코드 경로 찾기
- 핫 코드 경로의 최적화

섣부른 최적화가 만악의 근원이라는 컴퓨터 과학의 오래된 격언이 있다. 이런 격언이 튼튼한 배경을 유지하는 이유는 많은 사용 사례에서 맞는 말이기 때문이다. 예상되는 트래픽과 SLA(Service Level Agreement)에 대한 입력 데이터가 없다면 코드와 요구되는 성능에 대해 추론하기가 어렵다. 이런 상황에서 임의의 코드 경로를 최적화하려는 시도는 어둠 속에서 총을 쏘는 상황과 유사하다. 합리적인 이유 없이 코드를 복잡하게 만들 것이다.

> **참고**
>
> SLA는 서비스가 처리할 수 있는 트래픽 양을 정의한다. SLA는 또한 수행될 필요가 있는 요청 횟수와 특정 임계치보다 낮은 대기 시간으로 수행돼야 하는 주어진 요청 횟수를 정의할 수 있다. 유사한 개념으로 시스템의 예상되는 성능을 정의하는 비기능 요구사항(NFR, NonFunctional Requirement)도 있다.

설계 단계에서 우리는 시스템이 처리해야 하는 예상 트래픽에 대해 많은 사실을 알고 있을 수 있다. 이런 상황에서는 실 서비스 트래픽을 반영할 성능 벤치마크를 설계할 수 있다. 일단 트래픽을 시뮬레이션할 수 있으면 코드에서 경로를 측정하고 핫 코드 경로를 찾을 수 있다. **핫 코드 경로**는 대다수 작업을 수행하는 코드의 일부이며, 거의 모든 사용자 요청을 위해 수행된다. 이 장에서는 핫 코드 경로를 찾고 추정하기 위해 파레토 법칙이 사용될 수 있다는 사실을 배울 것이다. 일단 이런 경로를 감지하고 나면 이를 최적화할 수 있다.

몇몇 사람들은 서비스에 배포되기 전부터 코드를 최적화한다는 이유로 이를 **섣부른 최적화**라고 부르기도 한다. 진실을 말하자면, 충분한 데이터를 모음으로써 시스템을 서비스에 투입하기 전에 무시할 수 없을 정도로 성능을 개선하게 만드는 합리적인 결정을 내릴 수 있다. 데이터는 애플리케이션을 서비스에 배포하기에 앞서 수행되는 성능 벤치마크에서 얻어야 한다. 시스템의 실제 서비스 트래픽에 대한 SLA와 기대치를 정의할 때 예상되는 트래픽을 모델링할 수 있다. 우리의 실험과 가정을 뒷받침하는 충분한 데이터를 모으면 최적화는 더 이상 섣부르지 않다.

이 장은 핫 코드 경로를 찾는 방법에 초점을 맞출 것이다. 변경이 앱의 성능을 개선할 것이라고 보증하면서 코드에 개선 사항을 도입하는 방법을 살펴볼 것이다. 섣부른 최적화가 정말로 나쁘고, 그렇지 않더라도 최소한 문제가 될 때가 언제인지를 알아보면서 설명을 시작해보자.

5.1 섣부른 최적화가 나쁠 때

종종 애플리케이션 코드를 작성할 때 예상되는 트래픽과 관련해 입력 데이터가 충분하지 않은 경우가 있다. 이상적인 세계에서는 예상되는 처리량과 최대 대기 시간 관점에서 요구사항에 대한 정보를 항상 확보하고 있을 것이다. 현실 세계에서는 종종 다소 임시 방편처럼 보이는 접근 방법을 따를 필요가 있다. 우리는 유지보수 가능하며 쉽게 변경 가능한 소프트웨어를 작성하면서 작업을 시작한다. 하지만 코드를 작성할 때 엄격한 성능 요구사항을 갖고 있지 않다. 이 경우 코드를 선행해서 최적화하기에는 알지 못하는 부분이 너무 많다.

몇몇 코드 경로의 성능을 최적화할 때 종종 코드 경로의 복잡성을 높인다. 하지만 때로는 특정 방식으로 코드 경로의 일부를 작성할 필요가 있다. 이런 과정에서 복잡성과 성능을 맞바꾸게 된다. 이는 코드 자체의 복잡성이 될 수도 있지만, 우리가 사용하는 컴포넌트의 유지보수성이나 시스템의 복잡성이 될 수도 있다. 트래픽에 대한 입력 데이터 없이 시작하면 주어진 코드가 주요 작업 흐름의 전반적인 성능에 영향을 미치지 않는 것으로 판명될 수도 있다. 이 때문에 성능을 높인다는 장점은 사라지고 추가적인 복잡성만 초래한다.

우리가 직면할 수 있는 또 다른 함정은 잘못된 가정에 기반한 코드의 최적화다. 이런 실수를 하기가 얼마나 쉬운지 살펴보자.

5.1.1 계정 처리 파이프라인 생성

주어진 ID로 계정을 찾는 처리 파이프라인을 구축하기 위해 계정 엔티티를 대상으로 하는 단순한 시나리오를 고려해보자. 다음 코드는 계정 엔티티를 보여준다.

코드 5.1 계정 엔티티 만들기
```java
public class Account {
  private String name;
  private Integer id;
// 생성자, getter와 setter는 생략됨
}
```

여기서 코드는 계정 리스트를 대상으로 연산하고 인수로 찾을 ID를 받는다. 다음 코드는 계정 엔티티를 위한 필터링 로직이다.

코드 5.2 초기 필터링 로직
```java
public Optional<Account> account(Integer id) {
  return accounts.stream().filter(v -> v.getId().equals(id)).findAny();
}
```

이 단순한 코드는 스트림 API를 사용하는데, 이미 많은 성능 최적화를 감추고 있다. 스트림 추상화는 지연되어 작동한다. 이는 아직 계정을 발견하지 못한 경우 인수와 일치하는 계정 ID가 있는지를 점검하기 위한 필터 연산을 수행함을 의미한다.

> **findAny() 대 findFirst() 메서드**
>
> 종종 잘못된 컨텍스트에서 사용되는 findAny()와 findFirst() 용법을 명확하게 구분해보자. findAny()를 사용하면 지연 연산을 달성할 수 있다. 이 메서드는 항목이 발견될 때 처리를 멈출 것이다. findFirst()는 직렬 처리와 동일한 동작 방식을 흉내 낸다. 처리 과정을 여러 부분으로 나눌 경우 findAny()가 더 나은 성능을 발휘할 수 있는 이유는 처리 순서를 신경 쓰지 않기 때문이다. 하지만 findFirst()를 사용하면 처리 파이프라인을 느리게 만드는 직렬 처리 과정을 수행해야만 한다. 이런 차이점은 병렬 스트림을 사용할 때 더욱 중요해진다.

첫 번째 접근 방법으로 이 코드를 만들었다. 여기서 어떤 성능 정보도 확보하지 못했다는 점에 주의해야 한다. 우리가 처리하는 계정 리스트는 몇 가지 항목을 포함하지만, 수백만 개가 넘는 항목을 포함할 수도 있다. 이런 지식이 없다면 처리 과정에서 성능을 최적화하기가 어렵다.

하지만 몇몇 계정만 다룬다면 우리 코드만으로 충분하다. 하지만 항목이 수백만 개가 넘으면 작업을 여러 스레드로 분할하는 방식을 고려해야 할 수 있다. 한 가지 해법을 제안하자면, 이런 여러 스레드를 수동으로 생성한 다음, 작업을 배치(batch)로 나눠 여러 스레드에 제출하는 것이다. 또한 스레드 생성을 감추고 작업을 나누는 병렬 스트림과 같은 기존 메커니즘을 사용할 수도 있다.

우리가 여기서 직면하는 문제는 이 코드에 대한 가정이 잘못될지도 모른다는 점이다. 코드가 최대 N개 (여기서 N은 10,000) 항목을 처리할 것이라고 안전하게 가정할 수 있다. 시스템 분석이 이 숫자를 뒷받침하는 한 코드에서 이 부분의 최적화를 시작할 수 있다. 불행히도 종종 이런 입력 데이터가 없는 경우가 있다. 이런 컨텍스트에서 코드를 최적화하는 결정이 문제가 되는 이유는 명확한 이득 없이 추가적인 복잡성을 유발할 것이기 때문이다. 잘못된 가정이 코드를 어떻게 복잡하게 만들 수 있는지 살펴보자.

5.1.2 잘못된 가정에 기반한 처리 최적화

계정 처리 코드에 성능 최적화를 도입하기로 결정했다고 가정하자. 이때 스레드 하나에서 처리가 이뤄진다는 사실을 알 수 있다. 이는 CPU의 모든 코어를 활용하기 위해 작업을 분할해서 병행으로 수행하지 않음을 의미한다. 여기서 가능한 한 가지 최적화 기법은 작업 훔치기(work-stealing) 알고리즘을 사용하는 것으로, 작업을 독립적인 N개로 분할해서 모든 입력 계정에 N개의 항목이 들어가게 만드는 것이다. 그림 5.1은 이런 접근 방법을 보여준다.

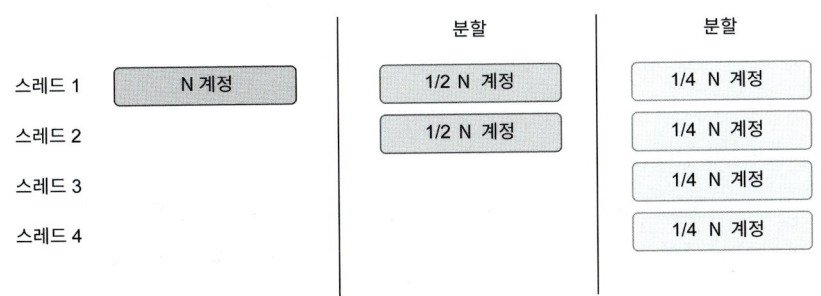

그림 5.1 성능 최적화 관점에서 접근하는 작업 훔치기

먼저 작업의 절반을 두 스레드로 분할한다. 이 시점에서 두 스레드는 계정 N개의 절반을 처리할 책임을 맡을 것이다. 다음으로, 코드는 모든 스레드를 활용하지 않고 있기에 또 다른 분할 작업을 수행해서 작업이 N 계정의 1/4씩 총 4개로 분할될 것이다. 이제 모든 스레드는 실제 처리 작업을 시작할 수 있다. 분할 단계는 계정을 가용 스레드나 코어에 맞춰 최대한 많은 부분으로 분할해야 한다. 다음 코드는 제안된 로직을 스트림 API를 사용해 단순하게 작성하는 방법을 보여준다.

코드 5.3 parallelStream()을 사용한 작업 훔치기

```java
public Optional<Account> accountOptimized(Integer id) {
  return accounts.parallelStream().filter(v ->
      v.getId().equals(id)).findAny();
}
```

`parallelStream()` 메서드는 작업을 N개 부분으로 분할한다. 이 메서드는 코어 수 − 1과 동일한 스레드 수에 맞춰 내부적인 포크-조인 스레드 풀(http://mng.bz/Axro)을 사용한다. 이는 단순해 보이지만, 상당한 복잡성을 감추고 있다. 가장 중요한 변경 사항은 이제 코드가 멀티스레드로 동작한다는 점이며, 이는 처리 과정이 무상태형(stateless)이 돼야 함을 의미한다(예를 들어, 필터로 사용되는 어떤 처리 메서드에서도 상태를 변경해서는 안 된다). 스레드 풀을 사용하므로 스레드 풀의 사용과 활용 현황도 감시해야 한다.

작업 훔치기 알고리즘으로 인한 또 다른 숨겨진 복잡성은 작업을 분할하는 단계다. 이 단계에서 추가적인 시간이 소요되므로 코드에 성능 부하를 가한다. 이런 부하는 병렬로 만들어 얻는 이득보다 커질 수 있다.

그리고 잘못되거나 (없는) 가정을 기반으로 최적화했기 때문에 이 코드가 실제 서비스 환경에서 얼마나 잘 작동할지 추론할 수 없다. 성능 최적화가 효율적인지 검증하려면 두 방법을 모두 검증하는 성능 벤치마크를 작성할 필요가 있다.

5.1.3 성능 최적화 벤치마크

기억하겠지만, N개 계정(여기서 N은 10,000)에 대해 작업을 처리한다고 가정했다. 그럼에도 불구하고 이 숫자가 경험적인 데이터나 가정에 기반한다면 적어도 최적화를 검증하기 위해 성능 벤치마크를 작성해야 한다.

벤치마크 코드는 0에서 10,000까지 ID를 가진 N개의 난수 계정을 생성한다. 이를 위해 `UUID` 클래스를 사용해 난수 문자열을 생성할 수 있다. `@Fork` 애노테이션은 동일 JVM에서 모든 테스트가 실행돼야 함을 명시한다. 이런 요구사항을 위해 여기서는 벤치마크 목적으로 JMH(Java Microbenchmark Harness) 도구를 사용할 것이다(https://github.com/openjdk/jmh 참고). 다른 플랫폼에서는 코드를 적절히 벤치마크하도록 도움을 주는 다른 도구가 존재하는데, 예를 들면 .NET의 경우 BenchmarkDotNet(https://benchmarkdotnet.org/)이 있다. 벤치마크와 관련해 미묘한 차이점이 존재하므로 직접 만들기 위해 노력하는 대신 플랫폼에 맞는 검증된 도구를 학습하는 데 시간을 투자하는 편이 낫다.

실제 벤치마크 로직에 앞서 JIT가 코드 경로를 최적화할 수 있게 워밍업을 거칠 필요가 있다. 이는 `@Warmup` 애노테이션을 사용해 구성한다. 측정을 위해 10회 반복을 수행하는 정도로 충분하며, 더 많이 반복해서 수행할수록 더 재현 가능한 결과를 얻는다. 우리는 메서드에 걸리는 평균 시간에 관심이 있으며, 벤치마크 결과는 밀리초(ms) 시간 단위를 사용해 보고될 것이다. 다음 코드에 제시한 벤치마크 초기화 로직을 살펴보자.

코드 5.4 계정의 벤치마크 초기화

```java
import org.openjdk.jmh.annotations.Benchmark;
import org.openjdk.jmh.annotations.BenchmarkMode;
import org.openjdk.jmh.annotations.Fork;
import org.openjdk.jmh.annotations.Measurement;
import org.openjdk.jmh.annotations.Mode;
import org.openjdk.jmh.annotations.OutputTimeUnit;
import org.openjdk.jmh.annotations.Warmup;
import org.openjdk.jmh.infra.Blackhole;

@Fork(1)
@Warmup(iterations = 1)
@Measurement(iterations = 10)
@BenchmarkMode(Mode.AverageTime)
@OutputTimeUnit(TimeUnit.MILLISECONDS)
public class AccountsFinderPerformanceBenchmark {
  private static final List<Account> ACCOUNTS =
      IntStream.range(0, 10_000)
          .boxed()
          .map(v -> new Account(UUID.randomUUID().toString(), v))
          .collect(Collectors.toList());    ← ① 이 벤치마크에서 사용할 계정을 N개 생성한다
  private static final Random random = new Random();   ←
  // 실제 테스트 메서드                              ② 탐색 중인 ID를 얻기 위해 난수 생성기를 호출한다
```

baseline() 메서드는 계정 탐색 로직의 첫 번째 버전을 수행한다. 다음 코드에서 보여주는 parallel() 메서드는 계속해서 parallelStream을 사용하는 개선된 버전을 수행한다.

코드 5.5 계정의 벤치마크 로직 구현

```
@Benchmark
public void baseline(Blackhole blackhole) {
  Optional<Account> account =
      new AccountFinder(ACCOUNTS)
    .account(random.nextInt(10_000));    ← ① 계정 탐색기는 난수로 만들어진 계정을 탐색한다
  blackhole.consume(account);            ← ② 어디선가 사용된 사실을 JIT에게 알리기 위해 결과를 소비한다
}

@Benchmark
public void parallel(Blackhole blackhole) {
  Optional<Account> account =
      new AccountFinder(ACCOUNTS)
    .accountOptimized(random.nextInt(10_000));  ← ③ 병렬 버전을 위한 로직도 정확히 동일하다
  blackhole.consume(account);
}
```

벤치마크 로직을 실행하고 결과를 살펴보자. 정확한 숫자는 컴퓨터에 따라 달라지지만, 전반적인 경향은 동일할 것이라는 점에 주목하자. 다음 코드는 내 컴퓨터에서 벤치마크 로직을 수행한 결과를 보여준다. 두 해법의 성능은 거의 동일함을 알 수 있다.

코드 5.6 성능 벤치마크 출력 살피기

```
CH05.premature.AccountsFinderPerformanceBenchmark.baseline
  avgt 10 0.027 ± 0.002 ms/op
CH05.premature.AccountsFinderPerformanceBenchmark.parallel
  avgt 10 0.030 ± 0.002 ms/op
```

병렬 처리가 약간 느릴 수 있는 이유는 실제 작업에 앞서 필요한 분할 부하 때문이다. 하지만 계정 수가 늘어나면 병렬 버전이 약간 더 빠르다는 사실을 알 수 있다. 하지만 전반적으로 두 해법 사이의 차이는 무시할 수 있다.

이런 단순한 테스트에서 병렬 해법의 성능 결과는 멀티스레드 해법을 사용해서 얻는 추가적인 복잡성을 정당화하지 못한다. 하지만 parallelStream을 선택하든 표준 스트림을 선택하든 코드 복잡성은 증가

하지 않는다. 복잡성은 `parallelStream()` 메서드 내부에 숨겨져 있다. 또한 우리의 최적화가 실제 서비스에서 다른 결과를 가져올 수 있는 이유는 잘못된 가정에 근거해 성능 개선을 결정했기 때문이다. 이와 같은 시나리오에서는 서비스에서 사용되는 방식에 대해 통찰을 얻기에 **앞서** 우리 코드를 섣불리 최적화하면 문제가 될 수도 있다.

우리가 들인 노력을 요약하자면 시스템에서 특정 코드 부분을 최적화하기 위한 몇몇 작업을 진행했다. 하지만 이런 개선 작업은 어떤 가치도 제공하지 못했음이 드러났다. 본질적으로 우리는 잘못된 가정에 근거해 시간을 낭비했다. 우리는 코드가 정해진 숫자의 항목에 대해 호출될 것이라고 가정했다. 이런 컨텍스트에서 우리 코드의 두 번째 버전은 더 나은 성능을 발휘하지 못했다. 문제는 테스트를 수행하기 위해 사용된 숫자가 추측이라는 점이다. 실제 시스템에서는 처리할 항목의 숫자가 상당히 다를(더 높거나 더 낮을) 가능성이 높다. 이는 코드를 최적화하기 위해 사용할 수 있는 더 많은 경험적 데이터를 갖게 될 것이지만, 이번에는 실 세계의 가정에 기반할 것이라는 뜻이다. 이 경우 올바른 숫자로 코드를 다시 한번 최적화할 수 있다.

계정이 시간이 지남에 따라 증가할 것이라는 사실을 미리 알고 있다면 벤치마크 코드를 조정할 필요가 있다. 일단 임곗값에 도달하고 나면 `parallelStream()`이 표준 `stream()`보다 훨씬 성능이 좋다는 사실을 알게 될 것이다. 이 경우는 더 이상 섣부른 최적화가 아닐 것이다.

유용한 성능 최적화에 필요한 입력 정보의 한 가지 측면을 살펴봤다. 실제 세상에 존재하는 시스템에는 다양한 코드 경로가 존재한다. 심지어 우리가 모든 입력 처리 과정에 대해 N을 알고 있다고 가정해도 이 모든 경로를 최적화하기가 현실적으로는 가능하지 않다. 최적화할 가치가 있는지를 판단하려면 주어진 코드 경로가 얼마나 자주 수행되는지 알아야 한다. 코드 초기화와 같이 거의 수행되지 않는 코드 경로가 존재한다. 하지만 모든 사용자 요청을 위해 수행되는 코드 경로도 존재한다. 이를 **핫 코드 경로**(hot path)라고 한다. 이 경로에서의 코드 최적화 작업은 종종 수행할 가치가 있으며, 전반적인 시스템의 성능 개선에 상당한 수준으로 이바지한다. 다음 절에서는 이렇게 핫 코드 경로를 추론하는 방법을 배울 것이다.

5.2 핫 코드 경로

앞 절에서 잘못된 가정에 기반한 최적화 사례를 살펴봤다. 또한 코드를 최적화할 때 유용한 핵심적인 데이터 특징 중 하나가 항목의 입력 수 N을 아는 것이라는 사실도 살펴봤다. 이는 읽고 싶은 파일의 수나 초당 요청 수가 될 수 있다. 알다시피 알고리즘의 복잡도는 항목의 입력 수를 알면 계산이 가능하다. 적절한 알고리즘을 선택할 수 있지만, 또한 메모리 사용량도 추정할 수 있다.

N을 아는 것이 필수지만, 애플리케이션의 모든 코드가 실제 양산 운영 시스템에서 동일하게 중요하지는 않다. 예를 들어, 여러 엔드포인트가 다소 자주 실행되는 간단한 HTTP 애플리케이션을 생각해 보자. 그림 5.2는 엔드포인트에 대한 요청 빈도를 보여준다.

첫째 요청 엔드포인트는 애플리케이션의 핵심 기능을 외부에 공개한다. 이 엔드포인트는 거의 모든 클라이언트 요청을 수행하며, 코드에서 주요 작업을 처리한다. 이 엔드포인트가 클라이언트 요청에 따라 초당 10,000회 수행된다고 가정하자. 또한 경험적인 데이터 또는 서비스가 제공할 SLA에 기반해 두 엔드포인트를 위한 N이 계산 가능하다고 가정할 수도 있다. 이 예제에서 우리가 사용할 데이터는 실제 데이터로 뒷받침되는 가정에 기반한다.

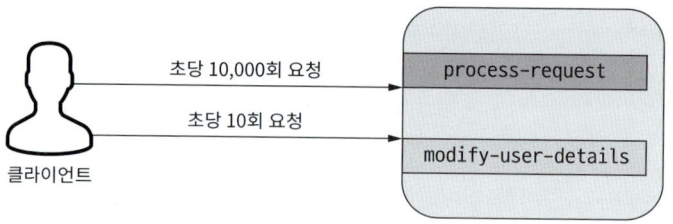

그림 5.2 다양한 요청 주기에 따른 엔드포인트

반면, 더 무거운 작업을 하는 다른 메서드도 있다. **modify-user-details**는 이 HTTP 애플리케이션이 사용하는 기반 데이터베이스에서 자료 구조를 조작한다. 이 메서드가 **드물게** 호출되는 이유는 사용자 세부 정보의 변경이 클라이언트가 자주 수행할 일반적인 작업은 아니기 때문이다. 일단 사용자 세부 사항이 변경되고 나면 오랫동안 동일한 구조로 유지될 것이다.

이제 두 엔드포인트를 위한 대기 시간의 99번째 백분위 수(다시 말해 해당 요청의 99%는 특정 숫자보다 더 빠르다)를 측정한다고 가정하자. 시간이 조금 지난 다음에 결과를 얻게 되는데 process-request의 p99 대기 시간이 200ms와 같고 modify-user-details의 p99 대기 시간이 500ms와 같다는 결론을 내릴 수 있다. 초당 요청 횟수라는 컨텍스트 없이 이런 측정만 살펴본다면 modify-user-details 엔드포인트부터 먼저 최적화를 시작해야 한다는 결론을 내릴 수 있다. 하지만 요청 횟수에 대한 컨텍스트를 추가할 때 process-request 엔드포인트의 최적화가 자원과 시간 관점에서 전반적으로 더 많이 절약할 것이라는 사실을 쉽게 확인할 수 있다.

예를 들어 process-request에서 p99 대기 시간을 20ms(10%) 정도만 줄일 수 있다면 전체적으로 200,000ms에 해당하는 대기 시간을 줄일 것이다.

```
(10,000 × 200) - (10,000 × 180) = 200,000
```

하지만 modify-user-details 엔드포인트를 최적화해서 250ms로 절반 정도 줄인다면 전반적인 대기 시간을 2,500ms((10 × 500) - (10 × 250) = 2,500)까지만 줄일 수 있다.

이런 계산에 기반해 더 자주 호출되는 엔드포인트를 최적화하기 위해 시간을 투자하는 경우가 수행 시간이 더 많이 걸리는 엔드포인트를 최적화하는 경우에 비해 80배(200,000 ÷ 2,500 = 80) 더 시간을 절약하는 결과를 낳는다는 결론을 내릴 수 있다.

앞서 언급했듯이 대다수 요청을 위해 수행되는 경로는 **핫 코드 경로**가 된다. 이를 찾아 최적화하는 작업은 모든 애플리케이션의 성능을 최적화하고 싶을 때 매우 중요하다.

실제 시스템에서는 애플리케이션의 코드 경로 사이에서 일어나는 트래픽이 종종 불균등하게 분포된다는 사실이 밝혀졌다. 많은 경험적인 연구에 따르면 파레토 법칙이 시스템에 대한 사고를 단순화할 수 있다는 결론을 도출할 수 있다. 다음 절에서 이 법칙을 살펴보자.

5.2.1 소프트웨어 시스템 컨텍스트에서 파레토 법칙 이해하기

여러 시스템(조직, 시스템 효율, 소프트웨어 시스템)을 연구한 결과 대다수 시스템에서 흥미로운 특징이 발견되었다. 이런 특징을 소프트웨어 컨텍스트에서 분석할 것이다.

소프트웨어가 만들어내는 가치의 상당 부분을 코드의 작은 부분이 창출해내는 것으로 드러났다. 가장 자주 감지된 비율은 80% 대 20%였다. 이는 시스템이 수행한 가치와 작업의 80%가 단지 코드의 20%에서 수행됨을 의미한다. 그림 5.3은 이런 비율을 그래프로 보여준다.

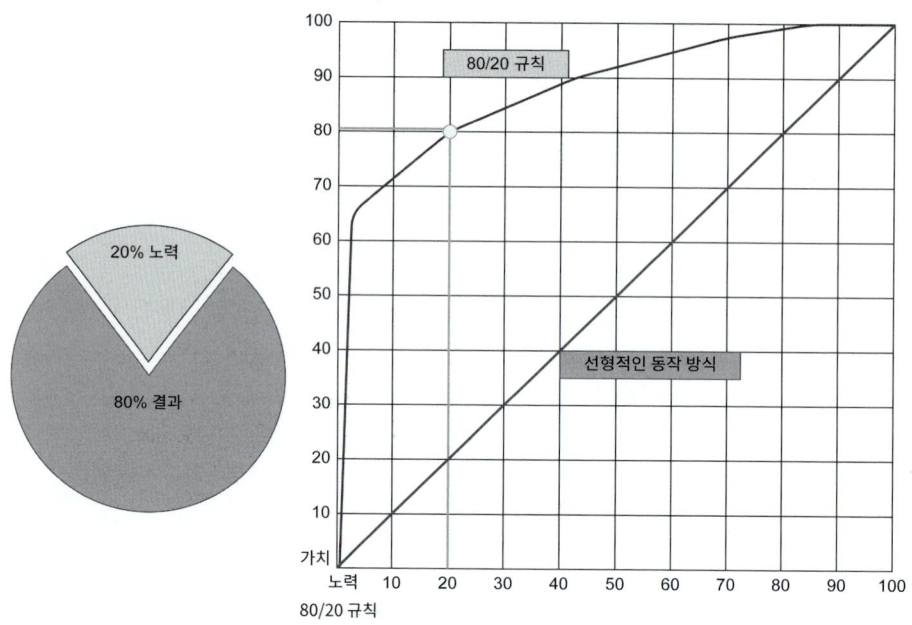

그림 5.3 파레토 법칙이 제시하는 80/20 규칙

선형적인 동작 방식을 따를 경우, 코드의 모든 경로는 똑같이 중요하다. 이런 시나리오에서 시스템에 새로운 컴포넌트를 추가하는 것은 클라이언트에 전달될 가치가 컴포넌트 수에 비례해서 증가함을 의미한다. 실제의 경우를 생각해보면 모든 시스템에는 핵심 비즈니스를 위한 가장 큰 가치를 제공하는 핵심 기능이 존재한다. 검증과 경계 조건이나 실패 처리와 같은 나머지 기능은 핵심이 아니며 그렇게 큰 가치를 제공하지도 않는다(예: 20%). 하지만 이런 20%의 나머지 기능은 구축을 위한 전체 시간과 노력의 80%를 요구한다.

물론 실제 비율은 비즈니스 영역과 시스템에 따라 달라진다. 30% 대 70%나 심지어 10% 대 90%가 될 수도 있다. 실제 숫자는 중요하지 않다. 이런 특징에서 얻는 가장 중요한 교훈은 무엇일까? 여기서 코드 베이스의 더 작은 부분을 최적화하면 대다수 클라이언트에 영향을 미친다는 결론을 내릴 수 있다.

새로운 시스템을 만들 때 시스템이 다룰 수 있는 트래픽의 예상 상한선으로 SLA 요구사항을 정의해야 한다. 일단 이런 숫자를 확보하고 나면 실제 세상의 트래픽을 시뮬레이션하는 성능 테스트를 만들 수 있게 된다.

5.2.2 주어진 SLA를 위해 동시 사용자(스레드) 숫자 구성하기

서비스가 초당 10,000회 요청을 처리한다고 보증하는 SLA를 제공해야 한다고 가정하자. 평균 대기 시간은 50ms다. 이런 시스템을 성능 도구로 검사하고 싶다면 부하 상태에서 시스템에 요청을 수행하기 위해 올바른 스레드(동시 사용자) 수를 설정하는 것이 핵심이다.

하나의 스레드를 선택해서 실행할 수 있다면 기껏해야 초당 20회 요청(1000ms ÷ 50ms = 20)을 처리할 수 있다. 이런 성능 설정은 시스템 SLA 시험을 할 수 없게 만든다. 하지만 일단 스레드 하나가 초당 20회 요청을 처리할 수 있다는 사실을 알고 나면 필요한 총 스레드 수를 계산할 수 있다. 예상 초당 요청 수를 스레드 하나가 처리할 수 있는 요청 수로 나눌 수 있다. 즉 10,000 ÷ 20 = 500을 얻는다.

이는 네트워크 트래픽이나 시스템을 포화 상태로 만들기 위해 스레드 500개가 필요하다는 사실을 말해준다. 일단 숫자를 구하고 나면 이 숫자에 맞춰 벤치마크 도구를 구성할 수 있다. 부하 테스트 도구가 노드 하나에서 이 정도 스레드를 생성할 수 없다면 각 노드가 트래픽의 일부를 다루도록 트래픽을 부하 테스트 노드 N개로 나눌 수 있다. 예를 들어, 부하 테스트 노드 네 군데에서 요청을 수행할 수 있다면 각 노드마다 125(500 스레드 ÷ 4 노드 = 125)만큼의 동시 사용자를 위한 요청을 수행해야 한다. 이런 계산은 사용하는 성능 측정 도구에 따라 조금 달라질 수도 있다는 점에 주의하자.

성능 측정 도구가 이벤트 루프(비차단 I/O)를 사용하면 스레드 하나에서 더 많은 요청을 수행할 수도 있다. 이런 경우에는 스레드 하나가 다룰 수 있는 요청 수를 측정한 다음에 나머지 계산을 이 숫자에 맞춰 조정해야 한다. 그리고 나서 평균 대기 시간에 기반해서 계산했기 때문에 계산으로 얻은 숫자보다 조금 더 많은 스레드를 생성해야 한다. 여전히 병행 스레드를 느리게 만드는 몇몇 이상치가 존재할 수 있다. 이상치가 어느 정도인지 살펴보려면 상위 백분위 수(예: p90, p95, p99)의 대기 시간을 보면 된다. 이런 문제 때문에 부하 상황에서 일시적으로 시스템을 느리게 만드는 경우에 대응할 추가 스레드를 할당하기 위해 평균 SLA를 위해 필요한 총 스레드 숫자에 약간의 계수(예: 1.5)를 곱할 수 있다.

마지막으로, 호출 횟수를 위한 임계 코드 경로와 거기에 걸리는 시간을 측정할 수 있다. 이 숫자를 사용해 핫 코드 경로를 감지하고 코드의 작은 부분만 최적화해서 얻을 수 있는 성능 향상이 얼마나 커질지를 계산할 수 있다. 파레토 법칙을 따르는 대다수 시스템의 특징 덕분에 이렇게 핫 코드 경로를 최적화함으로써 절대 다수 클라이언트에 영향을 미치고 개선 효과를 제공할 수 있다. 다음 절에서 새로운 시스템과 업무 영역을 구축하는 사례를 들면서 SLA가 정의된 시스템을 최적화하는 데 이 프레임워크를 적용할 것이다. 새롭게 발견한 사실을 바탕으로 시스템의 핫 코드 경로를 최적화할 것이다.

5.3 잠재적인 핫 코드 경로가 존재하는 단어 서비스

두 API 엔드포인트로 두 기능을 공개한 단어 서비스를 구축하고 싶다고 가정하자. 그림 5.4는 이 서비스의 아키텍처를 보여준다.

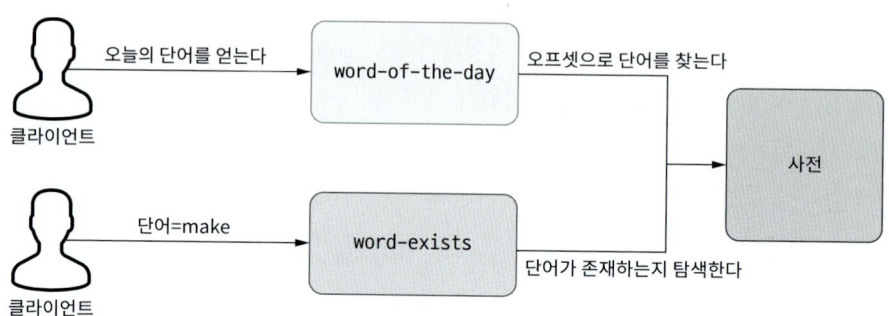

그림 5.4 두 기능을 제공하는 단어 서비스의 아키텍처

단어 서비스가 제공하는 첫째 기능은 오늘의 단어를 얻는 것이다. 현재 날짜에 맞는 오프셋을 계산해 이 오프셋과 일치하는 색인에 해당하는 단어를 반환한다.

둘째 기능은 단어의 유효성을 검사하는 것이다. 사용자는 질의 매개변수로 단어를 전달하고 서비스는 이 단어가 존재하는지 사전을 탐색한다. 다음 코드에 제시한 단어 서비스는 우리 시스템의 핵심 컴포넌트이며, `WordsService` 인터페이스에 기반한다.

코드 5.7 WordsService 인터페이스 구현

```
public interface WordsService {
  String getWordOfTheDay();
  boolean wordExists(String word);
}
```

`getWordOfTheDay()` 메서드는 인수를 받지 않는다. 단지 올바른 단어를 반환할 뿐이다. `wordExists()` 메서드는 점검할 단어를 받아서 존재 여부를 반환한다. `WordsService`의 첫 번째 구현은 아직 SLA나 트래픽과 관련한 어떤 숫자도 확보하지 못했기에 섣부른 최적화를 수행하지 않는다.

5.3.1 오늘의 단어 얻기

오늘의 단어 얻기의 핵심 기능은 주어진 날짜에 맞춰 색인을 계산하는 것이다. 다음 코드에 따르면 이 계산 로직은 단순한데, 반환되는 단어의 더 나은 분포를 얻기 위해 연도와 연중 일에 계수를 곱한 값을 더한다.

코드 5.8 오늘의 단어 얻기

```java
private static final int MULTIPLY_FACTOR = 100;
private static int getIndexForToday() {
  LocalDate now = LocalDate.now();
  return now.getYear() + now.getDayOfYear() * MULTIPLY_FACTOR;
}
```

> **참고**
> 여기서 곱셈 계수를 100으로 선택했지만, 임의의 숫자를 써도 된다.

단어 서비스를 구현하려면 파일을 로드해서 탐색하기 위해 실제 사전 파일의 경로를 인수로 받을 필요가 있다. 오늘의 단어를 위한 색인을 제공하는 함수는 다음 코드처럼 공급자 함수를 전달하는 식으로 목(mock) 형태의 구성이 가능하다. 이런 방식이 단위 테스트에 유용한 이유는 `LocalDate.now()` 호출로 반환되는 상태를 테스트의 기반으로 삼고 싶지 않기 때문이다.

코드 5.9 DefaultWordsService 생성자 추가

```java
public class DefaultWordsService implements WordsService {   ← ① DefaultWordsService는
  private static final int MULTIPLY_FACTOR = 100;               WordsService를 구현한다
  private static final IntSupplier DEFAULT_INDEX_PROVIDER =
      DefaultWordsService::getIndexForToday;   ← ② 공급자는 지역 날짜를 사용하는 함수를 호출한다
  private Path filePath;
  private IntSupplier indexProvider;

  public DefaultWordsService(Path filePath) {   ← ③ 사전을 가리키는 경로는 인수로 전달되어야 한다
    this(filePath, DEFAULT_INDEX_PROVIDER);
  }

  @VisibleForTesting   ← ④ 두 번째 생성자는 단위 테스트 목적으로만 필요하다
  public DefaultWordsService(Path filePath,
      IntSupplier indexProvider) {   ← ⑤ 오늘의 단어를 위한 색인으로 공급자가 제공한 정숫값을 사용한다
```

```
    this.filePath = filePath;
    this.indexProvider = indexProvider;
}
```

오늘의 단어를 계산하기 위한 로직은 파일 탐색을 지연하게 만들어주는 Scanner 클래스(http://mng.bz/ZzjR)를 사용한다. 다음 행을 원하면 그것을 검색하는 메서드를 호출할 필요가 있다. 일단 처리가 끝나고 나면 더 이상 추가 행을 가져올 필요가 없다.

이 예제를 위한 로직은 상당히 단순하다. 이 로직은 오늘 기대되는 단어를 나타내는 행 번호 색인이 발견되지 않으면 파일을 순회한다. 행이 남아 있는 경우에 로직을 계속해서 수행한다. 마지막으로 현재 처리 중인 색인이 기대했던 단어의 색인과 일치하면 이 단어를 반환하고 처리를 종료한다. 다음 코드는 오늘의 단어를 얻기 위한 로직을 보여준다.

코드 5.10 getWordOfTheDay() 메서드 추가

```
@Override
public String getWordOfTheDay() {
    int index = indexProvider.getAsInt();     ← ① 현재 날짜에 대한 색인을 얻는다
    try (Scanner scanner = new Scanner(filePath.toFile())) {     ← ② 스캐너에게 사전 파일의 위치를 제공한다
        int i = 0;
        while (scanner.hasNextLine()) {
            String line = scanner.nextLine();     ← ③ String 타입의 다음 행을 검색한다
            if (index == i) {
                return line;
            }
            i++;
        }
    } catch (FileNotFoundException e) {
        throw new RuntimeException("Problem in getWordOfTheDay for index: " +
            filePath, e);
    }
    return "No word today.";
}
```

처리가 끝날 때는 한 가지 극단적인 경우를 고려한다는 사실에 주목하자. 오늘의 단어를 위한 색인이 너무 크면 오늘을 위한 어떤 단어도 반환되지 않는다. 이런 상황은 주어진 날짜의 색인이 사전 파일의 범위를 벗어날 때 일어날 수 있다.

5.3.2 단어가 존재하는지 검증하기

우리 서비스가 제공하는 두 번째 비즈니스 기능은 특정 단어가 존재하는지 검증하는 것이다. 이런 정보를 얻기 위한 로직은 오늘의 단어를 얻는 기능과 비슷하지만, 단어가 존재하는지 판단하려면 전체 파일을 순회해야 한다. wordExists() 메서드는 인수로 전달된 단어를 검색한다. 파일에서 읽은 행이 word 인수와 일치하면 단어의 존재를 의미하는 true를 반환한다. 마지막으로 전체 파일을 순회한 다음에도 단어를 발견하지 못하면 false를 반환한다. 이런 기능을 다음 코드에서 살펴보자.

코드 5.11 wordExists() 메서드 추가

```java
@Override
public boolean wordExists(String word) {
  try (Scanner scanner = new Scanner(filePath.toFile())) {
    while (scanner.hasNextLine()) {
      String line = scanner.nextLine();
      if (word.equals(line)) {
        return true;
      }
    }
  } catch (FileNotFoundException e) {
    throw new RuntimeException("Problem in wordExists for word: " + word, e);
  }
  return false;
}
```

wordExists()를 위한 논리가 최적화되지 않은 이유는 SLA를 정의하지 않았기 때문이다. 아직 현재 해법의 성능을 찾기 위한 성능 테스트를 확보하지 못했지만, 이제 API 엔드포인트로 우리 로직을 외부에 공개할 수는 있다.

5.3.3 HTTP 서비스를 사용해 WordsService를 외부에 공개하기

코드 5.12에서 볼 수 있듯이 WordsController는 엔드포인트 두 개를 외부에 공개한다. 첫째 엔드포인트인 /word-of-the-day는 어떤 질의 매개변수도 받지 않는 GET HTTP 요청을 사용한다. 요청은 사전이 담긴 파일을 로딩하게 유도하며 계속해서 자원 폴더에서 words.txt 파일을 로드한다. 첫째 엔드포인트의 기능은 /word-of-the-day API 경로로 외부에 공개된다. (예제에서 모든 경로의 접두사는 /words다.) 둘째 기능은 /word-exists 엔드포인트로 외부에 공개된다. 이 기능은 질의 매개변수로 제공되는 단어를 사용해 이 단어가 존재하는지 검사한다.

코드 5.12 WordsController 추가

```java
@Path("/words")
@Produces(MediaType.APPLICATION_JSON)
@Consumes(MediaType.APPLICATION_JSON)
public class WordsController {
  private final WordsService wordsService;

  public WordsController() {
    java.nio.file.Path defaultPath =
        Paths.get(
            Objects.requireNonNull(
                getClass().getClassLoader().getResource("words.txt")).getPath());
    wordsService = new DefaultWordsService(defaultPath);   ◄─── ① WordsService의 기본 구현체를 구성한다
  }
  @GET
  @Path("/word-of-the-day")
  public Response getAllAccounts() {
    return Response.ok(wordsService.getWordOfTheDay()).build();   ◄─── ② HTTP 응답 본문 내에 오늘의 단어를 감싼다
  }
  @GET
  @Path("/word-exists")
  public Response validateAccount(@QueryParam("word") String word) {
    boolean exists = wordsService.wordExists(word);
    return Response.ok(String.valueOf(exists)).build();   ◄─── ③ HTTP 응답에 단어의 존재에 대한 정보를 감싼다
  }
}
```

마지막으로 드롭위저드 임베디드 HTTP 서버(http://mng.bz/REpZ를 참고)를 사용해 HTTP 애플리케이션을 시작할 수 있다. 우리 애플리케이션은 코드 5.13에서 볼 수 있듯이 HTTP 서버를 시작하기 위한 기능을 제공하는 `io.dropwizard.Application`을 확장해야 한다. 이 때문에 기본 `Configuration`으로 Application 클래스를 확장할 필요가 있다. 이렇게 해서 비즈니스 기능을 제공하는 `WordsController`를 생성한다. 다음으로, 이 컨트롤러를 API 엔드포인트에 등록한다. 마지막으로, 우리의 앱은 HTTP 웹 서버를 시작하며, 이 서버는 외부에서 http://localhost:8080/words로 접근이 가능하다.

코드 5.13 HTTP 서버 시작

```java
public class HttpApplication extends Application<Configuration> {
  @Override
  public void run(Configuration configuration, Environment environment) {
    WordsController wordsController = new WordsController();
    environment.jersey().register(wordsController);
  }

  public static void main(String[] args) throws Exception {
    new HttpApplication().run("server");
  }
}
```

> **참고**
> 이 main 함수를 실행하면 두 컨트롤러가 포함된 Words 애플리케이션이 지역 컴퓨터에서 동작하게 될 것이다.

다음 절에서는 핫 코드 경로를 감지하기 위해 예상 트래픽에 대한 정보를 사용할 것이다. 이를 위해 개틀링 벤치마크(https://gatling.io/open-source/)를 사용해 트래픽을 모델링하고, 드롭위저드의 `MetricsRegistry`를 사용해 코드 경로를 측정할 것이다. 우리 애플리케이션의 구조가 앞 절에서 설명한 파레토 법칙을 따르는지 살펴볼 것이다.

5.4 핫 코드 경로 탐지

트래픽 추정치와 SLA에 따라 `word-of-the-day` 엔드포인트가 초당 요청 하나를 처리할 것이라고 가정하자. 다른 한편으로 `word-exists` 엔드포인트는 초당 20회 정도로 훨씬 더 자주 호출될 것이다. 다음에 제시한 간단한 계산은 그것이 파레토 법칙(80/20 규칙)에서 얻은 값을 초과한다는 사실을 보여준다.

$$1 \div (20 + 1) = \sim 5\%$$
$$20 \div (20 + 1) = \sim 95\%$$

이 식은 `word-exists` 기능이 사용자 요청의 95%를 담당하지만 나머지 5%는 담당하지 않는다는 사실을 보여준다. 하지만 우리가 이 엔드포인트의 최적화 작업을 시작하기 앞서 두 엔드포인트의 대기 시간을 측정하기 위한 성능 테스트를 만들어야 한다. 요청과 대기 시간 값을 둘 다 알면 한 기능 또는 다른 기능을 최적화할 때 얻는 전반적인 이익을 계산할 수 있다. 이렇게 하기 위해 성능 테스트 목적으로 만들어진 개틀링(Gatling) 도구를 사용할 것이다.

5.4.1 개틀링을 사용해 API 성능 테스트 생성하기

여기서는 두 가지 성능 테스트 시나리오를 모델링할 것이다. 먼저 **world-of-the-day** 엔드포인트를 목표로 초당 요청 하나를 수행해야 한다. 이 벤치마크의 주기는 빠른 피드백을 얻기 위해 1분으로 둘 것이다. 이 정도면 우리의 사용 사례에서 초기 버전과 최적화된 버전을 비교하기에 충분할 것이다. 하지만 실제 시스템의 성능을 테스트할 때는 훨씬 더 큰 값을 사용해야 한다.

개틀링을 사용한 시뮬레이션은 스칼라 프로그래밍 언어로 작성되며, 모든 시뮬레이션은 **Simulation** 클래스를 확장해야 한다. 오늘의 단어를 얻기 위한 시나리오는 직관적이다. 주어진 엔드포인트를 위한 GET 요청을 수행할 필요가 있으며, 모든 요청은 http://localhost:8080/words URL의 컨텍스트에서 수행될 것이다. 독자적인 서버에 **Words** 애플리케이션을 배포하기를 원한다면 이 URL을 변경해야 한다. 우리의 API 엔드포인트는 요청을 받아서 JSON 형식으로 응답한다. 벤치마크 시나리오는 **/word-of-the-day** 엔드포인트에서 GET HTTP 요청을 수행한다. 결과는 200 HTTP 응답 코드와 동일하리라 기대한다. 그 외 다른 응답 코드는 오류로 처리할 것이다. 다음 코드는 이런 구현 방식을 보여준다.

코드 5.14 word-of-the-day의 성능 확인

```
class WordsSimulation extends Simulation {
  val httpProtocol = http
      .baseUrl("http:/ /localhost:8080/words")
      .acceptHeader("application/json")

  val wordOfTheDayScenario = scenario("word-of-the-day")   ← ① 이 시나리오를 사용해 트래픽을 생성한다
      .exec(WordOfTheDay.get)

  object WordOfTheDay {
    val get = http("word-of-the-day").get("/word-of-the-day").check(status is 200)
}
```

두 번째 시나리오도 비슷하지만, HTTP GET 요청이 검증하려는 단어를 HTTP 매개변수로 보내야 한다. 이런 이유로 시나리오에 검증하고 싶은 단어를 제공할 필요가 있다. 다음 코드는 준비된 words.csv 파일에 담긴 단어를 보여준다.

코드 5.15 성능 테스트를 위한 단어

```
word
1Abc
bigger
```

```
presence
234
zoo
```

사전의 시작 부분에 **bigger**라는 단어가 있음에 주목하자. 또한 사전의 중간에 **presence**가 있다. 마지막으로 사전의 마지막은 **zoo**라는 단어로 끝난다. 그 이외에도 서비스에 존재하지 않는 두 단어가 있는데, 이는 서비스 내 전체 파일 탐색을 유도할 것이다.

검증 시나리오는 words.csv 파일을 사용해 이를 API 엔드포인트에 질의 매개변수로 전달한다. `feeder`는 단어를 words.csv에서 가져와서 임의로 수행한다. 마지막으로 시나리오는 `word` 질의 매개변수로 GET 요청을 수행한다. 다음 코드는 이 시나리오를 위한 코드를 보여준다.

코드 5.16 word-exists의 성능 검증

```
val validateScenario = scenario("word-exists")   ← ① word-exists 시나리오는 검증 로직을 수행한다
    .exec(ValidateWord.validate)

object ValidateWord {
  val feeder = csv("words.csv").random
  val validate = feed(feeder).exec(
    http("word-exists")
        .get("/word-exists?word=${word}").check(status is 200)
  )
}
```

일단 시나리오를 정의했으므로 수행 엔진에 시나리오를 넣고 예상되는 트래픽을 지정해야 한다. 코드 5.17은 이런 방법의 예를 보여준다. 첫째 시나리오는 초당 요청 하나를 수행한다. 클라이언트 요청의 95%를 책임지는 둘째 (검증) 시나리오는 초당 20회 수행한다.

코드 5.17 트래픽 프로파일 설정

```
setUp(
  wordOfTheDayScenario.inject(
      constantUsersPerSec(1) during (1 minutes)
  ),
  validateScenario.inject(
      constantUsersPerSec(20) during (1 minutes)
)).protocols(httpProtocol)
```

이제 실제 성능 벤치마크를 시작할 수 있다. 반드시 `HttpApplication`이 먼저 시작돼야 한다. 일단 애플리케이션이 지역 컴퓨터에서 동작하고 있다면 `mvn gatling:test` 명령을 내려서 개틀링 벤치마크를 시작할 수 있다. 이 명령을 내리면 애플리케이션을 위한 성능 테스트를 시작할 것이다. 시간이 조금 흐른 다음에 HTML 웹 페이지에서 결과를 확인할 수 있다.

두 시나리오에 대한 성능 결과를 분석해보자. 그림 5.5에서 볼 수 있듯이 word-of-the-day 시나리오의 성능은 충분히 좋아 보인다.

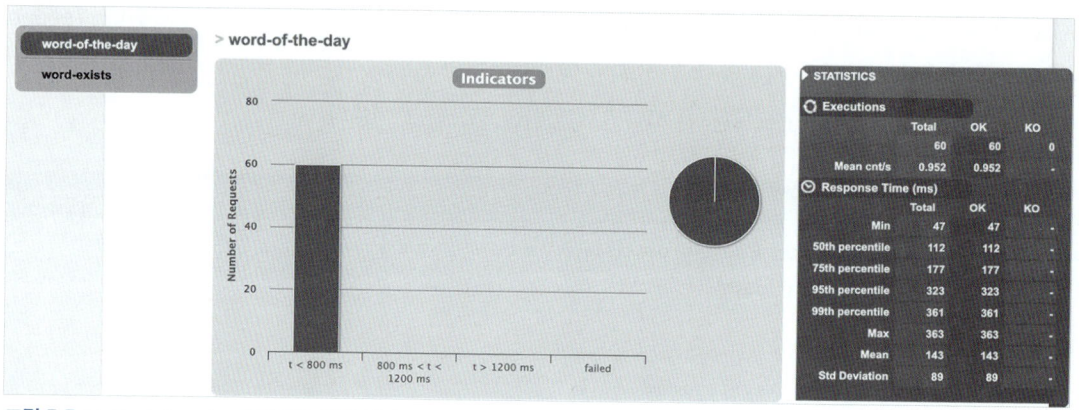

그림 5.5 word-of-the-day 초기 성능 결과 보기

/word-of-the-day 엔드포인트를 위한 모든 요청은 800밀리초 이내에 성공한다. p99 대기 시간은 361밀리초와 같다.

이제 word-exists 시나리오를 위한 결과를 살펴볼 차례다. 그림 5.6에서 볼 수 있듯이, 이 엔드포인트는 절대 다수 요청을 수행했다.

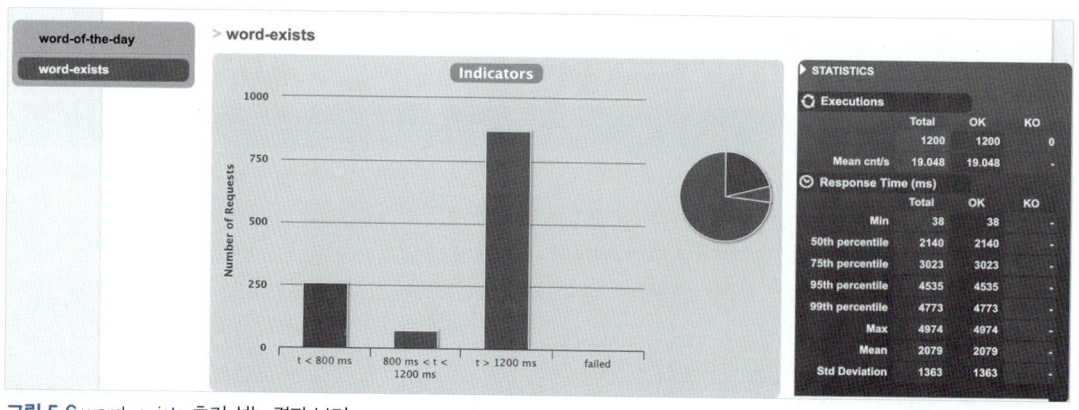

그림 5.6 word-exists 초기 성능 결과 보기

/word-exists 엔드포인트를 위한 요청 대다수는 대기 시간이 1,200밀리초보다 더 높게 나온다. 여기서 p99는 거의 5초다.

두 결과를 살펴보면 word-exists 성능에 문제가 있음을 확인할 수 있다. 이를 수정하면 고객의 95%에 영향을 미칠 것이다. 성능이 충분히 좋기에 오늘의 단어를 섣불리 최적화할 필요는 없으며, 이렇게 최적화하더라도 고객의 5%에게만 영향을 준다.

앞서 소개한 공식을 사용해 두 엔드포인트에 미치는 성능 영향을 계산해보자. word-of-the-day p99는 360밀리초이지만, 초당 요청이 하나뿐이므로 (1 × 360) = 360이 된다. 반면에 word-exists p99는 대략 5,000밀리초지만, 초당 요청이 많기에 (20 × 5,000) = 100,000이 된다. word-of-the-day는 서비스 요청 작업의 1% 미만을 책임지므로 360 / (100,000 + 360) = 0.003 == 0.3%라고 계산할 수 있다.

일단 이렇게 계산을 끝내고 나면 어디에 최적화 노력을 집중해야 할지 명백해진다. word-exists 로직은 시스템의 전체 작업 부하 중 99.7%를 차지한다.

word-exists 로직에 문제가 있다는 사실을 알았으므로 코드의 하위 수준에서 정보를 얻을 필요가 있다. 코드 경로의 어느 부분이 처리 시간의 대다수를 차지하는지 이해할 필요가 있을 것이다. 이런 정보는 핫 코드 경로를 측정하는 방식으로 얻을 수 있는데, 다음 절에서 다룰 것이다.

5.4.2 MetricRegistry를 사용해 코드 경로 측정하기

5.3절을 보면 처음에 등장하는 단어가 존재하는지 검증하는 코드는 단순했고 최적화도 되어 있지 않았다. 그 시점에서는 최적화가 필요한지도 몰랐다. 이제 예제 서비스가 다룰 요청 수에 대한 감을 잡았다. 성능 테스트는 사용자 요청의 95%를 담당하는 /word-exists 엔드포인트의 대기 시간에 문제가 있음을 보여줬다.

개틀링 테스트는 블랙 박스로 진행되는데, 이는 특정 엔드포인트가 수행하는 방식에 대한 정보를 얻을 수 있지만 시스템에서 대다수 시간을 소비하는 부분에 대한 내부 정보는 얻을 수 없음을 의미한다. 이제 내부를 살펴보자.

wordExists() 메서드는 두 가지 주요 기능으로 구성된다. 첫째 기능은 점검할 단어를 포함하는 파일을 로드한다. 둘째 기능은 탐색 단계로, 실제 단어가 존재하는지 찾는다. 두 단계를 독자적인 타이머로 감싸 해당 메서드의 모든 호출을 측정해 성능과 관련된 더 자세한 정보를 제공하게 만들 수 있다. 코드 5.18에서 타이머 두 개를 생성한다. 첫째 타이머는 파일을 로드하기 위해 걸리는 시간을 측정한다. 둘째 타이머는 탐색 시간(즉, 단어가 유효한지 찾기 위해 걸리는 시간)을 측정한다.

코드 5.18 word-exists 로직 측정

```
@Override
public boolean wordExists(String word) {
  Timer loadFile = metricRegistry.timer("loadFile");
  try (Scanner scanner = loadFile.time(() -> new
      Scanner(filePath.toFile()))) {    ← ① 파일에 접근하기 위해 새로운 스캐너의 생성 시간을 측정한다
    Timer scan = metricRegistry.timer("scan");
    return scan.time(    ← ② 우리 메서드의 핵심 로직 수행 시간을 측정한다
        () -> {
          while (scanner.hasNextLine()) {
            String line = scanner.nextLine();
            if (word.equals(line)) {
              return true;
            }
          }
          return false;
        });
  } catch (Exception e) {
    throw new RuntimeException("Problem in wordExists for word: " + word, e);
  }
}
```

타이머는 모든 연산에 대해 수행될 것이며, 백분위수, 평균, 호출 횟수를 제공할 것이다. 필요에 따라 원하는 세분화 수준에 맞춰 코드를 측정할 수 있다. 모든 코드 경로를 측정하면 처리 로직의 전반적인 성능에 영향을 미치므로 신중하게 사용해야 한다. 일단 로직이 최적화되고 나면 몇몇 측정 루틴이나 모든 측정 루틴을 제거하도록 결정할 수 있다.

성능 테스트를 다시 수행하기에 앞서 거쳐야 할 마지막 단계는 `WordsController`에서 새로운 `MeasuredDefaultWordsService`를 사용하는 것이다. 다음은 이를 위한 코드를 보여준다.

코드 5.19 MeasuredDefaultWordsService 사용

```
wordsService = new MeasuredDefaultWordsService(defaultPath);
```

애플리케이션을 재시작할 때 /word-exists API 엔드포인트에 도달하는 모든 요청을 측정할 것이다. 개틀링 성능 테스트가 완료되면 http://localhost:8081/metrics?pretty=true 엔드포인트를 방문해 애플리케이션이 외부에 공개한 모든 메트릭을 볼 수 있다. 백분위수 데이터가 있는 loadFile을 다루는 영역을 살펴봐야 한다. 대부분 99번째 백분위수에 관심이 많으므로 다음 코드에서 이를 확인하자.

코드 5.20 loadFile의 성능 확인

```
loadFile": {
"count": 1200,
"p99": 0.000730684,
"duration_units": "seconds"
}
```

결과는 초 단위로 보고되며 파일 로드 행위의 99% 백분위가 7밀리초와 동일하다는 사실을 확인할 수 있다. 파일 로드 연산은 개틀링 테스트를 사용해 감지한 성능 문제를 초래하지 않는다.

또한 특정 코드의 호출 수를 보여주는 count도 있다. 이를 사용해 다양한 코드 경로를 비교하고 대다수 시간을 소비하는 곳을 확인할 수 있다. 예상 트래픽이나 SLA에 대해 미리 정의된 정보가 없을 경우 간편하게 활용할 수 있다. 이와 같은 정보를 확보했다면 메트릭을 사용해 가정을 검증할 수 있다. 이번 시나리오에서 측정 값을 얻을 수 있게 애플리케이션을 양산 서비스 환경에 배포하고 대다수 시간 동안 어떤 코드 경로가 호출되었는지 계산할 수 있다. 이렇게 얻은 정보를 사용해서 핫 코드 경로를 감지하고 성능 개선에 집중할 수 있다. 다음 코드는 scan에 대한 타이머를 보여준다.

코드 5.21 scan 성능 측정

```
"scan":
"count": 1200,
"p99": 4.860273076,
"duration_units": "seconds"
}
```

99번째 백분위수가 거의 5초라는 사실을 알 수 있다. 성능 문제의 근본 원인을 찾은 듯이 보인다. 탐색 연산은 오랜 시간 동안 수행되며 요청 처리 시간의 대부분을 차지한다.

이렇게 근본 원인을 찾은 다음에 핫 코드 경로를 최적화하는 작업을 시작할 수 있다. 다음 절에서 최적화를 수행하고 개선 사항이 더 나은 성능을 발휘하게 만드는지를 검증할 것이다.

> **참고**
>
> 성능 테스트를 진행 중인 애플리케이션에 측정 코드를 추가할 수 없다면 코드의 특정 부분에서 소비된 시간에 대해 더 많은 통찰을 얻기 위해 프로파일링 기법을 고려해야 할 수도 있다. 예를 들어, JVM 세계에서는 자바 플라이트 레코더(http://mng.bz/2jYg)를 사용할 수 있다.

5.5 핫 코드 경로의 성능 개선

word-exists 코드 경로를 최적화하는 데 집중해보자. wordExists()로 실험하는 과정에서 다른 접근 방법을 시도했을 때 이 코드 경로와 관련해 피드백을 얻어야 한다. 기존 개틀링 성능 테스트를 사용할 수도 있지만, 개틀링은 고수준이며 실행에 더 많은 시간이 걸린다. 이를 위해 실제 웹 서버를 시작하고 개틀링 테스트를 시작하고 결과를 수집할 필요가 있다. 최적화해야 하는 정확한 코드 경로를 알고 있기에 특정 코드 경로에만 초점을 맞추는 저수준의 마이크로벤치마크를 작성할 수 있다. 이런 접근 방법을 사용해 더 빠른 피드백을 받아 더 나은 성능 해법을 찾을 수 있을 것이다.

고수준의 성능 테스트가 있다면 모든 변경 사항에 대한 마이크로벤치마크를 작성할 필요가 없다는 가능성도 짚고 넘어갈 필요가 있다. 마이크로벤치마크는 더 많은 작업을 요구하지만, 반면에 더 빠른 피드백을 제공한다. 같은 저수준 문제를 해결하기 위해 N개 해법을 테스트하고 싶다면 마이크로벤치마크가 훨씬 더 유용할 수 있다.

이 절에서는 학습 목적으로 마이크로벤치마크를 구현하는 방법을 보여줄 것이다. 하지만 문제를 해결하기 위해 다른 해법을 직접 개발할 수도 있다. 또한 다른 마이크로벤치마크를 작성해서 이 절에서 제시한 해법과 비교해볼 수도 있다.

5.5.1 기존 해법을 위한 JMH 마이크로벤치마크 생성

코드 경로를 최적화하기 앞서 기존 코드를 위한 JMH 벤치마크를 작성해보자. 이 벤치마크를 기준선이라고 부를 것이다. 기준선은 코드를 개선할 때 참조할 수 있는 지점으로 사용할 것이다. 벤치마크는 요청 처리 시간 가운데 핫 코드 경로에서 동작하는 로직을 다룰 것이다.

벤치마크를 위한 설정 로직을 살펴보자(코드 5.22). 여기서는 예제를 10차례 수행한다(더 많이 돌릴수록 더 정확한 결과를 얻을 것이다). 여기서는 벤치마크 메서드가 소비한 평균 시간을 측정하기를 원한다. 벤치마크는 NUMBER_OF_CHECKS * WORDS_TO_CHECK.size()번 wordExists를 호출한 결과를 측정한다. 반복 과정마다 더 현실적인 사용 사례를 시뮬레이션하기 위해 점검을 100번 수행한다. 단어 서비스가 100번 재사용되고 나서 다음 반복 과정이 시작된다.

코드 5.22 word-exists 벤치마크 생성

```
@Fork(1)
@Warmup(iterations = 1)
@Measurement(iterations = 10)
@BenchmarkMode(Mode.AverageTime)
@OutputTimeUnit(TimeUnit.MILLISECONDS)
public class WordExistsPerformanceBenchmark {
  private static final int NUMBER_OF_CHECKS = 100;
  private static final List<String> WORDS_TO_CHECK =
      Arrays.asList("made", "ask", "find", "zones", "1ask", "123");
```

사전 파일의 처음, 중간, 그리고 끝 부분을 점검하기 위해 단어를 선택하는 방식에 주목하자. 또한 존재하지 않는 단어도 몇 개 있다.

기준선은 `DefaultWordsService`(최적화가 되지 않은 현재 로직)를 생성한다. 단어 존재 여부를 점검하는 코드는 100회 반복 수행될 것이고, 단어 목록에 포함된 모든 단어는 수행될 때마다 한 번씩 검사될 것이다.

`WordsService`는 JMH 측정 반복마다 하나가 생성된다. `WordsService`는 `100 * WORDS_TO_CHECK.size()` 차례 재사용된다. `wordExists()` 메서드는 단어마다 호출된다. 다음 코드는 이 접근 방법을 보여준다.

코드 5.23 기준선 벤치마크 얻기

```
@Benchmark
public void baseline(Blackhole blackhole) {
  WordsService defaultWordsService = new DefaultWordsService(getWordsPath());
  for (int i = 0; i < NUMBER_OF_CHECKS; i++) {
    for (String word : WORDS_TO_CHECK) {
      blackhole.consume(defaultWordsService.wordExists(word));
    }
  }
}
```

```
private Path getWordsPath() {     ← ① 사전 파일에 대한 경로를 얻는다
  try {
    return Paths.get(
        Objects.requireNonNull(getClass().getClassLoader()
      .getResource("words.txt")).toURI());
  } catch (URISyntaxException e) {
    throw new IllegalStateException("Invalid words.txt path", e);
  }
}
Benchmark                                          Mode   Cnt   Score        Error   Units
CH05.WordExistsPerformanceBenchmark.baseline       avgt         55440.923            ms/op
```

일단 기준선을 측정한 다음에는 wordExists() 메서드의 또다른 최적화된 구현을 생성해 벤치마크에 추가해볼 수 있다. 이렇게 하면 최적화가 성능에 영향을 미치는지 그렇지 않은지를 검증할 수 있다. 기준선 결과는 연산당 밀리초 숫자를 보여준다. 이 숫자를 사용해 기존 버전과 개선된 버전을 비교할 것이다.

5.5.2 캐시를 사용한 word-exists 최적화

단어의 존재 여부를 확인하기 위해 사용하는 단어 파일이 정적이며 변경되지 않는다고 가정해보자. 이런 가정은 우리 로직의 컨텍스트에서 중요하다. 이는 일단 단어의 존재 여부를 확인하고 나면 향후 값이 변하지 않을 것임을 의미한다.

여기서는 키가 단어이고 값은 해당 단어의 존재 여부를 나타내는 정적 맵을 생성할 수 있었다. 이런 맵을 구성하는 작업은 애플리케이션 초기화 시점에 수행돼야 한다. 그림 5.7은 이와 같은 사용 사례를 위한 이론적인 맵을 보여준다.

사전 파일에는 레코드가 수백만 개 포함될 수 있으며, 맵을 미리 구성하는 방식은 애플리케이션의 시작 시간을 상당히 느리게 만든다. 이것을 매우 적극적인 최적화로 볼 수도 있다. 이는 또한 미래에 요구될 가능성이 희박한 자원을 사전 데이터 계산을 위해 상당히 많이 사용할 필요가 있음을 의미하기도 한다.

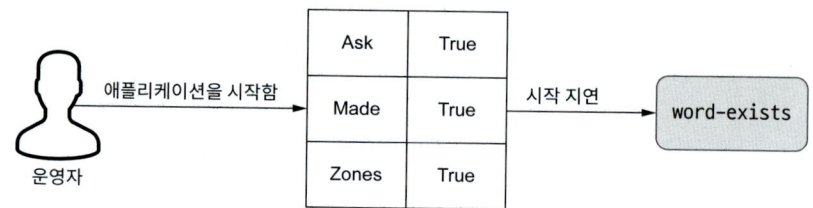

그림 5.7 매우 적극적인 초기화와 계산

서비스의 실제 사용량과 무관하게 어느 정도 RAM 용량을 사용할 것이다. 캐시에 올라온 단어들은 점검 대상 단어의 일부만 확인하는 데 사용되며, 나머지는 필요하지 않다고 판명될 가능성이 높다. 이렇게 불필요하게 캐시에 올라온 단어들은 뚜렷한 이유 없이 메모리 공간을 차지할 것이므로 프로그램은 필요 이상으로 RAM을 많이 사용하게 될 것이다.

선택 가능한 다른 해법은 캐시를 느리게 구성하는 것이다. 이는 빈 캐시로 시작해서 요청이 도착하는 상황에 맞춰 캐시를 채워 나감을 의미한다. 여기서 단어 파일이 정적이며 변경되지 않는다고 가정한다. 파일에 소량의 데이터가 포함되면 캐시에서 밀어내지 않고 무기한 캐시할 수 있다. 하지만 양산 서비스에서는 더 많은 데이터를 로드할 필요가 있다. 예를 들어, 더 많은 언어(예: 영어, 스페인어, 중국어 등)를 대상으로 단어 존재 여부를 점검하기 위해 모든 사전을 로드할 필요가 있는 애플리케이션을 상상해볼 수 있다. 이런 경우에는 불필요한 메모리 사용량을 줄이기를 원하므로 몇 시간 동안 사용되지 않은 오래된 데이터를 캐시에서 밀어내는 방식을 고려한다.

캐시에서 밀어내는 시간은 트래픽 정보를 기반으로 계산할 수 있다. 예를 들어, 요청을 위한 로그를 기록한다면 요청된 단어에 대한 통계를 얻을 수 있다. 요청 시간에 기반해 요청 사이의 간격을 얻을 수 있다. 다음 단계는 이런 시간 간격의 통계적인 분포를 구하는 것이다. 통계적인 분포를 구하고 나면 90번째 백분위수를 얻을 수 있고, 이 값을 사용해 캐시에서 밀어내는 시간을 설정할 수 있다. 이는 캐시가 요청의 90%를 처리하도록 보장한다. 캐시에서 밀어내는 99번째 백분위 시간이 너무 높지 않다면 90번째 백분위수를 대신해 99번째 값을 고를 수도 있다.

여기서 제시한 해법은 애플리케이션이 아직 배포되지 않은 상황에 초점을 맞추며, 초당 예상되는 요청 수나 SLA를 제외한 나머지 트래픽 분포에 대한 정보는 얻지 못한다. 이런 상황에서 예측을 기반으로 몇몇 값을 골라 캐시 통계를 기록할 수 있다. 애플리케이션이 배포되어 양산 서비스에 돌입하면 캐시가 제대로 동작하는지 확인하기 위해 캐시 적중, 캐시 적중 실패, 기타 유사한 통계를 얻을 수 있다. 캐시 적중 실패 비율이 높다면 캐시에서 밀어내는 시간을 늘이는 방법도 고려해야 한다.

캐시를 기반으로 해법을 구현하고 성능을 측정해보자(코드 5.24). 주어진 단어가 존재하지 않다면 기존 word-exists 메서드를 호출하게 캐시를 구성해야 한다. 이를 위해 캐시에서 밀어내는 기본 시간을 5분으로 설정할 것이다. 서비스 과정에서 더 많은 트래픽 분포에 대한 데이터를 얻고 나면 이 값을 조정할 수 있다. 캐시를 구성하는 상황에서, 단어는 키이며 존재 여부에 대한 정보는 값이 된다. 이를 위해 구아바(Guava)의 `LoadingCache`(http://mng.bz/1jOX)를 사용할 것이다.

> **📝 참고**
>
> 구글 구아바 라이브러리를 사용하는 이유는 자바에서 가장 널리 사용되는 캐시 라이브러리기 때문이다. 여기서 (Caffeinate와 같은) 다른 캐시 라이브러리를 선택할 수도 있지만, 이 장에서 내린 전반적인 결론은 변함없을 것이다.

특정 단어가 캐시에서 밀려나는 시간까지 접근되지 않을 때 이 단어는 캐시에서 제거된다. 다음 코드는 캐시를 구성하는 방법을 보여준다.

코드 5.24 word-exists 캐시 구성

```java
public static final Duration DEFAULT_EVICTION_TIME = Duration.ofMinutes(5)

LoadingCache<String, Boolean> wordExistsCache =
    CacheBuilder.newBuilder()
        .ticker(ticker)
        .expireAfterAccess(DEFAULT_EVICTION_TIME)
        .recordStats()      ← ①캐시 효율성에 대한 통찰을 얻기 위한 통계를 기록한다
        .build(
            new CacheLoader<String, Boolean>() {
                @Override
                public Boolean load(@Nullable String word) throws Exception {
                    if (word == null)
                        return false;      ← ②word가 null이면 바로 false를 반환한다
                    return checkIfWordExists(word);   ← ③그렇지 않으면 실제 점검 메서드를 수행한다
                }
            });
```

개선된 해법의 성능을 테스트하기 전에 정확성을 테스트하자. 코드 5.25에서 볼 수 있듯이 sleep 스레드를 사용할 필요 없이 시간 흐름을 시뮬레이션하는 `FakeTicker()`를 사용할 것이다. 단어가 존재하는지 사용자가 처음 확인하면 실제 확인 작업이 시작된다. 이 과정이 끝나면 캐시에는 항목이 하나 존재해야 한다.

코드 5.25 word-exists 캐시에 대한 단위 테스트

```java
@Test
public void shouldEvictContentAfterAccess() {
    // given
    FakeTicker ticker = new FakeTicker();
    Path path = getWordsPath();
```

```
CachedWordsService wordsService = new CachedWordsService(path, ticker);

  // when
  assertThat(wordsService.wordExists("make")).isTrue();

  // then
  assertThat(wordsService.wordExistsCache.size()).isEqualTo(1);
  assertThat(wordsService.wordExistsCache.stats()
  .missCount()).isEqualTo(1);       ← ① 첫 요청은 실제 부하가 걸리게 만든다
  assertThat(wordsService.wordExistsCache.stats()
  .evictionCount()).isEqualTo(0);   ← ② 항목은 아직 캐시에서 밀려나지 않았고 캐시에 자리잡고 있다

  // when
  ticker.advance(
  CachedWordsService.DEFAULT_EVICTION_TIME);  ← ③ 캐시에서 밀려나는 상황을 시뮬레이션하기 위해
  assertThat(wordsService                              시간을 앞당긴다
  .wordExists("make")).isTrue();    ← ④ wordExists()를 호출해 캐시에서 밀려나게 유도한다
  // then
  assertThat(wordsService.wordExistsCache.stats()
  .evictionCount()).isEqualTo(1);   ← ⑤ 이 연산을 수행하고 나면 항목이 캐시에서 밀려나므로
}                                          캐시에서 밀려난 카운트가 1이 된다
```

마지막으로 코드 5.26은 새로운 설계가 wordExists() 성능을 개선했는지 여부를 검증하기 위해 JMH를 사용한 마이크로벤치마크 작성 방식을 보여준다. 기존 마이크로벤치마크와 이 마이크로벤치마크 사이의 유일한 차이점은 캐시로 뒷받침되는 다른 구현을 사용하는 것이다.

코드 5.26 word-exists 캐시 마이크로벤치마크 작성

```
@Benchmark
public void cache(Blackhole blackhole) {
  WordsService defaultWordsService = new CachedWordsService(getWordsPath());
  for (int i = 0; i < NUMBER_OF_CHECKS; i++) {
    for (String word : WORDS_TO_CHECK) {
      blackhole.consume(defaultWordsService.wordExists(word));
    }
  }
}
```

다시 벤치마크를 시작해서 첫 기준 버전과 캐시를 기반으로 개선된 버전 사이의 결과를 비교해보자. 다음 코드는 그 결과를 보여준다.

코드 5.27 기준 버전과 캐시 버전의 벤치마크 결과

```
Benchmark                                       Mode   Cnt   Score       Error   Units
CH05.WordExistsPerformanceBenchmark.baseline    avgt         55440.923           ms/op
CH05.WordExistsPerformanceBenchmark.cache       avgt         557.029             ms/op
```

해법의 평균 성능이 100배 향상됐다는 결론을 내릴 수 있다. 이는 매우 놀라운 결과이며, 이제 전체 애플리케이션을 E2E로 테스트할 준비가 되었다. Words 애플리케이션이 캐시에 기반한 새로운 구현을 사용하게 만들기 위해 필요한 유일한 변경 내역은 `WordsService`에서 캐시 버전을 초기화하는 것이다. 다음 코드는 그 방법을 보여준다.

코드 5.28 WordsController에서 CacheWordsService 사용

```
wordsService = new CachedWordsService(defaultPath);
```

이제 개틀링 성능 테스트를 실행할 준비가 되었다. 테스트를 실행하기 위해 5.4절에서 설명했던 절차를 그대로 따르자. 성능 테스트 결과를 열어보자(그림 5.8 참조).

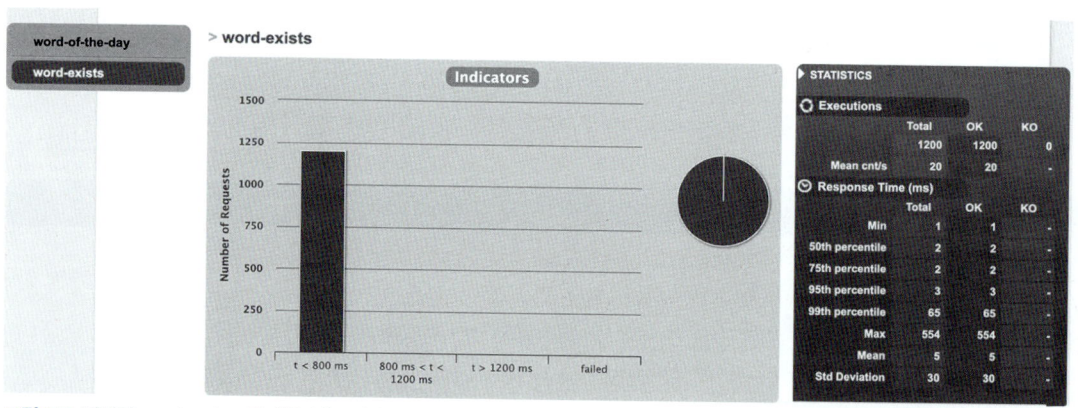

그림 5.8 개선된 word-exists에 대한 성능 결과

해법의 성능이 크게 향상되었음을 확인할 수 있다. 99번째 백분위 대기 시간이 65밀리초와 같다. 이는 초기 해법에 비해 거의 80배 더 빨라진 결과다.

최적화를 수행하고 나면 코드의 특정 부분이 미칠 영향을 다시 계산해야 한다. p99 대기 시간은 이제 65밀리초로 줄었다. word-of-the-day와 word-exists 로직의 성능 영향을 계산하기 위해 두 번째 절의 공식을 사용할 수 있다.

- word-exists 트래픽은 초당 20요청이며, p99가 65밀리초다.

  (20 × 65) = 1,300

- word-of-the-day는 초당 1요청이며, p99는 ~360밀리초다.

  (1 × 360) = 360

마지막으로, 두 엔드포인트에서 생성된 트래픽 비율을 계산할 수 있다. 오늘의 단어에 대한 트래픽은 다음과 같이 계산해서 비율을 알아낼 수 있다.

$$360 \div (360 + 1{,}300) \sim= 0.21 == 21\%$$

그림 5.9는 계산 결과로 word-of-the-day 트래픽이 시스템 부하 중 21%를 생성하고, word-exists 트래픽이 부하 중 나머지 79%를 책임진다는 사실을 보여준다. word-exists 부하를 99.7%에서 79%로 줄였지만, 여전히 대다수 부하를 책임지고 있다. 하지만 앞서 계산한 바와 같이, 이는 사용자 요청의 95%에 영향을 미친다. 최적화 후 (사용자 요청의 5%에 영향을 미치는) 오늘의 단어는 처리 자원의 21%를 차지한다. 추가로 최적화를 모색한다면 5.2절의 공식으로 가능한 시간 절약 내역을 계산하면 된다. 계속해서 두 엔드포인트의 성능을 10% 개선할 수 있다고 가정하자. 오늘의 단어의 경우 공식에 따르면 36밀리초 정도 시간을 절약하게 되는데, 초당 요청이 하나만 있어 0.1 × 360 × 1 = 36이 되기 때문이다.

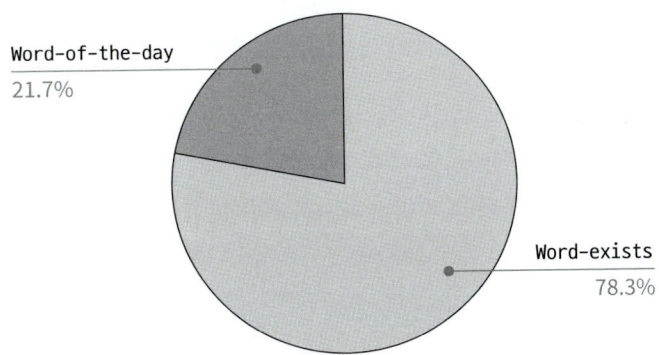

그림 5.9 word-of-the day 대 word-exists 트래픽 비율

word-exists 성능을 추가로 10% 개선할 경우 시간을 130밀리초 절약하게 되는데, 초당 요청이 20개이므로 0.1 × 65 × 20 = 130이 되기 때문이다.

하지만 추가로 10% 정도 word-exists 성능을 최적화한다는 목표는 실용적이지 않거나 달성하기 어렵다는 결론이 날 수 있다. word-of-the-day를 40%만 최적화하면(0.4 × 360 × 1 = 144) word-exists를 10% 정도 최적화하는 경우에 비해 시간을 훨씬 더 절약하게 만들 수 있다는 계산이 가능하다.

word-of-the-day 엔드포인트를 40% 최적화하는 작업이 word-exists를 10% 최적화하는 작업보다 훨씬 더 실현 가능성이 높다면 핫 코드 경로가 아닌 부분의 최적화에 초점을 맞춰야 한다고 결정할 수도 있다. 하지만 눈치챈 바와 같이, 핫 코드 경로를 최적화하면 더 적은 노력으로 더 많은 이익을 얻을 수 있다. 실제로는 특정 코드 경로를 10% 최적화하는 작업이 40% 최적화하는 작업보다 훨씬 더 현실적이다.

> **참고**
>
> 엔드포인트 하나의 성능을 최적화할 때 종종 트래픽을 처리하기 위한 더 많은 자원을 할당할 필요가 있다. 이는 주어진 엔드포인트의 대기 시간이나 처리량을 개선할 수도 있지만, 다른 엔드포인트로부터 이런 자원을 가져올 필요가 있음을 의미하기도 한다. 결과적으로, 다른 엔드포인트의 성능에 영향을 미칠 수도 있다. 이런 이유로 인해 고객에게 제공되는 모든 엔드포인트의 성능을 모니터링해서 몇몇 엔드포인트의 성능이 떨어지지 않게 보장하는 것이 중요하다. 또한 더 많은 자원을 사용할수록 애플리케이션이 동작 중인 노드의 활용도가 높아질 것이다. 어느 지점에서 애플리케이션을 더 많은 노드로 확장하거나(수평 확장) 더 강력한 노드를 투입(수직 확장)할 필요가 있다. 따라서 성능 향상은 종종 (항상 그렇지는 않지만) 더 많은 자원을 할당할 필요가 있음을 의미하며, 더 많은 자원의 필요성은 확장성에 영향을 미친다.

5.5.3 더 많은 입력 단어를 받기 위한 성능 테스트 변경

한 가지 더 중요한 관찰 내역이 있다. 마지막 해법은 캐시를 사용해 로직을 뒷받침한다. 이는 여섯 개 단어로만 성능 테스트를 수행하면 예제 시스템의 성능을 제대로 검증하지 못한다는 뜻이기도 하다. 즉, 기존의 제한적인 값만 사용하기에 캐시에서 바로 적중[2]되어 버리는 상황이다.

이면에 존재하는 캐시를 사용한 해법의 성능 테스트를 수행할 때는 더 많은 입력 단어를 사용해서 테스트해야 한다. 이렇게 하면 캐시가 데이터를 너무 빨리 밀어내지는 않는지 훨씬 더 제대로 검증할 수 있다. 또한 이런 방식은 캐시가 시스템에 너무 많은 메모리 부담을 주지 않는지도 검증한다.

---

[2] (옮긴이) 이미 값이(여기서는 단어) 캐시에 들어 있어서 계산하지 않고 바로 꺼내 쓴다는 의미

사전에서 무작위로 100개의 단어를 가져와서 개틀링 시뮬레이션이 사용하는 words.csv 파일에 넣어보자. 단어 수는 예상 트래픽에 따라 선택해야 한다. 여기서 테스트는 60초 동안 초당 20요청을 수행하므로 총 1,200회 요청한다. 더 많은 임의의 단어(예: 1,000개)를 사용하면 거의 모든 요청이 아직 로드되지 않은 값으로 캐시를 조회하므로 앞에서 관측한 성능 개선 효과를 볼 수 없을 것이다.

다른 접근 방법을 선택해 더 많은 임의의 단어를 고르고, 또한 성능 테스트 시간도 확장할 수 있다. 이렇게 함으로써 데이터로 캐시를 채운다. 그리고 나면 후속 요청은 이미 캐시에 존재하는 항목에 적중된다.

words.txt에서 임의의 N개 단어를 얻기 위해 리눅스의 sort 명령을 사용할 수 있다. 다음 코드는 임의의 단어를 얻기 위한 코드를 보여준다.

코드 5.29 무작위로 단어 가져오기

```
sort -R words.txt | head -n 100 > to_check.txt
```

마지막으로, to_check.txt 파일에서 개틀링 시뮬레이션이 사용하는 words.csv로 단어를 복사하고 시뮬레이션을 다시 한번 재시작해야 한다. 그림 5.10은 결과에 상당한 차이가 있음을 보여준다.

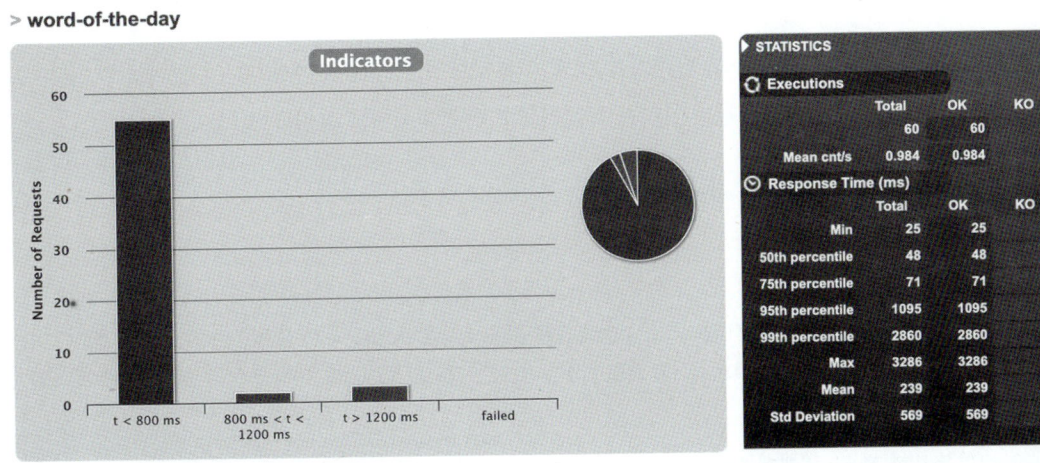

그림 5.10 더 많은 입력 단어로 테스트한 결과

성능은 여전히 초기 해법보다 상당히 좋지만, 대기 시간이 훨씬 더 높아졌다. 이는 요청의 10%(100 ÷ 1,200) 정도가 콜드 상태의 캐시를 조회하기 때문이다.

다양한 트래픽 패턴과 성능 테스트 시간으로 실험할 수 있다. 이 절에서 배운 가장 중요한 교훈은 해법의 세부 사항을 변경할 때(일례로 캐시에 대해) 더 현실적인 트래픽 분포를 포착하기 위해 성능 테스트를 조정하는 방식도 고려해야 한다는 점이다.

소프트웨어 릴리스 전에 많은 정보를 수집해서 분석하면 더 이상 섣부른 최적화를 하지 않아도 된다. 벤치마크는 코드에 대한 많은 통찰을 제공한다. 실제 트래픽에 가까운 벤치마크가 있으면 현실적인 성능 데이터를 생성할 수 있다. 일단 이런 데이터를 확보하면 코드의 적절한 경로를 최적화하고 이런 최적화가 좋은 결과를 제공할 것이라는 사실을 확신할 수 있다.

이 장에서는 양산 서비스 환경에 배포하지 않고서도 애플리케이션의 성능을 향상시키고 대기 시간을 줄일 수 있었다. SLA와 예상 트래픽에 대한 충분한 정보가 있다면 섣부른 최적화도 가능하며 훌륭한 결과를 얻을 수 있다. 무작위 코드 경로를 최적화하기 앞서, 병목을 찾아내는 전략을 따라야 한다는 사실을 기억할 필요가 있다. 애플리케이션이 기능을 제공하고 코드에서 트래픽 분포에 대한 파레토 법칙을 따른다면 핫 코드 경로를 상당히 쉽게 찾을 수 있다. 일단 핫 코드 경로의 위치를 감지하고 나면 마이크로벤치마크를 사용해 범위를 좁힐 수 있다. 마이크로벤치마크가 코드를 더욱 효율적으로 최적화하게 돕는 이유는 피드백 루프를 훨씬 더 빠르게 만들기 때문이다. 핫 코드 경로를 최적화하고 나면 병목이 코드의 다른 부분으로 이동할 수도 있다는 사실을 기억하자.

다음 장에서는 사용자 인터페이스의 단순화가 어떻게 유지보수 비용을 증가시키는지 살펴볼 것이다. 또한 기반 시스템을 추상화할 때 생기는 이익과 트레이드오프에 대해서도 살펴볼 것이다.

요약

- 코드가 핫 코드 경로상에 위치하지 않더라도 수행에 많은 시간이 걸릴 수 있다. 이런 상황은 종종 핫 코드 경로가 아닌 곳에 위치한 코드가 핫 코드 경로에 위치한 코드보다 많이 느린 경우에 일어난다. 따라서 이런 코드에 대해 최적화가 필요할 수 있다.
- 이 장의 두 번째 절에서 소개한 계산식을 이용해 최적화 노력에 집중할 코드 경로를 찾을 수 있다.
- 개틀링 성능 도구를 사용해 벤치마크를 작성하면 예상 트래픽에 기반해 핫 코드 경로를 감지할 수 있다.
- 코드의 일부는 메트릭을 사용해 측정 가능하다.
- 마이크로벤치마크와 JMH를 사용해 성능 테스트 범위를 좁힐 수 있다.
- 종종 캐시를 사용해 핫 코드 경로를 최적화할 수 있다.
- 성능 결과를 검증하고 비교하기 위해 개틀링 출력을 지렛대로 삼을 수 있다.

06

API를 유지보수하기 위한 비용 대 단순함

이 장에서 다루는 내용

- 타사 라이브러리와 통합할 때 UX나 유지보수와 관련된 트레이드오프
- 클라이언트에 공개되는 설정의 진화
- 소유하지 못한 뭔가를 추상화할 때의 장단점

최종 사용자를 위한 시스템을 만들 때 API의 단순함과 친숙한 사용자 경험(UX)은 필수적이다. UX가 모든 인터페이스에 적용된다는 사실이 중요하다. 우리는 깔끔하고 사용자 친화적인 그래픽 사용자 인터페이스(GUI)를 설계할 수 있다. 또한 UX 친화적인 방식으로 REST API를 만들 수도 있다. 한 단계 더 깊이 들어가면 명령행 도구 역시 UX 친화적이거나 UX 친화적이지 않을 수 있다. 기본적으로 어떤 식으로든 사용자와 상호 작용할 필요가 있는 소프트웨어는 모두 UX에 대한 논의와 계획이 필요하다.

시스템의 구성 메커니즘은 고객에게 공개할 필요가 있는 진입점이다. 구성 메커니즘은 또한 우리 컴포넌트의 UX 친숙성과 관련된 핵심 요소이기도 하다. 종종 우리 시스템은 처리 결과를 제공하기 위해 여러 컴포넌트에 의존하거나 이를 사용한다. 의존 컴포넌트는 몇몇 방식으로 설정할 필요가 있는 구성 설정을 외부에 공개한다.

(UX를 만들기 위한 시스템에서 사용되는 모든 요소인) 다운스트림 컴포넌트를 추상화해서 어떤 구성 설정도 사용자와 상호 작용하는 도구에 직접 노출하지 않게 만들 수 있다. 이는 시스템의 UX를 개선하지만, 상당한 유지보수를 요구할 것이다.

스펙트럼의 다른 쪽 끝에서는 모든 의존 설정을 직접 외부에 공개할 수 있다. 이 선택지는 유지보수를 많이 요구하지는 않지만, 상당한 트레이드오프가 존재한다. 먼저 이런 방식은 서비스나 도구가 사용하는 다운스트림 컴포넌트와 클라이언트를 강하게 결합하고 있다. 그 결과 컴포넌트를 변경하기가 어렵다. 추가적으로 UX 친화적으로 다운스트림 컴포넌트를 변경하는 작업(그리고 하위 호환성을 유지하는 작업)이 불가능하지는 않지만 어려워질 것이다.

두 해법 모두 트레이드오프가 존재하며, API의 단순성과 유지보수 비용과 관련한 토론의 소재로 사용될 수 있다. 이 장에서는 이런 트레이드오프에 초점을 맞춰 자세히 설명할 것이다. 독자적인 구성 메커니즘이 존재하는 클라우드 컴포넌트를 소개하고 분석하는 작업으로 이 장을 시작해보자. 그다음, 유지보수 비용과 UX 단순성에 대해 다른 접근 방식을 취하는 두 가지 도구에서 이 컴포넌트를 사용해볼 것이다.

6.1 다른 도구에서 사용되는 기본 라이브러리

시스템에서 비즈니스 가치를 제공할 때 다양한 소프트웨어를 통합하고 사용할 필요가 있다. 예를 들어 데이터베이스, 큐, 클라우드 제공업체와 통합해야 할 수 있다. 또한 파일 시스템, 네트워크 인터페이스, 디스크와 같은 운영체제의 일부와 통합할 필요도 있을 것이다. 우리가 의존하는 시스템의 대부분은 클라이언트 라이브러리나 독자적인 소프트웨어 개발 도구(SDK)를 제공한다. 이런 라이브러리와 SDK는 처음부터 전체를 통합하게끔 개발하지 않고서도 시스템을 쉽게 통합할 수 있게 만들어준다. 그림 6.1은 통합의 이런 측면을 보여준다.

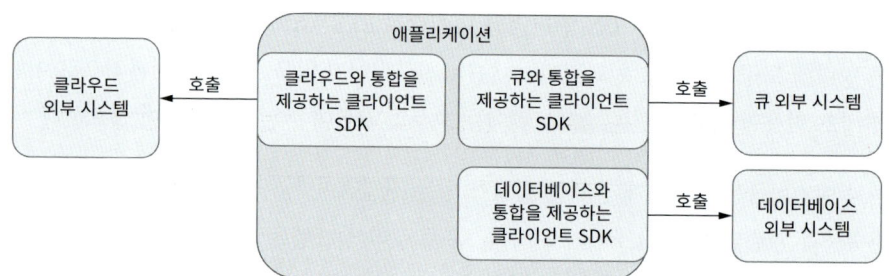

그림 6.1 외부 시스템과 통합을 제공하는 클라이언트 SDK

앞서 언급했듯이, 실제 세계에서는 애플리케이션을 데이터베이스, 큐(아파치 카프카나 펄사), 클라우드 서비스(EC2와 GCP)와 통합할 필요가 있을 수 있다. 이 모든 서비스는 클라이언트 라이브러리를 제공한다. 이런 라이브러리를 사용하면 처음부터 모든 통합 코드를 작성해야 하는 상황과 비교해 훨씬 더 튼튼한 소프트웨어를 훨씬 더 빠르게 고객에게 제공할 수 있다.

타사 시스템과 상호 작용하기 전에 거의 모든 클라이언트를 구성할 필요가 있다. 예를 들어, 인증 자격 증명, 타임 아웃, 버퍼 크기를 비롯해 다양한 설정이 가능하다. 예를 들어, 시스템 프로퍼티, 환경 변수, 구성 파일을 통해 구성을 제공할 수 있으며, 모든 클라이언트 컴포넌트의 사용자는 클라이언트 라이브러리에 자신의 구성을 전달해야 한다.

이 장에서 제시하는 예제에서는 단순함과 명확함을 위해 사용하기 전에 구성해야 하는 단순한 클라우드 클라이언트 컴포넌트를 만들 것이다. 그리고 나서 최종 사용자에게 가치를 제공하는 두 가지 도구에서 이 컴포넌트를 활용할 것이다. 우선 컴포넌트부터 만들고 사용법을 이해해보자.

6.1.1 클라우드 서비스 클라이언트 만들기

클라우드 서비스 클라이언트는 컴포넌트의 호출자가 클라우드 서비스에 데이터를 로드하는 요청을 대리해서 수행하는 수단을 제공한다. 요청을 수행하기 앞서 인증부터 해야 한다. 요청을 인증하는 방식은 두 가지가 있다. 첫 번째 방식은 토큰을 사용해 요청을 인증한다. 두 번째 방식은 사용자 이름과 암호를 사용한다. 인증 전략은 사용자가 제공한 구성에 따라 선택된다. 그림 6.2는 두 가지 대안을 보여준다.

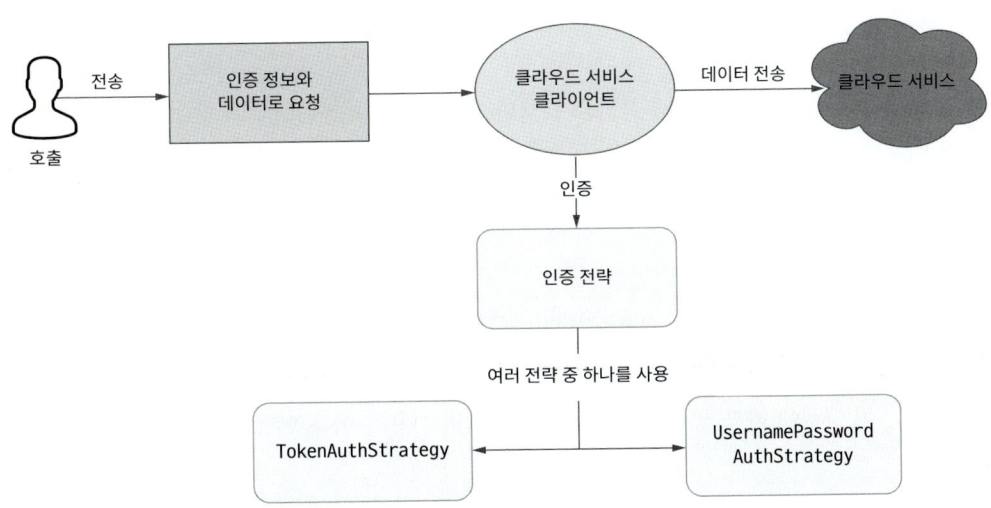

그림 6.2 클라우드 클라이언트 컴포넌트와 두 가지 사용 가능한 인증 전략

각 컴포넌트를 살펴보자. 클라우드 컴포넌트를 위한 호출자의 첫 번째 진입점은 `Request` 클래스다. 이 클래스는 데이터 항목의 목록과 인증을 수행하기 위해 필요한 정보(예: 사용자 이름, 암호, 토큰)를 실어 나른다. 다음 코드는 구현을 보여준다(코드에 나오는 `@Nullable` 애노테이션에 익숙하지 않다면 http://mng.bz/PWgw를 참고하자).

코드 6.1 클라우드 요청 생성

```java
public class Request {
  @Nullable private final String token;      ← ① 토큰이 null 값도 될 수 있음을 사용자에게 알려준다
  @Nullable private final String username;
  @Nullable private final String password;
  private final List<String> data;
  // 생성자, hashCode, equals, getter, setter는 생략됨
}
```

CloudServiceClient 컴포넌트는 요청을 처리한다(이 구성 요소를 AWS, 애저, GCP와 같은 클라우드 사업자를 위한 클라우드 클라이언트 라이브러리로 생각할 수 있다). 다음 코드에서 볼 수 있듯이 컴포넌트의 인터페이스는 직관적이다. 인터페이스는 이 컴포넌트의 클라이언트가 사용해야 하는 공개 메서드 하나만 외부에 공개한다.

코드 6.2 CloudServiceClient 인터페이스 생성

```java
public interface CloudServiceClient {
  void loadData(Request request);
}
```

loadData() 메서드는 요청을 받아서 클라우드 서비스로 이를 로드한다. 이 메서드의 구현 또한 인증을 수행한다. 이제 클라이언트가 사용할 수 있는 이 컴포넌트를 위한 몇 가지 인증 전략을 살펴보자.

6.1.2 인증 전략 탐색

클라우드 컴포넌트는 인증을 위한 두 가지 전략을 지원한다. 첫째 전략은 코드 6.3에서 볼 수 있는 단순한 사용자 이름/암호 인증 전략이다. 이 전략은 들어오는 요청에서 사용자 이름과 암호가 null 값이 아닐 것을 요구한다. 이 구성에 따라 생성된 전략은 Request의 사용자 이름/암호가 구성과 일치하는지를 검사한다.

코드 6.3 사용자 이름/암호 인증 전략 추가

```java
public interface AuthStrategy {      ← ① AuthStrategy는 양쪽 인증 전략에서 구현된다
  boolean authenticate(Request request);
}

public class UsernamePasswordAuthStrategy implements AuthStrategy {
```

```
    private final String username;
    private final String password;
    public UsernamePasswordAuthStrategy
  ─ (String username, String password) {    ◄── ② 구성 파일에서 추출한 username과
        this.username = username;                password를 위한 전략을 생성한다
        this.password = password;
    }

    @Override
    public boolean authenticate(Request request) {
        if (request.getUsername() == null
  ─ || request.getPassword() == null) {    ◄── ③ 사용자 이름과 암호가 null 값이라면 false를 리턴한다
            return false;
        }
        return request.getUsername().equals(username) &&    ◄── ④ 실제 인증은 username과 password가
            request.getPassword().equals(password);              일치하는지 검사한다
    }
}
```

두 전략 모두 AuthStrategy 인터페이스를 구현한다. null인 사용자 이름 또는 암호를 요청이 포함할 경우에 authenticate() 메서드는 false를 리턴한다. String으로 암호를 저장하는 방식이 문제가 될 가능성이 있는 이유는 애플리케이션에서 해당 정보가 유출될 수 있기 때문이다. 따라서 공격자가 암호를 도용할 수 있다. 이를 처리하기 위한 더 나은 접근 방식을 나중에 살펴볼 것이다.

둘째 인증 전략도 비슷하지만, 요청을 검증하기 위해 토큰을 사용한다. 토큰이 생성자가 제공한 값과 일치하면 authenticate()는 true를 리턴한다.

코드 6.4 TokenAuthStrategy 구현

```
public class TokenAuthStrategy implements AuthStrategy {    ◄── ① AuthStrategy 구현
    public TokenAuthStrategy(String token) {
        this.token = token;
    }

    private final String token;

    @Override
    public boolean authenticate(Request request) {
```

```
    if (request.getToken() == null) {
      return false;
    }
    return request.getToken().equals(token);    ← ② 토큰이 일치하는지 검사한다
  }
}
```

로직은 코드 6.4에 나온 직전 인증 메커니즘과 동일하지만, 요청에 담긴 토큰을 사용한다.

6.1.3 구성 메커니즘 이해하기

클라이언트는 YAML 파일을 통해 클라우드 서비스 구성을 제공한다.

> **참고**
>
> 여러 실제 세계 프레임워크와 라이브러리(예: 스프링부트)는 상당히 유사한 YAML 기반의 구성 메커니즘을 사용하므로 이 장의 일부를 다른 프레임워크나 라이브러리에 연계해서 사용할 수 있다. 하지만 특정 기술에 구애받지 않기 위해 이 장에서는 기존 프레임워크 대신 직접 만든 코드를 사용할 것이다.

이 파일의 구성에 기반해 클라우드 서비스 구현이 사용할 CloudServiceConfiguration 클래스를 생성할 것이다. 클라이언트 라이브러리 단계에서 구성은 인증 메커니즘에서 사용할 AuthStrategy만 포함한다. 다음 코드는 클라우드 서비스 구성을 생성하기 위한 코드를 보여준다.

코드 6.5 CloudServiceConfiguration 구현

```
public class CloudServiceConfiguration {
  private final AuthStrategy authStrategy;

  public CloudServiceConfiguration(AuthStrategy authStrategy) {
    this.authStrategy = authStrategy;
  }

  public AuthStrategy getAuthStrategy() {
    return authStrategy;
  }
}
```

YAML에서 구성을 읽는 부분은 `CloudServiceClient`의 구현에서 추상화돼야 한다. 이런 추상화는 JSON, HOCON[3]처럼 다른 구성 파일도 지원하게끔 결정할 경우에 유용하다. 이를 위해 생성자를 통해 `CloudServiceConfiguration`을 주입하는 `DefaultCloudServiceClient`를 생성할 것이다. `loadData()` 메서드는 먼저 요청이 인증돼야 하는지를 검증한다. 이 메서드는 다음 코드에서 볼 수 있듯이 구성 객체에 제공되는 `CloudServiceConfiguration#authStrategy`를 사용한다.

코드 6.6 기본 CloudServiceClient 구현

```java
public class DefaultCloudServiceClient implements CloudServiceClient {
  private CloudServiceConfiguration cloudServiceConfiguration;
  public DefaultCloudServiceClient(CloudServiceConfiguration
      cloudServiceConfiguration) {
    this.cloudServiceConfiguration = cloudServiceConfiguration;
  }

  @Override
  public void loadData(Request request) {
    if (cloudServiceConfiguration.getAuthStrategy().authenticate(request)) {
      insertData(request.getData());   ← ① 검증이 끝나면 클라우드 서비스에 데이터를 넣는다
    }
  }
}
```

구현에 필요한 마지막 단계는 YAML 구성 파일을 읽어 클라우드 클라이언트를 생성하는 작업이다. YAML 구성 파일은 인증 구성을 지정하기 위한 전용 영역을 포함해야 한다. 다음 코드는 사용자 이름/암호 전략을 위한 구성 파일이 어떻게 만들어져야 하는지를 보여준다.

코드 6.7 사용자 이름과 암호를 위한 클라우드 서비스 구성

```yaml
auth:
  strategy: username-password
  username: user
  password: pass
```

---

[3] (옮긴이) JSON과 유사하지만 사람이 더 읽기 쉽게 만든 표기법으로 https://github.com/lightbend/config/blob/main/HOCON.md를 참고한다.

strategy 값인 username-password를 사용해 적절한 AuthStrategy 구현체를 생성할 것이다. 토큰 전략을 위한 YAML 구성은 조금 다르다. 테스트 목적이므로 실제 토큰 값은 어떤 UUID라도 상관없다. 실제 서비스에 들어가면 토큰을 하드코딩하지 않을 것이다. 서비스 토큰은 동적으로 생성되며 일정 시간 간격에 따라 갱신된다. 다음 코드는 우리의 토큰 전략을 보여준다.

코드 6.8 토큰을 위한 클라우드 서비스 구성

```
auth:
  strategy: token
  token: c8933754-30a0-11eb-adc1-0242ac120002
```

마지막으로 구성을 로드하고 DefaultCloudServiceClient를 생성하는 책임을 맡은 빌더 클래스를 생성해보자. ObjectMapper(http://mng.bz/J14o)를 사용해 YAML 구성 파일을 읽고 해석할 것이다. YAML을 사용하고 있으므로 구성 파일은 맵의 맵으로 표현될 수 있는 구조체를 포함한다. 첫 번째 바깥쪽 맵은 auth 절에 필요한 모든 설정을 포함한다. 두 번째 바깥쪽 맵은 다른 설정을 포함한다. 그림 6.3은 맵의 맵에 대한 외형을 보여준다.

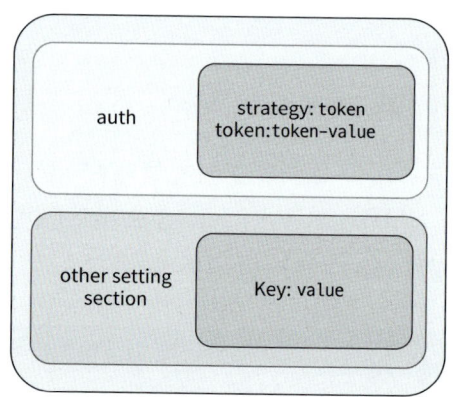

그림 6.3 YAML 파일의 구성 구조

그림에서 내부 맵은 속성 이름(예: strategy)으로 키가 지정되며, 대응하는 값은 어떤 객체(예: token)도 될 수 있다. 또 다른 외부 맵은 구성에서 전용 절을 포함한다. auth 절은 전용 외부 맵이다. 나중에 구성 절을 추가하고 싶다면 새로운 전용 절(예: other setting section)을 만들어야 할 것이다.

코드 6.9에서 CloudServiceClientBuilder 생성자는 YAML 파일을 읽기 위해 맵의 맵 타입을 생성한다. 또한 적절한 인증 전략을 생성하기 위해 전략 식별자에 사용할 상수(예: USERNAME_PASSWORD_

STRATEGY)도 정의한다. 이 예제에서는 잭슨(Jackson) 라이브러리(http://mng.bz/wnGO)에 포함된 YAMLFactory 클래스를 사용할 것이다. ObjectMapper는 YAML 파일에서 구성을 읽는다.

코드 6.9 CloudServiceClientBuilder 생성자

```java
public class CloudServiceClientBuilder {
  private static final String USERNAME_PASSWORD_STRATEGY = "username-password";
  private static final String TOKEN_STRATEGY = "token";
  private final ObjectMapper mapper;    ← ①mapper는 구성 파일을 읽기 위해 사용될 것이다
  private final MapType yamlConfigType;

  public CloudServiceClientBuilder() {
    mapper = new ObjectMapper(new YAMLFactory());   ← ②파일이 YAML이므로 YAMLFactory를 사용한다
    MapType mapType =
        mapper.getTypeFactory().constructMapType(HashMap.class, String.class,
                              Object.class);    ← ③안쪽 맵 타입은 문자열 키와 객체 값을 가진다
    yamlConfigType =
        mapper
            .getTypeFactory()
            .constructMapType(
                HashMap.class, mapper.getTypeFactory()
  .constructType(String.class), mapType);    ← ④바깥쪽 맵은 내부 맵 타입을 포함한다
  }
// ...
```

이제 클라우드 서비스 클라이언트의 마지막 부분을 살펴보자. 코드 6.10에서 볼 수 있듯이 두 메서드가 객체를 생성하는 책임을 맡는다. 이 코드의 호출자가 YAML 구성 파일의 경로를 전달할 수 있게 만든다. 여전히 YAML 구성 메커니즘을 사용하지 않고 프로그래밍 방식으로 `CloudServiceConfiguration`를 제공하는 수단 또한 외부에 공개한다. 이런 두 구성 메커니즘이 외부에 공개되어 있기에 호출자는 두 가지 방식으로 클라이언트를 구성할 수 있게 된다. 두 구성 메커니즘은 각각 트레이드오프가 존재하기에 나중에 자세히 분석할 것이다.

코드 6.10 구성에 따라 `DefaultCloudServiceClient` 생성

```java
public DefaultCloudServiceClient
  create(CloudServiceConfiguration cloudServiceConfiguration) {   ← ①구성을 생성자에게 전달한다
    return new DefaultCloudServiceClient(cloudServiceConfiguration);
}
```

```
public DefaultCloudServiceClient create(Path configFilePath) {
  try {
    Map<String, Map<String, Object>> config =
        mapper
          .readValue(configFilePath.toFile(), yamlConfigType);    ← ② configFilePath를 사용해
    AuthStrategy authStrategy = null;                                YAML 파일을 읽는다
    Map<String, Object> authConfig = config.get("auth");    ← ③ 인증 구성 절을 추출한다

    if (authConfig.get("strategy")
      .equals(USERNAME_PASSWORD_STRATEGY)) {    ← ④ 만약 strategy가 USERNAME_PASSWORD_
      authStrategy =                                         STRATEGY이면...
        new UsernamePasswordAuthStrategy(
          (String) authConfig.get("username"),
          (String) authConfig.get("password"));    ← ⑤ ... UsernamePasswordAuthStrategy를
    } else if (authConfig.get("strategy")                    생성한다
      .equals(TOKEN_STRATEGY)) {    ← ⑥ 비슷한 로직이 TOKEN_STRATEGY에도 적용된다
      authStrategy = new TokenAuthStrategy((String) authConfig.get("token"));
    }
    return new DefaultCloudServiceClient(new
        CloudServiceConfiguration(authStrategy));
  } catch (IOException e) {
    throw new UncheckedIOException("Problem when loading file from: " +
        configFilePath, e);
  }
}
```

YAML 기반의 create() 메서드는 구성에서 인증 절을 추출한다. 다음으로, strategy가 USERNAME_PASSWORD_STRATEGY와 일치하는지를 검사한다. 만일 그렇다면, create() 로직은 UsernamePassword AuthStrategy 클래스를 생성하려고 시도한다. 그렇지 않고 strategy가 TOKEN_STRATEGY라면 TokenAuthStrategy를 생성한다.

클라우드 라이브러리가 준비되고 나면 이를 사용할 두 가지 도구를 구현할 수 있다. 두 가지 도구 각각 통합을 위해 다른 접근 방법을 따른다. 첫째 도구는 클라우드 클라이언트 설정을 외부에 직접 공개하는데, 이런 결정이 유지보수 비용에 어떤 영향을 미칠지 살펴볼 것이다. 둘째 도구는 이런 설정을 추상화해서 구성을 외부에 공개하고 클라우드 서비스로 매핑한다. 설정을 외부에 직접 공개하는 도구부터 시작해 보자.

6.2 의존성 라이브러리의 설정을 외부에 직접 공개하기

우리가 구현할 첫째 도구는 배치 서비스로 클라우드 클라이언트를 사용한다. 이 도구의 주요 책임은 버퍼 크기가 배치 크기 매개변수를 초과할 때까지 들어오는 요청을 배치 처리하는 것이다. 버퍼가 가득차고 나면 그림 6.4에서 볼 수 있듯이 인증을 수행하고 데이터를 클라우드 서비스에 전송하는 클라우드 클라이언트를 호출한다.

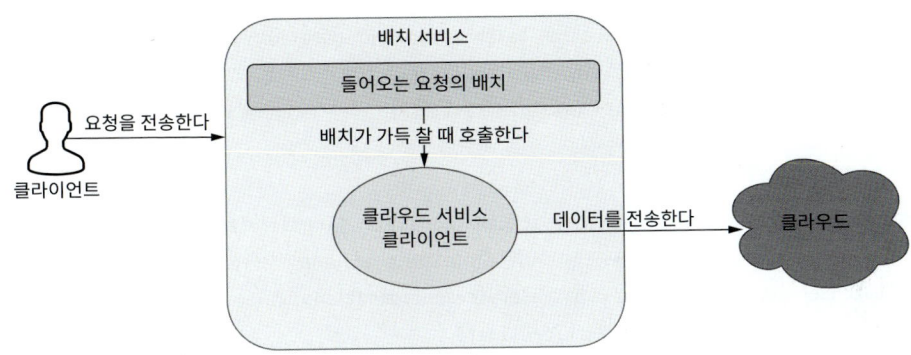

그림 6.4 클라우드 클라이언트를 위한 배치 서비스 아키텍처

클라이언트는 사용에 앞서 배치 서비스를 구성할 필요가 있다. 배치 서비스는 클라우드 클라이언트를 사용하므로 클라이언트의 구성을 클라우드 클라이언트에 전달할 필요도 있다. BatchService가 사용하는 기반 CloudServiceClient를 생성하기 위해 최종 사용자가 구성을 제공해야 한다.

배치 서비스에 특화된 배치 크기라는 설정값 하나만 포함하므로 배치 서비스 구성은 상당히 단순하다. 코드 6.11은 이런 구성을 보여준다.

코드 6.11 BatchServiceConfiguration 구현

```java
public class BatchServiceConfiguration {
  public final int batchSize;

  public BatchServiceConfiguration(int batchSize) {
    this.batchSize = batchSize;
  }

  public int getBatchSize() {
    return batchSize;
  }
}
```

배치 서비스는 집계된 이벤트 수를 제한하기 위해 구성을 사용한다. 배치에 포함된 데이터가 충분한 항목을 담고 있을 때(batchSize 매개변수와 같거나 초과할 경우) 클라우드 클라이언트를 사용해 실제 데이터를 전송한다. BatchService는 앞 절에서 살펴본 Request 클래스를 넘겨받아서 처리한다. 다음 코드에서 BatchService를 위한 로직을 살펴보자.

코드 6.12 BatchService 로직 살펴보기

```
public class BatchService {
  private final BatchServiceConfiguration batchServiceConfiguration;
  private final CloudServiceClient cloudServiceClient;
  private final List<String> batch = new ArrayList<>();   ← ① 리스트 버퍼에 데이터를 저장한다

  public BatchService(
      BatchServiceConfiguration batchServiceConfiguration, CloudServiceClient
          cloudServiceClient) {   ← ② 주입된 CloudServiceClient를 사용한다
    this.batchServiceConfiguration = batchServiceConfiguration;
    this.cloudServiceClient = cloudServiceClient;
  }

  public void loadDataWithBatch(Request request) {
    batch.addAll(request.getData());
    if (batch.size() >=
        batchServiceConfiguration.getBatchSize()) {   ← ③ 배치 크기가 지정된 크기와 같거나 넘어서면 …
      cloudServiceClient.loadData(withBatchData(request));
    }                                     ④ … 클라우드 서비스를 사용해 데이터를 로드한다
  }

  private Request withBatchData(Request request) {
    return new Request(request.getToken(), request.getUsername(),
        request.getPassword(), batch);
  }
}
```

배치 서비스가 요청을 수행할 때 클라우드 클라이언트를 직접 사용한다는 사실에 주목할 필요가 있다. 생성자에 CloudServiceClient를 주입하는 곳은 배치 도구와 클라우드 클라이언트 사이의 통합 지점이 된다.

> **CloudServiceClient 캡슐화하기**
>
> 이 예제에서는 특정 클라우드 라이브러리의 컨텍스트에 중립적인 CloudServiceClient 인터페이스를 사용한다. 필요하다면 CloudServiceClient 구현체를 별도 클래스에서 관리하도록 캡슐화할 수 있다. 이렇게 함으로써 (코드는 추상화 계층을 통해 클라우드 클라이언트를 사용할 것이기 때문에) 호출자의 코드에 영향을 미치지 않고서 기반 라이브러리를 쉽게 전환할 수 있다.

6.2.1 배치 도구 구성하기

배치 서비스의 UX나 유지보수성과 관련해 가장 중요한 결정은 기반 클라우드 클라이언트에 설정을 제공하는 방식이다. 앞서 배치 도구의 최종 사용자가 YAML 파일로 구성을 제공한다는 결정을 내렸다. 이 파일의 auth 절은 그림 6.5에서 보여주듯이 기반 클라우드 클라이언트 구성 로더에 직접 전달된다.

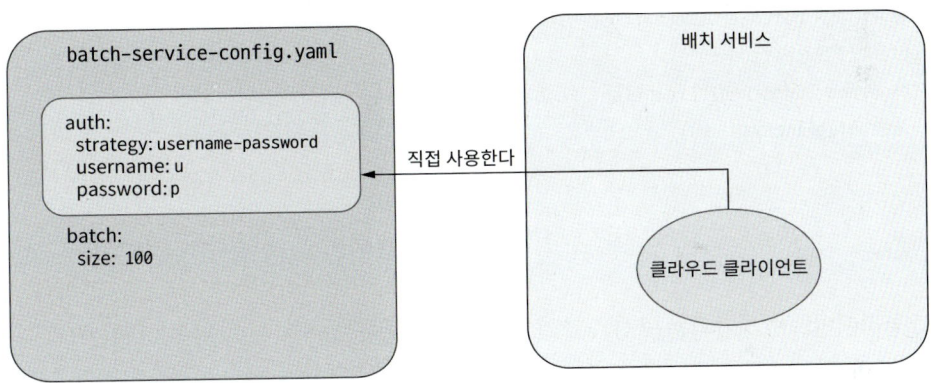

그림 6.5 YAML 구성 파일에서 직접 클라우드 클라이언트 설정을 전달

배치 서비스 구성의 auth 절이 클라우드 구성 YAML의 구조와 동일해야만 한다는 사실에 주목하자. 이는 또한 클라우드 클라이언트 구성의 내부 세부 사항을 배치 서비스 클라이언트에 공개하고 있음을 의미한다. 이런 접근 방식 때문에 클라우드 구성을 생성하는 작업은 이 메커니즘을 구현할 때 우리 쪽에서 유지보수의 필요성을 없앤다. 배치 서비스의 클라이언트는 구성을 제공하고 배치 서비스는 있는 그대로 이를 전달한다.

배치 서비스는 구성의 batch 절을 사용한다. 배치 서비스 빌더는 인수로 YAML 파일을 받아서 파일을 로드한다. 그런 다음, batch 절을 해석해서 이를 토대로 BatchServiceConfiguration을 생성한다. 마지막으로 전체 YAML 파일을 클라우드 클라이언트 서비스 빌더로 전달한다. 앞 절에서 설명했듯이 CloudServiceClientBuilder는 파일에서 auth 절을 추출해서 클라이언트를 생성한다. 다음 코드는 이런 절차를 보여준다.

코드 6.13 클라우드 클라이언트에 YAML 파일 전달

```
public class BatchServiceBuilder {
  public BatchService create(Path configFilePath) {
    try {
      Map<String, Map<String, Object>> config =
          mapper.readValue(configFilePath.toFile(), yamlConfigType);
      Map<String, Object> batchConfig = config.get("batch");    ← ① 구성에서 batch 절을 추출한다
      BatchServiceConfiguration batchServiceConfiguration =
          new BatchServiceConfiguration
          ((Integer) batchConfig.get("size"));
                      ② BatchConfig를 사용해 BatchServiceConfiguration을 생성한다
      CloudServiceClient cloudServiceClient =
          new CloudServiceClientBuilder()
          .create(configFilePath);    ← ③ 빌더에 YAML 파일 경로(원본 구성)를 전달한다
      return new BatchService(batchServiceConfiguration, cloudServiceClient);
    } catch (IOException e) {
      throw new UncheckedIOException("Problem when loading file from: " +
          configFilePath, e);
    }
  }
}
```

클라우드 클라이언트에 전달되는 구성 구조가 정확하기만 하다면 배치 서비스에 특정한 처리 과정이 필요하지 않다. 문제가 있다면 예외가 던져진다.

YAML 구성 형식을 생성하고 여기에 클라우드 클라이언트 라이브러리를 포함하는 방식이 소프트웨어에 미치는 영향을 분석해보자. 첫째 문제는 클라우드 구성 로더에 직접 구성 파일의 경로를 전달함으로써 기반 클라우드 클라이언트와 서비스 사이의 강결합을 초래했다는 점이다. 클라우드 구성 로더는 이 구성 파일에서 auth 절을 기대한다. 이 절이 누락되면 예외가 던져진다. 나중에 다른 클라우드 라이브러리로 이주하고 싶다면 힘든 상황이 벌어질 것이다. 우리 도구가 외부에 공개한 auth 절은 계약(API)이 된다. 외부에서 이 도구를 사용하면 우리 소프트웨어 시스템의 클라이언트는 인증 구성이 담긴 YAML 파일을 제공할 필요가 있다. 더 이상 필요하지 않거나 다른 형식을 갖출 경우에도 auth 절을 제거하거나 변경할 수 없다.

이런 접근 방식의 둘째 문제는 클라우드 클라이언트가 몇몇 구성 설정을 변경하거나, 더 이상 사용하지 않기로 결정하거나, 아예 제거할 경우에 나타난다. 이 장 뒷부분에서 이 문제를 자세히 설명할 것이다.

하지만 이런 접근 방식에는 장점도 있다. 수십 가지 아니 수백 가지 설정을 외부에 공개하는 다운스트림 서비스와 통합하고 있다면 직접 구성을 전달하는 방식이 좋은 선택지가 될 수도 있다. 또한 호출자는 다운스트림 시스템 구성 형식을 알고 코드에서 이를 사용해야만 한다는 사실에도 주목하자. 우리의 사용 사례가 요구사항을 충족하는 이유는 클라우드 클라이언트가 호출자에게 직접 설정을 전달하게끔 허용하기 때문이다. 또한 이 경우에 호출자는 auth 절을 포함한 YAML 파일이라는 다운스트림 설정의 구조를 알고 있다. 적절한 구조에 설정을 매핑하느라 신경 쓸 필요가 없기에 여기서는 유지보수 비용이 들지 않는다.

다음 절에서 구성과 API의 UX 측면에서 다른 접근 방식을 사용하는 스트리밍 도구를 만들 것이다. 기반 클라우드 클라이언트의 설정은 외부에 직접 공개되지 않을 것이다.

6.3 의존성 라이브러리의 설정을 추상화하는 도구

이제 의존성 클라우드 클라이언트 구성과 관련해 다른 접근 방식을 취하고 있는 둘째 서비스에 초점을 맞춰보자. 이 절에서 만드는 스트리밍 서비스는 이제 자신이 소유한 설정만 외부에 공개한다. 이 서비스는 클라우드 클라이언트를 생성하기 위해 이런 설정을 사용한다. 하지만 이번에는 사용자로부터 클라우드 클라이언트의 생성과 구성을 추상화한다. 스트리밍 도구의 최종 사용자는 기반 클라우드 클라이언트에 대해 아는 바가 없을 것이다. 다음 코드는 스트리밍 서비스에 특화된 구성을 제공하며, maxTimeMs라는 설정 하나만을 포함한다.

코드 6.14 StreamingServiceConfiguration 생성

```java
public class StreamingServiceConfiguration {
  private final int maxTimeMs;

  public StreamingServiceConfiguration(int maxTimeMs) {
    this.maxTimeMs = maxTimeMs;
  }

  public int getMaxTimeMs() {
    return maxTimeMs;
  }
}
```

maxTimeMs를 위한 값은 요청 시간을 밀리초로 추적하기 위해 사용된다. 요청 시간이 이 값을 초과하면 경고가 로깅된다. 이 경우 스트리밍 서비스는 요청을 배치로 처리하지 않는데, 처리 과정에서 낮은 대기 시간이 중요하기 때문이다. loadData() 메서드는 Request 객체를 사용한다(직전의 배치 서비스도 동일 객체를 사용했다). 처리 과정에 소요된 총 시간은 시작 시간에서 클라우드 서비스가 로드된 다음의 시간을 빼는 방식으로 계산한다. 다음 코드에서 이런 로직을 살펴보자. 여기서 코드는 스트리밍 도구 구성 객체에서 얻은 최대 시간보다 총 시간이 더 큰지를 검증한다.

코드 6.15 스트리밍 도구 로직

```java
public void loadData(Request request) {
    long start = System.currentTimeMillis();
    cloudServiceClient.loadData(request);
    long totalTime = System.currentTimeMillis() - start;
    if (totalTime > streamingServiceConfiguration.getMaxTimeMs()) {
        logger.warn(
            "Time for a streaming request exceeded! It is equal to: {}, but
            should be less than: {}",
            totalTime,
            streamingServiceConfiguration.getMaxTimeMs());
    }
}
```

이제 스트리밍 구성을 로딩하기 위한 메커니즘을 살펴보자. 또한 클라우드 서비스 구성을 추상화하는 방식도 살펴본다.

6.3.1 스트리밍 도구 구성하기

스트리밍 서비스 또한 구성을 위해 YAML 파일을 사용한다. 여기서 사용하는 구성과 6.2절에 나온 배치 도구 구성 사이의 가장 두드러진 차이점은, 스트리밍 서비스는 streaming 절에서 모든 설정을 공개한다는 것이다. 또한 스트리밍 도구는 사용자 이름/암호 인증 방식만 지원한다는 사실에 주목하자. 다음 코드는 YAML 파일에서 관련 부분을 보여준다.

코드 6.16 스트리밍 서비스 구성

```yaml
streaming:
  username: u
  password: p
  maxTimeMs: 100
```

전용 streaming 절에서는 구성을 소유하는 스트리밍 도구를 위한 모든 설정을 정의한다. 따라서 클라이언트는 기반 클라우드 서비스 클라이언트에 대해 아무것도 모른다. 다시 말해 클라우드 서비스의 구성은 사용자로부터 추상화되어 있다. streaming 절은 스트리밍 도구가 소유한 명백한 계약을 정의한다. 이는 UX 관점에서 훨씬 더 단순해 보이지만, 스트리밍 형식의 설정을 클라우드 클라이언트로 매핑하기 위해 몇 가지 유지보수 작업을 요구한다.

이제 코드 6.17에 제시한 스트리밍 서비스 생성 로직을 살펴보자. 스트리밍 도구와 관련된 모든 설정은 streaming 절에서 추출되었으며, maxTimeMs 설정을 가져와서 StreamingServiceConfiguration을 생성한다. 이 코드의 가장 중요한 부분은 클라우드 클라이언트를 생성할 때 발생한다. 내부 클라우드 라이브러리와 UsernamePasswordAuthStrategy는 사용자로부터 추상화되어 있다. StreamingService의 클라이언트는 구성 메커니즘에 대해 아무것도 알지 못한다. 추가적으로 username과 password 설정은 UsernamePasswordAuthStrategy를 생성한다. 다음으로 이런 전략은 프로그래밍 방식의 구성 API를 사용해 클라우드 서비스 클라이언트를 생성한다.

코드 6.17 스트리밍 서비스 생성

```
public StreamingService create(Path configFilePath) {
  try {
    Map<String, Map<String, Object>> config =
        mapper.readValue(configFilePath.toFile(), yamlConfigType);
    Map<String, Object> streamingConfig =
    ▶ config.get("streaming");    ◀── ① 이 절은 추출된 다음에 스트리밍 서비스가 소유한다

    StreamingServiceConfiguration streamingServiceConfiguration =
        new StreamingServiceConfiguration((Integer)
    ▶ streamingConfig.get("maxTimeMs"));  ◀── ② 구성을 생성하기 위해 maxTimeMs를 사용한다

    CloudServiceConfiguration cloudServiceConfiguration =
        new CloudServiceConfiguration(
        new UsernamePasswordAuthStrategy(
            (String) streamingConfig.get("username"),
            (String) streamingConfig.get("password")));  ◀── ③ 구성을 생성하기 위해 username과
    return new StreamingService(                              password를 사용한다
        streamingServiceConfiguration,
        new CloudServiceClientBuilder().create(cloudServiceConfiguration)); ◀──
  } catch (IOException e) {                    ④ 빌더는 프로그래밍 방식의 API로 클라우드 클라이언트를 생성한다
    throw new UncheckedIOException
```

```
     - ("Problem when loading file from: " + configFilePath, e);
    }
  }
```

클라우드 클라이언트 구성 과정에서 몇 가지 추가 작업을 요구한다는 사실에 주목하자. 스트리밍 서비스가 외부에 공개한 설정을 클라우드 구성으로 매핑할 필요가 있다. 시스템이 릴리스되고 나면 이런 매핑 내역을 유지보수할 필요가 있다. 따라서 추가적인 유지보수 비용이 들어간다. 반면, 스트리밍 도구 구성의 UX는 호출자가 전용 구성 절에만 초점을 맞추면 되므로 훨씬 더 좋아진다. 이 도구가 사용하는 클라우드 클라이언트는 추상화된다.

수십 가지 아니 수백 가지 설정을 외부에 공개하는 다운스트림 서비스와 통합하고 있다고 가정하자. 여기서 이런 설정을 추상화하는 구성 옵션을 우리가 선택한다는 사실이 중요하다. 이로 인해 모든 다운스트림 라이브러리 설정을 도구에 있는 설정으로 매핑할 필요가 있다. 이는 상당히 많은 양의 코드가 이런 설정값을 재작성할 필요가 있음을 의미한다. 만일 많은 설정을 외부에 공개하는 다운스트림 시스템을 사용하는 서비스나 도구가 N개만큼 있을 경우 재작성해야 하는 범위는 훨씬 더 커질 것이다. 이런 시나리오에서는 유지보수 비용이 무시하지 못할 정도로 높다.

다음 절에서는 클라우드 클라이언트에 새로운 설정이 추가될 때 UX와 유지보수 비용 관점에서 두 가지 구성 방식을 분석할 것이다. 우리가 유지보수 비용을 선불로 지불하고 있음을 확인하게 될 것이다. 다행히도 이렇게 비용을 치르면 장기적으로 몇 가지 장점을 제공한다. 이제 두 가지 시나리오를 분석해보자.

6.4 클라우드 클라이언트 라이브러리를 위해 새로운 설정 추가하기

클라이언트 서비스가 변경되어 타임아웃을 책임질 새로운 설정을 외부에 공개한다고 가정하자. 새로운 설정은 다음 코드에서 볼 수 있듯이 YAML 구성에서 전용 timeouts 절에 자리잡을 것이다.

코드 6.18 새로운 타임아웃 설정 추가
```
auth:
  strategy: username-password
  username: user
  password: pass

timeouts:
  connection: 1000
```

또한 이런 새로운 설정을 CloudServiceConfiguration에도 추가할 것이다. 다음 코드는 해당 구현을 보여준다.

코드 6.19 CloudServiceConfiguration을 위한 새로운 타임아웃 설정

```
public class CloudServiceConfiguration {
  private final AuthStrategy authStrategy;
  private final Integer connectionTimeout;
  // 생성자, hashCode, equals, getter, setter는 생략됨
}
```

클라우드 클라이언트의 빌더는 YAML 구성에서 timeouts 절을 추출해서 클라이언트를 생성하기 위해 이를 사용한다. 다음 코드는 새로운 클라우드 클라이언트 라이브러리 설정을 추가하기 위한 프로세스의 해당 부분을 보여준다.

코드 6.20 CloudServiceClientBuilder에서 타임아웃 추출

```
Map<String, Object> timeouts = config.get("timeouts");
// ...
return new DefaultCloudServiceClient(
            new CloudServiceConfiguration(authStrategy, (Integer)
        ▪timeouts.get("connection")));
```

(스트리밍과 배치라는) 두 도구 관점에서 볼 때 이런 변화가 중요한 이유는 하위 호환성이 없기 때문이다. 반대로, 추가 항목이 설정되지 않을 때 클라우드 클라이언트는 기본 설정을 제공한다면 변경 사항은 하위 호환을 유지할 것이다. 하지만 기본적으로 제공되는 값이 명시적으로 설정되지 **않으면** 클라우드 클라이언트의 새로운 버전은 구성될 수 없다. 두 도구는 클라우드 클라이언트를 생성하기 위해 새로운 타임아웃 값을 제공해야 한다. 먼저 이런 변경 사항이 클라우드 클라이언트 빌더에 직접 설정을 전달하는 배치 서비스에 미치는 영향을 분석해보자.

6.4.1 배치 도구에 새로운 설정 추가하기

배치 도구는 클라우드 호출자에서 클라이언트 빌더로 설정을 직접 전달한다. 이는 클라이언트가 배치 도구를 돌리기 위해 새로운 timeouts 절을 제공할 필요가 있음을 의미한다. 다음 코드는 새로운 YAML 배치 구성이 어떤 모습이 될지를 보여준다.

코드 6.21 새로운 timeouts 절 추가

```
auth:
  strategy: username-password
  username: u
  password: p

timeouts:   ← ① 새로운 구성 절을 추가한다
  connection: 1000
batch:
  size: 100
```

배치 도구가 새로운 구성 설정으로 클라우드 클라이언트를 생성하기를 원한다면 모든 클라이언트에 이 절을 추가할 필요가 있다. 이를 추가하지 않으면 클라우드 클라이언트와 이를 사용하는 배치 서비스 도구의 생성에 실패할 것이다.

이런 새로운 설정을 추가하는 작업과 관련해 한 가지 중요한 사안이 있다. 6.2절에서 살펴봤듯이 **BatchServiceBuilder**는 YAML 파일을 클라우드 클라이언트에 직접 전달한다. 따라서 배치 도구를 위한 새로운 타임아웃 매개변수를 처리하기 위해 어떤 코드도 변경할 필요가 없다. 그림 6.6에서 제시하듯이 원본 구성은 그대로 기반 클라우드 클라이언트 라이브러리에 전달된다.

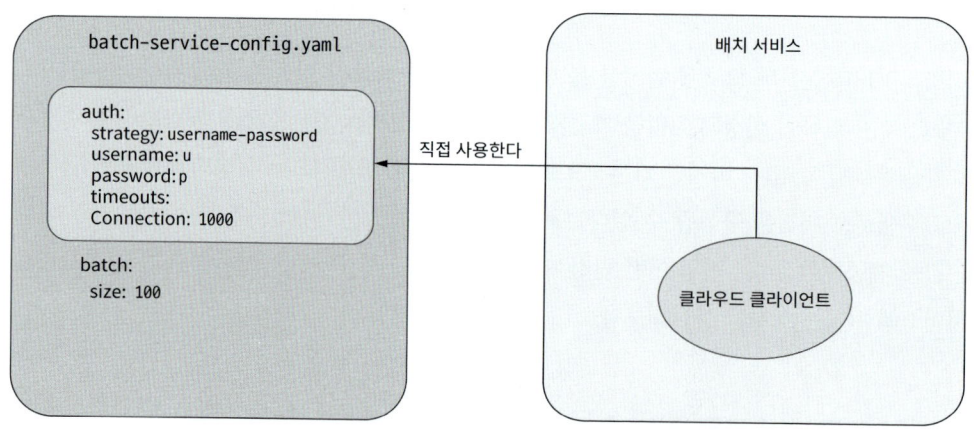

그림 6.6 새로운 timeouts 절을 추가해 클라우드 클라이언트 설정을 직접 전달하기

해법의 UX는 크게 변경되지 않았다는 결론을 내릴 수 있다. 클라이언트는 여전히 기반 클라우드 클라이언트 생성에 대해 면밀히 검토하고 이와 동기화되게 배치 도구의 구성을 추가할 필요가 있다. 배치 도구의 유지보수 비용이 0에 가까운 이유는 새로운 설정을 지원하기 위해 코드에 어떤 변경도 가할 필

요가 없기 때문이다. 원본 파일을 전달하면 CloudServiceClientBuilder가 YAML 파일에서 auth와 timeouts 절을 추출한다.

변경 사항이 자주 발생하고 내용이 추가될 것이라고 예상한다면 이 절에서 제시한 접근 방법이 상당히 잘 작동할 것이다. 또한 동일한 다운스트림 클라우드 클라이언트로 여러 서비스를 통합한다고 가정하자. 이는 새로운 설정을 추가할 때 여러 서비스에서 어떤 내용도 변경할 필요가 없음을 의미한다. 새로운 설정에 신경을 쓰고 이를 도구에 제공하는 책임은 클라이언트에 있다. 유지보수 부담은 도구의 호출자에게 전파되므로 이런 컨텍스트에서 보면 이상적이지 않은 UX라는 주장이 나올 수도 있다. 스트리밍 도구가 새롭게 추가된 클라이언트 설정을 어떻게 다루는지 살펴보자.

6.4.2 스트리밍 도구에 새로운 설정 추가하기

스트리밍 도구는 기반 라이브러리의 UX와 구성에 대해 다른 접근 방식을 취한다. 즉, 스트리밍 도구는 모든 설정을 소유하고, 이를 전용 streaming 절 아래에서 외부에 공개한다. 새로운 연결 타임아웃 설정을 전달할 수 있게 만들려면 다음 코드에서 볼 수 있듯이 이 절을 스트리밍 도구의 YAML 구성에 추가할 필요가 있다.

코드 6.22 스트리밍 구성을 위한 새로운 타임아웃 설정

```
streaming:
  username: u
  password: p
  maxTimeMs: 100
  connectionTimeout: 1000
```

스트리밍 도구는 프로그래밍 방식으로 클라우드 클라이언트를 생성하므로 이를 책임진 코드를 변경할 필요가 있다. 이를 위해 다음 코드에서 볼 수 있듯이 YAML 파일에서 connectionTimeout을 추출해서 CloudServiceConfiguration에 넘겨야 한다.

코드 6.23 StreamingServiceBuilder에서 새로운 타임아웃 설정

```
new CloudServiceConfiguration(
    new UsernamePasswordAuthStrategy(
        (String) streamingConfig.get("username"),
        (String) streamingConfig.get("password")),
        (Integer) streamingConfig.get("connectionTimeout"));
```

클라우드 클라이언트에 추가된 모든 새로운 설정과 관련해 유지보수 비용이 발생한다. 실제 시스템에서는 구성을 추가하는 상황이 일반적이며 이런 코드 변경이 자주 필요하다. 더 많은 설정이 추가될수록 이로 인한 유지보수 비용도 더 높아진다. 변경 사항이 상당히 자주 발생하고 내용이 추가될 것이라고 예상될 때 이런 시나리오에서 고려해야 할 구성 메커니즘을 분석해보자.

기반 클라우드 클라이언트의 모든 새로운 설정은 프로그래밍 방식으로 매핑될 필요가 있다. 이 라이브러리를 사용하는 여러 서비스가 존재한다면 여러 서비스를 위한 모든 코드가 변경돼야 한다. 코드 변경이 일어나는 모든 곳에서 관련된 유지보수 비용이 발생한다는 사실을 기억하자. 또한 종단 테스트에서 이런 변경을 다룰 필요가 있지만, 몇몇 고차원 통합 테스트나 고차원 종단 테스트를 수행할 필요도 있다. 새로운 코드 변경의 품질이 충분히 좋다는 확신이 들면 변경된 애플리케이션을 양산 서비스에 배포해야 한다.

이런 절차는 다운스트림 클라이언트 라이브러리를 사용하는 모든 서비스나 도구를 위해 반복돼야 한다. 클라우드 클라이언트를 사용하면서 새로운 설정을 추가하는 서비스가 많을수록 더 많은 작업이 필요하다. 캡슐화를 지원하기 위한 유지보수 비용은 상당히 높다. 이 시점에서 이런 추가적인 복잡도의 이점이 보이지 않을 수도 있다.

다음 절에서는 이런 접근 방식과 관련된 유지보수 비용을 정당화하는 다른 예제를 보여줄 것이다. 먼저 새로운 설정이 추가될 때 두 해법의 UX와 유지보수 비용에 대한 결과를 요약해보자.

6.4.3 UX 친화성과 유지보수성 측면에서 두 해법을 비교하기

새로운 설정을 기반 라이브러리에 추가하는 작업이 두 도구의 구성 메커니즘에 변경을 초래한 사실을 확인했고 다음과 같은 특징도 파악했다.

- 배치 서비스는 변경 사항을 최종 사용자에게 전파한다.
- 스트리밍 서비스는 클라우드 서비스를 사용하는 사실을 추상화하려고 시도한다.

배치 서비스에서 클라이언트의 책임은 클라우드 클라이언트가 기대한 설정을 포함하는 새로운 전용 절을 제공하는 것이다. 이 해법의 가장 중요한 장점은 우리 쪽에서 어떤 유지보수 비용도 들지 않는다는 것이다. 코드를 변경할 필요가 없는 이유는 구성 파일이 직접 클라우드 클라이언트 빌더에게 전달되기 때문이다. 하지만 유지보수 비용이 최종 사용자에게 전파되었음을 기억할 필요가 있다. 우리 서비스와 도구의 모든 사용자는 새로운 다운스트림 클라우드 클라이언트 설정에 따라 구성을 조정해야 한다.

스트리밍 서비스는 클라우드 서비스의 사용법을 추상화하므로 최종 사용자가 제공한 설정을 클라우드 클라이언트 구성으로 매핑해야 한다. 새로운 설정을 클라우드 클라이언트에 추가하는 작업 또한 새로운 설정을 소유하고 있는 스트리밍 서비스에 추가하는 작업을 요구한다. 최종 사용자는 클라우드 서비스의 기반 생성 방식에 대해 전혀 알지 못한다. 다운스트림의 모든 새로운 설정은 외부에 공개되어 스트리밍 서비스에서 예상되는 형식으로 매핑돼야 한다. 이로 인해 모든 설정은 유지보수 비용을 필요로 한다. 즉, 우리는 스트리밍 서비스에서 코드를 변경할 필요가 있다.

표 6.1은 상기 시나리오를 요약한 것이다. 이 테이블은 UX와 유지보수 비용을 서비스 관점에서 표현하고 있음에 주목하자.

표 6.1 새로운 설정을 클라이언트에 추가할 경우 두 도구에 미치는 영향을 정리한 표

도구 이름	유지보수 비용	UX
배치 도구	비용 없음	사용자가 새로운 설정을 추가할 필요가 있음
스트리밍 도구	비용 증가	사용자가 새로운 설정을 추가할 필요가 있음

N 개 서비스에서 클라우드 클라이언트를 사용한다면 N 배로 비용이 늘어나게 된다. 클라우드 클라이언트를 사용하는 설정을 캡슐화하기 위한 모든 소프트웨어와 관련된 유지보수 비용이 증가한다.

다음 절에서는 스트리밍 도구의 추상화가 추가 비용을 지불할 만한 가치가 있는 시나리오를 살펴볼 것이다. 클라우드 클라이언트는 그 설정을 더 이상 사용하지 않기로 결정하거나 제거할 것이다.

6.5 클라우드 클라이언트 라이브러리에서 설정을 더 이상 사용하지 않기로 결정하거나 제거하기

이 절에서는 클라우드 클라이언트 설정을 더 이상 사용하지 않기로 결정하거나 제거할 필요가 있는 다른 시나리오를 분석할 것이다. 기억하겠지만, 클라우드 클라이언트는 클라우드 서비스에 연결될 때 인증 전략을 사용한다. 시간이 조금 지난 뒤에 평문 암호를 YAML 구성과 메모리에 저장하기 때문에 현재 UsernamePasswordAuthStrategy가 안전하지 않다는 사실을 확인했다고 가정하자. 이는 보안 관점에서 위험하다. 악의적인 공격자가 코드에 사용된 암호를 훔칠 가능성이 있기 때문이다.

인증을 수행할 때 암호를 해시 버전으로 사용하는 새로운 UsernamePasswordHashedAuthStrategy를 개발하기로 결정했다. 이 전략에서는 Hashing 클래스(http://mng.bz/q2aA)에서 제공하는 SHA-256 알고리즘을 사용할 것이다. 다음 코드는 새로운 해시 인증 전략을 위한 코드를 보여준다.

코드 6.24 새로운 UsernamePasswordHashedAuthStrategy

```java
public class UsernamePasswordHashedAuthStrategy implements AuthStrategy {
  private final String username;
  private final String passwordHash;    ← ① 해시 형태로 암호를 저장한다
  public UsernamePasswordHashedAuthStrategy(String username, String
      passwordHash) {
    this.username = username;
    this.passwordHash = passwordHash;
  }
  @Override
  public boolean authenticate(Request request) {
    if (request.getUsername() == null || request.getPassword() == null) {
      return false;
    }
    return request.getUsername().equals(username)
        && toHash(request.getPassword()).equals(passwordHash);    ←
  }                                       ② 암호의 해시 버전으로 인증을 수행한다
  public static String toHash(String password) {
    return Hashing.sha256().hashString(password,
        StandardCharsets.UTF_8).toString();    ← ③ 암호를 해시 처리하기 위해 SHA-256 알고리즘을 사용한다
  }
}
```

다음 코드에서 볼 수 있듯이 새로운 인증 전략의 고유 식별자는 username-password-hashed이다. 클라우드 구성의 클라이언트는 평문 암호 버전을 생성하는 예전 username-password 대신 이 새로운 값을 사용해야 한다.

코드 6.25 예전 인증 전략 불허

```java
public class CloudServiceClientBuilder {
  private static final String USERNAME_PASSWORD_STRATEGY = "username-password";
  private static final String TOKEN_STRATEGY = "token";
  private static final String
 → USERNAME_PASSWORD_HASHED_STRATEGY = "username-password-hashed";    ←
                                      ① 새로운 username-password-hashed 전략을 구현한다
  // ...
  public DefaultCloudServiceClient create(Path configFilePath) {
    // ...
```

```
    if (authConfig.get("strategy").equals(USERNAME_PASSWORD_HASHED_STRATEGY)) {
      authStrategy =
        new UsernamePasswordHashedAuthStrategy(    ← ② UsernamePasswordHashedAuthStrategy를
            (String) authConfig.get("username"),        생성한다
            (String) authConfig.get("password"));
    } else if (authConfig.get("strategy").equals(TOKEN_STRATEGY)) {
      authStrategy = new TokenAuthStrategy((String) authConfig.get("token"));
    } else if (authConfig.get("strategy").equals(USERNAME_PASSWORD_STRATEGY))
    {   ← ③ username-password가 지정되면 예외를 던진다
      throw new UnsupportedOperationException(
          "The " + USERNAME_PASSWORD_STRATEGY +
          " strategy is no longer supported.");
    }
    return new DefaultCloudServiceClient(
        new CloudServiceConfiguration(authStrategy,
            (Integer) timeouts.get("connection")));
  }
}
```

클라우드 서비스가 인증 전략을 생성하고 예전 `username-password` 전략이 지정되면 더 이상 지원되지 않는 전략이라는 주의 사항을 알려주는 예외를 던진다. 이는 모든 호출자가 클라우드 클라이언트 사용을 원할 경우 새로운 전략으로 이주할 필요가 있음을 의미한다. 이런 동작 방식의 변경이 배치 도구에 어떻게 영향을 미치는지 살펴보자.

6.5.1 배치 도구에서 설정 제거하기

이제 잘 알겠지만, 배치 도구는 클라이언트에 제공된 YAML 파일을 클라우드 클라이언트에 직접 전달한다. 지금까지 모든 클라이언트는 `username-password` 또는 `token` 전략을 사용했다. 클라이언트가 더 이상 사용하지 않기로 결정한 `username-password` 전략을 지정하면 배치 서비스 구성은 클라이언트에 예외를 던질 것이다. 이제 배치 도구를 사용하고 싶다면 모든 클라이언트는 새로운 타입으로 이주해야 한다. 이는 우리가 만든 해법의 UX에 상당히 큰 영향을 미친다.

배치 도구를 구성하는 모든 클라이언트는 기반 클라우드 클라이언트의 인증 문제를 목격하게 될 것이다. 전략을 `username-password`로 설정한 batch-service-config-timeout.yaml을 사용하는 단위 테스트에서 이런 동작 방식을 관찰할 수 있다. 다음 코드는 테스트를 보여준다.

코드 6.26 지원하지 않는 auth 전략에 대한 예외 던지기

```java
@Test
public void shouldThrowIfUsingNotSupportedAuthStrategy() {
    // given
    Path path =
        Paths.get(
            Objects.requireNonNull(
                getClass().getClassLoader().getResource("batch-serviceconfig-timeout.yaml"))
                .getPath());

    // when
    assertThatThrownBy(() -> new BatchServiceBuilder().create(path))
        .isInstanceOf(UnsupportedOperationException.class)
        .hasMessageContaining("The username-password strategy is no longer supported.");
}
```

모든 클라이언트는 이제 UnsupportedOperationException 예외를 관측할 수 있다. 이는 모든 배치 도구 클라이언트가 새로운 username-password-hashed로 YAML 구성을 이주할 필요가 있음을 의미한다. 이런 해법의 UX는 형편없다. 타사 라이브러리의 내부를 외부에 공개해서 이 구성에 대한 모든 변경 사항을 클라이언트 코드에서도 조정해야 할 것이다.

배치 서비스를 사용하는 여러 클라이언트 도구가 있는 시나리오를 상상해보자. 최종 사용자가 username-password 전략을 사용하지 못하게 막는 새로운 배치 서비스를 공개했다. 최종 사용자들은 자신의 소프트웨어를 새로운 배치 서비스를 사용하게 변경하고 나면 YAML 구성을 변경하지 않고서 배포할 방법이 없다. 인증 설정을 변경하지 않은 모든 클라이언트는 새로운 배치 서비스를 사용할 때 실행 시점에서 예외를 받을 것이다. 하위 호환성을 유지하고 UX 문제를 줄이려면 **우회** 방식을 제공해야 한다.

먼저, configFilePath 아래 구성 파일을 로드한다. 그러고 나서 auth.strategy에 대한 맵 항목을 검색해서 찾는다. 이 항목을 발견하고 나면 username-password를 username-password-hashed로 치환해 구성 전략을 변경할 것이다. 그런 다음에 평문 암호를 추출해서 수동으로 해시값을 구해서 암호 맵 항목을 치환한다. 다음 코드는 이런 우회 방식을 보여준다.

코드 6.27 BatchServiceBuilder 우회 방식

```java
// 이렇게 하지 마라!
public BatchService create(Path configFilePath) {
    try {
```

```
    Map<String, Map<String, Object>> config =
        mapper.readValue(configFilePath.toFile(), yamlConfigType);
    Map<String, Object> batchConfig = config.get("batch");    ← ① 클라우드 서비스 구성 추상화가
    BatchServiceConfiguration batchServiceConfiguration =          누수되는 첫 번째 장소
        new BatchServiceConfiguration((Integer) batchConfig.get("size"));

    Map<String, Object> authConfig = config.get("auth");
    if (authConfig.get("strategy").equals(USERNAME_PASSWORD_STRATEGY)) {
      authConfig.put("strategy",
        USERNAME_PASSWORD_HASHED_STRATEGY);   ← ② 설정을 덮어쓰면 디버깅하기 어렵다는 문제를 일으킬 수 있다
    }
    String password = (String) authConfig.get("password");   ← ③ 또 다른 설정 누수
    String hashedPassword = toHash(password);
    authConfig.put("password", hashedPassword);   ← ④ 또 다른 설정을 덮어쓴다
    Path tempFile = Files.createTempFile(null, null);   ← ⑤ 임시 파일을 생성한다
    Files.write(tempFile, mapper.writeValueAsBytes(config));   ← ⑥ 변경된 구성을 저장한다

    CloudServiceClient cloudServiceClient = new       ⎡ ⑦ 변경된 구성 파일을 전달한다(호출자가
    CloudServiceClientBuilder().create(tempFile);    ⎣    전달한 구성 파일이 아님)
    return new BatchService(batchServiceConfiguration, cloudServiceClient);
  } catch (IOException e) {
    throw new UncheckedIOException
      ("Problem when loading file from: " + configFilePath, e);
  }
}
```

마지막으로, 변경된 구성을 새로운 임시 파일 경로에 저장하고 이 파일 위치를 CloudServiceClient Builder에 전달한다. 이 해법은 끔찍하다. 원본 파일을 조작해서 사용자가 모르게 구성 값을 변경하고 디버깅하기 힘든 버그를 일으킬 수도 있다. 게다가 클라이언트가 생성될 때마다 임시 파일을 생성해야 한다.

또한 실제 구성 설정 이름이 CloudServiceClientBuilder에서 새로운 BatchServiceBuilder 우회 구현으로 누수된다는 사실에 주목해야 한다. 이는 컴포넌트들 사이에 강한 결합을 초래한다. YAML 파일에서 구성 절을 로딩하는 책임을 맡은 서비스 빌드는 갑자기 정확한 클라우드 클라이언트 구성 구조를 알아야 하며 이를 변경할 필요도 있다.

스트리밍 서비스는 구성에 대해 다른 접근 방법을 취한다. 다음 절에서 스트리밍 도구가 어떻게 설정 제거 상황을 처리하는지 살펴보자.

6.5.2 스트리밍 도구에서 설정 제거하기

스트리밍 도구에서는 클라우드 라이브러리가 사용하는 내부 인증 전략이 사용자로부터 추상화되어 있다. 스트리밍 도구의 클라이언트는 구성 메커니즘에 대해 아는 바가 없다. 사용자가 눈치채지 못한 상태에서 호환성에 손상을 가하지 않고서도 인증 전략을 투명하게 변경할 수 있다. 사용자에게 영향을 미치지 않은 채로 이주가 가능하며 스트리밍 서비스의 YAML 구성은 전혀 바뀌지 않는다.

코드 6.28에서는 전과 동일한 사용자 이름과 암호를 사용되며 암호는 평문으로 전달한다. `Streaming ServiceBuilder`는 `UsernamePasswordHashedAuthStrategy`를 생성해서 해시 처리된 암호를 여기에 전달한다.

코드 6.28 해시 전략 생성 추상화

```
CloudServiceConfiguration cloudServiceConfiguration =
    new CloudServiceConfiguration(
        new UsernamePasswordHashedAuthStrategy(     ← ① 평문 대신 해시 전략을 구현한다
            (String) streamingConfig.get("username"),
            toHash((String) streamingConfig.get("password"))),   ← ② 해시 전략으로 넘기기에 앞서
            (Integer) streamingConfig.get("connectionTimeout"));        암호를 해시 처리한다
```

이런 동작 방식의 변경은 스트리밍 도구의 사용자에게 감춰진다. 이 해법이 제공하는 UX가 더 좋은 이유는 스트리밍 서비스의 구성을 변경할 필요가 없기 때문이다. 스트리밍 서비스의 최종 사용자들은 변경 없이 새로운 버전을 쉽게 사용할 수 있다.

스트리밍 서비스는 최종 사용자에게 변경 내역을 공개하지 않고서도 사용하는 클라우드 클라이언트 라이브러리를 변경할 수 있다. 스트리밍 서비스를 개발하는 팀이 클라우드 클라이언트를 다른 라이브러리로 변경하기로 결정한다면 그렇게 하기가 쉬울 것이다. 설정의 매핑은 이미 적용되어 있으므로 이런 상황에서 매핑 계층만 새로운 구성 형식에 맞춰 조정하면 된다.

최종 사용자가 모르게 예전 인증 전략을 새로운 `UsernamePasswordHashedAuthStrategy`로 매핑하는 방식은 단기적으로 훌륭한 해법이다. 하지만 장기적으로 새로운 `UsernamePasswordHashedAuthS trategy`로 이주해야 하는 이유는 새로운 인증 전략이 사용자를 위해 더 나은 보안을 제공하기 때문이다.

이주 단계는 몇몇 지점에서 구현될 필요가 있지만, 스트리밍 도구는 기반 클라우드 구성을 캡슐화하므로 이주 단계가 간소화된다. 예를 들어 해시된 암호를 실어 나르는 새로운 구성 속성을 도입할 수 있다. 최종 사용자가 해시된 암호를 제공하면 평문 암호를 해시된 암호로 수동 매핑할 필요가 없다. 그 대신 새로운 `UsernamePasswordHashedAuthStrategy`를 사용할 수 있다.

이주가 진행 중인 동안 암호를 제공하는 두 가지 수단을 모두 지원해야 한다. 기반 클라우드 클라이언트 호환성을 깨뜨릴 걱정 없이 스트리밍 도구 클라이언트가 편안히 이주하게 허용할 것이다.

이제 두 해법의 UX와 유지보수 비용을 비교해보자. 다음 절은 이 비교 결과를 보여준다.

6.5.3 UX 친화성과 유지보수성 측면에서 두 해법 비교하기

다운스트림 시스템이 설정을 제거하거나 더 이상 사용하지 않기로 결정할 때 UX와 유지보수 비용이 어떻게 차이 나는지 결론을 내릴 수 있다. 차이점을 살펴보자.

먼저 스트리밍 도구는 전체 구성을 소유하므로 다운스트림 컴포넌트의 이주도 훨씬 더 쉽게 처리할 수 있다. 클라우드 클라이언트를 완전히 제거해서 다른 클라이언트로 대체하고 싶다면 스트리밍 서비스의 경우가 훨씬 더 쉬울 것이다.

클라이언트에서 클라우드 클라이언트로 설정을 직접 전달하는 배치 서비스는 이런 시나리오에서 끔찍한 상황에 직면한다. 의존하는 설정을 제거하는 것은 모든 클라이언트가 동시에 새로운 값으로 이주할 필요가 있음을 의미한다. 여러 클라이언트에게 이런 사실을 숨길 수는 없다. 또한 우리 도구의 UX는 취약하다. 이 문제를 우아하게 처리하려면 오류가 발생하기 쉬운 우회책을 고안할 필요가 있다.

스트리밍 서비스에서 도입된 추가적인 구성 추상화는 UX 친화적인 방식으로 우리 도구를 진화시킬 수 있는 가능성을 제공한다. 표 6.2에서 두 도구를 비교하면서 논의를 마무리한다.

표 6.2 클라이언트에서 설정을 제거하거나 더 이상 사용하지 않기로 결정할 때 미치는 영향

도구 이름	UX	유지보수 비용
배치 도구	낮음: 사용자는 크게 영향을 받음	높음/현실성 없음
스트리밍 도구	높음: 사용자는 영향을 받지 않음	아주 낮음

유지보수 비용과 관련된 결정은 다운스트림 컴포넌트를 망가뜨리거나 하위 호환성을 깨뜨리는 위험과 관련이 있다. 다운스트림 클라우드 클라이언트 라이브러리가 하위 호환성을 깨뜨리는 방식으로 진화할 경우 이 클라이언트를 사용하는 서비스는 구성 메커니즘을 추상화할 필요가 있다. 서비스를 개발하고 있으며 기반 라이브러리의 생명 주기에 영향을 미친다고 가정하자. 이 경우 하위 호환성을 깨뜨리는 변경수를 줄일 수 있을지도 모른다. 심지어 이런 변경을 불허하고 손상을 입히는 변경 사항 없이 다운스트림 라이브러리를 진화시킬 수도 있다. 이런 경우에 구성 메커니즘의 추상화와 관련된 추가적인 유지보수 비용을 지불할 필요가 없을지도 모른다.

이와는 반대로, 예측할 수 없는 방향으로 진화하는 다운스트림 라이브러리를 사용하며 우리가 해당 다운스트림 라이브러리의 생명 주기에 영향을 미치지 못한다고 가정하자. 이는 하위 호환성을 깨뜨리는 변경이 생길 수 있음을 의미하며 이런 변경을 방지해야 한다. 이런 시나리오에서는 추가적인 유지보수 비용이 들더라도 그만한 가치가 있다. 즉, 클라이언트가 사용하기 쉬운 더 나은 UX 도구를 생성할 것이다.

이 장에서는 도구를 설계하는 다양한 방식을 알아봤다. 스트리밍과 배치라는 두 도구가 사용할 클라우드 클라이언트 라이브러리를 만드는 내용으로 시작했다. 스트리밍 도구는 구성에 간접적으로 접근한다. 스트리밍 도구는 기반 라이브러리를 추상화하며, 새로운 설정이 추가될 때 약간의 유지보수 비용을 지불한다. 배치 도구는 추상화 계층 없이 클라우드 클라이언트 구성 API를 직접 사용한다. 기반 라이브러리의 새로운 설정이 추가될 때 어떤 유지보수 비용도 지불하지 않고 배치 도구를 진화시킬 수 있었다.

다운스트림 설정을 더 이상 사용하지 않기로 결정되어 다운스트림 설정이 제거될 때 상황은 급격하게 바뀐다. 스트리밍 서비스에 도입된 추상화는 작은 유지보수 비용으로 사용자를 위한 훌륭한 UX를 유지하게 만든다. 하지만 배치 서비스는 좋은 UX를 유지하지 못했고 이와 같은 변경에 적절히 대응할 수도 없었다. 이런 상황에서는 작은 유지보수 비용이 UX를 개선했다. 다음 장에서는 날짜와 시간 API로 작업할 때 트레이드오프와 실수에 대해 알아볼 것이다.

요약

- 기술적인 결정이 UX에 영향을 미칠 수 있다.
- 다운스트림 라이브러리에 새로운 설정을 추가하는 작업은 유지보수 비용 없이 처리할 수 있다.
- 추가적인 추상화는 호환성을 깨뜨리지 않고서 도구를 진화하게 만들 수 있다. 하지만 추가적인 유지보수 비용이 들어간다.
- 추상화를 추가하면 기반 컴포넌트가 변경될 때마다 이를 사용하는 코드에도 추가 작업이 필요하다.
- 제품이 외부에 공개되고 사용자의 UX가 중요하다면 코드를 사용하는 라이브러리의 내부 세부 사항을 전파하지 않는 방식이 현명하다.

07

날짜와 시간 데이터로
효율적으로 작업하기

이 장에서 다루는 내용

- 날짜와 시간 정보를 특정 개념으로 주의 깊게 생각하기
- 범위를 제한하고 정확한 제품 요구사항을 문서화하기
- 날짜와 시간 코드에서 사용할 최고의 라이브러리 선택하기
- 코드에서 날짜와 시간 개념을 일관성 있게 사용하고 날짜와 시간 코드가 테스트 가능하게 만들기
- 날짜와 시간 데이터를 위한 적절한 테스트 형식 선택하기
- 달력 계산과 시간대와 관련해 특이한 경우 고려하기

날짜와 시간은 거의 모든 애플리케이션에서 매우 자연스럽게 등장한다. 심지어 애플리케이션의 로그 메시지에 찍힌 타임스탬프만 존재하는 경우에도 그렇다. 불행하게도 날짜와 시간은 지나치게 복잡한 코드나, 지구 반대편에 있는 사용자만 목격 가능하거나 1년 동안 두 시간 정도만 목격 가능한 버그로 인해 심각한 문제를 일으킨다. 이런 버그를 무시하기는 아주 쉽지만, 올바른 도구를 사용하면 버그를 회피할 수 있다.

여기서 도구는 두 가지 종류다.

- **개념**: 작업하고 있는 정보에 대해 명확하게 생각하고 작성하게 도와준다
- **라이브러리**: 개념을 코드로 바꾸는 작업을 도와준다

사용하는 라이브러리는 종종 기반 플랫폼의 일부가 될 것이며(예: 자바 8에서 도입된 java.time 라이브러리를 사용하는 경우), 아니면 명시적으로 설치할 필요가 있는 타사 라이브러리가 될 수도 있다(예: **완전히** 임의로 라이브러리를 골라보자면 .NET을 위한 노다 타임(Noda Time) 라이브러리를 사용하는 경우[이것이 아주 임의는 아닌 이유는 노다 타임의 핵심 개발자가 이 책의 공저자인 존이기 때문이다]).

사용 중인 플랫폼과 라이브러리에 따라 이 장에서 소개하는 개념과 이를 표현하기 위해 사용할 타입이 1:1로 매핑되지 않을 수도 있다. 그래도 괜찮은 이유는 **조금 더** 힘들기는 하지만, 여기서 소개하는 개념은 여전히 당신의 프로젝트에 적용 가능하기 때문이다. 단지 주석, 이름 짓기, 문서화, 아니면 이 세 가지를 혼합해서 의도를 주의 깊게 문서화하기만 하면 된다.

이 장에서는 개념과 애플리케이션을 실전에 활용하는 방법뿐만 아니라, 날짜와 시간 관련 코드를 효율적으로 테스트하는 방법에 대한 몇 가지 지침도 제공할 것이다. 이 장을 읽고 나면 날짜와 시간 관련 로직을 신중하고 자신 있게 설계할 수 있을 것이다.

모든 내용을 구체적으로 설명하기 위해 온라인 쇼핑 시나리오를 사용할 것이다. 그림 7.1은 개발팀에게 초기에 전달된 제품 요구사항을 보여준다.

이 장을 진행하면서 초기 요구사항이 명백하게 테스트 가능한 수용 기준으로 다듬어진 요구사항으로 변환되어 가는 방법을 살펴보게 될 것이다. 그런 다음에 요구사항을 구현하고 대응하는 테스트를 작성할 것이다. 먼저 코드는 거의 언급하지 않고 개념부터 살펴보겠다.

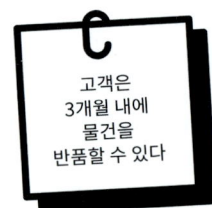

그림 7.1 온라인 쇼핑 사이트를 위한 고차원 요구사항

7.1 날짜와 시간 정보에 대한 개념

많은 주제와 마찬가지로 날짜와 시간을 더 깊게 파고들다 보면 점점 더 난해하고 이상한 동작 방식에 대한 사례를 찾을 수 있다. 계속 파고들다 보면 영영 헤어나오지 못할 수도 있다. 몇몇 플랫폼과 라이브러리는 너무나 단순해서 정말로 중요한 상황을 놓칠 정도로 세상을 단순하게 취급하려고 시도하면서 반대 방향으로 기수를 돌린다. 우리는 이 절에서 제시하는 개념을 잘 다듬어 중도를 지켰다. 물론 이 정도면 대다수 비즈니스 애플리케이션을 다룰 정도로 충분하지만, 너무 깊게 들어가면 이 장의 주제만으로도 책 한 권 분량의 내용이 될 것이다.

> **≡Q 참고**
>
> 특히 틈새 영역에서 작업한다면 시간과 관련해 영감을 얻기 위한 다른 곳을 살펴볼 필요도 있겠지만, 그렇다고 하더라도 여기서 소개하는 개념은 **대다수** 애플리케이션에 충분히 활용 가능하다고 본다. GPS 장비를 만들고 있거나 고대 역사에서 데이터를 표현하거나 네트워크 시간 프로토콜(NTP, Network Time Protocol) 클라이언트를 작성한다면 여기서 소개하는 개념만으로도 **대다수** 애플리케이션에 충분히 활용 가능하다. 틈새 영역과 까다로운 측면은 최대한 제한적으로 다루기 바란다.
>
> 또한 윤초(leap second, 閏秒)를 잘 알고 있다면 몇 가지 논쟁이나 예측 불허의 일격에 거부감을 느낄지도 모른다. 공감은 하지만, 윤초는 **절대적인** 정확성이 명확성을 방해하는 분야 중 하나다.

개념이 java.time이나 노다 타임 라이브러리에서 직접 표현되는 경우에는 해당 타입을 열거할 예정이므로 필요한 경우에 추가로 개념을 직접 실험할 수도 있다. 시간에서의 인스턴트, 에포크, 시간 간격이라는 몇 가지 기본적인 개념부터 알아보자.

7.1.1 컴퓨터 시간: 인스턴트, 에포크, 시간 간격

인간이 날짜와 시간 정보를 다루는 방식은 문화와 매우 밀접한 관련이 있다. 예를 들어, 날짜와 시간은 종교에서 가장 큰 영향을 받는 소프트웨어 공학 분야 중 하나다. 문화적인 측면을 이해하는 것도 중요하지만, 최대한 방정식에서 문화적인 요인을 제거하려고 노력하는 편이 낫다. 그렇기 때문에 우리가 살펴볼 첫 번째 개념은 사람이 소프트웨어에 초래할 혼란을 포함하지 않는 조금 **더 순수한** 개념이다.

- **인스턴트(INSTANT)**

java.time에서 타입은 java.time.Instant이며, 노다 타임에서 타입은 NodaTime.Instant이다.

인스턴트는 전 세계적인 타임스탬프다. 전 세계(아니 지구를 벗어나) 어떤 장소에 있는 두 사람도 인스턴트가 **지금** 현재 시간이 무엇을 의미하는지 동의할 수 있다. 두 사람이 각자 손목시계를 보고 시간대 때문에 다른 지역 시각을 확인하거나 문화적인 차이 때문에 지금이 몇 월인지 동의하지 않을 수는 있지만, 여전히 인스턴트에 대해서는 동의할 수 있다. 인스턴트는 **일**이나 **년**과 같이 보잘것없는 인간의 개념과 무관한 일종의 **컴퓨터 시간**으로 생각할 수 있다.

인스턴트는 세분화되지 않는 타임라인을 이루는 점으로 생각할 수 있다. 인스턴트 개념의 예는 그림 7.2를 참고하자.

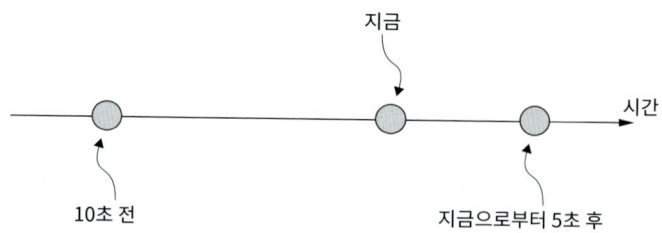

그림 7.2 세분화되지 않은 인스턴트의 타임라인

상대성 이론과 아주 까다로운 물리학을 고려해야 한다면 인스턴트는 매우 복잡하거나 심지어 이해가 불가능할 것이다. **물리적인 우주를 절대적으로 정확하게** 구현하려는 노력이 거의 모든 응용 분야에서 실수로 판명되는 이유가 바로 여기에 있다.

인스턴트는 데이터베이스 트랜잭션이 커밋되거나 로그 항목이 생성될 때 등 **뭔가 일어난 시점**을 고려할 필요가 있는 경우에 사용하기 위한 자연스러운 개념적인 타입이다. 인스턴트가 내부적으로 어떻게 표현되어야 하는지 궁금할 수 있다. 구현 세부사항이긴 하지만, 여전히 고려해야 할 유용한 사항이며 이를 위해 새로운 개념이 필요하다.

- **에포크(EPOCHS)**

그림 7.2에 보여준 타임라인에는 축에 숫자가 없다. 선에 위치한 점들은 단순히 서로 상대적일 뿐이다. 전형적인 해법은 **에포크**라고 알려진 **영점**에 합의하고 모든 것을 에포크에서 측정하는 것이다. 기존 예제에 에포크를 추가해보자. 에포크가 '**지금**'으로부터 15초 전이었다고 가정하자. 이제 각 인스턴트를 에포크로부터 경과한 시간(초)으로 표현할 수 있다. 그림 7.3은 에포크와 에포크에 상대적인 시간 간격을 추가하는 방식으로 그림 7.2를 확장한 시각적인 표현이다.

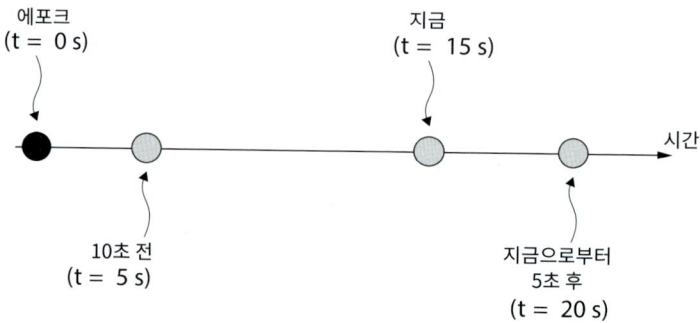

그림 7.3 에포크에 고정된 타임라인

동일한 표현을 사용하는 모든 사람이 동일한 에포크를 사용하는 것이 중요하므로 어떤 면에서는 문제를 조금 옮긴 셈이다. 여전히 시간 관점에서 인스턴트에 대해 합의가 필요하지만, 에포크를 사용해 **모든** 인스턴트를 표현할 수 있게 되었다.

대다수 시스템이 사용하는 에포크는 **유닉스 에포크**로, UTC 기준으로 1970년 1월 1일 자정에 일어났던 인스턴트다. UTC, 월, 연은 아직 설명하지 않았다. 날짜와 시각을 논할 때 내재된 문제 중 하나는 개념이 서로 꼬리를 무는 듯한 느낌이 든다는 것이다.

하지만 유닉스 에포크가 가장 널리 사용되는 유일한 에포크는 아니다. 서기 1년이 그레고리력에서 외삽한 결과[4]로 표현됨에도 불구하고 .NET 에포크는 서기 1년 1월 1일 자정이다. 그레고리력은 아직 논의하지 않은 **훨씬** 더 복잡한 내용과 연계되어 있다.

엑셀과 마이크로소프트의 COM 표현 방식은 1900년을 시작으로 에포크를 사용하지만, 1900년을 윤년으로 취급하는 소프트웨어의 버그로 인해 이 에포크는 논의하기가 더욱 어려워졌다.

잘 캡슐화된 날짜와 시간 라이브러리에서는 내부적으로 어떤 애포크가 사용되었는지 알 필요가 없어야 하지만, 많은 라이브러리는 라이브러리 표현 사이에 변환을 위한 함수는 물론이고 유닉스 에포크 이후에 경과한 초를 계산하는 함수를 제공한다. 이런 이유 때문에 일반적으로 날짜와 시간 라이브러리에서는 에포크 개념을 캡슐화한 타입을 구경조차 하지 못한다.

지금까지 살펴본 예제에서는 에포크에서 경과한 시간을 초 단위로 고려했지만, 현실 세계에서는 훨씬 더 세분화된 시간 측정이 필요한 경우가 많다. 항상 특정 단위를 가정하는 대신, **경과된 시간의 양**을 나타내는 **시간 간격**이라는 개념을 캡슐화하는 것이 유용하다.

■ 시간 간격(DURATIONS)

java.time에서 타입은 java.time.Duration이며, 노다 타임에서 타입은 NodaTime.Duration이다.

시간 간격은 특정 시점이 아니라 **경과된** 시간을 측정한 값이다. 타임라인에서 두 점 사이의 차이를 측정하면 그게 바로 시간 간격이 된다. 스톱워치를 시작하면 표시되는 값이 바로 시간 간격이다. 시간 간격은 양수도 될 수 있고 음수도 될 수 있다(예: 에포크 이전에 시작된 인스턴트는 내부적으로 음의 시간 간격으로 표현될 수 있다). 논리적으로 인스턴트와 시간 간격에 다음 산술 계산을 적용할 수 있다.

---

[4] (옮긴이) 그레고리력이 기존 율리우스력의 오차를 수정하기 위해 1582년에 등장했으므로 서기 1년은 그레고리력으로 직접 다룰 수 없다.

- 인스턴트 − 인스턴트 => 시간 간격
- 시간 간격 + 시간 간격 => 시간 간격
- 인스턴트 + 시간 간격 => 인스턴트
- 인스턴트 − 시간 간격 => 인스턴트

그림 7.4는 이런 산술 계산을 시각적으로 보여준다. 특히 다음을 고려하자.

- **지금**에서 x를 뺀 결과는 10초라는 시간 간격이다.
- 10초에 5초를 더한 결과는 15초라는 시간 간격이다.
- 지금으로부터 10초 전을 얻거나 지금으로부터 5초 후를 얻고 싶다면 해당 시간 간격을 더하고 빼면 된다.

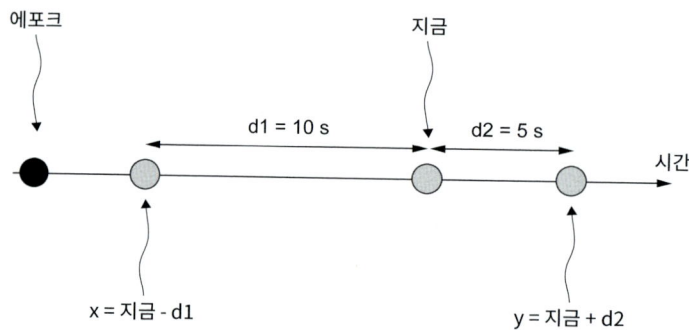

그림 7.4 타임라인에서 인스턴트와 시간 간격 산술 계산

시간 간격의 내부적인 표현은 일반적으로 정밀도 관점에서 한계가 있다. 일반적인 정밀도는 밀리초, 마이크로초, 나노초, 또는 틱을 포함한다. 틱은 윈도우나 .NET에 특화된 단위이며, 100나노초다.

중요한 것은, 시간 간격은 항상 측정한 경과 시각 관점에서 절대적으로 고정되어 있다는 사실이다. **1초**, **5마이크로초**, **3시간**은 모두 유효한 시간 간격이지만, **2달**이 그렇지 않은 이유는 한 달의 길이가 가변적이기 때문이다. 1일이 유효한 시간 간격인지 아닌지는 1일을 어떻게 이해하느냐에 달렸다. **하루 자정부터 다음 날 자정까지 경과된 시간**으로 하루를 생각한다면 유효한 시간 간격이 아니다. 하루는 23시간이나 25시간이 될지도 모르는 시간대 영역에 들어가기 때문이다. 하지만 하루를 24시간과 동일하게 생각한다면 유효한 시간 간격이다.

> **참고**
>
> 도움이 된다면 인스턴트를 기하학에서의 점으로 보고 시간 간격을 벡터로 생각할 수도 있다. 인스턴트와 시간 간격 사이에 사용 가능한 산술 계산을 살펴볼 때 모두 점과 벡터 연산에 매핑된다.

과거 몇몇 라이브러리는 시간 간격 개념을 캡슐화하지 않고 대신 숫자와 단위를 독립적으로 유지했다. 이는 다음과 같은 함수 시그니처를 이끌어냈다(java.util.concurrent.locks.Lock에서 가져옴).

```
boolean tryLock(long time, TimeUnit unit)
```

이런 숫자와 단위를 분리하는 방식이 유용한 경우도 있지만, 일반적으로 경과된 시간 개념이 유효한 모든 곳에서 사용할 수 있는 Duration 타입보다는 훨씬 더 조악해 보인다.

인스턴트와 시간 간격은 컴퓨터 시간에서 가장 중요한 개념인 반면(에포크는 일종의 배경 개념이다), 라이브러리는 종종 편의를 위한 추가적인 타입을 제공한다. 가장 일반적인 타입은 **간격**으로, 단순히 시작과 끝이라는 인스턴트 쌍을 캡슐화한다. 다양한 라이브러리들은 간격이 개방형(시작 인스턴트가 없이 또는 끝 인스턴트가 없이)이 될 수 있는지, 그리고 시작 인스턴트가 끝 인스턴트보다 뒤에 올 수 있는지 (일종의 **음수 간격**)에 대해 다른 접근 방식을 취한다. 사용 중인 라이브러리 내에서 어떤 정책이 유효한지 인식하면 좋지만, 간격은 인스턴트와 시간 간격과 동일 선상에 둘만큼 근본적인 개념이 아니므로 여기서 자세히 파고들지는 않을 것이다.

컴퓨터 시간은 여러 상황에서 유용하지만, 정보 확인을 원할 경우에 최종 사용자와 심지어 개발자에게도 엄청나게 불친절하다. 로그 파일을 읽고 있다면 1605255526 또는 2020-11-13T08:19:46Z라는 표현 중 무엇을 보고 싶을까? 사람이 개입될 때 계산은 훨씬 더 복잡해지는 경우가 많으며, 특히 날짜와 시간 정보 분야에서는 더욱 그렇다. 인간이 시간을 다양한 개념으로 나누는 방식을 살펴보자.

7.1.2 상용 시간: 달력 시스템, 날짜, 시간, 날짜 간격

시간대 버그에 혼이 난 적이 있다면 이 절에서 기술하는 개념 목록에 시간대가 없다는 사실을 알고 깜짝 놀랐을지도 모르겠다. 걱정하지 마라. 아직은 아니지만 조만간 나올 테니까. 먼저 시간대가 없는 세상을 상상해보면 그것이 우리가 기대하는 단순함의 천국이 아니라는 사실을 알게 된다. 직관적으로 답이 나올 것 같은 질문 하나로 시작해보자. 오늘은 무슨 요일인가?

■ 달력 시스템: 시간을 일, 월, 년으로 분해하기

java.time에서 타입은 java.time.chrono.Chronology, java.time.LocalDate, java.time.chrono.ChronoLocalDate이며, 노다 타임에서 타입은 NodaTime.CalendarSystem과 NodaTime.LocalDate이다.

인간 경험에 있어 한 가지 상당히 보편적인 측면은 하루를 기반으로 살아가는 방식이다. 모든 문명에는 낮과 밤의 개념이 있고, 낮에는 일하고 밤에는 잠자는 경향이 있다. 따라서 타임라인을 일 단위로 나누는 방식은 지극히 자연스럽다.

다음으로, 계절은 인류 역사상 상당히 중요했으며, 심지어 오늘날 농부가 점점 줄어들고 있음에도 불구하고 1년 주기는 우리 삶에 여전히 영향을 미치므로 타임라인을 연 단위로 나누는 방식 역시 자연스럽다.

월은 유용한 수준의 세분화로서 편의상 만들었다는 특성이 있다. 달의 위상 주기가 대략 29.5일이라는 사실은 우리의 문명이 달력 시스템을 설계하는 데 영향을 미쳤지만, 달의 위상은 일이나 연보다는 우리 삶에 미치는 영향이 적다.

따라서 **달력 시스템**은 연도, 해당 연도 내 월, 해당 월 내 일이라는 관점에서 특정 날짜를 지칭하는 방식이다. 단일 달력 시스템을 따른다면 이 모든 것이 비교적 단순하겠지만, 현실은 그렇지 못하다.

> 참고
>
> 인간의 관점에서 일, 월, 년 등 날짜와 시간에 대해 생각할 때, 이를 **상용 시간**이라고 부른다. 이는 앞 절에서 살펴본 컴퓨터 시간과는 달리 문화에 아주 민감하다.

따라서 이 절을 시작하면서 던진 질문에 답하기 위해 이 책을 집필하는 시점인 2020년 11월 20일을 예로 들어보자. 적어도 영국에서는 이 날짜가 맞다. 모호하지 않은 진술처럼 들리지만, 심지어 여기에도 암묵적인 가정이 들어있다. 2020년 11월 7일이라고도 정확하게 말할 수 있었기 때문이다. 어떻게 동일 시간에 두 날짜가 존재할 수 있을까? 그레고리력 시스템에서는 2020년 11월 20일이고, 율리우스력 시스템에서는 2020년 11월 7일이다. 히브리력으로는 5781년 키슬레브의 4일째 되는 날이며, 이슬람력으로는 1442년 라비 아트 타니의 4일째 되는 날이다. 이들은 전 세계에서 사용되는 달력 시스템 중에서 몇 가지에 불과하다. 표 7.1은 앞서 설명한 달력 시스템에서 며칠 전부터 오늘까지 날짜를 보여준다.

표 7.1 네 가지 달력 시스템에서 날짜의 타임라인

그레고리력	율리우스력	히브리력	이슬람력
2020년 11월 16일	2020년 11월 3일	5781년 해쉬반 29	1442년 라비 알 아왈 30
2020년 11월 17일	2020년 11월 4일	5781년 키슬레브 1	1442년 라비 아트 타니 1
2020년 11월 18일	2020년 11월 5일	5781년 키슬레브 2	1442년 라비 아트 타니 2
2020년 11월 19일	2020년 11월 6일	5781년 키슬레브 3	1442년 라비 아트 타니 3
2020년 11월 20일	2020년 11월 7일	5781년 키슬레브 4	1442년 라비 아트 타니 4
2020년 11월 21일	2020년 11월 8일	5781년 키슬레브 5	1442년 라비 아트 타니 5
2020년 11월 22일	2020년 11월 9일	5781년 키슬레브 6	1442년 라비 아트 타니 6

달력 시스템마다 특징이 매우 다를 수 있다. 그레고리력과 율리우스력 시스템은 거의 동일하며, 윤년 관점에서 차이가 날 뿐이다. 이 두 달력 시스템과 히브리력 시스템을 비교해보면 해쉬반과 키슬레브의 길이는 매년 다르고 **윤년**은 하루가 아니라 한 달이 더 있다(아다르 달은 아다르 달 I과 아다르 달 II로 나뉜다). 이슬람과 관련된 여러 달력 시스템이 존재하며 단순히 **이슬람 달력 체계**를 언급한 경우 무엇을 의미하는지 정확히 파악하기가 상당히 까다롭다.

코드로 처리하는 과정에서 내가 가장 놀란 달력 시스템은 바하이 교에서 사용된 바디력인데, 1년은 19일로 구성된 19개월이고, 18번째 달과 19번째 달 사이에는 4~5일이 들어있다. 여기서 4~5일은 한 달에 전혀 포함되지 않는다.

위의 모든 설명에는 하루가 끝나고 다음 날이 시작될 때가 언제인지, 즉 자정으로 모든 사람이 동의한다는 가정을 포함한다는 사실은 말할 필요도 없다. 역사적으로 모든 달력 시스템에서 이런 가정은 올바르지 않다. (유별나게) 히브리력과 이슬람력 시스템은 하루의 경계가 자정이 아니라 일몰이다.

이 모든 내용이 끔찍하게 들린다면 7.2.1절에 나오는 내용은 대부분 크게 걱정할 필요가 없다. 이는 좋은 소식이지만, 심지어 그레고리력 시스템을 고수하더라도 계속 주의할 필요가 있다는 나쁜 소식도 함께 전한다. 하지만 일단 타임라인을 연, 월, 일로 나누고 나면(다시 한 번 시간대는 무시한다), 하루 중 시간을 참조하는 것은 상대적으로 간단하다.

하루 중 시간

java.time에서 타입은 java.time.LocalTime이며, 노다 타임에서 타입은 NodaTime.LocalTime이다.

다양한 시간 단위를 선택하는 시간 기록 시스템이 **존재하지만**, 대부분 이를 무시할 수 있다. 더 많은 정보를 얻고 싶다면 스와치에서 펴낸 "인터넷 시간"이라는 기사(https://www.swatch.com/en-us/internet-time.html)가 좋은 출발점이 될 것이다.

시간대와 윤초를 무시하더라도 하루를 60분과 60초로 구성된 24시간이라고 생각하는 데 아마 모두 동의할 것이다. 초는 밀리초, 마이크로초, 나노초와 같이 원하는 정밀도 단위까지 더 세분화할 수도 있다.

이 개념은 이 장에서 가장 짧은 절로 남겨둘 만큼 **거의** 단순하다. 유일하게 까다로운 측면은 하루에 **포함되며** 시작을 나타내는 00:00과는 반대로 하루에 **포함되지 않으며** 하루의 끝을 나타내는 24:00를 하루 시간으로 고려하는 방식이 유용한지 여부다. 24:00 값은 아주 광범위하게 사용되지는 않지만, 이를 고려할 필요가 있는 상황에 직면할 가능성도 있다.

조금 더 까다로운 상황으로 돌아가기 위해 상용 시간 내에서 산술 계산에 대해 생각해보자. 컴퓨터 시간에서 산술 계산은 단순하다. 항상 시간 간격을 함께 더하거나 인스턴트에서 시간 간격을 더하고 빼거나 다른 시간 간격을 얻기 위해 두 인스턴트 사이의 차이를 구하는 것이다. 모든 것은 상당히 예측 가능하다. 상용 시간에서 산술 계산은 놀라울 수 있다.

▪ 날짜 간격(PERIODS): 상용 시간에서 산술 계산

java.time에서 타입은 java.time.Period이며, 노다 타임에서 타입은 NodaTime.Period이다.

일반적으로 산술 계산을 생각하면 당연히 정답이 존재한다. 어렸을 때 산수 시험을 칠 때 5 + 6을 계산하라고 요청받으면 올바른 답은 당연히 11이 된다. **맞을지 틀릴지 모르는** 경우는 없고 정답 아니면 오답만 있다.

달력 산술 계산은 그렇지 않다. 적어도 극단적인 경우에는 정답이 없으며, 이런 극단적인 경우는 무시할 수 없을 만큼 충분히 일반적이다. 만일 질문이 "2021년 5월 31일에서 한 달 후의 날짜는 언제인가?"라면 "2021년 6월 30일" 또는 "2021년 7월 1일"이라고 합리적으로 대답할 수 있다. 그림 7.5는 이런 모호성을 보여준다.

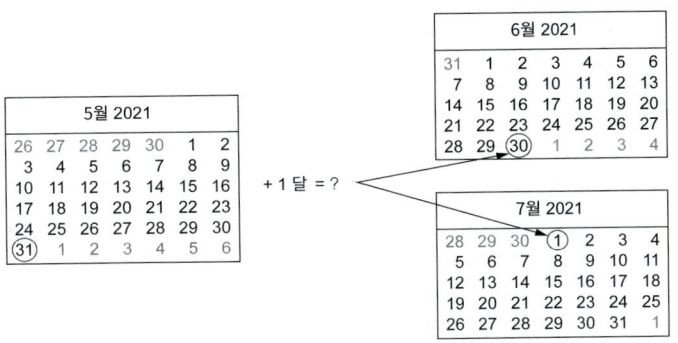

그림 7.5 날짜에 월을 더하면 항상 명확한 답이 나오지는 않는다.

하지만 여전히 유용한 개념인 **날짜 간격**을 정의할 수 있다. 날짜 간격은 특정 연도 수, 특정 월 수와 같이 다양한 달력 단위를 위한 값의 벡터와 같다. 따라서 **3년, 1개월, 2일**이 날짜 간격이 될 수 있다. 날짜와 시간 라이브러리 내에서 날짜 간격이 일 단위로 끝날지 아니면 더 작은 단위(예: 시, 분, 초, 밀리초 아래)까지 내려갈지에 대한 합의는 이뤄지지 않았다.

> **참고**
>
> 시간 간격(DURATION)은 컨텍스트에 무관하게 경과된 시간의 고정된 양을 표현한다. 3초는 항상 3초다. 날짜 간격 내에서 경과된 시간은 가장 명백한 1개월이라는 예에서도 어떤 달이냐(그리고 어떤 연도의 2월이냐)에 따라 달라질 수 있다.

날짜 간격은 약간 이상하게 보이는 숫자가 될 수도 있다. 처음에는 이상하게 보일지 몰라도 **16개월**이나 **35일**이라는 날짜 간격은 전적으로 합리적이다. (그레고리력 시스템을 다룬다면) 16개월을 1년과 4개월로 합리적으로 정규화할 수 있지만, 35일은 **1개월과 x일**과 같이 대응하는 날짜 간격으로 정규화할 수 **없다**. x의 값이 날짜 간격을 사용하려는 달의 길이에 의존할 것이기 때문이다.

예를 들어, **2개월 3일**과 **1년 2일**을 더하면 **1년 2개월 5일**이라는 답을 얻듯이 순수하게 날짜 간격 사이의 산술 연산은 상당히 단순하다. 날짜와 시간 라이브러리 내에서 **뺄셈**이 항상 의미가 있는지는 견해상의 문제다. 두 날짜 간격 사이의 거리는 **1년, −2개월, −1일**이 나와도 코드 관점에서는 문제없이 작동 가능하지만, 이런 값에 어떤 의미가 있으며 유용한 날짜 간격인지는 합의가 이뤄지지 않았다. 더 일반적으로는, 자연스럽게 나타나는 경우가 드물기에 부호가 혼합된 날짜 간격이 좋은 아이디어인지에 대한 의문이 있다.

대체로 나는 다음과 같은 산술 연산이 가능하다고 기대한다.

- 날짜 + 날짜 간격 => 날짜
- 날짜 − 날짜 간격 => 날짜
- 날짜 − 날짜 => 날짜 간격 (잠재적으로 사용하기를 원하는 단위를 명시함)
- 날짜 간격 + 날짜 간격 => 날짜 간격
- 날짜 간격 − 날짜 간격 => 날짜 간격

순수한 날짜 간격 산술 연산은 단순한 반면, 날짜와 날짜 간격 산술 연산(첫 두 연산은 위에 열거함)을 도입하자마자 잠재적인 문제에 부딪힌다. 앞서 언급한 극단적인 경우로 돌아가보면 라이브러리마다 몇몇 계산에 대해 다른 결과를 내며, **사람들에게** 물어봐도 각기 다른 대답을 내놓을 것이다. (물론 그럴 가능성은 항상 존재함에도 불구하고) 이런 현상은 라이브러리가 잘못된 것이 아니라, 명확한 정답이 없다는 것이 문제다. 하지만 라이브러리가 어떤 질문에 대해 어떤 대답을 하든 여러분의 단순한 기대를 위반할 가능성이 높다. 많은 사람을 놀라게 만드는 두 가지 특별한 측면이 존재한다.

첫째로 달력 산술 연산에서는 덧셈의 **결합 법칙**이 성립하지 않는다. 예를 들어, **2021년 1월 31일**이라는 값에 **1개월**과 **2개월**을 더하고 싶다고 가정하자. 다음처럼 두 가지 다른 방식으로 괄호를 사용할 수 있다.

- (2021년 1월 31일 + 1개월) + 2개월
- 2021년 1월 31일 + (1개월 + 2개월)

java.time과 노다 타임 양쪽에서 첫째 연산의 결과는 2021년 4월 28일인 반면, 둘째 연산의 결과는 2021년 4월 30일이다. 결과를 얻는 단계별 과정은 다음과 같다.

- (2021년 1월 31일 + 1개월) + 2개월
  - 2021년 1월 31일 + 1개월 => 2021년 2월 28일
  - 2021년 2월 28일 + 2개월 => 2021년 4월 28일
- 2021년 1월 31일 + (1개월 + 2개월)
  - 1개월 + 2개월 => 3개월
  - 2021년 1월 31일 + 3개월 => 2021년 4월 30일

라이브러리마다 다른 결과를 제공할 가능성도 있는데, 이번 경우에는 일관성이 있지만 다른 상황에서는 일관성이 없을 가능성도 있다.

둘째로 날짜와 날짜 간격의 덧셈은 가역성이 없다. 다시 말해, 날짜 d와 날짜 간격 p에 대해 (d + p) − p는 항상 d가 되기를 원하지만, 그렇게 동작하지는 않는다. 예를 들어 라이브러리 규칙이 무엇이든 1월 31일에 1개월을 더한 다음, 이 결과에서 1개월을 빼면 다시 1월 31일로 되돌아가지 않을 것이다.

이 모든 내용이 현실에서 중요하지 않게 들린다면 그림 7.6에서 소개하는 가상의 상황을 고려해보자. 2022년 2월 28일 선거가 있었고, 선거 당일 18세 이상 누구나 투표할 수 있다. 2004년 2월 29일에 태어난 사람도 선거에 투표할 수 있어야 할까?

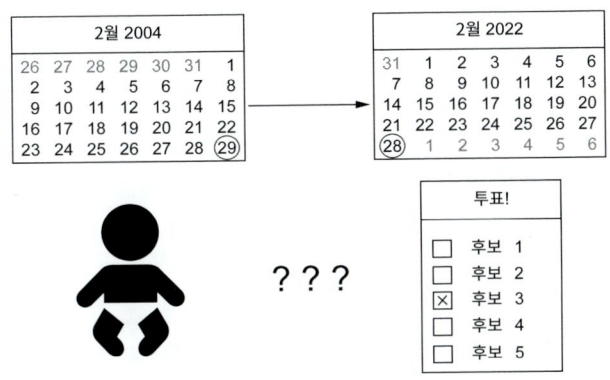

그림 7.6 달력 산술 연산 옵션 사이에서 선택한 결과가 실제 세상에 미치는 영향

이 예제는 가상이지만, 실제 이런 일이 일어날 수도 있다. 예를 들어 영국은 1974년 2월 28일에 총선을 실시했다. 이런 모호성을 만드는 상황을 회피하려 노력하는 것은 실용적이라고 여겨질 텐데, 여러분은 이처럼 의심스러운 날짜를 통제할 수 있다.

산술 연산을 사용해 이런 요구사항을 어떻게 표현할 수 있을까? **합리적으로 보이는** 두 가지 선택지는 다음과 같다.

- "선거일로부터 18년을 뺀다. 해당 날짜 전에 태어난 사람은 누구나 투표할 수 있다."
- "생년월일에 18년을 더한다. 선거가 당일 또는 이후에 실시되는 경우 투표할 수 있다."

java.time과 노다 타임은 서로 일관성이 있지만, 선택지에 따라 다른 결과를 제공한다. 첫 번째 선택지는 이 사람이 2004년 2월 28일에 태어나지 않았으므로 투표할 수 없다고 제안한다. 두 번째 선택지는

2004년 2월 29일에 18년을 더하면 2022년 2월 28일이므로 투표할 수 **있다**고 제안한다. 또다른 라이브러리는 결과를 2022년 3월 1일로 넘긴다는 결정을 내릴지도 모른다.

나는 개인적으로 여기서 두 번째 접근 방식이 올바르며, java.time와 노다 타임의 결과가 법률적으로 가장 정확하다고 **생각한다**. 하지만 전 세계 모든 국가가 법률을 이런 식으로 표현할지에 대해서는 알지 못하며 일부 국가에서는 모호하거나 일관성이 없는 법률을 채택했을 경우도 전적으로 있을 수 있다.

이 모든 내용에 겁을 주려는 의도는 없다. 그 대신, 달력 산술 연산을 수행할 때마다 정말로 신중하게 생각하게끔 권장하고, 모든 사람이 동일한 기대치를 갖도록 확실하게 하려는 취지다.

지금까지 잘 정의된 인스턴트 관점과 타임라인을 연, 월, 일로 분리하는 상용 시간 관점에서 컴퓨터 시간을 살펴봤지만, 컴퓨터 시간을 상용 시간으로 매핑하려 시도하지는 않았다. 이를 위해서는 시간대가 필요하다.

7.1.3 시간대, UTC, 그리고 UTC 오프셋

java.time에서 타입은 java.time.ZoneId와 java.time.ZoneOffset이며, 노다 타임에서 타입은 NodaTime.DateTimeZone과 NodaTime.Offset이다.

여러분은 시간대가 무엇인지 대략적이나마 이미 알고 있을 가능성이 높다. 불행히도 시간대에 대해 흔히 사람들이 오해하고 있는 부분이 제법 많으므로 여기서 바로잡고자 한다. 이 절에서는 설명을 위해 그레고리력이 **유일한** 달력 시스템이라고 가정할 것이다. 여기서 시간대에 대한 설명을 다른 달력 시스템으로 확장하는 과정은 그렇게 어렵지 않지만, 설명이 더욱 복잡해진다.

사람들은 일반적으로 특정 날짜의 정오 12시를 대략 태양이 바로 머리 위에 있는 시간으로 간주한다. 하지만 정오는 전 세계 각지에서 시간상 다른 인스턴트에 발생한다. 시간대는 이를 처리하기 위한 방법이다. 예를 들어, 나는 이 글을 영국에서 오후 3시 53분에 작성하고 있다. 샌프란시스코에 살고 있는 사람에게는 오전 7시 53분일 것이다. 인도에 사는 사람에게는 오후 9시 23분이다.

시간대는 기본적으로 다음 세 가지 정보를 포함한다.

- 식별자 또는 이름
- 해당 시간대에 있다고 간주되는 지구 표면의 영역
- 인스턴트를 상용 시간의 날짜와 시간으로 매핑하는 함수

자신이 있는 시간대에 정확하게 설정된 정밀한 손목시계를 차고 있는 사람을 상상해보면 단일 시간대에 있는 사람은 누구나 해당 시간대에서 매핑된 결과로 인해 어떤 인스턴트 시간에서도 동일한 날짜와 시간을 볼 것이다. 시간대가 다른 두 사람은 동일한 날짜와 시간을 **볼지도** 모르지만, 날짜와 시간이 다를 가능성도 있으며 심지어 지금은 서로 같은 날짜와 시간을 보더라도 1분 후에 서로 다른 날짜와 시간을 볼 수도 있다.

에포크를 소개할 때 유닉스 에포크는 1970년 1월 1일 UTC 시작일의 자정이 나타내는 인스턴트였다는 사실을 언급했다. 그렇다면 UTC란 무엇일까? UTC는 다른 시간대를 기술하기 위해 사용되는 빈 시간대 또는 기준선이다. 엄밀히 말하면, (UTC 시간대에 속한다고 지정된 지구의 영역은 존재하지 않기 때문에) UTC는 시간대가 전혀 아니지만 가장 간단한 시간대처럼 취급해 종종 실제로 사용되곤 한다. 여기서 UTC를 소개하는 이유는 이것이 더 복잡한 시간대로 작업하기 위한 일종의 디딤돌이기 때문이다.

UTC를 사용해 인스턴트를 상용 시간의 날짜와 시간으로 매핑하는 작업은 단순하다. 여러분은 이미 에포크가 표현하는 UTC 날짜와 시간(1970년 1월 1일 00:00:00)을 알고 있으므로 인스턴트는 이 에포크에 더해진 시간 간격일 뿐이다. UTC에서 하루는 24시간, 한 시간은 60분이다. 잠시 후에 설명할 다른 시간대에도 어려울 것은 없다. 여전히 윤년을 다룰 필요가 있지만, 크게 어렵지 않다. 에포크 이전의 인스턴트 역시 확실하게 동작한다. 예를 들어 유닉스 에포크를 다루고 있고 인스턴트가 −10초 시간 간격을 가지면 이는 1969년 12월 31일 23:59:50을 표현한다.

일단 UTC에 대한 개념을 이해했다면 인스턴트를 시간대에서 상용 시간의 날짜와 시간으로 매핑하는 함수는 인스턴트를 **UTC 오프셋**으로 매핑하는 함수와 동일하다고 생각하면 된다. 오프셋은 해당 시간대가 특정 인스턴트에서 UTC보다 얼마나 앞서 있는지 혹은 뒤쳐져 있는지를 알려주는 값이다.

2020년 11월 20일 오후 3시 53분 UTC에 매핑되는 인스턴트라는 구체적인 예에서 샌프란시스코 시간대를 위한 UTC 오프셋은 −8시간이다. 샌프란시스코는 이 인스턴트에서 UTC보다 8시간 뒤쳐져 있다고 말할 수 있으며, 오전 7시 53분이 되는 이유다. 인도는 이 인스턴스에서 UTC보다 5시간 30분 앞서 있으므로 오후 9시 23분이 된다.

하지만 인스턴트에서 UTC 오프셋으로 매핑하는 함수가 모든 인스턴트에 대해 동일한 결과를 제공할 필요는 없으며 대다수 시간대에서는 결과가 다르다. 예를 들어 2020년 **6월** 20일 오후 3시 53분에 샌프란시스코 시간대를 위한 UTC 오프셋은 −7시간이므로 오전 8시 53분이 된다. 인도를 위한 UTC 오프셋은 여전히 5시간 30분이며, 1945년 이후 이 오프셋이 변함없이 사용되어 왔다.

인스턴트에서 상용 시간의 날짜와 시간으로 매핑하는 작업은 모호하지 않지만, 반대의 경우는 그렇지 않다. 몇몇 상용 시간의 날짜와 시간 값은 **모호하며**(인스턴트 둘 이상이 상용 시간의 날짜와 시간으로 매핑될 때) 몇몇 값은 **건너뛰기도** 한다(어떤 인스턴트도 상용 시간의 날짜와 시간으로 매핑되지 않을 때). 예를 들어 샌프란시스코를 위한 시간대에서 서머타임 시간제가 **해제**될 때 현지 시각으로 2020년 11월 1일 오전 2시(UTC로 오전 9시)의 오프셋이 UTC-7에서 UTC-8로 변경되었다. 이는 정확한 손목시계를 차고 있는 샌프란시스코 시민들이 다음과 같은 시간 변화 추이를 목격할 수 있었음을 의미한다.

- 01:59:58
- 01:59:59
- 01:00:00 ← 여기서 서머타임 시간제가 **해제된다**
- 01:00:01
- 01:00:02

이는 2020년 11월 1일 오전 1시 45분이라는 상용 시간의 시간과 날짜가 두 번 발생한다는 사실을 의미한다. 샌프란시스코에 있는 두 사람은 그날 한밤 오전 1시 45분에 고양이들이 자신들을 깨웠다고 말할 수 있지만, 실제로는 한 시간 간격으로 각각 깨웠던 것이다.

반면, 샌프란시스코에서 2020년 3월 8일을 보면 시계는 현지 시각으로 오전 2시(UTC로는 오전 10시)에 한 시간 **앞당겨져** UTC-8에서 UTC-7으로 변경되었다. 이번에 샌프란시스코 시민들은 다음과 같은 시간 변화 추이를 목격할 수 있었다.

- 01:59:58
- 01:59:59
- 03:00:00 ← 여기서 서머타임 시간제가 **시작된다**
- 03:00:01
- 03:00:02

이는 2020년 3월 8일 오전 2시 45분이라는 상용 시간의 날짜와 시간이 전혀 일어나지 않았음을 의미한다. 그날 오전 2시 45분에 고양이가 자신을 깨웠다고 주장하는 샌프란시스코 주민은 실수하는 것이다.

그림 7.7은 2020년 한 해 동안 네 시간대(유럽/모스크바, 유럽/파리, 아메리카/아순시온, 아메리카/로스_엔젤레스)의 UTC 오프셋 그래프를 보여준다. 아메리카/아순시온은 파라과이에서 준수하는 시간대이며, 아메리카/로스_엔젤레스는 샌프란시스코에서 준수하는 시간대다. 파라과이가 남반구에 있으므로 3월에 서머타임 시간제가 해제되고 10월에 서머타임 시간제가 시작된다는 사실에 주목하자.

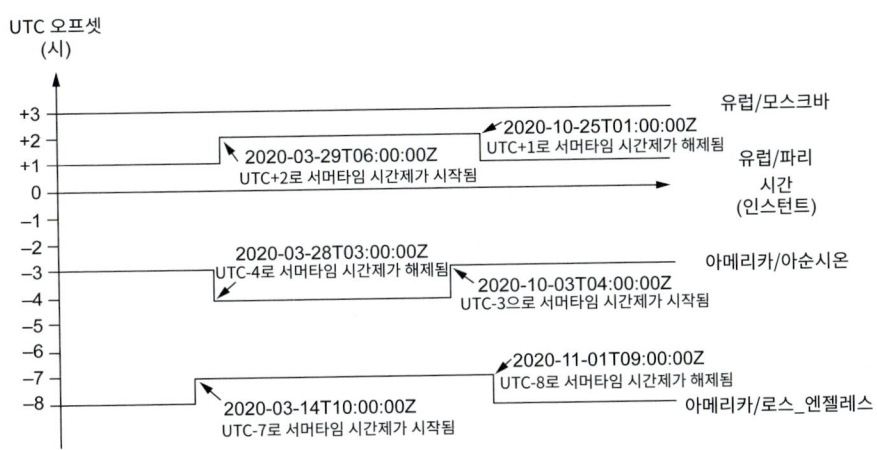

그림 7.7 네 시간대에서 UTC 오프셋을 시간의 흐름에 따라 표시

어느 시간대에 무슨 일이 발생하는지 정확한 세부 사항은 배울 필요가 없다. (결국 시간대 데이터베이스가 존재하는 이유가 바로 여기에 있다. 잠시 후에 시간대 데이터베이스를 설명할 것이다). 특정 시간대를 기준으로 인스턴트에서 상용 시간의 날짜와 시간으로 변환하는 작업은 모호하지 않지만, 반대 방향으로 변환하는 작업은 고민해야 하는 특이한 경우가 있다는 사실을 기억할 필요가 있다.

■ 시간대가 아닌 것은 무엇일까?

직전 예에서 샌프란시스코의 시간대에서 일부러 **태평양 표준시(PST) 또는 태평양 서머타임 시간제 (PDT)** 라는 용어를 사용하지 않았다. 이런 용어가 UTC 오프셋에 대한 일종의 단축어로 흔히 사용되지만, 그 자체로 시간대는 아니다. 샌프란시스코를 포함하는 시간대는 태평양 표준시와 태평양 서머타임 시간제를 번갈아 가며 사용한다고 말하는 편이 훨씬 더 정확하다. 다른 시간대도 종종 태평양 표준시를 준수하지만, 몇몇 시간 동안에는 샌프란시스코와 다를 수 있다. 따라서 태평양 표준시를 비롯해 이와 유사한 용어는 일반적으로 시간대 이름이 **아니다**.

> **참고**
>
> 성가시게도 윈도우 시간대 데이터베이스는 태평양 표준시를 샌프란시스코를 포함하는 시간대를 위한 식별자로 **사용하며**, 다른 시간대에 대해서도 동일 패턴을 따른다. 따라서 태평양 표준시로 시간 설명을 요청하면 태평양 서머타임 시간제라는 결과를 얻을 수 있다. 개인적인 의견이지만, 윈도우 시간대 데이터베이스를 가능한 한 피하고 그 대신 나중에 설명하는 IANA 시간대를 사용하는 것을 권장한다.

이런 **어중간한** 시간대에 대한 설명적인 이름이 실제 시간대 이름이 아니라는 점을 감안할 때 **PST**나 **PDT**와 같이 설명적인 이름에서 파생된 약어 이름 역시 시간대가 아니라는 사실은 너무나도 당연하다. 심지어 설명적인 이름보다 약어 이름이 더욱 나쁜 이유는 훨씬 더 모호하기 때문이다. 한 가지 끔찍한 예로 **BST**는 **영국 서머타임 시간제**와 **영국 표준시** 두 가지를 위한 약어로, 영국 표준시는 1968년부터 1971년 사이에 사용되었다. 약어는 사용자에게 보여줄 때 유용할 수 있지만, 다른 모든 용도로는 사용을 피해야 한다.

마지막으로, UTC 오프셋 자체도 시간대는 아니다. 불행히도 심지어 ISO-8601(텍스트 형식으로 날짜와 시간을 표현하기 위한 표준)조차도 이를 오해하고 있다. ISO-8601에서 **시간대 지시자**로 설명된 값은 UTC 오프셋에만 대응된다. 이런 표준 방안이 문제가 되는 이유는 특정 인스턴트의 UTC 오프셋은 동일 시간대에 있는 다른 인스턴트의 UTC 오프셋에 대해 별반 알려줄 정보가 없기 때문이다. 여기서도 실제 시간대를 전달하는 경우와 비교해 UTC 오프셋은 아주 유용하며 훨씬 더 간단하지만 두 개념을 구분하는 것이 중요하다.

예를 들어 날짜와 시간, 오프셋 2021-06-19T14:00:00-04(다시 말해, 2021년 6월 19일 오후 2시, 해당 인스턴트에서 UTC보다 4시간 뒤쳐진 시간대에 있는 지역 시각)를 고려해보자. 동일 지역 시각에서 12월 19일의 UTC 오프셋은 무엇일까? 심지어 둘 다 6월에는 UTC 오프셋이 −4였음에도 불구하고 뉴욕에서는 −5가 될 것이고 (파라과이 수도인) 아순시온에서는 −3이 될 것이다. 원본 정보는 UTC 오프셋을 포함**하지만**, 시간대를 보여주지는 **않는다**.

- ### 시간대 정보는 어디서 가져올까?

java.time에서 타입은 java.time.zone.ZoneRuleProvider이며, 노다 타임에서 타입은 Time.DateTimeZoneProviders와 NodaTime.IDateTimeZoneProvider이다.

앞의 '참고'에서 **윈도우 시간대 데이터베이스**를 언급했다. 이 데이터베이스는 모든 윈도우 컴퓨터에 설치되어 윈도우 업데이트로 갱신된다. 하지만 윈도우 시간대 데이터베이스가 가장 널리 사용되는 시간대 정보의 출처는 아니다. 그 대신 IANA(Internet Assigned Numbers Authority)에서 자발적인 기여자들이 유지하는 데이터베이스(시간대 데이터베이스는 https://www.iana.org/time-zones에서 찾을 수 있다)는 윈도우 이외의 거의 모든 운영체제에서 사용되고 있다. 오랜 역사로 인해 IANA 시간대 데이터베이스에는 다른 이름도 많다. 올슨 시간대, zoneinfo, tz, tzdb와 같은 이름을 들어봤을 것이다. 이런 이름은 모두 동일한 데이터 출처를 가리키며, 시간이 지남에 따라 여러 이름이 등장했다 사라졌다.

> **참고**
>
> 다양한 개발 플랫폼마다 시간대 데이터를 얻기 위해 다양한 접근 방식을 취한다. 예를 들어, 자바는 심지어 윈도우에서 동작할 때조차도 IANA 시간대를 기본으로 사용한다. .NET은 플랫폼의 고유 시간대를 사용하므로 리눅스에서 동작할 때는 IANA 시간대를 사용하고, 윈도우에서 동작할 때는 윈도우 시간대를 사용할 것이다. .NET 6은 여기서 개선 사항을 도입했다. 동작할 모든 운영체제를 염두에 두고 여러분이 만든 코드를 위해 앞으로 사용될 시간대 정보가 무엇인지 확인하는 작업은 수행할 만한 가치가 있다.

IANA 시간대는 '일반적으로 대륙이나 대양이 먼저 나오고 해당 영역에서 가장 큰 시의 이름이 따라 나오는 식으로 식별'된다(https://data.iana.org/time-zones/tz-link.html). 지금까지 이 책의 예제에서 사용하고 있는 시간대는 다음과 같다.

- **샌프란시스코**: 아메리카/로스_엔젤레스(America/Los_Angeles)
- **모스크바**: 유럽/모스크바(Europe/Moscow)
- **파라과이**: 아메리카/아순시온(America/Asuncion)
- **영국**: 유럽/런던(Europe/London)
- **인도**: 아시아/콜카타(Asia/Kolkata)

시간대는 1년에 여러 차례 변경된다. 규칙 변경에 대해 이야기할 때 아메리카/로스_엔젤레스가 UTC-8에서 UTC-7으로 변경되고 다시 UTC-7에서 UTC-8으로 변경되는 상황을 말하는 것이 아니다. 이런 변경을 통제하는 규칙에 대한 변경을 이야기하는 것이다. 예를 들어, 2005년 에너지정책법(Energy Policy Act)은 미국에서 서머타임제를 준수할 때의 규칙을 2007년부터 시행되게끔 변경했다. 시간대 규칙은 정치적인 문제이며 정부가 결정한다. IANA 데이터베이스를 위한 자원 봉사자 그룹이 규칙에 대한 변경 사항을 인지할 때(단지 제안된 상태가 아니라 관련 정부에서 실제로 비준되었다는 증거로 명백한 문서가 나올 경우) 데이터베이스를 변경하고 배포한다. 종종 여러 변경 사항을 하나로 묶어서 한 번에 릴리스하는 경우도 있다. 릴리스 이름은 릴리스 연도를 기준으로 뒤에 문자가 붙는다(예: 2020년 첫 릴리스는 2020a, 다음 릴리스는 2020b 등).

정보에 대한 변경이 코드가 실행되는 컴퓨터에 도달하는 방식은 환경에 따라 상당히 달라질 수 있다. 나중에 7.4.4절에서 코드에 미치는 영향과 함께 이런 측면을 다시 살펴볼 것이다.

요약하자면, 지금까지 세 가지 개념의 집합을 살펴봤다.

- **컴퓨터 시간**: 인스턴트, 에포크, 시간 간격
- **상용 시간**: 달력 시스템, 날짜, 날짜 간격, 하루의 시간
- **시간대**: UTC와 UTC 오프셋

이들 개념으로부터 다른 개념도 파생될 수 있으며 좋은 날짜와 시간 라이브러리는 종종 정말로 광범위한 타입 범위를 제공해서 코드가 명확하고 정확하게 의미하는 바를 표현할 수 있게 만든다. 하지만 코드에 대해 너무 자세히 생각하기에 앞서 위의 설명에서 누락하고 넘어간 몇 가지 사안을 간략하게 지적하고자 한다.

7.1.4 머리가 아파지는 날짜와 시간 개념들

대부분의 경우 나는 기술 서적의 정확성을 중요하게 여긴다. 부정확한 기술 서적을 왜 읽겠는가? 하지만 때때로 완벽한 정확성은 유용성에 방해가 된다. 이 장에서 자세히 다루지 않을 몇 가지 날짜와 시간 처리 측면을 이미 언급했지만, 여기서 조금 더 자세한 정보를 제공한다. 이 절은 완전히 건너뛰어도 된다. 뒤에 나올 내용에 영향을 미치지 않기 때문이다. 하지만 힘든 하루를 마치고 "물론 시간대 규칙이 바뀌는 상황을 처리해야 하지만, 적어도 상대성 이론은 다루지 않아도 돼."라고 생각하면서 스스로를 위로하다 보면 상당히 기분이 좋아질 것이다. 이제 첫 번째 주제로 들어가보겠다.

- **상대성**

내가 가장 좋아하는 〈닥터 후〉 에피소드 중 하나인 "블링크"에서 닥터는 "사람들은 원인에서 결과로 시간이 엄격하게 진행된다고 추정하지만, 실제로 비선형적이고 비주관적인 관점에서 바라보면 시간은 흔들리고 또 흔들리고 다시 흔들리는 큰 공과 같다." 이것이 내가 상대성을 이해하는 개략적인 수준이다. 특히 우리(사람과 기계)가 기준 프레임, 속도, 가속도에 따라 시간을 다르게 경험한다는 개념을 나는 무서울 만큼 충분히 이해한다.

우리는 모두가 동의할 수 있는 인스턴트라는 개념으로 시작했다. 다른 시간대에 있으며 다른 달력 시스템을 사용하는 두 사람도 인스턴트를 고려할 때 '지금'이라는 동일한 답을 여전히 제공할 것이다. 상대성은 '지금'이라는 개념이 그렇게 단순하지 않으며, 심지어 의미가 없을지도 모른다는 사실을 시사한다.

(GPS와 같은) 몇몇 인프라는 상대성을 고려할 필요가 있다. 다행히도 비즈니스 코드는 정말로 상대성을 고려할 필요가 없다.

■ 윤초

시간만이 이리저리 흔들리는 유일한 개념은 아니다. 지구의 자전 역시 흔들리고 있으며, 아주 서서히 느려지고 있다. 이는 (그리니치 자오선의 정오에 항상 태양이 바로 머리 위에 있는) '관측된 태양 시각'과 원자 시계가 보고한 시각 사이에 약간의 불일치가 있음을 의미한다. 윤초는 이를 처리하기 위한 수단이다. 윤초는 UTC와 관측된 태양 시각을 가깝게 유지하기 위해 필요할 때 UTC 타임라인에 삽입(또는 이론적으로 제거)된다.

윤초가 삽입되거나 제거되는 방식은 6월이나 12월 말에 마지막 분의 길이를 변경하는 것이다. 이는 일반적으로 1분이 60초 동안 지속되는 반면에, 윤초가 적용될 경우에는 61초나 59초 동안 지속될 수 있음을 의미한다. 예를 들어, 2016년 마지막 날인 2016년 12월 31일 23:59:60에 윤초가 삽입되었다. 이 글을 쓰는 시점에서 **마이너스 윤초**(추가되는 대신 타임라인에서 초가 제거되는)는 아직 발생하지 않았지만, 언제든지 가능하다.

시스템마다 윤초를 보고하거나 윤초가 존재하지 않는 듯이 처리하는 방식은 각기 다르다. 예를 들어, 몇몇 시스템에서는 윤초를 더 긴 시간에 걸쳐 효과적으로 분배하기 위해 **서서히 입히는** 방식을 사용한다. 따라서 윤초가 삽입되는 시간 근처에서는 1초가 일반 1초보다 조금 더 오래 지속될 수 있다. 당연히 이런 방식이 얼마나 우스꽝스럽게 들리는지 나도 알고 있다.

이 모든 내용이 머릿속에서 제대로 정리되지 않는다면 윤초를 예측할 수 없다. 윤초는 미리 6개월 전에 발표되므로 몇몇 시간대 변경보다는 훨씬 더 상황이 좋다. 하지만 그렇더라도 미래에 저장해야 할지도 모르는 데이터의 유효성 측면에서 신중하게 생각할 필요가 있음을 의미한다. 7.4.4절에서 이 문제를 더 자세히 살펴볼 것이다. 다시 말하지만, (NTP와 같은) 일부 인프라는 윤초를 아주 잘 인식하고 있지만, 대다수 다른 소프트웨어는 그렇지 못하다.

■ 화성의 시간은 어떻게 되나?

지구의 여러 시간대에 걸쳐 있는 사람들과 회의를 계획하기가 어렵다고 생각한다면 한 참석자는 화성(하루가 24시간 37분), 다른 참석자는 목성(하루 길이가 10시간이 채 안 됨), 또 다른 참석자는 금성(하루 길이가 5,832시간으로, 금성의 **1년**보다 길다)에 있는 시나리오를 상상해보자. 회의를 주관하고 나서 끝 무렵에 "내일 같은 시간인가요?"라고 질문하는 누군가를 상상해보자.

새로운 날짜와 시간 라이브러리가 지구가 아닌 시간도 처리해야 한다고 신중하게 제안되어 왔다. 나는 우주 시간이 주류 소프트웨어 공학과 관련을 맺을 무렵에는 은퇴했으면 좋겠다.

- **달력 시스템 전환**

로마에서 1582년 10월 4일 다음 날은 10월 15일이었다. 런던에서는 1752년 9월 2일 다음 날이 9월 14일이었다. 율리우스력에서 그레고리력으로 전환하는 과정을 예로 들었는데, 다른 장소, 다른 날짜에 일어난 일이다.

이는 **일반적으로** 같은 달력 시스템을 사용하는 다른 국가의 사람들이 날짜에 대해 의견이 다를 수 있음을 의미한다. 예를 들어, 로스토프트 전투는 전투의 어느 진영에 속했느냐에 따라 1665년 6월 13일 또는 1665년 6월 3일에 일어났다.

한 가지 주목할 만한 특이 사항은 스웨덴이 율리우스력에서 그레고리력으로 전환한 시점이다. 스웨덴은 1700년부터 이후 모든 윤일을 건너뛰면서 그레고리력과 일치할 때까지 점진적으로 전환할 계획을 세웠었다. 불행히도 1700년은 계획대로 진행되었지만, 스웨덴이 대북방전쟁(1700-1721)에 혼이 빼앗겨 계획을 잊어버리고 말았다. 초기 계획과는 달리 1704년과 1708년을 윤년으로 처리했고, 결국 원대한 계획은 폐기되었다. 율리우스력 시스템으로 돌아가기 위해 스웨덴은 1712년에 2월 29일과 2월 30일이라는 **두 번**의 윤일을 포함시켰다.

몇몇 날짜와 시간 라이브러리는 이와 같은 달력 전환을 처리하려고 시도하지만, 스웨덴 역사를 모델로 하는 주류 라이브러리가 있는지는 확실하지 않다. 이런 시도는 심지어 평상시보다 훨씬 더 이상한 산술 연산을 이끌어내므로 내 의견에 따르면 일반적으로는 피하는 편이 최선이다.

달력 전환은 거의 확실히 걱정할 필요가 없는 특이한 예외 상황이다. 다음 절에서는 기능 기획을 시작하자 마자, 즉 코드를 작성하기 훨씬 전에 **분명히** 고려해야 할 몇 가지 측면을 살펴볼 것이다.

7.2 날짜와 시간 정보로 작업할 준비

드디어 코드를 보겠다는 열망으로 앞 절의 마지막 부분에 도달했다면, 안타깝게도 이 절에서는 소개하는 코드가 많지 않다는 나쁜 소식을 전한다. 코드는 보여주리라 약속하지만 이 장의 구조는 날짜와 시간 처리를 위해 생산적인 접근 방식을 반영하도록 설계되어 있기에 주의 깊게 준비하고 개념에 대해 생각한다면 실제 코드는 쉬운 부분이 될 것이다. 이제 작업을 위한 몇 가지 일반적인 개념과 용어를 이해했으니 이런 개념이 실제 제품에 적용되는 방식을 생각해 보자.

7.2.1 범위 제한하기

앞서 날짜와 시간 정보라는 세계가 얼마나 당황스러울 정도로 복잡해질 수 있는지 살펴봤다. 좋은 소식은 아마도 애플리케이션에 이 모든 복잡한 정보가 필요하지 않을 가능성이 높다는 것이다. 전체 애플리케이션 또는 날짜와 시간을 사용하는 개별 기능을 계획하기 시작할 때 작업 범위를 명시적으로 제한하고 결정 사안을 문서화하는 편이 바람직하다.

가장 복잡하면서 틈새 성격이 짙은 측면을 배제하면서 시작할 수 있다.

- 애플리케이션이 상대성을 다룰 필요가 있는가?
- 윤초를 인지하고 처리할 필요가 있는가?
- 과거 달력 시스템 변경과 관련이 있을 정도로 충분히 먼 날짜를 다룰 필요가 있는가?

이 질문 중 하나라도 예라는 답이 나오면 사용할 수 있는 라이브러리 관점에서 제한을 받는다는 사실을 알 수 있으며, 평소보다 더 많은 주의를 기울이고 단단히 발목이 잡힌 틈새 영역으로 충분한 연구를 **확실하게** 수행하고 싶을 것이다. 나는 이런 유형의 애플리케이션 분야에서 전혀 작업해본 적이 없기 때문에 이 정도 일반적인 조언을 넘어서는 구체적인 조언은 할 수 없지만, 제품 개념을 표현하기 위해 적절한 시간 타입을 선택하는 것이 평상시보다 훨씬 더 중요해질 것으로 예상한다.

두 번째로 고려해야 할 복잡성 수준은 달력 시스템이나 시간대와 관련이 있다. 그레고리력 이외에 다른 달력 시스템과 함께 작업할 필요가 있는가? 대다수 비즈니스 애플리케이션은 그레고리력만 사용할 수 있지만, 특히 애플리케이션의 사용자가 특정 달력에 주의를 기울이는 종교 공동체인 경우에는 분명히 반례가 존재할 것이다. 소비자용 애플리케이션은 사용자가 선호하는 달력 시스템을 지원할 가능성이 살짝 더 높지만, 지원을 약속하기에 앞서 비용과 이익의 경중을 신중하게 따져볼 필요가 있다. (이익은 애플리케이션에 따라 달라지지만, 비용은 기술에 따라 달라질 수도 있으며, 특히 그레고리력이 아닌 달력 시스템에 대한 지원은 큰 차이를 보인다.)

시간대와 관련한 복잡성 단계는 크게 달라질 수 있다. 자문해야 하는 질문은 다음과 같다.

- 제품에서 시간대를 지원할 필요가 있긴 한가? 때때로 전체 애플리케이션이 컴퓨터 시간 개념을 중심으로 구축될 수 있으며, 이는 작업을 상당히 단순하게 만들 수 있다.
- 제품이 다른 시스템에서 지정한 시간대와 상호 운영될 필요가 있는가? 그렇다면, 어떤 시간대 데이터베이스를 사용하는가?

- 제품에서 사용자가 시간대를 선택하게 허용할 필요가 있는가? 아니면 단지 기본 시간대를 감지하는 방식에 의존할 수 있는가?
- 제품이 두 개 이상의 시간대에서 동작할 필요가 있는가? 그렇다면, 제품이 그렇게 유지될 것이라고 확신하는가?
- 제품이 시간대 규칙을 최신 상태로 유지하고 변경 사항을 적극적으로 추적해야 하는가? 아니면 단지 플랫폼이나 라이브러리에 기본으로 따라오는 시간대 규칙을 그대로 사용할 수 있는가?
- 제품에 시간대 정보가 자연스럽게 포함된 데이터를 저장할 필요가 있는가? 아니면 시간대 상호 작용은 순수하게 화면 표시 목적으로만 존재하는가?
- 건너뛰거나 모호한 시간 관점에서 얼마나 시간대 전환에 주의를 기울일 필요가 있는가? 예를 들어, 학교 시간표를 작성하는 경우라면 시간대 전환 시 학생들이 수업을 받을 가능성은 희박하다.

사용자에게 날짜와 시간 값을 표시해야 하는 대다수 애플리케이션은 몇몇 시간대를 인식할 필요가 있지만, 필요 이상으로 유연하게 만들지 않는 방법으로 삶을 훨씬 더 단순하게 만들 수 있을 것이다. 물론 여기서 트레이드오프가 존재한다. 예를 들어, 프랑스 파리의 시간대에서만 동작할 필요가 있다는 가정으로 코드를 작성한다면 나중에 이런 가정의 영향력을 되돌리기가 상당히 어렵다는 사실을 발견할 것이다. 하지만 이는 단순성 측면에서 큰 차이를 만들어 낼 수 있다. 향후 요구사항의 위험성을 완화하기 위한 한 가지 방법은 팀의 모든 사람이 현재 내리는 가정을 인지하고 나중에 이런 가정에 의존할 때 되돌아보게 만드는 것이다. 시스템에서 가정과 관련이 있는 장소에 문서를 보관하면 나중에 훨씬 더 쉽게 역추적이 가능해진다.

이런 유형의 범위 설정은 일반적으로 세부적인 제품이나 기능 요구사항을 파악하기 전에 가능하다. 예를 들어, 여러 달력 시스템을 지원하게끔 제품에 **예상치 못한** 변경을 가하는 경우는 상대적으로 드물다. (물론 이런 변경도 가능하다. 이런 유형의 새로운 요구사항은 새로운 개별 기능을 추가하는 경우보다는 새로운 시장으로 확장하는 경우에 자주 등장한다.) 팀 내 개발자들은 아마도 위에서 제시한 질문을 스스로 해결한 다음에 제품 소유자와 함께 결과를 문서화하고 검증할 것이다.

> **참고**
>
> 이 책에서는 제품이 어떻게 동작해야 하는지를 결정하는 책임을 맡은 사람들을 표현하기 위해 **제품 소유자**(product owner)라는 용어를 사용하고 있다. **제품 관리자**(product manager)와 같이 회사마다 붙이는 이름이 다르다. 정확한 개발 모델에 따라 개발자와 같은 회사 사람일 수도 있고, 다른 회사 사람일 수도 있고, 그 혼합일 수도 있다. 제품 소유자가 개발자일 수도 있지만, 제품을 구현하는 **방법**을 결정하는 역할과는 구분하는 것이 바람직하다.

하지만 세부 요구사항에 관해서라면 제품 소유자가 반드시 개입해야 한다.

7.2.2 날짜와 시간 요구사항을 명확하게 만들기

이 절을 다음과 같은 경고로 시작하는 편이 좋겠다. 날짜나 시간과 관련된 제품 요구사항이 명확하고 모호하지 않다고 해서 당신이 인기를 끌기는 어려울 것이다. 다음과 같은 다양한 반응에 직면할 가능성이 높다. "당연한 거 아닙니까?" 누군가에게는 가장 당연한 대답도 다른 누군가에게는 다른 대답이 될 수 있다. 하지만 노력할 만한 가치는 있다. 일단 요구사항이 명백해지면 코딩이 간단해지는 경우가 많다. 명백한 요구사항 없이는 제품에 관여한 사람마다 기대치가 달라서 혼란을 초래할 수 있다.

물론 정확하게 계획을 세우고 요구사항을 문서화하는 작업은 당신에게 달려있다. 특별히 요구되는 방법론은 없다. 큰 틀에서 미리 설계하거나 더 애자일스러운 접근 방식으로 진행하면서 작은 개별 기능을 설계할 수도 있다. 하지만 **지금 당장 필요한 내용만 설계하는** 방식을 도입한다면 주의할 필요가 있다. 첫 번째 스프린트에서 특정 정보에 대한 날짜만 필요했다면 네 번째 스프린트에 도달할 무렵에 날짜와 시간(그리고 아마도 시간대까지) 필요하다는 사실을 발견하게 될 텐데, 이는 향후 작업을 상당히 어렵게 만든다. 가능한 모든 상황에 대해 계획을 세우기 위해 토끼 굴로 너무 깊이 파고들지 말고 미래의 자연스러운 요구사항을 **어느** 범위까지는 예상하려고 노력하자.

요구사항 문서의 일부로 기록돼야 할 의사 결정 범주는 크게 두 가지가 있다. 바로 날짜나 시간과 관련 데이터를 처리하는 방법과 데이터를 운영하는 방법이다. 또한 저장과 전송을 위한 표현 방식도 고려할 필요가 있지만, 이는 제품 요구사항이라기보다는 구현 세부 사항에 가깝다. 두 가지 의사 결정 유형은 연관되어 있지만, 여기서는 별도로 고려할 것이다.

모든 것을 구체화하기 위해 여기서는 온라인 쇼핑 시나리오를 사용할 것이다. 요구사항의 요약 내용은 '**고객은 세 달 안에 반품할 수 있다**'라고 그림 7.8에 나와 있다. 시나리오의 마지막 부분에서, 구현되고 테스트될 수 있는 요구사항 집합을 정리할 것이다.

그림 7.8 더 많은 세부 사항이 필요한 고수준 요구사항

■ 올바른 개념 또는 데이터 유형 선택하기

훌륭한 제품 요구사항은 일반적으로 주어진 상황에서 어떤 정보가 수집되어야 하며, 의도적으로 어떤 정보가 수집되지 않아야 할지를 명세한다. 종종 이는 암시적이고 사용자 여정을 설명하는 서술 내에 포함된 경우도 있지만, 명시적으로 언급되면 더욱 명확해진다. 일반적으로는 날짜와 시간 관련 정보를 발견하기가 쉽지만, 이런 데이터를 어떻게 처리할지 결정하는 과정은 훨씬 더 어려울 수 있다.

첫 번째 경험 법칙으로, 데이터 출처를 고려하는 편이 바람직하다. '뭔가 일어났다'는 사실을 기록할 때 흔히 이벤트가 발생한 **인스턴트**로 시작해야 한다. **또한** 다른 작업과 관련이 있을 경우에는 시간대(아니면 더 일반적으로 위치) 기록을 원할지도 모른다. 인스턴트 기록은 일반적으로 간단하며, 대다수 데이터베이스와 로깅 시스템은 내장 타임스탬프를 포함한다.

> **참고**
> 데이터베이스와 별도 웹 서버 양쪽에서 현재 시각을 캡처하는 경우, 연관된 두 시계가 완벽하게 동기화되어 있지 않을 가능성도 있으므로 **현재** 시각의 출처가 무엇인지 고려할 필요가 있다. 이런 관행이 중요한지 그렇지 않은지는 애플리케이션에 따라 달라질 것이다.

사용자가 제공한 날짜와 시간 값을 기록하고 있다면 이는 전혀 다른 문제다. 사용자가 어떤 일이 발생했을 때 보고하는 경우에도 그 시점에서는 컴퓨터 시간이 아니라 상용 시간 영역에 속한다. 십중팔구 시간대 정보나 적어도 UTC 오프셋을 염두에 둘 필요가 있을 것이다. 이런 시각 정보를 인스턴트로 변환하려는 유혹에 빠질 수도 있지만, 사용자가 제공한 정보를 정확하게 유지하는 방식을 따르거나 아니면 최소한 파싱되지만 반드시 변환된 형태는 아닌 표현 방식을 권장한다. 나중에 몇몇 예외 상황을 살펴볼 때 **UTC만 저장한** 접근 방식이 특히 미래에 대한 정보를 저장할 때 어떻게 잘못될 수 있는지를 설명할 것이다.

고객 반품 요구사항을 위해 명백히 몇 가지 정보를 캡처할 필요가 있지만, 사용할 표현 방법은 고사하고 어떤 정보를 캡처해야 할지조차 당장은 명확하지 않다. 제품 소유자의 첫 번째 질문은 '고객은 **무엇을 기준으로** 세 달 안에 반품할 수 있는가?'이다. 예를 들어, 다음과 같은 가능성을 생각해보자.

- 사용자가 **지불하고** 나서 세 달 안에
- 결재 승인이 떨어지고 나서 세 달 안에
- 주문이 확정되고 나서 세 달 안에
- 재고가 할당되고 나서 세 달 안에
- 주문이 배송되고 나서 세 달 안에
- 물건을 받고 나서 세 달 안에

세 달이 무엇을 의미하는지는 나중에 생각하겠지만, 위 목록은 여섯 가지 인스턴트를 보여준다. 심지어 다섯 번째에 언급한 **배송**과 관련해서도 여러 가지 다른 인스턴트가 존재할 수 있지만, 여기서는 간단하게 설명하기 위해 여섯 가지 중 하나가 관련된 시점으로 동의가 가능하다고 가정할 것이다.

하지만 여기서 중요한 것은 상기 모든 인스턴트가 시간대에 **존재하며**, 이를 순서에 맞게 모두 기록하는 방식이 의미가 있다는 것이다. 재고 할당이나 심지어 배송과 같이 주문 단위가 아니라 물품 단위로 기록해야 할 수도 있고, 주문이 여러 차례에 나뉘어 배송될 수도 있다. 제품 소유자는 '**고객은 세 달 안에 반품할 수 있다**'는 컨텍스트에서 이 모든 측면을 고려해야 한다.

제품 소유자가 주어진 품목에 대해 고객이 배송되고 나서 세 달 안에 반품할 수 있다고 응답했다고 가정하자(따라서 반품 기간은 심지어 같은 주문 내에서도 품목별로 다를 수 있다). 훌륭하다. 이제 훨씬 더 정확해졌다.

다양한 인스턴트를 기록하고 있을 것이지만, 각 물품이 배송된 인스턴트를 기록할 필요가 있다는 사실을 알고 있다. 하지만 이런 방식이 여전히 최종적인 해법은 아니며, 앞서 설명한 개념을 바탕으로 더 많은 질문을 던질 수 있다. 세 달이 시간 간격이 아니라 날짜 간격이며, 날짜 간격을 인스턴트에 더할 수는 없다는 사실을 알고 있다. 상용 시간으로 고려하기 위해서는 인스턴트에서 다른 몇 가지 정보를 유도할 필요가 있다. 이는 달력 시스템과 시간대를 고려해야 한다는 의미다.

> **참고**
>
> 제품 요구사항이 변경될 수 있다는 사실을 모두 다 안다. **배송 시간 결정에 따라 반품 기간**이 변경될 수 있으며, 나중에 요청할 결정 사항도 마찬가지다. 처음부터 모든 원시 정보와 표준 정보를 기록하면 나중에 결정 사항을 변경할 수 있게 된다. 심지어 저장된 원시 정보에서 나중에 더 많은 정보를 유도하더라도 앞서 열거한 모든 인스턴트를 기록해야 한다는 뜻이다.
>
> 이는 **사용자가 제공한 정보를** 유지해야 한다는 앞서 설명한 팁과 관련이 있으며, 사용자가 날짜나 시각을 지정할 경우 아주 중요하다. 이 경우에 표준 정보는 컴퓨터 시계가 기록한 인스턴트가 아니며, 사용자 입력이다.

첫째, 제품 소유자에게 어떤 달력 시스템을 사용해야 할지 질문할 수 있다. 사용자와 무관하게 그레고리력 시스템이라는 간단한 답변이 돌아올 가능성이 높다. (제품 소유자가 이 시점에서 다른 답을 주면 아마도 더 많은 테스트 시간을 감안해야 할 것이다.)

둘째, 제품 소유자가 어떤 시간대에 관심이 있는지 질문할 수 있다. 여기서 특정 사례를 제시해 상황을 구체화하는 편이 유용하다. 다음과 같은 사나리오를 제시하고 싶을 수도 있다.

- 브라질에 있는 웹 서버
- 뉴욕에 있는 데이터베이스에 데이터 저장하기
- 캘리포니아에 본사를 둔 회사를 위해 주문하기
- 텍사스에 있는 창고에서 물품 배송하기

- 독일 베를린이 청구 주소인 고객
- 호주 시드니 주소로 배송하기

물품이 **배송되었다고** 간주되는 시점의 인스턴트는 다양한 지역 시각과 이런 장소 각각마다 다른 **날짜**를 표현할 것이다. 그렇다면 여기서 무엇이 중요할까? 한 가지 중요한 힌트는 웹 서버나 데이터베이스 서버는 중요한 요소가 아니어야 한다는 사실이다. 다른 대답도 그럴듯해 보이지만, 사용자가 이들 컴퓨터 앞에 앉아 있지 않는 이상 컴퓨터의 물리적인 위치에 기반해 제품이 다르게 동작하는 일은 **절대** 없어야 한다.

심지어 제품 소유자가 억지스러운 상황이라고 생각하는 경우에도 올바른 답이 무엇인지 결정해서 이런 결정을 문서화할 수 있어야 한다. 또한 이는 자연스럽게 인수 테스트의 출발점을 형성한다.

제품 소유자가 이 경우 관련 시간대가 호주 시드니로 배송하는 시간대라고 답했다고 가정하자. 훌륭하다. 이는 우리가 더 많은 정보를 저장할 **필요**가 있음을 의미한다. 이미 (시간대로부터 유도 가능한) 배송할 위치와 표준 시작 지점으로서 물품이 배송된 인스턴트를 확보했으며 앞서 언급했듯이 의사 결정 사항으로 **항상 그레고리력을 사용한다**. 인스턴트를 우리가 원하는 임의 배송 위치에 맞는 지역 시각으로 변환할 수 있다. 데이터베이스에 직접 지역 시각을 저장하는 방식이 **유용하지만**, 이는 구현 세부 사항이다. 이 정보를 확보했으므로 이런 기능에 대한 나머지 질문으로 넘어갈 수 있다.

- **동작 방식에 대해 질문하기**

고객이 세 달 안에 반품할 수 있다는 광범위한 문구는 여러 가지로 명확하게 해석할 필요가 있다. 우리는 3개월이라는 시작 지점을 식별했지만, 여전히 뭔가 구현을 시작하기에 앞서 필요한 더 많은 세부 사항이 존재한다. 물론 제대로 업무를 수행하는 제품 소유자라면 여러 세부 사항을 자연스럽게 요구사항에 집어넣겠지만, 여기서는 날짜와 시간 관련 세부 사항에 초점을 맞추고 있다.

문서화된 실제 사용자 시나리오가 다음과 같다고 가정해보자.

> 웹 사이트에서 완료된 주문을 살펴볼 때 세 달 전에 배송된 품목은 반품 가능한 옵션과 함께 표시된다. 고객이 해당 옵션을 클릭할 때 반품을 위한 세부 사항을 포함한 양식이 표시된다. 일단 양식을 채워 넣고 나면 반송 절차가 시작된다.

반송 절차에 대한 여러 세부 사항이 존재하지만, 여기서는 명확하게 할 필요가 있는 두 가지 측면인 날짜와 시간을 고려한다.

먼저, 세 달은 사용자가 완료된 주문을 확인한 시점, 반품 과정을 시작하기 위해 옵션을 클릭한 시점, 반품 양식을 제출한 시점 중 어느 곳에 적용돼야 할까? 세 가지 다른 인스턴트가 존재한다. 고객이 반품할 수 있는 유효한 시점에 주문을 확인했는데, 1분 후에 반품 옵션을 클릭할 때 웹 사이트가 더 이상 반품이 유효하지 않다고 말하면 짜증이 날 것이다. 반면, 사용자가 브라우저 창을 몇 년 동안 열어 두고 사실상 무제한 반품 기간을 허용하는 허점도 원하지 않는다. 반품 양식을 채우는 과정에서도 동일한 질문이 적용될 수 있다.

여기에 더 자세하게 요구사항을 정리한 내용이 있다.

> 웹 사이트에서 완료된 주문을 확인할 때 세 달 전에 배송된 품목은 반품 가능한 옵션과 함께 표시된다. 고객이 해당 옵션을 클릭할 때 서버는 반품 옵션이 5분 전에 유효했는지 확인하고 그렇지 않다면 오류를 반환한다. 이렇게 함으로써 반품을 보증할 때 고객에게 주문을 확인하고 반품 절차가 시작될 때까지 5분 정도 지연 시간을 허용한다. (이는 또한 고객이 5분 이상 기다렸지만, 여전히 반품 기간 내에 있으며 반품 양식을 계속해서 채울 수 있음을 의미한다.) 점검을 통과하고 나면 반품 양식이 고객에게 보인다. 양식은 2시간 내에 완료되어야만 한다고 고객에게 명시한다.
>
> 반품 양식이 제출되면 서버는 반품 절차가 지난 2시간 내에 시작되었는지 점검하고 그렇지 않다면 오류를 반환한다. 점검을 통과하고 나면 양식은 처리를 위해 제출되고 확인 화면이 고객에게 표시된다.

여기에는 두 가지 유형의 시간 제한이 있는데, 하나는 **반환 절차를 반드시 시간 x까지 시작해야 한다는 엄격한 조건**을 넘어서 5분이라는 일종의 유예 기간을 제공하는 것이다. 그리고 다른 하나는 반환 양식 자체를 채우는 기간을 제한하는 것이다.

이제 날짜와 시간 관점에서 바람직한 요구사항 집합까지 절반 정도 왔다. 여전히 **세 달 안**이라는 까다로운 부분이 남아 있다. 세 달이라는 **시작** 시점은 **주문이 배송된 인스턴트**이며, 세 달은 배송 주소의 시간대를 기준으로 삼기로 이미 결정을 내렸다. 하지만 정확도 측면에서 여전히 해야 할 일이 조금 남아 있다.

앞서 투표 예제에서 봤듯이, 달력과 관련된 산술 연산은 일반적인 수학에서 익숙한 동일 규칙을 따르지 않는다. 따라서 이 경우에는 **배송 시각을 기준으로 3개월을 더하는 경우**와 **현재 시각을 가져와서 3개월을 빼는 경우**를 구분할 필요가 있다. 제품 소유자는 또한 어느 정도 세분화하고 싶은지를 이해할 필요가 있다. 예를 들어 오전 10시에 배송되는 경우 3개월 지나서 오전 10시에 기한이 만료되기를 원하는가? 이는 고객에게 있어 다소 자의적이라는 느낌이 들 수도 있다. 물론 제품 소유자가 결정하는 바가 바로 요구사항이다. 하지만 내가 제품 소유자라면 작성했을지도 모르는 요구사항을 다음에 정리했다.

품목 반품 옵션은 배송 주소의 시간대로 품목이 배송된 날짜에 기반한다. 반품이 유효한 마지막 날짜는 품목이 배송될 때 배송지 주소의 현재 날짜에 3개월을 더하는 식으로 계산된다. 배송 날짜에 3개월을 더한 결과 해당 월 말을 지나치면 다음 월초를 사용한다. (예: 품목이 11월 30일에 배송되면 마지막 유효 반품일은 2월 마지막 날이 아니라 그다음 날인 3월 1일이다.) 반품 옵션은 배송 위치의 현재 날짜가 마지막으로 유효한 반품 날짜보다 늦지 않을 경우에 고객에게 표시된다.

상당히 길지만, 모호하지 않다. 이 요구사항은 다음 사안을 다룬다.

- 사용 중인 세분화 정도(날짜와 시간이 아닌 날짜)
- 달력 산술 연산의 특성(시작 날짜에 더하기)
- 점검 특성(마지막 날짜를 **포함**)
- 관련된 시간대(배송 주소)
- 달력 산술 연산을 해결하는 방식(다음 달 초로 연장)

마지막 요구사항은 사용 중인 라이브러리에 따라 코드로 만들기에 가장 단순한 사안이 아닐지도 모르지만, 최소한 명확하고 테스트 가능하다.

제품 소유자가 이전에 이와 같은 날짜와 시간 작업을 해본 적이 없다면 스스로 이와 같은 요구사항을 제시하리라고 기대하기란 어렵다. 달력 산술 연산의 이상한 점을 인지할 때까지 잠재적인 모호함이 항상 명확하게 드러나지는 않는다. 하지만 충분히 명확해질 때까지 개발팀이 요구사항을 철저하게 살필 수 있는 부분이다. 모호한 제품 요구사항 집합에서 구체적이고 모호하지 않고 테스트 가능한 요구사항 집합으로 가는 과정은 팀의 구성 방식에 따라 다양하지만, 결국에는 목표에 도달하는 것이 중요하다. 희한한 예외 사항과 관련된 질문을 여러 차례 반복할 필요가 있을 수도 있으며, 모호한 요구사항을 더 구체적으로 제안할 수 있을 수도 있다. 코드 작성을 시작하기 전 마지막 단계는 작업에 적절한 도구를 사용하고 있는지 확인하는 것이다.

7.2.3 올바른 라이브러리 또는 패키지 사용하기

잘못된 날짜와 시간 라이브러리를 사용하더라도 명확하고 가독성 높은 코드를 작성하는 작업이 가능하긴 하지만, 이는 힘든 투쟁이다. 일단 더욱 명확한 요구사항을 확보했다면 이를 구현하기 위해 사용할 기술을 평가할 수 있는 좋은 위치에 서 있는 셈이다.

이는 시간이 지남에 따라 바뀌는 지형이다. 예를 들어 이 글을 쓰는 시점에서 자바스크립트의 날짜와 시간을 다루기 위한 새로운 표준 객체 집합에 대한 Temporal 제안[5]은 초안일 뿐이지만, 승인되고 나면 새로운 자바스크립트 프로젝트에서 고려하기를 원하는 선택지가 될 가능성이 높다.

이 책의 저자들이 가장 잘 아는 플랫폼인 자바와 .NET에 대한 권장 사항을 제공하게 되어 기쁘다. 두 플랫폼 모두 상당히 안정적인 선택지를 제공한다. 물론 이 책을 집필하는 시점과 여러분이 이 책을 읽는 시점 사이에 새로운 뭔가가 등장할 가능성은 항상 존재하지만, 여기서 소개하는 내용이 적어도 좋은 출발점이 될 것이다.

자바 플랫폼에서는 자바 8에서 소개된 java.time 패키지를 사용할 수 있다면 그렇게 해야 한다. 몇몇 이유로 자바 6이나 자바 7에 머물러야 한다면 ThreeTen-Backport 프로젝트(https://www.threeten.org/threetenbp/)가 좋은 대안이다. 이 프로젝트의 주요 목표는 부주의한 개발자가 버그가 있는 코드를 작성하기만을 기다리며 유혹하는 함정으로 가득한 java.util.Date와 java.util.Calendar 사용을 피하는 것이다.

.NET에서는 노다 타임(https://nodatime.org) 사용을 **강력하게** 권장한다. 내장 타입(DateTime, DateTimeOffset, TimeZoneInfo, TimeSpan)은 확실히 효과적으로 사용할 수 있지만, 앞서 살펴본 다양한 논리적인 개념을 다양한 타입으로 분리하지는 않는다. 예를 들어 날짜를 표현하기 위한 타입은 없으며, 같은 타입이 시간 간격과 하루 중 시간 개념을 위해 사용된다. (이런 타입 중 몇몇은 .NET 6 릴리스 이후 변경됐지만, 여기서 세부 사항을 다루지는 않을 것이다.) 이는 올바르게 보이는 코드를 작성하기 쉽지만, 30분을 날짜에 더하는 등 논리적인 데이터에 대해 유효하지 않은 연산을 사실상 수행할 수도 있음을 의미한다. **몇몇 지정되지 않은 시간대**, **시스템 지역 시간대**, **UTC**에서 DateTime이 의미하는 방식도 개발에 도움이 되지 않는다.

하지만 이런 구체적인 사례 이외에도 플랫폼을 위한 특정 라이브러리를 대상으로 평가할 수 있는 더 일반적인 질문이 존재한다.

- 그레고리력 이외의 달력 시스템을 처리하고 싶다면 라이브러리가 이런 달력 시스템을 지원할까?
- 라이브러리가 사용하는 시간대 데이터에 대해 충분한 통제력을 제공할까? (예를 들어, IANA 시간대 식별자로 작업할 필요가 있다면 윈도우 시간대만 지원하는 라이브러리를 선택하지 않는 편이 최선이다.)

---

5 (옮긴이) https://github.com/tc39/proposal-temporal를 참고하자.

- 라이브러리가 요구사항에서 식별한 모든 개념을 지원하며 코드에서 의도를 명확하게 표현하기 위해 이런 다양한 개념 사이에서 충분히 구분 가능한 구성 요소를 제공할까?
- 라이브러리가 불변 타입을 제공하는가? 4장에서 살펴본 바와 같이 일반적인 개념으로서 불변성도 뚜렷한 장단점이 있지만, 날짜와 시간 라이브러리라는 컨텍스트에서 불변성은 거의 항상 바람직하다.
- 외부 의존성(예: 데이터베이스, 다른 라이브러리, 네트워크 API 등)이 이미 특정 라이브러리로 향하고 있는가? 다양한 표현법 사이에서 변환을 수행할 필요가 있다면 그렇게 하는 작업이 쉬울까?

가능하면 후보 라이브러리에 대해 날짜와 시간 요구사항 몇 가지를 프로토타입으로 만들어 최종 코드가 어떤 느낌인지 파악하려고 노력하는 편이 바람직하다. 이는 일반적으로 기존 애플리케이션에서 격리된 형태의 작은 콘솔 애플리케이션이나 단위 테스트 프로젝트로 수행할 수 있다. 예를 들어 앞서 설명한 반품과 관련된 요구사항에서 **반품** 옵션을 보여줄지 말지를 결정하는 로직을 점검하기 위해 몇 가지 단위 테스트를 작성할 수 있다. 여러 라이브러리를 평가하는 경우에는 단일 테스트 케이스 집합을 만들어 여러 라이브러리로 구현하는 방법을 사용할 수도 있다. 일단 모든 라이브러리를 사용해 **동작하는** 코드를 확보하고 나면 가독성을 위해 구현 내역을 비교할 수 있다. 일단 애플리케이션 전반의 요구사항을 문서화하고 기능별 요구사항에 대해 제품 소유자와 협력하고 사용하기에 적합한 좋은 라이브러리를 선택했다면 마지막으로 양산 서비스 코드를 작성하기 시작할 수 있다.

7.3 날짜와 시간 코드 구현하기

모든 준비를 마쳤다고 해도 여전히 코드 자체에 대한 규율이 필요하다. 지름길을 택해 일이 흘러가는 대로 내버려두기는 너무나도 쉽지만, 그로 인해 발생한 결과는 수습하기 어려울 수 있다.

7.3.1 개념을 일관성 있게 적용하기

애플리케이션 내에서 개념을 일관성 있게 사용하면 몰래 스며드는 실수를 방지하는 데 도움이 될 것이다. 몇몇 정보가 다양한 컨텍스트에서 사용될 때 이런 일관성 유지가 어려울 수도 있다. 예를 들어 현재 진행 중인 시나리오에서 반품 정책은 유효 배송일을 중심으로 다루지만, 이는 배송할 장소의 시간대와 맞물려 **창고에서 출고** 이벤트가 발생할 때를 기준으로 하는 인스턴트를 기본으로 삼는다. 여전히 일관성을 유지할 수 있지만, **품목이 배송되는** 시점을 다루는 코드가 있다면 어느 시점인지 명확하게 짚고 넘어갈 필요가 있다.

날짜와 시간 정보는 세 가지 다른 형태로 존재하는 경향이 있다.

- **메모리에서, 코드가 실행되는 동안** - 일반적으로 이는 사용하고 있는 날짜와 시간 라이브러리에서 만들어진 객체 형태다.
- **네트워크 요청에서, 정보가 컴퓨터 사이에서 교환되는 동안** - 일반적으로 특히 웹 애플리케이션인 경우에 이는 텍스트이며, 개발자는 발신자와 수신자가 모두 동일 형식을 사용하고 기대하는지 확인할 책임이 있다. 하지만 일반적으로 불투명한 바이너리 프로토콜이 될 수도 있으며, 이 경우 실제 바이트가 무엇인지 알 필요도, 신경 쓸 필요도 없다.
- **JSON, CSV, XML 파일이나 데이터베이스와 같은 저장소에서** - 네트워크 요청과 마찬가지로, 정확한 형식을 통제할 수도 있고 그렇지 못할 수도 있다. 하지만 SQL 필드나 표준 텍스트 형식의 표현법을 통해 데이터 타입을 선택할 수 있는 경우도 있다.

다시 말하지만, 여기서 일관성은 놀라울 만큼 중요하다. 예를 들어, 애플리케이션의 일부가 사용자로 하여금 날짜(시간 없이)를 지정하게 허용하면 나중에 혼동을 피하기 위해 정보 흐름이 이런 선택 사항을 존중하게 보증해야 한다. 2020-12-20이라는 텍스트 값을 담은 HTTP 요청이 있는 경우, 이는 java.time.LocalDate로 파싱되어 DATE 타입의 필드로 데이터베이스에 저장된다. 이 세 계층에서 다른 날짜와 시간 개념을 사용하면서도 정상 동작하는 애플리케이션을 얼마든지 작성할 수 있지만, 이렇게 하면 아주 혼란스러울 것이다. 물론 이 책에서 나는 아주 단순한 예제를 골랐지만, 인생이 항상 그렇게 깔끔하게 돌아가지는 않는다.

임피던스 불일치 처리하기

애플리케이션의 핵심 부분을 작성하기 위해 좋은 날짜와 시간 라이브러리를 사용할 때 데이터베이스에서 동일한 타입 집합이 풍부하게 제공되지 않거나 프런트엔드 코드가 약간 다른 형태의 풍부한 타입 집합을 제공하는 경우도 드물지 않다. 위에서 소개한 예제를 계속 진행하기 위해 사용자가 선택한 날짜를 멋지게 텍스트 형식의 데이터 표현으로 전달할 수 있으며 코드에서 LocalDate로 작업하지만, 단지 날짜와 시간 관련 데이터 타입만이 타임스탬프 형태로 데이터베이스에 저장돼야 한다고 가정하자. 여기서 어떻게 해야 할까? 여러 가지 선택지가 있지만, 깔끔하게 떨어지는 정답은 없다.

첫 번째 선택지는 데이터베이스가 제공하는 개념으로 변환하는 방법이다. 여기서는 LocalDate를 **지정된 날짜가 시작할 때 자정의 Instant(UTC 기준)**로 변환하기로 결정할 수 있었다. 이는 데이터베이스 내에서 다른 날짜와 시간 관련 기능을 사용할 수 있다는 장점이 있지만, 특정 날짜의 자정(UTC 기준)으로 표현되지 않는 인스턴트로 시작하더라도 유효할 것이라는 인상을 줄 수 있다.

두 번째 선택지는 텍스트 기반의 필드를 대신 사용하는 것이다. 예를 들어 날짜는 2020-12-20처럼 프런트엔드에서 전송되는 방식과 동일하게 저장될 수 있다. 이렇게 하면 실제 날짜라는 사실을 더 명확하게 만들며, 예제에서 보여준 ISO 형식(년-월-일)을 사용할 경우 여전히 쉽게 정렬이 가능하다. 반면, 데이터베이스에서 저장할 때는 효율성이 떨어지며 질의에서 사용하기 어려울 수 있다.

세 번째 선택지는 의미가 잘 알려진 숫자 필드를 사용하는 것이다. 예를 들어, **1970년 1월 1일 이후 경과 날짜 수**로 날짜를 표현할 수 있다. 이는 저장과 질의라는 양쪽 측면에서 효율적이지만, 데이터베이스를 직접 사용하는 모든 시스템에서 더 복잡한 코드가 필요하며, 또한 SQL SSSM(SQL Server Management Studio)과 같은 데이터베이스 접근 도구를 사용해 데이터를 이해하기가 훨씬 더 힘들어진다.

> **참고**
>
> 들어오는 데이터를 최대한 빨리 선호하는 메모리 데이터 타입으로 변환하려고 노력하며, 나가는 데이터는 최대한 늦게 대상 데이터 타입으로 변환하려고 노력하자. 이는 일관되지 않은 표현을 다룰 필요가 있는 코드 양을 최소화한다. 이는 또한 DRY(Don't Repeat Yourself) 규칙이 중요한 곳이기도 하다. 다시 말해, 변환 코드 자체는 변환 과정에서 일관성이 결여되지 않게 중앙집중화해야 한다.

이런 유형의 임피던스 불일치는 상당히 흔하지만, 시스템 경계에서 개념 사이의 변환을 위해 노력이 요구되는 유일한 경우라고 볼 수 없다.

■ 애플리케이션에 고유한 개념

때때로 자연스러운 애플리케이션 개념 중 하나가 앞서 설명한 표준 개념이나 현재 사용 중인 라이브러리나 데이터베이스에 표현된 개념으로 깔끔하게 매핑되지 않는 경우를 목격할 가능성도 있다. 한 가지 예로 특정 회사가 사용하고 있는, 정확한 회계 정책을 따르는 세부 정보로 채워진 **회계 분기**를 들 수 있다. 이런 유형의 사용자 정의 개념은 상당히 드물어야 하지만, 이런 경우가 발생할 가능성을 염두에 두고 적절하게 처리할 계획을 세우는 편이 좋다.

이전과 마찬가지로, 여기서도 일관성이 중요하다. 새로운 개념을 식별할 때 사용 중인 라이브러리에 대해 관용적으로 느껴지는 방식으로 개념을 캡슐화하는 편이 좋다. 관련성이 있는 변환을 모두 포함하고 적절한 텍스트 형태의 표현을 설계하고, 저장 시스템 내에서 개념을 어떻게 표현할지 고민하자.

이를 얼마나 초기에 행동으로 옮기느냐는 관점에서 발견되는 트레이드오프가 존재한다. 새로운 개념을 캡슐화하는 작업을 일찍 시작할수록 설계에서 더 큰 유연성을 발휘할 수 있고 새로운 표현을 사용하기 위해 기존 코드를 변환해야 하는 두통거리도 줄어든다. 반면, 개념 사용의 단일 사례에 기반해 모든 의사 결정을 내리게 되면 설계를 사례에 과도하게 끼워 맞춤으로써 향후 사용 사례의 요구사항을 충족하지 못하는 설계가 나올 수 있다. 이런 위험을 완화하기 위해 시도할 만한 한 가지 방법은 첫째 사례를 접했을 때 다른 사례를 적극적으로 찾아보는 것이다. 데이터를 사용하게 될지도 모르는 향후 기능의 모든 측면을 설계할 필요는 없지만, 최소한 필요한 연산이나 제약 조건에 대해 생각해볼 수는 있어야 한다.

효과적인 캡슐화의 한 가지 측면은 시작부터 빌드 테스트 가능성을 설계에 반영하는 것이다. 이는 단지 사용자 정의 개념에만 영향을 미치지 않으며, 전반적인 코드베이스에 걸쳐 테스트에 대해 생각해볼 가치가 있음을 의미한다.

7.3.2 기본값을 피함으로써 테스트 가능성 개선하기

온라인 쇼핑 반품 정책에 대해 생각할 때 앞서 논의했듯이 종종 요구사항 문서 내에 많은 예제를 제공하는 편이 유용하다. 이런 예제들은 단위 테스트로 전환하기에 이상적인 후보이며, 합리적인 방식으로 코드가 테스트될 수 있는 경우에만 의미가 있다. 몇몇 라이브러리에서는 이런 작업이 겉보기와 달리 쉽지 않지만, 몇 가지 규율을 유지하는 방식으로 이런 부족함을 쉽게 회피할 수 있다.

단순해 보이는 코드에 숨겨진 가정이 많은 구체적인 사례를 살펴보자. (이 사례는 java.util과 java.text 패키지에 포함된 클래스를 사용하는데, java.time이 최소한 여기서 두 가지 문제를 해소해준다고 말할 수 있어 정말 다행이다.)

```
String now = DateFormat.getDateInstance().format(new Date());
```

한 줄밖에 안 되는 코드 뒤에 여러 의사 결정이 숨어 있는 이유는 플랫폼 설계자가 이런 결정을 암시적으로 하는 편이 유용하다고 생각했기 때문이다. 또한 이는 테스트도 어려운데, 설계 과정에서 테스트 가능성을 우선순위 목록의 상단에 두지 않았기 때문이다.

- 시스템 시계를 사용하는데, 이는 특정 인스턴트에 어떤 일이 일어날지 테스트할 수 없음을 의미한다.
- 현재 인스턴트를 시스템 시간대로 변환하는데, 이는 다양한 시간대에서 코드가 어떻게 반응할지 테스트하기가 어렵게 만든다.
- 기본 로케일을 기준으로 기본 달력 시스템을 사용한다.
- 기본 로케일의 날짜 형식을 사용한다.

이런 가정들은 해당 코드를 테스트할 필요가 없으며 개발과 사용 환경이 현재 문화와 시간대를 동일하게 사용하는 데스크톱 애플리케이션을 작성하는 경우에 삶을 훨씬 더 편안하게 만들어준다. 다른 상황에서는 이와 같은 코드를 피해야 한다. 나중에는 문자열 서식 지정을 살펴보겠지만, 지금 당장은 첫 세 가지 측면을 살펴보는 작업부터 시작할 것이다.

■ 기존 시계 추상화를 사용하기

현대적인 날짜와 시간 라이브러리는 종종 시계라는 개념을 미리 추상화해 놓지만, 그렇지 않더라도 직접 추상화할 수 있다. java.time 패키지에는 **시간 서비스에서 현재 인스턴트**는 물론이고 시간대도 제공하는 Clock 추상 클래스가 있다. 노다 타임에는 단일 GetCurrentInstant() 메서드를 포함하는 IClock 인터페이스가 있다. 두 클래스는 테스트 목적을 위해 인스턴스를 얻는 방법을 제공한다. 코드가 현재 인스턴트를 알고 싶을 때 항상 시스템 시계를 사용하는 접근 방식보다는 의존성 주입을 사용해 시계를 사용 가능하게 만들고 이를 사용하는 방식을 권장한다.

왜 이런 방식이 테스트를 위해 필요한지 명확하지 않은 경우를 위해 인위적으로 구성한 간단한 예제를 살펴볼 것이다. 현재 인스턴트가 몇몇 대상 인스턴트의 1분 내에 있는지를 구분할 수 있는 클래스를 하나 만들고 싶다고 가정하자. 실제 코드에서는 일반적으로 구성 과정 중에 Duration 매개변수를 사용해 대상을 유연하게 만들지만, 지금은 단순한 설명을 위해 이를 하드코딩할 것이다. 다음 코드와 같이 시스템 시계를 사용하는 아주 단순한 코드를 작성할 수 있다.

코드 7.1 테스트 불가능한 OneMinuteTarget 클래스

```
public final class OneMinuteTarget {
  private static final Duration ONE_MINUTE = Duration.ofMinutes(1);
  private final Instant minInclusive;
  private final Instant maxInclusive;

  public OneMinuteTarget(@Nonnull Instant target) {
    minInclusive = target.minus(ONE_MINUTE);
    maxInclusive = target.plus(ONE_MINUTE);
  }

  public boolean isWithinOneMinuteOfTarget() {
    Instant now = Instant.now();    ← ① 이 행은 코드를 테스트하기 어렵게 만든다
    return now.compareTo(minInclusive) >= 0 && now.compareTo(maxInclusive) <= 0;
  }
}
```

하지만 이 코드를 어떻게 테스트할까? 다음과 같은 다섯 가지 시나리오를 테스트할 것이다.

01. 현재 인스턴트는 목표 인스턴트보다 1분 초과 전이다.

02. 현재 인스턴트는 정확하게 목표 인스턴트보다 정확히 1분 전이다.

03. 현재 인스턴스는 목표 인스턴트보다 1분 전과 1분 후를 넘어서지 않는다.

04. 현재 인스턴트는 정확하게 목표 인스턴트보다 1분 후다.

05. 현재 인스턴트는 목표 인스턴트보다 1분 초과 후다.

위 코드에서는 다섯 가지 시나리오를 깔끔하게 테스트할 수 없다. 테스트가 얼마나 빠르게 동작할 것인지에 대해 합리적인 가정을 내릴 수 있기에 테스트 1, 3, 5를 위한 코드를 합리적으로 작성할 수 있지만, 시스템 시계 자체가 **정확하게** 목표 인스턴트 전후 1분을 보증할 수는 없다. 테스트가 수행을 시작하는 시점을 알 수 있지만, 테스트하고 있는 메서드 내에서 이 시점과 instant.now()를 호출한 시점 사이에 얼마나 많은 시간이 지났는지는 알 수 없다. 하지만 생성자에 Clock을 주입하면 다음 코드처럼 테스트가 가능해진다.

코드 7.2 java.time.Clock을 사용해 코드 7.1을 테스트 가능하게 만든 버전

```java
public final class OneMinuteTarget {
  private static final Duration ONE_MINUTE = Duration.ofMinutes(1);
  private final Clock clock;    ← ① 현재 인스턴트가 필요할 때마다 참조할 시계
  private final Instant minInclusive;
  private final Instant maxInclusive;

  public OneMinuteTarget(@Nonnull Clock clock, @Nonnull Instant target) {
    this.clock = clock;    ← ② 나중에 사용할 목적으로 호출자가 제공한 시계를 보관
    minInclusive = target.minus(ONE_MINUTE);
    maxInclusive = target.plus(ONE_MINUTE);
  }

  public boolean isWithinOneMinuteOfTarget() {
    Instant now = clock.instant();    ← ③ 테스트할 수 없는 정적 메서드를 clock의 메서드 호출로 대체
    return now.compareTo(minInclusive) >= 0 && now.compareTo(maxInclusive) <= 0;
  }
}
```

이제 원하는 만큼 다양한 상황을 위한 테스트를 쉽게 작성할 수 있다. 매개변수화된 테스트는 다음 코드에서 볼 수 있듯이 날짜와 시간 작업에서 종종 유용하게 쓰인다.

> **코드 7.3** Clock.fixed를 사용해 현재 시각에 민감한 클래스 테스트

```
class OneMinuteTargetTest {
  @ParameterizedTest
  @ValueSource(ints = {-61, 61})    ← ①테스트하고 싶은 값을 지정한다
  void outsideTargetInterval(int secondsFromTargetToClock) {
    Instant target = Instant.ofEpochSecond(10000);   ← ②임의 목표 인스턴트를 생성한다
    Clock clock = Clock.fixed(
        target.plusSeconds(secondsFromTargetToClock),
        ZoneOffset.UTC);    ← ③목표에 상대적인 시간으로 시계를 생성한다
    OneMinuteTarget subject = new OneMinuteTarget(clock, target);
    assertFalse(subject.isWithinOneMinuteOfTarget());
  }

  @ParameterizedTest
  @ValueSource(ints = {-60, -30, 60})
  void withinTargetInterval(int secondsFromTargetToClock) {
    Instant target = Instant.ofEpochSecond(10000);
    Clock clock = Clock.fixed(
        target.plusSeconds(secondsFromTargetToClock),
        ZoneOffset.UTC);
    OneMinuteTarget subject = new OneMinuteTarget(clock, target);
    assertTrue(subject.isWithinOneMinuteOfTarget());
  }
}
```

여기서는 목표 간격을 벗어난 시간을 테스트하는 메서드와 목표 간격에 들어오는 시간을 테스트하는 메서드를 분리해서 사용했다. 메서드는 매개변수화된 값과 assertFalse 또는 assertTrue 중 무엇을 호출하는지만 다르므로 예상되는 결과에 대해서도 매개변수화된 단일 메서드를 구현하게 선택할 수도 있었다. 테스트의 정확한 설계는 이 장의 범위를 벗어나지만, 중요한 점은 시간 경과를 통제할 때 코드를 쉽게 테스트할 수 있다는 것이다.

▪ 자신만의 시계 추상화 도입하기

아직 적절한 추상화가 없는 날짜와 시간 라이브러리를 사용한다면 자신만의 추상화를 만들면 된다. 이상적으로는 이 애플리케이션뿐만 아니라 동일한 날짜와 시간 라이브러리를 사용하는 다른 애플리케이션에서도 재사용 가능한 범위 내에서 진행한다. **현재 인스턴트가 무엇인지**를 순수 추상화로 유지할지 말지(노다 타임의 경우), 아니면 시간대를 포함할지 말지(java.time의 경우)는 여러분에게 달려 있다. 일반적으로 코드는 세 가지 유형으로 나뉜다.

- 대다수 코드가 의존하는 추상 클래스 또는 인터페이스
- 시스템 시계를 사용하는 싱글톤 구현
- 생성자나 이후에 인스턴트를 호출자가 설정하게 허용하는 가짜 시계 구현. 양산 서비스 코드가 여기에 의존하지 못하게 명시적으로 방어하기 위해 전용 테스트 패키지에서 이 구현을 외부에 공개하는 방식을 선택할 수도 있다.

구체적으로 설명하기 위해 java.time이 시계 추상화를 제공하지 **않거나**, 시간대 측면을 포함하는 대신 현재 인스턴트로 제약이 가해진 시계 추상화를 사용한다고 가정하자. 다음 코드와 같이 독자적인 InstantClock 인터페이스를 정의할 수 있다.

코드 7.4 독자적인 인스턴트 중심의 시계 인터페이스 도입

```java
public interface InstantClock {
  Instant getCurrentInstant();
}
```

그러고 나서 SystemInstantClock 싱글턴으로 이를 구현할 수 있다.

코드 7.5 시스템 시계 싱글턴으로 InstantClock 구현

```java
public final class SystemInstantClock implements InstantClock {
  private static final SystemInstantClock instance =
      new SystemInstantClock();

  private SystemInstantClock() {}    ← ① 다른 곳에서 인스턴스를 만들 수 없게 방어한다

  public static SystemInstantClock getInstance() {    ← ② 싱글턴 인스턴스에 접근하기 위한 공개 메서드
    return instance;
  }
}
```

```
  public Instant getCurrentInstant() {
    return Instant.now();    ← ③ 시스템 시계를 사용하는 Instant.now()에 위임한다
  }
}
```

마지막으로 다음 코드에서 볼 수 있듯이 테스트 목적으로 가짜 시계를 구현한다.

코드 7.6 테스트 목적을 위해 가짜로 InstantClock 구현
```
public final class FakeInstantClock implements InstantClock {
  private final Instant currentInstant;

  public FakeInstantClock(@Nonnull Instant currentInstant) {
    this.currentInstant = currentInstant;
  }

  public Instant getCurrentInstant() {
    return currentInstant;
  }
}
```

물론 여기서 확실히 변경할 수 있었던 세부 사항이 있다. 예를 들어, 가짜 시계와 시스템 시계의 인스턴스를 얻기 위한 인터페이스에 정적 메서드를 정의해 이들 클래스 자체가 인터페이스 내부에서 비공개로 유지될 수 있었다. 아니면 FakeInstantClock에 getCurrentInstant() 메서드가 호출될 때마다 특정 기간만큼 시계를 자동으로 앞당기는 옵션을 제공할 수도 있었다. 중요한 측면은 테스트가 불가능한 양산 서비스 코드를 피하기 위해 시계를 사용하는 방법이다.

앞 코드에 주석이 적게 달린 이유는 아주 단순하기 때문이다. 너무 단순해서 큰 이점을 제공할 수 없다고 생각하기 쉽지만 테스트 가능성 측면에서 드러나는 차이는 엄청나다.

> **참고**
>
> 여기서 굳이 가짜 시계를 제공하느라 애를 쓴 이유가 궁금할지도 모르겠다. 단일 메서드 인터페이스를 목(mock)으로 만드는 작업이 훨씬 더 쉽기 때문이다. 우리는 인터페이스 메서드가 얼마나 많이 언제 호출되었는지를 정확하게 신경 써야 하는 **상호 작용** 테스트에서 목이 가치가 매우 높지만 시계를 위해서는 목이 그다지 유용하지 않다는 사실을 발견했다. 하지만 우리는 그대신 나중에 반환해야 할 데이터를 제공하기만을 원하는데, 가짜 시계는 이를 위해 아주 훌륭한 역할을 한다. 원한다면 목을 사용할 수도 있지만, 전용 가짜 시계 구현이 훨씬 더 사용하기 쉬우며, 특정 목 라이브러리에서 비롯된 테스트 코드의 결합도를 떨어뜨릴 수 있다는 사실을 알게 될 것이다.

시계로 암시적인 정보 원천을 하나 제거했으므로 시간대에 대해서도 유사한 작업을 진행해보자.

▪ 시스템 시간대의 명시적인 사용을 회피하기

날짜와 시간 라이브러리에서 시계 추상화를 위한 지원은 다소 가변적이지만, 현대적인 날짜와 시간 라이브러리에는 시간대를 표현하는 타입이 존재하리라 예상한다. 하지만 여전히 암시적으로 시스템 시간대를 사용하는 여러 메서드가 존재하며, 이들 메서드가 테스트 가능성 측면에서 동일한 문제를 일으킨다는 사실을 발견할 수 있다. 시스템 시간대를 변경하고 양산 코드를 돌리고, 그런 다음에 시간대를 원래로 재설정하는 테스트를 작성하고 싶지는 않을 것이다. 심지어 양산 서비스 환경에서 항상 시스템 시간대를 사용하리라 기대하는 경우에도 코드에게 어떤 시간대에서 동작해야 하는지를 알려주는 방식이 훨씬 더 좋다.

두 가지 오버로딩(논의 중인 메서드나 관련 타입의 생성자)을 **작성할 수도** 있지만, 둘 중 하나가 시간대를 받고 다른 하나는 항상 시스템 시간대를 사용하게 만들 경우 시스템 시간대에 숨겨진 의존성이 존재하는 코드를 만들어낼 수 있다. 생성자나 메서드에서 서너 단계의 간접 수준을 밟을 때까지 시간대를 요구하는 뭔가를 하고 있다는 사실을 즉시 깨달을 수 없을 가능성이 높다. 항상 명시적으로 시간대를 알려주면 깜짝 놀랄 만한 상황을 피할 수 있다.

책임지지 않는 코드를 호출할 때 이런 예상치 못한 측면을 관찰할 필요가 있다. 이런 측면은 날짜와 시간 라이브러리 자체에 있는 코드나 또 다른 외부 의존성이 될 수 있다. 다시 말하지만, 특정 연산에 시간대가 개입되어 있거나 기본적으로 시스템 시간대를 코드가 사용할지도 모른다는 사실을 알아내려면 조금 더 고민할 필요가 있다.

반품 정책 예제로 돌아가서, 주문에서 품목의 마지막 반품 날짜를 계산하기 위한 메서드를 만들 수 있다. 요구사항 문서는 이미 시간대에 대해 언급했으므로 명백하게 시간대가 요구될 것이지만, 그렇다고 해서 우리가 직접 제공할 필요가 있음을 의미하지는 않는다. 구성을 위해 필요한 정보는 다음 두 가지다.

- 창고에서 품목이 배송된 시점의 인스턴트
- 해당 품목을 위한 배송 주소의 시간대

시간대는 연산을 수행할 컨텍스트에서 이미 결정되므로 주문 품목의 최종 반품 날짜를 묻는 메서드에서 이를 제공할 필요는 없다.

하지만 코드 작성 관점에서 다시 한번 테스트의 단순성에 대해 고려할 가치가 있다. 테스트에서 이 두 가지 정보를 지정하기는 쉽다. 품목을 포함하는 완전한 주문을 찾아내기 위해 조금 더 많은 노력이 들지도 모른다. 두 매개변수만 받는 메서드를 작성한 다음에 배송 인스턴트와 배송 시간대를 인수로 전달하면서 이 메서드를 호출하는 식으로 단위 테스트를 단순하게 만들 수 있다. 이 메서드는 완전히 외부에 공개하고 싶지는 않지만, 테스트 목적에 충분할 정도로만 외부에 공개될 수 있게 만들면 된다.

OrderItem 클래스에서 메서드는 두 개만 남는다. 하나는 다음 코드와 같이 간단한 외부 메서드이며, 다른 하나는 조금 더 복잡한 내부 메서드다. (실제 구현은 나중에 다시 살펴볼 기회가 올 것이다.)

코드 7.7 복잡한 시나리오를 위한 테스트를 단순하게 만들기

```
public LocalDate getFinalReturnsDate() {
  Instant shippingTime = getShippingDetails().getWarehouseExitTime();
  ZoneId deliveryTimeZone = getOrder().getDeliveryAddress().getTimeZone();
  return getFinalReturnsDate(shippingTime, deliveryTimeZone);  ←──
}                                                    ① 공개 메서드에서 내부 메서드로 위임한다

@VisibleForTesting
static LocalDate getFinalReturnsDate(Instant shippingTime,
    ZoneId destinationTimeZone) {   ←── ② 구현
}
```

한곳에 반품을 위한 모든 로직을 넣고 싶다면 OrderItem 클래스에서 벗어나 당연히 더 복잡한 클래스로 옮길 수 있다. 어느 쪽이든 중요한 측면은 메서드 시그니처다.

- 시간대를 직접 사용하는 메서드 내에서는 이미 시간대가 정해져 있으므로 어떤 시간대를 사용하는지 명백하다.
- 이 메서드를 호출할 필요가 있는 모든 곳에서 시간대를 **제공해야** 하므로 우연히 시스템 시간대를 사용하게 될 가능성은 희박하다.

기본적으로 시스템 시간대를 사용할지도 모르는 코드를 발견하게 되면 메서드나 생성자의 오버로딩이 있는지 주의 깊게 살펴보는 것이 바람직하다. 여러 오버로딩 중 하나에서 시간대를 받아들이는 메서드를 호출하지만 인수로 시간대를 제공하고 있지 않은 경우라면 기본적으로 어떤 시간대를 사용하게 될지를 주의 깊게 점검하자. 심지어 기본적으로 사용되는 시간대가 당신이 원하는 시간대와 동일한 경우에도 명시적으로 시간대를 지정하면 코드가 훨씬 더 깨끗해질 것이다. 시스템 기본 값과 관련해 언급할 가치가 있는 측면이 한 가지 더 있는데, 이는 텍스트 표현이라는 더 큰 주제로 이어질 것이다.

■ **명시적인 로케일과 문화적인 가정을 회피하기**

국제화, 지역화, 세계화(흔히 각각 i18n(Internationalization), l10n(localization), g11n(globalization)으로 부른다)는 방대한 주제이므로 여기서 세부 사항을 다루지는 않을 것이다. 날짜와 시간 작업을 위해 우리는 사용자의 로케일이 기본 달력 시스템, 그리고 날짜나 시간을 표현하기 위해 사용되는 기본 텍스트 형식이라는 코드의 두 가지 측면에 영향을 미칠 수 있다는 사실을 인식할 필요가 있다.

오동작에 대한 걱정보다는 주로 테스트 가능성을 위해 시스템 시계를 대체해왔지만, 시스템 로케일은 시스템 시간대와 유사하다. 작업 대상 로케일이 시스템을 위한 로케일과 동일하다고 가정하고 싶지 않을 따름이다.

대부분의 경우, 우리는 실제로 특정 문화에 고유한 작업을 피하고 싶어 한다. 앞서 설명했던 바와 같이 심지어 몇몇 사용자가 개인 생활에서 다른 달력 시스템을 논하더라도 대다수 비즈니스 소프트웨어는 그레고리 달력 시스템의 사용을 원한다. 마찬가지로, **16진수**든 **10진수**든 상관없이 산술 연산을 수행하듯이 우리가 만든 대다수 코드는 텍스트 형식과는 무관하게 동작해야 한다.

여기서 구체적인 **코딩** 권장 방식은 그렇게 많지 않다. 실수로 문화에 민감한 메서드를 호출했다는 사실을 인지할 수 있을 정도로 사용 중인 라이브러리에 대해 충분히 알고 있으면 큰 문제가 없다. 여기서 적어도 달력 시스템의 경우에는 조금 더 기본값에 의존하기를 원할 수 있다. 라이브러리가 그레고리 달력 시스템을 사용하고 그레고리력이 유일한 지원 대상인 경우라면 대다수 사람들은 모든 곳에서 그레고리 달력 시스템을 명시적으로 지정하는 대신 기본값을 사용하는 편이 코드의 가독성을 훨씬 더 높인다는 사실을 발견할 것이다. 반면, 시스템 로케일을 위한 기본 달력이 기본값인 경우에는 호출 과정에서 이를 명시적으로 지정하는 방식을 권장한다.

텍스트 표현과 관련해 **단지** 문화적인 가정 이외에도 고려할 사항이 많다. 이를 자세히 살펴보자.

7.3.3 텍스트에서 날짜와 시간 값 표현하기

우리를 위해 복잡한 모든 작업을 수행하고 실수를 방지하는 잘 추상화된 라이브러리를 사용해 날짜와 시간 데이터를 다룰 때 메모리에서 작업하는 동안은 훌륭하게 동작하지만, 종종 날짜와 시간 값을 텍스트로 표현할 필요도 있다. 특히 (로깅과 디버깅을 위한) 진단 목적으로 기록하거나 (서버에 요청하기 위해 웹 브라우저에서 자바스크립트를 사용해) 다양한 컴퓨터 간에 데이터를 전송하거나 사용자에게 출력하는 경우를 생각해보자. 깜짝 놀라겠지만, 이 지점에서 온갖 방식으로 문제가 발생할 가능성이 존재한다. 이 장의 많은 부분과 마찬가지로, 이 절은 모든 상황에 적합한 한 가지 완벽한 접근 방식에 대한 내용이

라기보다는 자문해야 하는 질문을 제공하는 편에 가깝다. 우리가 텍스트 표현이라고 말할 때 그것이 무엇을 **의미하는지** 다소 철학적으로 들리는 주제로 시작해보자.

■ 텍스트와 진실 사이에서 혼동 피하기

몇몇 날짜와 시간 정보를 담은 문자열을 볼 때 무엇이 표현되는지 항상 명확하지는 않다. 더 우려되는 점은 무엇이 표현되고 있는지 명확하지 않다는 사실이 항상 명백하게 드러나지는 않는다는 것이다. 우리는 지나치게 많은 내용을 유추하는 식으로 잘못된 결론에 쉽게 도달할 수 있다.

이에 대한 가장 명백한 예 중 하나는 java.util.Date 클래스다. 이미 이 클래스를 사용하지 말라고 권고했지만, 이 클래스의 텍스트 표현은 우리가 무엇을 하면 **안** 되는지 관점에서 유용한 교재로 볼 수 있다. 다음 코드를 살펴보자.

```
System.out.println(new Date());
```

지금 내 컴퓨터에서 위 코드는 **Sun Dec 27 14:21:05 GMT 2020**을 출력한다. Date가 명백히 오해의 소지가 있는 이름이고, 암시적으로 시스템 시계를 사용하고 있다는 사실을 제쳐 두고, 이런 출력 결과에서 우리가 무엇을 유추할 수 있는지 살펴보자.

- 값은 표준 시간대 약어가 아닌 문자열인 GMT를 포함한다. 이는 값 자체가 시간대를 인식하고 있음을 시사한다.
- 값은 요일, 축약된 월 이름, 연도를 포함한다. 값이 달력 시스템을 인식하고 있음을 **추론할 수** 있다.
- 값은 초 단위까지만 표시된다. 그렇다면 1초가 지날 때 정확하게 Date 생성자를 호출했음을 의미할까? 아니면 정보 손실을 의미할까? 우리는 두 가지 상황을 쉽게 구분할 수 없다.

위 내용 중에서 첫 번째가 가장 짜증이 나게 만든다. 스택 오버플로에 java.util.Date를 다른 시간대로 변환하는 방법을 묻는 질문이 정말 많이 올라오는데, 나는 사람들이 헤매는 이유를 이해한다. 사실상 Date 클래스는 밀리초 정밀도로 인스턴트를 표현한다. 이 클래스에는 연관된 시간대**나** 달력 시스템이 존재하지 않는다. toString() 메서드는 항상 그레고리 달력 시스템과 시스템 기본 시간대를 사용하지만, 이들은 값 자체의 일부가 아니다. 달과 일 이름은 지역화되지 않는다.

시스템 기본 시간대 사용은 여기서 많은 혼란을 초래하지만, 심지어 더욱 합리적인 toString() 구현조차 여전히 혼란을 초래할 수 있다. toString() 대신 ISO-8601 표현을 사용했다고 가정하면 동일한 값은 2020-12-27T14:21:05.123Z로 표현될 수 있으며, 전 세계 어떤 컴퓨터에서도 동일한 결과를 얻게 된다(물론 시스템 시계가 동일 값을 보고했다고 가정한다). 하지만 무엇을 표현하는지 사전에 **알고** 있지 않다면 ISO-8601 표현법도 여전히 명확하지 않다. 우리는 정밀도를 모르며, Z가 모든 값을 UTC로 표현할 것인지 아니면 표현되는 데이터 타입이 다른 오프셋이나 시간대를 포함할 수 있는지도 알지 못한다. 심지어 우리는 표현되는 데이터 타입이 다른 달력 시스템을 사용할 수 있는지조차도 알지 못한다.

이 모든 내용이 암울하고 우울하게 들린다면 마음을 굳게 먹기 바란다. 목표는 텍스트 표현으로 작업하는 행위를 막으려는 것이 아니라, 한계점을 인식하게끔 용기를 북돋워주는 것이다. 여기서 핵심은 이상적으로 앞서 열거한 개념 중 하나이거나 아니면 여러 개념의 조합(예: UTC 오프셋으로 표현된 날짜와 시간)으로 표현되는 데이터 타입을 인식하는 것이다. 사용 가능한 정밀도는 어디까지이며, 이런 표현은 무손실인가? 이와 같은 값을 파싱하고 싶다면 무엇을 알아야 할까? **정확한** 형식을 알고 있는가?

특히 신경을 써야 하는 한 가지 시나리오는 디버거가 보여주는 내용이다. 사용되는 텍스트 형식에 따라 디버거가 동일 텍스트 표현으로 두 변수 값을 표시하지만, 두 값이 서로 같지 않다고 보여주는 상황도 충분히 가능하다. 이는 날짜와 시간 분야에서 작업할 때 발생하는 전유물이 아니며, 부동소수점 숫자와 심지어 일반 문자열에서도 동일한 함정에 빠질 수 있다. 디버거에서 볼 수 있는 내용이 전부가 아님에 주의하기 바란다. 텍스트 표현을 읽는 경우에 생기는 위험성에 대해 충분히 경고했으므로 이제 변환이 전혀 필요하지 않은 경우에도 슬금슬금 숨어들어와 문제를 일으킬 수 있는 몇몇 분야를 살펴볼 것이다.

■ 불필요한 텍스트 변환 피하기

당연하게 들리겠지만, 가능한 한 텍스트 형식으로 변환하거나 텍스트 형식에서 변환하는 작업은 피하는 편이 좋다. 다음과 같이 기본적으로는 전혀 텍스트 지향적이지 않은 목표를 달성하기 위해 날짜와 시간 값을 문자열로 변환하는 코드를 많이 목격해왔다.

- SQL을 직접 사용하거나 매개변수로 사용하면서 데이터베이스 질의에 값을 포함시키는 경우
- 동일 라이브러리나 다른 라이브러리의 타입 사이에서 다양한 표현으로 변환하는 경우(예: LocalDateTime에서 LocalDate를 얻는 경우)
- 1초 단위의 나머지를 포함하지 않고서 LocalDateTime 값을 포매팅하고 초 단위를 절삭하는 방식으로 다시 파싱하는 경우처럼 고의로 정보를 누락하는 경우

이 모든 경우에 텍스트 변환을 도입하면 다음과 같은 여러 가지 단점이 생긴다.

- 우회적인 방법으로 변환 작업을 수행하면 달성하려는 목표가 모호해진다.
- 실수로 정밀도가 떨어지거나 다른 버그가 발생하는 위험이 생긴다.
- 더 직접적인 접근 방식에 비해 거의 항상 더 느리기 마련이다.

텍스트 변환을 수행해야 할 때마다 이 작업이 본질적으로 텍스트 지향적인지를 고려할 필요가 있다. 그렇지 않다면 더 나은 접근 방법이 있는지 고려하자. 조금 더 연구가 필요하지만, 일단 그렇게 하고 나면 훨씬 더 명확해지고 훨씬 더 나은 성능을 얻을 가능성이 높아진다. 이미 이런 실사 단계를 거쳤고, 정말로 텍스트 변환을 수행하기를 원한다는 결정을 내렸더라도 여전히 피해야 할 몇 가지 함정이 존재한다.

■ 효과적인 텍스트 표현 설계하기

이 분야에 너무 많은 노력을 기울이고 있다고 느껴진다면 나로서는 고마울 따름이다. 결국 플랫폼에서 toString()이나 이와 유사한 함수를 호출하기만 해도 작업을 완료할 수 있다. 하지만 조금 더 시간을 들여 원하는 결과를 주의 깊게 고려하면 큰 차이를 만들 수 있다.

주어진 애플리케이션 내에서 텍스트를 처리하는 작업을 모두 중앙집중화하고 싶을 가능성이 높다. 중앙집중화하면 결과가 각 개념과 대상을 위해 어떻게 보이기를 원하는지 결정하고, 문서화하고, 코드를 작성한 다음에 모든 곳에서 중앙집중화된 공통 코드를 호출할 수 있게 된다. 이렇게 하면 애플리케이션 전반에 걸쳐 일관성을 유지하므로 짜증나는 진단 세션을 피할 수 있게 된다. 물론 여전히 각 경우에 대해 올바른 중앙집중적인 옵션을 사용할 필요가 있으며 이는 청중에 대해 명확하게 파악하고 있음을 의미한다.

날짜와 시간 값을 문자열로 바꿀 때마다 나중에 이 문자열을 읽을 대상을 고려해야 한다. 대부분의 상황은 그림 7.9에서 보듯이 다음 세 가지 범주 중 하나로 떨어진다.

- 사용자에게 표시할 텍스트
- 다른 시스템에 위치한 코드가 파싱할 텍스트
- 개발자에게 진단을 돕기 위한 텍스트

이 세 가지 범주는 각각 동기와 요구사항이 다르다. 사용자와 개발자가 유사하다고 기대할지도 모르지만, 일반적으로 (로그와 예외에 실린) 개발자 중심의 메시지는 컴퓨터가 읽을 수 있는 표현에 더 가깝다.

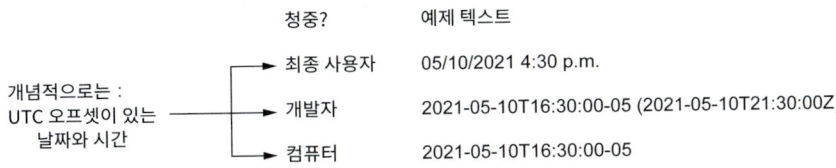

그림 7.9 다양한 청중을 위한 다양한 텍스트

사용자에게 표시되는 텍스트는 적어도 선호하는 날짜 형식에 맞춰 일반적으로 사용자의 로케일을 고려해야 한다. 가장 분명한 예는 사용되는 숫자 데이터 형식이다. 미국은 월/일/년 형식을 사용하는 반면에 다른 국가에서는 일/월/년 형식을 사용한다. 순서 이외에도 로케일마다 다른 날짜 구분 기호, 다른 시간 구분 기호, 다른 긴 날짜 형식(예를 들어 월 이름을 포함하는)을 사용한다. 여기서 정확한 형식을 달성하려 시도하는 아이디어는 결코 바람직하지 않다. 대다수 라이브러리는 **짧은 시간 형식**이나 **긴 시간 형식**과 같은 일반적인 형식을 지정하게 허용하며, 그에 맞춰 라이브러리 자체에서 올바른 작업을 수행할 것이다.

여기서 변동성은 사용자를 위해 포매팅된 텍스트를 **파싱하려** 시도하는 아이디어가 거의 항상 바람직하지 않다는 사실을 의미한다. 화면 스크래핑 목적으로 이렇게 할 필요가 있을지도 모르겠지만, 가능한 한 화면 스크래핑을 피하려 노력해야 하는 다양한 이유에 변동성이라는 요인이 하나 더 추가될 뿐이다. 사용자에게 보이는 텍스트를 **반드시** 파싱해야 한다면 해당 텍스트를 생성하는 로케일을 지정하는 방법을 찾으려고 노력하자. 6/7/2020이 **2020년 7월 6일**인지 **2020년 6월 7일**인지 모른다면 오류에 대응하는 복잡한 경험 지식 없이는 올바르게 파싱을 수행하기가 아주 어렵다.

하지만 컴퓨터가 읽을 수 있는 텍스트는 다른 문제다. 다른 컴퓨터가 읽을 수 있게 텍스트를 생성할 때 최대한 사람이 읽을 수 있는 표준 형식을 사용해야 한다. 날짜와 시간 값에 대해 이는 거의 항상 ISO-8601 호환 형식을 사용하는 것을 의미한다. 심지어 ISO-8601 내에서도 여러 형식을 사용할 수 있다. 예를 들어 2020년 6월 7일 오후 3:54:23을 절반 정도 지나가는 값은 **20200607T155423.500, 2020-06-07 15:54:23,5**이나 다른 변형으로 표현될 수 있다. 여러 표현 사이에서 선택할 때 일반적으로 권장되는 방식은 다음과 같다.

- 공백이 허용되는 경우, 날짜와 시간 구분자(각각 대시와 콜론)를 포함하면 값이 훨씬 더 읽기 쉬워진다. 하지만 윈도우 파일명에는 콜론이 등장할 수 없으며, 유닉스에서도 콜론으로 구분된 경로가 어색해 보일 수 있다.
- 날짜와 시간 사이에 위치한 선택적인 T는 값을 조금 더 읽기 어렵게 만들 수 있지만, 값을 함께 유지하는 과정에 도움을 준다. 컨텍스트가 여러 공백으로 분리된 값을 포함할 경우 T는 특히 중요하다.

- 분초 구분자는 쉼표 또는 점일 수 있으며 ISO-8601에서는 관념상 쉼표가 선호됨에도 불구하고 실전에서는 점이 훨씬 더 널리 퍼져 있다.
- 고정된 길이로 1초 이하의 시간을 지정하면 공간이 낭비되지만, 여러 값의 열이 존재하는 경우 가독성을 높이는 과정에 도움을 줄 수 있다. 가변 길이를 사용하기로 선택한다면 밀리초, 마이크로초, 나노초 정밀도를 고수하고, 각각 3자리, 6자리, 9자리 하위 초 정밀도를 사용한다. (예를 들어) 점이나 쉼표 뒤에 4자리 값은 약간 이상하게 보인다.

여기서 (사람의) 가독성에 대한 고려 사항을 보면 놀랄 수도 있다. 결국 이들은 코드가 파싱하기 위해 의도된 값이다. 하지만 현실적으로 개발자들은 텍스트 파일, JSON 요청, 기타 텍스트가 등장하는 다양한 상황에 직면할 가능성이 높다. 종종 읽기 어려운 데이터의 처리 비용이 매우 높기에 백만 개 중에 하나의 값에만 영향을 줄지도 모르는 가독성을 고려하느라 공백의 균형을 맞출 필요가 있을지도 모른다.

이렇게 해서 마지막 청중의 범주는 개발자로 끝난다. 일반적으로 개발자 중심의 텍스트 표현은 컴퓨터가 읽을 수 있는 표현과 마찬가지로 문화에 중립적이어야 하지만, **엄격하게** 필요하지 않은 더 많은 정보를 추가하고 싶은 경우가 있다. 단순한 ISO-8601 표현법으로 시작해서 필요한 곳에 더 많은 정보를 추가하는 방식을 권장한다. 예를 들어 날짜, 시간, UTC 오프셋을 표현하는 경우에 값들을 더 쉽게 비교하기 위해 지역 시각과 UTC 인스턴트 두 가지 모두 포함하기를 원할지도 모른다. 때로는 가장 적절한 개발자 표현이 일반적인 경우보다 정보를 **더 적게** 포함할 수도 있다. 예를 들어, 현재 동작 중인 수명이 짧은 앱을 위해 로그 항목을 출력해야 할 때 혼란을 피하기 위해 인스턴트의 날짜 부분을 포함하지 않기로 결정할 수도 있다. 텍스트 형식으로 값을 어떻게 표현할지 결정하고 나면 마지막 단계는 이를 수행하기 위한 코드 작성이다.

■ 라이브러리에 기대기

날짜와 시간 값(그리고 실제로 대다수 다른 텍스트 표현)으로 텍스트를 다룰 때 직접 처리하지 말라는 황금률이 있다. 모든 가치 있는 시간과 날짜 라이브러리에는 포매팅과 파싱 기능이 있으며, 원래 기본적인 기능이므로 라이브러리가 개발자보다 훨씬 더 정확하게 처리할 가능성이 높다.

여기에 **한 가지** 예외가 있는데, 약간의 텍스트 조작 없이는 라이브러리가 이를 직접 다룰 수 없을 정도로 충분히 어색한 표현이 있는 경우다. 예를 들어, **Dec 28th 2020**이라는 텍스트를 날짜로 파싱해야만 한다고 가정하자. 이 텍스트는 파싱하기 위한 이상적인 표현법과는 거리가 멀지만, 때로는 다른 가능한 대안이 없을 가능성도 있다. 사용 중인 라이브러리에 따라 서수 부분(**28th**의 **th**)을 처리하지 못할지도 모른다. 이런 상황에서는 **Dec 28 2020**과 같이 텍스트를 파싱 가능한 형태로 만들기 위한 최소한의 조작을 수행한 다음에 라이브러리를 사용해 정상적으로 값을 파싱한다.

특히 전용 포매팅 방식을 지정할 필요가 있다면 사용 중인 라이브러리가 무엇이든 상관없이 주의 깊게 텍스트 처리 문서를 읽는 편이 좋다. 모든 플랫폼에서 포매팅을 위한 문자열의 의미가 동일하리라 가정하지 말라. 설명하기 힘든 날짜와 시간 파싱 문제를 주제로 스택 오버플로에 올라온 날짜와 시간 질문은 대부분 포매팅 패턴에 충분히 주의를 기울이지 않은 개발자 때문이다. 특히 m과 M(**minute와 Month**), h와 H(**하루 12시간 표기와 하루 24시간 표기**)가 대표적이다.

앞서 설명한 바와 같이, 적어도 날짜와 시간 텍스트 처리 부분을 일부라도 중앙집중화하는 편이 좋다. 같은 목적으로 여러 장소에서 동일 포매팅 문자열을 지정한다면 중복을 제거하는 편이 확실히 유리하다. 시용 중인 라이브러리에 따라 중앙집중화 방식은 다음을 혼합해 구성할 수 있다.

- 공통적이고 불변이고 스레드에 안전한 포매팅 객체(예: java.time의 java.time.format.DateTimeFormatter 또는 노다 타임의 NodaTime.Text.LocalDatePattern)를 외부에 공개하기
- 포매팅과 파싱을 수행하는 메서드를 외부에 공개하기
- 포매팅 문자열 자체(예: 1초 단위의 정밀도로 인스턴트를 ISO-8602로 표현하기 위한 "yyyy-MM-dd'T'HH:mm:ss'Z'")를 외부에 공개하기

이들 항목 중 마지막은 간단하지만 타입 안전성 측면에서 이상적이지는 않다. 마치 날짜와 시간인 듯이 취급해 날짜를 포매팅하려 시도할 때 아무런 경고 없이 잘못된 포매팅 문자열을 무심코 사용할 수도 있기 때문이다. 그럼에도 불구하고 여러 장소에서 동일 포매팅 문자열을 작성하는 방식보다는 훨씬 더 바람직하다.

이 절의 많은 부분에서 우리가 모델링하는 자연스러운 개념을 유용하게 표현하게 만드는 텍스트 형식을 직접 설계할 수 있다고 가정했다. 그렇지 않은 경우는 어떨까?

▪ 텍스트 형식에서 개념 파싱하기

때때로 우리가 수신하는 데이터의 형식을 제어하지 못하는 경우가 있으며, 이는 종종 몇 가지 불행한 선택지로 작업해야만 함을 의미한다. 그 결과 값의 의미론적인 내용이 해당 값을 표현하기 위해 사용된 형식과 일치하지 않는 상황으로 이어진다.

다소 극단적인 예를 들어보겠다. 알람 시계 애플리케이션을 작성하고 있으며, 여러 애플리케이션이 사용할 수 있게 알람을 만들도록 외부 서비스와 통합하고 싶다고 가정하자. 알람은 매일 설정할 수도 있고, 특정 날짜로 설정할 수도 있다. 하나는 단순히 시각만(애플리케이션에서는 java.time.LocalTime으로

표현하기를 원함), 그리고 다른 하나는 날짜와 시각(이번에는 java.time.LocalDateTime으로 표현하기를 원함)으로, 둘은 다소 다른 값처럼 느껴진다. API에서 다양한 표현을 예상할 수 있지만, 그렇지 않을 수도 있다. 다음과 같은 JSON을 수신할 수 있다.

```
{
  "alarms": [
    {
      "dateTime": "2021-04-01T07:00:00",
      "type": "once",
      "label": "April Fool prank"
    },
    {
      "dateTime": "1970-01-01T06:00:00",
      "type": "daily",
      "label": "Wake up"
    }
  ]
}
```

여기서 하루의 시각 부분은 전체 날짜와 시각 내에 표현되며, 그림 7.10처럼 1970년 1월 1일이라는 날짜 정보는 그냥 버려도 된다.

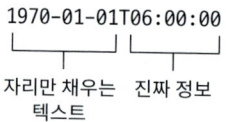

그림 7.10 텍스트 값은 자리만 채우는 텍스트와 진짜 정보를 혼합하는 식으로 표현될 수 있다.

애플리케이션에서 하루의 시간을 java.time.LocalTime으로 표현하고 싶다고 가정하면 이를 달성하기 위한 방법은 다음 두 가지다.

- 시간 부분 앞의 날짜 부분인 리터럴 1970-01-01T를 포함하는 전용 포매팅 문자열로 직접 LocalTime의 값을 파싱할 수 있다.

- LocalDateTime으로 값을 파싱한 다음에 (toLocalTIme() 메서드를 통해 간단히) 값에서 하루의 시각을 얻을 수 있다.

나는 후자의 접근 방식을 권장한다. 이 접근 방식은 **텍스트에서 자연스러운 표현으로 값을 변환하고 실제로 원하는 표현을 얻는** 두 연산을 분리한다. 또한 우리가 원할 경우 LocalDateTime 타입의 dateTime 속성을 사용해 JSON을 클래스로 직접 모델링할 수 있다. JSON은 dateTime 값이 얼마나 유용할지 걱정하지 않고서 파싱할 수 있으며, 그러고 나서 type 값에 기반해 잠재적으로 다른 클래스로 변환할 수도 있다. 두 가지 다른 변환(하나는 JSON을 객체로, 그리고 다른 하나는 객체에서 객체로)은 독립적으로 테스트할 수 있다. JSON 모델에 대한 코드를 읽고 몇 가지 예제 JSON 텍스트를 보면 둘 사이에 직접적인 대응 관계를 확인할 수 있다.

이게 바로 날짜와 시간 값의 텍스트 표현에 대해 설명할 내용의 전부다. 이 주제는 항상 배울 내용이 많지만, 위에서 제시한 지침은 여러분이 직면하는 어떤 문제라도 생산적인 방식으로 접근하는 과정에 도움을 줄 것이다. 다음에 소개할 실제 코드와 관련된 마지막 주제를 보면 컴퓨터 관점에서는 코드의 동작 방식에 전혀 직접적으로 영향을 미치지 않지만, 사람에게는 큰 차이를 만들어 낼 수 있다.

7.3.4 주석으로 코드 설명하기

(구현 관점에서) 코드에 주석을 다는 행위는 실패를 인정하는 것이라고 주장하는 의견이 인터넷에 많이 보인다. 이런 견해가 어디서 비롯되었는지 이해는 하지만, 내게 있어 이런 의견은 너무 극단적이다. 신중하게 고려한 변수 이름을 사용하고, 각 메서드를 짧게 유지하기 위해 리팩터링하는 방식으로 코드를 명확하게 만드는 관례를 확실히 지지한다. 하지만 이는 일반적으로 코드가 **왜** 존재하는지에 대한 이유보다는 코드가 **무엇**을 수행하는지에 대한 내용이다. 독자에게는 명백하지 않을지도 모르는 특이한 경우가 존재한다면 명백하게 훨씬 더 간단한 접근 방법을 취하지 않은 이유를 설명하는 데 주석이 매우 중요할 수 있다. 이는 특히 날짜와 시간 작업과 연관이 있다. 주석은 또한 테스트를 작성하고 각 테스트 케이스의 목적을 설명할 때도 도움이 될 수 있다. 다음 코드에서는 getFinalReturnsDate로 돌아가서 구현과 동시에 이 구현을 설명해보겠다.

> **코드 7.8 코드를 설명 위해 방대한 주석 제공**
>
> ```
> /**
>  * 단순한 "버튼 클릭" 작업 흐름에서 이 품목을 반품할 수 있는
>  * 최종 날짜를 계산한다. 이는 배송 위치 관점에서
>  * 품목이 창고에서 배송된 날짜를 기준으로 한다.
>  * 반품 기간(현재 세 달로 되어 있고, {@link #RETURNS_PERIOD}를 참고하자)은
>  * 최종 반품 날짜를 얻기 위해 배송 날짜에 추가된다.
>  * 반품 기간을 추가할 때, 만일 결과로 구한 마지막 날이
> ```

```
 * 해당 월의 마지막 날을 넘어가면
 * 결과는 다음 달의 시작일이 되어야 한다.
 *
 * @param shippingTime 창고에서 품목이 배송된 시점의 인스턴트
 * @param destinationTimeZone 품목이 배송될 시간대
 * @return 이 품목이 반품될 수 있는 마지막 날짜
 */
@VisibleForTesting
static LocalDate getFinalReturnsDate(Instant shippingTime,
    ZoneId destinationTimeZone) {
  LocalDate shippingDateAtDestination =
      shippingTime.atZone(destinationTimeZone).toLocalDate();
  LocalDate candidateResult = shippingDateAtDestination.plus(RETURNS_PERIOD);
  // LocalDate.plus는 월의 날짜가 넘어갈 경우 잘라 버린다.
  // 예를 들어, java.time에서 3월 31일에 1달을 더하면
  // 5월 1일이 아니라 4월 30일이다.
  // 우리의 요구사항에 따르면 이런 경우 다음 날로 옮길 필요가 있다.
  // 이를 점검하는 가장 단순한 방법은 반품 기간을 빼서
  // 원래 구매 날짜로 되돌아가는지를 확인하는 것이다.
  // 그렇지 않다면, 날짜가 넘어간 경우라는 사실을 알고 있기에
  // 하루를 추가할 필요가 있다.
  return
      candidateResult.minus(RETURNS_PERIOD).equals(shippingDateAtDestination)
          ? candidateResult
          : candidateResult.plusDays(1);
}
```

심지어 이 메서드는 패키지 비공개이지만(그리고 테스트를 위해 직접 사용하고 싶지 않았다면 완전히 비공개가 되었을 것이다), 자바독은 이 메서드가 정확히 무엇을 하는지에 대해 세부 정보를 제공하는 과정에서 유용하게 쓰인다. 구현 내부의 주석은 결과에서 반품 기간을 빼는 이유를 설명하는데, 이게 바로 날짜가 넘어가는 상황을 테스트하는 방식이다.

명백히 주석의 장황함에 대해서는 호불호가 갈린다. 여기서 주석은 관련 팀이 가장 명확하다고 생각하는 내용에 따라 조금 더 짧게 만들 수도 있었다. 예를 들어, 자바독은 공개 메서드 선언에 링크를 걸고 끝날 수도 있지만, 비공개 RETURNS_PERIOD 필드를 참조하는 방식은 적절하지 않을 것이다. 자바독을 완전히 제거했어도 여전히 의존할 요구사항 문서가 남아있겠지만, 이 메서드가 왜 이렇게 구현되었는지에 대한 이유는 요구사항 문서도 설명하지 못한다. 구현 주석은 다른 어떤 곳에서도 포착하지 못하는 귀중한 정보이며, 완전히 제거하겠다는 결정은 신중하게 내려야 한다.

주석을 싫어하는 몇몇 개발자들은 정보를 제공하기 위한 수단으로 테스트를 지적하는데, 나 역시 이에 동의한다. 올바른 테스트가 준비되어 있으면 월의 날짜가 넘어가는 특이한 경우를 우연히 잘못 처리할 가능성은 별로 없을 것이다. 하지만 코드를 읽을 때 왜 그렇게 작성되었는지를 이해하기 위해 다른 뭔가를 시도해서 무엇이 손상되는지 실제로 확인하고 싶지는 않을 것이다. 테스트 이야기가 나왔으니 다음 코드에서 이 메서드를 위한 몇 가지 테스트를 살펴보자.

코드 7.9 특이한 경우를 설명할 목적으로 테스트에 주석 제공

```java
public class OrderItemTest {
  private static Stream<Arguments> provideGetFinalReturnsDateArguments() {
    return Stream.of(
            // 단순한 경우: 날짜를 명확하게 만들기 위해 UTC를 사용하고 오버플로는 없음
            Arguments.of("2021-01-01T00:00:00Z", "Etc/UTC", "2021-04-01"),
            // America/New_York는 겨울인 경우 UTC-5이므로, 배송 날짜는 2020-12-31이다.
            Arguments.of("2021-01-01T00:00:00Z", "America/New_York", "2021-03-31"),
            // 월의 날짜가 넘어가는 경우이며 요구사항 문서에 규정된 사례다.
            Arguments.of("2020-11-30T12:00:00Z", "Etc/UTC", "2021-03-01"),
            // 목적지 시간대 사용 확인: America/New_York은
            // 2021-03-14 07:00:00Z에 UTC-5에서 UTC-4로 변경된다.
            // 아래 첫 테스트는 2021-03-13에 배송하며,
            // 정확히 24시간 간격임에도 불구하고 둘째 테스트는 2021-03-15에
            // 배송한다.
            Arguments.of("2021-03-14T04:30:00Z", "America/New_York", "2021-06-13"),
            Arguments.of("2021-03-15T04:30:00Z", "America/New_York", "2021-06-15"));
  }

  @ParameterizedTest
  @MethodSource("provideGetFinalReturnsDateArguments")
  void getFinalReturnsDate(String shippingText, String zoneText,
      String expectedText) {
    Instant shippingInstant = Instant.parse(shippingText);
    ZoneId zoneId = ZoneId.of(zoneText);
    LocalDate expectedDate = LocalDate.parse(expectedText);
    LocalDate actualDate = OrderItem.getFinalReturnsDate(
        shippingInstant, zoneId);
    assertEquals(expectedDate, actualDate);
  }
}
```

위 테스트 코드는 다섯 개의 매개변수화된 테스트를 포함한다. 테스트 메서드를 위한 각 인수 집합 바로 위에 달린 주석은 테스트가 메서드의 어떤 측면에 관심을 보이고 있는지 기술한다. 설명적인 이름을 사용해 테스트 메서드를 각각 다섯 개로 나눠서 작성할 수도 있었지만, 매개변수화된 테스트는 더 간결하며 다양한 목적으로 사용될 수 있다. 몇몇 테스트 프레임워크의 경우에는 개발자가 인수 목록마다 실패 시에 보고를 위해 출력할 설명을 제공할 수도 있다. 따라서 사용 중인 테스트 프레임워크에서 어떤 기능까지 가능한지 살펴볼 가치가 있다. 테스트의 목적을 기술하는 정확한 메커니즘은 중요하지 않으며 이렇게 기술한 내용이 존재한다는 사실이 더 중요하다.

이 테스트와 관련해 주목할 만한 또 다른 핵심 사안은 테스트 메서드에 전달할 매개변수로 문자열을 사용하며, 이 문자열이 메서드에서 파싱된다는 점이다. 코드 전체를 통틀어 가장 적절한 데이터 타입을 사용하라는 이 장의 전반적인 조언을 고려하면 조금 이상하게 느껴질지도 모르지만, 내 경험에 따르면 문자열 타입의 도입은 테스트에서 명세를 훨씬 더 간단하게 만든다. 이 장 마지막 절에서 보통은 고려하지 않을 가능성이 높은 몇몇 특이한 경우를 다른 각도에서 살펴볼 것이다.

7.4 명시하고 테스트해야 하는 특이한 경우

이 절에 나오는 모든 내용은 앞서 한 번이라도 **언급했지만**, 노파심에서 일종의 점검 목록으로서 고려해야 하는 핵심을 다시 한번 정리했다. 일반적인 애플리케이션이 주의할 필요가 있는 모든 분야를 다루며, 예를 들어 윤초와 같은 틈새만 다루지는 않는다. 직전에 다뤘던 반품 날짜 예제에서 날짜 간격을 날짜에 더하는 시나리오부터 시작할 것이다.

7.4.1 달력 산술 연산

대다수 애플리케이션과 마찬가지로 그레고리력만을 사용할 필요가 있다면 달력 산술 연산이 잘못될 수 있는 다음 네 가지 경우에 대해서만 생각하면 된다.

- 윤년으로 인해 (대략) 4년에 한 번씩 2월 29일이 발생한다.
- 4월 31일 존재하지 않기에 3월 31일에 한 달을 다하면 월의 날짜가 넘어간다.
- 연산이 가역적일 것이라고 기대하지 않아야 한다. 일반적으로 '(날짜 + 날짜 간격) − 날짜 간격'은 항상 날짜라는 결과를 제공하지 않는다.
- 연산을 단순화해도 동작할 것이라고 기대하지 않아야 한다. 일반적으로 '(날짜 + 날짜 간격 1) + 날짜 간격 2'는 항상 '날짜 + (날짜 간격 1 + 날짜 간격 2)'와 동일한 결과를 제공하지는 않는다.

이런 이상한 점을 인식하기만 해도 설계와 테스트 과정에서 충분히 도움이 되는 경우가 많다. 앞서 소개한 투표 예제는 **시작 날짜에 날짜 간격을 더해서 결과가 과거인지 확인하는 전략**과 **현재 날짜에서 날짜 간격을 빼서 결과가 시작 날짜 이전인지 확인하는 전략** 사이에서 신중하게 고려해야 한다는 측면에서 상당히 일반적인 시나리오다. 임의로 선택하는 상황에서 나는 일반적으로 고정된 부분에 대해 달력 산술 연산(예: 시작 날짜에 날짜 간격을 더하는)을 수행하는 방법을 권장하며, 이렇게 하는 편이 생각하고 구현하기 더 쉽다는 사실을 발견했다.

윤년과 관련한 테스트인 경우, "x가 윤년인가?"라는 로직을 직접 구현하지 않는 방식을 강력하게 권장한다. 이 로직은 날짜와 시간 라이브러리 영역에 확실하게 속하는 문제로, 라이브러리가 올바른 대답을 줄 것이라고 신뢰해야 한다. 윤년은 단순하면서도 구체적인 예에 불과하며, 실제로는 더 일반적인 권장 사항이 하나 있다. 날짜와 시간 데이터를 대상으로 특별히 까다로운 작업을 진행하고 있다는 사실을 알게 되면, 이미 사용하고 있는 날짜와 시간 라이브러리가 이미 이런 기능을 포함하고 있는지 시간을 내어 살펴봐야 한다.

달력 산술 연산의 마지막 부분은 실제로 정말 산술 연산이 필요한지 여부를 고려하는 것이다. 종종 인스턴트와 시간 간격 또는 상용 시간과 날짜 간격으로 **작업할 수 있다**. 경과된 시간(예: 시간 간격을 시사)에 정말로 관심이 있는지 아니면 사람이 신경 써야 할 날짜(예: 날짜 간격을 시사)에 관심이 있는지를 고려하자. 이 절에서 설명한 나머지 모든 특이한 경우는 시간대와 관련이 있으며, 중요한 코드 부분에서 시간대를 다뤄야만 했던 개발자라면 크게 놀랄 만한 내용은 아닐 것이다.

7.4.2 자정에 시간대 변환

자정을 어떻게 정의할까? 두 가지 명백한 답이 있다. **24시간 시계 기준으로 00:00라고도 하는 오전 12시 또는 날짜가 바뀌는 시간**이다. 같은 말처럼 들리지만, 항상 그렇지만은 않다.

서머타임제를 준수하는 대다수 시간대는 지역 시각으로 오전 1시 또는 오전 2시에 시계를 변경하지만, 모두 그렇지는 않다. 몇몇 경우에는 변경이 오전 12시와 오전 1시 사이에 한 시간을 건너뛰거나 오전 1시에서 오전 12시로 되돌아간다. 이와 같은 경우에 두 번째 정의는 항상 정확히 한 번 발생하지만, 00:00이라는 시간은 두 번 발생하거나 전혀 발생하지 않을 수도 있다.

이는 특정 시간대의 하루 전체를 표현하려고 시도하는 경우, 해당 시간대에서 특정 일이 언제 시작하는지 알아낼 필요가 있음을 의미한다. 0시 0분에 특정 일이 시작할 것이라고 가정하면 서머타임제 전환 후 하루 동안 로그 파일에 엄청난 예외가 쌓일 수 있다. 나 역시 알고 싶지 않은 이런 사실을 어렵게 배웠다.

사용 중인 날짜와 시간 라이브러리가 주어진 시간대에 맞춰 이 날의 시작 지점에서 날짜와 시간을 제공하는 특정 호출을 제공하는지를 점검하자. 그렇지 않다면 0시 0분을 사용하기 앞서 유효한 시각인지 점검할 필요가 있을 것이다.

이는 모호하거나 건너뛴 시간에 대해 걱정해야 하는 한 가지 구체적인 예에 불과하다. 이런 경우를 위한 해결책은 **보통** 하루 시작 시점을 찾는 것이지만, 일반적인 경우에는 올바른 접근 방법이 아니다. 이제 모호하거나 건너뛴 시간에 대해 생각해보자.

7.4.3 모호하거나 건너뛴 시간 처리하기

앞서 시간대에 대한 설명에서 살펴봤듯이, 주어진 상용 날짜와 시간은 UTC 오프셋에 변경이 일어나는 상황에서 특정 시간대에 따라 0번, 1번, 2번 발생할 수 있다. (이는 거의 항상 서머타임제 변경 때문이지만, 때로는 시간대의 표준 UTC 오프셋도 변경될 수 있다.)

이는 단일 날짜와 시각이 지정될 때(예: **런던에서 2021년 3월 28일 오전 1시 30분에 깨우기**) 아니면 반복되는 이벤트(예: **매일 오전 1시 30분에 백업을 수행하기**)로 작업할 때 문제를 초래할 수 있다. 사용자 상호 작용 관점에서 둘 사이에는 상당한 차이점이 존재한다. 만일 반복되는 이벤트를 다루고 있다면 직접 일어날 행위를 결정할 필요가 있을지도 모른다. 백업 예제에서 지역 시각으로 오전 1시 30분에 처음으로 백업 연산을 시작하기로 결정할 수 있으며, 아니면 나중에 시계가 오전 1시에서 오전 2시로 건너뛰면 오전 2시에 수행하거나 시계가 반대 방향으로 돌아올 경우 조금 더 일찍 오전 1시 30분에 수행할 수도 있다. 이 방법이 유일한 선택지는 아니지만, 이해하기는 가장 쉬울 것이다. 여기서 중요한 사안은 이런 예외 상황을 예상하고 요구사항과 코드에서 의사 결정을 내리는 것이다.

적어도 시계 추상화를 사용하는 경우라면 이런 유형의 곤란한 상황은 테스트하기가 상당히 수월하다. 하지만 모든 개발자가 각 시간대가 전환되는 정확한 시점을 알기 위해 코드를 읽는 상황을 기대하는 것보다는 테스트 목적으로 시간대의 세부 사항을 주석으로 남기는 것이 일반적으로는 더 바람직하다. 나는 또한 이런 테스트를 위해 과거 날짜를 사용하는 방식을 권장한다. 과거에 대해서는 정확한 정보를 가지고 있지만, 미래는 바뀔 수 있기 때문이다. 지금부터 관련 내용을 자세히 알아보겠다.

7.4.4 진화하는 시간대 데이터로 작업하기

앞서 윈도우와 IANA 시간대 데이터베이스에 대해 이야기했고, 여러분은 이제 국가가 자신의 시간대 규칙을 변경함에 따라 매년 여러 차례 시간대 데이터베이스가 갱신된다는 사실을 알고 있다. 확실하게 짚고 넘어가자면 특정 국가가 서머타임제 시간에서 표준 시간으로, 아니면 반대로 옮길 때마다 매번 데이터베이스 변경이 일어나지는 않는다. 이런 종류의 예측 가능한 변경은 규칙이 다루고 있다. 이렇게 매번 상황에 맞춰 변경되는 대신, 규칙 자체가 변경될 때 데이터베이스도 변경된다. 변경 예제는 다음과 같다.

- 국가가 서머타임제 준수를 **멈추기로** 결정하는 경우
- 국가가 서머타임제 준수를 **시작하기로** 결정하는 경우
- 국가가 서머타임제와 관련해 앞으로 당기거나 뒤로 밀기로 전환하는 시점을 변경하는 경우
- 국가가 표준 UTC 오프셋을 변경하는 경우

개별 국가 차원에서 보면 변경은 상대적으로 드물게 일어난다(적어도 일반적으로는). 하지만 세계에는 여러 국가가 있으므로 데이터베이스는 한 해 동안 여러 번 변경된다. 종종 여러 변경 사항이 하나로 합쳐지므로 변경이 일어날 때마다 데이터베이스 버전이 바뀌지는 않는다. 시간대 변경이 코드에 미치는 영향에 대해 이야기하기에 앞서, 애플리케이션이 시간대 데이터를 어디서 가져와야 할지 고려하기 위해 잠시 논의를 멈출 것이다.

시간대 데이터의 출처

시간대 데이터의 출처는 사용 중인 라이브러리와 사용 중인 플랫폼에 따라 다르다. 예를 들어, java.time을 사용하고 있다면, 사용 중인 자바 플랫폼은 자체 시간대 데이터베이스를 기본으로 내장하고 있으며, TZUpdater 도구를 사용해 갱신이 가능하다. 다른 시간대 규칙 제공자는 java.time.zone.ZoneRulesProvider 클래스를 사용해 등록이 가능하다. 기타 다른 플랫폼은 자신만의 시간대 데이터를 운영체제에서 읽어오는데, 특정 버전의 데이터를 수동으로 제공하는 방법을 사용할 수도 있다.

브라우저에서 동작하는 클라이언트 쪽 코드를 작성한다면 특정 규칙 집합을 로드하게 허용하는 라이브러리를 사용하지 않으면 시간대 데이터를 사용자의 브라우저에서 가져올 것이다. 여러 사용자가 동시에 여러 시간대 버전을 사용할지도 모르는 상황을 초래하며, 이런 상황은 분명히 문제를 복잡하게 만들 수 있다.

사용하는 플랫폼마다 출처가 다를지도 모른다는 사실을 기억하면서 애플리케이션을 위한 시간대 데이터 출처를 연구하고 문서화하는 편이 바람직하다. (예를 들어 만일 코드 일부는 사용자의 브라우저에서 동작하고 일부는 서버리스 노드 함수에서 동작하고 일부는 .NET 서비스에서 동작하면 이 모든 출처를 각각 나눠서 문서화할 필요가 있다.) 이런 데이터를 어떻게 갱신하고 이런 과정에서 통제권을 얼마나 발휘할 수 있을까? 이런 컨텍스트를 파악하고 나면 시간대 데이터가 애플리케이션에서 처리하는 데이터에 어떻게 영향을 미치는지 생각할 수 있다.

■ 시간대 변경에 민감한 데이터를 저장하기

앞서 시스템에서 데이터 출처에 대해 논의했다. 이 절의 범위를 제한하는 것은 부분적으로는 안도의 한숨을 내쉬게 만들기에 반복해서 설명할 가치가 있다. 시스템에 기록된 어떤 타임스탬프도 인스턴트로 기록돼야 하며 시간대에 의존하지 **않는다**. 데이터베이스에 커밋된 인스턴트, 주문이 접수된 인스턴트, 사용자가 삭제된 인스턴트는 어떤 시간대에도 의존하지 않는다. (아마도 코드를 실행하는 시스템에 장착된 시계의 정밀도에 의존할지는 모르지만, 이는 별개의 문제다.) 많은 시스템에서 이런 인스턴트는 방대한 날짜와 시간 데이터의 상당수를 차지한다.

이런 인스턴트를 코드의 어딘가에서 특정 시간대의 지역 시각으로 변환할 수도 있지만, 인스턴트로 저장된 값은 변경할 필요가 없다. 심지어 다르게 유도된 데이터가 저장될지라도 인스턴트로 저장된 값 자체는 진실의 근원으로 남아있어야 한다.

하지만 사용자가 입력한 데이터의 경우, 특히 해당 데이터가 미래인 경우에는 종종 반대도 성립한다. 여기서 진실의 근원은 사용자가 입력했던 지역 날짜와 시간이며, 위치와 시간대도 포함된다. 나는 종종 **모든 날짜와 시간 데이터를 UTC로 저장하고 사실상 모든 것을 인스턴트로 변경하라는 권장 사항을 목격**한다. 선천적으로 인스턴트 기반인 데이터는 괜찮지만, 다른 상황에서는 이런 방식이 문제를 초래할 수도 있다.

이런 문제의 가장 단순한 예제는 사용자가 특정 위치에서 이벤트를 예약하는 상황이다. 이 글을 집필할 시점에 프랑스는 여전히 여름에 한 시간 서머타임제를 준수하고 있기에 파리는 겨울에 UTC+1, 여름에 UTC+2가 오프셋으로 정의된다. 가까운 미래에 프랑스가 서머타임제를 완전히 폐지하고 일년 내내 UTC+2를 유지할 가능성은 충분하며, 실제로 그럴 가능성이 높다. 다음 타임라인에서 프랑스에 있는 사용자가 모임을 예약하는 사례를 고려해보자.

- 2021년 1월 10일: 사용자는 2023년 12월 1일 금요일 오전 9시에 파리 중심부에 위치한 르 코인 데 아츠 화랑에서 진행될 모임을 예약한다.
- 2021년 10월 1일: 프랑스 정부는 2022년 3월 27일 오전 1시(UTC)로부터 프랑스 지역 시간은 고정적으로 UTC+2가 되리라고 선언한다. (이 날짜는 현재 계획된 서머타임제로 전환하는 시점이며, 이후 모든 서머타임제 전환은 사실상 취소된다.)
- 2023년 11월 27일: 사용자는 애플리케이션에서 다가오는 주에 일정이 있음을 확인한다.

이때 사용자는 무엇을 보는 게 **마땅한가**? 제품 소유자가 결정해야 할 사안이지만, 나는 거의 모든 애플리케이션에서 사용자는 원래 예약한 일정(파리에서 12월 1일 오전 9시)에 맞춰 모임을 볼 수 있으리라 기대할 것이라고 예상한다. 이런 사고 실험의 나머지 부분을 위해 정상적인 모임 시간을 확인한다는 목표를 우리가 원하는 바라고 가정하자. (이런 가정이 모든 상황에 적용되는 것은 아니므로 각자 애플리케이션에서 이런 질문을 건너뛰지 않아야 한다.)

사용자가 모임을 예약할 때 많은 개발자들이 조언하는 방식에 맞춰 애플리케이션이 날짜와 시간을 UTC로 변환한다고 가정하자. 2021년에 시간대 데이터는 파리 시간인 2023-12-01T09:00를 2023-12-01T08:00Z(여기서 Z는 UTC를 나타낸다)로 매핑한다. 사용자가 2023년 11월 27일에 일정표를 점검할 때 애플리케이션은 매핑 작업을 거꾸로 수행해야 하지만, 최신 내용으로 변경된 시간대 데이터에 따라 애플리케이션은 2023-12-01T08:00Z를 파리 시간인 2023-12-01T**10**:00으로 매핑한다. 따라서 사용자는 모임이 오전 10시라고 믿게 된다. 이 이벤트 추이는 그림 7.11에 정리되어 있다.

내가 권장하는 방식에 따르면 사용자가 당신에게 말한 내용(파리의 지역 날짜와 시간)을 보존하려면 사용자가 당신에게 말한 내용(파리의 지역 시각)을 **저장해야** 한다. 진부하게 들릴 수도 있지만, 이는 흔히 받아들여지는 통념에 반하는 것이다.

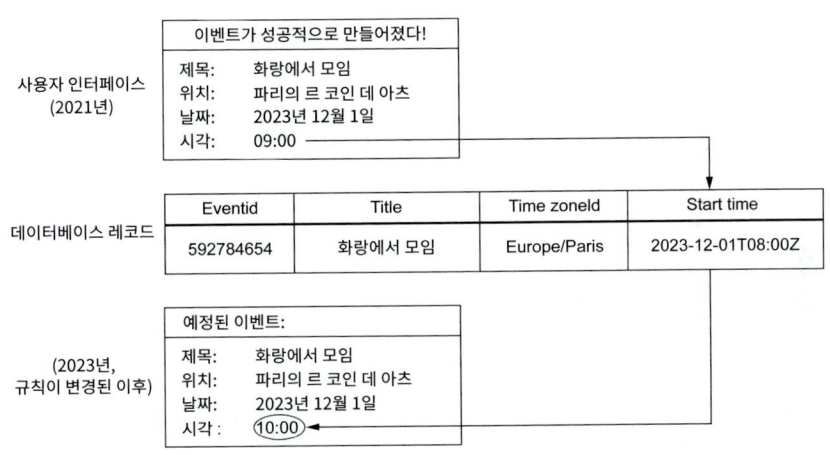

그림 7.11 저장 과정에서 UTC로 변환하면 부정적인 결과를 초래할 수 있다

사용자가 말했던 내용을 저장했다고 해서 **그대로** 저장해야 하는 것은 아니다. UTC 값을 저장하면 전 세계를 대상으로 언제 사건이 발생했는지 순서에 맞춰 레코드를 정렬할 수 있어 정말 유용한 경우도 많다. (예를 들어 UTC 값을 저장했다면 캘리포니아의 오전 5시가 같은 날짜에 파리의 오전 9시 이후에 발생한다는 것을 알 수 있다.) 이를 위해서는 진실의 근원 데이터(사용자가 당신에게 말한 내용)와 유도된 데이터(일부 사용 사례를 더 단순하게 만들기 위해 진실의 근원 데이터에서 계산된 다른 형태의 데이터)를 구분해야 한다.

진실의 근원 데이터와 유도된 데이터를 구분할 때 시간대 데이터가 변경되는 경우처럼 원할 때마다 유도된 데이터를 다시 계산할 수 있다. 이는 데이터의 또 다른 측면인 사용 중인 시간대 데이터 **버전**을 요구한다. IANA 데이터는 단순한 연도 기반 방식(예: 2020a, 2020b, 등)으로 버전을 지정한다. 윈도우 시간대 데이터는 버전이 투명하게 관리되지 않는다.

이런 내용이 상당한 복잡성을 추가하는 듯이 들린다면 나 역시 동의한다. 우리는 이제 지역 날짜와 시간, 시간대 식별자, UTC 날짜와 시간, 시간대 데이터 버전을 저장하며, 시간대 데이터가 변경될 때마다 수행할 갱신 처리 과정을 작성할 필요가 있다. 많은 애플리케이션, 특히 과거 데이터를 저장하고 가끔씩 미래 데이터를 저장하는 애플리케이션의 경우에는 노력과 정확도 사이의 트레이드오프를 고려해 이런 문제에 대해 크게 걱정하지 않아도 특별한 문제가 없을 가능성이 높다. 하지만 문서화된 이유를 토대로 신중하게 결정을 내려야 한다.

> **모든 것을 UTC로 저장해야 한다는 통념에 반박하기**
>
> 모든 날짜와 시간 데이터를 UTC로 저장해야 한다는 아이디어는 심지어 노련한 개발자 사이에서도 매우 자주 반복되는 미신이다. 대다수 개발자는 시간대 규칙이 변경될 가능성을 고려하지 않는다. 직접 대면하거나 SNS에서 이런 대화를 자주 들을 수 있다. 이런 접근 방식의 문제점을 인식할 수 있도록 여러분도 한몫 거들기를 부탁드린다.

위의 논의 과정에서 나는 의도적으로 진실의 근원 데이터와 유도된 데이터 구분을 모호하게 만들었다. 눈치챘는가? (화랑이 파리에 있기에) 우리는 **파리에서** 이야기를 시작했지만, 그러고 나서 시간대 식별자를 저장했다. 시간이 지남에 따라 시간대 위치가 바뀌는 경우는 어떻게 할까? 억지스럽게 들릴지도 모르지만, 종종 전쟁으로 인해 새로운 시간대가 **생겨나는** 경우가 있다. 예를 들어, 내전으로 인해 한 국가가 두 개로 나뉘면 그 결과로 만들어진 두 국가는 다른 지역 시간을 준수하게끔 결정을 내릴 수도 있으며, 과거 동일 시간대에 위치했던 두 장소는 더 이상 같은 시간대를 공유하지 않는다.

위에서 제시한 동일한 지침을 적용해 시간대 식별자를 유도된 날짜로 취급하고, 진실의 근원 데이터로서 위치를 저장해야 한다. 그러고 나서 위치를 시간대 식별자로 매핑하는 규칙이 변경되면 데이터베이스에 저장된 유도된 데이터 역시 변경할 수 있다. 언제 매핑이 일어나는지를 아는 것은 IANA 시간대 데이터에 단순한 변경을 감지하는 것보다 훨씬 더 미묘한 과정일 수 있으며, 세부 사항은 처음 매핑을 수행하기 위해 사용하는 기술에 의존할 가능성이 높다. 트레이드오프로 되돌아가서 생각해보면 대다수 애플리케이션은 이런 유형의 변경을 처리하는 작업이 범위를 벗어난다고 결정할 수도 있다. 시간대 매핑은 개별 시간대와 관련된 규칙보다는 변경될 가능성이 적다.

다소 겁을 줄 수도 있지만 아주 자주 발생하지는 않는 문제에 대해 언급하기 위해 이 절과 직전 절을 결합해보겠다. 시간대 데이터가 변경될 때 지역 값에서 UTC 값을 재계산하는 방법에 대해 언급했고, 앞서 지역 값이 건너뛰어지거나 모호한 상황에서 지역 시간을 UTC로 매핑할 때 가능한 몇 가지 선택지에 대해 언급했었다. **어려운** 날짜와 시간을 입력했을 경우 사용자에게 더 많은 정보를 입력해달라고 하는 방식에 대해 언급했다. 사용자의 주의를 끌 수 있으며, 질문할 수 있는 상황이라면 세상이 얼마나… 단순할까? 사용자가 **당시에는 시간대 관점에서** 모호하지 않은 날짜와 시간을 입력한 상황에서 나중에 시간대 데이터 변경으로 인해 동일 날짜와 시간이 건너뛰어지거나 모호해지면 어떻게 될까? 그러면 사용자의 입력 없이 결정을 내릴 필요가 있다. 이메일을 보내 명확하게 해달라는 요청을 할 수 **있을지도** 모르지만, 드물게 생기는 특이한 경우 내에서도 더욱 특이한 경우에 대응하기 위해 너무 많은 노력을 쏟아야 한다. 여러분은 적어도 이제 문제를 인식하고 무엇이 옳은지를 결정할 수 있을 것이다.

요약

- 날짜와 시간 정보로 작업하는 것은 복잡하지만, 규율과 올바른 도구 집합을 적용하면 관리가 가능하다.
- 날짜와 시간 데이터는 크게 인스턴트, 시간 간격이라는 문화에 민감하지 않은 컴퓨터 시간 개념과 달력 시스템, 날짜, 하루의 시간, 시간대라는 상용 시간 개념으로 나뉜다.
- (예를 들어 달을 날짜에 더하는) 달력 산술 연산은 예상치 못한 방식으로 동작할 수 있으며, 단순 정수 덧셈과 속성이 동일하지 않다.
- 대다수 애플리케이션은 윤초, 상대성과 같은 고급 개념을 다룰 필요가 없다. 시작에 앞서 요구사항 범위를 지정하면 작업 시간을 크게 절약할 수 있다.
- 날짜와 시간 제품 요구사항은 종종 모호하게 규정된다. 특이한 경우를 포함해 풍부한 예제로 제품이 어떻게 작동해야 하는지 정확하게 확정하자.
- 많은 개발자 플랫폼에는 여러 날짜와 시간 라이브러리가 제공된다. 시간을 들여 모든 요구사항을 충족하고 명확하고 모호하지 않은 코드를 작성하게 만들어주는 라이브러리를 선택하자.
- 코드베이스에서 일관성 있게 시간 개념을 적용하고 시스템 경계에서만 표현 사이에 변환 작업을 수행하자.
- 현재 날짜와 시간을 사용하는 코드를 테스트할 수 있게 시계 추상화를 사용하자.
- 시스템 시간대나 시스템 문화에 암시적으로 의존하는 상황을 피하고 의존이 필요한 경우에는 분명하게 이를 명시하거나 의존성으로 주입하자.
- 날짜와 시간 값은 컨텍스트에 따라 다양한 방법으로 텍스트로 표현할 수 있다. 정보를 사용하는 대상을 고려하고 여기에 맞춰 텍스트 표현을 설계하자.

- 날짜와 시간 코드가 특정 방식으로 작성되는 이유를 이해하기 어려운 경우가 종종 생긴다. 코드가 목표를 최대한 명확한 방식으로 달성하는 데 만족할 때, 더 간단한 방식이 실패하는 이유(예: 특이한 경우)가 명백하지 않을 경우에 코드가 그렇게 동작하는 **이유**를 설명하기 위해 주석 사용을 꺼리지 말라.

- (서머타임제와 같은) 시간대 변환은 지역 날짜와 시간 값을 건너뛰거나 모호하게 만들 수 있다. 이와 같은 문제되는 값을 처리하는 방법에 대해 생각하자(그리고 문서화하고 테스트하자).

- 시간대 규칙은 시간에 따라 변한다. 애플리케이션이 갱신된 정보를 어떻게 사용해야 하며, 기존 데이터 중에서도 특히 미래를 참조하는 데이터에 어떤 영향을 미칠 수 있는지 고려하자.

- 저장에 앞서 시간대 정보에 따라 지역 값을 UTC로 변환하는 작업은 대부분 적절하지만, 규칙이 바뀜에 따라 정보를 잃어버릴 수 있다. 이런 변환 정책을 주의 깊게 고려해야 하며, 이 방법이 만병 통치약이라고 가정하지 말라!

08

컴퓨터에서 데이터 지역성과 메모리 활용하기

이 장에서 다루는 내용

- 빅데이터 처리 과정에서의 데이터 지역성
- 아파치 스파크로 조인 전략 최적화하기
- 데이터 섞기(shuffling)를 줄일 방법
- 빅데이터 처리 과정에서 메모리와 디스크 사용량 비교

빅데이터 애플리케이션에서 스트리밍과 배치 처리 과정을 보면 통찰과 비즈니스 가치를 얻기 위해 종종 여러 데이터 원천으로부터 가져온 데이터를 사용할 필요가 있다. 데이터 지역성 패턴은 계산을 데이터로 옮기게 만든다. 데이터는 데이터베이스나 파일 시스템에 존재하며, 데이터가 컴퓨터의 디스크나 메모리에 딱 맞으면 상황이 단순해진다. 처리 과정은 지역적으로 빠르게 일어날 수 있지만, 빅데이터 애플리케이션에서는 컴퓨터 한 대에 엄청나게 많은 데이터를 저장하는 방식이 현실적으로 불가능하다. 파티셔닝과 같은 기법을 적용해 여러 컴퓨터로 데이터를 분리할 필요가 있다. 일단 데이터가 물리적인 여러 호스트에 분리되어 존재하면 네트워크로 도달 가능한 위치에 분산된 데이터에서 통찰을 얻기가 훨씬 더 어려워진다. 이런 시나리오에서 데이터를 조인하는 작업은 단순하지 않으며 신중한 계획이 필요하다.

여기서는 이런 빅데이터 시나리오에서 데이터를 조인하는 과정을 따라갈 것이다. 하지만 자세히 파고들기 전에 빅데이터와 관련된 핵심 개념인 데이터 지역성에 대한 이해를 높이는 내용으로 시작해보자.

8.1 데이터 지역성이란 무엇일까?

데이터 지역성은 제법 방대한 데이터를 처리하는 과정에서 중요한 역할을 담당한다. 이 개념이 많은 문제를 해결하는 이유를 이해하기 위해 데이터 지역성을 사용하지 않는 단순한 시스템을 살펴볼 것이다. 서비스가 관리하는 모든 사용자의 평균 나이를 반환하는 /getAverageAge HTTP 엔드포인트가 있다고 가정하자. 그림 8.1은 이 데이터를 계산으로 옮기는 방법을 보여준다.

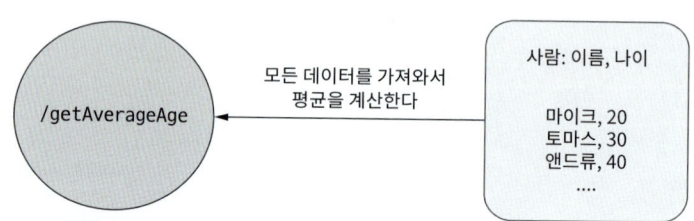

그림 8.1 /getAverageAge HTTP 엔드포인트의 데이터를 계산으로 옮기는 모습

클라이언트가 이 HTTP 호출을 수행할 때 서비스는 기반 데이터 저장소에서 모든 데이터를 가져온다. 기반 데이터 저장소는 데이터베이스 파일, 기타 영속적인 모든 곳이 될 수 있다. 일단 모든 데이터가 서비스로 전송되고 나면 각 사람마다 모든 나이를 더하고 사람 숫자를 세고 더한 나이를 사람 숫자로 나눠서 평균을 계산하는 로직을 수행한다. 결괏값은 최종 사용자에게 반환된다. 여기서 숫자 하나만 반환된다는 사실이 중요하다.

데이터를 계산으로 옮기는 것으로 이 시나리오를 설명할 수 있다. 여기서 몇 가지 중요한 관찰 결과가 존재한다. 첫 번째는 수십 기가 바이트가 넘는 모든 데이터를 가져올 필요가 있다는 사실이다. 이 데이터가 평균을 계산하는 컴퓨터 메모리에 딱 맞춰 들어가면 문제는 없다. 문제는 수 테라바이트나 수 페타바이트가 넘는 빅데이터 집합으로 계산할 때 발생한다. 이런 시나리오에서는 모든 데이터를 컴퓨터에 전송하는 작업이 복잡해지거나 가능하지 않을지도 모른다. 예를 들어, 데이터를 분리하는 기법을 사용해 배치 작업으로 데이터를 처리할 수도 있었다. 두 번째로 중요한 관찰 결과는 네트워크를 통해 많은 데이터를 송수신할 필요가 있다는 사실이다. I/O 연산은 데이터 처리 과정에서 가장 느린 축에 속한다. 여기서 파일 시스템 읽기와 차단 연산이 개입되는 이유는 상당히 많은 데이터를 전송하고 있기 때문이다. 몇몇 네트워크 패킷이 손실되어 데이터 일부를 재전송할 필요가 생길 확률도 무시하기 어렵다. 마지막으로, 최종 사용자는 평균이라는 계산 결과 이외에 어떤 데이터에도 관심이 없다는 사실을 알 수 있다.

이 해법의 장점은 처리하고 싶은 데이터양이 컴퓨터 메모리에 딱 맞는다고 가정하면 프로그래밍 관점에서 단순하다는 것이다. 이런 관찰 결과와 단점은 상기 시나리오에서 처리하는 과정을 뒤집어서 계산을 데이터로 옮겨야 하는 주된 이유가 된다.

8.1.1 계산을 데이터로 옮기기

이 시점에서 우리는 데이터를 계산으로 보내는 작업에 많은 단점이 있으며, 이것이 빅데이터 집합에 적합하지 않을 가능성이 있음을 이해하고 있다. 데이터 지역성 기법을 사용해 바로 앞 절에서 제시한 동일한 문제를 풀어보자.

이 시나리오에서 최종 사용자는 평균을 계산할 책임을 맡은 동일 /getAverageAge HTTP 엔드포인트를 보게 된다. 기반 처리 과정은 크게 달라진다. 평균 계산은 단순한 로직이지만, 여전히 약간의 코딩이 필요하다. 모든 사람으로부터 나이 필드를 추출해 이 데이터를 더하고 사람 수로 나눠야 한다. 빅데이터 처리 프레임워크는 이런 변환과 결합을 쉽게 코드로 만들 수 있게 API를 개발자에게 공개한다.

이 로직을 코드로 구현하기 위해 자바 언어를 사용하고 싶다고 가정하자(물론 다른 언어로도 구현이 가능하다). 이런 계산을 책임지는 로직은 서비스에서 생성되지만, 실제 데이터가 저장된 컴퓨터로 이를 전송하는 방법이 필요하다. 그림 8.2는 로직이 담긴 코드 데이터를 이동하는 과정을 보여준다.

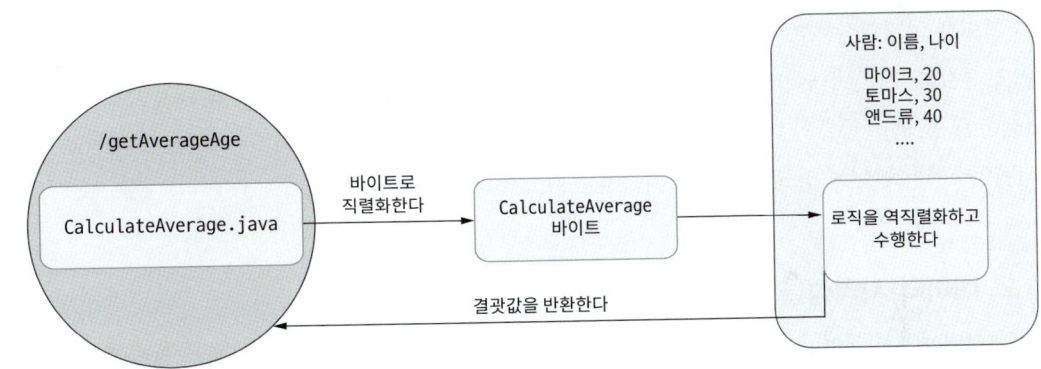

그림 8.2 계산을 데이터로 옮기고 결과 반환

첫 단계는 CalculateAverage.java 파일을 바이트로 직렬화하는 것이다. 이와 같이 네트워크를 통해 쉽게 데이터를 전송할 수 있는 표현 형태가 필요하다. 데이터 노드(데이터를 저장하는 컴퓨터)는 직렬화된 로직을 인출할 책임을 맡은 동작 중인 프로세스가 필요하다.

다음으로, (역직렬화하는 방법으로) 바이트를 데이터 노드에서 수행 가능한 형태로 변환한다. 아파치 스파크나 하둡과 같은 대다수 빅데이터 프레임워크는 로직을 직렬화하고 역직렬화하기 위한 메커니즘을 제공한다. 일단 로직이 역직렬화되고 나면 데이터 노드 자체에서 수행된다. 평균 계산을 위한 기능 관점에서 보면 로직은 지역 파일 시스템에 있는 데이터를 대상으로 연산을 수행한다. 어떤 개인의 데이터도 HTTP 엔드포인트를 공개하는 서비스로 전송할 필요는 없다. 로직이 평균을 성공적으로 계산할 때 결과로 나온 유일한 숫자만 서비스로 전달된다. 그러면 서비스는 이 데이터를 최종 사용자에게 반환한다.

다시 한번 말하지만, 이 시나리오에서도 중요한 관찰 사항이 있다. 먼저, 우리가 네트워크를 통해 변환할 필요가 있는 데이터양은 적다. 단지 직렬화된 기능과 결괏값만 변환할 필요가 있다. 이런 처리 과정에서 네트워크와 I/O가 병목이므로 이런 해법은 상당히 좋은 성능을 발휘한다. 우리는 I/O에 국한됐던 처리 과정을 CPU에 국한된 처리 과정으로 전환했다. 만일 평균 계산 속도를 높여야 한다면 한 가지 예로 데이터 노드의 코어 숫자를 늘일 수 있다. 앞서 언급했던 (데이터를 계산으로 옮기는) 사용 사례의 경우, 처리 속도를 높이기가 더 어려운 이유는 네트워크 처리량을 높이기가 항상 가능하지는 않기 때문이다.

데이터 지역성을 사용하는 해법이 훨씬 더 복잡한 이유는 처리 과정을 직렬화하기 위한 로직이 필요하기 때문이다. 이런 로직은 고급 처리를 위해 복잡해질 가능성이 높다. 또한 데이터 노드에서 동작하는 전용 프로세스가 필요하다. 이 프로세스는 데이터를 역직렬화해서 로직을 수행할 수 있어야 한다. 다행히 이 두 단계는 아파치 스파크와 같은 빅데이터 프레임워크로 구현되어 필요한 기능을 제공받을 수 있다.

몇몇 독자들은 데이터 지역성 패턴이 데이터베이스에도 동일하게 적용된다는 사실을 눈치챘을 것이다. 평균을 계산하고 싶다면 데이터베이스에 전송하기 위해 (SQL로) 질의를 내린다. 다음으로, 데이터베이스는 질의를 역직렬화하고 데이터 지역성을 사용하는 로직을 수행한다. 이런 지역성 패턴을 따르는 해법들은 유사하지만, 빅데이터 프레임워크는 더 많은 유연성을 제공한다. 아브로(Avro), JSON, 파케이(Parquet) 등 모든 종류의 데이터를 포함하는 데이터 노드에서 로직을 수행할 수 있다. 이 경우 특정 데이터베이스에 국한된 수행 엔진에 종속되지 않는다.

8.1.2 데이터 지역성을 사용한 처리 규모 확장

데이터 지역성이 빅데이터 처리 과정에서 중요한 역할을 담당하는 이유는 처리 과정을 쉽게 확장하고 병렬화하게 지원하기 때문이다. 데이터 노드에 저장된 데이터가 두 배로 늘어난 시나리오를 상상해보자. 따라서 데이터의 총량은 노드 하나의 디스크 공간에 딱 맞지 않는다. 물리 컴퓨터 한 대에 모든 데이터를 저장할 수 없기에 컴퓨터 두 대에 나눠서 저장하기로 한다(데이터를 나누는 방식은 다음 절에서 다룰 것이다).

데이터를 계산으로 옮기는 기법을 사용했다면 우리가 네트워크를 통해 전송할 필요가 있는 데이터의 양이 두 배로 늘어날 것이다. 이는 처리 과정을 상당히 느리게 만들고 데이터 노드가 두 개를 초과하는 경우라면 상황이 더욱 나빠질 것이다. 그림 8.3은 데이터를 컴퓨터 두 대에 나눠서 저장한 직후 데이터가 어떻게 보이는지를 설명한다.

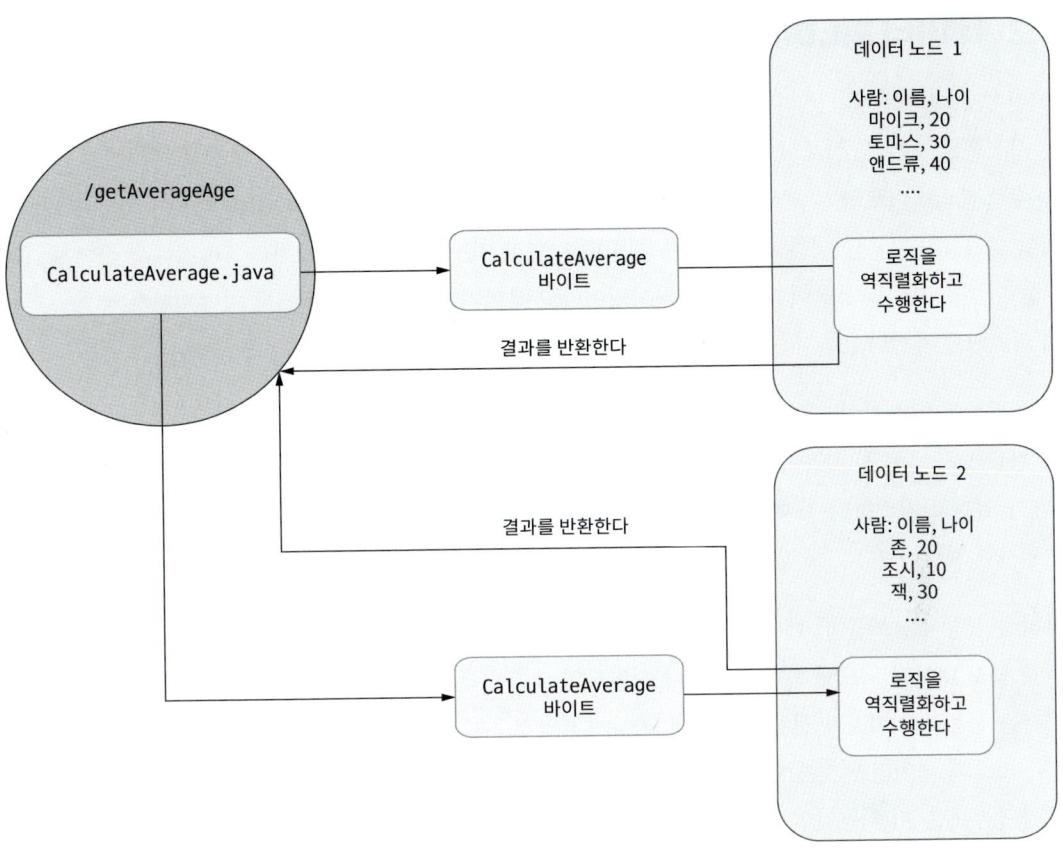

그림 8.3 데이터 지역성을 활용해 처리 과정을 두 컴퓨터로 확장

데이터 지역성을 사용해 처리하는 작업을 확장하고 병렬화하는 작업은 달성하기가 상당히 쉽다. 직렬화된 처리 과정을 데이터 노드 하나로 보내는 대신, 두 데이터 노드로 보낸다. 데이터 노드마다 로직을 역직렬화하고 처리 과정을 수행할 책임을 지는 프로세스가 있다. 일단 처리 과정이 완료되고 나면 결과 데이터는 이를 통합해서 최종 사용자에게 반환하는 역할을 맡은 서비스로 전송된다.

지금쯤이면 데이터 지역성의 장점을 이해할 것이다. 다음으로 빅데이터를 N개 데이터 노드로 나누는 방법을 이해해 보자. 빅데이터를 처리하고 비즈니스 가치를 얻고 싶다면 반드시 이해해야 하는 내용이다. 다음 절에서 이 내용을 설명할 것이다.

8.2 데이터 파티셔닝과 데이터 나누기

앞 절에서 데이터 지역성 기법을 사용할 수 있으면 빅데이터 처리 과정을 확장하기가 훨씬 더 쉬워진다는 사실을 살펴봤다. 실제 빅데이터 애플리케이션에서 우리가 저장하고 처리하고 싶은 데이터의 양은 종종 수백 테라바이트 또는 페타바이트로 확장된다. 이런 방대한 데이터를 물리적인 컴퓨터 하나에 저장하기란 불가능하다. 데이터를 나눠서 N개 데이터 노드로 저장할 방법이 필요하다. 이 절에서 살펴볼 데이터를 나누는 기법을 통틀어 **데이터 파티셔닝**이라고 부르지만, 실제로 데이터를 파티셔닝하는 기법은 여러 가지가 존재한다.

(데이터베이스와 같이) 온라인 처리를 위한 데이터는 몇몇 식별자(예를 들어 사용자 식별자)를 골라내어 전용 노드에 특정 사용자 범위를 저장할 수 있다. 예를 들어, 사용자 식별자 1,000개와 데이터 노드 5개가 있다고 가정하면 첫째 노드는 0에서 200까지 식별자를 저장하고, 둘째 노드는 201부터 400까지 식별자를 저장하는 식으로 범위를 나눌 수 있다.

파티셔닝 방식을 고를 때 데이터 비대칭이 일어나지 않게 주의할 필요가 있다. 이런 상황은 대다수 데이터가 동일 데이터 노드에 속한 식별자나 식별자의 그룹에 의해 생성될 때 발생할 수 있다. 예를 들어, 10이라는 사용자 식별자가 전체 트래픽의 80%를 책임지고 데이터의 80%를 생성한다고 가정하자. 따라서 이는 80%의 데이터가 첫째 데이터 노드에 저장되므로 파티셔닝이 최적화되지 않을 것임을 의미한다. 최악의 경우에는 이 사용자의 데이터양이 너무 커서 주어진 데이터 노드에 저장되지 못할 가능성도 있다. 온라인 처리를 위해 파티셔닝은 데이터 접근 패턴을 읽거나 쓰는 목적으로 최적화되어 있다는 점에 주목하기 바란다.

8.2.1 오프라인 빅데이터 파티셔닝

이제 오프라인 빅데이터 처리 파티셔닝에 집중할 것이다. 빅데이터 시스템을 위해 우리는 종종 이력 데이터(콜드 데이터)를 무기한 저장할 필요가 있다. 가능한 오랫동안 데이터를 저장하는 것이 중요하다. 데이터가 생성되는 시점에서는 데이터가 제공할 수 있는 비즈니스 가치를 인식하지 못할 가능성도 있다.

예를 들어 우리는 모든 HTTP 헤더에 담긴 모든 사용자의 요청 데이터를 저장할 수도 있지만, 데이터가 저장될 때 이런 HTTP 헤더에 대한 사용 사례는 없을 가능성이 높다. 하지만 미래에는 사용자의 기기 유형(예: 안드로이드, iOS 등)에 따라 사용자를 프로파일링하기 위한 도구를 구축하기로 결정할 수도 있다. 이런 정보는 HTTP 헤더로 전파된다. 이력 데이터에 기반한 새로운 프로파일링 로직을 수행할 수 있는 이유는 기존의 원시 데이터에 이력 데이터가 저장되어 있기 때문이다. 여기서 데이터가 오랫동안 필요하지 않았다는 사실이 중요하다.

이제 많은 정보를 저장하고 나중을 위해 챙겨둬야 할 필요가 있다고 가정하자. 이럴 경우에 우리의 저장소는 콜드 저장소에 많은 데이터를 저장할 필요가 있다. 빅데이터 애플리케이션에서 이는 종종 데이터가 하둡 분산 파일 시스템(HDFS, Hadoop Distributed FileSystem)에 저장됨을 의미한다. 이는 또한 데이터가 상당히 일반적인 방식으로 파티션되어 있어야 한다는 사실을 의미하기도 한다. 읽기 패턴을 최적화할 수 없는 이유는 이런 읽기 패턴이 어떻게 보일지 예측할 수 없기 때문이다.

이런 이유로, 빅데이터 오프라인 처리를 위한 가장 일반적인 데이터 파티션은 날짜를 기반으로 한다. /users 파일 시스템 경로에 사용자의 데이터를 저장하고 /clicks 파일 시스템 경로에 클릭스트림 데이터를 저장하는 시스템을 가정하자. 저장한 레코드 숫자는 100억 개라고 가정한다. 우리는 2017년부터 데이터를 수집하기 시작했고, 그 이후로도 계속해서 데이터를 수집하는 중이다.

우리가 선택한 파티셔닝 체계는 날짜를 기반으로 한다. 이는 파티션 식별자가 연도로 시작함을 의미한다. 따라서 예를 들면, 2017, 2018, 2019, 2020 파티션이 존재한다. 만일 더 적은 데이터만 요구한다면 연도만으로 파티셔닝해도 충분할 것이다. 이런 시나리오에서는 사용자 데이터를 위한 파일 시스템 경로는 (그림 8.4에서 볼 수 있듯이) /users/2017, /users/2018 등이 될 것이며, 클릭스트림 데이터를 위한 파일 시스템 경로도 /clicks/2017, /clicks/2018 등으로 사용자 데이터와 유사할 것이다.

이런 파티셔닝 기법을 사용하면 사용자 데이터의 파티션은 네 개가 될 것이다. 이는 우리가 전체 데이터를 물리적인 데이터 노드 네 군데까지 분리할 수 있음을 의미한다. 첫째 노드는 2017년을 위한 데이터를 저장하고, 둘째 노드는 2018년을 위한 데이터를 저장하고, 나머지 노드들도 각각 2019, 2020년을 위한 데이터를 저장할 것이다. 이 모든 파티션을 동일한 물리 노드에 유지해도 무방하다. 충분한 디스크 공간만 있다면 물리 노드 한곳에 데이터를 저장해도 좋다. 디스크 공간이 부족해지기 시작하면 새로운 물리 노드를 생성해 몇몇 파티션을 새 노드로 옮길 수 있다.

실제로 이런 파티셔닝 체계는 세분화 수준이 너무 거칠게 분류되어 있다. 1년 동안 모든 데이터를 하나의 큰 파티션에 저장하면 읽기와 쓰기 관점에서 처리하기가 어렵다. 데이터를 읽는 과정에서 단지 특정 날짜에 발생한 이벤트에 대해서만 관심이 있더라도 (불필요하게) 전체 연도의 데이터를 모두 탐색할 필요가 있다! 이는 시간 소모적일 뿐만 아니라 비효율적이다. 또한 쓰기 관점에서도 문제를 일으키는 이유는 디스크 공간이 부족하면 향후 데이터를 분리할 손쉬운 방법이 없기 때문이다. 이럴 경우 성공적인 쓰기를 수행할 수 없을 것이다.

그림 8.4 날짜에 기반한 파티션 체계를 위한 데이터 파티셔닝 네 개

이런 이유로 오프라인 빅데이터 시스템은 데이터를 더 세분화된 방식으로 파티셔닝하는 경향이 있다. 데이터는 연, 월, 일로 파티셔닝된다. 예를 들어, 2020년 1월 2일에 데이터를 기록하면 이벤트를 /users/2020/01/02 파티션에 저장할 수 있다. 이런 파티셔닝은 읽는 쪽에도 많은 유연성을 제공한다. 특정 날짜에 일어난 이벤트를 분석하고 싶다면 파티션에서 데이터를 직접 읽을 수 있다. (예를 들어, 전체 월의 데이터를 분석하는 등) 몇 가지 고차원 분석을 수행하고 싶다면 주어진 월 내의 모든 파티션을 읽을 수 있다. 1년치 데이터를 분석하고 싶다면 동일 패턴을 적용하면 된다. 요약하자면, 레코드 10억 개가 그림 8.5처럼 파티셔닝될 것이다.

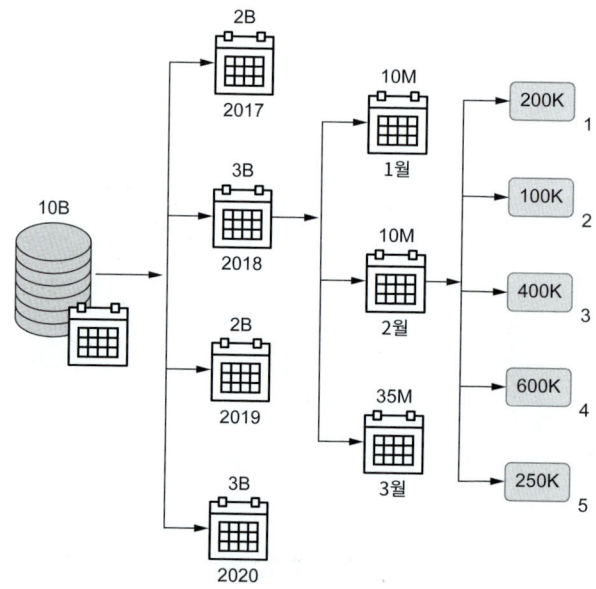

그림 8.5 연, 그리고 월, 마지막으로 일을 기준으로 날짜에 기반한 데이터 파티셔닝

초기 레코드 100억 개가 연, 월, 최종적으로 월의 특정 일로 파티셔닝된 결과를 확인할 수 있다. 최종적으로 매일의 파티션은 레코드 100,000개를 포함한다. 이런 데이터 수량은 컴퓨터 1대의 디스크 공간에 딱 맞게 들어간다. 이는 또한 연간 파티션이 365개 또는 366개 존재함을 의미한다. 데이터를 파티셔닝할 수 있는 데이터 노드의 상한은 데이터를 저장하는 연의 숫자에 일의 숫자를 곱한 결과와 같다. 하루치 데이터가 컴퓨터 한 대의 디스크 공간에 딱 맞춰 들어갈 수 없다면 시, 분, 초 등으로 데이터를 한 단계 더 나눠서 쉽게 파티셔닝할 수 있다.

8.2.2 파티셔닝 대 샤딩

데이터를 날짜별로 파티셔닝했다고 가정하면 데이터를 여러 노드로 분리할 수 있다. 이런 시나리오에서 모든 파티션 키의 부분 집합을 물리적인 노드 하나에 배치한다.

사용자의 데이터가 파티션 N개(논리적인 샤드)로 파티셔닝되었고, 파티션의 세분화 수준이 한 달이라고 가정하자. 이 경우 2020년을 위한 데이터는 물리 노드 N개(물리 샤드)에 수평으로 분리될 수 있다. N이 12 이하라는 사실이 중요하다. 다시 말해, 물리 샤드의 최대 수준은 12다. 이런 아키텍처 패턴을 **샤딩**이라고 한다.

이제 물리 노드가 세 개 있다고 가정하자. 이 경우 2020년을 위한 사용자의 데이터가 12개 파티션으로 파티셔닝될 수 있다고 볼 수 있다. 다음으로, 데이터는 샤드(노드) 세 개에 할당된다. 그림 8.6처럼 각 노드마다 2020년을 위해 파티션 네 개를 저장한다(12파티션 ÷ 3노드 = 노드당 4파티션).

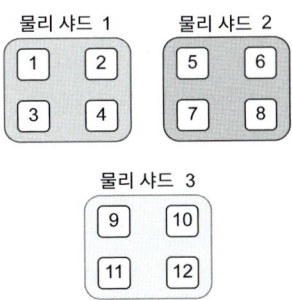

그림 8.6 물리 노드 3개와 파티션 12개를 위한 샤딩

그림에서 물리 샤드는 물리 노드와 동일하다. 파티션 키(논리 샤드)는 물리 샤드에 균등하게 분배된다. 새로운 노드가 클러스터에 추가되는 상황에서 각 물리 샤드는 논리 샤드 중 하나를 새로운 물리 노드에 다시 할당할 필요가 있다.

샤드 할당을 위한 다양한 알고리즘이 존재한다. 또한 노드를 추가하거나 제거하는(장애 발생 또는 축소) 경우에 샤드 재분배를 처리할 필요도 있다. 이런 기법은 HDFS, 카산드라, 카프카, 엘라스틱과 같은 대다수 빅데이터 기술이나 데이터 저장소에서 사용되며, 샤딩을 수행하는 세부적인 방식은 구현마다 다르다.

8.2.3 파티셔닝 알고리즘

앞서 설명한 기술을 **범위 파티셔닝**이라고 하며, 데이터가 생성된 날짜를 기반으로 데이터는 범위로 나눠진다. 읽기 패턴에 따라 데이터를 다르게 파티셔닝하기로 결정할 수도 있다.

특정 사용자 식별자(user_id)를 위해 저장된 모든 이벤트를 가져오고 싶다고 가정하자. 범위 파티셔닝을 사용했다고 가정하면 이런 작업은 달성하기가 상당히 까다롭다. 주어진 식별자에 해당하는 모든 사용자 정보를 가져오기 위해 여러 물리 노드에 존재하는 모든 파티션을 탐색해서 필요한 데이터를 필터링할 필요가 있다. 이렇게 되면 데이터 지역성을 사용할 수 없을 것이다. 모든 파티션을 탐색해야만 하는 이유는 특정 user_id에 대한 이벤트가 수행된 시점을 사전에 알지 못하기 때문이다. 데이터는 어떤 날짜의 파티션에도 들어 있을 가능성이 있다.

user_id에 기반해 데이터를 파티셔닝할 필요가 있다고 가정하자. 키 N개를 물리 노드 M개에 균등하게 분산하고 싶다. 이를 달성하기 위해 증명된 기법은 해시 파티셔닝 알고리즘이다. 먼저, 숫자 하나를 반환하는 몇몇 해싱 알고리즘(예: MurmurHash[1])을 사용해 user_id를 해시할 필요가 있다. 다음으로 이 숫자에 대해 M(M은 노드 수)으로 나눈 나머지를 구하는 연산을 수행할 필요가 있다. 이렇게 하면 파티션 키 N개가 노드 M개에 균등하게 나눠질 것이다. 이상적으로 모든 노드는 N ÷ M 파티션을 포함해야 한다. user_id가 모두 숫자라면 해시 연산을 건너뛰고 user_id에 대해 직접 나머지 연산을 수행할 수도 있다. 하지만 어떤 파티션 키(예: 문자열)에 대해서도 이 알고리즘이 동작하게 만들기 위해서는 숫자가 아닌 값을 숫자 값으로 변환하는 해싱을 적용한다. 그림 8.7은 이런 용법을 보여준다.

---

[1] (옮긴이) https://en.wikipedia.org/wiki/MurmurHash 참고

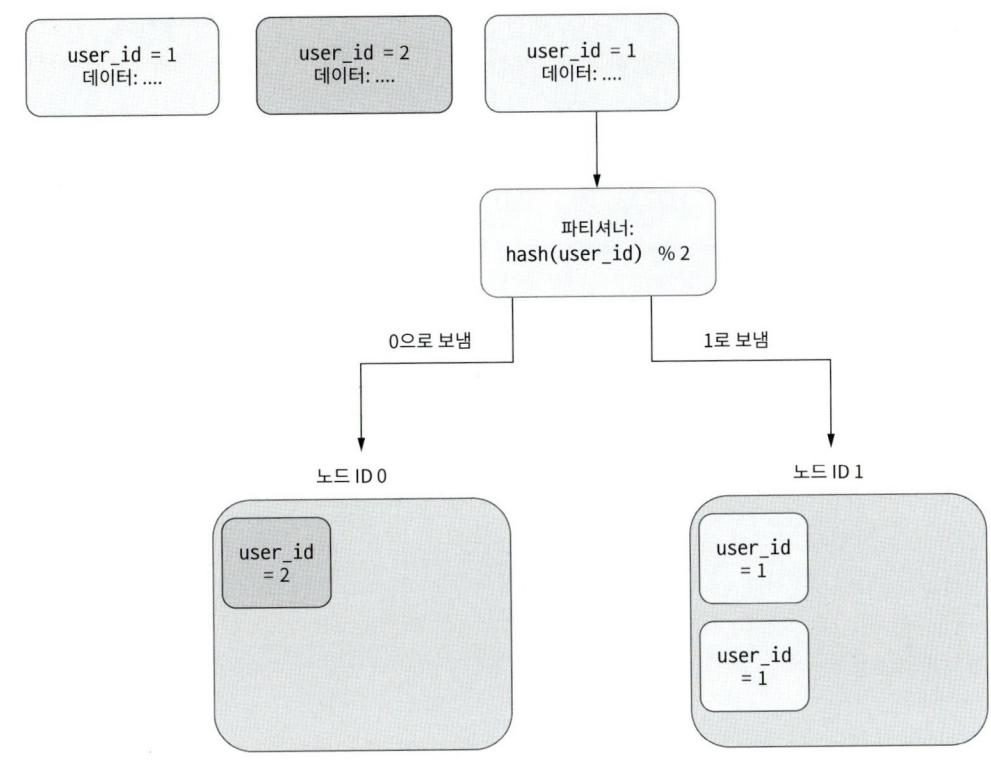

그림 8.7 user_id에 기반해 데이터를 파티셔닝하기 위해 사용된 해시 파티셔닝

이 예제에서 노드는 두 개다(M = 2). 노드 ID가 0과 1이라고 가정하자. user_id 1에 대한 첫 번째 이벤트가 도착할 때 이 user_id에 해시 함수를 적용해서 결과로 나온 값에 나머지 2 연산을 수행한다. user_id 1에 대한 결과는 1이 될 것이다. 따라서 이 이벤트는 노드 ID 1로 보내져서 그곳에 저장될 것이다. 이번에는 user_id 2를 위한 다른 이벤트가 도착할 때 파티셔닝 알고리즘은 이를 노드 ID 0에 할당하고 그곳에 저장한다. 다음에 user_id 1을 위한 다른 이벤트가 도착한다. 역시 파티셔닝 알고리즘은 이를 노드 ID 1로 배치해야 한다고 결정한다.

이런 동작 방식으로 인해 user_id 1에 대한 모든 이벤트가 동일 노드에 저장됨을 보증한다. 따라서 데이터 지역성을 사용하는 user_id에 대해 연산을 쉽게 적용할 수 있다. 이 사용자를 위한 데이터는 이미 동일 노드에 존재한다. 이 알고리즘을 사용하면 모든 users_id N개가 두 노드에 균등하게 나눠질 것이다.

제시된 해법은 파티셔닝을 이해하기 위한 훌륭한 예제를 보여주지만, 여기에는 두 가지 단점이 있다. 이런 접근 방법의 주요 단점은 새로운 노드를 클러스터에 추가하려고 결정할 때 생긴다. (의도적이거나 장애로 인해) 노드 하나가 제거될 때도 동일한 문제가 발생한다.

새로운 노드를 추가하는 상황을 고려하자(그림 8.8). 갑자기 파티셔닝 알고리즘이 바뀌는 이유는 (노드 숫자인) 3으로 나머지 연산을 수행해야 하기 때문이다.

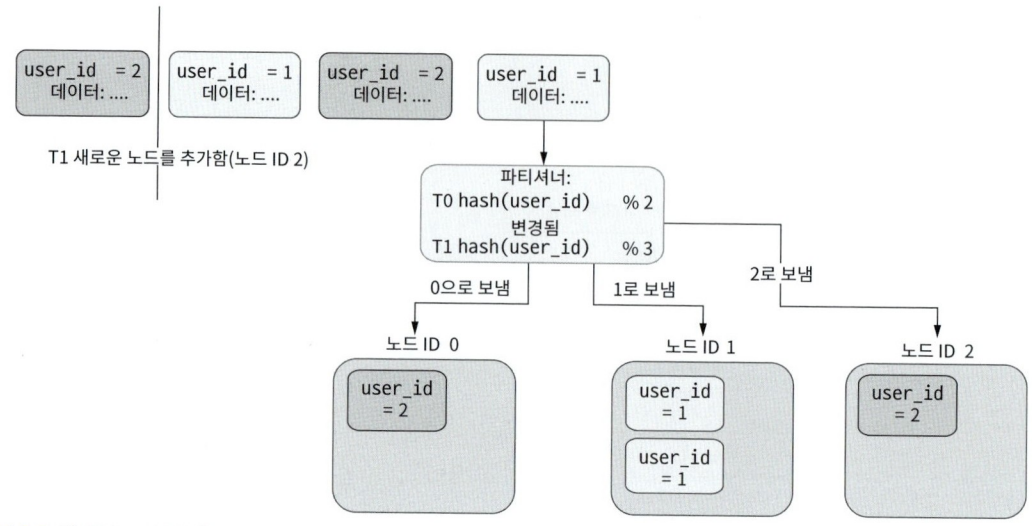

그림 8.8 새로운 노드를 추가

노드가 두 개일 때(따라서 파티션 할당은 직전 예제와 같다) 첫 세 이벤트가 전송되었다고 가정하자. 초기 상태는 T0(시간 0)이다. 다음으로 T1 시간에 새 노드가 클러스터에 추가되었다. 이렇게 되면 파티션 할당이 바뀌게 되는데 갑자기 나머지 3을 계산할 필요가 생겼기 때문이다. user_id 2가 도착할 때 새로운 파티셔닝 알고리즘은 이 ID를 위한 파티션을 2와 같다고 계산한다. 이는 새로운 이벤트를 새로운 노드로 보낸다. 이 시점에서 데이터 지역성을 잃어버리고 있다는 사실은 명백하다. 동일 user_id = 2에 대한 이벤트는 이제 물리 노드 두 곳에 존재한다. 파티셔닝은 우리가 달성하고 싶었던 관점에서 보면 깨졌다.

이런 문제를 어떻게 완화할까? user_id = 2에 대한 모든 이벤트를 ID 소유주인 새 노드로 전송할 수 있었다. 하지만 노드 숫자에 기반한 파티셔닝 할당 계산이라는 단순한 방식으로는 이렇게 하는 데 필요한 연산 숫자가 상당히 많아질 것이다. 비용이 높은, 상당히 많은 데이터 이동이 수반될 것이다. 10개 이벤트 ID에 대해 계산해보자. 10개에 대해 나머지 2를 계산할 때 ID 1, 3, 5, 7, 9는 노드 ID 1에, 2, 4, 6, 8, 10은 노드 ID 0에 배치될 것이다.

새 노드(나머지 3)를 추가하면 어떻게 변경될까? ID가 3, 6, 9인 경우는 노드 0에, ID가 1, 4, 7, 10인 경우는 노드 1에, 나머지(ID가 2, 5, 8) 경우는 노드 2에 배치될 것이다. ID가 3, 6, 9인 경우에만 물리 노드 위치가 동일하다. 나머지 ID(데이터의 70%)는 재분배가 필요하다.

실제 현장에서 사용되는 클러스터에서는 이런 효과에 노드 숫자가 곱해질 것이다. 노드가 많을수록 더 많은 데이터 이동이 필요할 수 있다. 노드가 많은 데이터를 저장하면 이런 재분배 과정은 정상 시간 내에 실현이 불가능할 가능성이 높다. 설상가상으로, 이는 이런 데이터 저장소에 데이터를 저장하는 온라인 애플리케이션에도 영향을 미친다.

이런 효과를 줄이기 위해 일관성 있는 해싱 알고리즘(http://mng.bz/Yg9B)의 사용을 고려할 수 있다. 이 알고리즘은 노드 M개에 할당된 가상 슬롯을 도입함으로써 문제를 해결한다. 새로운 노드가 추가되면 가상 슬롯의 작은 부분만 재분배가 필요하다. 여러 양산 서비스 시스템에서 이 알고리즘의 다양한 변형을 사용하고 있다.

이제 데이터 지역성 원칙과 데이터 파티셔닝 방법을 알게 되었으므로 여러 물리 컴퓨터에 존재하는 여러 파티션에서 데이터 집합을 조인하는 문제를 풀어보자. 다음 절에서는 이 문제에 대한 해법을 제시한다.

8.3 여러 파티션에서 가져온 빅데이터 집합을 조인하기

다양한 조인 전략이 필요한 세 가지 독자적인 사용 사례를 자세히 살펴볼 것이다. 각 전략은 어느 정도 수준에서 데이터 지역성을 사용한다. 아직은 세부 구현 사항을 파고 들지 않으면서 이런 사용 사례를 개념적으로 분석할 것이다. 구현 관련 내용은 다음 절에서 다룰 것이다.

저장된 데이터의 구조를 이해하는 것부터 시작하겠다. 기억하겠지만, 날짜를 기준으로 데이터를 파티션으로 나눴고, 데이터 소스는 두 개가 있었다. 첫째 데이터 소스는 사용자의 데이터를 저장한다. 각 파티션(예를 들어, /users/2020/04/01)은 사용자 행 수가 N개인 파일 N개를 포함한다. 데이터는 텍스트나 바이너리 어떤 형태로든 저장이 가능하다.

예를 들어, 바이너리 아브로(AVRO) 형식을 선택했다면 이 형식으로 레코드 묶음이 직렬화되어 HDFS에 저장될 것이다. 파티션 하나가 파일 N개를 포함할 수 있다. 이런 파일 각각은 주어진 파티션을 위한 데이터의 일부를 포함할 것이다. 일반적으로 파일 하나는 파일 시스템의 최대 블록 크기까지만 공간을 차지할 것이다. HDFS에서 이 값은 128MB와 같다.

예를 들어, /users/2020/04/01에 데이터가 200MB 있다고 하면 그림 8.9에서 보여주듯이 users_part1.avro와 users_part2.avro라는 파일 두 개가 생길 것이다. 각 파일은 사용자의 데이터를 포함할 것이다. 각 사용자가 여러 값(예: 나이와 이름)을 가진다고 가정하자. 여기서 사용자를 고유하게 식별하기 위한 user_id 식별자가 있다는 사실이 가장 중요하다. 다른 데이터 집합과 조인 연산을 수행할 때 이 필드를 사용할 것이다.

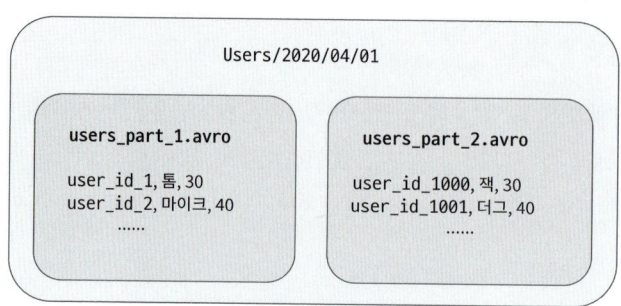

그림 8.9 사용자의 파티션 데이터

둘째 데이터 소스인 클릭스트림 파티션에서도 동일한 상황이 벌어진다. 특정 날짜를 책임지는 파티션 내에 파일이 N개 있을 것이다. 예를 들어, /clicks/2020/01/20은 이 파티션에 대한 행을 담은 파일을 포함할 수 있다. 우리의 조인 사용 사례를 위해 클릭스트림 데이터 역시 user_id 필드를 포함한다는 사실이 중요하다. 이는 사용자 데이터 집합에서 특정 사용자와 클릭을 연관시킬 수 있게 만든다. 두 빅데이터 집합을 조인할 때 이런 관계를 사용할 것이다.

8.3.1 동일 물리 컴퓨터 내에서 데이터 조인하기

첫 번째로 해결해야 하는 비즈니스 사용 사례는 동일 날짜의 클릭과 사용자 데이터를 조인하는 것이다. 다시 말해, 특정 날짜에 특정 사용자가 클릭한 모든 이벤트를 얻을 필요가 있다.

이는 동일한 사용자 ID에 대해 여러 다른 시스템에서 생성된 데이터를 조인하는 일반적인 비즈니스 사용 사례다. 사용자 데이터가 지불, 거래, 사용자가 수행한 기타 다른 행위에 대한 정보를 포함하고 있다고 상상할 수 있다. 지불과 사용자 행위를 마무리하는 작업을 책임지는 서비스가 이런 정보를 수집할 수 있었다. 반면에 클릭스트림 데이터는 조금 느슨한 정보를 포함하는데, 클릭 서비스가 웹 사이트에서 일어난 각 클릭을 수집해서 저장한다. 이 정보는 주어진 사용자의 사용 패턴과 활동을 추적하기 위해 사용될 수 있다. 우리의 목표는 사용자의 실제 행위와 클릭을 연관시키는 것이다. 클릭이 특정 거래를 일으켰는가? 사용자가 여러 차례 클릭했으나 제품을 포기하고 구매하지 않았는가? 이 데이터를 조인함으로써 우리는 더 많은 의미를 유추하고 회사에 비즈니스 가치를 제공할 수 있다.

예를 들어, 2020년 한 해 동안 수집된 사용자와 클릭 데이터를 조인할 필요가 있다고 가정하자. 최대 366(일)까지 처리 과정을 병렬화할 수 있다. 이렇게 하는 이유는 2020년에 해당하는 파티션이 많기 때문이다. 여기서 처리 과정은 주어진 사용자의 파티션에 속한 모든 행을 살펴보고, 클릭 파티션에서 대응하는 데이터를 찾고, user_id 식별자를 사용해 데이터를 조인할 필요가 있다.

사용자와 클릭 데이터 양쪽에 대해 동일 날짜 파티션에 동일 데이터를 동일 물리 컴퓨터가 저장하고 있다고 가정하자. 예를 들어, 2020/01/01을 위한 데이터를 조인할 때 클릭과 사용자 데이터는 모두 지역적으로 처리될 것이다. 여기서 데이터 지역성을 사용할 수 있다. 원격지에서 데이터를 가져올 필요가 없다. 조인을 수행하기 위해 필요한 모든 데이터는 데이터 노드에 존재한다.

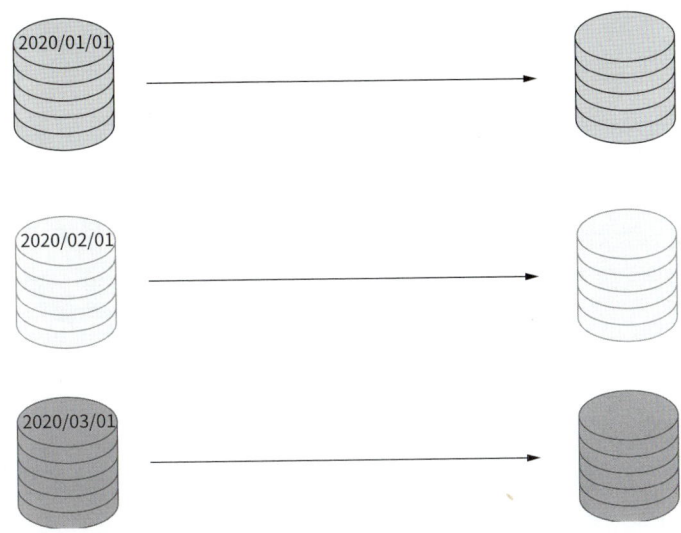

그림 8.10 두 데이터 집합을 조인할 때 데이터 이동이 없는 좁은 범위의 변환

동일 물리 데이터 노드에 특정 월에 대한 모든 파티션이 존재한다고 가정하자. 2020년 1월에 수집된 데이터들의 조인 작업을 수행할 때 해당 월의 첫날에 대한 클릭 데이터가 지역적으로 존재한다. 사용자의 데이터 또한 지역적으로 존재한다. 빅데이터 생태계에서 데이터를 조인하는 작업은 두 데이터 집합을 하나의 최종 데이터 집합으로 **변환**하는 방식으로 설명할 수 있다. 이런 변환이 어떤 데이터 이동도 요구하지 않으면 이를 좁은 범위의 변환이라고 부른다. 다시 말해, (조인을 수행하기 위한) 데이터를 완전히 데이터 지역성을 이용해 변환할 수 있다. 다음으로, 데이터 이동을 포함하는 조인 연산이 필요한 비즈니스 사용 사례를 살펴볼 것이다.

8.3.2 데이터 이동이 필요한 조인 작업

해결해야 하는 다음 비즈니스 사용 사례는 파티션 사이에서 데이터를 조인하는 작업을 요구한다(그림 8.11). 2020년 동안 수집된 모든 고유 사용자를 찾을 필요가 있다고 가정하자. 이는 user_id를 사용해 모든 월의 파티션에서 가져온 데이터를 조인할 필요가 있음을 의미한다. 일단 데이터를 조인하면 중복을 제거해 user_id 하나만 유지하면 된다. 최종 user_id만 반환된다.

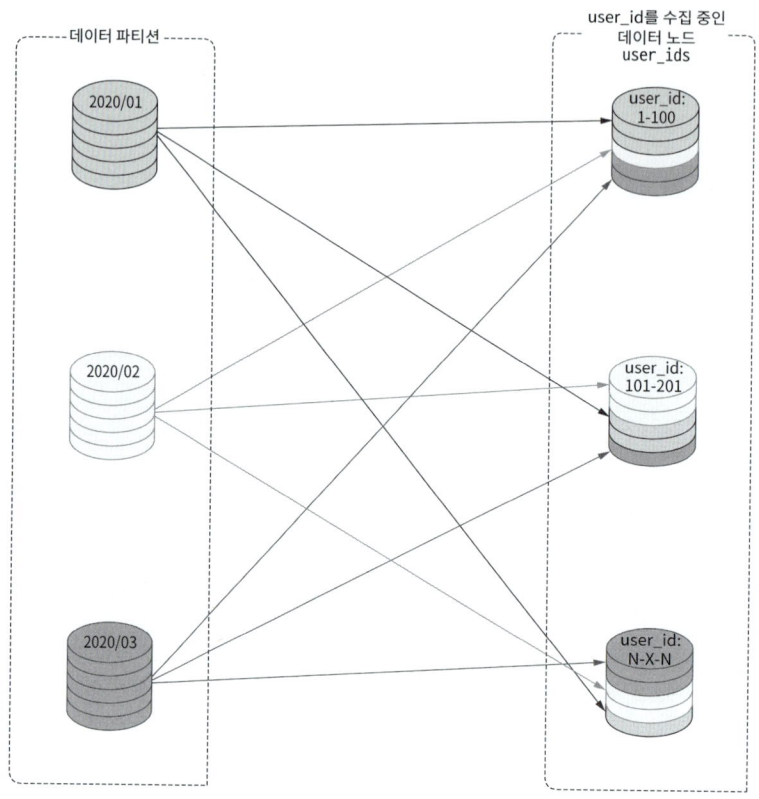

그림 8.11 파티션 사이에서 데이터를 이동하는 넓은 범위의 변환

모든 사용자 파티션에 대해 모든 사용자 이벤트를 처리할 필요가 있음에 주목하자. 예를 들어, user_id 1에 대한 데이터를 조인하는 경우를 고려하자. 먼저, 이 ID로 모든 데이터 노드에서 사용자를 필터링할 필요가 있다. 2020/01에 대한 모든 날짜 파티션은 데이터 지역성을 사용해 필터링 로직을 수행할 수 있다. 이 필터링 연산은 모든 날짜 파티션에서 수행될 필요가 있다. 일단 데이터를 필터링하고 나면 주어진 user_id 1을 처리하기 위한 데이터 노드로 전송될 필요가 있다. 여전히 각 월의 데이터는 전용 데이터 노드에 존재한다는 가정이 있다. 이는 2020년에 대한 모든 12개월 데이터를 사용자 ID을 위한 조인 연

산을 수행할 데이터 노드로 보낼 필요가 있음을 의미한다. 실제로는 모든 데이터 노드가 ID 범위를 나눠서 처리할 것이다.

우리의 조인 로직은 두 번째 단계에서 상당히 많은 데이터 이동을 요구한다. 비록 필터 단계에서 데이터 지역성을 사용하고 있지만, 두 번째 단계는 네트워크 사용을 요구한다. 데이터 이동을 요구하는 이런 변환을 **넓은 범위의 변환**이라고 한다. 데이터 노드 사이에서 데이터를 교환하는 처리 과정을 **데이터 섞기**라고 한다. 빅데이터 처리 과정에서 데이터 섞기를 많이 할수록 느려진다. 앞서 데이터 지역성을 다룬 내용을 기억한다면, 상당한 네트워크 사용을 요구하는 연산은 최적화와 거리가 멀다.

몇몇 최적화는 조인을 수행할 때 데이터 섞기 작업을 줄일 수 있다. 하지만 이런 최적화는 비즈니스 사용 사례와 데이터 특성에 크게 의존한다. 데이터를 조인할 때 데이터 집합 중 하나가 더 작고 다른 데이터 집합은 큰 경우가 종종 생긴다. 이런 경우에는 최대한 데이터 지역성을 사용하도록 하이브리드 해법을 구현할 수 있다. 이런 경우에도 데이터 섞기를 요구하지만, 최소로 줄일 수 있다.

8.3.3 브로드캐스팅을 활용한 조인 최적화

이제 유용한 조인 최적화를 구현하게 만드는 사용 사례를 고려할 차례다. 우리의 비즈니스 사용 사례는 사용자 데이터의 한 달치 클릭만 가져올 필요가 있다고 명시한다.

사용자 클라이언트 중 하나와 최근에 일어났던 사용자 데이터 변화 사이에서 상관 관계를 찾고 싶기 때문에 이런 요구사항이 필요하다. 여기서 **최근**이란 처리하는 현재 날짜를 의미한다.

모든 사용자에 대해 현재 날짜에 일어난 클릭을 연결하기 위해 이런 처리 과정은 매일 돌아간다. 현재 연도 내에서 사용자를 위한 조인 처리 과정을 돌릴 것이다. 최적화를 시연하기 위해 초기 예제에 한 가지 추가적인 변경을 가할 것이다. 클릭스트림과 사용자 데이터가 너무 많은 디스크 공간을 차지하는 것으로 드러났기에 두 데이터 소스를 독립적인 물리 컴퓨터로 이동할 필요가 있다. 이는 사용자와 클릭 사이에 더 이상 데이터 지역성이 존재하지 않음을 의미한다. 이런 데이터 소스에 대해 조인이 필요한 모든 연산은 데이터 이동을 요구한다.

우리가 주목해야 하는 한 가지 중요한 관찰 결과가 있다. 우리가 조인을 원하는 클릭 데이터는 하루 동안의 데이터만 있으므로 이 데이터 집합의 크기는 상대적으로 작다. 하지만 우리가 조인을 원하는 사용자 데이터는 상대적으로 크다. 우리 비즈니스 사용 사례를 충족하기 위해 한 달치 사용자 데이터 전부가 필요하다. 이는 조인을 수행하기 위해 필요한 다른 데이터 집합보다 특정 데이터 집합의 크기가 월등히 작은 시나리오를 제시한다.

조인을 수행할 때 우리의 주요 목표는 데이터 섞기를 줄여서 최대한 데이터 지역성을 활용하는 것이다. 작은 데이터 집합(클릭)을 더 큰 데이터 집합(사용자)을 포함하는 데이터 노드로 보내는 방법으로 이런 두 가지 목표를 달성할 수 있다. 따라서 이 시나리오에서는 클릭 데이터 집합을 인출해 2020년의 사용자 데이터가 저장된 모든 데이터 노드로 전파한다(그림 8.12). 월마다 전용 물리 컴퓨터가 있다는 사실을 기억하자. 이는 클릭 데이터를 컴퓨터 12대에 전파할 필요가 있음을 의미한다.

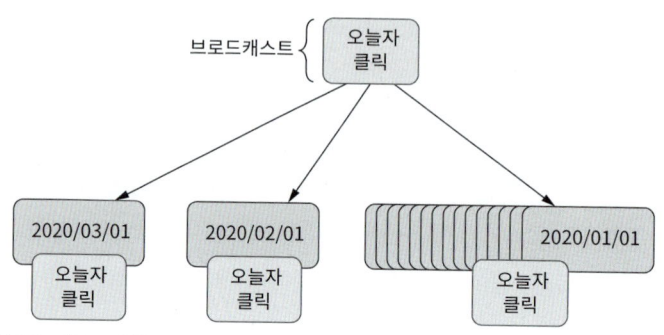

그림 8.12 조인 과정에서 브로드캐스트 활용

오늘자 클릭 데이터 집합은 사용자 데이터를 포함하는 모든 데이터 노드로 브로드캐스트된다. 따라서 이를 **브로드캐스트 데이터 집합**이라고 한다. 더 큰 데이터 집합이 자리잡은 노드로 더 작은 데이터 집합을 보내는 네트워크 소비(데이터 섞기)만 필요하다. 조인 처리 과정은 사용자 데이터가 있는 컴퓨터에서 지역적으로 수행되므로 프로세스는 2020/01에 속한 모든 날짜의 파티션을 검사해 오늘자 클릭과 이 데이터를 조인할 것이다. 동일 연산은 2020년 모든 월에 걸쳐 반복된다.

이런 기술을 사용하면 사용자의 데이터 집합을 처리할 때 데이터 지역성을 활용할 수 있다. 클릭 데이터의 작은 부분만 네트워크를 통해 전송할 필요가 있다. 여기서 한 가지 주의해야 할 중요한 사항이 존재한다. 이런 최적화 기법은 더 작은 데이터 집합이 데이터 노드 메모리에 딱 맞는 경우에만 제대로 작동한다. 일단 메모리에 데이터가 올라오면 디스크에 있는 데이터나 네트워크를 통해 전송될 필요가 있는 데이터와 비교해 훨씬 더 빠르게 접근할 수 있다. 다음 절은 메모리를 활용하는(예: 아파치 스파크) 빅데이터 처리 과정과 예전 디스크 기반의 접근 방식(예: 하둡) 사이의 트레이드오프를 설명한다.

여기서 우리는 스파크를 사용하지만, 설명한 기술은 대다수 빅데이터 처리 프레임워크에 공통적이라는 사실에 주목하자. 빅데이터 프레임워크가 외부에 공개하는 API에 무관하게 기반에서는 맵리듀스 패러다임을 구현하는 경향이 있다. 따라서 우리가 다음에 논의할 최적화는 이 모든 프레임워크에 적용될 수 있다. 이런 기술이 조인 연산의 성능에 미치는 영향을 살펴보자.

8.4 데이터 처리 과정: 메모리 대 디스크

지금까지 우리는 조인에서 데이터 지역성을 활용하는 방법을 살펴봤다. 데이터 지역성은 네트워크를 통해 전달될 필요가 있는 데이터양을 줄임으로써 처리 시간을 줄이게 만든다. 하지만 심지어 처리 과정에 데이터 지역성이 있더라도 조인을 수행하는 빅데이터 프레임워크로 필요한 데이터를 로드할 필요가 있다.

앞 절에서 주어진 예제를 조금 더 살펴보자. 기억하겠지만, 더 작은 데이터 집합(예: 클릭)을 더 큰 데이터 집합(사용자)과 조인했다. 클릭 데이터 집합은 네트워크를 통해 사용자 데이터를 포함하고 처리를 담당하는 노드로 전송되었다. 클릭 데이터 집합은 데이터 노드의 메모리에 위치한다.

8.4.1 디스크 기반의 처리 과정

지금부터는 사용자 데이터로 무슨 일이 벌어질 것인지를 고려해보자. 사용자 데이터가 컴퓨터 메모리에 딱 맞지 않으므로 처리 과정이 진행됨에 따라 디스크에서 접근할 필요가 있다고 가정한다. 이 문제는 두 가지 방법으로 해결할 수 있다.

첫 번째 해법은 파일 조각을 지연시켜서 읽는 것이다. 사용자 데이터가 1,000조각으로 나뉘어 100GB를 차지한다고 가정하자. 나눠진 각 부분은 100MB이며, 전용 파일에 담겨 있다. 조인 과정이 파일의 첫 부분을 완료할 때 결과를 중간 파일에 기록한다. 그런 다음, 계속해서 데이터의 다음 부분을 로드해서 또 다른 조인을 수행하고 다시 저장하는 작업을 진행한다. 그림 8.13에서 볼 수 있듯이 이런 과정은 모든 데이터가 처리될 때까지 반복된다.

사실 이는 표준 맵리듀스 하둡 기반의 빅데이터 처리 과정의 작동 방식이다. 하둡 처리 과정은 디스크에 대한 접근을 중심으로 만들어져 있고, 정체는 바로 파일 시스템이다.

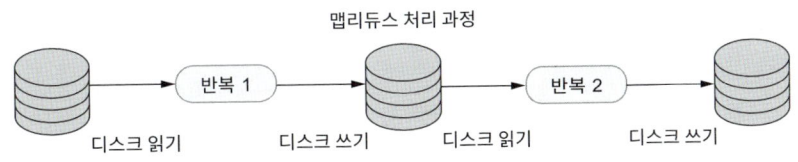

그림 8.13 디스크 기반의 빅데이터 처리 과정

빅데이터 처리 과정에서 단계별 주요 통합 지점은 파일이다. 결과를 만들어내는 매 단계는 HDFS(파일 시스템)에 중간 결과를 저장한다. 다음으로 하둡 태스크는 데이터를 가져와 이를 처리한다.

이런 접근 방식에는 몇 가지 장점이 있다. 엔지니어가 처리 과정을 독립적으로 작성할 수 있게 도와준다. 모든 처리 단계는 변경되면 안 되는 불변의 결과를 만든다. 처리 과정에서 각 단계는 입력으로 파일 시스템에 대한 경로를 받는다. 그런 다음에 출력으로 다른 위치에 파일을 만든다. 불행히도 디스크 기반의 빅데이터 처리 과정에는 한 가지 큰 단점이 존재하는데, 엄청나게 느리다는 것이다.

8.4.2 맵리듀스가 필요한 이유

맵리듀스 이면의 핵심 아이디어는 데이터 지역성이다. 맵과 리듀스 단계가 필요하고 데이터 지역성을 활용하는 방법을 이해하기 위해 유명한 단어 세는 문제를 어떻게 푸는지 설명하겠다. 맵리듀스 패러다임을 사용해 이 문제를 풀고 이런 방식이 빅데이터 집합에 대해 최상의 해법인 이유를 이해하려 노력해볼 것이다.

텍스트 파일 N개를 클러스터에 속한 데이터 노드 M개로 나눈다고 가정하자. 각 텍스트 파일은 빅데이터 집합이며 N GB를 차지한다. 우리 과업은 모든 텍스트 파일에 있는 모든 단어의 출현 횟수를 계산하는 것이다. 모든 데이터 집합(M 노드 x 파일당 N GB)이 컴퓨터 한 대의 메모리에 딱 맞게 들어갈 수 없다는 사실이 중요하다. 따라서 우리의 처리 과정을 어떻게든 분산시킬 필요가 있다.

데이터 지역성을 살려 지역적으로 처리할 수 있는 첫 번째 단계에 초점을 맞추자. 모든 연산은 데이터가 시작된 노드의 컨텍스트에서 수행된다. 그림 8.14는 이 처리 과정에서 첫 번째 단계를 보여준다.

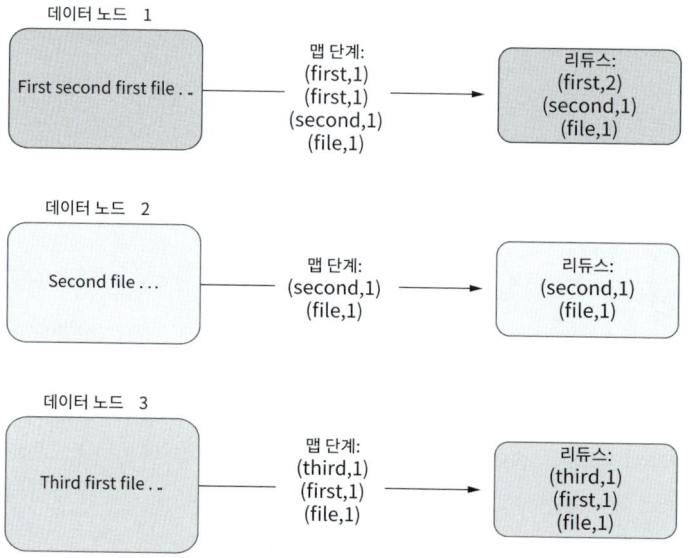

그림 8.14 단어 세기: 데이터 지역성을 사용해 지역 컴퓨터에서 첫 번째 단계를 수행

이 시나리오에서 데이터 노드가 세 개 있다. 그림 8.14의 왼쪽 편을 보면 각 노드마다 텍스트가 저장된 빅데이터 파일이 있음을 확인할 수 있다. 이 파일 각각은 너무 커서 모든 파일을 노드 하나에 보내 그곳에서 계산하기란 불가능하다. 먼저 텍스트 파일을 N 단어로 나눈다. 각 단어에 대해 맵 단계는 키-값 쌍을 생성하는데, 여기서 키는 단어이며 값은 해당 단어의 출현 횟수를 의미한다. 처리 과정의 첫 번째 단계에서 값은 항상 1과 동일하다.

언뜻 보기에 이 단계는 고지식하고 불필요해 보인다. 하지만 이런 작업을 하는 핵심은 모든 레코드에 대한 파티션 키를 생성하는 것이다. 우리의 **파티션 키**는 단어를 세기 위한 단어에 불과하다. 파티션 키가 동일한 모든 쌍은 궁극적으로 동일 데이터 노드로 전송될 것이다. 이 내용은 잠시 후에 다시 설명할 것이다.

일단 데이터가 파티셔닝되고 나면 지역적인 리듀스를 수행할 수 있다. 이는 동일한 키(단어)를 갖는 모든 쌍이 합쳐져서 새로운 쌍으로 리듀스됨을 의미하는데, 여기서 키는 앞서 과정에서 설명한 개념과 동일하다. 하지만 몇몇 단어에 대한 출현 횟수는 변경될 것이다. 데이터 노드 1에서 수행되는 리듀스 연산은 두 번 출현한 쌍 (first, 1)을 한 번 출현한 쌍 (first, 2)로 리듀스할 것이다. 이는 단어 세는 과정의 첫 번째 단계이며, 노드마다 지역적으로 수행된다. 일단 지역적으로 모든 쌍을 리듀스하고 나면 두 번째 단계를 실행할 준비가 된 것이다.

두 번째 단계(그림 8.15)는 네트워크를 통해 데이터를 이동하는 작업(데이터 섞기)을 수반한다. 파티셔닝 알고리즘에 따르면 데이터는 N 노드로 분산된다. 여기서 파티션 키(단어)가 동일한 데이터는 항상 동일한 데이터 노드로 배치된다는 사실이 중요하다.

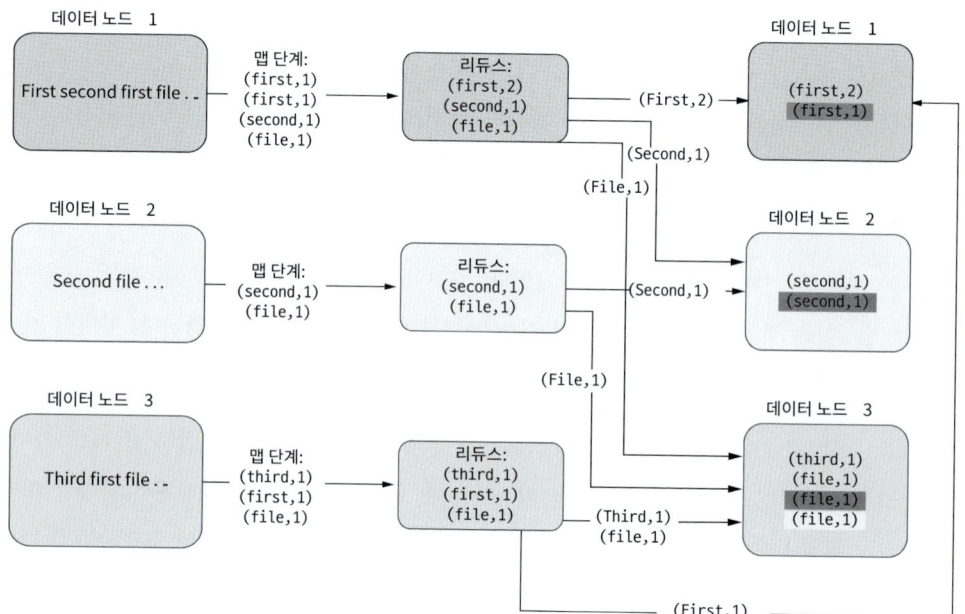

그림 8.15 단어 세기: 데이터 섞기를 사용한 두 번째 단계를 수행

첫 번째 데이터 노드가 first라고 이름이 붙은 파티션 키에 대한 쌍을 처리하는 모습을 볼 수 있다. 이 파티션 키로 지정된 모든 쌍은 첫 번째 데이터 노드로 보내져야만 한다. (first, 2) 쌍은 동일 데이터 노드에 머물기 때문에 데이터 섞기를 수반하지 않는다. 하지만 세 번째 데이터 노드에는 네트워크를 통해 첫 번째 데이터 노드로 보내야 하는 (first, 1) 쌍이 있다. 데이터 이동이 완료되고 나면 마지막 리듀스 단계가 수행될 수 있다.

두 번째 처리 단계에서는 동일 파티션 키에 대한 모든 데이터가 동일 데이터 노드에 있음을 보증할 수 있는 것이 중요하다. 그 결과로 인해, 데이터 지역성을 사용하는 또 다른 리듀스를 수행할 수 있다. 리듀스 연산은 파티션 키마다 병렬로 수행될 수 있으므로 계산 속도를 높인다.

마지막으로 그림 8.16에서 보여주듯이 처리 결과는 분석된 모든 단어에 대해 한 쌍을 생성한다. 생성 결과는 추가 처리 과정을 위해 파일 시스템, 데이터베이스, 큐에 저장될 수 있다.

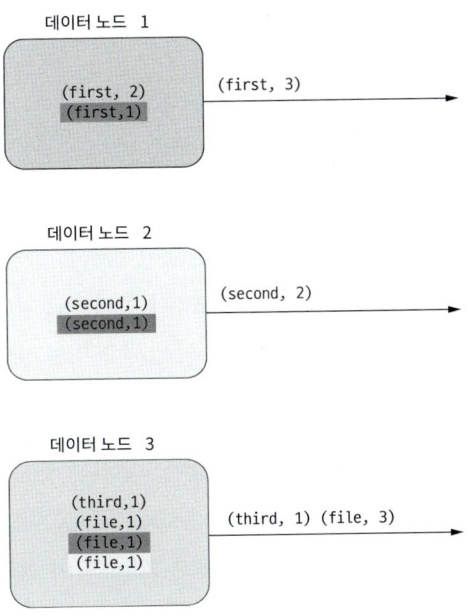

그림 8.16 단어 세기: 마지막 리듀스를 사용한 최종 단계를 수행

데이터가 편향된 경우에 이런 해법이 문제가 될 수 있다는 점에 주의하자. 처리하고 싶은 데이터의 대다수를 포함하는 하나의 파티션 키가 있다고 가정하자. 이런 상황에서 이 모든 데이터를 동일 데이터 노드로 전송할 것이다. 이 데이터가 데이터 노드의 디스크 공간/메모리에 딱 맞지 않으면 특정 파티션 키에 대한 데이터를 리듀스할 수 없을 것이다. 다시 한번 생각해보면 데이터와 이 데이터의 분배는 매우 중요한 사안으로 판명된다.

맵리듀스 해법은 단일 노드에서 작동하는 접근 방식과 비교해 상당히 복잡하다. 하지만 (노드 하나에 모든 데이터가 딱 맞춰 들어가는 것이 불가능함을 의미하는) 빅데이터 컨텍스트에서 처리할 때 문제 해결을 위해 이런 복잡성은 감수할 필요가 있다.

이제 디스크 기반의 맵리듀스를 메모리 접근에 기반한 처리 과정과 비교해서 얼마나 느린지를 계산해보자. 또한 맵리듀스와 네트워크를 통해 가져올 필요가 있는 데이터를 비교하고 데이터 지역성이 왜 그렇게 중요한지를 살펴볼 것이다.

8.4.3 접근 시간 계산하기

100GB 데이터를 처리할 필요가 있으며 데이터는 1,000개 파일로 나뉘어 있다고 가정하자. 네트워크를 통해 100GB 데이터를 보내는(데이터 섞기) 데 필요한 시간을 계산하고 싶다. 그리고 나서 디스크

(HDD와 SSD 양쪽)에서 데이터를 읽는 데 필요한 시간도 계산하고 싶다. 마지막으로 계산 결과를 데이터가 메모리에 있는 상태와 비교할 것이다.

램 접근 시간이 가장 빠를 것이라고 예상된다. (SSD는 조금 느린 반면, HDD는 상당히 느리다.) 이 절에 나오는 수학을 파고들고 싶지 않다면 자유롭게 다음 내용으로 건너뛰기 바란다.

계산을 위해 검증된 숫자를 사용할 것이다(http://mng.bz/GGov). 약간 오래됐을 수는 있지만, 그 숫자들의 크기 관계는 여전히 유효하다. 데이터가 주 메모리에 올라오고 나면 빠르게 접근이 가능하다. 메모리에서 1MB를 순차적으로 읽을 경우 250,000ns, 다시 말해 250μs 정도 걸린다.

메모리 사용 사례의 경우 데이터를 사전에 로드해야 한다는 점을 기억해야 한다. 하지만 한 번만 하면 된다. 이를 디스크(SSD와 HDD 양쪽)와 비교하면 차이는 엄청나다. SSD에서 1MB를 순차적으로 읽으면 1,000,000ns(1,000 μs 또는 1 ms ~1 GB ÷ sec SSD이며, 4X 메모리) 정도 걸린다. 디스크에서 1MB를 순차적으로 읽으면 20,000,000ns(20,000μs 또는 20ms이며, 80X 메모리, 20X SSD) 정도 걸린다.

마지막으로, 요청과 응답을 포함한 네트워크 읽기는 캘리포니아 → 네덜란드 → 캘리포니아로 패킷을 전달하는 데 150,000,000ns, 다시 말해 150,000μs(150ms) 정도 걸린다.

물론 데이터 센터에서 빅데이터 처리를 할 때 대륙 간 데이터를 전송해서는 안 된다. 하지만 심지어 지역 데이터 센터에서도 네트워크를 통해 데이터를 전송하는 작업은 디스크에서 지역 데이터에 접근하는 경우와 비교해 몇 배 더 느릴 것이다. 네트워크 데이터의 경우 차이가 엄청나게 커진다.

빅데이터 처리가 데이터가 있는 장소에 따라 데이터를 로드하는 데 드는 총시간을 계산해보자. 이미 램에 있는 100GB 데이터를 연산하려면 250,000ns × 1,000(MB) × 100(GB) = 25,000,000,000ns = 25초 정도 걸린다.

SSD 디스크의 경우 1,000,000ns × 1000(MB) × 100(GB) = 100,000,000,000ns = 100초 정도 걸린다. 그리고 마지막으로 HDD 디스크의 경우 20,000,000ns × 1000(MB) × 100(GB) = 2,000,000,000,000ns = 2000초 = ~33분 정도 걸린다.

모든 빅데이터에 SSD 디스크를 사용할 수 있는 경우에도 데이터 로딩은 램에서 연산하는 경우와 비교해 4배 정도 느리다는 사실을 확인할 수 있다. 실제로 테라바이트 데이터를 저장할 필요가 있을 때 표준 HDD에 저장하는 이유는 훨씬 더 비용 효율성이 높기 때문이다. 이 경우, HDD 디스크에 기반한 처리는 80배 더 느려진다! 이 책을 집필하는 시점에 GB당 HDD 비용은 0.050달러이며, GB당 SSD 비용은 거의 두 배인 0.10달러다. 따라서 SSD에 데이터를 저장하는 방식이 HDD에 데이터를 저장하는 방식보다 100% 더 비싸다는 결론을 내릴 수 있다. 표 8.1은 조사 결과를 요약한 내용이다.

표 8.1 디스크 대 메모리 읽기 접근

자원 유형	크기(GB)	시간(초)	시간(분)
램	100	25	0.25
SSD 디스크	100	100	~1.66
디스크	100	2000	~33

우리는 하둡 빅데이터 처리 과정이 디스크 접근에 기반한다는 사실을 살펴봤다. 이렇게 디스크는 느리고 메모리가 점점 더 저렴해짐에 따라 요즘은 메모리 접근에 기반한 새로운 방식이 더욱 인기를 끌고 있다. 이런 메모리 접근 방식을 다음에 살펴볼 것이다.

8.4.4 램 기반의 처리 과정

램 가격이 저렴해지면서 새로운 빅데이터 처리 도구는 램을 최대한 활용하게 아키텍처를 변경하기 시작했다. 테라바이트 램이 장착된 처리 노드의 클러스터는 더 이상 보기 드물지 않다. 덕분에 우리는 최대한 많은 데이터를 메모리에 가져오는 데이터 파이프라인을 만들 수 있다. 일단 데이터가 메모리에 올라오고 나면 빅데이터 처리 과정에서 디스크 기반 접근 방식보다 훨씬 더 빠르게 데이터에 접근할 수 있다. 가장 잘 알려지고 실제 환경에서 증명된 빅데이터 처리 프레임워크는 아파치 스파크로서 처리 단계 사이의 주요 통합 지점으로 메모리를 사용한다(그림 8.17 참고).

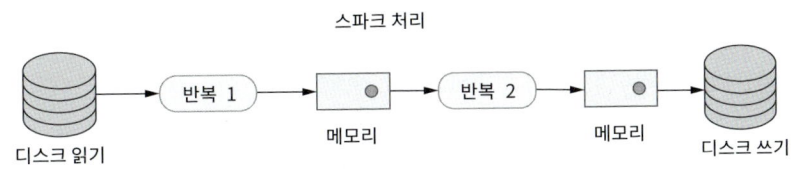

그림 8.17 아파치 스파크를 사용한 램 기반의 빅데이터 처리

빅데이터 처리를 위한 진입점은 몇몇 파일 시스템에서 데이터를 가져오게끔 요구한다. 데이터 지역성을 가정하면 이는 데이터를 지역 디스크에서 메모리로 가져오게 요구한다. 램 기반 처리 과정에서 데이터는 컴퓨터의 메모리로 가져오게 된다. 현재 처리 단계가 끝날 때 (하둡 기반 빅데이터 처리와 반대로) 결과는 디스크에 저장되지 않는다. 데이터는 처리를 맡은 노드의 메모리에 머문다. 다음 처리 단계(변환, 조

인)가 시작될 때 디스크에서 데이터를 다시 가져올 필요가 없다. 디스크 데이터를 가져오는 비용은 후속 단계에서 사라진다. 단지 첫 단계에서만 이 데이터를 가져올 필요가 있다. 마지막 처리 단계가 결과를 생성하면 이 데이터는 디스크에 영구히 저장될 수 있다.

디스크와 메모리 시간을 비교하기 위해 계산할 때 심지어 (SSD를 사용하는) 최상의 경우에도 하둡 기반의 처리는 네 배 정도 더 느린 사실을 목격했다. 스파크를 기반으로 처리할 경우 먼저 데이터를 가져올 때, 그리고 다음으로 결과를 디스크에 저장할 때만 디스크 비용을 지불할 필요가 있다. 하둡의 경우 데이터(변환)에 대해 두 번만 반복하는 동일한 처리 흐름(변환)은 디스크 읽기 두 번과 디스크 쓰기 두 번을 요구한다. 모든 곳에 SSD를 사용하는 최상의 경우에도 하둡 기반의 처리는 스파크 기반의 처리보다 8배 더 느릴 것이다. 하둡 기반은 100초 × 2번 읽기 + 100초 × 2번 쓰기 = 400초인 반면, 스파크 기반은 25초 × 1번 읽기 + 25초 × 1번 읽기 = 50초 정도 걸린다. 따라서 400 ÷ 50 = 8이 된다.

실제로 디스크에 쓰는 작업이 디스크에서 읽는 작업보다 느린 경우가 많다. 이로 인해 스파크와 하둡의 차이는 훨씬 더 커질 것이다. 또한 실 세계 빅데이터 파이프라인은 단지 두 번 반복(변환)하는 대신 더 많은 단계를 거치는 경향이 있다. 이는 결과가 만들어지기 앞서 10번 이상의 단계가 개입되는 파이프라인이 될 가능성이 높다. 이런 빅데이터 파이프라인의 경우, 계산 결과에 단계 수를 곱해야 한다.

단계가 더 많을수록 램과 디스크 기반의 처리 과정 사이의 격차도 더 크게 벌어질 것이다. 마지막으로 앞서 언급한 바와 같이 가성비로 인해 여전히 HDD 디스크도 사용된다. 기반 저장소로 HDD를 사용하는 디스크 기반 처리 과정의 총 처리 소요 시간을 계산해보자. 하둡 기반의 HDD인 경우 33분 × 읽기 2회 + 33분 × 쓰기 2회 = 132분 = 2시간 12분이다. 램 기반 처리와 HDD 기반 처리의 차이점이 상당히 크다는 사실을 알 수 있다. 50초 대 2시간 이상으로 격차가 벌어진다!

이 수치를 보면서 현대적인 빅데이터 처리 파이프라인을 구축할 때 아파치 스파크와 같은 메모리 기반 도구로 구축해야 한다는 사실을 이해하기 바란다. 다음 절에서는 아파치 스파크를 사용해 조인을 구현할 것이다.

8.5 아파치 스파크를 사용한 조인 구현

조인 로직을 구현하기 앞서 아파치 스파크 기초를 다져 보자. 아파치 스파크는 빅데이터 처리를 위한 스칼라 기반의 라이브러리로, 중간 결과를 메모리에 저장할 수 있다. 앞서 언급한 바와 같이 램에 모든 데이터를 저장하는 상황이 불가능한 경우가 있다. 스파크는 이런 경우에 무엇을 할지 지정하게 도와준다.

스파크는 또한 메모리가 가득 차면 디스크로 흘려보낼지 아니면 메모리에만 저장할지를 지정하는 StorageLevel 설정을 제공한다. 메모리에만 저장하게 지정하면 충분한 메모리가 없음을 알려주기 위해 처리 과정은 빠르게 실패할 것이다. 우리는 컴퓨터 메모리에 딱 맞춰 들어가게끔 데이터를 분리하는 방식을 고려할 수 있다. 디스크에 흘려보내게 지정하면 처리 과정이 실패하지 않고, 데이터가 디스크에 저장된다. 처리 과정이 어떻게든 완료되겠지만, 완료까지 더 많은 시간이 걸릴 것이다. 지금까지의 설명을 토대로, 스파크가 메모리 기반의 처리를 허용한다는 사실을 알 수 있다. 데이터 지역성은 어떨까?

스파크를 사용해 데이터 지역성을 달성할 수 있는 방법을 이해하기 위해 그림 8.18에 설명한 아키텍처를 살펴볼 필요가 있다.

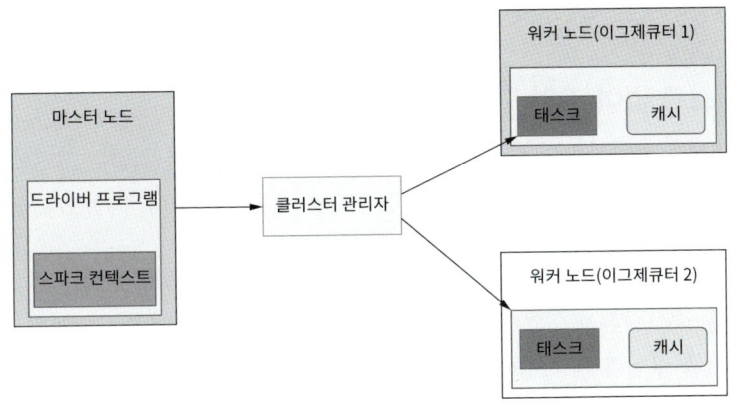

그림 8.18 스파크 아키텍처

스파크는 마스터-워커 노드 아키텍처로 작동한다. 각 스파크 프로세스는 처리하고 싶은 데이터를 포함하는 노드에서 동작한다. 데이터 노드가 세 개 있다고 가정하면 노드 둘은 스파크 이그제큐터가 되고, 하나는 스파크 마스터가 된다. 스파크 마스터는 처리를 조율하고 계산을 데이터로 전송할 책임을 맡은 특별한 프로세스다.

이 절에서는 스파크를 사용해 작성할 프로그램이 마스터 노드로 제출된다. 마스터 노드는 (앞서 나온 절에서 설명한 내용과 유사하게) 프로그램을 직렬화해서 이그제큐터 노드로 보낸다. 이그제큐터 노드는 처리하고 싶은 데이터를 포함하는 데이터 노드에서 동작한다. 이렇게 되면 데이터를 지역적으로 사용하는 처리 과정을 구축할 수 있다. 이 경우, 첫째 이그제큐터는 첫째 노드에 저장된 파티션에 속한 지역 데이터를 처리한다. 둘째 이그제큐터는 둘째 노드에 저장된 파티션을 처리한다.

이런 시나리오를 사용자와 클릭을 조인하는 예제로 매핑하면 첫째 이그제큐터는 몇몇 사용자를 위한 데이터를 처리할 것이다. 둘째 이그제큐터는 나머지 사용자가 저장된 노드에서 동작한다. 스파크 이그제큐터의 캐시 컴포넌트는 램에 위치한다. 이그제큐터는 처리 중인 데이터를 디스크나 네트워크를 통해 가져온 다음에 램에 저장한다.

조인 과정에 참여하고 있는 더 작은 클릭 데이터 집합은 모든 이그제큐터로 보내진다. 마스터 노드의 드라이버 컴포넌트는 이런 클릭을 포함하고 있는 데이터 노드에서 클릭 데이터를 가져온다. 드라이버 프로세스는 클릭 데이터를 저장하기 위해 충분한 메모리를 갖춰야 한다는 사실이 중요하다. 다음으로, 클릭 데이터는 모든 이그제큐터로 보내진다. 이 데이터는 캐시(램)에 저장된다. 따라서 이런 프로세스에 할당된 가용 메모리 역시 데이터를 저장할 만큼 충분히 클 필요가 있다.

8.5.1 브로드캐스트 없이 조인 구현하기

클릭과 사용자 데이터를 조인하려는 사용 사례로 시작하지만, 두 데이터 집합의 크기에 대해 어떤 가정도 하지 않을 것이다. 어떤 최적화도 없이 단순 조인 연산을 사용할 것이다. 다음으로, 스파크 엔진이 해석하고 수행하는 방식을 보여주는 실행 계획을 분석할 것이다.

이 절의 코드 예제를 스칼라로 작성한 이유는 우아하고 가독성 높은 빅데이터 처리가 가능하기 때문이다. 스칼라는 스파크를 구현할 때 사용된 언어다. 다음 코드는 우리 예제를 위한 단순한 데이터 모델을 보여준다.

코드 8.1 데이터 모델

```
case class UserData(userId: String, data: String)
case class Click(userId: String, url: String)
```

사용자와 클릭 데이터 집합 모두 데이터를 조인하기 위해 사용할 사용자 ID를 포함한다. 사용자 데이터 모델에는 연결된 **data** 필드가 있다. 클릭은 특정 URL 컨텍스트에서 수행된다. 따라서 **url** 필드는 클릭 데이터 모델에 표현된다.

이를 위해 여기서는 SQL과 유사한 구문을 제공하는 스파크 데이터셋 API(http://mng.bz/zQKB)를 사용할 것이다. 스파크 데이터셋 API는 RDD(http://mng.bz/0wpN)를 캡슐화하는 고수준 API다.

데이터를 테스트하기 위해 클릭과 사용자 데이터를 목으로 만들 것이다. 실제 애플리케이션에서는 리더를 사용해 파일 시스템에서 데이터를 읽을 것이다. 다음 코드는 HDFS 경로에서 아브로 데이터(http://mng.bz/KBQj)를 읽는 방법을 보여준다.

코드 8.2 아브로 데이터 읽기

```
val usersDF = spark.read.format("avro").load("users/2020/10/10/users.avro")
```

설명을 단순하게 진행하기 위해 두 데이터 집합을 목으로 만들어보자. 다음 코드는 이를 수행하는 방법을 보여준다.

코드 8.3 사용자와 클릭 데이터 집합을 목으로 만들기

```
import spark.sqlContext.implicits._
val userData =
  spark.sparkContext.makeRDD(List(
      UserData("a", "1"),
      UserData("b", "2"),
      UserData("d", "200")
  )).toDS()

val clicks =
  spark.sparkContext.makeRDD(List(
      Click("a", "www.page1"),
      Click("b", "www.page2"),
      Click("c", "www.page3")
  )).toDS()
```

여기서, userData의 ID를 a, b, d로, 그리고 Click의 ID를 a, b, c로 채우고 있다. 마지막으로, 코드 8.3이 보여주듯이 RDD는 toDS() 함수를 사용해 DataSet으로 변환된다. DataSet에 대해 연산하고 싶은 이유는 RDD API의 상단에 위치해 더 나은 API와 최적화를 제공하기 때문이다.

실제 조인 연산은 단순하지만, 많은 정보를 숨긴다. 다음 코드에서 사용자 데이터를 클릭 데이터와 조인한다.

코드 8.4 특별한 가정 없이 조인

```
val res: Dataset[(UserData, Click)]
  = userData.joinWith(clicks, userData("userId") === clicks("userId"), "inner")
```

userData를 clicks와 조인하고 있다. 조인은 이너(inner) 조인을 사용해 사용자 데이터 집합과 클릭 데이터 집합 양쪽의 userId 필드를 대상으로 수행된다. 이로 인해, 질의를 수행할 때 다음 코드가 보여주듯이 두 결과를 얻는다.

코드 8.5 이너 조인에서 나온 두 결과

```
res.show()
assert(res.count() == 2)
+-----+------------+
|   _1|          _2|
+-----+------------+
|[b,2]|[b,www.page2]|
|[a,1]|[a,www.page1]|
+-----+------------+
```

결과가 표로 표시되는 것을 확인할 수 있다. 왼쪽은 사용자 데이터를, 오른쪽은 클릭 데이터를 포함한다. userId d에 대한 사용자 데이터가 포함되지 않은 이유는 일치하는 클릭이 없기 때문이다. userId c에 대한 클릭 데이터가 포함되지 않은 이유도 동일하다.

조인은 하부에 존재하는 상당한 복잡성을 숨긴다. 질의의 실제 물리적인 실행 계획을 추출하는 방식으로 이를 추론할 수 있다. 실행 계획은 어떤 조인 전략이 선택되었는지 보여준다. 물리적인 실행 계획을 추출하기 위해 다음 코드가 보여주듯이 explain() 메서드를 실행하자. 이 메서드는 자세한 물리적인 실행 계획을 반환한다.

코드 8.6 질의의 물리적인 계획 보기

```
res.explain()
== Physical Plan ==
*SortMergeJoin [_1#10.userId], [_2#11.userId], Inner
:- *Sort [_1#10.userId ASC], false, 0
:  +- Exchange hashpartitioning(_1#10.userId, 200)
:     +- *Project [struct(userId#2, data#3) AS _1#10]
:        +- Scan ExistingRDD[userId#2,data#3]
+- *Sort [_2#11.userId ASC], false, 0
   +- Exchange hashpartitioning(_2#11.userId, 200)
      +- *Project [struct(userId#7, url#8) AS _2#11]
         +- Scan ExistingRDD[userId#7,url#8]
```

두 데이터 집합이 동일한 방식으로 처리된다는 사실을 알 수 있다. 첫째, 두 데이터 집합은 오름차순으로 정렬된다. 일단 데이터가 정렬되고 나면 해시 파티셔닝 알고리즘이 사용된다. 데이터에 대한 가정은 없다. 이 실행 계획은 데이터 섞기가 필요한 사용 사례에 해당한다. 데이터 집합 중 하나는 데이터의 나머지를 포함하고 있는 이그제큐터로 전송될 필요가 있을 것이다.

데이터가 정렬되었기에 스파크 질의 엔진은 데이터의 몇몇 영역만 이동하는 등의 몇 가지 최적화를 적용할 수 있다. 이런 최적화는 종종 지능적이며, 우리가 질의 엔진에 지시한 최적화보다 훨씬 더 잘 동작할 가능성도 있다. 그래도 수동 최적화와 자동 최적화를 비교하는 것은 필수다. 직접 수동으로 만든 최적화가 표준 스파크 질의 최적화기 로직보다 더 나쁜 경우로 판명이 날 가능성도 있다. 이제 8.3.3절에서 설명했던 브로드캐스트 기법을 사용한 조인 계획을 살펴보자.

8.5.2 브로드캐스트로 조인 구현하기

다음으로, 데이터 집합 중 하나(여기서는 클릭에 대해 수행한다)를 모든 데이터 노드에 브로드캐스트하는 조인 동작 방식을 구현하자. 이를 달성하기 위해 브로드캐스트하고 싶은 데이터 집합을 broadcast() 함수로 감싸는 방법으로 조인 로직을 변경할 필요가 있다. 클릭 데이터 집합에 대해 이런 작업을 수행할 것이다. 다음 코드에서 전체 테스트 스위트를 살펴보자.

코드 8.7 브로드캐스트로 조인

```
test("Should inner join two DS whereas one of them is broadcast") {
  import spark.sqlContext.implicits._
  val userData =
    spark.sparkContext.makeRDD(List(
      UserData("a", "1"),
      UserData("b", "2"),
      UserData("d", "200")
  )).toDS()

  val clicks =
    spark.sparkContext.makeRDD(List(
      Click("a", "www.page1"),
      Click("b", "www.page2"),
      Click("c", "www.page3")
  )).toDS()

//when
  val res: Dataset[(UserData, Click)]
    = userData.joinWith(broadcast(clicks), userData("userId") ===
      clicks("userId"), "inner")

//then
```

```
res.explain()
res.show()
assert(res.count() == 2)
```

이 질의가 반환한 데이터가 앞의 예제와 동일한 이유는 어떤 로직도 변경하지 않았기 때문이다. 우리에게 흥미를 끄는 내용은 질의의 물리적인 실행 계획이다. 다음 코드에서 구체적인 실행 계획을 살펴보자.

코드 8.8 브로드캐스트를 사용한 질의의 물리적인 실행 계획 보기

```
* == Physical Plan ==
* *BroadcastHashJoin [_1#234.userId], [_2#235.userId], Inner, BuildRight
* :- *Project [struct(userId#225, data#226) AS _1#234]
* :   +- Scan ExistingRDD[userId#225,data#226]
* +- BroadcastExchange HashedRelationBroadcastMode(List(input[0,
  struct<userId:string,url:string>, false].userId))
* +- *Project [struct(userId#230, url#231) AS _2#235]
* +- Scan ExistingRDD[userId#230,url#231]
```

물리적인 실행 계획이 크게 변경된 사실을 눈치챘는가? 첫째, 데이터는 더 이상 정렬되지 않는다. 스파크 수행 엔진이 이 단계를 제거한 이유는 데이터 집합 중 하나의 일부를 보낼 필요가 없었기 때문이다. 따라서 분리될 필요도 없다. BroadcastExchange 단계는 모든 데이터 노드에 클릭 데이터를 보내는 책임을 맡는다. 일단 이 데이터가 모든 데이터 노드에 존재하므로, 스파크는 일치하는 데이터를 찾기 위해 해시를 사용하는 Scan 단계를 수행한다.

이런 결과를 달성하는 것은 이야기의 한 부분이다. 실제 환경에서는 두 해법을 모두 측정해야 한다. 앞서 언급한 바와 같이, 표준 스파크 질의 엔진이 더 나은 성능을 발휘한다고 판명이 날 가능성도 있다.

데이터를 데이터 노드에 브로드캐스트할 때 이 데이터가 해당 노드의 램에 딱 맞춰 들어가게 보증할 필요가 있다. 브로드캐스트하는 데이터가 통제되지 않는 방식으로 증가하면 브로드캐스트 전략 사용을 재고해야 한다. 다음 장에서는 코드에 사용되는 타사 라이브러리를 선택하는 전략을 살펴볼 것이다.

요약

- 데이터를 계산으로 옮기는 작업은 더 쉽지만 비용이 많이 든다. 빅데이터 집합에서는 가능하지 않게 된다. 네트워크를 통해 너무 많은 데이터를 이동할 필요가 생기기 때문에 이런 상황에 부딪힌다.

- 데이터 지역성은 계산을 데이터로 보내는 방법으로 충분히 활용할 수 있다. 이 방식이 훨씬 더 복잡하지만, 빅데이터 집합에서 그만한 가치를 발휘하는 이유는 그렇게 많은 데이터를 옮길 필요가 없기 때문이다. 따라서 처리 속도가 훨씬 더 빨라진다.

- 데이터를 지역적으로 사용하는 처리 과정은 데이터 지역성을 사용하지 않고 처리하는 경우와 비교해 훨씬 더 쉽게 병렬로 처리하고 확장할 수 있다.

- 빅데이터 생태계에서 파티셔닝을 사용해 데이터를 여러 컴퓨터로 나눌 필요가 있다.

- 오프라인과 온라인 데이터 파티셔닝은 다른 특성을 제공한다. 종종 접근 패턴을 미리 알 수 없기에 비록 오프라인 파티션이 훨씬 더 일반적이긴 하지만 온라인 파티셔닝은 질의 패턴을 위해 최적화가 가능하다.

- 날짜에 기반한 오프라인 파티셔닝은 흔히 사용되며, 훨씬 더 큰 유연성을 제공한다.

- 몇몇 유형의 조인은 동일 물리 컴퓨터에서 수행할 경우에 완벽한 데이터 지역성을 활용할 수 있다. 더 큰 데이터를 요구하는 다른 유형의 조인은 데이터 섞기를 요구한다.

- 조인 연산을 위해 필요한 파티션을 줄이는 방식으로 데이터 섞기를 줄일 수 있다.

- 데이터에 대한 가정을 할 수 있다면 브로드캐스트 조인 전략을 사용할 수 있다.

- 디스크 기반의 빅데이터 처리 과정이 더 성숙한 기술이지만, 램 기반의 빅데이터 처리 과정보다 더 나쁜 성능을 제공한다. 하둡은 디스크 기반을 구현하며, 스파크는 램 기반을 활용한다.

- 조인을 구현하기 위해 아파치 스파크 API를 사용할 수 있다.

- 물리적인 실행 계획을 분석하면 질의를 추론할 수 있다. 예를 들어, 브로드캐스팅 기법을 사용하고 질의 실행 엔진이 어떻게 이를 활용하는지 확인할 수 있다.

- 다양한 조인 전략의 트레이드오프를 분석하기 위해 대상 데이터를 알아야 한다.

09

외부 라이브러리: 사용하는 라이브러리가 곧 코드가 된다

이 장에서 다루는 내용

- 임포트한 라이브러리에 대해 책임지기
- 테스트 가능성, 안정성, 확장성을 위한 타사 라이브러리 분석
- 소유하지 않은 코드를 임포트하는 방식과 로직을 재구현하는 방식 사이에서 의사 결정 내리기

소프트웨어 시스템을 구축할 때 시간과 예산 제약이 있다. 이런 제약으로 인해 소프트웨어가 사용하는 모든 코드를 작성하기란 불가능하다. 거의 모든 애플리케이션은 기반 운영체제, 파일 시스템, 외부 I/O와 상호 작용해야 한다. 이런 상호 작용을 위해 일반적으로 로직을 재구현하지는 않는다. 이미 존재하는 라이브러리를 선택해 해당 기능을 사용한다. 이런 라이브러리를 **타사** 라이브러리라 부르는데, 그 이유는 팀이나 회사가 직접 만들지 않기 때문이다. 타사 라이브러리는 시스템 설계의 특정 부분에 전문화된 오픈 소스 공동체나 다른 회사가 개발할 수 있다. 예를 들어, 외부 HTTP 시스템으로 데이터를 보낼 때 종종 이미 존재하는 HTTP 클라이언트 구현을 선택한다.

기존 타사 라이브러리를 선택해서 코드베이스에 사용할 때 우리는 직접 개발하고 만들지 않은 소프트웨어 컴포넌트에 대해서도 완벽하게 책임져야 한다. 우리의 최종 사용자는 우리가 어떤 라이브러리를 선택했는지 신경 쓰지 않는다. 사용자는 우리가 코드의 특정 부분을 구현했는지 아니면 다른 누군가가 만든 코드를 사용했는지 알지 못한다. 시스템이 예상대로 작동하는 한 아무 문제가 없다. 하지만 장애가 발생할 때 사용자는 이를 알아챌 것이다. 실패는 외부 소프트웨어에 존재하는 버그가 초래할 수 있다. 이는 타사 코드를 충분히 테스트하지 못했거나 아니면 타사 코드에 대한 잘못된 가정을 했다는 의미다.

이 장에서는 애플리케이션을 위한 견고한 타사 라이브러리의 선택 방법을 설명할 것이다. 가장 흔한 실수와 함께 소유하지 않은 코드에 대한 가정을 검증하는 방법을 설명할 것이다.

9.1 라이브러리를 임포트하고 설정에 대해 완벽하게 책임지기: 기본값에 주의하자

스프링(https://spring.io/)과 같은 몇몇 라이브러리 또는 프레임워크는 구성보다는 관례를 선호한다. 이런 패턴은 필요한 구성 없이도 잠재적인 사용자가 특정 라이브러리를 바로 사용하게 도와준다. 이런 방식은 명시적인 설정을 UX의 단순성과 맞바꾼다. 개발자가 이런 상충 작용과 제약을 인식하고 있는 이상 실질적인 위험은 없다.

사전에 상당한 구성을 요구하지 않는 소프트웨어 컴포넌트를 사용할 때 프로토타이핑과 실험 단계가 훨씬 더 쉬워지며 훨씬 더 빨라진다. 이런 프레임워크는 우수 사례와 패턴을 사용해 구축되어 있으며, 단점과 문제점을 인식하고 있는 이상 충분히 유용하다.

> **참고**
> 이런 프레임워크와 라이브러리 개념은 종종 섞어서 사용된다. 프레임워크는 애플리케이션을 구축하기 위한 골격을 제공하지만, 실제 로직은 애플리케이션 내에서 구현된다. 상속, 합성, 리스너 등(예: 의존성 주입 프레임워크) 어떻게 하든 로직을 프레임워크에 제공할 필요가 있다. 반면, 라이브러리는 이미 몇몇 로직을 구현하고 있으며, 우리는 코드에서 라이브러리를 호출하기만 하면 된다. HTTP 서비스를 호출하는 방식을 제공하는 HTTP 클라이언트 라이브러리를 예로 볼 수 있다.

모든 대다수 구성이 관례에 기반한다는 사실에는 몇 가지 단점도 존재한다. 우리는 타사 라이브러리를 사용할 때 모든 구성 옵션으로 깊게 파고들지 않으려는 경향이 존재한다. 기본 값을 설정하지 않은 채로 두면 라이브러리 내에 제공되는 구성에 의존하게 된다. 기본 값은 일반적으로 몇몇 연구를 기반으로 논리적으로 선택된다. 하지만 심지어 기본값이 적합하더라도 대다수 컨텍스트에서 여러분의 사용 사례에 충분하지 않을 가능성도 있다.

HTTP 호출을 책임지는 타사 라이브러리를 사용하고 싶은 단순한 시나리오를 고려해보자. 시연 목적으로 OkHttp 라이브러리(https://square.github.io/okhttp/)를 골라보겠다. 서비스의 /data 엔드포인트 형태를 사용해 가용한 데이터를 질의하고 싶다. 테스트 목적으로 WireMock 라이브러리(http://wiremock.org/)를 사용해 이 HTTP 엔드포인트를 목으로 만들 것이다. 우리는 OK 상태 코드와 함께 몇몇 엔티티의 본문 데이터를 반환하는 /data 엔드포인트를 스텁으로 만들 것이다. 다음 코드는 구현 내역을 보여준다.

코드 9.1 HTTP 서비스를 목으로 만들기

```java
private static WireMockServer wireMockServer;
private static final int PORT = 9999;
private static String HOST;

@BeforeAll
public static void setup() {
    wireMockServer = new WireMockServer(options().port(PORT));    ← ① 전용 PORT에서 WireMock
    wireMockServer.start();                                            서버를 시작한다
    HOST = String.format("http://localhost:%s", PORT);            ← ② 위치를 HOST 변수에 저장한다
    wireMockServer.stubFor(
        get(urlEqualTo("/data"))
            .willReturn(aResponse()
            .withStatus(200)
            .withBody("some-data")));    ← ③ 상태 코드 200과 몇몇 데이터로 HTTP 응답을 목으로 제공한다
}
```

서비스에 질의하고 응답을 얻는 OkHttp 클라이언트 로직은 간단하다. 코드 9.2에서 HOST 변수에 기반한 URL을 구축한다. 다음으로, 빌더를 사용하고 호출을 수행해 OkHttp 클라이언트를 구축할 것이다. 마지막으로, 응답이 200이고 본문이 WireMock이 스텁으로 제공한 내용과 일치하는지를 검사할 것이다.

코드 9.2 기본값으로 구성된 HTTP 클라이언트 생성

```java
@Test
public void shouldExecuteGetRequestsWithDefaults() throws IOException {
    Request request = new Request.Builder().url(HOST + "/data").build();
    OkHttpClient client = new OkHttpClient.Builder().build();
    Call call = client.newCall(request);
    Response response = call.execute();

    assertThat(response.code()).isEqualTo(200);
    assertThat(response.body().string()).isEqualTo("some-data");
}
```

HTTP 클라이언트는 빌더로 생성되지만, 명시적인 설정을 지정하지 않았음에 주목하자. 코드는 단순해 보이며, 이를 사용해 개발을 빠르게 진행할 수 있다. 불행히도, 이런 형태의 코드를 양산 서비스에 사용해서는 안 된다. 일단 타사 라이브러리를 코드베이스에 임포트하고 나면 코드베이스처럼 취급하기 시작할 필요가 있음을 기억하자. 이 절은 기본값에 초점을 맞추고 있기에 어떤 설정이 문제가 되는지 살펴보자.

타사 라이브러리 설정을 분석할 때 해당 라이브러리의 핵심 구성을 이해할 필요가 있다. 모든 HTTP 클라이언트의 컨텍스트에서 타임아웃은 중요한 역할을 한다. 타임아웃은 서비스의 성능과 SLA에 영향을 미친다. 예를 들어, 서비스 SLA가 100밀리초이며 요구를 충족하기 위해 다른 서비스를 호출하고 있다면 다른 호출은 서비스 SLA보다 훨씬 더 빠르게 완료돼야 한다. SLA를 유지하고 싶다면 적절한 타임아웃 선택이 무척 중요하다.

마이크로서비스 아키텍처에서는 높게 설정된 타임아웃 역시 위험하다. 마이크로서비스 아키텍처에서 비즈니스 기능을 제공하기 위해 종종 여러 단계에 걸친 네트워크 호출이 필요한 경우가 있다. 예를 들어, 특정 마이크로서비스가 여러 마이크로서비스를 호출할 필요가 있을지도 모른다. 여기서 호출된 마이크로서비스는 연이어 다른 마이크로서비스를 호출하고 이는 다시 다른 마이크로서비스를 호출할 필요성도 있다. 이런 시나리오에서 서비스 중 하나가 요청을 처리하는 과정에서 중단되면 해당 서비스를 호출하는 다른 서비스들은 연쇄적으로 실패하게 된다. 타임아웃이 높게 설정될수록 단일 요청을 처리하는 시간이 더 길어지므로 연이은 실패의 확률도 더 높아진다. 이런 실패가 SLA를 위반하는 경우보다 훨씬 더 나쁜 이유는 시스템이 충돌해서 동작을 멈출 위험을 수반하기 때문이다.

수행에 오랜 시간이 걸리는 엔드포인트에 질의할 경우 클라이언트가 어떻게 동작할지 살펴보자. 5초(5,000밀리초) 동안 테스트할 것이다. 다음 코드처럼 `withFixedDelay()` 메서드를 사용해 WireMock에서 이 시나리오를 시뮬레이션할 수 있다.

코드 9.3 느린 엔드포인트 모방

```
wireMockServer.stubFor(
    get(urlEqualTo("/slow-data"))
        .willReturn(aResponse()
        .withStatus(200)
        .withBody("some-data")
        .withFixedDelay(5000)));
```

새로운 엔드포인트는 `/slow-data` URL을 사용해 질의가 가능하다. 동일 로직을 사용해 질의를 수행하지만, 다음 코드처럼 HTTP 요청을 수행하기 위해 걸리는 시간을 측정할 것이다.

> **코드 9.4 HTTP 클라이언트 요청 시간 측정**
>
> ```
> Request request = new Request.Builder()
>     .url(HOST + "/slow-data").build();     ← ①/slow-data 엔드포인트에서 요청을 수행한다
>
> OkHttpClient client = new OkHttpClient.Builder().build();
> Call call = client.newCall(request);
>
> long start = System.currentTimeMillis();
> Response response = call.execute();
> long totalTime = System.currentTimeMillis() - start;   ← ②총 수행 시간을 측정한다
>
> assertThat(totalTime).isGreaterThanOrEqualTo(5000);    ← ③ 요청이 적어도 5,000밀리초 걸리는지 검증한다
> assertThat(response.code()).isEqualTo(200);
> assertThat(response.body().string()).isEqualTo("some-data");
> ```

요청에 적어도 5,000밀리초가 걸렸다는 사실을 눈치챘는가? 이런 일이 발생하는 이유는 WireMock HTTP에 지연을 도입했기 때문이다. 요청을 100밀리초 내에 처리해야 하는 코드가 이 엔드포인트를 호출하면 SLA을 위반할 만큼 충분히 느려질 것이다.

(응답이 성공인지 실패인지와 무관하게) 100밀리초 응답 속도를 목격하는 대신, 클라이언트는 5,000밀리초 동안 대기하느라 차단될 것이다. 이는 또한 이런 요청을 수행하는 스레드가 오랜 시간 동안 차단될 것임을 의미한다. ~50요청(5000 ÷ 100ms)을 수행하도록 예상되는 스레드 하나가 차단될 것이다. 따라서 이 스레드는 그동안 다른 요청을 처리하지 못할 것이므로 서비스의 전반적인 성능에 영향을 미친다. 하나의 스레드만 너무 오래 대기할 경우에는 이런 문제가 나타나지 않을 수도 있다. 하지만 할당된 스레드 대다수나 전부가 오랜 시간 동안 차단된다면 성능 문제가 발생하기 시작할 것이다.

기본 타임아웃 설정이 이런 상황을 초래했음이 밝혀졌다. 서비스의 SLA(100밀리초)보다 더 오래 기다릴 필요가 있을 경우 클라이언트는 요청을 실패하게 만들어야 한다. 요청이 실패하면 클라이언트는 응답을 받기 위해 5,000밀리초를 기다리는 대신 재시도를 할 수 있다. OkHTTP의 타임아웃 절(http://mng.bz/9KP7)을 읽어보면 읽기 타임아웃이 기본적으로 10초로 설정되어 있음을 알 수 있다!

> **참고**
>
> 기본값 점검은 타사 라이브러리뿐만 아니라 표준 개발 툴킷(SDK)에서도 역시 중요하다. 예를 들어, 자바 JDK(http://mng.bz/jylr)에 따라오는 HttpClient를 사용할 때 기본 타임아웃은 무한대로 설정되어 있다.

이는 모든 HTTP 요청이 10초 동안 호출자의 실행을 차단할 수 있음을 의미한다. 이런 상황은 이상과는 거리가 멀다. 실제 시스템에서는 SLA에 따라 타임아웃을 구성해야 한다.

여기서 코드가 100밀리초까지 /slow-data 엔드포인트에 대한 호출을 실행해야 한다고 가정하고 있다. 또한 호출하고 있는 서비스는 99백분위수에서 100밀리초에 해당하는 SLA를 정의한다고 가정하고 있다. 이는 100회 중 99회 요청이 100밀리초 내에 실행될 것임을 의미한다. 수행하는 데 더 오래 걸리는 몇몇 이상값이 존재할 수 있다. 우리는 실행에 5,000밀리초 걸리는 이상값을 시뮬레이션할 수 있다.

HTTP 요청을 한 번 더 수행하되, 이번에는 기본값에 의존하는 대신 읽기 타임아웃에 대한 명시적인 설정을 제공하자. 다음 코드에서 타임아웃을 지정하기 위해 사용된 `readTimeout()` 메서드에 주목하자.

코드 9.5 명시적인 타임아웃으로 HTTP 요청 수행

```
@Test
public void shouldFailRequestAfterTimeout() {
  Request request = new Request.Builder().url(HOST + "/slow-data").build();
  OkHttpClient client = new OkHttpClient
      .Builder()
      .readTimeout(Duration.ofMillis(100)).build();   ← ① 읽기 타임아웃을 100밀리초로 설정한다
  Call call = client.newCall(request);

  long start = System.currentTimeMillis();
  assertThatThrownBy(call::execute).isInstanceOf(SocketTimeoutException.class);
  long totalTime = System.currentTimeMillis() - start;

  assertThat(totalTime).isLessThan(5000);   ← ② 요청은 빨리 실패하고 5,000밀리초 보다 적게 걸린다
}
```

execute 메서드를 호출하면 실제 HTTP 요청을 트리거한다. 요청은 대략 100밀리초 이후에 실패할 텐데, `readTimeout()`으로 지정한 새로운 타임아웃 때문이다. 이 시간이 흐른 후에 예외가 호출자에게 전파된다. 따라서 우리 서비스의 SLA는 영향을 받지 않는다. 다음으로 (멱등성이 있는 경우라면) 요청을 재시도하거나 실패에 대한 정보를 저장할 수 있다. 여기서 HTTP 서비스의 느린 응답이 오랜 기간 동안 스레드를 차단하지 않는다는 점이 가장 중요하다. 따라서 서비스의 성능에 영향을 미치지 않는다.

타사 라이브러리를 임포트할 때 설정과 매개변수에 대해 인지해야 한다. 암시적인 설정은 프로토타이핑에 적합할 수 있지만, 실제 시스템을 위해서는 컨텍스트에 맞춰 명시적이고 잘 조율된 설정이 필수다. 다음 절에서는 우리가 코드베이스에서 사용할 수 있는 동시성 모델과 라이브러리 확장성을 살펴볼 것이다.

9.2 동시성 모델과 확장성

코드베이스에 타사 라이브러리를 추가하는 이유는 몇 가지 작업을 시키고 싶기 때문이다. 이는 우리가 API를 호출하고 수행을 기다리고 (선택적으로) 결과를 얻을 필요가 있음을 의미한다. 이런 단순한 흐름은 처리 수행 모델과 관련한 몇몇 복잡성을 감춘다. 우리가 소유하지 않은 코드를 호출할 때 동시성 모델에 대해 주의할 필요가 있다.

우리가 고려할 첫 번째 시나리오는 상당히 단순하다. 여기에 순차적으로 차단 방식으로 동작하는 프로그램이 있다. 그림 9.1은 이 프로그램을 도식화한 것이다.

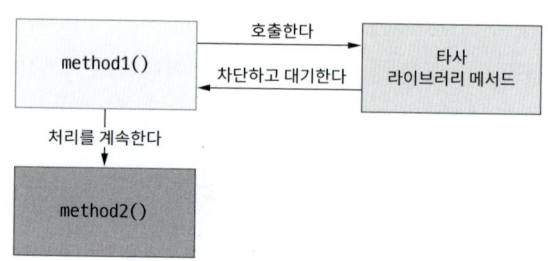

그림 9.1 코드베이스에서 차단 호출을 수행하는 프로그램

위 프로그램에서 `method1()`은 타사 라이브러리 메서드를 수행한다. 타사 라이브러리 메서드는 차단되며, 이는 타사 라이브러리 메서드가 결과를 반환할 때까지 `method1()` 호출자 스레드가 차단될 것임을 의미한다. 일단 이 메서드가 결과를 반환하면 호출자 흐름이 계속해서 이어지며, `method2()`를 호출하면서 진행한다.

비동기, 비차단 처리 흐름이 있을 때 상황은 더욱 복잡해진다. (노드, 네티, Vert.x 등) 몇몇 웹 프레임워크는 이벤트 루프 모델에 기반해서 처리한다(그림 9.2).

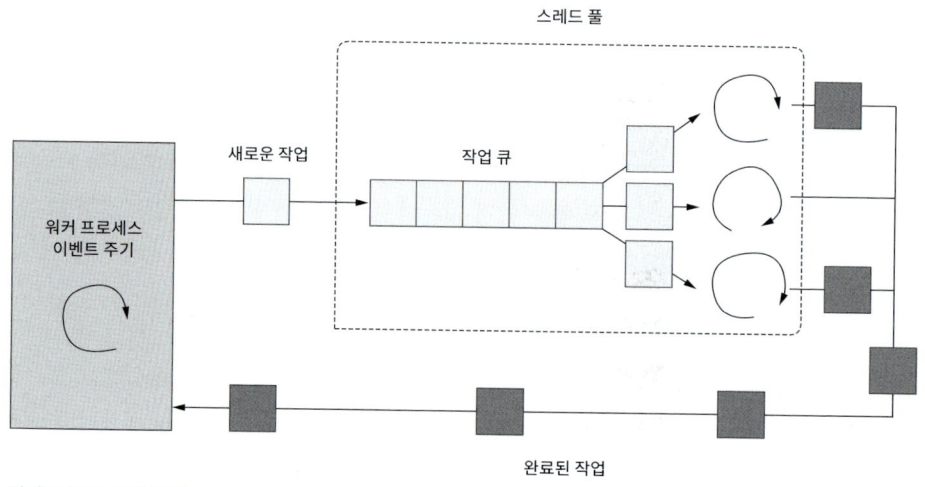

그림 9.2 이벤트-루프 처리 모델

이런 컨텍스트에서 동작할 때 모든 요청이나 처리가 필요한 작업은 큐에 들어간다. 예를 들어 웹 서버가 HTTP 요청을 처리할 필요가 있을 때 요청을 받은 워커 스레드는 실제 처리 작업을 수행하지 않는다. 워커 스레드는 처리될 필요가 있는 데이터를 큐에 쌓는다. 다음으로, 스레드 풀에서 처리 작업을 책임질 스레드가 큐의 데이터를 가져와 실제 처리 작업을 수행한다. 차단할 수 없는 코드에서 특정 메서드 호출을 수행할 때는 소유하지 않은 코드를 호출하는 상황에 주의해야 한다(그림 9.3).

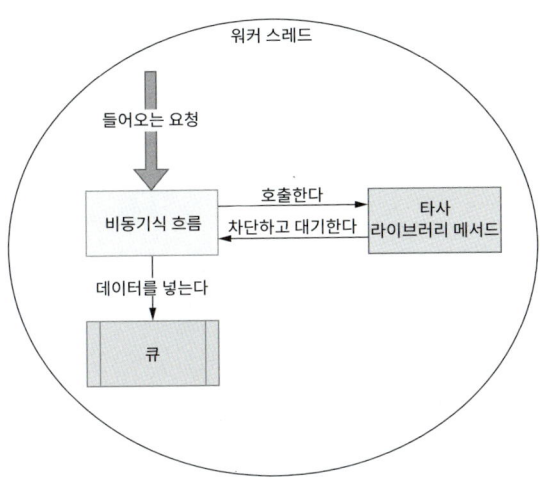

그림 9.3 비차단 코드에서 차단 호출

이런 시나리오에서는 모든 작업이 동일 워커 스레드 내에서 수행된다. 비동기식 흐름은 데이터를 받아들이고 바이트에서 역직렬화를 하는 등 몇 가지 선행 처리 작업을 수행할 수 있다. 다음으로, 워커 스레드는 데이터 정보를 큐에 넣는다. 이런 연산은 빨라야 하며, 들어오는 요청 처리를 멈추지 않게 비차단으로 동작해야만 한다. 이런 코드에서 소유하지 않은 코드를 호출하면 주 처리 과정을 차단할 위험에 직면한다. 따라서 애플리케이션의 전반적인 성능이 저하될 것이다.

이런 이유로 호출하는 코드의 수행 방식을 반드시 알아야만 한다. 코드가 차단할 것인가? 코드가 비동기식인가, 아니면 동기식인가? 다음으로 비동기식과 동기식 두 모델을 제공하는 타사 라이브러리 사용법을 살펴보자.

9.2.1 비동기식 API와 동기식 API 사용하기

엔티티를 저장하고 로드하기 위해 타사 라이브러리와 통합하는 상황을 고려하자. API는 차단되며, 이는 비동기식 코드에서 이런 API를 호출하지 않아야 함을 의미한다. 다음 코드는 이 시나리오를 위한 인터페이스를 보여준다.

코드 9.6 차단 API

```
public interface EntityService {
  Entity load();
  void save(Entity entity);
}
```

호출자 스레드는 load()나 save() 메서드를 호출하면 차단할 것이지만, 이는 문제가 있으며 이 API를 사용할 수 있는 방법을 제한한다. 예를 들어 이미 소유하고 있는 비동기식 코드로 이와 같은 차단 처리 과정을 연결하기가 까다로울 것이다. 또한 애플리케이션 스레드 모델에서 차단을 전혀 허용하지 않을 가능성도 있다(예: Vert.x를 사용할 때).

타사 라이브러리가 차단하는 방식으로 동작하는 경우에도 계속 활용하고 싶다면 어떻게 해야 할까? 가장 손쉽고 확실한 방법은 코드 9.7처럼 차단 코드 주변을 감싸는 래퍼를 만드는 것이다. 래퍼는 실제 처리 과정을 외부 라이브러리에 위임하며, 비동기식으로 사용될 수 있는 두 메서드를 제공한다. 두 메서드는 미래에 수행할 약속인 CompletableFuture 엔티티를 반환할 수 있다. 차단 호출을 허용하지 않는 비동기식 코드는 이 메서드의 비차단 버전만을 호출한다.

코드 9.7 차단 호출을 비동기식으로 감싸기

```
public CompletableFuture<Entity> load() {
  return CompletableFuture.supplyAsync(entityService::load, executor);
}

public CompletableFuture<Void> save(Entity entity) {
  return CompletableFuture.runAsync(() -> entityService.save(entity), executor);
}
```

load() 메서드는 언제든 이행될 수 있는 Entity의 프라미스를 반환한다는 사실에 주목하자. 호출자는 호출자 스레드를 차단하지 않고서 비동기식 연산을 연쇄할 수 있다.

언뜻 보기에는 해결책이 쉬워 보인다. 하지만 차단 코드를 비동기식으로 감싸는 방식은 항상 단순하지만은 않다. 비동기식 행위를 별도 스레드로 수행할 필요가 있다. 이런 목적을 위해 이 코드가 사용할 전용 스레드 풀을 만들 필요가 있다. 스레드 풀은 감시하고 조율할 필요가 있다. 다음 코드처럼 적절한 스레드 숫자와 들어오는 연산을 위한 큐도 골라야 한다.

코드 9.8 ThreadPoolExecutor 생성

```
public WrapIntoAsync(EntityService entityService) {
  this.entityService = entityService;
  executor = new ThreadPoolExecutor(1, 10, 100, TimeUnit.SECONDS, new
      LinkedBlockingDeque<>(100));
}
```
① corePoolSize, maximumPoolSize, keepAliveTimeout을 받고 태스크 큐도 받는다

우리가 소유하지 않은 코드를 위한 최적의 구성을 찾는 작업은 쉽지 않을지도 모른다. 예상되는 트래픽을 파악하고 성능 테스트를 수행해야 한다. 또한 라이브러리가 차단 방식으로 작성된 상황이면 비동기식으로 작성된 코드에 비해 성능이 훨씬 더 나쁠 것이다. 차단 코드를 감싸는 방법은 확장 문제를 해결하는 대신 뒤로 미룰 뿐이다.

성능이 중요하고 비동기 방식으로 작업을 수행하는 기존 타사 라이브러리가 없다면 직접 구현하는 방식도 고려할 수 있다. 바로 사용 가능한 비동기식 API를 제공하는 외부 라이브러리를 고르는 상황을 고려해보자. 다음 코드는 엔티티 서비스 API가 어떻게 구성되는지를 보여준다.

코드 9.9 비동기식 API 생성

```
public interface EntityServiceAsync {
  CompletableFuture<Entity> load();
  CompletableFuture<Void> save(Entity entity);
}
```

이 컴포넌트의 모든 메서드는 처리 과정이 비동기임을 나타내는 프라미스를 반환하고 있다. 이는 우리가 통합 중인 라이브러리의 내부가 비동기식으로 작성되어 있음을 의미한다. 이런 접근 방식을 사용할 경우에는 동기식 세계에서 비동기식 세계로 변환하는 계층을 구현할 필요가 없다. 이는 종종 이런 비동기식 작업을 수행하기 위해 우리가 사용하는 스레드 풀이 라이브러리 내에 캡슐화되어 있음을 의미하기도 한다. 스레드 풀은 이미 우리의 사용 사례에 맞춰 미세 조율되어 있을 가능성이 높다. 하지만 이 장의 첫 절에서 언급했듯이 기본값 사용에 주의할 필요가 있다.

스레드 풀이 라이브러리 내에 캡슐화되어 있다는 사실이 스레드를 생성하지 않는다는 의미는 아니다. 코드는 우리의 애플리케이션에서 호출된다. 우리가 호출하고 있는 라이브러리의 목적을 위해 내부적으로 생성된 스레드는 여전히 우리 애플리케이션에서 자원을 차지하고 있다. 애플리케이션에서 차단되고 동기식 흐름이 존재한다면 흐름이 비동기식이고 차단 중인 코드를 호출할 필요가 있을 때와 비교해 단순히 비동기식 코드를 호출하는 편이 훨씬 더 쉽다.

여기서 수행할 필요가 있는 유일한 작업은 반환된 CompletableFuture에 포함된 값을 가져오는 것이다. 또한 이 작업은 차단하는 특성이 있으므로 값을 가져오는 행위에 합리적인 타임아웃을 전달하는 편을 권장한다. 하지만 애플리케이션 흐름이 이미 차단 중이라면 문제가 되지 않을 것이다. 다음 코드는 이런 접근 방식을 보여준다.

코드 9.10 차단 흐름을 타는 비차단 코드

```java
public class AsyncToSync {
  private final EntityServiceAsync entityServiceAsync;

  public AsyncToSync(EntityServiceAsync entityServiceAsync) {
    this.entityServiceAsync = entityServiceAsync;
  }

  Entity load() throws InterruptedException, ExecutionException,
      TimeoutException {    ← ① 변환된 메서드는 Entity를 반환한다
    return entityServiceAsync.load().get(100, TimeUnit.MILLISECONDS);
  }                                                    ↲
}                                          ② 비동기식 호출을 차단하고 값을 얻는다
```

비동기식 API나 동기식 API를 외부에 공개하는 라이브러리 중에서 하나를 골라야 한다면 비동기식 버전을 선택하는 편이 흔히 더 합리적이다. 심지어 애플리케이션 흐름이 지금은 차단 방식으로 동작하더라도 확장성과 성능을 높이기 위해 비동기식 처리 방식으로 애플리케이션을 변환하고 싶은 경우가 있기 때문이다.

이미 비동기식 API를 제공하는 라이브러리를 사용하고 있다면 새로운 흐름으로 이주하기가 훨씬 더 수월할 것이다. 하지만 차단 방식으로 작성된 라이브러리를 사용하고 있다면 이주는 쉽지 않을 것이다. 변환 계층을 제공하고 스레드 풀을 관리할 필요가 있을 것이다. 게다가 애초에 비동기식 호출로 작성되지 않았던 코드는 종종 다르게 구현된다. 호출을 프라미스 API로 감싸는 방식은 빠른 우회책을 제공할 것이다.

처음부터 비동기식 방식으로 작성된 라이브러리의 성능은 차단 버전보다 뛰어난 경우가 많다. 특히 전체 처리 흐름이 비동기식인 경우 이런 현상을 목격할 수 있다. 이제 확장할 수 있는 방식으로 작성되지 않은 라이브러리가 어떻게 우리 애플리케이션의 확장성을 제한하는지 살펴보자.

9.2.2 분산된 확장성

애플리케이션이 분산된 환경에서 수행될 때, 사용하고 싶은 타사 라이브러리의 확장성을 이해하는 것이 중요하다. (cron 작업과 유사한) 애플리케이션을 위한 스케줄링 기능을 제공하는 라이브러리를 고려하자. 이 라이브러리의 주된 책임은 시간 임곗값이 충족될 때 작업의 수행 여부를 확인하고 실행하는 것이다.

타사 라이브러리는 작업을 저장하기 위한 영속적인 계층이 필요하다. 모든 작업에는 수행 시점을 지정하는 날짜와 시간이 있다. 일단 이 타사 라이브러리가 수행되고 나면 상태를 갱신한다. 상태는 **성공(Success)**, **실패(Failed)**, 작업이 아직 처리되지 않았음을 알려주는 **미실행(None)**이 될 수 있다. 그림 9.4는 스케줄링 라이브러리를 보여준다.

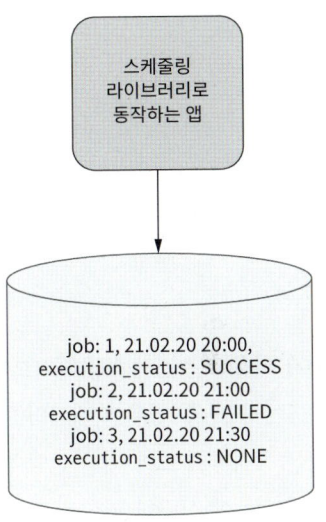

그림 9.4 스케줄링 라이브러리로 동작하는 앱

수행해야 할 작업들은 데이터베이스에 저장되고 일정 주기로 애플리케이션이 가져온다. 이런 기능을 개발하고 있을 때 노드 하나에 대한 사용 사례만 생각해서 설계하려는 유혹에 빠지기 쉽다. 통합 테스트는 내장 데이터베이스로 스케줄링 라이브러리의 동작 방식을 검증할지도 모른다. 하지만 이렇게 하면 데이터가 데이터베이스에서 질의될 때 문제를 목격하지 못할 가능성이 있다.

분산된 환경에서 운영할 때 상황은 근본적으로 바뀔 수 있다. 스케줄링 기능을 요구하는 애플리케이션은 여러 노드에 배포될 수 있고, 동일한 스케줄링 작업은 중복될 수 없다. 이는 애플리케이션이 여러 노드에 배포될 때 각 작업을 처리해야 하는 노드가 무엇인지 합의할 필요가 있음을 의미한다. 다시 말해, 동일 작업은 노드 둘 이상에서 처리될 수 없다.

이런 요구사항은 작업 상태가 전역으로 동기화되거나 분할될 필요가 있음을 의미한다. 적절한 확장성 로직을 구현하지 않은 스케줄링 라이브러리를 선택한다면 성능 문제나 심지어 정확성 문제가 발생할 위험에 처한다.

세 노드에 애플리케이션을 배포하고 싶다고 가정하자. 그림 9.5처럼 노드마다 스케줄링 라이브러리가 존재한다.

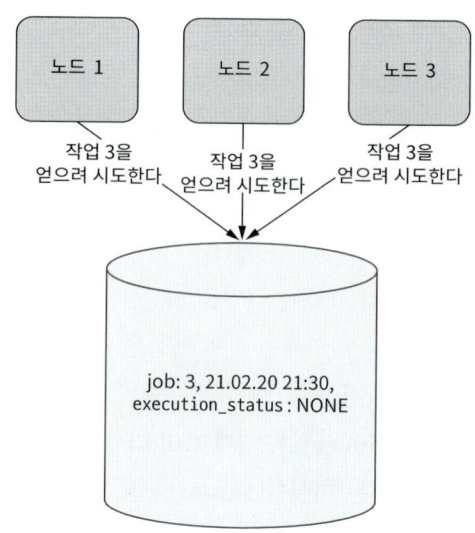

그림 9.5 여러 노드에 걸친 스케줄링 라이브러리 확장성

우리가 사용하는 스케줄링 라이브러리가 확장할 수 있는 방식으로 구현되지 않았다면 이 모든 노드는 그림 9.5에서 볼 수 있듯이 데이터베이스에 있는 작업 레코드를 놓고 경합을 벌일 것이다. 이런 변경의 정확성은 특정 레코드에 대한 전역 잠금이나 트랜잭션을 사용해 달성할 수 있다. 하지만 두 해법 모두 라이브러리 성능에 상당한 영향을 미칠 가능성이 있다.

스케줄링 라이브러리가 파티셔닝을 지원하면 이 문제를 해소할 수 있다. 예를 들어 첫째 노드가 주어진 분 단위에서 작업을 책임지고, 다른 노드는 다른 시간대를 책임질 수 있다. 우리가 사용하는 라이브러리가 확장 가능한 방식으로 설계돼야 한다는 사실이 중요하다. 종종 이는 쉬운 작업이 아니며, 주의 깊은 계획과 공학을 요구한다. 모든 라이브러리가 이런 컨텍스트에서 동작하게끔 설계되지는 않았다. 따라서 (여러 노드에 걸쳐) 분산된 환경에서 수행될 때 분산 환경에서 실행 가능한지 판단하기 위해 주의 깊게 분석해야 한다.

우리가 적용할지도 모르는 스케줄링 라이브러리에 대한 또 다른 해법은 리더-팔로워 아키텍처다. 이런 접근 방식에서는 모든 스케줄 요청을 리더가 수행한다. 복제 노드는 배경에서 데이터베이스를 리더와 동기화한다. 그러나 복제 노드들이 실제 스케줄 로직을 수행하지는 않는다. 리더 노드가 중단되면 팔로워 노드 중 하나가 새로운 리더가 되어 cron 작업을 수행하기 시작할 것이다. 하지만 스케줄링 라이브러리는 사전에 다중 노드 컨텍스트에서 작동하게 설계될 필요가 있다.

확장성 모델을 이해하고 전역 상태를 요구하는지 여부를 알고 있으면 어렵게 문제를 해결하지 않고서도 애플리케이션을 확장할 수 있다. 라이브러리가 분산 환경에서 작동하게 설계되어 있지 않을 때 확장성과 정확성 문제에 직면한다. 이런 문제는 애플리케이션을 N개 노드에 배포할 때 종종 나타나는데, 여기서 N은 일반적인 노드 수보다 훨씬 더 크다. 이런 상황은 애플리케이션에 트래픽이 급증할 때 종종 발생한다. 더 나쁜 상황은 대부분 제품에 대한 비즈니스 기회가 커질 때 트래픽이 급증하는 경우다. 예를 들어, 연휴에 이런 일이 벌어질 수 있다. 당연히 애플리케이션이 확장을 제공하지 않는 라이브러리에 의존한다는 사실을 배우고 싶은 시점은 아니다.

다시 한번 강조하지만, 우리가 사용하는 코드가 곧 우리의 코드가 되며, 고객이 장애 상황을 목격할 때 이런 사실은 명백해질 것이다. 다음 절에서는 이런 우려 사항을 완화하기 위해 타사 라이브러리의 테스트 가능성을 살펴볼 것이다.

9.3 테스트 가능성

우리가 설계하고 개발하지 않은 코드가 포함된 라이브러리를 선택할 때 항상 제한을 두고서 신뢰해야 한다. 우리는 거의 아무것도 가정하지 말아야 한다. 하지만 증명되고 널리 사용되는 라이브러리를 고를 때 품질과 정확성이 충분히 좋은 경우도 많다. 이런 경우 테스트는 라이브러리의 정확성이 아닌 라이브러리에 대한 우리의 가정을 검증할 가능성이 높다. 우리가 코드에서 사용하려는 타사 라이브러리를 실험하고 검증하는 가장 좋은 형태는 테스트다. 하지만 우리가 영향을 미치지 못하는 코드를 테스트하는 방식은 우리 자신의 코드를 테스트하는 방식과는 사뭇 다르다. 이렇게 되는 주요 이유는 그 코드를 쉽게 변경하지 못하거나 아예 못하기 때문이다.

우리 코드베이스에서 컴포넌트를 테스트하고 싶은데 코드가 일부 동작에 영향을 미칠 수 없는 것으로 판명되면 비교적 쉽게 변경할 수 있다. 예를 들어, 우리 코드가 호출자에게 가짜 값이나 목으로 만들어진 값을 주입할 가능성을 열어 놓지 않은 상태로 내부 컴포넌트를 초기화하더라도 심각한 문제없이 코드를 리팩터링할 수 있다. 반면, 타사 라이브러리를 사용할 때는 코드베이스에 영향을 미치기 어렵거나 불가능할 수 있다. 심지어 변경 사항을 제출하더라도 변경에서 배포까지 상당한 시간이 소요될 수 있다. 이로 인해 타사 라이브러리를 선택하기 앞서 테스트 가능성을 검증해야 한다.

테스트 가능성 목록에서 첫째 점검 항목부터 시작하자. 타사 라이브러리가 테스트를 허용하는 테스트 라이브러리를 제공하는가?

9.3.1 테스트 라이브러리

몇 가지 복잡한 기능을 제공하는 라이브러리를 임포트할 때 코드를 상당히 쉽게 테스트할 수 있어야 하며 테스트는 간단해야 한다. 애플리케이션에서 리액티브 처리를 구현하고 싶은 상황을 고려하자. 이를 위해서는 리액티브 기능을 제공하는 몇 가지 라이브러리 중에서 선택해야 한다.

더 고급 로직을 위한 프로토타입 형태인 처리 뼈대를 구현하는 작업부터 시작한다(코드 9.11 참고). 10초 묶음으로 처리하는 윈도우 내에서 모든 숫자를 더하고 싶다고 하자. 로직은 스트림에서 동작하는데, 이는 이벤트가 도착하면 10초 윈도우 내에 위치하며 처리가 계속된다.

코드 9.11 리액티브 처리

```
public static Flux<Integer> sumElementsWithinTimeWindow(Flux<Integer> flux) {
  return flux
          .window(Duration.ofSeconds(10))
          .flatMap(window -> window.reduce(Integer::sum));
}
```

이 리액티브 처리는 간결하고 명확해 보인다. 라이브러리의 이런 측면은 매우 긍정적이다. 하지만 우리는 테스트 가능성을 고려하고 정의된 처리 과정을 테스트하기가 얼마나 쉬운지도 검증해야 한다. 테스트 로직을 백지에서 출발해 작성할 때 단순한 방식으로 시작하자. 이 예제는 몇 가지 문제점을 보여주며 전용 테스트 라이브러리에 대한 필요성을 강조할 것이다.

그림 9.12처럼 1, 2, 3이라는 세 값의 스트림을 만들어보자. 다음으로, 10초짜리 윈도우를 처리하는 로직을 검증하기 앞서 10초 동안 현재 동작 중인 스레드가 잠든다. 테스트에서 `Thread.sleep()` 메서드를 사용하는 방식은 나쁜 패턴이라는 사실에 주목하자. 하지만 곧 이에 대한 개선 방법을 살펴볼 것이다. 마지막으로 결괏값이 6과 같은지를 비교한다.

코드 9.12 리액티브 처리 과정 테스트: 단순한 방식

```
// given
Flux<Integer> data = Flux.fromIterable(Arrays.asList(1, 2, 3));
Thread.sleep(10_000);

// when
Flux<Integer> result = sumElementsWithinTimeWindow(data);

// then
assertThat(result.blockFirst()).isEqualTo(6);
```

불행히도 우리의 로직에는 몇 가지 문제가 있다. 먼저 이 단위 테스트를 위해 필요한 시간을 늘이는 스레드 잠들기를 사용하고 있다. 실 세계 시스템에서는 더 많은 처리 과정과 시나리오를 테스트할 필요가 있다. 스레드 잠들기는 받아들일 수 없는 임곗값까지 모든 단위 테스트에 필요한 시간을 늘린다. 다음으로, 이런 단위 테스트 접근 방식은 더 복잡한 시나리오를 검증하기가 어렵다. 예를 들어, 10초 이후 값이 고려되지 않았는지 어떻게 검증할까? 다른 값을 방출하고 몇 초 더 기다린 다음에 결과를 검증해야 할 것이다. 이런 단순한 사용 사례를 검사하는 경우조차 테스트 기반 구조가 없다면 심지어 잘 작성된 라이브러리를 사용할지라도 테스트가 고통스럽고 때로는 가능하지 않다는 사실을 확인할 수 있다.

다행히도, 이 장에서 사용하는 라이브러리는 테스트 라이브러리를 제공한다. 리액티브 테스트 코드를 위해 react-test 라이브러리(http://mng.bz/8lPz)를 사용할 것이다. 이 라이브러리는 테스트를 단순하게 만들고 더 고급 시나리오도 테스트할 수 있게 돕는다.

우리 테스트를 위해 리액티브 흐름에 데이터를 제공해주는 `TestPublisher` 클래스를 사용할 것이다(코드 9.13 참고). 이 클래스는 또한 실제로 전반적인 테스트 수행 시간을 느리게 하지 않고서도 지연을 시뮬레이션하게 도울 것이다. 잠들기가 필요하지 않으므로 테스트는 거의 즉시 끝날 것이다. 이 `TestPublisher`는 `StepVerifier`로 전달된다. 이들 두 클래스는 리액티브 양산 서비스 라이브러리와 호환되는 리액티브 테스트 라이브러리가 제공한다.

코드 9.13 테스트 라이브러리를 사용한 리액티브 처리 과정 테스트

```
final TestPublisher<Integer> testPublisher = TestPublisher.create();

Flux<Integer> result = sumElementsWithinTimeWindow(testPublisher.flux());

StepVerifier.create(result)
    .then(() -> testPublisher.emit(1, 2, 3))
    .thenAwait(Duration.ofSeconds(10))
    .then(() -> testPublisher.emit(4))
    .expectNext(6)
    .verifyComplete();
```

`StepVerifier` 클래스는 값을 방출하고, 차단 없이 특정 시간 동안 await로 기다리고, 다시 값을 방출하게 만든다. 테스트 시나리오에서 1, 2, 3 값을 하나씩 방출한다. 하지만 이 값들을 방출한 다음에 시간 윈도우 범위와 동일한 10초 지연을 시뮬레이션한다. 지연 후에 또 다른 값을 방출한다. 마지막으로, 처음으로 생성된 값이 6과 같은지를 비교한다. 이는 시간 윈도우 범위 이후에 방출된 값은 첫 시간 윈도우에 포함되지 않았음을 의미한다.

이런 접근 방식을 사용하면 생각할 필요가 있는 어떤 시나리오도 테스트할 수 있다. 또한 우리가 지연되는 상황을 테스트하더라도 단위 테스트가 더 오래 걸리지 않음을 의미한다. 이렇게 만든 테스트는 빠르기에 리액티브 라이브러리를 사용해 구현된 로직을 다루기 위한 여러 단위 테스트를 만들 수 있을 것이다.

> **팁**
>
> 여기서 많은 라이브러리가 사용 가능한 테스트 라이브러리를 제공한다. 종종 테스트 라이브러리 제공은 높은 품질과 더 쉬운 개발을 나타내는 징표가 된다.

이제 타사 라이브러리를 위한 테스트 가능성의 두 번째 측면을 살펴보자. 바로 가짜 객체나 목으로 만든 객체를 주입하는 방법이다.

9.3.2 가짜 객체(테스트 더블)와 목 객체로 테스트하기

타사 라이브러리 사용을 고려할 때 초점을 맞춰야 하는 다른 중요한 측면은 테스트 목적으로 사용자가 제공한 객체를 주입하는 능력이다. 객체는 특정 행동 방식을 시뮬레이션하고 검증하게 해주는 목이 될 수 있다. 또한 테스트된 코드에 데이터나 컨텍스트를 제공하게 만드는 가짜 객체(테스트 더블)가 될 수도 있다. 라이브러리는 종종 사용자의 잠재적인 오용을 방지하기 위해 많은 내부 사항을 호출자에게 숨긴다. 하지만 이는 라이브러리를 테스트하기 어렵게 만들 수 있다.

라이브러리 코드베이스를 살펴볼 수 있다면 새로운 인스턴스 생성을 확인하자. 테스트 목적을 위한 대체 구현을 주입할 방법이 없다면 향후 테스트 문제가 벌어질 수 있다는 암시일 수 있다. 소스 코드를 외부에 공개하지 않는 독점 라이브러리를 사용하고 있다면 코드 분석이 불가능할지도 모른다. 이런 경우에는 테스트를 통해 실험하고 가정을 검증하는 방식이 훨씬 더 중요해진다. 그 이유는 소스 코드를 들여다볼 수 없기 때문이다.

이제 호출자가 제공한 테스트 대역을 주입하는 능력을 제공하는지 그렇지 않은지를 놓고 타사 라이브러리의 테스트 가능성을 살펴볼 것이다. 앱에 캐시 기능을 제공하는 타사 라이브러리를 고르고 싶다고 가정하자. 캐시의 가장 중요한 사용 사례는 오래된 항목을 퇴거할 수 있는 기능이다. 퇴거는 캐시 크기 또는 항목이 캐시에 저장된 총 시간에 기반할 수 있다. 퇴거는 또한 두 조건 모두에 기반할 수도 있다. 새로운 라이브러리를 평가할 때 캐시에 대한 우리의 가정을 검증하기 위해 예상되는 동작 방식을 테스트해야 한다.

키를 받아 대문자로 반환하는 단순한 캐시를 구축하는 방식으로 실험을 시작할 것이다. 실제 양산 서비스 중인 시스템은 캐시 로더 동작 방식이 훨씬 더 복잡하지만, 여기서 제시된 더 간단한 예제만으로도 충분하다.

우리 가정에 기반해서 해당 라이브러리의 동작을 검증해보자. 다음 코드에서 쓰기 후 만료가 DEFAULT_EVICTION_TIME과 동일한 새로운 캐시를 구성한다. `CacheLoader`는 사용자가 제공한 키를 위한 값을 얻는다.

코드 9.14 초기 캐시 사용

```java
public class CacheComponent {
  public static final Duration DEFAULT_EVICTION_TIME = Duration.ofSeconds(5);
  public final LoadingCache<String, String> cache;

  public CacheComponent() {
    cache =
        CacheBuilder.newBuilder()
            .expireAfterWrite(DEFAULT_EVICTION_TIME)
            .recordStats()
            .build(
                new CacheLoader<String, String>() {
                  @Override
                  public String load(@Nullable String key) throws Exception {
                    return key.toUpperCase();
                  }
                });
  }

  public String get(String key) throws ExecutionException {
    return cache.get(key);
  }
}
```

로직은 간단해 보이지만, 여전히 동작 방식에 대한 우리의 가정을 테스트할 필요가 있다. 우리가 직접 이 라이브러리를 위한 코드를 작성하지 않았기에 테스트 결과는 우리를 깜짝 놀라게 만들지도 모른다.

우리는 기반 캐시의 퇴거 전략을 테스트하고 싶다. 테스트를 위해 캐시 항목의 삽입과 퇴거 과정의 유효성 검사 사이에 지연을 시뮬레이션할 필요가 있다. 이 때문에 퇴거 시간과 동일한 시간만큼 기다릴 필요가 있다. 이와 같은 사용 사례에서 기다리는 시간은 5초였다. 그러나 실제 시스템에서는 퇴거 시간이 훨씬 더(심지어 몇 시간이나 며칠) 길어질 수도 있다. 다음 코드는 DEFAULT_EVICTION_TIME과 동일한 대기 시간 동안 `Thread.sleep()` 사용을 요구하는 단순한 초기 접근 방법을 보여준다.

코드 9.15 주입 없이 테스트

```
// given
CacheComponent cacheComponent = new CacheComponent();

// when
String value = cacheComponent.get("key");

// then
assertThat(value).isEqualTo("KEY");

// when
Thread.sleep(CacheComponent.DEFAULT_EVICTION_TIME.toMillis());

// then
assertThat(cacheComponent.get("key")).isEqualTo("KEY");
assertThat(cacheComponent.cache.stats().evictionCount()).isEqualTo(1);
```

퇴거는 로드(`get` 메서드) 연산에서 수행된다는 점에 주목하자. 퇴거를 일으키기 위해 접근자 메서드를 호출할 필요가 있다. 이는 우리를 놀라게 만들 수도 있는 사안 중 하나이며, 이는 이 라이브러리에 대한 우리의 가정과 일치하지 않는 부분이다. 적절한 단위 테스트가 없다면 이런 동작 방식을 잡아낼 수 없었을 것이다. 앞서 언급한 바와 같이 현재 컴포넌트의 퇴거 시간은 너무 길기에 캐시 컴포넌트를 테스트하기가 불가능한 상황이 될 수도 있다. 이 시점에서 테스트 동작 방식에 영향을 미치는 컴포넌트를 찾기 위해 타사 라이브러리의 소스 코드에 대해 생각하고 가능하다면 이를 살펴볼 필요가 있다.

빠르게 조사한 결과, get 연산을 수행할 때 `LoadingCache`가 값이 퇴거되어야 하는지 아닌지를 찾기 위해 티커를 사용한다는 사실을 발견했다. 다음 코드가 이에 대한 증거를 제공한다.

코드 9.16 캐시 라이브러리 테스트 가능성 조사

```
V get(K key, int hash, CacheLoader<? super K, V> loader) throws
    ExecutionException {
...
  long now = this.map.ticker.read();
...
}
```

실제로 이 코드는 우리가 사용 중인 외부 캐시 라이브러리가 티커 컴포넌트에 시간 로직을 캡슐화한다는 사실을 보여준다. 이 라이브러리를 위한 단위 테스트를 개선하기 위해 수행해야 하는 마지막 사항은 사용자가 이 컴포넌트를 주입할 수 있는지를 점검하는 것이다. 주입이 가능하면 가짜 구현을 제공해 여기서 밀리초를 반환함으로써 테스트에 긍정적인 영향을 미칠 수 있다. 이렇게 하면 대기할 필요 없이 시간 진행을 시뮬레이션할 수 있다. 다행히도 다음 코드에서 볼 수 있듯이 LoadingCache 빌더에는 외부에서 이런 컴포넌트를 제공하기 위한 메서드가 있다.

코드 9.17 사용자가 제공한 컴포넌트 주입

```
public CacheBuilder<K, V> ticker(Ticker ticker) {
  Preconditions.checkState(this.ticker == null);
  this.ticker = (Ticker)Preconditions.checkNotNull(ticker);
  return this;
}
```

사용자가 제공한 티커를 빌더로 구성해 단위 테스트에서 이 메서드를 사용할 수 있다. 첫 단계는 캐시 빌더가 받아들이는 Ticker 인터페이스를 구현하는 것이다. 이 인터페이스는 단순하게 잘 설계되어 있고, 티커를 위한 가짜 구현을 생성하기 쉽게 만들어준다. 외부 컴포넌트가 직접 만든 구현체를 주입하게 허용하지만, 메서드가 많은 인터페이스를 구현하거나 클래스를 확장하게 요구한다면 가짜 동작 방식을 달성하기가 더 어려워질 가능성도 있다. 내부 컴포넌트, 상태, 가짜로 만들어야 하는 메서드에 대한 지식이 많이 필요할 것이다.

코드 9.18에서 FakeTicker는 나노초를 반환하기 위해 AtomicLong을 사용한다. 타사 라이브러리 계약에 정의된 적절한 단위를 사용하는 것이 중요하다. 이 가짜 컴포넌트는 과거나 미래 시점에서 어떤 단위로도 시간을 앞당길 수 있다.

코드 9.18 사용자가 제공한 가짜 컴포넌트로 테스트 가능성 개선

```
public class FakeTicker extends Ticker {
  private final AtomicLong nanos = new AtomicLong();

  public FakeTicker advance(long nanoseconds) {
    nanos.addAndGet(nanoseconds);
    return this;
  }

  public FakeTicker advance(Duration duration) {
    return advance(duration.toNanos());
  }
}
```

```
    @Override
    public long read() {
      return nanos.get();
    }
}
```

우리는 테스트에서 FakeTicker를 사용할 수 있으므로 더 이상 Thread.sleep()을 사용할 필요가 없기에 단위 테스트가 빨라지고 더 많은 사용 사례를 다룰 수 있다. (다음 코드가 보여주듯이) 이런 새로운 메커니즘을 사용해 이 라이브러리에 대한 우리의 가정을 광범위하게 검증할 수 있다.

코드 9.19 가짜 컴포넌트로 개선된 테스트

```
// given
FakeTicker fakeTicker = new FakeTicker();
CacheComponent cacheComponent = new CacheComponent(fakeTicker);

// when
String value = cacheComponent.get("key");

// then
assertThat(value).isEqualTo("KEY");

// when
fakeTicker.advance(CacheComponent.DEFAULT_EVICTION_TIME);

// then
assertThat(cacheComponent.get("key")).isEqualTo("KEY");
assertThat(cacheComponent.cache.stats().evictionCount()).isEqualTo(1);
```

우리의 테스트는 상당히 발전했다. advance() 메서드를 사용해 시간 이동을 시뮬레이션할 수 있다. 심지어 퇴거 시간이 며칠 걸리더라도 단위 테스트는 즉시 완료될 것이다.

우리가 검증하고 있는 타사 라이브러리가 내부적으로 사용될 Ticker 컴포넌트를 주입할 능력을 외부에 공개하지 않는 시나리오를 상상해보자. 이 경우에는 몇 가지 가정을 검증할 수 없을 것이다. 이 라이브러리를 선택하기로 결정하면 동작 방식 몇 가지를 테스트할 수 없기에 문제가 될 것이다. 이런 이유로 인해 아마도 다른 라이브러리를 선택할 것이다.

우리가 사용할지도 모르는 거의 모든 타사 라이브러리는 몇 가지 내부 상태를 유지한다. 라이브러리가 다른 구현을 주입하게 허용하면 테스트 가능성과 관련해 라이브러리 측면에서 상당한 장점이 된다.

> **참고**
> 테스트 중인 타사 라이브러리에 테스트하기 어려운 종속성이 있다면 모키토(Mockito), 스포크(Spock), 또는 다른 테스트 프레임워크의 사용을 고려해야 한다. 이는 몇 가지 극단적인 경우에 있어 테스트를 단순하게 만든다.

여기까지 타사 라이브러리를 단위 테스트하는 방법을 살펴봤다. 이제 외부 코드의 통합 테스트를 수행하기 위한 가능성을 살펴볼 차례다. 이런 가능성 또한 라이브러리를 선택하기 위한 의사 결정에 영향을 미친다.

9.3.3 테스트 툴킷 통합

일단 우리가 사용할 계획으로 있는 타사 라이브러리가 단위 테스트를 위한 수단을 제공한다는 사실을 확인하고 나면 통합 테스트라는 다음 단계에 초점을 맞출 수 있다. 임포트하는 라이브러리가 다른 컴포넌트에서 격리될 수 있는 기능을 제공한다고 가정하자. 이 경우, 라이브러리에 대한 단위 테스트만 수행하고 실제 구현에 대해 알 필요가 없는 통합 테스트에 의존해도 충분하다. 통합 테스트 이면의 아이디어는 저수준 세부 사항을 걱정하지 않고서 고수준 컴포넌트만 테스트해도 된다는 것이다. 하지만 우리는 많은 기능을 제공하는 프레임워크에 기반해 애플리케이션을 구축하려는 경향이 있다. JVM 세상에서는 스프링(Spring), 드롭위저드(Dropwizard), 쿼커스(Quarkus), OSGI, 아카(Akka) 등을 사용할 수 있다. 이런 프레임워크에는 API 계층(HTTP), 데이터 접근 계층, 의존성 주입 프레임워크 등을 제공하는 여러 의존적인 컴포넌트가 존재할 수 있다.

또한 이런 컴포넌트들은 독자적인 생명 주기를 유지할 수 있다는 사실도 짚고 넘어갈 가치가 있다. 주어진 프레임워크로 애플리케이션을 시작하는 과정은 상대적으로 쉬워야 하지만, 여전히 적절한 컴포넌트를 생성해 이를 주입할 필요가 있다. 또한, 종종 애플리케이션의 구성은 통합 테스트와 일반 애플리케이션 실행에서 차이를 보일 수도 있다. 예를 들어, 데이터베이스에 대한 다른 연결 문자열, 다른 사용자 이름, 다른 암호 등으로 구성해야 할지도 모른다.

몇몇 프레임워크에 기반한 애플리케이션을 구축하기 시작할 때 프레임워크가 통합 테스트에서 애플리케이션을 쉽게 구동하게 허용한다고 가정해야 한다. 예를 들어, 다음 코드에서 볼 수 있듯이 스프링 프레임워크는 `@SpringBootTest` 애노테이션(http://mng.bz/ExPd)과 스프링러너(http://mng.bz/NxPn)로 통합 테스트에서 애플리케이션을 시작하도록 만든다.

> **코드 9.20 스프링 통합 테스트**
>
> ```
> @RunWith(SpringRunner.class)
> @SpringBootTest(webEnvironment = SpringBootTest.WebEnvironment.RANDOM_PORT)
> @ActiveProfiles("integration")
> public class PaymentServiceIntegrationTest {
>   @Value("${local.server.port}")     ← ① 할당된 포트를 주입한다
>   private int port;
>
>   private String createTestUrl() {
>     return "http://localhost:" + port + suffix;
>   }
>   // ...
> }
> ```

스프링 프레임워크는 테스트를 구동하기 위한 몇 가지 옵션을 제공한다. 코드 9.20에서 필요한 모든 애노테이션을 붙여 스프링 부트 라이브러리에서 제공하는 테스트를 사용한다. 애플리케이션이 스프링 부트 프레임워크에 기반한다면 `@SpringBootTest`는 모든 컴포넌트를 찾아 적절한 생명 주기를 사용해 시작할 것이다. 실제 시작 절차에 대해 걱정할 필요가 없다. 또한, HTTP API를 테스트하고 싶다면 비어 있는 포트로 내장 HTTP 웹 서버를 구동할 것이다. 서버가 동작하고 나면 해당 포트 번호가 주입될 것이다(또한 비어 있는 포트를 고르는 걱정도 할 필요가 없다. 이 작업도 스프링 테스트 라이브러리가 신경 쓸 것이다). 최종적으로, `createTestUrl()` 메서드가 생성한 지역 호스트 엔드포인트로 정상적인 HTTP 요청을 보낼 수 있다.

또한 통합 테스트를 위한 다양한 프로파일을 활성화할 수 있다는 사실에도 주목하자. 이는 통합 테스트를 위한 컴포넌트의 구성을 다양하게 설정하고 싶을 때 유용하다. 스프링 테스트 라이브러리를 사용할 때 테스트 수행을 위한 다양한 프로파일을 고르는 기능이 내장되어 있으며, 이를 개발자에게 제공한다.

HTTP 내장 서버를 시작하고 HTTP 엔드포인트를 외부에 공개하는 작업이 크게 문제가 되지 않아 보일지도 모른다. 하지만 현실에서 애플리케이션은 여러 기술에 더 많이 관여되는 경향이 있다. 저장소, 다른 서비스와 통합, 다른 컴포넌트와 함께 데이터 접근 계층이 존재할 것이다. 프레임워크가 통합 테스트 라이브러리를 제공한다면 더 빠르고 더 쉽게 라이브러리를 실험하고 동작 방식을 추론할 수 있다. 다음 절에서는 우리 애플리케이션에 심각한 영향을 미칠 수 있는 타사 라이브러리에 대한 너무 많은 의존성이라는 문제에 초점을 맞출 것이다.

9.4 타사 라이브러리의 의존성

우리 코드에서 임포트하고 사용하는 프레임워크나 라이브러리는 비슷한 의사 결정을 내리기를 원하는 개발자들이 작성했다. 다시 말해, 여기서 의사 결정은 로직의 작은 일부를 직접 구현해야 하는지 아니면 우리를 위해 해당 기능을 제공하는 다른 라이브러리를 사용해야 하는지다. 예를 들어, HTTP 클라이언트 기능을 제공하는 라이브러리를 임포트할 때 동일 기능을 제공하는 또 다른 라이브러리에 의존해서는 안 된다는 사실은 명백하다. 어떤 라이브러리를 만드는 개발자가 핵심 기능을 맡아 작업하지 않을 때 상황은 상당히 달라진다. 예를 들어, HTTP 클라이언트 라이브러리는 그림 9.6에서 볼 수 있듯이 즉석에서 사용 가능한 JSON 직렬화와 역직렬화 기능을 제공할 수도 있다.

그림 9.6 JSON을 처리하는 HTTP 클라이언트

JSON 처리는 간단한 작업이 아니며, HTTP 클라이언트 라이브러리의 설계자들은 이에 대한 전문가가 아닐지도 모른다. 이런 이유로 인해 해당 기능을 제공하기 위해 타사 라이브러리를 사용한다는 결정을 내릴지도 모른다. 이는 합리적인 결정이지만, 애플리케이션에 몇 가지 문제를 일으킨다.

우리의 애플리케이션이 HTTP 클라이언트 라이브러리와 무관하게 로직에서 JSON 처리 기능을 사용하기를 원할 경우에 상황은 복잡해진다. HTTP 클라이언트(그리고 이 클라이언트의 의존성을 포함해)와 함께 배포된 모든 클래스는 애플리케이션 코드에 노출될 것이라는 사실을 기억할 필요가 있다. 이 덕분에 HTTP 라이브러리가 사용하는 전이적인 종속성을 통해 JSON 처리 라이브러리를 사용할 수 있다. 하지만 이는 몇 가지 이유로 나쁜 아이디어다.

주로 우리는 애플리케이션 코드를 타사 라이브러리가 사용하는 다른 라이브러리에 강하게 결합하게 만들 것이다. HTTP 클라이언트 라이브러리는 추후 JSON 처리 라이브러리를 변경한다고 결정할지도 모른다. 이런 상황에서 우리 코드에 문제가 생기는 이유는 이 라이브러리가 더 이상 원본 JSON 라이브러리와 클래스를 외부에 공개하지 않을 것이기 때문이다.

9.4.1 버전 충돌 회피하기

다른 (더 나은) 해법은 우리 애플리케이션에서 우리가 사용하고 싶은 JSON 처리 라이브러리에 직접적인 의존성을 만드는 방법이다(그림 9.7 참고). 불행히도 이 또한 문제를 일으키는데, 두 JSON 라이브러리 사이에 버전 충돌이 생길 수 있기 때문이다. HTTP 클라이언트와 애플리케이션이 동일 JSON 라이브러리의 다른 버전을 사용하면 이런 충돌 상황이 벌어진다.

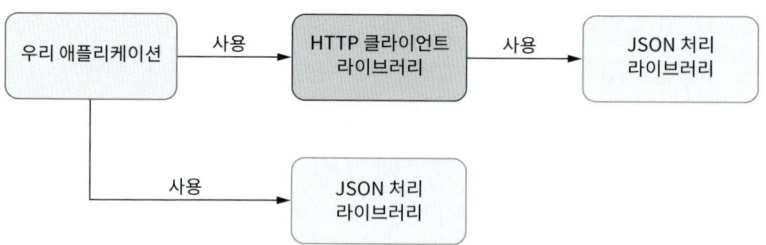

그림 9.7 우리 애플리케이션은 HTTP와 JSON 라이브러리를 직접적으로 사용한다.

이 예제에서 실제 애플리케이션은 종종 다양한 외부 의존성에 의존하고 있다는 사실에 주의할 필요가 있다. 각 의존성은 자신의 의존성을 끌고 들어올 수 있다. 이렇게 되면 아주 빠르게 관리가 어려워지는 상황에 처한다. 앱 하나에 여러 라이브러리의 여러 버전이 존재할 수도 있다.

JSON 라이브러리가 제공하는 모든 클래스가 `com.fasterxml.jackson` 패키지 아래 공개된다. 예를 들어, 우리가 원한다면 `com.fasterxml.jackson.databind.ObjectMapper`를 사용할 수 있다. 이렇게 되면 하나는 HTTP 클라이언트에서, 하나는 우리 애플리케이션에서 이 클래스의 두 버전이 동일 패키지 이름을 통해 접근이 가능함을 의미한다. 이런 이유로 빌드 도구는 두 클래스 중 하나만 고를 필요가 있다. 이는 12장에서도 설명하겠지만, 메서드를 찾을 수 없음, 메서드 서명이 변경됨 등과 같은 다양한 문제를 일으킨다.

> **유의적(Semantic) 버전 관리와 호환성**
>
> 대다수 라이브러리는 주 버전, 부 버전, 패치 버전이라는 세 부분으로 구성된 버전 문자열로 표현되는 유의적 버전 관리 방식을 채택해왔다. 호환성이 손상되는 변경은 버전 문자열에서 주 버전을 변경하는 식으로 표시해야 한다. 12장에서 이에 대해 자세히 살펴보겠지만, 여기서는 전체 의존성 집합이 JSON 라이브러리를 위한 동일 주 버전만 사용할 경우, 모든 곳에서 최신 버전을 사용할 수 있어야 한다. 여러 주 버전이 관련된 경우라면 사실상 독립적인 의존성이 필요하다.

다행히도 이 문제는 임포트한 타사 라이브러리에서 해결이 가능하다. 이런 기법을 **셰이딩(shading)**이라고 한다. HTTP 라이브러리 클라이언트 예제를 기반으로 이런 기법을 설명할 것이다. 여기서 사용하는 JSON 라이브러리가 FasterXml Jackson(https://github.com/FasterXML/jackson)인 상황을 고려하자.

HTTP 클라이언트가 JSON 의존성을 위한 셰이딩 기법을 사용한다면 모든 패키지 이름을 재작성해 다른 접두사 아래 넣을 수 있다. 예를 들어, HTTP 클라이언트는 모든 클래스를 com.http.client 아래에 공개할 수 있다. 이 경우, 셰이딩이 끝난 다음에 HTTP 클라이언트 라이브러리에 속한 모든 JSON 라이브러리 클래스는 com.http.client.com.fasterxml.jackson 패키지 이름 아래에서 접근이 가능할 것이다.

이런 기법은 HTTP 클라이언트에게 우리 애플리케이션에 속한 JSON 처리 라이브러리 클래스를 **감추게** 만든다. 해당 라이브러리 클래스에 여전히 접근이 가능하지만, 우리 애플리케이션에서 독립적인 Jackson 버전을 사용할 수 있게 된다. 그러면 외부 HTTP 클라이언트 라이브러리에 딸려오는 의존성에 대해 걱정할 필요가 없어진다.

셰이딩 기법은 강력하지만, 타사 라이브러리 개발자에게 상당한 유지보수 부담을 준다. 클래스를 재작성하는 셰이딩 프로세스는 감추고 싶은 모든 타사 라이브러리를 위해 수행될 필요가 있을 것이다. 이는 라이브러리 빌드 단계 동안에 수행된다. 따라서 셰이딩 기법이 빌드 과정을 복잡하게 만드는 이유는 다중 라이브러리를 위한 셰이딩 동작 방식을 정의할 필요가 있기 때문이다. 셰이딩된 타사 라이브러리가 패키지 구성을 변경하는 경우, 셰이딩 플러그인 구성을 조정할 필요가 있다.

고려 대상 라이브러리를 평가할 때 모든 라이브러리의 의존성을 검사해야 한다. 셰이딩 기법을 사용하면 애플리케이션에서 외부 의존성을 감춘다는 의미다. 이렇게 함으로써 애플리케이션을 오염시키지 않는다. 따라서 이는 동일한 기능을 제공하지만 (셰이딩을 사용하지 않으며 따라서) 타사 라이브러리의 의존성을 감추지 않는 다른 경쟁 라이브러리에 비해 상당한 이점이 될 수 있다. 또한 우리가 사용 중인 타사 라이브러리가 잘 설계되고 신중하게 고려되었다는 신호가 될 수도 있다.

9.4.2 너무 많은 의존성

거의 모든 라이브러리가 비핵심 기능을 제공하기 위해 다른 라이브러리를 사용해야 한다는 사실을 염두에 둘 필요가 있다. 이로 인해 특정 라이브러리가 가져오는 다른 라이브러리 수를 검사해야 한다. 작성하기 어렵고 복잡한 기능을 위해 다른 라이브러리를 임포트하는 경우와 처음부터 쉽게 달성하고 구현할 수 있는 단순한 작업을 위해 다른 라이브러리를 임포트하는 경우를 비교하면 차이점이 상당히 크다.

우리는 임포트하는 모든 라이브러리가 우리 애플리케이션에 영향을 미친다는 사실을 기억할 필요가 있다. 종종 너무 많은 시간과 노력이 필요하기 때문에 라이브러리 제작자가 모든 의존성을 위한 셰이딩을 수행하는 상황이 불가능한 경우가 있다.

우리의 애플리케이션으로 임포트되는 모든 의존성은 우리의 목표 애플리케이션에 영향을 미친다. 애플리케이션을 배포하는 가장 일반적인 방식은 그림 9.8에서 볼 수 있듯이 모든 필요한 의존성을 포함하는 (뚱뚱한 jar 또는 uber-jar로 알려진) 독립형 패키지를 빌드하는 것이다.

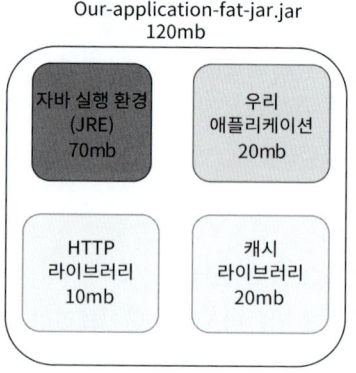

그림 9.8 뚱뚱한 jar의 구성

애플리케이션 코드의 용량이 20MB를 차지한다고 가정하면 여전히 우리가 사용하는 모든 타사 라이브러리와 자바 실행 환경을 패키지로 만들 필요가 있다. 목표 파일은 독립적으로 실행 가능한 애플리케이션이 될 것이다. 예제에서는 120MB를 차지할 것이다.

애플리케이션이 뚱뚱한 jar로 배포될 때 모든 곳에서 외부 종속성이 없이 애플리케이션을 바로 실행할 수 있다. 이는 (쿠버네티스와 도커와 같은) 컨테이너 환경에서 더욱 인기를 얻고 있다.

이는 우리 애플리케이션을 위해 생성된 파일이 모든 의존성을 포함하느라 점점 커질 것이라는 사실을 의미한다. 만일 뚱뚱한 jar가 외부 의존성을 포함하면 외부 의존성에서 사용된 모든 외부 의존성도 다시 포함하게 된다. 이런 이유로 애플리케이션에 포함될 의존성 숫자를 심각하게 고려해야 한다. 의존성이 적을수록 앱 크기도 더 작을 것이다. 앱 크기가 더 작을수록 더 빠르게 시작될 것이고, 또한 배포와 관리도 더 쉬워질 것이다.

빌드된 애플리케이션은 수행할 컴퓨터의 램으로 로드될 필요가 있기에 크기가 작으면 실행 시간 부하도 더 줄어들 것이다. 서버리스 접근 방식이 점점 더 인기를 끌고 있기에 이렇게 의존성을 줄이는 방식이 점점 더 많은 주목을 받고 있다. 서버리스 환경에서 애플리케이션의 환경은 제한적이다(예: CPU와 램). 또한 서버리스 환경에서 시작 시간은 상당히 중요하다.

자바 생태계에서 Maven-shade-plugin(https://maven.apache.org/plugins/maven-shade-plugin/)은 뚱뚱한 jar의 빌드 과정을 단순화한다. 이 플러그인은 또한 이름 변경 기법을 사용해 셰이딩을 수행하는 방식도 제공한다. 다음 절에서는 애플리케이션에서 외부 코드를 선택하는 방법과 사용 방법에 대한 선택지를 설명할 것이다.

9.5 외부 의존성을 선택하고 유지 관리하기

우리 코드가 사용할 라이브러리를 선택하면 항상 우리 코드와 타사 라이브러리 사이에서 결합을 일으킬 것이다. 추상화 계층 뒤에 타사 라이브러리를 숨기고 우리 코드에서 호출되는 메서드를 외부에 공개할 수도 있지만, 이렇게 하면 유지보수 비용이 문제가 된다. 하지만 이런 방식이 가능하긴 하다. 우리가 사용하는 라이브러리는 독자적인 개발 생명 주기를 따른다.

9.5.1 첫 인상

처음으로 라이브러리를 도입해 이를 애플리케이션의 일부로 포함시킬 때 기술적으로 적합한지 파악하기 위해 깊숙이 들어가기에 앞서 빠르게 확인해야 하는 다양한 측면이 존재한다. 라이브러리가 오픈 소스인 경우에는 일반적으로 확인 과정을 수행하기가 더 쉽지만, 다음에 제시한 질문의 대부분은 상용 라이브러리에 대해서도 여전히 답할 수 있어야 한다. 물론 바로 앞 절에서 다룬 측면 역시 세부적으로 고려해야 한다.

- **라이브러리가 얼마나 안정적인가?** 안정적인 릴리스가 아직 없다면 자체 코드를 출시할 필요가 있기 전에 안정적인 릴리스가 등장할 것이라는 확신이 있는가?
- **라이브러리가 활발하게 개발 중인가?** 라이브러리가 의도적으로 제한적인 문제를 푼다면 효과적으로 작업이 끝나 한동안 업데이트를 요구하지 않아도 문제가 없지만, 개발자가 업데이트를 포기하지는 않았는지 확인하는 편이 좋다.
- **라이브러리가 나머지 공동체에서 인기가 있는가?** 활발한 생태계가 있다면 도움을 얻기가 훨씬 더 쉬우며, 생태계는 흔히 코드의 품질에 대한 좋은 지표이기도 하다.
- **라이브러리를 만든 팀은 어떻게 구성되어 있는가?** 직접 사용하는 대기업이 지원하고 여러 사람이 만든 라이브러리는 개발자 한 명의 취미 프로젝트보다 위험 부담이 적다.
- **라이브러리가 명확하게 문서화되어 있는가?** API 참고 문서, 개념 문서, 튜토리얼, 빠른 시작 문서를 살펴보자.

위 목록은 합리적인 지표이기는 하지만 단순히 예 또는 아니오로 간단하게 답할 수는 없다. 큰 회사도 여러 해 동안 개발해온 라이브러리를 포기할 수 있고, 1인 개발자가 수십 년 동안 프로젝트를 부지런히 유지보수할 수도 있으며, 때로는 아주 적은 문서로도 작업할 수 있다. 이는 모두 의식적으로 고려해야 하는 측면일 뿐이다. 여러분의 코드베이스 내에서 외부 코드를 채택하는 방식에 대한 선택지에서 시작해 몇 가지 세부 측면을 조금 더 자세히 살펴보자.

9.5.2 코드 재사용에 대한 다양한 접근 방식

지금까지 전개된 내용을 보면 라이브러리를 고르는 작업이 쉽지 않다는 사실을 확인할 수 있다. 구성, 병행성, 확장성 모델, 테스트 가능성, 여러 의존성, 개발 생명 주기, 버전 관리와 같은 여러 요소를 고려할 필요가 있다. 만일 라이브러리가 수행할 것으로 예상되는 작업이 복잡하고 다양한 기능을 사용할 계획이면 타사 라이브러리 사용은 이 모든 상충 작용과 유지보수 비용을 합리화할 것이다. 하지만 만일 문자열을 적절히 포매팅하거나 컬렉션에 대한 더 많은 유틸리티 메서드를 제공하는 등의 특정 분야에서 작은 기능이 필요하다면 코드베이스에 특정 메서드를 구현하는 방법을 고려할 수도 있다. 한편으로 사용하고 싶은 타사 라이브러리 메서드는 코드를 다소 단순하게 만들지도 모른다. 하지만 코드베이스에 모든 유지보수 문제와 복잡성을 가져올 수 있다.

고려 중인 타사 라이브러리의 라이선스에 따라 코드베이스로 필요한 메서드를 복사하고 이를 위한 단위 테스트를 추가하고 이 코드에 대한 완전한 소유권을 확보할 수도 있다. 이런 방식은 모든 API와 메서드를 제공하는 라이브러리를 임포트할 필요 없이 양산 서비스로 증명된 기존 코드를 사용하게 허용한다. 타사 라이브러리의 작은 일부만을 사용할 계획이라면 이런 방식은 합리적인 해법이다. 당연히 버그 수정에 대한 책임을 질 필요가 있기 때문에 단점도 있다. 하지만 이식 중인 코드가 작고 완전히 이해 가능하다면 많은 문제가 생기지 않아야 한다.

또한 원본 코드를 변경하기 불가능하거나 어렵다면 원본 라이브러리를 포크해서 필요한 기능을 개발할 수도 있다. 이런 방식은 또한 여러 유지보수 문제를 수반한다. 예를 들어, 원본 코드베이스에서 수행된 버그 수정을 포함하기 위해 포크를 최신 버전으로 유지할 필요가 있다. 또한 시간이 지나고 나면 두 코드 버전이 분기되므로 일관성을 맞추기가 어렵거나 불가능할 수도 있다.

9.5.3 공급 업체 종속

특정 라이브러리의 인기나 이를 지원하는 회사와 무관하게 우리가 사용하는 라이브러리는 지원이 중단되거나 최종적으로 제거될 수 있다는 사실을 인식해야 한다. 몇몇 클라우드 서비스가 더 나은 버전으로 대체되거나 우리가 독점 소프트웨어를 구입했지만 이를 지원하는 회사가 인수되거나 제품이 변경되는 상황을 생각해보자. 또한 외부 오픈 소스 라이브러리가 인기를 끌어서 우리가 애플리케이션에서 사용하기 위해 이를 선택하기도 한다. 하지만 시간이 지나면, 새로운 라이브러리가 개발된다. 새로운 라이브러리는 동일 문제를 훨씬 더 빠르고 훨씬 더 깔끔하게 해결하므로 사람들은 이렇게 새로운 라이브러리로 이주하기 시작한다. 우리가 사용했던 라이브러리는 인기를 잃어버리고 시간이 지나면 유지보수 모드로 들어가 더 이상 개발되지 않는다.

아키텍처가 진화하고 새로운 패턴이 만들어지고 소프트웨어 지원은 중단된다. 새로운 라이브러리나 서비스를 사용할 때 향후 등장할 더 새로운 라이브러리로 이주할 필요가 있는지 인식해야 한다. 이런 사건이 발생할 확률은 우리가 사용하는 모든 소프트웨어 컴포넌트에 동일하게 적용되지는 않는다. 이런 변동 가능성이 높다는 사실을 안다면 추상화 계층 뒤에 이들 라이브러리(또는 서비스)와 통합하는 지점을 숨겨야 한다. 그러면 구현을 전환할 필요가 생길 때 변경은 코드의 많은 곳으로 전파되지 않을 것이다. 그 대신, 추상화 내에 캡슐화될 것이며 코드 변경은 그곳에서만 필요할 것이다.

새로운 라이브러리로 시작할 때 이 라이브러리가 우리의 애플리케이션과 아키텍처에 어떻게 영향을 미치는지 관찰해야 한다. 통합이 더 내부로 파고들수록 향후 공급 업체를 변경하기가 더 어려워진다. 현실적으로 가능한 모든 라이브러리와 서비스 통합 지점을 추상화 뒤에 숨기는 것은 어렵거나 불가능하다. 또한 어느 정도까지 공급 업체 종속을 완화하기는 어렵지만, 우리 애플리케이션과 강한 결합을 요구하지 않는 라이브러리를 고르는 방법으로 위험을 최소화하게 노력할 수는 있다.

9.5.4 라이선스

다른 라이브러리에서 가져온 코드를 사용하기로 결정할 때 라이선스를 고려할 필요가 있다. 예를 들어 GNU 일반 공중 라이선스(GPL, GNU General Public License)가 붙은 라이브러리를 사용하고 싶다고 가정하자. 프로젝트에서 해당 라이브러리의 코드를 사용하려고 할 때 프로젝트 소스 코드도 공개할 필요가 있다. 이는 코드를 외부에 공개하고 싶지 않은 여러 내부 프로젝트에서 방해물이 된다. 라이선스에 관한 의사 결정은 복잡하며 실수로 인한 비용은 높을 수 있다. 이 때문에 라이선스에 대해 의심이 가면 질문에 대한 적절한 지침을 제공할 수 있는 법률 부서에 문의하는 방법을 권장한다.

9.5.5 라이브러리 대 프레임워크

종종 코드베이스에서 라이브러리로 시작할 때 많은 비용을 들이지 않고서도 이를 추상화할 수 있다. 예를 들어 특정 라이브러리를 사용하는 HTTP 서비스에 대한 모든 호출은 사용자 정의 서비스 클래스에 숨길 수 있다. 다음으로 HTTP 라이브러리와 우리 애플리케이션 코드 사이의 모든 상호 작용은 HTTP 라이브러리를 통해 직접 수행하는 대신 이 서비스 클래스를 통해 수행할 수 있다. 하지만 (3장에서 배운) 예외와 (6장에서 배운) 구성을 포함해 우리가 사용 중인 라이브러리에 국한된 정보를 외부에 유출하지 않게 주의할 필요가 있다. 일단 이렇게 만들고 나면 나중에 의사 결정 사안을 변경하기가 훨씬 더 쉽다. 상당한 비용을 들이지 않고서도 다른 구현을 위해 라이브러리를 교체할 수 있다. 또한 직접 구현하기로 결정하고 이 라이브러리의 의존성을 없앨 수도 있다.

우리가 프레임워크를 사용하고 있을 때 상황은 급변한다. 프레임워크는 우리 애플리케이션의 코드에 상당히 큰 영향을 미치는 경향이 있다. 몇몇 프레임워크는 우리 코드 내부로 깊게 파고들고 애플리케이션을 통틀어 프레임워크의 컴포넌트를 사용하도록 요구한다. 우리 코드베이스에서 임포트하는 의존성을 살펴보는 방식으로 이를 쉽게 확인할 수 있다. 우리의 코드베이스에서 프레임워크를 더 많이 임포트할수록 우리 애플리케이션에 프레임워크가 더 강하게 결합된다. 라이브러리와 비교해보면 우리 애플리케이션의 생명 주기 동안 특정 프레임워크를 다른 프레임워크로 변경하기가 훨씬 더 어려워진다. 이런 사실로 인해 (라이브러리 선택과 비교해) 애플리케이션을 위한 프레임워크를 선택하기 앞서 신중하고 철저한 조사를 거쳐야 한다.

9.5.6 보안과 업데이트

마지막으로 우리 소프트웨어에서 동작하는 타사 라이브러리의 보안 영향도에 초점을 맞출 것이다. 알다시피 소프트웨어의 어느 부분이라도 버그를 포함할 수 있다. 이런 버그는 정확도와 성능뿐만 아니라 애플리케이션의 전반적인 보안에도 영향을 미친다. 이런 이유로 애플리케이션의 새로운 릴리스를 배포하기 앞서 보안 테스트를 수행해야 한다. 코드베이스의 자동화된 보안 검사는 문제를 찾을 수 있지만, 우리가 사용하는 라이브러리가 우리 코드가 된다는 사실을 잊어서는 안 된다.

우리가 사용하는 모든 외부 의존성은 진화하며, 또한 보안 취약점을 포함할 수도 있다. 새로운 보안 취약성이 타사 라이브러리에서 발견될 때 라이브러리 개발자는 이를 최우선으로 취급해야 한다. 보안 문제가 발견된 직후 새로운 버전이 배포되는 경우가 대부분이다. 일단 수정되고 나면 우리 코드베이스에서 문제가 되는 라이브러리를 최대한 빨리 업데이트해야 한다. 우리가 더 오래 기다릴수록 잠재적인 공격자가 보안 취약점을 악용할 수 있는 시간이 늘어난다.

외부 의존성에 보안 문제가 있는지 어떻게 확인할 수 있을까? 예를 들어, 보안 취약점을 열거하는 다양한 웹 사이트(예: https://www.cvedetails.com/)를 방문해 우리가 사용하는 라이브러리를 찾아볼 수 있다. 이런 사이트는 다양한 제품과 라이브러리의 보안 문제와 관련된 업데이트를 포함한다. 하지만 웹 사이트를 수동으로 방문해서 점검하는 방식은 지루하고 시간 소모적일 수 있다. 다행히 모든 타사 라이브러리를 검사해 문제가 있을 때 알려주는 보안 점검 기능을 자동화할 수 있다. 이런 도구 중 몇몇(예: https://dependabot.com/)은 심지어 문제가 되는 라이브러리 버전을 자동으로 업그레이드하고 코드베이스에 변경 사항을 제출한다(예: 깃을 사용한 PR).

보안 업데이트는 고려해야 할 가장 중요한 사안이지만, 라이브러리를 위한 다른 업데이트도 주시할 필요가 있다. 특히 제한된 지원 수명이 남은 예전 버전인 경우에 새로운 주 버전이 등장하면 얼마나 많이 변경되었는지를 검사해서 가까운 시일 내에 업그레이드를 고려할 계획을 세울 수도 있다.

라이브러리가 유의적 버전 관리를 적절히 따른다면 부 버전을 채택하는 과정은 수월해야 하며, 새로운 기능 덕분에 코드 일부가 단순화될 수 있다는 사실을 확인할 수도 있다. 또한 새로운 릴리스에 어떤 버그가 수정되었는지 확인하는 습관도 가치가 있다. 종종 애플리케이션이 심지어 인식조차 하지 못한 상태의 문제로 고통받아왔다는 사실을 발견할지도 모른다.

9.5.7 의사 결정을 위한 점검 목록

많은 기능이 포함된 타사 라이브러리를 사용할 필요가 있다면(또는 코드 복사와 관련한 해법이 가능하지 않은 경우라면) 이 장에 나온 검증할 내용을 정리한 다음 점검 목록을 고려하자. 이 점검 목록은 향후 애플리케이션의 많은 문제를 완화하는 데 도움을 줄 것이다.

- **구성 가능성과 기본값**: 우리가 모든 중요한 설정을 제공할 수 (그리고 재정의할 수) 있는가?
- **병행 모델, 확장성, 성능**: 우리 애플리케이션 작업 흐름이 비동기식인 경우 비동기식 API를 제공하는가?
- **분산된 환경**: 분산된 환경(멀티노드)에서 안전하게 동작할 수 있는가?
- **안전성 검토**: 프레임워크와 라이브러리 중 무엇을 선택할까? 프레임워크인 경우, 더 철저한 조사를 수행할 필요가 있다.
- **라이브러리에 대한 가정을 점검하기 위한 단위 테스트와 통합 테스트**: 이 라이브러리를 사용하는 코드를 테스트하기가 얼마나 어려운가? 이 라이브러리가 독자적인 테스트 툴킷을 제공하는가?
- **의존성**: 라이브러리는 무엇에 의존하는가? 독립적으로 격리되어 있는가? 아니면 수많은 외부 의존성을 다운로드해서 앱의 크기와 복잡도에 영향을 미치는가?
- **버전 관리**: 이 라이브러리가 유의적인 버전 관리를 따르는가? 이 라이브러리가 하위 호환성을 제공하는 방식으로 진화하고 있는가?
- **유지보수**: 인기 있고 활발하게 유지보수가 일어나는가?
- **통합**: 이 라이브러리와 통합하는 과정에서 우리 코드를 얼마나 깊게 파고드는가? 단일 공급 업체에 종속될 위험은 얼마나 높은가?
- **라이선스**: 사용 중인 타사 라이브러리의 라이선스가 우리의 컨텍스트에 맞춰 사용을 허락하는가?
- **보안과 업데이트**: 보안 취약성을 해소하기 위해 다운스트림 컴포넌트를 자주 업그레이드하고 있는가?

요약

- 우리가 사용하는 대다수 라이브러리는 몇 가지 구성을 요구한다. 서비스 코드에 영향을 미칠 수 있는 기본값에 주의하자.

- 구성보다는 관례를 선택하면 프로토타이핑과 개발 단계를 단순하게 만들지만, 운영 서비스 트래픽에서 드러날 몇몇 문제를 감출 수도 있다.

- 우리 애플리케이션은 유사한 병행 모델을 제공하는 타사 라이브러리를 사용해야 한다. 이는 더 나은 성능을 제공하는 애플리케이션을 제작할 수 있게 만든다.

- 자바에서는 손쉽게 동기식 추상화에서 비동기식 API를 감싸는 방식보다 동기식 컨텍스트에서 비동기식 API를 사용하는 편이 훨씬 더 쉽다. 동기식 API를 감싼 비동기식 래퍼를 생성하면 애플리케이션이 상당히 복잡해진다.

- 동기식 설계로 만든 라이브러리를 고르면 실행 모델을 변경하려고 마음먹은 장래에 확장성을 제약할 수 있다.

- 타사 라이브러리의 확장성은 노드 하나의 사용 사례와 노드 N개로 구성된 분산된 시스템 사이에 상당히 다를 수도 있다. 변경 비용이 너무 많이 들기 전에 사용에 앞서 고려해야 하는 라이브러리의 확장성 모델에 대한 가정을 검증해야 한다.

- 테스트를 통해 소유하지 않은 코드에 대한 가정을 검증해야 한다.

- 우리가 사용하고 싶은 타사 라이브러리의 테스트 가능성은 라이브러리 선택 과정에서 필수가 돼야 한다. 이는 또한 우리가 사용하고 싶은 코드의 전반적인 품질도 드러낸다.

- 라이브러리와 함께 제공되는 단위 테스트와 통합 테스트 툴킷은 훨씬 더 쉽고 빠르게 코드를 테스트하게 해준다.

- 모든 외부 의존성은 자체 의존성을 가져온다. 이에 주의해서 애플리케이션에 코드를 임포트하기 앞서 여러 의존성을 검사해야 한다.

- 애플리케이션 크기는 컨테이너와 서버리스 환경에서 더욱 중요해진다. 애플리케이션 크기가 더 작을수록 배포를 더 빠르게 할 수 있다.

- 모든 버그, 보안, 성능 수정을 지렛대로 삼기 위해 타사 라이브러리를 최신으로 유지해야 한다. 유의적인 버전 관리는 우리가 사용하는 어떤 라이브러리에서도 구현돼야 한다. 유의적인 버전은 업데이트 과정을 단순하게 만들 것이다.

- 유의적인 버전 관리는 타사 라이브러리의 개발 활동과 주기에 대해 많은 정보를 제공한다. 주 버전이 변경될 때 유의적인 버전은 업그레이드가 쉽지 않을 것이라는 정보를 제공한다. 하지만 부 버전이나 패치 버전만 변경되면 업그레이드는 단순해야 한다.

10

분산 시스템에서의 일관성과 원자성

이 장에서 다루는 내용

- N개 노드와 분산된 데이터베이스에 배포된 마이크로서비스 사이의 트래픽 흐름
- 노드 하나를 위한 시나리오에서 정상 동작하는 애플리케이션을 노드 N개에서 제대로 동작하게 진화하는 방법
- 애플리케이션 환경에서 원자성과 일관성 사이의 차이점

애플리케이션을 분산된 환경에서 확장하고 실행하게 만들고 싶다면 그에 맞게 코드를 설계할 필요가 있다. 시스템의 일관성 있는 뷰는 중요하며, 애플리케이션이 노드 하나에 배포되고 주 서버와 부 서버로 아키텍처를 구성한 표준 데이터베이스를 사용한다면 상대적으로 일관성을 달성하기가 쉽다. 이런 환경에서는 데이터베이스 트랜잭션이 연산의 원자성을 보증한다. 하지만 실제 세계에서 애플리케이션은 확장 가능하고 탄력적일 필요가 있다.

트래픽 패턴에 따라 서비스를 노드 N개에 배포하고 싶은 경우도 있다. 일단 애플리케이션을 노드 N개에 배포하고 나면 데이터베이스라는 하위 계층에서 확장성 문제를 발견할 수 있다. 이런 경우, 데이터 계층을 분산된 데이터베이스로 이주해야 하는 경우가 종종 생긴다. 이렇게 하면, 들어오는 트래픽 처리를 마이크로서비스 N개로 분산하고, 계속해서 트래픽을 데이터베이스 노드 M개로 분산할 수 있다. 이런 환경에서 코드는 완전히 다른 방식으로 설계될 필요가 있다. 이 장은 이런 분산된 환경에서 애플리케이션 로직을 일관성 있고 원자적으로 만들기 위해 수행할 필요가 있는 결정 사항과 변경 사항에 초점을 맞춘다.

각각의 서비스가 노드 하나에 배포된 형태의 단순한 아키텍처로 시작하자. 이런 환경에서 트래픽 특성을 배우고 이해할 것이다. 다음으로, 더 복잡한 아키텍처로 차근차근 나아가면서 시스템 설계 가정이 어떻게 진화하는지 살펴볼 것이다.

10.1 최소한 한 번 이상 데이터 소스 전송

분산되지 않은 표준 SQL 데이터베이스를 사용하는 노드 하나에 애플리케이션이 배포된 단순한 뷰를 갖는 것은 매력적이다. 하지만 서비스가 단순한 배포 모델을 따르고 확장성을 염두에 두고 설계되지 않았다고 해도 분산된 환경에서 운영될 수 있다는 (그리고 아마도 운영될 것이라는) 사실을 인식하는 것이 중요하다. 이렇게 운영해야 하는 이유는 시스템이 몇 가지 비즈니스 기능을 제공한다면 다른 서비스를 호출할 확률이 높기 때문이다. 외부 서비스를 호출할 때마다 네트워크 호출이 수행된다. 이는 서비스가 네트워크를 통해 도달하고 응답을 기다리는 요청을 수행할 필요가 있다는 사실을 의미한다.

10.1.1 노드 하나짜리 서비스 사이의 트래픽

노드 하나에 배포되어 있는 애플리케이션 A가 메일 서비스에 호출을 수행할 필요가 있다고 가정하자. 메일 서비스는 요청을 받을 때 이메일을 최종 사용자에게 전송한다. 이 경우 서비스를 분산된 환경에서 운영하는 것이다.

모든 네트워크 요청은 실패할 수 있다는 사실을 기억하는 것이 중요하다(그림 10.1을 참고). 실패는 애플리케이션에서 호출 중인 서비스로부터 발생한 오류가 초래할 수 있다.

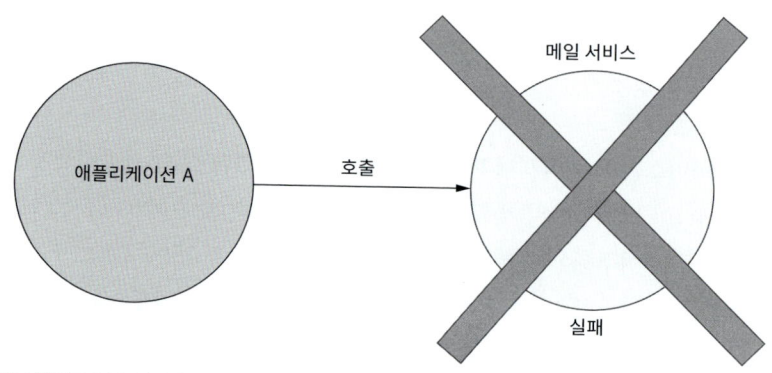

그림 10.1 서비스에서 장애로 인해 실패하는 메일 서비스에 대한 요청

언뜻 보기에는 간단한 상황이다. 하지만 호출자(애플리케이션 A) 관점에서 이를 추론하기가 쉽지는 않다. 실제 세계에서 애플리케이션 A는 전자상거래 서비스, 마케팅 자동화 서비스, 지불 확인 서비스 등이 될 수 있다. 메일 서비스의 실패는 이메일을 보낸 직후 또는 직전에 일어날 수 있다. 이메일을 전송하는 도중에 실패가 일어나고 이메일 서비스가 (일례로 유지보수 목적의 중단이 있음을 나타내는 상태 코드 등으로) 합리적으로 응답할 수 있는 경우, 애플리케이션 A는 이메일이 전송되지 않았다고 결론을 내릴 수 있다. 하지만 애플리케이션 A가 이유를 모르는 일반적인 오류를 받았다면 이메일이 아직 전송되지 않았음을 안전하게 가정할 수 없다.

네트워크 문제를 고려할 때 이런 상황은 더더욱 복잡해질 수 있다. 메일 서비스를 호출한 상황에서 성공적으로 이메일이 전송되었을 수도 있다. 메일 서비스는 모든 것이 잘 진행되었음을 나타내는 상태와 함께 애플리케이션 A에 응답한다. 하지만 네트워크를 통해 요청과 응답이 오간다는 사실을 기억할 필요가 있다. 앞서 언급했듯이, 모든 네트워크 호출은 임의의 이유로 실패할 수 있다. 예를 들어, 네트워크 경로에 위치한 라우터, 스위치, 허브가 고장 날지도 모른다. 그림 10.2에서 볼 수 있듯이 (응답이 담긴) 패키지 전송을 방해하는 네트워크 분할이 생길 수도 있다.

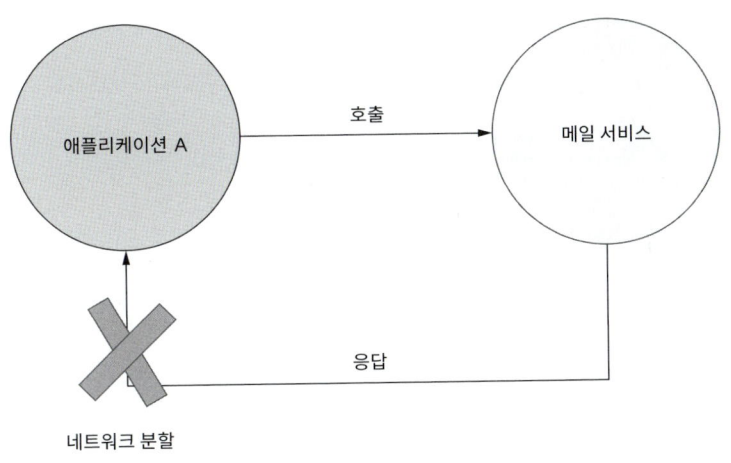

그림 10.2 애플리케이션 A로 응답을 전송할 때 발생하는 네트워크 실패

네트워크 실패가 일어날 때 애플리케이션 A의 호출자는 연산 결과를 추론할 수 없다. 애플리케이션 A는 시간 제한 내에 응답이 전송되지 않았음을 나타내는 타임아웃을 관찰할 것이다. 이런 이유로 인해 호출자는 시스템의 완전한 뷰를 얻지 못하며, 결국 일관성을 유지하지 못한 상태가 된다. 메일은 전송되었을 수도 전송되지 않았을 수도 있다.

10.1.2 애플리케이션 호출 재시도하기

애플리케이션 A가 성공적인 응답을 받지 못할 때 이 문제를 해결하기 위한 한 가지 해법으로 초기 요청을 재시도할 수 있다. 일시적인 네트워크 분할로 인한 문제였다면 재시도가 성공할 확률이 매우 높다. 이 경우, 호출자 애플리케이션은 시스템의 (거의) 일관적인 뷰를 다시 얻게 된다.

하지만 이런 시스템 아키텍처에서 재시도는 문제가 있다. 두 번 이상 재시도할 필요가 있을 때 문제가 발생한다. 이런 상황에서는 그림 10.3에서 보듯이 메일 서비스가 중복된 이메일을 두 개 이상 보낼 가능성이 있다. 첫 번째 요청이 실패하고, 재시도도 실패하고, 요청이 다시 한번 시도되는 상황을 고려해보자. 이런 경우에 주어진 이메일이 최대 세 번까지 전송될 가능성이 있다! 이렇게 되는 이유는 (재시도에 앞선) 직전 호출이 이메일이 전송되기 전인지 후인지 알지 못하기 때문이다.

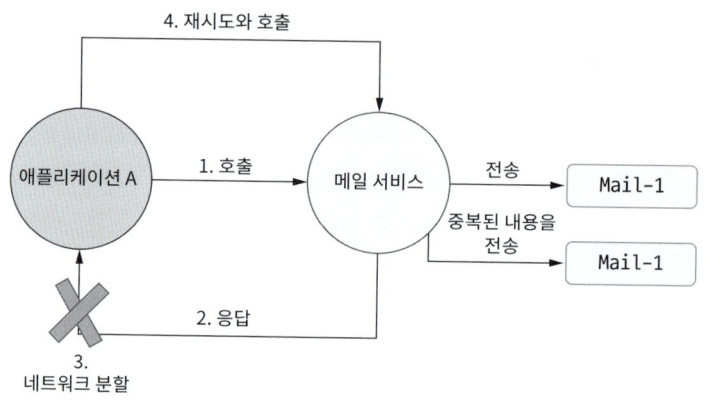

그림 10.3 결국 중복된 이메일을 보내는 애플리케이션 A로부터 요청 재시도

그림 10.3에 제시된 모든 단계를 설명해보자. 처리 과정의 첫 번째 단계에서 애플리케이션 A는 몇몇 프로토콜을 통해 호출된 메일 서비스에 요청을 보낸다. 다음으로, 메일 서비스는 성공적으로 이메일을 전송한다. 이메일을 전송하고 나서 호출자(애플리케이션 A)에게 응답을 반환한다. 불행히도 응답하는 도중에 네트워크 분할이 생긴다. 애플리케이션 A의 관점에서 이는 실패로 관측된다. 호출자 애플리케이션은 응답을 얻지 못하며, 타임아웃이 걸려 실패한다. 호출자가 이런 상황에서 재시도하기로 결정하면 메일 서비스를 다시 호출할 것이다. 메일 서비스 관점에서 재시도는 처리할 필요가 있는 또 다른 요청에 불과하다. 이런 이유로 동일 이메일을 다시 전송한다. 이번에는 응답이 호출자 애플리케이션 A에 성공적으로 전달되며 재시도는 없다. 불행히도 이메일은 두 번 전송되었다.

실제 시스템 아키텍처에서는 외부 서비스 여러 개와 통합할 필요가 생긴다. 이 경우 이메일을 고객의 스팸함으로 보내는 결과가 생기더라도 이메일 전송 재시도 자체는 문제가 되지 않을 수 있다. 하지만 일례로 시스템에서 결제할 필요가 있는 경우 더욱 심각한 문제가 벌어진다. 결제하는 작업 또한 외부 호출이며, 결제를 재시도하는 것이 문제가 되는 이유는 사용자 계정에서 두 번 (이상) 돈을 인출할 가능성이 있기 때문이다.

메일 서비스에 연산을 재시도할 때 최소한 한 번 전송 의미론을 제공할 것이다. 애플리케이션 A가 성공할 때까지 연산을 재시도하면 메일은 한 번 이상 전송될 것이다. 중복된 전송이 생길 수도 있지만, (전체 메일 서비스의 치명적인 실패를 제외하고는) 전혀 전송되지 않을 가능성은 없다. 다음 장에서 다양한 전송 의미에 대해 자세히 설명할 것이다. 이 장에서는 아키텍처가 최소한 한 번 전송하는 방식으로 동작하므로 애플리케이션 A가 전송을 재시도할 때 메일 서비스 쪽에서 중복이 일어난다는 사실 정도만 알고 있으면 된다.

10.1.3 데이터 생성과 멱등성

부작용이 있는 연산을 재시도하는 방식은 일반적으로 안전하지 않다. 현재 아키텍처가 바로 이런 상황이다. 하지만 재시도 연산이 안전한지 그렇지 않은지를 결정하는 방법은 무엇일까? 시스템의 멱등성 특성이 이 질문에 대한 답을 제공한다. 호출 횟수에 무관하게 동일한 결과를 얻는다면 연산에는 **멱등성**이 있는 것이다.

예를 들어, (여러 시도 사이에서 대상 데이터가 변경되지 않았다고 가정하면) 데이터베이스에서 정보를 얻는 연산은 멱등성이 있다. HTTP 엔드포인트에서 데이터를 가져오는 등의 get 연산 또한 멱등성을 유지해야 한다. 우리 서비스가 다양한 외부 서비스에서 데이터를 인출할 필요가 있다면 여러 차례 get 연산을 재시도할지도 모른다. 이는 get 연산 수행이 어떤 상태도 변경하지 않는다는 사실을 가정하고 있다. 필요한 만큼 여러 차례 재시도하면서 값을 얻어도 안전하다.

또 다른 예로, 주어진 ID에 대한 레코드를 삭제하는 작업 역시 멱등성이 있다. 수행 횟수에 무관하게 동일한 결과를 얻는다. 특정 ID의 항목을 삭제한 다음에 재시도하면 멱등성을 보인다. 첫 번째 연산이 항목을 제거했다고 가정하자. 항목을 삭제하는 재시도 작업은 이미 삭제되었기에 아무런 일도 하지 않는다. 호출 수에 무관하게 결과는 동일하다.

반면에 데이터를 생성하는 연산은 거의 대부분 멱등성이 없다. 메일 전송은 멱등성이 없다. 전송 연산을 실행하면 메일이 전송된다. 바로 앞 절에서 제시한 아키텍처에서 전송 연산은 롤백이 불가능한 부작용이다. 이런 연산을 재시도하면 또 다른 전송이 일어나므로 또 다른 부작용이 생긴다.

생성과 관련된 몇몇 연산은 멱등성이 있다는 점에 주목할 필요가 있다. 적절히 비즈니스 엔티티를 설계하면 이런 연산은 멱등성이 있다. 예를 들어 전자상거래 사이트에서 사용자의 제품 상태와 함께 이벤트를 전송하는 장바구니 서비스가 있는 상황을 가정하자. 이런 이벤트는 장바구니 상태에 관심이 있는 다른 서비스에서 소비될 수 있다.

이 절에서 우리는 두 가지 방식으로 이벤트를 설계할 것이다. 하나는 멱등성이 있으며, 다른 하나는 멱등성이 없게 만들어 볼 것이다. 품목이 추가될 때마다 장바구니에 제품이 추가되었음을 나타내는 이벤트를 전송하는 접근 방식이 가장 간단하다. 예를 들어 사용자가 새 책 A를 장바구니에 추가하면 수량 1이 포함된 새 이벤트가 전송된다. 다음으로, 사용자가 동일 책을 장바구니에 다시 추가하면 그림 10.4에서 볼 수 있듯이 수량 1이 포함된 다른 이벤트가 전송된다.

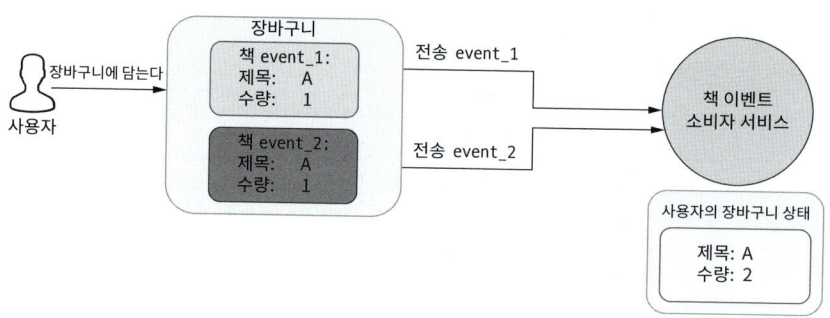

그림 10.4 책 서비스를 위한 장바구니에 데이터를 만들어내는 멱등성이 없는 엔티티

책 이벤트의 소비자 서비스는 전송된 이벤트에 기반해 장바구니 상태의 독자적인 뷰를 만든다. 이런 이벤트 기반 아키텍처는 종종 CQRS(Command Query Responsible Segregation)를 따르는 시스템을 구축하기 위해 사용된다. CQRS는 (장바구니 서비스의) 쓰기 부분과 우리 시스템의 읽기 부분을 독립적으로 확장하게 만든다. 여기서 장바구니 서비스로부터 오는 이벤트는 큐로 전송되며, 여러 독립적인 서비스가 이런 이벤트를 소비할 수 있다. 모든 서비스는 읽기 트래픽을 위해 최적화된 데이터베이스 모델을 구축할 수 있다. 또한 더 많은 읽기 서비스를 추가하더라도 장바구니 서비스의 쓰기 성능에 영향을 주지 않는다. (이 패턴은 다음 절에서 자세히 살펴볼 것이다.)

제시된 비즈니스 모델의 문제는 멱등성이 없다는 것이다. 장바구니 서비스가 장바구니 이벤트에 대한 전송을 재시도할 필요가 있다면 책 이벤트 소비자 서비스로 전송된 상태는 중복될 것이다. 소비자 서비스는 이벤트에 기반해 장바구니 뷰를 재생성할 필요가 있으므로 중복된 이벤트의 경우 장바구니에 담긴 항목의 수량을 추가할 것이다. 결과적으로 수량이 3과 같아질 것이다. 그러면 뷰는 일관성이 없어지고 깨질 것이다. 이런 비즈니스 모델에는 멱등성이 없음이 명확하다. 멱등성을 부여하기 위해 어떻게 재작업을 할 수 있을까?

수정 사항이 있을 때마다 이벤트를 하나 전송하는 대신, 장바구니 서비스는 장바구니와 관련해 전체 상태의 뷰로 이벤트를 전송할 수 있다. 이렇게 개선된 아키텍처에서는 매번 새로운 품목이 추가될 때마다 새롭게 집계된 이벤트를 외부 서비스로 전송하게 된다. 처음으로 사용자가 책 A를 장바구니에 추가하면 수량이 1인 이벤트가 전송된다. 하지만 두 번째로 책 A를 전송하면 새로운 이벤트는 2라는 수량을 포함할 것이다. 이로 인해 모든 장바구니 이벤트 소비자 서비스는 장바구니와 관련해 전체 상태의 뷰를 얻을 것이다. 재시도의 경우에 일관성이 없어질 수 있는 지역 뷰를 재생성할 필요가 없을 것이다. 이제 장바구니 서비스는 일관성이 없는 상태를 일으킬 위험 없이 이런 이벤트 전송을 재시도할 수 있다.

신경 쓸 필요가 있는 주의 사항이 하나 더 있다. 재시도하는 경우에 장바구니 서비스는 여전히 중복된 이벤트를 방출할 수 있다. 장바구니와 관련해 전체 상태가 전파되므로 고객에게 전송된 더 최신 이벤트가 사용자의 예전 장바구니 상태를 덮어써 버릴 수 있다. 하지만 재시도하는 경우, 그림 10.5에서 볼 수 있듯이 이벤트 순서가 혼합될 수 있다.

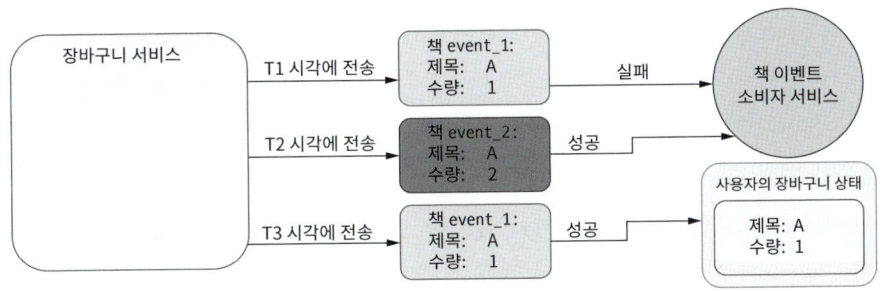

그림 10.5 순서가 엉클어진 재시도

T1 시각에 첫 번째 연산이 실패해서 일정 시간 이후에 재시도 연산이 수행되도록 예약이 걸렸다고 가정하자. 그동안 T2 시각에 두 번째 연산이 성공했다. 그러고 나서 스케줄된 재시도 연산은 T3 시각에 수행되고, 책 event_1이 전파한 상태를 덮어쓸 것이다. 이벤트의 고객 서비스는 일관성이 없는 상태로 끝날 것이다. 이로 인해 동일 사용자를 위한 재시도를 수행할 때 주의할 필요가 있다. 이 문제는 고객 쪽에서 이벤트 순서를 조정하거나 장바구니 서비스 쪽에서 이벤트 전송 순서를 조정하는 방법으로 해결될 수 있다. 재시도로 순서를 뒤섞어서는 안 된다.

일반적으로 이벤트의 전역 순서를 유지할 필요는 없다. 즉, 특정 사용자가 장바구니를 만들고 소유한다. 사용자마다 고유 ID를 갖는다. 따라서 사용자의 user_id를 장바구니가 속한 곳으로 전파할 수 있다. 이런 정보가 있으면 특정 ID에 대한 이벤트 순서만 조정하면 된다. 장바구니 이벤트가 user_id 내에서 순서가 조정되면 이벤트를 소비하는 서비스는 덮어쓰는 행동 방식에 대해 걱정할 필요 없이 user_id마다 장바구니를 다시 생성할 수 있다. 장바구니 데이터가 user_id를 사용해 파티션으로 나뉘어져 있으며, 하나의 파티션 내에서 순서가 보장된다고 말할 수 있다. (아파치 카프카나 펄사와 같은) 널리 사용되는 큐 프레임워크는 파티션 내에서 순서를 달성하는 방법을 제공한다.

뷰의 전체 상태를 전파할 경우 몇 가지 단점이 있다. 상태가 점점 더 커지면 이벤트를 전송할 때마다 매번 네트워크를 통해 더 많은 데이터를 전달할 필요가 있다. 이는 또한 직렬화와 역직렬화 로직이 더 많은 작업을 수행할 필요가 있음을 의미한다. 하지만 실제 시스템에서 이런 비즈니스 모델의 멱등성은 종종 이런 트레이드오프를 합리화한다.

이 예제에서 볼 수 있듯이, get이 아닌 연산을 멱등성 있게 만들기는 복잡하고 손상되기 쉽고 때로는 불가능하기까지 하다. 이런 문제는 여러 컴포넌트를 대상으로 하는 CQRS와 같은 분산 아키텍처에서 운영할 때 증폭될 것이다.

10.1.4 CQRS(Command Query Responsibility Segregation) 이해하기

CQRS를 더 잘 이해하기 위해 사용자의 장바구니 데이터를 소비하는 두 서비스를 구축할 필요가 있다고 가정하자. 기존 장바구니 서비스는 영속적인 큐에 사용자의 이벤트를 기록할 책임이 있다. 이는 아키텍처에서 쓰기 모델 명령(Command)이다. 반면, (향후 언젠가) 사용자의 이벤트를 비동기식으로 소비하는 서비스가 N개 생길지도 모른다. 이를 위해 그림 10.6처럼 사용자 프로필 서비스와 관계형 분석 서비스라는 두 가지 서비스가 있다고 가정하자.

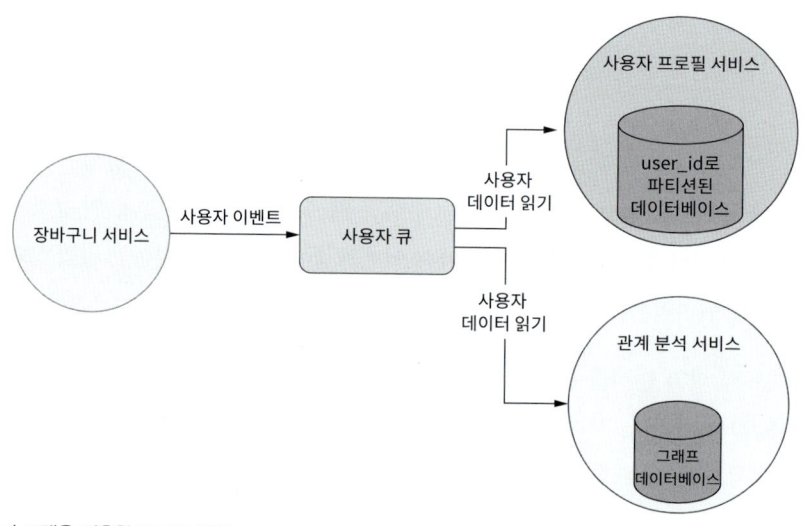

그림 10.6 두 읽기 모델을 적용한 CQRS 사용

첫째 사용자 프로필 서비스는 `user_id`를 통해 더 빠른 데이터 인출을 위한 읽기 모델을 최적화할 필요가 있다. 분산된 데이터베이스를 골라 파티션 키로 `user_id`를 사용할 필요가 있다. 다음으로, 사용자 프로필의 고객은 읽기 최적화된 데이터 모델을 사용해 `user_id`를 통해 서비스를 질의할 수 있다. 다른 관계형 분석 서비스 데이터 모델은 완전히 다른 사용 사례를 위해 최적화된다. 이 모델 역시 사용자의 데이터를 읽지만, 오프라인 분석을 위해 최적화된 다른 읽기 모델을 구축하고, 배치 작업을 위해 최적화된 다른 질의 패턴을 허용한다. 예를 들어, HDFS와 같은 분산된 파일 시스템에 이벤트를 저장할 수 있다. 사용자 프로필과 관계 분석 서비스는 CQRS 아키텍처에서 Q(Query) 부분이다.

이 아키텍처는 몇 가지 필수적인 장점을 제공한다. 첫 번째로, 데이터 생산자와 소비자가 서로 분리되어 있다. 두 번째로, 이벤트를 생산하는 서비스는 데이터의 향후 모든 사용 가능성을 추측할 필요가 없다. 이 서비스는 쓰기를 위해 최적화된 데이터 저장소에 이벤트를 저장한다. 소비자는 이 데이터를 가져와서 특정 사용 사례를 위해 최적화된 데이터베이스 모델로 변환하는 책임을 진다. 소비자 서비스를 개발하는 팀은 독립적으로 작업해서 공통적으로 사용 가능한 데이터에 기반해 비즈니스 가치를 창출할 수 있다. CQRS를 사용할 때 데이터는 일급 시민이다. 소비자 서비스는 다양한 원천에서 나온 데이터를 소비하고 자신만의 목적에 따라 활용할 수 있다.

하지만 이 패턴에는 많은 단점이 있다. 첫째, 데이터가 N개의 위치에 중복된다. 필요로 하는 읽기 모델 서비스가 많을수록 중복도 많아질 것이다. 또한 이 아키텍처는 많은 데이터 이동을 요구한다. (초기 데이터를 저장하기 위한) 쓰기 모델 서비스와 읽기 모델 서비스 양쪽에서 여러 요청이 전송될 것이다. 이런 요청 중 뭐든지 실패할 수 있으므로 앞서 논의한 모든 문제(재시도, 최소한 한 번 전송, 네트워크 분할, 연산의 멱등성)가 시스템의 상태에 영향을 미칠 것이다. 실제로 이런 문제들은 더 분명하게 드러날 것이다. 즉, 서비스가 많을수록 잘못될 곳도 많다. 이런 문제에 대비해 적절히 보호책을 마련하지 않을 경우 읽기 모델 서비스 사이에서 동기화가 벗어난 상태가 발생할 수 있다. 두 서비스 중 하나에 보내진 멱등성이 없는 중복된 내용은 전체 시스템의 상태를 어긋나게 만들 수 있다.

어떻게 분산된 환경에서 동작(실제로는 서비스를 담당하는 거의 모든 시스템에 해당한다)하는 내결함성이 있는 시스템(다시 말해 실패한 연산을 재시도하는)을 설계하고 시스템이 일관성 있는 뷰를 갖는다고 확신할 수 있을까? 이를 위한 제대로 증명된 패턴은 소비자 쪽에서 구현된 중복 제거 로직이다. 멱등성이 없는 연산(재시도가 불가능한 연산)을 수행하는 서비스가 중복 제거 로직을 구현할 때 모든 호출자를 위해 멱등성을 유지하게 동작 방식을 효율적으로 변경한다. 다음 절에서 라이브러리 안에서 중복 제거 로직을 구현할 것이다.

10.2 중복 제거 라이브러리의 단순한 구현

여기서는 메일 서비스를 멱등성을 보장하면서 전송할 수 있게 만들어 볼 것이다. 이는 메일 서비스에서 중복 제거 로직을 구현하는 식으로 달성할 수 있다. 이 서비스에 새로운 요청이 도착할 때 서비스는 전에 이 요청이 이미 전송되었는지를 점검한다. 이 요청이 기존에 전송되지 않았으면 중복이 아님을 의미하므로 해당 요청을 안전하게 처리할 수 있다.

중복 제거가 동작하게 만들기 위해 모든 이벤트에 유일한 식별자가 필요하다는 사실에 주목하자. 호출자 서비스(애플리케이션 A)는 모든 요청을 유일하게 식별하기 위한 UUID를 생성할 것이다. 요청이 다시 전송될 때 동일 UUID가 사용된다. 이 정보를 사용해 이벤트를 수신하는 메일 서비스는 이 이벤트가 전에 수신되었는지를 검증할 수 있다. 요청(또는 이벤트)이 여러 서비스를 통해 이동하는 아키텍처라면 이 모든 서비스는 해당 요청의 유일한 식별자를 동일하게 사용할 수 있다. 일반적으로 유일한 ID는 (요청이나 이벤트를 수행하는 첫째 서비스인) 생성자 쪽에서 만들어지며, 여러 서비스가 도중에 중복 제거를 위해 이 ID를 사용할 수 있다.

ID가 처리되었는지 그렇지 않았는지에 대한 정보는 영속적이어야만 한다. 이 때문에 영속성을 제공하는 데이터베이스에 ID가 저장될 필요가 있다. 데이터베이스는 시스템이 사용하는 새로운 컴포넌트다. 서비스가 이미 몇몇 데이터베이스를 사용하고 있을 가능성이 높으므로 중복 제거를 위한 새로운 전용 테이블을 추가하는 작업은 단순할 수 있다. 그림 10.7은 중복 제거 로직을 보여준다.

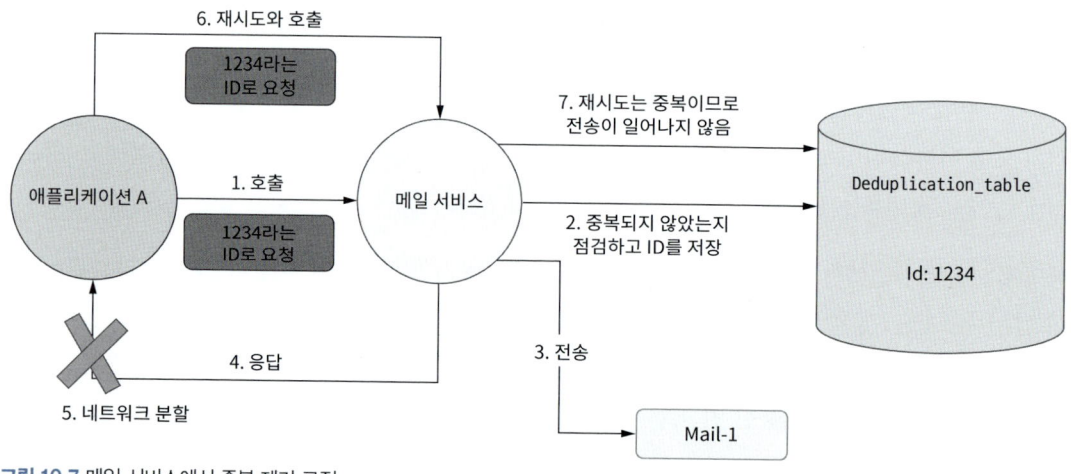

그림 10.7 메일 서비스에서 중복 제거 로직

메일 중복을 일으키는 동일한 상황을 고려해보자. 그림 10.7에서 ID 1234(실제로는 UUID가 될 것이다)로 첫째 요청이 전송된다. 이 요청이 메일 서비스에 도착할 때 먼저 주어진 ID로 요청이 처리되었는지 점검한다. 서비스는 데이터베이스 질의로 점검 작업을 수행한다. 주어진 ID로 처리된 이벤트가 없다면 데이터베이스에 레코드를 추가한다. 그리고 나서 계속해서 최종 사용자로 메일을 전송하는 과정을 밟는다. 다음으로, 메일 서비스는 데이터가 올바르게 처리되었다는 (4단계에서) 정보를 전송하지만 불행히도 네트워크 분할이 생긴다(5단계).

애플리케이션 A는 메일이 전송되었는지 전송되지 않았는지를 모르므로 동일 ID로 요청을 재시도한다. 재시도된 요청이 메일 서비스에 도착할 때 중복인지 아닌지를 점검한다. 요청이 이미 처리되었다면 이 요청은 처리되지 않는다.

해법은 탄탄해 보이지만, 문제가 하나 있다. 메일이 처리된 요청 정보의 ID를 저장한 후이지만 실제 메일을 전송하기 전에 실패하면 어떤 일이 벌어질까? 그림 10.8에서 보여주는 바와 같이 이제 이런 상황을 고려해보자.

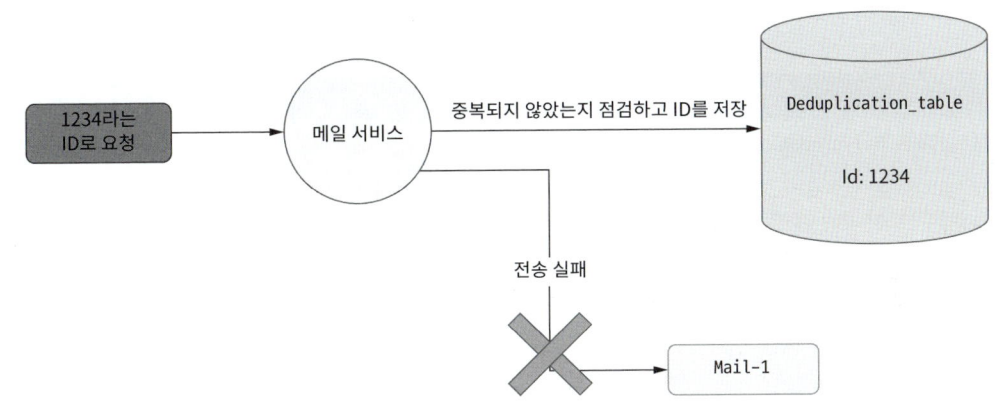

그림 10.8 부분 실패 전송

중복 제거 서비스가 전송에 앞서 이벤트 ID를 점검하고 저장하면 부분 실패의 위험에 직면한다. 요청이 처리되었다고 표식을 붙인 다음에 메일 전송 프로세스가 실패할 가능성이 있다. 실패 응답이 호출자 애플리케이션으로 전송될 것이다. 호출자 애플리케이션은 예상대로 동일 요청 ID를 사용해 재시도할 것이다. 하지만 메일 서비스는 주어진 ID에 이미 처리되었다는 표식을 붙였다. 따라서 요청은 처리되지 않을 것이고, 메일은 전송되지 않을 것이다. 이를 제대로 구현하기 위한 가장 단순한 접근 방법은 중복 제거 서비스를 두 단계로 나눠서 두 단계 사이에서 메일 전송 연산을 넣는 것이다. 그림 10.9가 이런 프로세스를 보여준다.

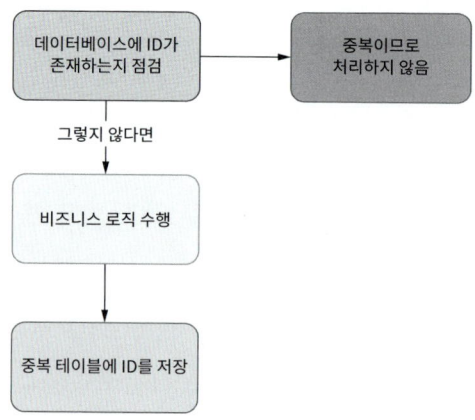

그림 10.9 세 단계로 중복 제거

먼저 새로운 접근 방식은 주어진 ID를 사용해 데이터베이스에서 레코드를 가져오려고 시도할 것이다. ID가 존재하지 않으면 호출자가 제공하는 연산을 수행해야 한다. 여기서는 이메일 전송 연산이다. 일단 전송이 성공적으로 끝나면(예외 없이 반환되면) 요청 ID로 새로운 레코드를 삽입할 수 있다. 코드 10.1은 이런 로직을 위한 코드를 보여준다.

코드 10.1 단순한 중복 제거 서비스 구현

```java
public class NaiveDeduplicationService {

  private final DbClient dbClient = new DbClient();

  public void executeIfNotDuplicate(String id, Runnable action) {
    boolean present = dbClient.find(id);
    if (!present) {
      action.run();
      dbClient.save(id);
    }
  }
}
```

`DbClient`는 기반 데이터베이스 백엔드와 상호 작용하는 책임을 맡는다. 제공된 `Runnable`은 메일 전송 프로세스다. `dbClient.find(id)` 호출은 처리 과정의 첫 단계다. 이 호출은 레코드가 데이터베이스에 존재하는지 찾으려고 시도한다. 레코드가 존재하지 않으면 실제 처리가 수행된다. 마지막 단계는 새로운 `request-id` 레코드를 데이터베이스에 저장한다. `request-id`를 위한 레코드가 데이터베이스에 존재하면 이런 요청은 무시된다.

제공된 해법은 설명하고 있는 실패 시나리오 양쪽 모두에 적절히 대응하는 듯이 보인다. 성공적인 메일 전송 후에 네트워크 분할이 생길 때 `request-id`는 이미 데이터베이스에 저장되어 있다(`dbClient.save()` 메서드 호출 이후다). 이 경우 재시도 요청은 중복으로 포착될 것이다.

고려하고 있는 두 번째 시나리오(메일 전송 중에 실패할 때)는 `Runnable` 프로세싱을 실패하게 만들 것이다. 따라서 이번에는 `request-id`가 데이터베이스에 저장되지 않을 것이다. 요청을 재시도할 때 `request-id`가 저장되지 않았기에 적절하게 다시 처리될 것이다.

하지만 메일 서비스가 분산된 환경에서 운영된다는 사실을 기억할 필요가 있다. 메일 서비스가 본질적으로 병행 환경이므로 설명한 해법은 모든 사용 사례에 대해 멱등성을 제공하지는 않을 것이다. 해법이 원자적이 아닌 이유와 원자적인 방식으로 처리할 수 있는 방법을 고려해보자.

10.3 분산된 시스템에서 중복 제거를 구현할 때 흔히 저지르는 실수

두 가지 컨텍스트로 직전 절에서 설명한 단순한 구현을 고려하자. 첫 번째 컨텍스트는 메일 서비스와 이 서비스로 데이터를 전송하는 애플리케이션 A가 노드 하나에만 배포되어 있다고 가정한다. 두 번째 컨텍스트는 메일 서비스를 여러 노드에 배포하기에 첫 번째 경우와 비교해 복잡성이 추가된다. 두 번째 사용 사례가 더 현실적인 이유는 내결함성과 확장성이 있는 마이크로서비스 아키텍처로 서비스가 배포되는 방식이기 때문이다. 노드를 둘 이상 유지할 경우에 내결함성을 보증할 수 있는 이유는 노드 하나가 실패하는 경우 또 다른 노드가 트래픽을 처리하기 시작할 것이기 때문이다. 여기서는 이런 컨텍스트가 중복 제거 로직의 일관성에 어떤 영향을 미치는지 분석할 것이다.

10.3.1 노드가 하나만 있는 컨텍스트

중복 제거 로직이 애플리케이션 A 서비스 하나와 메일 서비스 하나라는 컨텍스트에서 수행하는 방식을 살펴보자. 두 서비스는 모두 하나의 노드에 배포되어 있다. 그림 10.10은 이런 컨텍스트를 보여준다.

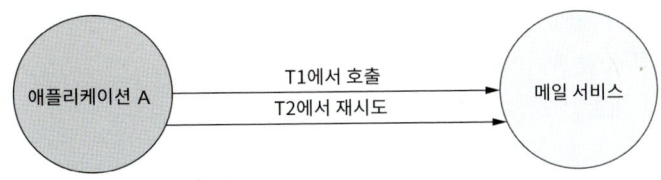

그림 10.10 애플리케이션 A와 메일 서비스 양쪽을 위한 하나의 서비스 컨텍스트

주어진 request-id에 대한 재시도를 분석해보자. 애플리케이션 A가 수행한 첫 번째 호출은 시간 1(T1)에 일어난다. 이 호출이 실패한 후 시간 2(T2)에 재시도가 수행된다고 가정할 것이다. 다시 한번, 첫 요청과 재시도 연산 전에 '이전에 발생한(happens-previously)' 관계가 있다고 가정할 것이다. 이 경우, 현재 중복 제거 로직은 원자적이지 않다. 로직은 다음과 같이 세 단계로 나뉘어진다.

- **1단계**: 데이터베이스에서 request-id를 검색한다.
- **2단계**: request-id를 찾지 못하면 메일 서비스 로직을 수행한다.
- **3단계**: 데이터베이스에 request-id를 저장한다.

여기서는 설명을 위해 단순히 2단계에서만 실패했다고 가정하겠지만, 실제 애플리케이션에서는 실패가 어떤 단계에서도 발생할 수 있다. 이런 상황은 분석하기가 훨씬 더 까다롭고 복잡하다. 다음 분석은 이메일 중복 전송을 방지한다는 컴포넌트의 핵심 기능에 초점을 맞춘다.

2단계에서 첫 번째 요청(T1)이 실패하면 응답은 호출자의 애플리케이션으로 반환된다. 요청이 2단계에서 실패했기에 3단계 연산은 수행되지 않는다. T2에서 재시도가 수행되고 메일 전송 연산은 성공한다. 이 경우에는 다음 코드에서 볼 수 있듯이 심지어 `executeIfNotDuplicate()` 메서드가 원자적이지 않을지라도 중복 전송 가능성은 없다.

코드 10.2 이메일 전송 연산 차단

```
ublic void executeIfNotDuplicate(String id, Runnable action) {
  boolean present = dbClient.find(id);
  if (!present) {
    action.run();    ← ① N초 동안 전송 연산을 차단한다
    dbClient.save(id);
  }
}
```

이메일 전송 연산이 오랫동안 수행되면 어떤 일이 벌어질지 생각해보자. 코드에서 이메일 전송 연산은 차단 형태이며, (실제 이메일을 전송하는) 또 다른 원격 호출이 개입된다. 이 호출은 코드 처리를 차단할 수 있다. 또한 네트워크 분할 때문에 응답 도중에 실패할 수도 있으며, 이는 10.1.2절과 동일한 상황이지만 이번에는 메일 외부 네트워크 호출과 관련이 있다.

9장에서 살펴본 바와 같이, 모든 네트워크 요청은 스레드와 자원을 차단하지 않게 하기 위해 합리적인 타임아웃을 구성해야 한다. 애플리케이션 A가 타임아웃을 10초로 정의했지만, 메일 서비스는 두 배 오

래(20초) 전송을 차단했다고 가정하자. 이런 상황에서 T1 요청은 10초 후에 실패한다. 하지만 메일 전송이 실패한다는 의미는 아니다. 10초가 더 지나고 나면 성공할 수도 있다. 그림 10.11은 이런 상황을 묘사한다.

두 요청은 상호 배치될 것이다. 애플리케이션 A 관점에서 보면 T1에서 첫 번째 요청은 실패한다(타임아웃). 하지만 핵심 연산은 20초 동안 차단되며 그 이후에 성공할 것이다. 다음으로, 애플리케이션은 해당 `request-id`를 데이터베이스에 저장할 것이다. 불행히도, 그 사이에 실패를 관찰한 애플리케이션 A는 T2에서 요청을 재시도한다. 재시도된 요청은 T1에서 이미 처리된 요청으로 해당 `request-id`를 저장하기 전에 메일 서비스에 도달할 것이다. 이런 사실 때문에 T2는 새롭고 중복되지 않은 요청으로 취급된다. 이는 이메일을 전송하게 만든다. 그 사이에 T1에서 요청이 완료되고, 또한 메일이 전송되게 만든다. 중복된 이메일이 전송되었으므로 비원자적인 중복 제거 서비스는 시스템에서 불일치를 초래한다.

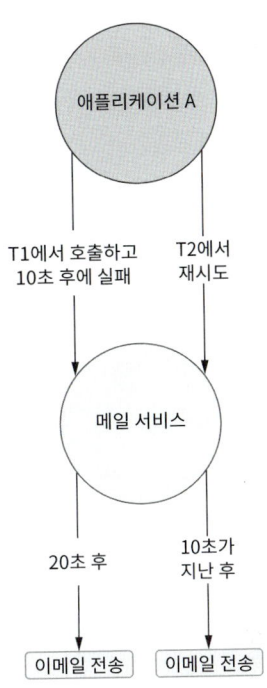

그림 10.11 하나의 서비스 컨텍스트에서 중복 전송

이는 노드 하나만 있는 컨텍스트에서 중복을 초래하는 실패 시나리오 중 하나일 뿐이다. 하지만 견고한 컴포넌트를 설계할 때 심지어 요구사항이 손상되는 사용 사례가 하나만 있어도 설계 변경을 고려하기에 충분하다. 그러기에 앞서 다중 노드 컨텍스트에서 동일 시나리오를 분석해보자.

10.3.2 다중 노드 컨텍스트

메일 서버가 다중 노드에 배포된 상황을 살펴보는 방법으로 다중 노드 컨텍스트에서 중복 제거 로직의 일관성과 정확성을 분석해보자. 전반적인 성능과 내결함성을 높이기 위해 물리적인 컴퓨터(노드) 여러 개에 서비스를 배포하는 방식이 일반적이다.

메일 서비스가 여러 노드에 배포될 때 부하 분산기로 API를 외부에 공개한다. 모든 서비스는 부하 분산기의 IP 주소를 통해 도달 가능하다. 이는 동적인 확장성을 제공한다고 가정할 것이다. 즉, 새로운 메일 서비스 인스턴스는 트래픽에 따라 추가되거나 삭제될 수 있음을 의미한다. 이로 인해 메일 서비스 인스턴스 IP는 애플리케이션 A 관점에서 보면 숨겨져 있다. 애플리케이션 A가 수행한 요청은 부하 분산 서비스로 전송된다. 부하 분산 서비스는 요청을 잡아서 메일 서비스를 위한 특정 백엔드로 이를 전달한다.

부하 분산 서비스의 실제 구현은 애플리케이션 A 서비스 관점에서 추상화되어 있다. 새로운 메일 서비스가 배포될 때 이 서비스는 자신을 부하 분산 서비스에 등록한다. 이 시점에서 부하 분산 서비스는 트래픽을 새롭게 추가된 노드로 라우팅한다. 그림 10.12는 다중 노드 컨텍스트에서 부하 분산기의 역할을 보여준다.

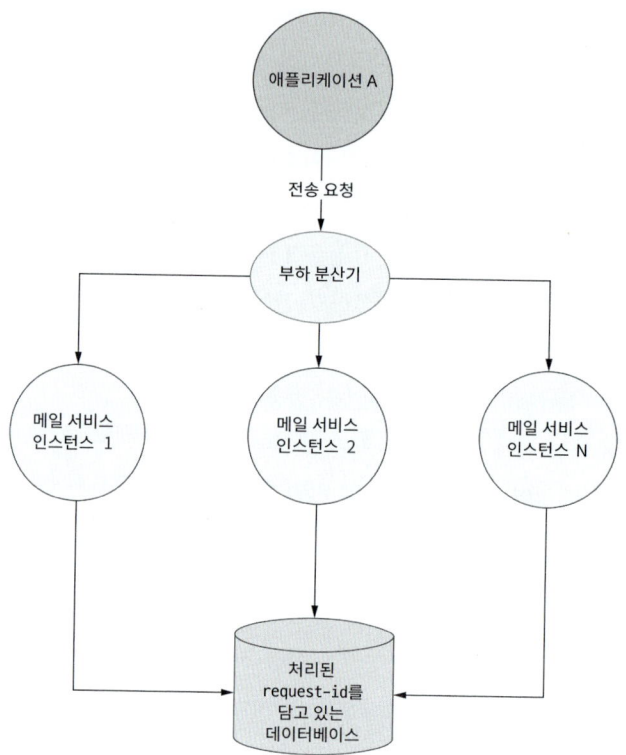

그림 10.12 여러 서비스 컨텍스트

이 시나리오에서 메일 서비스는 무상태형이 되어야 한다. 즉, 도착하는 어떤 요청도 처리할 수 있어야 한다. 이미 처리된 `request-id`가 담긴 테이블을 포함해 필요한 모든 상태는 분리된 데이터베이스에 저장된다. 분석의 단순화를 위해 데이터베이스는 분산되어 있지 않으며, 모든 상태를 노드 하나에 보관한다고 가정하자(원하는 경우 주 서버와 부 서버로 아키텍처를 구성할 수도 있다). 하지만 실제 애플리케이션 관점에서 생각해보면 확장 가능한 애플리케이션이 (노드를 추가하거나 제거하는 방법으로) 분산 데이터베이스를 사용해 `request-id`를 노드 N개에 파티션으로 나눠야 한다. 이는 또한 데이터 계층 역시 노드를 추가하거나 제거하는 방식으로 수평 확장이 가능하게 만든다. 하지만 여기서 설명하는 실패 시나리오는 (분산되거나 분산되지 않은) 두 데이터베이스 유형을 사용할 때 모두 발생할 수 있다.

부하 분산기 컴포넌트가 단순히 라운드로빈 방식을 사용해 메일 서비스를 위한 기반 백엔드로 요청을 전송한다고 가정하자. 첫째 요청은 메일 서비스 1로 라우팅되고, 둘째 요청은 메일 서비스 2로 라우팅되는 식으로 동작할 것이다. 부하 분산 알고리즘이 광범위하게 라운드 로빈 전략을 사용하는 이유는 구현이 단순하고 이해하기 쉽기 때문이라는 사실에 주목하자. 다른 예를 들자면, 노드의 대기 시간을 고려할 수 있는 다른 부하 분산 알고리즘도 존재한다. 가장 널리 사용되는 알고리즘은 두 선택 알고리즘을 조합해서 사용하는 방법이다(http://mng.bz/DxPR). 하지만 부하 분산 서비스가 사용하는 특정 알고리즘은 지금 소개하는 분석 결과에 영향을 미치지 않는다.

불행히도 현재 설계한 중복 제거 로직은 이런 환경에서 올바르게 동작하지 않을 것이다. 그림 10.13에서 보여주듯이 애플리케이션 A가 노드가 여러 개 있는 컨텍스트에서 재시도할 때의 시나리오를 고려해보자.

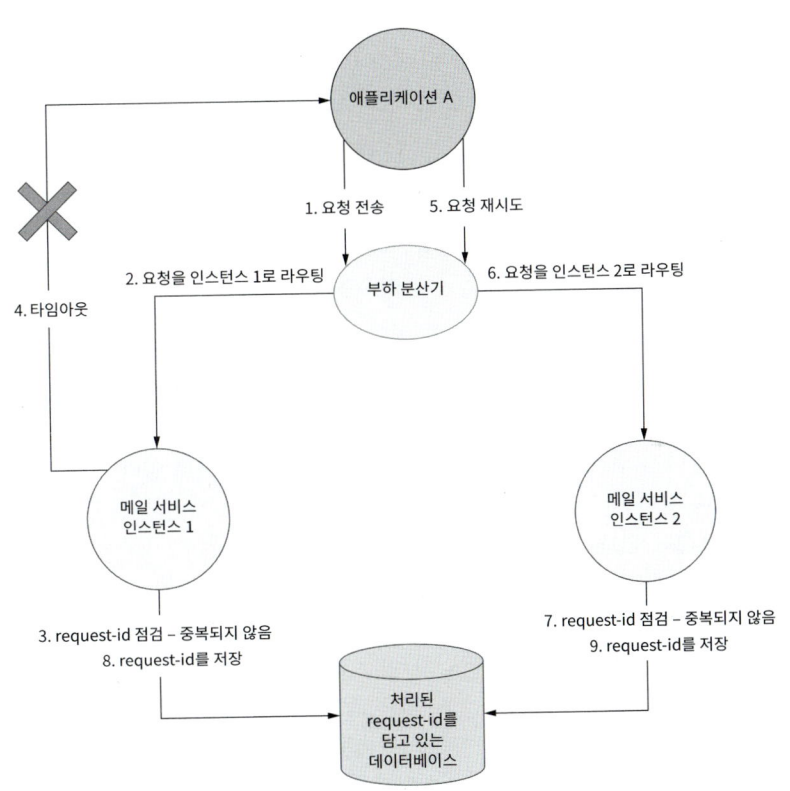

그림 10.13 여러 노드 컨텍스트에서 전송 요청 재시도

1단계에서 애플리케이션 A는 메일 전송을 위한 요청을 전송한다. 요청은 부하 분산기를 통해 흘러가며, 2단계에서 첫 번째 메일 서비스 백엔드로 라우팅된다. 3단계에서 메일 서비스는 `request-id`가 데이터베이스에 있는지를 검사한다. 데이터베이스에 없다면 계속해서 처리한다. 불행히도, 3단계는 4단계에

서 애플리케이션 A로 반환되는 동안 타임아웃을 일으킨다. 애플리케이션 A는 5단계에서 재시도를 일으키고, 이 재시도 요청은 6단계에서 둘째 메일 백엔드로 라우팅된다. 7단계에서 메일 서비스는 `request-id`가 이미 처리되었는지를 점검한다. 처리되지 않았다고 판명 나면 계속해서 전송 작업을 진행한다. 그 동안 첫째 메일 서비스 백엔드는 메일 전송 요청을 완료하고 8단계에서 `request-id`를 저장한다. 그리고 나서 9단계에서 둘째 백엔드는 수행을 완료하고, `request-id`를 데이터베이스에 저장해서 첫째 메일링 백엔드가 일으킨 직전 저장 연산을 덮어쓴다. 이는 또한 두 메일 서비스 인스턴스가 중복 제거 로직을 시작했고, 그 결과로 실제 이메일을 전송하는 중복된 로직을 수행할 때 중복을 관찰하지 못했다는 사실을 의미하기도 한다.

실제 시나리오에서는 심지어 상황이 더 나빠질 수도 있다. 애플리케이션 A가 몇몇 로직에 기반한 메일 전송을 일으킨다. 다른 서비스에서 비롯된 다른 외부 호출이 해당 로직 연산을 일으킨다고 밝혀질 수도 있다. 이런 상황은 (특히 이벤트 기반의) 마이크로서비스 아키텍처에서 드물지 않다. 비즈니스 흐름은 여러 서비스에 걸쳐 있을 수도 있다. 이런 이유로 중복 제거 로직은 원자적이지 않으며, 더 많은 메일 중복을 만들어 낼 수도 있다. 시스템의 일관적인 뷰가 강하게 영향을 받는 이유는 다양한 중복이 존재할 가능성 때문이다. 분석 과정에서 이 시점에 다다르면 중복 제거 로직 개선이 필요하다는 사실이 명백해진다. 단일 노드와 여러 노드 컨텍스트에서 이를 원자적으로 만드는 방법을 다음에 살펴보자.

10.4 경쟁 조건을 방지하기 위해 로직을 원자적으로 만들기

현재 중복 제거 로직을 다시 정리해보자. 다음과 같은 세 단계로 나뉘어져 있다.

- **1단계**: 데이터베이스에서 `request-id`를 검색한다.
- **2단계**: `request-id`를 찾지 못하면 메일 서비스 로직을 수행한다.
- **3단계**: 데이터베이스에 `request-id`를 저장한다.

로직의 단계 2를 거치는지 거치지 않는지와 무관하게 지금까지 설명한 실패 시나리오가 시스템의 일관성을 깨뜨릴 수 있다는 점에 주목할 필요가 있다. 예제를 단순하게 만들어 중복 제거 로직이 1단계와 3단계만 있다고 가정하자. 중복 제거 로직은 이제 다음처럼 보일 것이다.

- **1단계**: 데이터베이스에서 `request-id`를 검색한다.
- **3단계**: 데이터베이스에 `request-id`를 저장한다.

여전히 중복 이메일을 전송할 가능성이 존재하는 이유는 데이터베이스에서 데이터를 검색하고 저장하기 위한 두 호출 모두가 분산 시스템에서 수행되는 원격 호출이므로 이 역시 실패할 수 있기 때문이다. 또한 중복 제거 로직을 통해 데이터베이스에서 성공적인 응답을 전송할 때 네트워크 분할 문제가 생길 수도 있다.

애플리케이션 A 컨텍스트에서 설명했던 모든 실패 시나리오는 데이터베이스 호출에도 역시 적용된다. 예를 들어, `request-id` 저장 연산(3단계)을 호출할 때 연산은 타임아웃을 나타내는 예외를 던질 수도 있다. 알다시피, 타임아웃은 호출자에게 많은 정보를 제공하지 않는다. 클라이언트 쪽 타임아웃을 일으키는 상황도 존재할 수 있지만, 서버 쪽 연산은 여전히 수행 중이다. 애플리케이션 A 관점에서 보면 이는 오류를 클라이언트에게 반환하는 연산 실패를 의미한다. 서비스 인스턴스 1이 `request-id`를 테이블에 삽입하기에 앞서 재시도가 일어날 수도 있다. 따라서 요청은 둘째 서비스 인스턴스로 라우팅될 것이다. 이런 상황은 바로 앞 절에서 설명한 상황과 거의 동일하다. 그림 10.14는 이런 상황이 어떻게 경쟁 조건을 일으킬 수 있는지 보여준다.

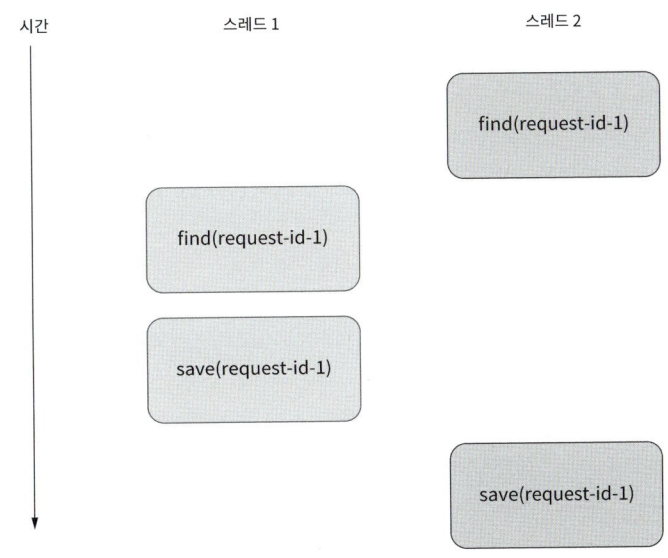

그림 10.14 경쟁 조건을 일으키는 두 연산(find와 save)

find와 save 연산이 상호 배치되어 시스템의 일관성을 해칠 수 있다. 예를 들어, 어떤 노드에서 find 연산이 수행된 직후 다른 노드(또는 스레드)에서도 find 연산이 수행될 수 있다. find 연산은 임의의 시간이 걸릴 수 있다. 따라서 여기서 어떤 강한 가정도 내릴 수 없다. 두 find 호출은 거짓을 반환할 것이므로 로직은 계속 진행되며 결국 save 연산이 두 번 호출된다. 이로 인해 중복 제거 로직은 올바르게 동작하지 않는다.

중복 제거 로직에서 원자성을 달성하기 위해 필요한 여러 단계를 한 단계로만 줄일 필요가 있다. 또한 주어진 요청이 중복되는지 점검해서 `request-id`를 저장하는 과정을 연산 하나에서 수행할 필요도 있다. 이는 중간 단계 없이 하나의 외부 호출이 되어야 한다. 처리 과정에서 값을 인출하고 몇 가지 연산을 수행하고 또 다른 값을 저장할 필요가 있을 때마다 경쟁 조건이 발생할 가능성이 있다.

멀티스레드 환경에서 수행될 때 이는 진실이다. 모든 호출을 중복 제거 컴포넌트에 동기화할 수 있지만, 이는 컴포넌트의 동시성 수준이 1과 동일함을 의미한다. 다시 말해 서비스는 한 번에 요청 하나만 처리한다. 초당 N개 요청을 처리할 필요가 있는 실제 애플리케이션에서는 이런 해법을 사용할 수 없다. 시스템이 처리할 필요가 있는 요청이 많아질수록 경합과 스레드 수도 증가할 것이다. 이는 조만간 중복 제거 로직의 일관성이 떨어지게 만드는 중간 실패 가능성을 높일 것이다.

다행히도 수평 확장 아키텍처에서 종종 사용되는 대다수 분산 데이터베이스는 단일 원자 연산으로 작업을 수행하는 방법을 제공한다. (표준 SQL 데이터베이스 역시 원자적인 연산을 수행할 수 있다.)

존재하지 않을 경우에만 새로운 레코드를 삽입하는 save 연산을 수행할 필요가 있다. 또한 삽입이 성공했는지 그렇지 않은지를 나타내는 부울 값을 반환할 필요가 있다. 이런 연산은 견고한 중복 제거 로직을 구현할 필요가 있는 모든 정보를 제공한다. 이는 **upsert**라고 불리며, 해당 값이 존재하지 않을 경우에만 save 연산이 값을 삽입한다. 선택한 데이터베이스가 이런 메서드를 제공하는지 확인할 필요가 있다. upsert는 원자적이어야 하는데, 이는 데이터베이스가 단일 연산으로 upsert를 수행해야 한다는 사실을 의미한다.

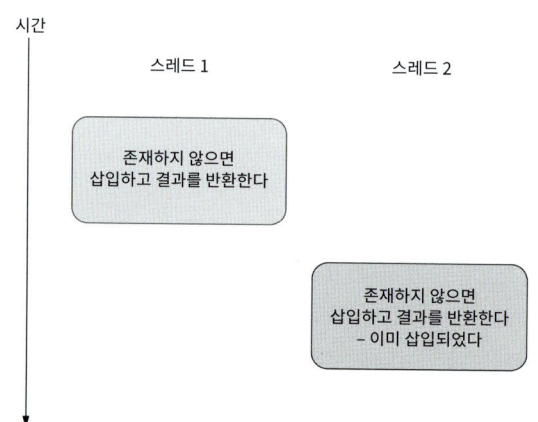

그림 10.15 존재하지 않을 경우에만 값을 삽입하고 결과를 반환하는 원자적인 upsert

upsert는 원자적이므로 상호 배치되는 두 연산 사이에 경쟁 조건이 발생할 수 없다. 모든 로직은 데이터베이스 쪽에서 수행되며 결과는 호출자에게 반환된다.

이제 upsert를 사용할 때 중복 제거 서비스의 구현이 어떻게 변경되는지 살펴보자. 가장 중요한 변경 사안은 `DbClient`가 데이터가 없을 때 삽입하고 결과를 반환하는 메서드를 외부에 공개하는 것이다. 다음 코드는 이 메서드를 보여준다.

코드 10.3 중복 제거를 위한 upsert 사용

```
public boolean findAndInsertIfNeeded(String id);
```

우리는 사용하는 구현이 원자적이라는 사실을 보증할 필요가 있다. 이는 주어진 ID로 항목을 삽입해서 확인한다. 항목이 데이터베이스에 이미 존재하면 거짓을 반환한다. 삽입이 수행되면 참을 반환한다 (upsert 연산). 다음 코드는 새로운 `isDuplicated()` 메서드가 주어진 ID가 중복인지 아닌지에 따라 참과 거짓을 반환하는 구현 방식을 보여준다.

코드 10.4 원자적인 중복 제거 로직 구현

```
@Override
public boolean isDuplicate(String id) {
  boolean wasInserted = dbClient.findAndInsertIfNeeded(id);
  if (wasInserted) {
    return false;
  } else {
    return true;
  }
}
```

`findAndInsertIfNeeded()`가 참을 반환할 때 주어진 ID가 데이터베이스에 삽입되었음을 나타낸다. 이는 이 ID가 이전에 존재하지 않았음을 의미한다. 여기서 이 메서드가 주어진 ID를 데이터베이스에 삽입할 것이라는 사실이 중요하다. 앞서 필요했던 2단계를 구현할 필요가 없다. `findAndInsertIfNeeded()`가 거짓을 반환할 때 ID는 중복이다. 이는 또한 해당 값이 이미 존재하므로 새로운 ID를 upsert가 삽입하지 않았음을 의미한다.

개선된 로직은 이제 원자적이며, 따라서 경쟁 조건에 취약하지 않다. 삽입과 값이 존재하는지 점검하는 원자적인 연산 사용은 이런 세 단계 사이에서 사용자가 임의로 정의한 연산을 수행하도록 허용하지 않는다는 사실에 주목할 필요가 있다. 앞서 설명한 접근 방식에는 결함이 있음을 살펴봤다. 이제 개선된 중복 제거 로직은 중복을 찾기 위한 책임만 맡고 있다. 요청이 종단 간 성공적으로 수행되었는지를 보증하려 시도하지 않는다. 새로운 중복 제거 로직은 한 가지 기능만 존재하며, 이 기능을 원자적이며 올바른 방식으로 수행한다.

이메일 전송이 올바른지를 점검하는 다른 메커니즘 없이 이런 새로운 중복 제거 컴포넌트를 사용할 때 우리는 메일이 전송되지 않을 가능성에 대한 위험에 직면한다. 중복 제거 로직에서 요청이 메일 시스템에 도착한 시점에 처리되었다고 표식을 붙이는 상황을 고려해보자. 처리 과정에서 실패가 그 직후에 발생하는 경우 애플리케이션 요청 재시도가 영향을 미치지 못하는 이유는 이미 이 요청이 처리되었다는 표식이 붙어버렸기 때문이다.

반면, 성공적으로 처리된 후에 중복되었다는 표식이 붙으면 중복을 다시 보내지 않게 방어할 메커니즘은 없다. 이런 사실로 인해 시스템에 진입할 때 원자적인 중복 제거를 사용해야 한다. 그럼에도 불구하고 트랜잭션 로그나 실패 시 처리된 ID의 롤백(제거)과 같은 시스템의 정확성을 검증하기 위한 다른 메커니즘과 함께 이런 연산을 사용해야 한다. 이 모든 기법은 자체적인 복잡성과 트레이드오프가 존재하며, 개별적으로 분석되어야 한다.

이 장에서 제시된 예제는 분산 시스템에서 연산에 대해 수행하고 추론하는 작업이 도전적이며 복잡하다는 사실을 보여준다. 처리 과정에서 멱등성 있게 설계할 수 있다면 시스템은 훨씬 더 내결함성이 강해지고 견고해질 것이다. 하지만 모든 처리 서비스가 멱등성을 보장할 수는 없으며, 안정적이지 않은 연산을 재시도하지 않게 시스템을 보호하는 메커니즘을 설계할 필요가 있다. 복잡한 중복 제거 로직을 설계하고 싶지 않다면 재시도가 불가능하기에 모든 요청 실패가 애플리케이션 관점에서 중요해질 것이다. 시스템 관리자가 수작업으로 진행하는 연산만이 데이터를 조정할 수 있다. 시스템에 내결함성과 안정성을 부여하고 싶다면 이런 상황이 이상적이지는 않다.

이런 이유로 재시도로 중복을 제거하는 방식과 같은 메커니즘을 구현해 중복 문제를 해소하기로 결정할 수도 있다. 하지만 여기서도 주의할 필요가 있는 이유는 이런 메커니즘을 분산 시스템에서 구현하는 작업은 예상과는 다른 특성을 만들어 낼 수도 있기 때문이다. 일관성이 기대되지만 다른 식으로 동작하는 시스템을 구현하는 작업은 위험하다. 중복 트랜잭션을 수행할 때 디버그 하기 어려운 오류가 생기고 돈을 잃어버릴 문제에 직면할 수도 있다. 이런 이유로 정확성과 배송 의미론의 맥락에서 모든 송수신 트래픽을 분석해야 한다. 다음 장에서는 애플리케이션 사이에서 일어나는 배송 의미론과 데이터 흐름에 대해 깊이 있게 알아볼 것이다.

요약

- 애플리케이션이 네트워크 호출을 수행하면 분산된 시스템 환경에서 운영하고 있다고 봐야 한다. 모든 네트워크 호출은 실패할 수 있다는 사실을 기억하자.

- 모든 외부 호출은 네트워크 실패나 실제 목표 애플리케이션 실패와 같이 다양한 이유로 인해 실패할 수 있지만, 이런 실패에 대한 원인을 분석하고 추론할 수 있다.

- 재시도 메커니즘은 내결함성이 있는 애플리케이션을 설계하게 돕는다.

- 멱등성 연산은 중복을 걱정하지 않고서 재시도 연산을 허용한다.

- 비즈니스 영역을 멱등성에 더 친화적으로 설계할 수 있다. 멱등성을 보이는 연산이 많아질수록 시스템의 자율성과 내결함성도 그만큼 더 높아질 것이다.

- 멱등성 이외에 요청 순서에도 주의할 필요가 있다. 애플리케이션에서 사용하는 재시도 전략에 미치는 멱등성의 영향을 분석할 수 있다.

- (중복 제거 라이브러리와 같이) 분산된 컨텍스트에서 운영하는 로직을 구현할 때 극단적인 경우와 실패 시나리오를 주의 깊게 분석할 필요가 있다.

- 원자적으로 기대되는 처리를 N개 단계로 나누는 경우 시스템에서 원자성을 유지하기가 복잡하거나 종종 불가능하다. 올바른 데이터베이스 연산을 사용해 비원자적인 해법을 원자적인 해법으로 재작업할 수 있다.

- 일관성을 유지해야 하는 연산을 N개 원격 호출로 나눌 때 시스템의 일관성을 잃어버릴 위험에 처한다.

- 모든 시스템은 코드에서 사용할 수 있는 보증 조건이 있다. 시스템 사이의 상호 작용이 외부 호출을 요구하면 모든 호출은 실패할 수 있다.

- 분산 환경에서 동작하게 설계된 시스템을 사용할 때 해결하고 싶은 문제가 이미 해결되어 있을 가능성이 높다. 예를 들어, 처음에는 달성하기 어려워 보이는 원자적인 많은 연산은 upsert 메서드를 사용해 구현할 수 있다. 이는 시스템의 일관성을 개선한다.

11

분산 시스템에서의 배송 의미론

이 장에서 다루는 내용

- 데이터 집약적인 모델에서 발행–구독 모델과 생산자–소비자 모델
- 배송 보증이 복원력과 내결함성에 미치는 영향
- 배송 의미론을 활용한 내결함성이 있는 시스템 구축

10장에서 내결함성, 재시도, 그리고 상대적으로 단순한 시스템 아키텍처의 컨텍스트에서 연산의 멱등성에 대해 살펴봤다. 실제로 우리의 시스템은 비즈니스 영역과 기반 구조에서 다양한 부분을 책임지는 여러 컴포넌트로 구성된다. 예를 들어, 메트릭 수집을 책임지는 서비스가 있을 수 있다. 또 다른 서비스는 로그 수집 등을 책임진다. 이외에도 해당 분야의 핵심 비즈니스 사용 사례를 제공하는 애플리케이션도 필요하다. 이런 애플리케이션은 지불 서비스나 영속성을 책임지는 데이터베이스가 될 수 있다. 이와 같은 아키텍처에서 여러 서비스들은 정보 교환을 할 수 있게 서로 연결될 필요가 있다.

시스템에 컴포넌트가 많을수록 실패가 일어날 수 있는 지점도 많아진다. 모든 네트워크 요청은 실패할 수 있고, 연산을 재시도해야 할지 그렇지 않은지를 결정할 필요가 있다. 내결함성이 있는 아키텍처를 생성하고 싶다면 시스템에 실패 처리 기능을 구축할 필요가 있다. 이렇게 해야 하는 경우, 모든 컴포넌트는 데이터를 생성할 때 정밀한 배송 의미론을 제공할 필요가 있다. 한편으로 데이터 소비 또한 기대되는 배송 의미론을 따라야 한다.

이 장에서는 느슨하게 결합된 내결함성이 있는 시스템을 생성하게끔 지원하는 아키텍처의 구축 방법을 배울 것이다. 이를 **이벤트 주도** 아키텍처라고 부른다. 우리는 시스템의 주요 컴포넌트로서 아파치 카프카를 사용할 것이다. 이 장에서는 실제로 기껏해야 한 번(at-most-once), (사실상) 정확히 한 번(exactly once), 최소한 한 번(at-least-once)이라는 배송 의미론을 설명할 것이다. 마지막으로, 시스템에 기대되는 배송 보증을 활용해 시스템에서 내결함성을 구축할 것이다. 데이터 집약적인 애플리케이션의 이벤트 주도 아키텍처와 이런 아키텍처의 장단점을 이해하는 내용부터 시작해보자.

11.1 이벤트 주도 애플리케이션의 아키텍처

이벤트 주도 아키텍처를 따르는 시스템을 구현하는 데 관심을 가져야 하는 이유는 무엇일까? 단순한 설계로 시작해서 강결합과 내결함성이라는 컨텍스트에서 어떻게 발전해 나가는지 살펴보자. 그리고 나서 우리가 만든 아키텍처를 이벤트 주도 방식으로 재작업함으로써 어떻게 개선될 수 있는지 살펴볼 것이다.

두 가지 프런트엔드 애플리케이션이 있다고 가정하자. 두 애플리케이션을 다른 노드에서 동작하는 분리된 마이크로서비스로 생각할 수 있다. 두 애플리케이션은 메트릭을 만들고 이를 저장할 책임이 있는 메트릭 서버로 전송한다. 그림 11.1은 이런 시나리오를 보여준다.

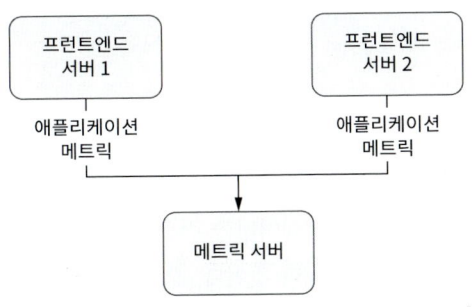

그림 11.1 두 프런트엔드 서버에서 나온 데이터를 서버 한 곳으로 전송

또한 이런 구조는 프런트엔드 서버 1과 프런트엔드 서버 2가 각각 메트릭 서버에 직접 연결되어 있음을 의미한다. 이는 표준적인 요청-응답 처리 과정이다. 프런트엔드 서비스는 (HTTP 또는 다른 프로토콜이 될 수 있는) 요청을 전송하고 응답을 기다리고 종료한다. 실제로, 메트릭 전송은 집중적인 작업일 수 있기에 프런트엔드 서버 각각은 요청을 전송할 스레드 풀을 유지할 필요가 있을 것이다.

메트릭 서비스 관점에서 유지해야 하는 프런트엔드 서비스 연결 수가 두 배로 늘어난다. 메트릭 서비스가 실패하는 경우 두 프런트엔드 서비스는 어떤 데이터도 전송할 수 없을 것이다. 이는 메트릭 서비스의 실패가 모든 클라이언트로 전파될 것임을 의미한다. 메트릭 서비스가 단일 실패 지점이 되므로 이런 해법에서는 내결함성이 이상적이지 않다.

실제로는 이 상황이 훨씬 더 복잡해질 수 있다. 주어진 사용 사례에 맞게 각각 특화된 측정 값 서비스를 N개 유지할 필요가 있다. 예를 들어, UI 대시보드를 공개하는 메트릭 서비스가 있을 수 있다. 오프라인 메트릭 분석을 위해 데이터를 처리하는 다른 서비스가 있을 수 있다. 가장 중요한 메트릭은 긴급 대응 목적에 특화된 또 다른 메트릭 서비스로 전송될 필요도 있다.

또한, 아키텍처는 모니터링할 필요가 있는 여러 서비스로 확대될 수 있다. 프런트엔드 서비스 외에도 특별한 모니터링이 필요한 데이터베이스가 있을 수 있다. 비즈니스가 고객에게 가치를 제공하는 경우, 사용자의 지불과 계정을 처리할 필요가 있다. 그림 11.2에서 볼 수 있듯이 이 모든 서비스는 메트릭 데이터를 전송할 필요가 있다.

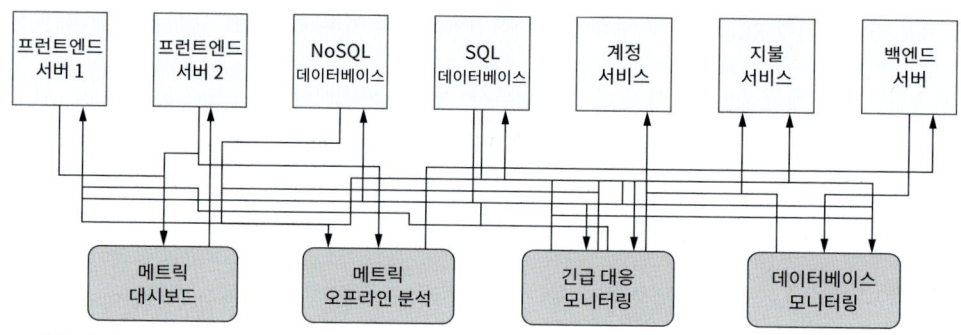

그림 11.2 여러 서비스, 여러 메트릭

현재 아키텍처를 살펴보면 이런 상황으로 인해 서비스 사이에 연결이 폭발적으로 증가하게 된다. 각 메트릭 생산자 서비스는 N개 메트릭 서비스로 데이터를 전송할 필요가 있다. 메트릭 서비스에서 실패가 일어나는 경우, 모든 생산자 서비스 역시 실패할 것이다. 모든 연결은 직결되어 있으며 아키텍처는 강결합되어 있다. 생산자 서비스가 동기식으로 안정적이지 못한 매체(네트워크)를 통해 데이터를 전송할 필요가 있을 경우에 SLA를 지키기가 어렵다. 다행히 이벤트 주도 아키텍처는 결합도를 줄이고 내결함성을 제공하므로 이런 문제를 해결한다.

이 절에서는 생산자 애플리케이션과 소비자 애플리케이션 사이에 간접 계층을 제공하는 개선된 접근 방식으로 동작하는 새로운 컴포넌트를 도입한다. 우리는 이를 발행-구독(pub-sub) 시스템이나 이벤트 큐라고 부른다. 이벤트 큐는 생산자 애플리케이션과 소비자 애플리케이션 사이에서 유일한 통합 지점이 된다.

예를 들어, 서비스가 메트릭을 전송할 필요가 있을 때 더 이상 목표 메트릭 서버로 직접 전송하지 않는다. 그림 11.3에서 보여주듯이 단일 메트릭을 메트릭 대시보드, 메트릭 오프라인 분석, 긴급 대응 모니터링 서비스로 전송할 필요가 있다고 가정하자.

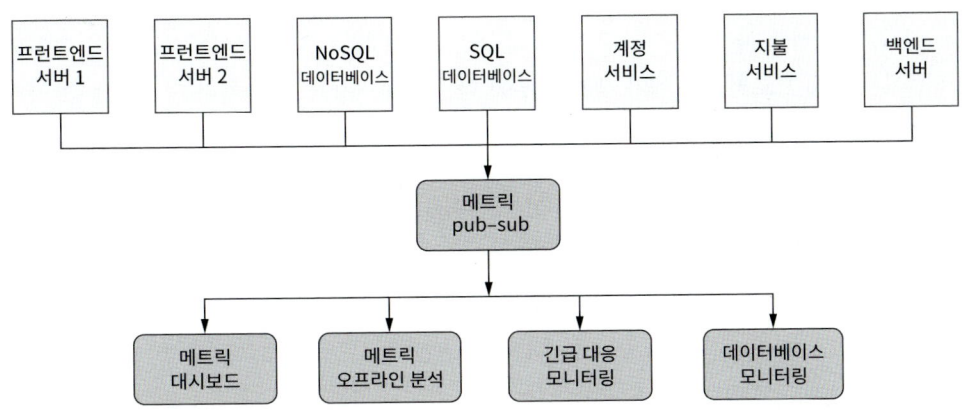

그림 11.3 생산자 애플리케이션과 소비자 애플리케이션 사이에 간접 계층을 도입한 이벤트 주도 아키텍처

앞선 해법에서는 프런트엔드 서비스가 세 가지 다른 서비스(대시보드, 오프라인 분석, 긴급 대응 모니터링)에 연결할 필요가 있었다. 이들 서비스 중에 하나라도 실패하면 호출자 서비스로 상승 전파될 것이다.

현재 프런트엔드 서비스는 메트릭 발행-구독(pub-sub) 시스템이라는 컴포넌트 하나에만 연결되어 있다. 프런트엔드 서비스가 생성한 특정 메트릭에 관심이 있는 모든 소비자 애플리케이션은 큐에 방출되는 이벤트를 구독할 것이다. 일단 이벤트가 큐에 방출되고 나면 모든 소비자 서비스는 해당 이벤트를 얻을 것이다.

아키텍처가 동기식에서 비동기식으로 전환되었다는 사실에 주목하자. 생산자 애플리케이션과 소비자 애플리케이션 사이에 직접적인 연결은 없다. 메트릭 서비스 중 하나에 실패가 일어날 경우에도 프런트엔드(생산자) 애플리케이션은 영향을 받지 않는다. 이벤트는 여전히 큐에 방출된다(큐가 바로 우리의 메트릭 발행-구독 시스템이다). 큐는 이벤트를 유한한 (또는 무한한) 시간 동안 저장하고 온라인으로 돌아올 때 메트릭 애플리케이션으로 전송을 재개할 수 있다.

이런 메커니즘을 사용해 내결함성이 있는 시스템을 구축한다. 하지만 이런 메커니즘을 구현하기 위해서는 배송 의미론을 적절히 이해하고 생산자 로직과 소비자 로직 둘 다 구현할 필요가 있다. 이 장 후반부에서 어떻게 구현하는지를 배울 것이다. 여기까지 왔다면 현재 아키텍처에 새로운 문제가 있음을 눈치챈 독자도 있을 것이다. 큐 컴포넌트가 시스템에서 단일 장애 지점이다. 큐에 장애가 생기면 시스템은 작동할 수 없다.

이는 사실이다. 다행히도 아파치 카프카(Kafka)나 펄사(Pulsar)와 같이 양산 서비스에서 증명된 큐 시스템은 매우 높은 SLA와 가용성을 허용하는 방식으로 구현되었다. 실제로 사용 사례에 따라 가용성이나 일관성에 유리하게끔 이런 시스템을 조절할 수 있다. 가용성은 서버 숫자(카프카 브로커)나 토픽의 복제 계수를 늘임으로써 개선할 수 있다. 브로커가 더 많을수록 더 많은 장애를 견딜 수 있다. 브로커 N개(여기서 N > 1)로 데이터를 복제하면 카프카 서버 중 하나에 장애가 있을 경우에도 시스템은 여전히 사용 가능하다. 이는 첫째 브로커에 장애가 생긴 경우에 다른 브로커가 트래픽 처리를 시작할 수 있기 때문이다.

시스템의 내결함성, 가용성, 느슨한 결합을 개선하기 위해 구현할 수 있는 다른 해법은 독립적인 큐를 N개 배포하고 유지하는 것이다. 이런 설정에서 그림 11.4처럼 메트릭을 책임지는 전용 큐, 로깅을 책임지는 또 다른 큐, 애플리케이션에서 추적 중인 이벤트를 수집하는 또 다른 큐를 둘 수 있다.

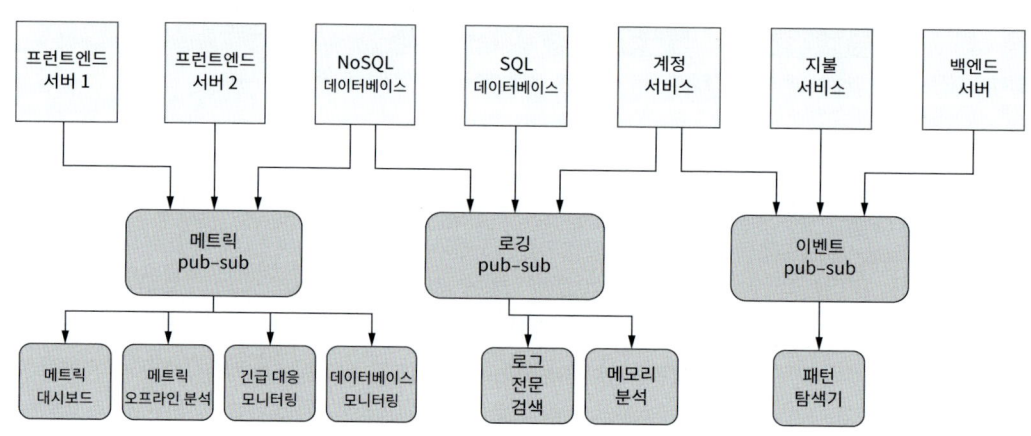

그림 11.4 단일 장애 지점을 피하기 위해 설계된 여러 독립적인 발행—구독(pub–sub) 시스템

이런 설정에서 더 이상 단일 장애 지점은 존재하지 않는다. 큐 시스템 중 하나에 궁극적으로 장애가 생기더라도 다른 시스템의 클라이언트에 영향을 주지 않는다. 예를 들어, 이벤트 pub-sub에 장애가 생기는 경우에도 각 pub-sub 배포는 다르게 구성되어 있기에 호출자 애플리케이션은 여전히 메트릭과 로그를 전송할 수 있다. 예를 들어, 메트릭 수집이 아키텍처에 중요하다면 시스템을 조율해서 가용성을 더 높일 수 있다. 인프라에 더 많은 돈을 투자하고 더 많은 서버를 배포하고 더 많은 지역에 데이터 사본을 유지하는 식으로 이를 달성할 수 있다. 반면, 추적 데이터 수집은 그렇게 중요하지 않기에 비용을 줄여 몇몇 데이터의 가용성을 떨어뜨리겠다는 결정을 할 수도 있다. (이벤트 pub-sub에 대한 비용을 줄이지만, 몇몇 데이터 손실은 감수하고 있다.) 큐 기능을 N개의 독립적인 시스템으로 분리함으로써 느슨한 결합력, 비동기적인 내결함성, 단일 실패 지점이 없는 모든 장점을 다 누릴 수 있다.

이벤트 pub-sub에 장애가 생기는 경우 호출자 애플리케이션은 일정 기간 동안 전송 이벤트를 버퍼링하거나 전송하지 않게 결정할 수도 있다. 이런 패턴을 **회로 차단기**라고 한다. 따라서 우리의 아키텍처는 여전히 작동할 것이다. 이런 이벤트 주도 아키텍처에서 배송 의미론을 이해하기 앞서, 아파치 카프카의 기초를 이해하는 과정부터 시작하자.

11.2 아파치 카프카에 기반한 생산자와 소비자 애플리케이션

소비자와 생산자 쪽에서 배송 보증 분석을 시작하기 전에 아파치 카프카의 아키텍처 기초를 이해해보자. 생산자와 소비자 양쪽에서 사용하는 주요 구성 요소는 **토픽**이다. 토픽은 분산되어 있고 덧붙이기 전용의 자료 구조다. 토픽의 파티션을 통해 배분이 일어난다. 토픽은 파티션 N개로 나눠질 수 있으며, 파티션이 많을수록 분산 처리 수준도 높아진다. `topicName`이라는 토픽과 파티션 네 개가 있다고 가정하자(그림 11.5). 파티션은 0부터 시작해서 위로 올라가면서 번호가 매겨진다.

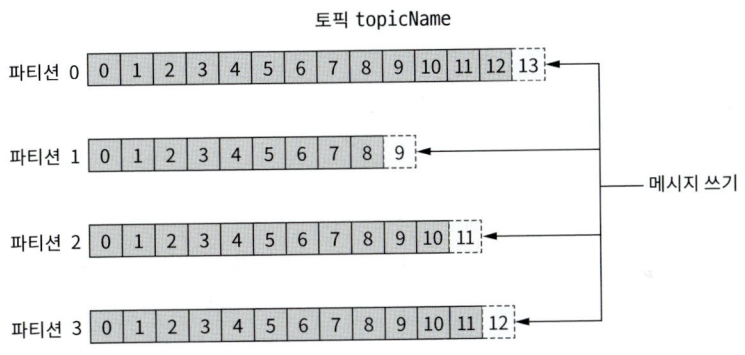

그림 11.5 분산되고 덧붙이기 전용의 로그 형태인 토픽 구조

덧붙이기에 특화된 자료 구조에서 정확히 하나의 레코드를 식별하기 위한 독자적인 오프셋이 파티션마다 존재한다. 생산자가 토픽에 새로운 레코드를 보낼 때 생산자는 레코드가 라우팅되어야 하는 파티션을 먼저 계산한다. 각 레코드는 키-값 쌍으로 구성된다.

키는 주어진 레코드를 위한 파티션을 결정한다. 예를 들어, `user_id`만 포함할 수 있다. `user_id`로 파티션이 일어날 때 카프카는 단일 사용자를 위한 모든 이벤트를 동일 파티션으로 전송하도록 보증한다. 이런 특성으로 인해 특정 `user_id`를 위한 이벤트 순서가 유지될 것이다. 실제 pub-sub 시스템에서는 여러 토픽이 존재할 수 있다. 어떤 토픽은 계정 데이터에 대한 정보, 다른 토픽은 지불에 대한 정보가 있을 수 있다.

생산자가 메시지를 쓸 때 주어진 파티션의 끝에 이를 덧붙인다. 예를 들어 이벤트가 파티션 0으로 전송되어야 한다고 결정하면 이벤트는 이 로그의 끝에 덧붙여진다. 새로운 레코드의 오프셋은 13과 같을 것이다. 파티션 **비대칭**의 경우 파티션 하나에 너무 많은 데이터가 존재하는 상황으로 끝난다는 사실에 주목할 필요가 있다. 이는 파티션을 위해 사용하는 키가 너무 좁다는 의미다. 카프카 키에 부가 데이터를 추가해 파티션의 분배를 개선하기로 결정할 수 있다.

11.2.1 카프카의 소비자 쪽 살펴보기

생산자는 소비자와 분리되어 있으며, 데이터를 소비하는 부분은 비동기적인 방식으로 수행된다. 소비자는 카프카 토픽에서 데이터를 읽는 프로세스다. 기억하겠지만, 토픽은 파티션으로 나뉜다. 이로 인해 소비자는 주어진 토픽에 대한 모든 파티션을 이해할 필요가 있다. 모든 파티션에서 데이터를 읽는 단일 소비자가 있을 수도 있다. 하지만 실제 애플리케이션은 병렬화를 높이기 위해 구조화되어 있다.

다시 파티션이 4개인 토픽이 하나 있다고 가정해보자. 이 네 파티션에서 데이터를 가져올 필요가 있는 애플리케이션이 존재한다. 이런 설정에서 성능 요구사항에 따라 네 소비자를 배포할 수 있다. 각 소비자는 단일 파티션에서 이벤트를 읽어올 책임이 있을 것이다. 파티션보다 더 많은 소비자가 존재하는 경우, 추가로 들어온 소비자들은 작업을 하지 않고 쉴 것이다. 이렇게 되는 이유는 모든 토픽의 파티션이 이미 소비자에게 할당되어 있기 때문이다.

조금 더 복잡한 상황을 가정해보자. 토픽에는 여전히 파티션이 네 개 존재하지만, 소비자 애플리케이션을 네 개 유지할 필요는 없다(그림 11.6). 성능 테스트 이후에 소비자 프로세스 세 개 만으로도 처리량이 충분하다는 사실이 밝혀졌다.

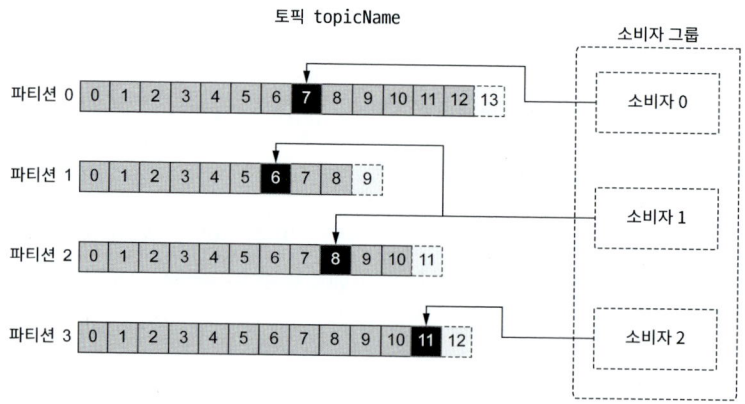

그림 11.6 여러 소비자로 구성된 소비자 그룹을 위한 할당

이런 상황은 전적으로 타당하다. 이런 설정에서 소비자 프로세스 중 하나(소비자 1)는 두 파티션을 담당한다. 반면에 소비자 0과 소비자 2는 단일 파티션을 처리한다. 소비자 1은 파티션 1과 2를 함께 처리한다. 파티션을 소비자들에게 할당하는 방식이 실제 사용 사례에서는 다를 수도 있다는 사실에 주목하기 바란다. 하지만 논의된 시나리오에서 모든 소비자에게 적어도 하나의 파티션이 할당된다.

추가적인 파티션 처리는 N개 노드 사이에서 분산될 수 없다는 사실에 주목하자. 이렇게 하면 파티션 내부에서 순서를 보장하지 못할 것이다. 여러 소비자들은 동일 파티션 키 이벤트를 얻을 것이며, 이런 설정에서 순서를 보증하는 방법은 없을 것이다. 따라서 이와 같은 상황은 아파치 카프카에서 가능하지 않다.

앞서 설명한 해법(파티션 네 개와 소비자 세 개)이 문제가 되는 이유는 소비자 중 하나가 다른 소비자에 비해 두 배 많은 이벤트를 처리할 것이기 때문이다. 이런 이유로 실제 설정에서는 소비자를 짝수로 선택하는 방식을 고려해야 한다. 파티션이 네 개 있으면 두 소비자를 만들어 동일한 양의 트래픽을 처리하게끔 설계한다. 처리량을 더 높여야 한다면 소비자를 네 개로 늘이기로 결정할 수도 있다.

> **참고**
> 토픽을 생성할 때 파티션 숫자를 미리 선택하는 것이 중요하다. 따라서 성능 테스트와 경험적 데이터로 뒷받침되는 숫자를 신중하게 선택해야 한다.

트래픽을 처리하기 위한 파티션 숫자를 너무 작은 값으로 골랐음이 밝혀졌다고 가정하자. 이 경우, 더 많은 파티션으로 새로운 토픽을 생성해 예전 토픽을 새 토픽으로 이주하게 만들 필요가 있다. 하지만 이런 작업에는 자원이 많이 들고 시간 소비도 크다.

아파치 카프카를 사용하는 가장 중요한 장점은 N개의 독립적인 소비자 애플리케이션을 배포하는 능력이다. 카프카에서는 모든 애플리케이션을 소비자 그룹으로 부른다. 각 소비자 그룹에는 소비자가 N개 포함될 수 있다. 이는 pub-sub 절에서 설명하는 사용 사례를 가능하게 만든다.

동일 토픽을 소비하는 여러 애플리케이션이 존재할 수도 있다. 각 애플리케이션은 자신만의 속도로 독립해서 동일 토픽에서 데이터를 소비할 수 있다. 예를 들어, (전용 `customer_group`을 가지는) 메트릭 대시보드 애플리케이션의 처리량 요구사항이 높지 않다면 카프카 소비자 프로세스 하나를 탑재한 물리 노드 하나에서 동작할 수 있다. 반면 긴급 대응 모니터링 애플리케이션은 훨씬 더 중요하고 성능에 민감할 수 있다. 이 소비자 그룹은 데이터를 더 빠르게 처리하기 위해 소비자를 N개 유지할 수 있다.

11.2.2 카프카 브로커 설정 이해하기

마지막으로, N개 브로커에 배포된 아파치 카프카의 전체 설정을 분석해보자. 카프카가 두 물리 컴퓨터에 배포된 가장 단순한 사용 사례를 살펴볼 것이다. 각 컴퓨터에는 카프카 브로커가 한 개 존재한다. 여기서 파티션이 두 개 있는 T라는 토픽을 분석할 것이다. 이는 생산자와 소비자 쪽의 최대 병렬성이 2(파티션 숫자)와 같음을 의미한다. 게다가 토픽 T의 복제 계수는 2로 설정되어 있으므로 모든 이벤트는 (궁극적으로) 두 브로커에 저장된다.

원하는 설정이 생산자 하나와 소비자 하나만 있다고 가정하자. 실제로 최대 생산자는 두 개까지, 그리고 각 소비자 그룹마다 소비자 숫자의 두 배까지 늘릴 수 있다. 하지만 이런 설정을 생산자 하나와 소비자 하나로 단순화하면 카프카 브로커 설정을 더 쉽게 추론할 수 있다. 그림 11.7은 이런 사용 사례에 맞춘 설정을 보여준다.

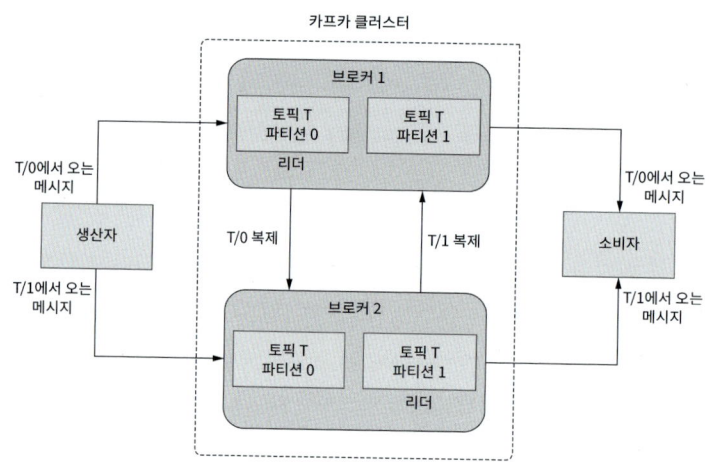

그림 11.7 다중 카프카 브로커

토픽 T에는 파티션이 두 개 있다. 토픽의 복제 계수가 2로 설정되어 있기 때문에 각 파티션은 두 브로커로 복제된다. 만일 복제 계수를 1로 설정하면 각 파티션은 브로커 하나에만 유지된다. 파티션은 리더-추종자 모델로 동작한다. 주어진 파티션에서 브로커 하나만 리더가 된다. 우리 설정을 보면 브로커 1은 토픽 T 파티션 0에 대한 리더이며, 브로커 2는 토픽 T 파티션 1에 대한 리더다.

복제 계수를 높일수록 클러스터가 요구하는 자원이 늘어난다는 사실을 기억할 필요가 있다. 예를 들어 복제 계수를 2로 설정하면 복제 계수를 1로 설정한 경우와 비교해 두 배 많은 디스크 용량을 요구한다. 이렇게 되는 이유는 물리적인 두 장소에 데이터를 저장할 필요가 있기 때문이다. 복제 계수를 3으로 높이면 세 배 많은 디스크 용량을 요구한다. 또한 더 많은 브로커에 데이터를 저장하는 작업은 더 많은 네트워크 트래픽과 더 많은 CPU 자원을 요구한다. 데이터를 복제할 때 데이터는 네트워크를 통해 더 많은 브로커에 전송될 필요가 있다.

생산자가 토픽의 파티션으로 데이터를 전송할 때 주어진 파티션의 리더에게 보낸다. 다음으로, 이 데이터는 시스템 장애에 대응하기 위해 데이터를 저장할 추종자 브로커에게 복제된다. 브로커 1에 장애가 발생하면 브로커 2는 이 파티션의 리더 역할을 맡기 시작한다. 소비자 프로세스는 모든 토픽의 파티션을 위한 리더 목록을 유지할 필요가 있다. 이 때문에 적절한 파티션에서 데이터를 소비할 수 있게 된다. 브로커에 장애가 생기는 경우 재균등화 과정이 모든 파티션을 위한 소비자의 리더를 갱신한다. 이제 카프카의 동작 방식을 이해했으므로 생산자의 배송 의미론을 분석하자.

11.3 생산자 로직

먼저 카프카의 생산자 로직을 살펴보자. 아파치 카프카의 생산자(http://mng.bz/lad2)는 카프카 토픽에 데이터를 전송하기 위한 주요 진입점이 될 것이다. 카프카 생산자는 다양한 설정(http://mng.bz/BxP1)으로 구성이 가능하다. 하지만 지정할 필요가 있는 세 가지 필수 설정이 있다.

먼저 **부트스트랩 서버**(bootstrap-servers)라는 카프카 브로커 목록을 설정해야 한다. 이 설정은 클러스터 내에 있는 카프카 브로커 목록을 포함해야 한다. 생산자는 부트스트랩 서버를 사용해 이벤트가 전송돼야 할 장소를 결정한다. 또한, 모든 카프카 레코드는 키-값 쌍으로 구성된다. 둘을 위한 직렬화기를 지정할 필요가 있다. 직렬화기는 자바 객체(예: `String`)를 카프카 토픽으로 전송될 바이트 배열로 변환하는 로직을 제공한다. 다음 코드는 스프링 카프카 라이브러리를 사용하는 예제 카프카 생산자 구성을 보여준다(http://mng.bz/dojo).

코드 11.1 카프카 생산자 구성 생성

```
@Configuration
public class SenderConfig {

    @Value("${kafka.bootstrap-servers}")
    private String bootstrapServers;

    @Bean
    public Map<String, Object> producerConfigs() {
```

```
    Map<String, Object> props = new HashMap<>();
    props.put(ProducerConfig.BOOTSTRAP_SERVERS_CONFIG, bootstrapServers);
    props.put(ProducerConfig.KEY_SERIALIZER_CLASS_CONFIG,
        IntegerSerializer.class);
    props.put(ProducerConfig.VALUE_SERIALIZER_CLASS_CONFIG,
        StringSerializer.class);    ← ① 카프카 생산자 설정의 맵
    return props;
}

@Bean
public ProducerFactory<Integer, String> producerFactory() {
    return new DefaultKafkaProducerFactory<>(producerConfigs());
}

@Bean
public Producer<Integer, String> producer() {
    return producerFactory().createProducer();    ← ② 생산자는 Integer 키와 String 값을 처리한다
}

@Bean
public KafkaTemplate<Integer, String> kafkaTemplate() {
    return new KafkaTemplate<>(producerFactory());
}

@Bean
public Sender sender() {
    return new Sender();    ← ③ Sender는 원본 카프카 생산자의 상위에 위치한 스프링 추상화다
}
}
```

생산자 로직은 직전에 생성한 Producer를 사용해 카프카 토픽으로 데이터를 전송한다. 로직이 비동기식이기 때문에 Producer의 연산은 비차단이며, Future를 반환한다. 여러 토픽으로 데이터를 전송하기 위해 여러 스레드 사이에서 Producer 하나의 인스턴스를 공유하는 편이 안전하다는 사실을 지적하고 넘어갈 필요가 있다. 다음 코드에서 볼 수 있듯이 Producer는 토픽, 파티션 키, 실제 값을 인수로 받는다. Producer는 파티션 키를 기반으로 요청을 적절한 토픽의 파티션으로 라우팅할 것이다.

코드 11.2 카프카 생산자 생성

```
@Autowired private Producer<Integer, String> producer;
public Future<RecordMetadata> sendAsync       ← ① Future를 반환한다
  (String topic, String data, Integer partitionKey) {    ← ② Producer는 토픽, 파티션 키,
    LOGGER.info("sending data='{}' to topic='{}'", data, topic);   전송할 실제 데이터를 받는다
    try {
      return producer.send(          ③ ProducerRecord를 카프카 생산자에게 직접 전달한다
        new ProducerRecord<>(topic, partitionKey, data),
          (recordMetadata, e) -> {   ← ④ 일단 레코드가 성공적으로 전송되고 나면 비동기식 콜백을 수행한다
            if (e != null) {
              LOGGER.error("error while sending data:" + data, e);
            }
          });
    } finally {
      producer.flush();
    }
  }
```

전송 연산은 비동기식이며 전송이 완료될 때 수행되는 콜백을 등록할 수 있다. 콜백은 예외가 null이 아닌지를 점검한다. 만약 예외가 null이 아니라면 전송에 실패한 것이다.

이렇게 단순한 send() 로직은 많은 복잡성을 감춘다. 생산자 흐름을 중심으로 그림 11.8에 나온 내용을 분석해서 로직을 요약해보자.

먼저 ProducerRecord가 생성된다.

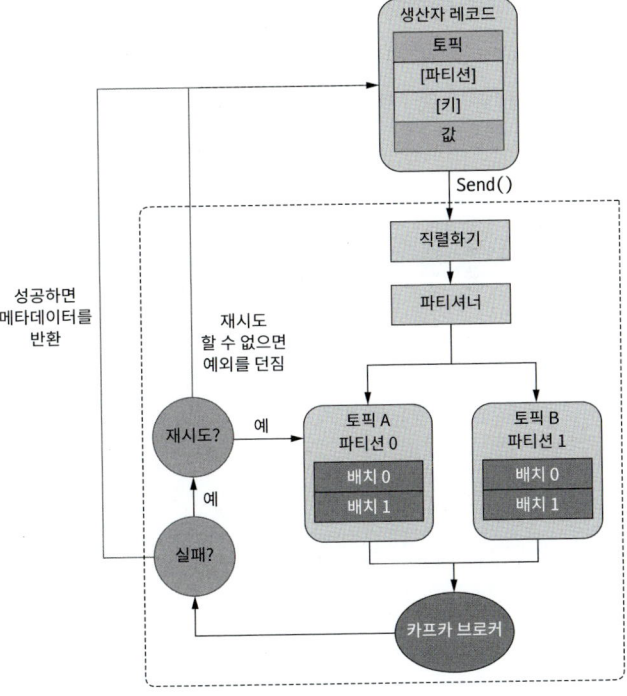

그림 11.8 전송 연산을 위한 카프카 생산자 흐름

ProducerRecord는 토픽, 키, 값을 포함한다. 파티션을 제공할 수 있으며, 제공하지 않으면 키 값에서 계산된다. 키를 제공하지 않으면(null인 경우) 메시지는 라운드 로빈 알고리즘을 사용해 배포된다. 다음으로, 데이터는 바이트 배열로 직렬화된다. 그리고 나서 파티셔너는 레코드를 전송해야 할 파티션을 결정한다.

레코드는 토픽의 파티션에 따라 생산자 쪽에서 배치로 처리된다는 사실이 중요하다. 이는 배치 하나가 동일 파티션에 대한 레코드 N개를 포함할 수 있음을 의미한다. 전송이 성공적으로 완료될 때 전송된 모든 레코드에 대한 메타데이터가 반환된다. 예를 들어, 메타데이터는 실제 데이터가 전송된 파티션 내 오프셋을 포함한다. 실패할 경우에 전송은 재시도된다. 재시도 매개변수(http://mng.bz/VlXy)가 전송 방식을 구성한다. 더 많은 재시도가 있다면 레코드 배치 작업을 재시도한다. 그렇지 않으면 예외가 호출자에게 상승 전파된다.

주어진 파티션에 대한 배치 재시도는 파티션 내의 순서 보증을 손상시킬 수 있다는 사실에 주목해야 한다. 첫 번째 요청이 실패하고 재시도를 위해 스케줄이 잡히면 두 번째 요청은 스케줄링된 재시도 전에 성공할 수도 있다. 이런 경우에는 (바로 앞 장에서 설명한 상황과 유사하게) 요청 처리 작업이 상호 배치될 것이다. 이는 파티션 내에서 이벤트 순서가 맞지 않는 결과를 초래한다.

재시도 동작이 활성화되면(기본적으로 활성화된다) 중복의 가능성이 있다. 이 모드에서 동작하는 생산자는 최소한 한번 배송한다는 보증을 제공하며, 같은 레코드가 한 번 또는 여러 번 전송될 수도 있다. 생산자의 로직이 내결함성과 견고성을 제공해야 한다면 재시도는 여기서 핵심적인 역할을 맡는다.

11.3.1 생산자를 위한 일관성 대 가용성 선택하기

생산자 쪽에서 고민할 필요가 있는 다른 중요한 트레이드오프는 데이터의 일관성과 가용성 사이에서의 선택과 관련이 있다. 브로커 두 개로 구성된 클러스터가 있으며, 두 브로커에 토픽 A가 복제된다고 가정하자. 단순함을 위해 토픽 A에는 파티션이 한 개만 있다고 가정하자(이런 동작 방식은 파티션 N개에 대해 동일할 것이다). 생산자가 데이터를 이 토픽으로 전송할 때 확인 응답하는 브로커의 숫자와 관련해 세 가지 선택지가 있다(http://mng.bz/xvQd). 이들 선택지 각각은 다양한 일관성과 가용성 특성을 제공한다. 먼저 그림 11.9와 같이 `acks` 매개변수를 `all`로 설정한 경우를 살펴보자.

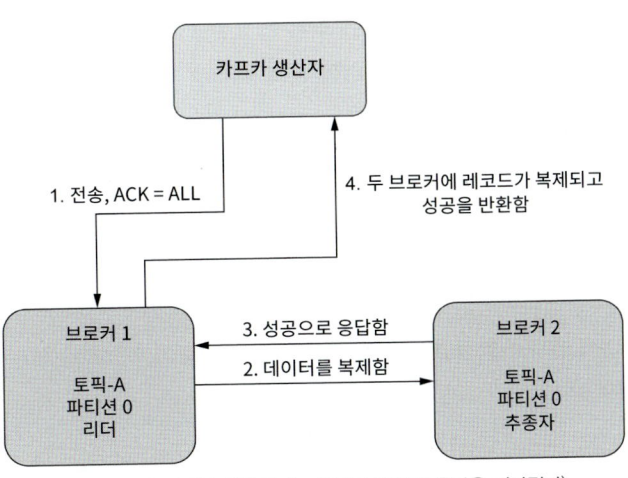

그림 11.9 acks=all일 때 가용성 대신 일관성을 선택한다(생산자는 서버에서 확인 응답을 기다린다).

토픽이 복제 계수 2로 생성되면 레코드는 성공적으로 저장되며, 모든 브로커가 확인 응답할 필요가 있다(사용 사례에서 브로커는 2개). 토픽 A와 파티션 0에 대해 브로커 1은 리더다. 생산자는 데이터를 이 브로커로 전송한다. `acks` 매개변수가 `all`로 설정되어 있으므로 리더는 이 레코드를 브로커 2(추종자)로 전파한다. 일단 데이터가 성공적으로 추종자 쪽에 저장되고 나면 리더는 생산자에게 보낼 성공에 대한 응답을 받는다.

브로커 하나에 장애가 생겨도 데이터는 일관성을 유지한다. 이는 토픽 1에 대한 동일 데이터가 두 브로커에 있음을 보증한다. 하지만 이 경우(브로커 하나에 장애가 생기면) 2로 설정된 복제 계수는 충족될 수 없다. 이런 상황이 발생하면 시스템은 사용이 불가능해질 것이다. 전체 시스템의 일관성을 유지하기 위해 가용성을 제한했다.

실제 설정 과정에서는 브로커가 더 많아야 한다. 브로커가 세 개 있고 복제 계수가 2로 설정되어 있으면 브로커 하나에 장애가 생기더라도 시스템을 사용 불가능한 상태로 만들지 않을 것이다. 두 브로커만 살아 있으면 성공적으로 데이터를 전송할 수 있다.

토픽의 복제 계수와 브로커 숫자를 고르는 작업은 사용 사례에 따라 달라진다. 이를 결정하려면 먼저 클러스터가 다룰 필요가 있는 초당 최대 요청 숫자(MB/s)를 찾는다. 일단 이 정보를 얻고 나면 브로커 하나의 최대 처리량을 찾기 위해 성능 테스트를 진행할 수 있다. 또한 온라인에서 제공하는 정보(http://mng.bz/Axwo)도 활용할 수 있지만, 사용하는 컴퓨터 유형에 따라 최대 처리량이 달라진다는 사실에 주의하자. 디스크 속도, CPU 숫자, 램 크기는 모두 처리량에 영향을 준다.

일단 브로커당 최대 처리량을 알고 나면 트래픽을 위해 필요한 브로커 숫자를 계산할 수 있다. 하지만 카프카 시스템에서 고가용성과 일관성을 위해 토픽의 복제 계수를 늘려야 한다. 복제 계수는 상황에 따라 다르며 주의 깊게 골라야 한다. 토픽을 더 많이 복제할수록 클러스터가 처리해야 하는 처리량도 늘어난다. 예를 들어, 복제 계수를 2로 설정할 때 네트워크 트래픽은 두 배가 될 것이다. 카프카 브로커 두 개가 데이터를 저장할 필요가 있으므로 디스크 용량도 두 배가 필요하다.

> **참고**
>
> 서비스에 대응하는 카프카 클러스터를 생성하는 작업은 복잡한 주제이므로 최적의 설정을 찾기 위해 더 많이 실험하고 관련 참고 문헌도 읽기 바란다.

acks 매개변수를 1로 설정한 상황을 고려하자. 이 경우 생산자는 저장된 데이터에 대해 브로커 하나(리더)의 확인 응답만 기다린다. 그림 11.10은 이런 구성을 보여준다.

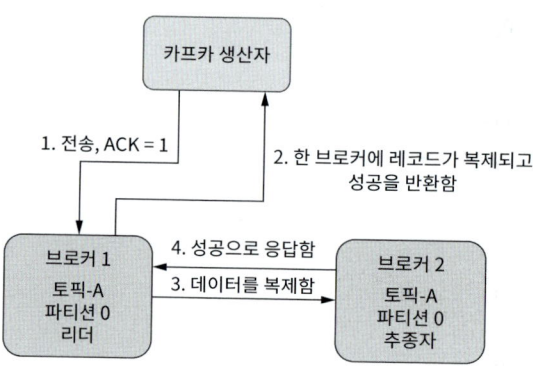

그림 11.10 acks=1일 때 일관성 대신 가용성을 선택했다.

이 시나리오에서 데이터는 여전히 토픽 A의 복제 계수와 동일한 숫자의 브로커에 복제된다. 하지만 복제 과정은 비동기식으로 수행된다. 일단 리더가 성공적으로 생산자 레코드를 저장하면 즉시 호출자에게 성공을 반환한다.

배경 작업으로 데이터가 추종자들에게 동기화된다. 하지만 추종자가 데이터를 저장하기 전에 실패할 가능성이 있다. 이런 시나리오에서 데이터는 둘째 브로커에게 복제되지 않는다. 생산자는 확인 응답을 하나만 기다리므로 배경 작업이 실패한 상황을 알지 못한다. 브로커 1에 장애가 생기고 브로커 2가 토픽 A의 모든 데이터를 최신으로 유지하지 못한다면 데이터를 잃어버릴 위험에 직면한다. 반면, 클러스터에서 브로커 하나만 기능할지라도 생산자는 여전히 토픽 A로 데이터를 전송한다. 이 시나리오에서는 일관성을 희생해 토픽 A의 가용성을 확보했다.

acks 매개변수로 전달될 수 있는 세 번째 값이 존재한다. 이 값을 0으로 설정할 수 있다. 이 경우, 생산자는 카프카 브로커에서 확인 응답을 기다리지 않는다. 이는 발사 후 망각 상황이며, 서비스 사용 사례를 제한해왔다. 심지어 눈치채지 못한 상황에서 데이터를 잃어버릴 가능성이 아주 높다.

이제 생산자 쪽을 이해했으므로 카프카 소비자 쪽을 자세히 살펴보자. 다양한 배송 의미론으로 소비 로직을 구현할 것이다.

11.4 소비자 코드와 다양한 배송 의미론

일단 데이터가 성공적으로 토픽의 덧붙이기 전용 로그에 저장되고 나면 카프카 소비자 코드는 이를 가져올 수 있다. 토픽을 위한 보관 시간을 임의로 구성할 수 있으므로 가장 오래된 오프셋에 위치한 이벤트는 이 시간 이후에 제거된다. 보관 시간은 무한대로 설정할 수 있으며, 이는 오래된 이벤트가 전혀 제거되지 않음을 의미한다. 예제 소비자 코드를 살펴보는 작업부터 시작하자.

소비자를 구성할 때 우리는 또한 카프카 브로커 목록을 전달해야 한다. 기억하겠지만, 생산자는 직렬화기를 사용해 객체를 바이트 배열로 변환해야 한다. 반대로 소비자는 바이트 배열을 객체로 변환할 필요가 있다. 따라서 키-값 역직렬화 클래스를 제공해야 한다. 모든 소비자는 소비자 그룹 내에서 작동하므로 이 소비자가 사용할 그룹 ID를 전달할 필요도 있다.

카프카 토픽의 오프셋을 특정 소비자 그룹이 추적한다는 점에도 주목할 필요가 있다. 이는 소비자가 토픽에서 이벤트의 배치를 가져올 때 이벤트가 적절히 처리되었음을 알려주기 위해 오프셋을 커밋해야 한다는 의미다. 장애가 생기면 이 소비자 그룹에 속한 또 다른 소비자가 마지막으로 커밋된 오프셋에서 처리를 계속할 수 있다.

커밋하고 처리를 계속하는 방식은 소비자 애플리케이션이 제공하는 배송 의미론에 영향을 미친다. 카프카 소비자가 우리를 위해 오프셋을 자동으로 커밋하는 가장 단순한 사례부터 시작하자. 다음 코드에서 볼 수 있듯이 enable.auto.commit(http://mng.bz/ZzgR)을 true로 설정하면 자동 커밋을 수행할 수 있다.

코드 11.3 카프카 소비자 구성

```
@Bean
public Map<String, Object> consumerConfigs() {
  Map<String, Object> props = new HashMap<>();
```

```java
    props.put(ConsumerConfig.BOOTSTRAP_SERVERS_CONFIG, bootstrapServers);
    props.put(ConsumerConfig.KEY_DESERIALIZER_CLASS_CONFIG, IntegerDeserializer.class);
    props.put(ConsumerConfig.VALUE_DESERIALIZER_CLASS_CONFIG, StringDeserializer.class);
    props.put(ConsumerConfig.GROUP_ID_CONFIG, "receiver");
    props.put(ConsumerConfig.ENABLE_AUTO_COMMIT_CONFIG, "true");
    return props;
}
```

카프카 소비자를 구성하기 위해 이 구성 방식을 사용할 수 있다. 소비자는 N개 토픽에 대해 동작하며, 스레드 사이에서 공유될 수 있다. 다음 코드에서 볼 수 있듯이 소비하고 싶은 토픽을 구독해야 한다는 사실만 기억하면 된다.

코드 11.4 자동 커밋으로 카프카 소비자 생성

```java
public KafkaConsumerAutoCommit(Map<String, Object> properties, String topic) {
    consumer = new KafkaConsumer<>(properties);
    consumer.subscribe(Collections.singletonList(topic));   ← ① 소비자는 구독한 토픽에서 이벤트를 수신한다
}

public void startConsuming() {
    try {
        while (true) {   ← ② while 루프에서 반복적으로 처리한다
            ConsumerRecords<Integer, String> records =
                consumer.poll(Duration.ofMillis(100));   ← ③ 최대 100밀리초 동안 기다리면서 가용한 모든 레코드를 가져온다
            for (ConsumerRecord<Integer, String> record : records) {   ←
                LOGGER.debug(        ← ④ 구독하고 있는 모든 토픽과 관련된 레코드를 포함하는 배치를 반환한다
                    "topic = {}, partition = {}, offset = {}, key = {}, value = {}",
                    record.topic(),
                    record.partition(),
                    record.offset(),
                    record.key(),
                    record.value());
                logicProcessing(record);
            }
        }
    } finally {
        consumer.close();
    }
}
```

startConsuming() 메서드는 루프 내에서 소비자의 poll() 메서드를 호출하고 결과를 받기 위해 100 밀리초 동안 기다린다. 이 메서드는 처리돼야 하는 레코드의 배치를 반환한다. 모든 레코드는 토픽이나 파티션과 같은 추적 정보와 함께 키/값을 포함한다. offset() 메서드는 주어진 토픽 파티션에서 특정 레코드의 정확한 오프셋을 반환한다. 마지막으로, 레코드의 배치를 순회하면서 각각을 처리한다.

소비자가 자동 커밋 모드에서 동작할 때 기본값이 5000인 auto.commit.interval.ms 설정(http://mng.bz/REnZ)에서 지정된 바와 같이 N 밀리초마다 배경 작업으로 오프셋을 커밋한다.

그림 11.11에서 보듯이 애플리케이션이 초당 이벤트 100개를 처리한다고 상상해보자. 이벤트가 다섯 개 배치 단위로 도착한다고 가정하자. 이런 시나리오에서는 이벤트 500개가 처리된 다음에 오프셋이 커밋된다. 5초 전에 애플리케이션에 장애가 생기면 오프셋은 커밋되지 않는다. 이럴 경우에 이 처리 과정에서 마지막으로 알려진 오프셋은 0과 같다.

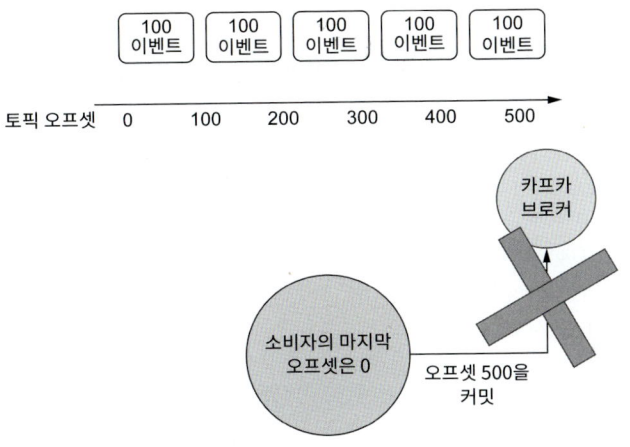

그림 11.11 초당 이벤트 100개를 처리하기 위한 소비자 자동 커밋

이 소비자 그룹의 다른 소비자가 장애로 인해 문제가 된 처리를 계속한다면 이 소비자는 마지막으로 커밋된 오프셋이 0과 같다는 사실을 관찰한다. 직전에 장애가 생긴 소비자가 이미 처리한 이벤트 500개를 다시 한번 가져올 것이므로 중복된 이벤트 500개를 처리할 가능성이 있다. 이는 최소한 한 번 배송 의미론의 경우다. 소비자는 성공적인 커밋 상황에서 이벤트를 한 번만 받을 수 있다. 하지만 커밋이 성공하지 못하면 다른 소비자가 데이터를 다시 처리한다.

11.4.1 수동으로 소비자 커밋하기

수동 커밋을 사용해 직전 상황을 개선할 수 있다. 먼저 다음 코드처럼 enable.auto.commit(http://mng.bz/ZzgR)을 false로 설정하는 방식으로 자동 커밋을 비활성화할 필요가 있다.

> **코드 11.5 자동 커밋 비활성화**
>
> ```
> props.put(ConsumerConfig.ENABLE_AUTO_COMMIT_CONFIG, "false");
> ```

이 시점부터 소비자는 더 이상 자동으로 오프셋을 커밋하지 않는다. 커밋은 우리의 책임이다. 지금 필요한 가장 중요한 의사 결정 사안은 오프셋 커밋 시점이 시스템에 진입할 때인지 처리를 마친 후인지 결정하는 것이다. 최소한 한 번 배송 의미론을 유지하고 싶다면 처리 로직 이후에 오프셋을 커밋해야 한다. 이렇게 함으로써 성공적으로 처리된 다음에 메시지가 커밋되었다고 표식을 확실히 붙일 수 있다. 다음 코드는 이런 처리 과정을 보여준다.

> **코드 11.6 동기식 커밋**
>
> ```java
> public void startConsuming() {
>   try {
>     while (true) {
>       ConsumerRecords<Integer, String> records =
>           consumer.poll(Duration.ofMillis(100));
>       for (ConsumerRecord<Integer, String> record : records) {
>         logicProcessing(record);
>         try {
>           consumer.commitSync();   ← ① 이 소비자 코드에서 유일한 차이점은 수동 커밋이다
>         } catch (CommitFailedException e) {
>           LOGGER.error("commit failed", e);
>         }
>       }
>     }
>   } finally {
>     consumer.close();
>   }
> }
> ```

코드 11.6에서 목표를 달성하기 위해 **commitSync()** 메서드를 사용한다. 이 메서드는 특정 소비자에게 할당된 모든 파티션에 대한 오프셋을 커밋한다. **commitSync()** 메서드가 차단하고 있다는 사실에 주목

하자. 이는 오프셋이 커밋될 때까지 처리를 진행하지 않음을 의미한다. 이 새로운 해법은 안전성을 제공하지만, 전반적인 성능에 영향을 미치므로 `commitSync()` 연산에는 비용이 들어간다.

비용이 문제라면 처리하는 스레드를 차단하지 않는 `commitAsync()` 메서드를 사용하기로 결정할 수도 있다. 하지만 비동기식으로 커밋할 때 오류 처리에 신경 쓸 필요가 있는 이유는 예외가 호출자의 주 스레드로 상승 전파되지 않기 때문이다. 다음 코드는 `commitAsync()` 구현을 보여준다.

코드 11.7 비동기식 커밋

```
consumer.commitAsync(
         (offsets, exception) -> {
            if (exception != null) LOGGER.error(
  "Commit failed for offsets {}", offsets, exception);
         });
```

때때로 비동기식 커밋이 실패하지만, 후속 이벤트의 배치에 대한 커밋은 통과하는 경우를 목격할 수도 있다. 이런 시나리오에서 시스템이 영향을 받지 않는 이유는 후속 연산에서 커밋된 올바른 오프셋이 저장되었기 때문이다.

로직이 이벤트를 처리하기에 앞서 오프셋을 커밋하고 싶은 상황을 고려해보자. 이런 경우에 처리 로직이 실패할 경우 카프카 브로커가 알아차리지 못한다. 오프셋은 이미 커밋되었으므로 소비자 로직이 처리를 계속할 때 직전 배치는 다시 처리되지 않을 것이다.

`logicProcessing()` 메서드가 성공적으로 완료되지 않으면 몇몇 이벤트는 처리되지 않는다. 이 경우 이벤트를 잃어버리는 위험에 직면한다. 이런 시스템은 기껏해야 한 번 배송을 보증할 것이다. 동일 이벤트는 한 번 처리될 것이다(하지만 0번 처리될 가능성도 존재한다).

11.4.2 가장 처음 오프셋 또는 가장 최신 오프셋에서 재시작하기

소비자 애플리케이션의 배송 보증에 영향을 미치는 두 번째 측면이 존재한다. 레코드가 10개인 토픽(따라서 오프셋도 10개)에 대한 시나리오를 생각해보자. 소비자 애플리케이션은 배치에서 모든 레코드를 가져온다. 배치는 1에서 10까지 이벤트를 포함하며, 0에서 10까지 중 임의의 숫자이며 배치의 이벤트 수와 동일한 N이라는 오프셋을 커밋한다. 불행히도, 커밋 단계에서 애플리케이션에 장애가 발생한다. 이 경우 얼마나 많은 이벤트를 소비자 애플리케이션에서 처리했는지 알지 못한다. 소비자 풀(customer pool) 타임 아웃, 배치 크기 등과 같은 여러 요인에 의해 영향을 받을 수 있다. 앱이 재시작할 때 처리를 계속하기 위한 두 가지 방법이 있다.

이런 시나리오에서 처리를 계속하기 위한 두 가지 전략은 auto.offset.reset 전략(http://mng.bz/2jqg)으로 제어된다. 이를 earliest로 설정할 때 이벤트 처리를 계속하는 작업은 (만일 존재한다면) 토픽 파티션에서 마지막으로 커밋된 오프셋에서 시작할 것이다. 오프셋이 존재하지 않으면 처음부터 모든 이벤트의 재처리 작업을 시작한다. 그림 11.12는 이런 전략을 보여준다.

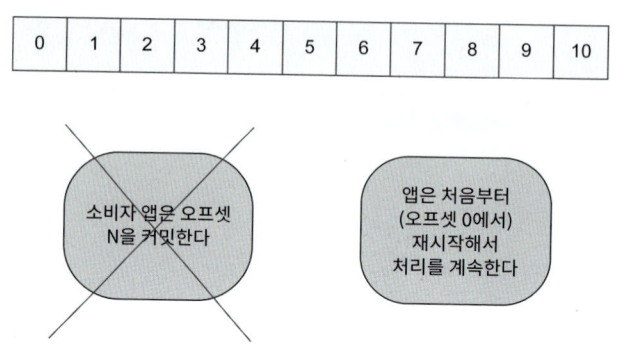

그림 11.12 가장 처음 오프셋에서 재시작

이런 상황에서 소비자 애플리케이션은 중복된 이벤트를 얻을 수도 있다. 후속 레코드를 처리하는 동안에도 소비자 로직의 장애가 언제든지 발생할 수 있기 때문이다. 실제로 재시작 한 번에 중복된 이벤트가 20개(2 × 10이벤트)까지 생길 수도 있다. 이런 오프셋 재설정 전략은 최소한 한 번 배송 의미론을 제공한다.

통합 테스트에서 이런 전략을 관찰할 수 있다. 이 테스트에서는 다음 코드에서 볼 수 있듯이 카프카 소비자에게 OffsetResetStrategy.EARLIEST를 전달한다.

코드 11.8 가장 처음 오프셋 재설정 전략 테스트

```
// given
ExecutorService executorService = Executors.newSingleThreadExecutor();
String message = "Send unique message " + UUID.randomUUID().toString();

KafkaConsumerWrapper kafkaConsumer =
    new KafkaConsumerWrapperCommitOffsetsOnRebalancing(
        KafkaTestUtils.consumerProps(
            "group_id" + UUID.randomUUID().toString(),
            "false",
            AllSpringKafkaTests.embeddedKafka),
        CONSUMER_TEST_TOPIC,
```

```
            OffsetResetStrategy.EARLIEST);    ← ① 가장 처음 오프셋 재설정 전략을 전달한다

// when
sendTenMessages(message);
executorService.submit(kafkaConsumer::startConsuming);  ←
sendTenMessages(message);         ② 10개 레코드를 전송한 다음에 startConsuming()을 호출한다

// then
executorService.awaitTermination(4, TimeUnit.SECONDS);
executorService.shutdown();
assertThat(kafkaConsumer.getConsumedEvents()
       .size()).isGreaterThanOrEqualTo(20);  ← ③ 레코드 20개를 모두 수신한다
```

이벤트 10개를 전송하고, 소비자를 시작하고, 이벤트 10개를 다시 전송한 다음에 수신된 이벤트 수를 검증할 수 있다. 여기서 소비자는 자신이 만들어지기에 앞서 생산자가 게시한 이벤트 20개를 모두 수신한다.

선택 가능한 다른 전략은 가장 최신 오프셋이다. 이 전략을 사용하면 장애가 생긴 이후 주어진 토픽에 대한 오프셋이 없을 때 처리를 계속하기 위해 이 토픽의 가장 최신 오프셋에서 시작한다. 앞서 시나리오에서 앱은 오프셋 10 이후에서 시작할 것이다. 오프셋 10 이후에 시작하는 상황은 생산자가 새로운 이벤트를 덧붙인 경우에 일어난다. 그림 11.13은 이런 전략을 보여준다.

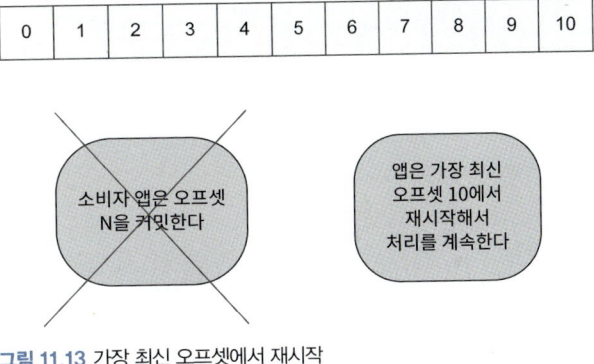

그림 11.13 가장 최신 오프셋에서 재시작

이 시나리오에서 애플리케이션은 장애가 생기기에 앞서 배송된 몇몇 이벤트를 잃어버릴 수도 있다. 배송은 되었으나 처리되지 않은 상황이다. 이 시나리오에서 중복된 이벤트를 얻지는 않지만 이벤트를 잃어버릴 수는 있다. 가장 최신 오프셋 전략을 사용하면 최소한 한 번 배송을 보증한다.

테스트 로직은 직전 예제와 유사하다. 먼저, 그림 11.9에서 볼 수 있듯이 `OffsetResetStrategy.LATEST`로 카프카 소비자를 생성할 것이다. 평상시 이 매개변수를 전달할 필요가 없는 이유는 카프카에서 기본값으로 되어 있기 때문이다. 여기서는 명시적이고 명확하게 이 매개변수를 전달한다. 소비자는

임의의 그룹 ID(존재하지 않는 오프셋에서 시작하는)에 대해 생성되며, 오프셋은 자동으로 커밋되지 않는다. 다음으로 메시지 10개를 카프카 토픽으로 전송할 것이다. 메시지 전송이 끝난 다음, 카프카 소비자를 시작할 수 있다. 일단 시작되고 나면 다음 메시지 10개가 전송된다.

코드 11.9 가장 최신 오프셋 재설정 전략 테스트

```
// given
ExecutorService executorService = Executors.newSingleThreadExecutor();
String message = "Send unique message " + UUID.randomUUID().toString();

KafkaConsumerWrapper kafkaConsumer =
    new KafkaConsumerWrapperCommitOffsetsOnRebalancing(
        KafkaTestUtils.consumerProps(
            "group_id" + UUID.randomUUID().toString(),    ← ① 다른 소비자 테스트와 충돌할 위험을
            "false",                                           회피하기 위해 소비자 그룹을 동적으로
            AllSpringKafkaTests.embeddedKafka),                생성한다
        CONSUMER_TEST_TOPIC,
        OffsetResetStrategy.LATEST);    ← ② 가장 최신 전략을 전달한다

// when
sendTenMessages(message);
executorService.submit(kafkaConsumer::startConsuming);    ← ③ 소비하는 로직은 첫 레코드 10개가
sendTenMessages(message);                                      전송된 다음에 시작한다

// then
executorService.awaitTermination(4, TimeUnit.SECONDS);
executorService.shutdown();
assertThat(kafkaConsumer.getConsumedEvents().size()).isLessThanOrEqualTo(10);
```

카프카 소비자가 이벤트 10개를 가져왔다는 사실을 관찰할 수 있다. 소비자가 시작하기 전에 게시된 이벤트는 고려되지 않는다.

통합 테스트는 직전과 유사하다. 두 상황 모두 장단점과 독자적인 사용 사례가 있다. 최근 이벤트에 반응해야 하는 지연 시간에 관련된 분야를 다룬다면 가장 최신 오프셋에서 작업을 계속해도 좋다. 예를 들어, 경고 시스템은 몇 분 전에 전달된 이벤트에는 관심이 없을지도 모른다. 오래된 데이터에 반응하는 것은 큰 가치를 주지 못한다. 반면, 정확성을 제공할 필요가 있는 시스템이라면 모든 이벤트를 처리하고 중복을 방지해야 한다. 예를 들어 지불 시스템에 장애가 생기면 장애가 생긴 시점부터 처리를 계속하고 보류 중인 모든 지불 내역을 처리할 필요가 있다.

11.4.3 (사실상) 정확히 한 번 의미론

정확히 한 번 보증을 제공하는 시스템을 구축하기란 어렵다. 지금까지는 최소한 한 번과 기껏해야 한 번이라는 두 가지 가능한 배송 의미론을 살펴봤다. 시스템 로직에 멱등성이 없고 어떤 이벤트도 잃어버릴 수 없으면 정확히 한 번이라는 형태가 필요하다.

실제로 사실상 정확히 한 번을 제공하는 시스템은 종종 최소한 한 번 배송 의미론 위에 구축된다. 바로 앞 장에서 살펴본 중복 제거 로직 구현은 사실상 최소한 한 번 의미론의 형태를 제공할 수도 있다고 배웠다. '**사실상**'이라고 말한 이유는 몇몇 계층에서 이벤트가 중복될 수 있기 때문이다. 예를 들어 생산자 쪽에서 재시도 로직이 중복을 만들 수 있다. 이 경우, 이런 중복은 정확히 한 번 배송을 기대하는 시스템으로부터 감춰져 있다.

아파치 카프카는 분산 트랜잭션의 형태를 구현하는 방식으로 사실상 정확히 한 번 의미론을 구축한다. 카프카 아키텍처는 생산자와 소비자 수준에서 중복을 가질 수 있다. 기본적으로 생산자는 성공적으로 수행하지 못한 요청을 재시도한다. 소비자 또한 11.4절에서 설명한 오프셋 커밋 동작 방식으로 인해 재시도하는 경우에 중복된 항목을 얻을 수 있다.

이 문제를 완화하기 위해 아파치 카프카는 트랜잭션을 구현한다. 트랜잭션은 새로운 이벤트가 카프카 토픽으로 전송되기에 앞서 생산자 쪽에서 시작한다. 트랜잭션은 트랜잭션 내부에서 사실상 정확히 한 번 의미론을 제공하기 위해 `transactional_id`(http://mng.bz/1jPX)를 사용한다. 모든 레코드는 트랜잭션 ID를 얻는다. 전송이 실패할 경우 연산은 롤백되므로 카프카는 주어진 레코드가 카프카 토픽에 존재하지 않을 것임을 보증한다. 다른 트랜잭션으로 다시 재시도하게 결정할 수도 있다. 하지만 트랜잭션은 주어진 카프카 생산자 내에서만 로직을 처리한다. 서비스 생산 로직이 (HTTP나 또 다른 카프카 클러스터에서 수신한) 외부 이벤트에 기반할 경우 여전히 중복된 항목을 얻을 수 있다.

생산자 전송을 유도하는 이벤트는 최소한 한 번 보증 의미론으로 배송될 수 있다(그림 11.14 참고). 카프카 트랜잭션을 사용하는 시스템이 이런 중복에 대해 방어하지 않을 경우, 생산자는 해당 이벤트들을 두 가지 독립적인 이벤트로 취급한다.

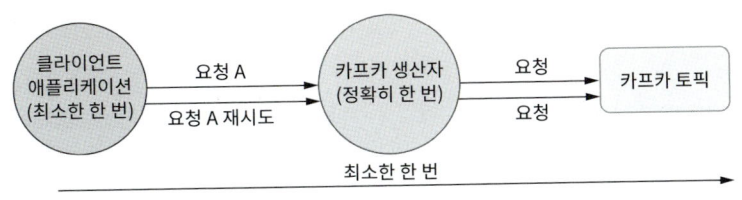

그림 11.14 최소한 한 번이라는 컨텍스트에서 정확히 한 번

클라이언트 애플리케이션이 트랜잭션을 구현하지 않고 최소한 한 번 배송 의미론을 제공한다고 가정하자. 클라이언트는 장애가 발생하는 경우에 요청을 재시도할 수 있다. 이 클라이언트상에서 로직에 기반하는 애플리케이션은 카프카 생산자 트랜잭션을 사용해 사실상 정확히 한 번 의미론을 제공한다. 이런 방식이 중복에 대해서는 방어하지 않는다는 사실에 주목해야 한다.

카프카 생산자 애플리케이션 관점에서 두 요청은 다르다. 중복 제거 메커니즘이 구현되지 않은 경우 요청이 중복되었는지 판단할 방법이 없다. 다음으로 두 요청은 모두 트랜잭션을 사용해 전송되며, 사실상 정확히 한 번 보증으로 전달된다. 하지만 시스템의 논리적인 관점에서 보면 동일 이벤트가 카프카에 두 번 전송된다(두 이벤트는 중복이다). 따라서 논리적으로는 최소한 한 번 배송 보증이 된다.

사실상 정확히 한 번 의미론은 애플리케이션의 비즈니스 흐름을 생성하는 모든 컴포넌트가 이런 의미론을 제공하는 경우에만 제대로 작동할 수 있음이 명백하다. 실제로, pub-sub 시스템이나 HTTP 프로토콜을 통해 처리, 통신, 데이터 교환을 처리하는 N개 단계가 있을 수도 있다. 이는 전체 파이프라인이 트랜잭션 하나로 묶여 있을 필요가 있음을 의미한다. 이런 해법은 깨지기 쉬우며 내결함성을 제공하지 않는다. 여러 단계 중 하나에서 장애가 생기면 손상된 트랜잭션을 수정하기 위해 운영자가 수동으로 개입하지 않으면 비즈니스 흐름이 진행되지 못할 가능성이 높다.

사실상 정확히 한 번 의미론을 애플리케이션에서 사용하고 싶다면 시스템 성능과 가용성에 대해 주의해야 한다. 이런 메커니즘을 사용할지 말지에 대한 의사 결정은 해법에 대해 다양한 성능과 카오스 테스트로 뒷받침해야 한다. 다음 절에서는 시스템의 내결함성을 개선하기 위해 카프카의 배송 의미론을 어떻게 활용할 수 있는지 살펴볼 것이다.

11.5 내결함성을 제공하기 위해 배송 의미론을 활용하기

이벤트 기반 방식으로 동작하는 두 시스템이 존재하며 양자의 유일한 통합 지점이 카프카 토픽인 시나리오를 고려해보자. 결제 서비스가 카프카의 비동기식 생산자 로직을 사용해 지불 이벤트를 생성한다고 가정하자. 그러고 나서 그림 11.15와 같이 청구 서비스가 토픽에서 데이터를 소비하고 이를 처리한다.

그림 11.15 이벤트 기반으로 처리하는 청구와 결제 서비스

결제 서비스가 평균적으로 초당 50요청을 전송한다고 가정하자. 청구 서비스 SLA는 그림 11.16에서 볼 수 있듯이 초당 100 요청까지 처리할 수 있음을 보증한다. 이제 새로운 버전의 배포 과정에서 청구 서비스가 실패하거나 멈추는 상황을 고려하자. 청구 서비스는 이 기간 동안 카프카 토픽에서 이벤트를 소비할 수 없다. 두 서비스 사이의 결합도를 떨어뜨리면 결제 서비스 수준에서 내결함성을 제공한다.

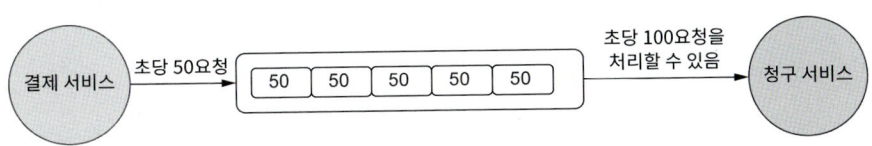

그림 11.16 카프카 토픽에서 이벤트 버퍼링

지불 서비스는 청구 서비스가 동작하지 않는 경우에도 여전히 이벤트를 생성할 수 있다. 하지만 이렇게 생성된 이벤트는 카프카 토픽에 저장된다. 청구 서비스가 재시작되고 5초 후에 정상적으로 동작하기 시작한다고 가정하자. 이 기간 동안 결제 서비스는 카프카 토픽에 이벤트를 250개 전송한다(50요청/초 × 5초). 이런 이벤트는 버퍼링되며 카프카 토픽에 저장된다. 소비자 애플리케이션은 온라인으로 돌아올 때 버퍼링된 이벤트를 계속해서 처리할 수 있다.

청구 서비스가 최소한 한 번 배송 보증으로 동작한다면 가장 마지막으로 처리된 이벤트에서 계속해서 처리하는 작업이 수행될 수 있음에 주목할 필요가 있다. 이는 소비자가 오프셋을 적절히 커밋할 필요가 있으며, 재설정 오프셋 전략은 가장 처음(earliest)으로 설정되어야 함을 의미한다. 토픽에서 버퍼링된 250개 이벤트는 결제 서비스에서 정상 트래픽과 함께 소비될 필요가 있다. 그렇지 않으면 청구 서비스는 들어오는 트래픽을 따라잡을 수 없다.

알다시피 청구 서비스는 초당 요청 100건을 처리할 수 있다. 그 외에도 정규 작업 중에 초당 50이벤트를 소비할 필요가 있다. 이 시나리오에서 청구 서비스는 버퍼링된 이벤트를 처리하기 위해 추가로 2.5초가 필요할 것이다. 이 시기 동안 2.5초 정도 처리 대기 시간을 목격하게 될지도 모른다. 청구 서비스가 들어오는 트래픽 처리를 시작하기 앞서 버퍼링된 이벤트를 처리할 필요가 있지만, 결제 서비스 생산자는 여전히 이벤트를 방출하고 있기 때문이다. 시간이 조금 지나면 버퍼링된 모든 이벤트가 소비될 것이며 두 애플리케이션의 전체 비즈니스 흐름은 전형적인 대기 시간과 트래픽으로 처리를 계속할 것이다.

예상하지 못한 트래픽 급증에도 동일한 해법을 적용할 수 있다. 결제 서비스가 초당 이벤트 200개를 만들어 내기 시작하는 상황을 가정하자. 청구 서비스는 초당 100건 SLA를 제공하기 때문에 이 정도 트래픽을 따라잡을 수 없을 것이다. 하지만 이런 상황이 일시적인 경우에는 추가 이벤트가 카프카 토픽에 버퍼링될 것이다. 트래픽이 정상으로 회복될 때 청구 서비스는 추가적인 트래픽을 처리할 수 있으며 시간이 조금 지나면 정상 트래픽으로 돌아간다.

pub-sub 아키텍처와 트래픽을 버퍼링할 수 있는 컴포넌트가 있는 한 시스템에서 이와 같은 내결함성을 구축할 수 있다. 그 외에도 이런 컴포넌트의 배송 보증에 대해 추론할 필요가 있다. 그리고 나서 필요에 따라 적절한 배송 의미론을 고를 필요가 있다.

이 해법에서 중요한 두 번째 측면은 추가 트래픽을 처리하는 소비자의 능력이다. 소비자의 SLA가 생산자보다 현저히 높지 않으면 처리를 계속하기 위한 시간이 길어질 것이다. 소비자는 정상적으로 들어오는 트래픽 이외에 버퍼링된 트래픽을 처리할 필요가 있다. 그렇지 않으면 일부 장애가 발생하고 나면 트래픽을 영영 따라잡지 못할 것이다. 이제 이 장에서 배운 내용을 요약해보자.

요약

- pub-sub 아키텍처는 느슨하게 결합되고 비동기식 시스템을 생성하게 만들어주며 적절한 배송 보증으로 내결함성을 개선한다.
- 이벤트 큐는 이벤트 주도 아키텍처를 생성하기 위한 능력을 제공한다. 서로 통신하는 서비스가 많을수록 이런 아키텍처에서 얻는 이익도 더 많아진다.
- 생산자와 소비자 양쪽에서 배송 의미론에 대해 추론하고 제어할 수 있다.
- 분산 시스템에서 일관성과 가용성을 미세 조정할 수 있다.
- 카프카의 최소한 한 번과 기껏해야 한 번 배송 의미론으로 소비자 코드를 구현할 수 있다.
    - 세분화된 커밋은 소비자 쪽에서 최소한 한 번 배송 의미론을 사용할 때 중복되는 숫자를 줄일 수 있다
    - 기껏해야 한 번 배송 의미론은 장애가 생기는 경우에 모든 이벤트를 처리하지 않는 위험을 일으킨다.
- 큐 기능을 독립적인 N개 시스템으로 분할할 때 시스템은 느슨하게 결합되고 단일 장애 지점 없이 비동기식으로 내결함성을 확보할 수 있다.
- 유효한 정확히 한 번 배송 의미론은 트랜잭션을 사용할 때 가능하다. 하지만 파이프라인에 더 많은 서비스가 존재하는 복잡한 아키텍처를 구성할 때 훨씬 더 복잡해지고 실현 가능성이 떨어지기 시작한다.

12

버전과 호환성 관리하기

이 장에서 다루는 내용

- 추상적으로 버전 관리에 대해 생각해보기
- 라이브러리를 위한 버전 관리 전략 계획하기
- 진화를 위한 API 설계하기
- 저장소 스키마에 대해 효과적으로 작업하기

숙련된 공학도들도 신음할 수밖에 없게 만드는 몇 가지 주제가 있다. 대화 중에 당신이 지역화, 병합 충돌, 시간대 이야기를 꺼낸다면 주변 사람들의 싸늘한 반응에 대비하기 바란다. 버전 관리 역시 이런 범주에 들어간다. 하지만 많은 사람들이 시간 낭비처럼 느껴질 수 있다는 이유로 너무 오랫동안 버전 관리 작업을 미뤄왔다. 제품, 라이브러리, API의 버전 관리가 **제대로 이뤄지더라도** 긍정적인 이야기를 거의 듣지 못하지만, **제대로 이뤄지지 않을** 때는 불평의 주요 원인이 될 수 있다.

이 장에서는 작업 중인 제품을 위한 적절한 버전 관리 전략을 설계하는 과정에 도움을 줄 수 있는 버전 관리와 관련한 몇 가지 관점을 제공할 것이다. 구체적인 지침과 제안을 제공하겠지만, 궁극적으로 서로 경쟁하는 고려 사항과 기술적인 도전 사이에서 균형을 맞추는 작업은 당신의 몫이 될 것이다.

하지만 처음부터 가장 구체적인 조언을 하자면 간단하다. 눈을 감고 버전 관리가 불필요한 것으로 판명되기를 바라지 말라는 것이다. 코드를 거의 즉시 버릴 게 아니라면 코드가 어떻게 진화하고 어떤 결과를 초래할지 계획해야 한다. 라이브러리, (웹 서비스와 같은) 네트워크 API, 데이터 저장소라는 구체적인 세부 사항으로 파고 들기에 앞서 버전 관리가 무엇을 의미하는지와 도대체 왜 존재하는지를 검토해보자.

12.1 추상적으로 생각해보는 버전 관리

상황은 변한다. 새로운 도전이나 요구사항을 처리할 필요가 전혀 없는 안락한 삶을 찾고 있다면 소프트웨어는 아마도 당신에게 적합하지 않을 것이다. 이런 변화는 여러 가지 형태로 다가온다. 아마도 가장 분명한 변화는 코드의 특정 부분에 대한 요구사항 집합의 변경이지만 현실을 보면 (하드웨어, 운영체제, 개발자 플랫폼, 프로그래밍 언어, 개발 모델 등 뭐가 됐든) 우리가 사용하는 거의 모든 측면이 시간이 지남에 따라 변한다. 이 모든 변화는 복잡성과 예측 불가능성을 초래한다.

버전 관리는 다양한 사람과 시스템 사이의 기대치를 조율하고 의사소통하면서 이런 복잡성을 다스리려는 시도다. 다양한 버전 관리 체계는 다양한 요구사항과 기대치에 맞춰 조정되며, 이 절에서는 버전 관리 체계 사이에서 찾아볼 수 있는 공통점과 차이점을 살펴볼 것이다.

12.1.1 버전의 속성

버전은 애플리케이션, 라이브러리, 프로토콜, 책, 프로그래밍 언어 등 다양한 엔티티에 적용된다. 하지만 버전 관리 체계마다 속성이 다르므로 버전마다 달라질 수 있는 축에 대해 생각할 필요가 있다.

- **기억 가능성**

많은 버전 관리 체계는 기억하기 쉽고 읽기 쉽게 설계된다. 예를 들어 우분투 20.04를 사용하거나 이 책의 1판을 읽고 있다는 사실은 기억하기 쉽다. 몇몇 버전 관리 체계는 **기억하기가 상당히 어렵다.** 가장 명백한 사례는 깃 해시값이다. 왠지 af257385d785f597fc8be67c84f2cf714fbe4203라는 해시값을 올바르게 기억할지 의문스럽고, 심지어 (깃허브, 비트버킷에서 출력되는 앞의 7자인) af25738만 기억하는 것도 여러 커밋을 다룰 필요가 있다면 다소 부담스럽다.

- **불변성**

(항상 그렇지는 않지만) 종종 소프트웨어에서 우리가 의존하는 버전은 상당한 정확성과 불변성을 띤다. 누군가 nuget.org 피드에서 NodaTime 누겟(NuGet) 패키지의 3.0.4라는 정확한 버전에 의존하면 이 패키지는 항상 정확하게 동일한 바이트를 포함할 것이다. 패키지 피드는 기존 버전이 덮어 쓰이는 상황을 방지한다.

깃 해시는 훨씬 더 높은 불변성을 띤다. 깃 해시는 콘텐츠에서 파생되므로 (해시 충돌과 같은 천문학적으로 드문 경우를 제외하면) 콘텐츠가 바뀌면 해시도 **반드시** 바뀌어야 한다.

이는 소프트웨어 시스템을 예측 가능하게 돕는 정말 유용한 속성이다. 하지만 일반적으로 사람에게 친숙한 형태는 아니다. 즉, 사용 중인 운영체제가 무엇인지 기술할 때 **윈도우 10 빌드 19042.867**보다는 **윈도우 10**이라고 대답할 가능성이 훨씬 더 높다. 불변성과 기억 가능성은 정반대에 위치하지는 않지만, 불변 버전 번호는 일반적으로 더 세부적인 정보를 포함하므로 양자 사이에는 상당한 긴장 상태가 존재한다.

■ 버전 사이의 암묵적인 관계

많은 버전 관리 시스템은 아주 작은 데이터(버전 번호와 같은 텍스트) 내에 중요한 정보를 실어 나르려 노력한다. 유의적 버전 관리를 고려할 때 12.1.3절에서 이에 대한 가장 명백한 사례를 살펴보겠지만, 다른 사례도 많다. 비주얼 스튜디오는 연도 기반 마케팅 버전을 사용하는데, 예를 들어 비주얼 스튜디오 2019는 명백히 비주얼 스튜디오 2017보다 나중에 출시되었다.

몇몇 버전은 서로 간에 어떤 순서나 관계도 정보로 전달하지 않는다. 여기서도 역시 명백한 예제로 깃 해시를 들 수 있다. 저장소 자체에 접근하지 않고 두 깃 해시를 받았다면 어떤 깃 해시가 다른 깃 해시의 이력으로 연결되어 있는지 여부, 브랜치에 독립적인지 여부, 심지어 동일 저장소에서 왔는지 여부를 구분할 수 없다.

마지막으로 몇몇 버전 관리 체계는 정보를 주는 듯이 보이지만, 정말 주의할 필요가 있다. 엑스박스 또는 엑스박스 원 중에서 먼저 출시된 제품은 무엇일까? 엑스박스 360은 언제 출시될까? 마찬가지로 .NET 버전 이력은 **흥미롭지만** 반드시 따르고 싶은 모델은 아니다.

독자적인 버전 관리 체계를 설계하거나 기존 버전 관리 체계에서 가져올 때 전달하려는 정보가 무엇인지 그리고 버전 관리 체계의 소비자가 당신이 감추고 싶은 어떤 정보를 추론할 수 있는지 고려해야 한다.

여러 버전 관리 체계가 버전 텍스트 내에서 제공하려는 정보의 중요한 부분은 **호환성** 보장(또는 비호환성 제안)이다. 이제 호환성이 의미하는 바를 살펴보자.

12.1.2 하위 호환성과 상위 호환성

대체로 호환성이라는 주제는 한 버전을 의식하는 코드가 다른 버전에서 동작해야만 하는 경우에 어떤 문제가 발생하는지에 대한 질문과 관련이 있다. 호환성이라는 개념은 상당히 다양한 방식으로 적용될 수 있기 때문에 의도적으로 모호하게 설명한다.

하위 호환성은 새로운 버전이 예전 버전의 정보로도 동작하는 속성이다. **상위 호환성**은 예전 버전이 새로운 버전의 정보로도 동작하는 속성이다.

이 개념의 구체적인 예는 다음과 같다.

- 언어로서 자바는 **하위 호환성**을 유지한다. 자바 7로 작성된 코드는 자바 17 컴파일러로 컴파일이 가능하다. 하지만 자바가 **상위 호환성**을 유지하지는 않는다. 즉, 자바 17로 작성된 코드는 자바 7 컴파일러를 사용할 때 컴파일 오류를 초래하는 기능을 사용할 수 있다.
- 라이브러리는 일반적으로 하위 호환성을 염두에 두고 작성된다. NodaTime 버전 2.3에 대응해서 작성된 코드는 여전히 NodaTime 버전 2.4에서도 동작할 것이다. 12.2절에서 라이브러리 버전 관리에 대해 더 자세히 살펴볼 것이다. 다음 절에서 살펴보겠지만 유의적 버전 관리 내에서 패치 버전은 상위 호환성을 제공한다.
- 웹 서비스는 일반적으로 하위 호환성을 유지한다. 즉, 2021년 1월 10일에 만들어진 서비스 정의에 대응하는 JSON으로 인코딩된 웹 서비스 요청은 심지어 서비스 정의가 변경되었더라도 2021년 4월 1일에도 여전히 동작해야 한다. 하지만 (데이터 호환성으로 돌아가서) 호출하는 코드는 응답 과정에서 기대되는 데이터를 처리하는 방법을 고려할 필요가 있다. 12.3절에서 네트워크 API 버전을 더 자세히 살펴볼 것이다.
- 구글 프로토콜 버퍼나 아파치 아브로(Avro)와 같은 몇몇 데이터 형식은 하위 호환성과 상위 호환성 양쪽을 활성화하게 설계되어 새로운 코드가 기록한 데이터를 잃어버리지 않고서 예전 코드가 더 새로운 데이터 저장소와 함께 동작하게 허용한다. 12.4절에서 데이터 버전을 살펴볼 것이다.

어떤 상황에서는 상위 호환성과 하위 호환성이라는 용어가 도움이 아니라 혼란을 주게 되며, 사람들이 회의에서 서로 다른 이야기를 하게 만들 수 있다. 나는 구체적인 사례로 말하는 편이 도움이 된다는 사실을 발견했다. 즉, **클라이언트의 이후 버전**에 대해 이야기하는 대신 특정 버전 번호를 제시하는 것이다. 이는 릴리스했거나 릴리스 계획으로 있는 소프트웨어의 실제 버전 번호일 필요는 없으며, 가상의 버전 번호여도 된다. 하지만 상황을 구체화하면 혼란을 피하는 데 도움이 될 수 있다. 이런 시나리오는 특정 버전의 특성을 정의하면서 시작해 상호 작용의 특정 집합을 예상한 다음에 결과를 재생해보는 수락 테스트의 given then when 패턴과 유사하다. 이 장에서는 이와 관련해 몇 가지 예제를 살펴볼 것이다.

12.1.3 유의적 버전 관리

(일반적으로 SemVer라고 알려진) 유의적 버전 관리는 (적어도 이론적으로는) 대다수 플랫폼을 위한 라이브러리 생태계 내부에서 버전 관리를 하기 위한 가장 일반적인 접근 방식이 되어 왔다. 유의적 버전 관리를 완벽하게 준수하면 최소한의 규칙을 알려주는 가변성을 띠며, 12.2.4절에서 이에 대한 몇 가지 바람직한 이유를 살펴볼 것이다.

■ 안정적인 버전을 위한 규칙

유의적 버전 관리를 따르는 버전 번호는 항상 주 번호, 부 번호, 패치 번호라는 세 가지 정수부로 구성된다. 그림 12.1에서 주 번호는 2, 부 번호는 13, 패치 번호는 4이다.

그림 12.1 유의적 버전의 예

(라이브러리와 같은 동일 엔티티에 적용될 때) 유의적 버전 관리의 기본 규칙은 다음과 같다.

- 두 버전의 주 번호가 다를 경우 호환성을 보장하지 않는다. 예를 들어 버전 2.13.4와 3.0.2는 완전히 호환되지 않을 수도 있다.
- 두 버전의 주 번호가 같지만 부 번호가 다를 경우, 더 큰 부 번호 버전이 더 작은 부 번호 버전과 하위 호환성을 유지해야만 한다. 예를 들어, 버전 2.13.4는 2.5.3과 하위 호환성을 유지해야만 한다.
- 두 버전의 주 번호와 부 번호가 동일하면 반드시 서로 상위 호환성과 하위 호환성을 유지해야 한다. 예를 들어, 버전 2.13.4와 2.13.1은 양방향으로 호환성을 유지해야만 한다.

이런 규칙은 소비자가 사용 중인 어떤 버전을 변경할 수 있는 시기를 판단하는 과정에서 효율적으로 의사소통하기 위해 설계되었다.

- 주 버전을 변경하면 기존 가정이 모두 백지화된다. 신중하게 진행하고 엄격한 테스트를 수행하며 업그레이드를 위한 충분한 시간을 할애한다.
- 부 버전에서 이후 버전으로 업그레이드하면 모든 것이 정상적으로 **작동해야** 한다. (나중에 살펴보겠지만, 종종 최선의 의도에도 불구하고 이런 기대가 혼란을 겪을 수도 있다.)
- 번호가 동일한 부 버전에서 패치 버전들 사이에 업그레이드를 하거나 **다운그레이드**를 할 때 모든 것이 정상적으로 작동해야 한다. 여기서 패치 버전은 일반적으로 버그 수정을 위해 존재하므로 버그를 기능으로 사용하고 있을 가능성이 있다는 점에 주의해야 한다. (예를 들어, 수정 중인 버그가 호환성을 깨트릴 우회적인 구현 내용이 사용자 코드에 존재할 수도 있다.) 나중에 다시 다운그레이드해도 문제가 없어야 한다.

특정 버전에 대해 논의할 때는 숫자의 자리 표시자로 x나 y를 사용하는 방식이 일반적이다. 예를 들어, 1.3.x는 1.2.y와 하위 호환성을 유지해야만 한다고 말할 수 있다.

- **안정적이지 않은 버전 명시**

유의적 버전 관리는 또한 안정적이지 않은 버전을 명시하기 위한 두 가지 메커니즘을 제공한다. 첫째는 초기 개발을 위해 주 번호로 0을 사용하는 방식이다. 유의적 버전 관리의 일반적인 기대치가 주 번호가 0인 경우에는 적용되지 않는다. 예를 들어, 버전 0.2.0은 0.1.0과 완전히 호환되지 않을 수도 있다. 심지어 호환성을 유지하기 위해 패치 수준의 버전 번호 변경(예: 0.1.1을 0.1.1로)을 강제할 필요성도 없다.

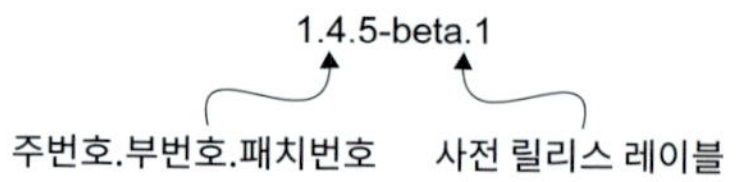

1.4.5-beta.1

주번호.부번호.패치번호   사전 릴리스 레이블

그림 12.2 사전 릴리스 레이블이 붙은 유의적 버전의 예

안정적이지 않은 버전 번호를 명시하는 둘째 방식은 사전 릴리스(prerelease) 레이블을 사용하는 것이다. 이 경우에는 일반 유의적 버전에서 점으로 구분된 식별자에 이어 하이픈으로 구분되는 접미사가 따라온다.

그림 12.2에서 버전의 주번호.부번호.패치번호 부분은 1.4.5이지만, 여기에는 또한 사전 릴리스 레이블이 beta.1로 붙어 있다. 사전 릴리스 레이블은 원하는 대로 점으로 구분한 식별자를 포함할 수 있지만, 일반적으로 식별자는 1개에서 3개 사이다. 각 식별자는 영문자와 숫자 ASCII나 하이픈 문자로 구성돼야 한다.

기존 버전과 완전한 호환성을 보장할 수는 없지만, 사전 릴리스 버전은 다른 버전과 호환성을 시사하는 주번호.부번호.패치번호 부분이 지정하는 버전으로 향해 나아가고 있다는 사실을 알려준다. 예를 들어, 1.5.0-alpha.1 버전은 일반적으로 1.4.x와 하위 호환성을 유지할 것이다.

> **0.x.y 또는 사전 릴리스 레이블 사이에서 선택하기**
>
> 0.x.y 버전 번호를 사용하는 방식은 역사적으로 통용되어 왔지만, 실제로 첫 번째 안정 버전(1.0.0)에서만 동작한다는 중대한 단점이 따라온다. 초기 버전 번호의 순서가 0.8.0, 0.9.0, 1.0이면 두 번째 주 버전에 1.8, 1.9, 2.0을 사용하고 싶은 욕망이 들지도 모른다. 2.0으로 가는 목표가 호환성이 없는 변경을 도입하기 때문에 대부분 이렇게 하면 유의적 버전 규칙을 위반하게 된다.
>
> 처음으로 공개한 릴리스에서는 사전 릴리스 레이블을 사용하는 방식을 권장한다. 그러고 나면 첫째 주요 버전(예: 1.0.0-alpha.1, 1.0.0-beta.1, 1.0.0-beta.2, 1.0.0)과 둘째 주요 버전(예: 2.0.0-alpha.1, 2.0.0-alpha.2, 2.0.0-beta.1, 2.0.0)을 위한 릴리스 순서 사이에 일관성을 유지할 수 있다. 나는 아주 초기 프로토타이핑을 위해 0.x.y를 남겨두거나 이런 버전 번호를 아예 피할 것이다.

- **빌드 메타 데이터**

유의적 버전 관리는 또한 안정 버전 또는 사전 릴리스 버전 뒤에 + 접미사로 **빌드 메타데이터**를 지정하게 허용한다. 빌드 메타데이터는 사전 릴리스 레이블과 유사하게 점으로 구분한 일련의 식별자를 포함한다. 빌드 메타데이터는 순수하게 정보를 제공할 목적으로 만들어졌다. 예를 들어, 빌드 메타데이터는 커밋 해시나 타임스탬프를 포함할 수 있다.

그림 12.3에서 버전의 주번호.부번호.패치번호 부분은 1.2.3이고 사전 릴리스 레이블은 beta.1이며, 빌드 메타데이터 부분은 20210321.af25738이다. 이 빌드 메타데이터는 날짜와 커밋 해시가 되지만, 유의적 버전 관리는 여기에 어떤 의미도 부여하지 않는다.

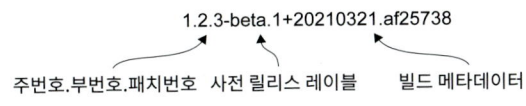

그림 12.3 사전 릴리스 레이블과 빌드 메타데이터가 포함된 유의적 버전의 예

- **버전 순서**

유의적 버전 관리는 호환성을 결정하고 가능하면 업그레이드를 제안하기 위해 사용되도록 버전 사이의 **순서**를 명시한다. 일반적으로 버전 순서는 다음과 같이 예상대로 동작한다.

- 1.2.3은 2.0.0보다 앞선다.
- 1.2.3은 1.3.0보다 앞선다.
- 1.2.3은 1.2.4보다 앞선다.
- 1.3.0-alpha.5는 1.3.0-beta.1보다 앞선다.
- 1.3.0-beta.8은 1.3.0-beta.10보다 앞선다(숫자 비교에 주목하자).
- 1.3.0-beta.2는 1.3.0보다 앞선다.

완전하고 철저한 순서 규칙은 이 책의 범위를 벗어나지만, https://semver.org에 정의되어 있다. 이 절의 마지막을 마무리하기 위해 유의적 버전 관리로 명확하게 정의된 세상에서 다른 극단의 세상인 마케팅으로 이동해보자.

12.1.4 마케팅 버전

유의적 버전은 기술 정보를 간결한 방식으로 전달하게끔 설계됐다. 유의적 버전은 새로운 제품을 고객이 구매하도록 유도하기 위해 설계되지 않았다. 이는 마케팅 버전이 담당할 몫이다. 이 장에서 마케팅 버전 관리를 언급하는 유일한 이유는 마케팅 버전 관리와 유의적 버전 관리 사이의 차이점을 강조하기 위해서다.

많은 경우에 마케팅 버전은 전혀 필요하지 않다. 일반적으로 마케팅 버전은 라이브러리, 프로토콜, 파일 형식, 스키마가 아니라 제품을 위해 예약되어 있다. 마케팅 버전이 필요한 경우가 있는 상황에서도 종종 주로 지원 목적으로 사용되는 더 기술적인 버전 번호 또한 존재할 수 있다. 기술 버전 번호는 일반적으로 훨씬 더 정확하고 장황하며 유의적 버전 관리와 상관이 있을 수도 있고 없을 수도 있다. 심지어 이런 기술 버전 번호는 마케팅 버전과는 상당히 모순된 것으로 들릴 수도 있다. 최종 기술 버전 번호가 2.3.1인 **어썸 게임**을 릴리스하고 나서 다음으로 초기 기술 버전 번호가 1.0.0인 **어썸 게임 2**를 릴리스할 수도 있다.

여기서 주요 교훈은 아주 다른 목적으로 기여하는 다양한 버전 관리 체계가 존재한다는 사실이다. 다른 사람의 버전을 살펴보거나 독자적인 버전 관리 체계를 설계할 때 둘을 혼동하지 않도록 노력하자.

유의적 버전이 **주로** 라이브러리에 적용되긴 하지만, 지금까지는 추상적인 버전 관리에 대해서만 살펴봤다. 다음 절에서는 라이브러리 버전 관리를 더 자세히 파고들 것이다.

12.2 라이브러리를 위한 버전 관리

많은 개발자에게 라이브러리는 단연코 버전 관리를 위한 가장 중요한 영역이다. 그렇기는 해도 라이브러리를 **소비**만 한다면 상대적으로 단순한 상황에 처해 있거나 적어도 그렇게 될 가능성이 높다. 여러 라이브러리의 여러 버전으로 작업하는 상황은 본질적으로 복잡하며, 매우 혼란스러울 수 있다. 심지어 당신이 사용하는 모든 라이브러리의 모든 개발자가 플랫폼을 위한 관례(일반적으로 SemVer)를 따르는 경우에도 비호환성이라는 문제에서 벗어날 것이라는 보장은 없다. 하지만 관례를 따르는 경우라면 결정해야 하는 사안은 상대적으로 적다.

이 절의 대부분은 라이브러리를 **공개하는** 개발자에게 맞춰져 있다. 이는 훨씬 더 많은 결정을 수반하며, 이 중 상당수가 교양 있는 추측에 기반한 갈등 조정 행위다. 심지어 라이브러리를 공개하는 개념에도 미묘한 차이가 있다. 라이브러리를 메이븐 센트럴이나 누겟과 같은 패키지 관리자에 공개하는 경우와 회사 내부의 아티팩트 저장소에 공개하는 경우, 아니면 단순히 다른 소스 코드에서 사용하게 라이브러리 소스 코드를 업데이트하는 경우에 고려해야 하는 사항이 각각 달라진다.

쉬운 해법은 없지만, 여기에서 제시한 지침은 컨텍스트에 맞춰 올바른 질문을 하고 **그나마 나은** 답을 찾는 데 도움이 될 것이다. 라이브러리 버전 관리의 대부분은 호환성과 관련이 있음을 고려해서 호환성이 의미하는 바가 무엇인지 생각하면서 시작해보자.

12.2.1 소스 코드, 바이너리, 그리고 유의적 호환성

이 절에서는 라이브러리의 새 버전을 공개하고 싶으며, 동일 라이브러리의 예전 버전과 하위 호환성을 유지할지 말지를 이해할 필요가 있는 상황을 전반적으로 다룰 것이다. 라이브러리를 소비하는 코드에 대해서는 아무것도 알지 못한다고 가정하고, 각 예제를 일종의 도전 과제로 바꿔볼 것이다. 다시 말해, 변경 사항으로 인해 호환성이 손상될 **가상의** 소비자 코드를 생각해낼 수 있을까? 이 과정에서 호환성이 손상될 특성을 고려할 수 있다.

> **참고**
>
> 이 절의 본문에서는 여기저기서 라이브러리를 사용하는 코드를 언급하는데, 이는 논의 중인 라이브러리에 의존하는 애플리케이션 (또는 다른 라이브러리) 내부에 있는 코드를 의미한다. 종종 라이브러리가 제공하는 함수를 호출한다는 의미이지만, 항상 그렇지는 않다. 예를 들어 라이브러리를 사용하는 코드는 라이브러리가 제공하는 인터페이스를 구현하는 상황일 **가능성도** 있다.

스포일러 경고: 상상 가능한 거의 모든 변경에 대해 해당 변경이 호환성을 손상시킬 수 있는 라이브러리를 사용하는 코드가 존재할 수 있다. 극단적인 예로, 라이브러리를 사용하는 코드는 라이브러리의 해시를 받아서 예상과 다를 경우 예외를 던질 수도 있다. 라이브러리를 사용하는 코드의 호환성이 손상되지 않고서는 라이브러리를 수정할 방법이 **전혀** 없다.

다행히도 라이브러리를 사용하는 대다수 소비자 코드는 이보다는 훨씬 더 합리적이지만, 가능성은 있지만 매우 불명확한 상황에서 변경으로 인해 소비자 코드의 호환성이 손상되는 사례를 발견할 수 있다. 이를 소비자 코드에 부과하는 추가적인 비용을 받아들이면서 호환성이 손상되는 변경으로 고려해야 할까, 아니면 범위를 벗어나는 불명확한 사례로 고려해야 할까? 이는 특정 변경으로 인해 손상될 수 있는 코드가 무엇인지 파악한 다음에야 결정을 내릴 필요가 있는 사안이다.

컴파일된 언어의 경우, 소스 코드 호환성, 바이너리 호환성, 의미론적인 호환성이라는 세 가지 유형의 호환성을 고려해야 한다. 바이너리 호환성이라는 개념은 사실상 라이브러리가 소스 코드 형태로 공개되는 형태의 사전에 컴파일되지 않은 언어에 대해서는 일반적으로 적용되지 않는다. 예를 들어, 리액트나 제이쿼리와 같은 자바스크립트 라이브러리가 이에 해당한다. 뒤에 나오는 모든 예제는 자바로 제공되지만, 호환성을 위한 규칙은 프로그래밍 언어와 관련성이 깊다. 하지만 이 책의 목표는 특정 변경 사항에 초점을 맞추기보다는 전반적인 프로세스를 설명하는 데 있다.

대다수 예제는 변경 전후 라이브러리 코드를 보여주며, 라이브러리를 사용하는 몇몇 소비자 코드도 제시한다. 소스 코드 호환성부터 시작하자.

- **소스 코드 호환성**

어떤 라이브러리를 사용하는 소스 코드가 이전 버전에도 대응하고 이후 버전에도 대응해 동작한다면 그 라이브러리 버전은 이전 버전과 **소스 코드 호환성**을 갖는다(또는 소스 코드 호환성이 있다)고 말한다. 자바에서 이는 새로운 라이브러리에 대응해 이 라이브러리를 사용하는 코드를 재컴파일하는 경우도 포함한다. 먼저 호환성이 손상되는 변경 사항의 명백한 예로 시작하자. 다음 코드에 제시한 바와 같이 심지어 메서드의 이름에서 한 글자의 대소문자만 변경해도 문제가 생긴다.

코드 12.1 메서드 이름 변경

변경 전 라이브러리
```
public static User getByID(int userId) { ... 
}
```

변경 후 라이브러리
```
public static User getById(int userId) { ... 
}
```

라이브러리를 사용하는 코드
```
int userId = request.getUserId();
User user = User.getByID(userId);
```

라이브러리를 변경한 다음, 이 라이브러리를 사용하는 코드는 `User.getByID`에 대해 '심볼을 찾을 수 없다(cannot find symbol)'라는 오류와 함께 컴파일에 실패한다. (패키지, 필드, 인터페이스, 클래스, 메서드와 같은) 외부에 공개된 **뭔가**의 이름을 바꾸는 행위는 호환성이 손상되는 변경이다. 하지만 호환성이 손상되는 변경이 모두 이렇게 명백하지는 않다. 다음 코드에서 보여주듯이 `String`을 `Object`로 변경하듯이 어떤 타입에서 상위 타입으로 매개변수를 변경하는 상황을 고려해보자.

코드 12.2 매개변수 타입 변경(소스 코드 호환성)

변경 전 라이브러리
```
public void displayData(String data) {
        ...
}
```

변경 후 라이브러리
```
public void displayData(Object data) {
        ...
}
```

이 메서드를 **호출하는** 모든 코드는 여전히 정상으로 동작해야 한다. 심지어 이 라이브러리를 사용하는 코드에서 메서드 참조 변환조차도 여전히 동작해야 한다. 하지만 이 라이브러리를 사용하는 코드는 메서드를 호출하는 이상의 작업을 수행할 수 있다.

라이브러리를 사용하는 코드
```java
public class ConsumerClass extends LibraryClass {
  @Override
  public void displayData(String data) {
    ...
  }
}
```

원본 코드에서는 문제가 없지만, 변경된 라이브러리 코드에서는 컴파일 오류가 발생하면서 실패한다. 메서드를 포함하는 클래스가 final로 표시된 경우에는 이는 클래스 상속을 금지하므로 이와 같은 경우에도 소스 코드 호환성을 **유지할지도** 모른다. 공개 API 표면이 변경되고 있으며 호환성이 있는지 없는지 확실하지 않은 상황에 부딪히면 일반적으로 주의를 기울여야 한다.

> **참고**
>
> 비록 지금까지는 자바 예를 살펴봤지만, 호환성이라는 광범위한 개념은 다른 언어에도 적용된다. 한 언어에서 소스 코드 호환성이나 바이너리 호환성을 유지하는 변경이 다른 언어에도 적용된다고 가정하지 **않아야** 한다. 예를 들어, 메서드 매개변수 이름을 변경할 경우 자바에서는 하위 호환성 변경이지만, C#의 **명명된 인수 기능**으로 인해 C#에서는 하위 호환성 변경이 아니다. 심지어 상황이 더 복잡해질 수도 있는데, 어떤 변경이 하위 호환성이 있는지에 대한 규칙은 시간에 따라 바뀔 수도 있기 때문이다. (예를 들어, C#이 항상 명명된 인수를 지원하지는 않았으며 자바도 미래에 이런 기능을 획득할지도 모른다.)

심지어 이름 충돌이 일어나는 바람에 종종 **이론적으로** 해당 라이브러리를 사용하는 소스 코드의 호환성이 손상될 수 있음에도 불구하고, 대부분의 경우 새로운 뭔가를 추가하는 상황은 호환성이 있는 변경으로 간주된다. 이에 대한 한 가지 중요한 반례는 인터페이스에 메서드를 추가하는 경우다. 기본 메서드 구현을 제공하지 않으면 기존 인터페이스를 구현한다고 선언하는 코드가 이제는 완벽하게 계약을 이행하지 **않은** 상황이 되어버리므로 이런 변경 때문에 호환성이 손상된다. 기존 추상 클래스에 추상 메서드를 추가하는 경우에도 유사한 상황이 벌어진다.

지금까지 라이브러리가 변경되고 이 라이브러리를 사용하는 코드가 재컴파일되는 상황을 고려했다. 해당 코드를 재컴파일할 수 없다면 무슨 일이 벌어질까? 이런 상황에서 등장하는 호환성을 **바이너리 호환성**이라고 한다.

▪ 바이너리 호환성

어떤 변경이 바이너리 호환성인지 그렇지 않은지에 대한 세부 사항으로 파고들기 전에 바이너리 호환성이 중요한 이유를 언급할 필요가 있다. 결국 필요할 때 애플리케이션을 재컴파일하는 상황은 일반적으로 부담이 없다고 생각한다. 그렇지 않은가? 반면에 애플리케이션 수준에서는 재컴파일도 괜찮지만, 다른 의존성에 대해서는 일반적으로 실현 가능성이 떨어진다. 12.2.2절에서 의존성 그래프와 관련된 복잡성을 살펴볼 것이지만, 지금은 다음 상황을 상상해보자.

- 여러분의 애플리케이션이 라이브러리A와 라이브러리B에 의존한다.
- 라이브러리A **또한** 라이브러리B에 의존한다.

이런 상황을 그림 12.4에 나타냈는데, 그림에서 각 화살표는 의존성을 나타낸다. 라이브러리B가 재컴파일 이후에만 하위 호환성을 보장하는 변경을 가한다면 라이브러리A의 재컴파일된 버전 역시 사용할 필요가 있는데, 이는 까다로울 수 있다.

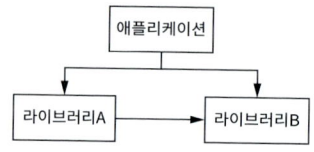

그림 12.4 라이브러리B를 두 곳에서 의존하는 단순한 애플리케이션

바이너리 호환성을 소스 코드 호환성보다 추론하기 더 어려울 가능성이 높은 이유는 일반적으로 개발자들이 무시하는 추상화 계층을 수반하기 때문이다. 예를 들어, 대다수 자바 개발자들은 특정 코드 일부를 위해 생성된 바이트코드를 알 필요가 없다. 다행히도 특히 자바 언어 명세의 경우에는 바이너리 호환이 되는 변경과 그렇지 않은 변경에 대해 전체 절을 할애한다. 하지만 모든 언어가 이 정도 문서화 수준을 보여줄 것이라고 기대하지 마라!

몇몇 바이너리 비호환성 변경의 예는 명백하다. 즉, 메서드나 타입을 제거하거나 이름을 바꾸는 행위는 명백하게 문제를 초래할 것이다. 다른 경우는 덜 명확하다. 앞서 `String`에서 `Object`로 메서드 매개변수 타입을 변경하는 사례를 다시 살펴보자. 앞서 언급했던 재정의 문제를 무시하면 `String`에서 `Object`로 암시적인 변환이 일어나기에 소스 코드 호환성을 달성할 수 있다. 이는 컴파일러가 알고 있는 변환 규칙이다. 하지만 실행 시간에 JVM은 메서드 서명이 동일하게 유지되리라 기대한다. 구체적인 예를 살펴보자.

코드 12.3 매개변수 타입 변경(바이너리 호환성)

변경 전 라이브러리
```java
public void displayData(String data) {
    ...
}
```

변경 후 라이브러리
```java
public void displayData(Object data) {
    ...
}
```

라이브러리를 사용하는 코드
```java
public class Program {
    public static void main(String[] args) {
        new LibraryClass().displayData("Hello");
    }
}
```

단지 변경된 라이브러리 코드만 재컴파일하고 원래 라이브러리 코드에 대응하게 컴파일된 사용자 코드를 그대로 수행하려고 하면 실행 시간에 다음과 같은 오류가 발생한다.

```
java.lang.NoSuchMethodError: 'void LibraryClass.displayData(java.lang.String)'
```

바이너리 비호환성을 특히 고약하게 만드는 다음과 같은 두 가지 측면이 존재한다.

- **실행 시간에만 문제를 목격할 수 있다.** 컴파일된 언어로 작업하는 개발자들은 컴파일 시간에 이런 유형의 문제(기대했던 메서드가 존재하지 않는)를 컴파일러가 잡아내는 과정에 익숙하다.
- **JVM이 누락된 메서드를 찾게 만드는 코드 경로로 실행되는 경우에만 문제를 목격하게 될 것이다.** 이 문제가 특히 걱정스러운 이유는 철저한 테스트가 이뤄지지 않은 코드 경로는 일반적으로 오류 처리와 관련이 있으므로 오류와 관련해 이중고를 겪게 된다.

지금까지 살펴본 바에 따르면 몇몇 API 표면 변경은 소스 코드 호환성을 유지하지만 바이너리 호환성은 유지하지 못할 수도 있다. 새로운 클래스를 추가하는 등의 변경 사항은 바이너리 호환성을 유지하지만 기술적으로는 (이름 충돌로 인해) 소스 코드 호환성을 유지할 수 없다. 다른 변경 사항은 소스 코드와 바이너리 양쪽 호환성을 유지하거나 아니면 소스 코드와 바이너리 양쪽 호환성을 유지하지 못한다.

하지만 지금까지 이 모든 사안은 외부에 공개된 API에 대한 것이었기 때문에 구현 세부 사항에 대해서는 걱정하지 않았다. 하지만 **코드가 컴파일되어 모든 메서드가 발견된 경우와 모든 것이 이전과 동일하게 동작하는 경우 사이에는** 한 가지 차이점이 존재한다. 여기서 고려해야 하는 마지막 호환성 유형은 **의미론적인 호환성**이다.

- **의미론적인 호환성**

바이너리 호환성은 상당히 무미건조하다. 소스 코드 호환성은 조금 더 미묘한 차이가 있는데, 예를 들어 이름 충돌의 가능성을 호환성이 손상되는 변경으로 취급할지 말지 결정해야 한다. 하지만 이런 결정은 여전히 일반적으로는 명백하다. 의미론적인 호환성은 코드의 **동작 방식**과 관련이 있으며, 사람들이 무엇에 의존할 것인지 단순하게 알 수 없다. 이는 (구글 소프트웨어 엔지니어인 하이럼 라이트(https://www.hyrumslaw.com/ 참고)의 이름을 딴) 다음과 같은 하이럼의 법칙으로 표현된다.

> *API 사용자 수가 충분히 많다면*
> *계약에서 무엇을 약속하는지는 중요하지 않습니다:*
> *시스템에서 관찰 가능한 모든 동작 방식에*
> *누군가는 의존하게 될 것입니다.*

극단적인 예를 들자면 라이브러리의 모든 릴리스가 새로운 SemVer 주 버전을 달고 나올 것이다. 다른 극단적인 예를 들자면, "이런 새로운 동작 방식이 마음에 들지 않으면 라이브러리를 사용하지 마세요"라는 입장을 취하고 공개 API 표면에 영향을 주지 않는 어떤 변경도 호환성이 손상되지 않는 변경으로 취급할 수도 있다. 물론, 양 극단 모두 합리적인 입장은 아니다.

물론 대다수 구현 변경은 동작 방식을 엄청나게 바꾸지는 않는다. 하지만 다음 세 가지 변경 유형은 주목할 만한 가치가 있다.

- 매개변수 검증
- 상속
- 성능 변경

매개변수 검증 변경은 일반적으로 두 가지 하위 범주로 나뉜다. 유효하지 않을 것으로 예상되는 입력이 실수로 허용되어 이를 거부하도록 검증을 엄격하게 강화하고 싶거나(버그 수정) 직전에 거부된 입력을 허용하고 싶은(기능으로 승격) 경우가 있다. 후자의 경우를 예로 들기 위해, 사람의 법적인 이름과 **별칭**을 받아들이는 간단한 Person 클래스를 생각해보자. 초기에는 다음 코드에 표시된 내용처럼 두 형식을 모두 요구했다.

코드 12.4 두 nonnullable 매개변수를 포함하는 초기 Person 클래스

```java
public class Person {
  private final String legalName;
  private final String casualName;
  public Person(String legalName, String casualName) {
    this.legalName = Objects.requireNonNull(legalName);
    this.casualName = Objects.requireNonNull(casualName);    ←
  }                              ① casualName이 null인 경우에 예외를 던진다
}
```

이제 실제로 대다수 사용자들이 별도로 별칭을 지정하고 싶지 않다는 사실을 발견했다고 가정하자. 결국 법적 이름과 별칭 둘 다 동일 값을 전달하게 되고, 가끔 이는 코드를 대단히 난해하게 만든다. 라이브러리를 변경해 두 필드 모두에 동일 값을 사용하게 기본 동작을 변경함으로써 null을 허용하게 만들 수 있다.

코드 12.5 null 별칭을 허용하게 Person 클래스 생성자 변경

```java
public class Person {
  private final String legalName;
  private final String casualName;
  public Person(String legalName, String casualName) {
    this.legalName = Objects.requireNonNull(legalName);
    this.casualName = casualName == null ? casualName : legalName;    ←
  }        ① 만일 null인 경우에 legalName을 사용하게 만들어 casualName에 null을 허용한다
}
```

어떤 의미에서 이는 호환 가능한 변경이다. 하지만 라이브러리를 사용하는 코드가 casualName 매개변수의 검증에 의존하고 있었다면 이제 코드가 손상된다. 더 우려되는 것은 그것이 **조용하게** 손상될 가능성이 있다는 점이다. 다음 메서드는 화면에 출력되는 상황을 고려하지만, 웹 페이지 또는 유사한 결과물을 위해 HTML을 쉽게 생성할 수도 있다.

```java
public static void createUser(String legalName, String casualName) {
  Person person = new Person(legalName, casualName);
```

```
        System.out.println("Welcome, " + casualName);   ← ① 여기서 casualName이 null이 아니라고
        ...    ← ② 이후 연산을 위해 Person을 사용한다         검증되기를 기대한다
    }
```

이 코드는 createUser 메서드에 전달되는 casualName이 null인 경우에 이전처럼 예외를 던지는 대신에 "Welcome, null"을 출력할 것이다. 매개변수는 메서드의 다른 곳에서 사용되어 이전에 예상하지 못한 null 값을 전파시킬지도 모른다. 이 코드는 라이브러리 자체에 있을 수 있으며, casualName을 검증하도록 문서화되어 있고 Person 생성자가 그 검증을 수행하는 데 의존한다.

이 경우 대안이자 하위 호환성을 유지하는 방안은 (법적 이름과 별칭 둘 다에 사용되는) 이름 하나만 받아들이는 생성자를 추가하는 것이다. 검증을 완화하거나 강화하는 방안을 고려한다면 (연산자 재정의나 새로운 메서드를 통해) 대안 경로를 추가하는 방식이 조용하게 호환성이 손상되는 변경을 방지하는 데 도움을 줄 수 있다.

상속은 메서드를 재정의할 수 있기에 구현 세부 사항과 같은 내역이 사실상 외부에 공개될 때 의미론적인 변경을 초래할 수 있다. 코드 12.6은 게임을 위한 소스 코드에서 등장하는 Player와 Position 클래스를 보여준다.

코드 12.6 초기 Player와 Position 클래스

```
public final class Position {
  private final int x;
  private final int y;
  public Position(int x, int y) {
    this.x = x;
    this.y = y;
  }
  ...
}

public class Player {
  private Position position;
  public void moveTo(int x, int y) {
    moveTo(new Position(x, y));    ← ① Position을 받아들일 수 있는 메서드에 위임한다
  }
  public void moveTo(Position position) {
    this.position = position;    ← ② 실제 변경은 Position을 받아들일 수 있는 메서드에서 일어난다
```

```
    }
    ...
}
```

Player에서 파생된 클래스가 특정 경계 영역으로 플레이어의 이동을 제한하고 싶다고 가정하자. 단순히 `moveTo(Position)` 메서드를 재정의하는 방법으로 이런 변경이 가능하다. 경계 영역 위치를 확인하고 연산을 마무리하기 위해 `super.moveTo(actualPosition)`를 호출하면 된다. 하지만 Player 클래스의 저자가 Position 객체를 항상 생성하는 과정을 피하기를 원하고 그 대신 x와 y값을 직접 다루기로 결정할 수도 있다. 코드 12.7에서 볼 수 있듯이 moveTo 메서드의 위임만 교환하면 하위 호환성을 유지하면서 변경할 수 있다.

> **코드 12.7** 재정의된 메서드의 위임을 교환하는 방법으로 변경된 Player 클래스
> ```
> public class Player {
>   private int x;       ← ① 좌표는 정수로 직접 저장된다
>   private int y;       ← ① 좌표는 정수로 직접 저장된다
>   public void moveTo(int x, int y) {
>     this.x = x;        ← ② 좌표상의 메서드가 기본 구현이 된다
>     this.y = y;        ← ② 좌표상의 메서드가 기본 구현이 된다
>   }
>   public void moveTo(Position position) {
>     moveTo(position.getX(), position.getY());   ← ③ 좌표상의 메서드에 위임한다
>   }
> }
> ```

이 시점에서 하위 클래스는 `moveTo(Position)`을 호출하는 경우에만 올바르게 동작한다. 이렇게 호출하면 여전히 입력을 제한하고 Player에서 `moveTo(int, int)`라는 재정의된 메서드에 위임하는 구현부를 호출한다. 하지만 사용자가 `moveTo(int, int)`를 직접 호출하면 제한을 가하는 코드를 건너뛸 것이다.

Player 클래스나 moveTo 메서드가 final로 정의되어 있다면 이는 문제없을 것이다. 하지만 상속과 상속받은 몇몇 메서드가 사실상 재정의된 어떤 메서드를 호출할지에 대한 구현 세부 사항을 외부에 공개할 가능성이 있다.

이 예는 신중하게 고려할 가치가 있는 의미론적인 변경의 마지막 범주인 성능으로 이어진다. (이런 내용이 정말 의미론적인지 아닌지는 논쟁의 여지가 있다. 심지어 동작 방식이 **입출력**처럼 단순하지 않더라도 관찰 가능한 동작 방식의 변경이다.) Player 클래스를 대상으로 놓고 보면 원래 변경 목적은 수많

은 Position 객체 생성을 회피하기 위한 방식임에 주목하자. 하지만 클래스를 사용하는 방식에 의존하므로 정반대의 효과를 가져올 수 있다. Player 클래스가 위치와 위치의 컴포넌트 둘 다에 대한 접근자가 있다고 가정하자. 다음 코드처럼 두 가지 방식으로 구현이 가능하다.

코드 12.8 Player 내부의 Position 접근자

변경 전 접근자
```
public int getPositionX() {
  return position.getX();
}
public int getPositionY() {
  return position.getY();
}
public Position getPosition() {
  return position;
}
```

변경 후 접근자
```
public int getPositionX() {
  return x;
}
public int getPositionY() {
  return y;
}
public Position getPosition() {
  return new Position(x, y);
}
```

Player 클래스가 변경 전이나 변경 후에 더 나은 성능을 보일까? 이는 전적으로 클래스의 사용 방식에 달려있다. moveTo(int, int), getPositionX(), getPositionY()를 호출하는 코드는 확실히 할당을 적게 하지만 getPosition()을 호출하는 코드는 할당을 더 많이 할 것이다. 사실상 라이브러리를 사용하는 최선의 방식이 변경되었다. 변경 전 할당 과정에서 효율적이었던 사용 패턴은 비효율적이 되었으며, 반대도 마찬가지다. 라이브러리가 성능에 민감하도록 설계된 경우라면 Player 클래스에 대한 접근자 변경은 호출하는 코드를 변경할 필요가 있기에 호환성이 손상된다고 간주하는 편이 좋다.

그럼 이제 주어진 변경 범위가 하위 호환성을 유지하는지 그렇지 않은지를 평가할 수 있으므로 작업이 끝났다는 의미일까? 우리가 라이브러리에서 필요한 사항은 각 변경 사항을 점검한 결과에 기반해 의미론적인 버전 관리 규칙을 따르는지 확인하는 것이라는 결론에 **도달할 수도** 있다. "호환성이 손상되는 변경이 일어나게 만들고 싶을 때는 그렇게 해도 좋아. 우리는 주 버전을 올릴 것이며, 우리 라이브러리를 사용하는 모든 사용자도 이게 무엇을 의미하는지 인지할 것이기 때문이야."라고 스스로에게 말할지도 모른다. 모든 애플리케이션이 추가 의존성이 없는 라이브러리만 사용한다면 정말로 단순해질 것이다. 호환성이 손상되는 변경은 (이런 변경이 코드에 영향을 미치지는 않는지, 아니면 필요한 변경이 제대로 되었는지를 확인하기 위해) 사용자에게 **어느 정도** 부담을 주지만, 큰 일은 아닐 것이다.

불행히도 인생은 이런 식으로 돌아가지 않는다. 불규칙적으로 뻗어가는 의존성 그래프를 사용해 여러 라이브러리가 관련되었을 때 어떤 일이 일어나는지를 살펴보자.

12.2.2 의존성 그래프와 다이아몬드 의존성

이 주제는 상당히 큰 두려움을 줄 수 있다는 사실을 미리 경고한다. 때때로 특히 거대한 의존성 그래프를 보고 난 다음에는 진화하면서 계속해서 작동하는 소프트웨어에 우리가 그렇게 많이 의존하고 있다는 사실을 인식하면서 깜짝 놀란다. 이 절에서 제시하는 문제는 아주 현실적이며, 의존성 충돌과 전투를 벌여본 사람이라면 이를 증명하는 상처 자국이 따라올 것이다. 덕트 테이프는 모든 것을 하나로 묶어주는 역할을 간신히 할 뿐이다.

> **참고**
> 이 절은 예제로 라이브러리의 여러 버전 번호를 포함한다. 여기서는 모든 해당 라이브러리가 유의적 버전 관리를 따른다고 가정할 것이다. 유의적 버전 관리를 따르지 않는 라이브러리가 의존성 그래프의 어딘가 있다고 하더라도 주제를 근본적으로 바꾸는 것은 **아니며**, 단지 추론을 훨씬 더 어렵게 만들 뿐이다.

지금까지 애플리케이션이 단일 라이브러리에 의존하는 예제를 고려해왔고, 단일 라이브러리가 다른 라이브러리에 의존할지도 모르는 상황을 고려하지는 않았다. 이제 애플리케이션이 여러 라이브러리에 의존하고 각 라이브러리 역시 다른 라이브러리에 의존하고 다시 이 다른 라이브러리에도 의존성이 존재하는 상황을 고려할 것이다. 이를 방향성 그래프로 보여줄 텐데, 그래프에서 각 노드는 (모든 버전에 걸쳐) 단일 라이브러리를 표현하고, 그래프에서 각 화살표는 의존성 관계를 표현하고 해당 의존성의 버전으로 레이블이 지정되어 있다.

> **참고**
> (메이븐을 포함해) 몇몇 도구는 그래프 대신에 트리를 사용해 의존성을 표현한다. 트리의 각 노드는 의존성 버전을 보여주는 그래프 내 간선(edge) 대신에 아티팩트와 버전 번호를 포함한다. 두 형식은 동일한 정보를 표현하지만, 나는 그래프를 사용할 때 다이아몬드 의존성을 더 쉽게 파악할 수 있음을 발견했다.

이 모든 내용이 복잡하고 수학적으로 들리더라도 걱정하지 말자. 그림으로 보면 상당히 이해하기 쉽다. (대규모 의존성 그래프의 문제점은 사실상 쉽게 해결 가능한 문제가 아니지만, 그래프 자체를 이해하는 것은 그리 나쁘지 않다.)

가상의 예를 들어보자. 몇몇 JSON 파일을 읽을 필요가 있는 애플리케이션이 있는데, 이 애플리케이션은 또한 메시지 큐와 데이터베이스도 사용한다. 때마침 메시지 큐 라이브러리에도 역시 JSON 기능이 존재한다. 아마도 의존성은 다음과 같을 것이다.

- 애플리케이션은 JsonLib 버전 1.2.0에 의존한다.
- 애플리케이션은 MQLib 버전 2.1.2에 의존한다.
- 애플리케이션은 DbLib 버전 3.5.0에 의존한다.
- MQLib은 JsonLib 버전 1.1.5에 의존한다.

애플리케이션 관점에서 보면 마지막 종속성은 **전이적인 종속성**이다. 이는 간접 종속성으로, 애플리케이션이 MQLib에 의존하기 때문에 존재한다. 전이적인 종속성은 주 애플리케이션이 직접 의존하지 않는 라이브러리를 포함할 수도 있다.

이런 의존성 집합을 위한 그래프가 그림 12.5에 표현되어 있다.

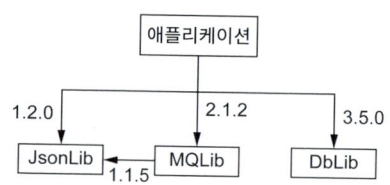

그림 12.5 단순한 애플리케이션을 위한 의존성 그래프

비록 이 가상의 예는 전체 의존성 집합이 수백 개에서 수천 개에 이르는 라이브러리로 실행할 수 있는 많은 실제 애플리케이션보다 훨씬 더 단순함에도 불구하고, JsonLib으로 인해 여전히 잠재적인 문제를 포함한다. JsonLib를 사용하는 사용자(애플리케이션)는 버전 1.2.0 사용을 기대하는 반면에 다른 사용자(MQLib)는 버전 1.1.5 사용을 기대한다. 이는 **다이아몬드 의존성** 문제의 한 가

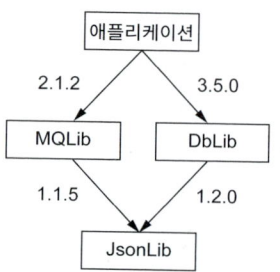

그림 12.6 전통적인 다이아몬드 종속성을 보여주는 의존성 그래프

지 사례다. **다이아몬드 의존성**이라는 이름의 기원은 공통 라이브러리의 두 사용자가 그 자체로 라이브러리가 되는 경우에서 비롯되었다. 애플리케이션이 JsonLib에 전혀 의존하지 않지만 이번에는 DBLib도 JsonLib에 의존한다고 가정하자. 결국 훨씬 더 명백히 다이아몬드 모양이 되는 상황을 그림 1.26에서 보여준다.

이 두 가지 모두 정말 다이아몬드 종속성이다. 언어와 패키지 관리자에 따라 애플리케이션의 직접적인 의존성에 적용되는 규칙이 조금 다르기는 하지만, 이 절에서 살펴볼 주요 문제는 어느 쪽이든 동일하다.

핵심 질문은 다음과 같다. JsonLib의 어떤 버전이 사용되는가? 단일 버전을 사용해야만 할까?

> **전이적인 의존성의 복잡성**
>
> 설명의 단순화를 위해 여기서는 의존성 그래프의 한 가지 측면을 무시하고 있다. 일반적으로 라이브러리 버전마다 다른 전이적인 종속성을 가질 것이다. 따라서 JsonLib 1.1.5는 아마도 CommonLib 1.2.0에 의존하지만, JsonLib 1.2.0은 CommonLib 1.3.0에 의존할 가능성이 있다.

■ 공유된 의존성 대 격리된 의존성

다양한 플랫폼, 언어, 라이브러리/패키지 관리자마다 종속성에 대한 접근 방식이 다르다. 이런 다양한 접근 방식별로 각각 장단점이 있으며, 각 접근 방식마다 고유한 세부 사항도 존재한다. 가장 중요한 초기 분류는 종속성이 전체 애플리케이션에 걸쳐 **공유되는지** 아니면 **격리되는지**의 차이다.

의존성이 공유되면 전체 애플리케이션은 라이브러리의 단일 버전을 사용한다. 의존성이 격리되면 각 의존성은 라이브러리 단위의 상태를 포함해 라이브러리의 독자적인 사본을 유지한다.

공유된 의존성은 일반적으로 격리된 의존성보다 훨씬 더 효율적이며 또한 훨씬 더 편리하다.

- 코드의 여러 사본은 더 많은 메모리를 차지하고(또한 잠재적으로 배포를 위해 더 많은 디스크 공간을 차지한다), (개별적인 JIT 컴파일을 위한 바이트코드의 사본을 유지함에 따라) 더 많은 최적화 비용이 발생할 수 있다.
- 초기화 비용이 많이 드는 자원 또는 캐시의 싱글턴은 전체 애플리케이션에 걸쳐 효율성 측면에서 이점을 제공한다.
- 객체는 애플리케이션 내에서 여러 컴포넌트 사이에서 투명하게 전달될 수 있다.

하지만 두 가지 큰 단점이 존재한다.

- 만일 공유 상태를 주의 깊게 설계하지 않으면 컴포넌트가 예상하지 못한 방식으로 서로를 간섭할 수 있다. (예를 들어, 두 컴포넌트가 각각 라이브러리 단위에서 캐시의 유일한 사용자라고 기대하면 서로의 가정을 위반할 수 있다.)

- 만일 다른 컴포넌트들이 동일 라이브러리의 서로 다른 비호환 버전을 기대하면 어떤 단일 공유 버전도 양쪽을 모두 충족하지 못할 것이다.

다른 컴포넌트들 사이에서 전달되는 객체의 측면이 특히 중요하다. 그림 12.6에서 제시한 전통적인 다이아몬드 의존성에서 세 라이브러리가 다음 클래스와 메서드를 가지고 있다고 가정하자.

```
public class JsonObject { ... }     ← ① JsonLib 내부의 클래스
public class MQTopic {              ← ② MQLib 내부의 클래스
  public JsonObject readJsonMessage() { ... }
}
public class DbTable {              ← ③ DbLib 내부의 클래스
  public void writeJsonValue(string columnName, JsonObject value) { ... }
}
```

이는 잠재적으로 애플리케이션에 매우 편리하다. 메시지 큐에서 `JsonObject`를 읽을 수 있고, 어떤 변환도 수행할 필요 없이 데이터베이스에 쓸 수도 있다. 이는 두 메서드 서명(`readJsonMessage`의 반환 타입과 `writeJsonValue`의 두 번째 매개변수)에서 `JsonObject` 타입이 실제로 동일 타입이거나 최소한 호환되는 타입인 경우일 때만 동작한다.

> **참고**
>
> 자바와 C# 같은 정적 타입 언어에서 이름이 같지만 다른 라이브러리에서 가져오는 다른 타입은 일반적으로 호환되지 않는 타입으로 간주된다. 동적 타입 언어에서는 의미론이 일반적으로 다소 느슨하다. 격리된 의존성은 정적 타입 언어와는 달리 동적 타입 언어에서 이런 유형의 객체 전달을 엄격하게 금지하지 않는다. 하지만 이는 다양한 라이브러리 버전 문제를 해결하지 못한다. 만일 객체를 생성하는 컴포넌트가 객체를 소비하는 컴포넌트보다 더 이전 부 버전을 사용하는 경우에는 전달되는 객체가 동일 주 버전 내에서 한 방향으로는 동작하나 다른 방향으로는 동작하지 않을지도 모르기에 상황이 더욱 복잡해질 수도 있다.

컴포넌트 하나의 의존성이 순전히 내부 구현 세부 사항으로 사용된다면(따라서 의존성에 존재하는 객체를 컴포넌트 외부 API가 결코 받아들이거나 반환하지도 않을 경우) 해당 종속성을 격리하는 방식은 앞서 언급한 잠재적인 비효율성을 제외하고는 매우 견고한 접근 방법이 될 수 있다.

공유된 의존성과 격리된 의존성 사이의 선택은 애플리케이션 전반에 걸쳐 동일할 필요가 없다. 예를 들어, 메이븐 패키지 관리 시스템은 라이브러리의 모든 의존성을 격리된 방식으로 포함하는 **뚱뚱한(fat 또는 uber) jar**를 생성하는 선택지를 제공한다. 이 선택지는 특정 라이브러리가 다른 라이브러리와 의존성을 공유할 경우에 사용될 수 있다.

- **주 버전의 고통**

공유된 의존성과 격리된 의존성의 배경 컨텍스트를 염두에 두고서 라이브러리의 비호환 버전의 영향도를 고려할 수 있다. 다른 주 버전 번호로 구분해서 호환되지 않는 JsonLib 버전을 요구하게끔 원래 의존성 그래프를 그림 12.7처럼 수정해보자.

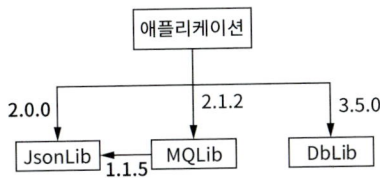

그림 12.7 비호환 의존성을 보여주는 종속성 그래프

이제 애플리케이션은 JsonLib 버전 2.0.0에 의존하는 반면, MQLib는 여전히 JsonLib 버전 1.1.5에 의존하고 있다. 이게 문제일까? 아마도…

애플리케이션이 격리된 의존성을 사용한다면 문제가 없을 것이다. 동적 타입 언어로 애플리케이션이 작성되었고 JsonLib 객체가 애플리케이션과 MQLib 사이에서 전달되면 이는 몇 가지 새로운 비호환성을 초래하지만, 그렇지 않은 경우에는 동작해야 한다.

애플리케이션이 공유된 의존성을 사용할 경우에, 첫 번째 질문은 어떤 버전을 둘 사이에서 공유할 것인지다. 여기서 다음과 같은 세 가지 가능성이 존재한다.

- 애플리케이션과 MQLib는 모두 2.0.0을 사용한다.
- 애플리케이션과 MQLib는 모두 1.1.5를 사용한다.
- 호환될 것이라고 **기대할** 수 있는 단일 버전이 존재하지 않으므로 의존성 관리자는 의존성 그래프를 무효로 거부한다.

여기서 가장 가능성이 높은 선택지는 첫 번째다. 그래도 좋을까? 글쎄, JsonLib의 버전 1.1.5와 버전 2.0.0 사이에서 호환성이 손상되는 어떤 변경이 일어났는지에 달렸다. MQLib가 손상된 어떤 기능도 사용하지 않아서 모든 것이 잘 돌아가는 경우도 전적으로 있을 수 있다. 의존성 관리자가 이와 같은 의존성 그래프에서 크게 실패하지 **않는다는** 주장은 꽤 합리적이다. 호환성이 손상되는 변경이 영향을 줄지 아닐지 알기가 아주 어려운 경우가 문제가 된다. 잠재적인 손상이 다른 라이브러리 내부에서 일어난다면 특히 문제가 된다. 심지어 여러분이 도구를 사용해 바이너리나 소스 코드 호환성 측면에서 손상된 내역이 없다고 감지하는 경우에도 도구가 의미론적인 호환성에 대해 말해줄 수는 없다. (모든 필요한 멤버가 존재한다는 관점에서 라이브러리 버전의 조합이 함께 동작할 것인지를 점검할 수 있는 도구의 가치를 폄하하려는 의도는 없다. 이런 도구를 사용할 수 있는 상황에서 우리는 도구의 사용을 권장한다. 가능한 모든 호환성 측면의 손상을 발견하리라는 기대만 품지 말기 바란다.)

> **참고**
> 언어와 패키지 관리자마다 다른 결정을 내릴 수 있다. 라이브러리 생산자와 라이브러리 소비자로서 작업 중인 컨텍스트에서 규칙과 관례를 학습하기 위해 시간을 들이는 편이 바람직하다.

애플리케이션이 사용하는 의존성이 얽히고설킬수록 이런 유형의 주 버전 불일치가 어딘가에서 발생할 가능성도 높아진다. 마찬가지로, 라이브러리 하나에 대한 의존성이 더 많을수록 버전 불일치가 진짜 호환성 측면의 손상을 일으킬 가능성도 더 커진다. 이는 자바의 아파치 커먼즈(Apache Commons)나 .NET의 Newtonsoft.Json(비록 이 책을 집필하는 시점에서 버전 13.0.1이 나왔음에도 불구하고 Newtonsoft.Json은 하위 호환성이 매우 우수하다)처럼 아주 흔하게 사용되는 라이브러리에 있어 특히 그렇다.

심지어 모든 것이 잘 풀리더라도 새로운 주 버전을 공개하는 라이브러리는 상당한 비용을 요구한다. 예전 버전에 의존하는 다른 모든 라이브러리의 호환성에 손상을 가할 수 있기 때문에 특정 라이브러리에 의존하면서 이 특정 라이브러리의 새로운 버전으로 업그레이드를 원하는 어떤 다른 라이브러리도 충돌이 일어나는 주 버전으로 올려야 하는지 그대로 유지할지 주의 깊게 고려할 필요가 있다. (의존성 버전이 의존성과 관련된 코드의 버전 관리 옵션에 영향을 미치는 방식은 그 자체만으로도 여러 가지 문제의 소지를 안고 있다.) 특정 라이브러리에 의존하는 어떤 애플리케이션도 새로운 버전을 채택하기 위해 코드를 변경할 필요가 있으며, 다이아몬드 의존성과 일관성이 없는 의존성 그래프와 씨름할 필요가 있을 것이다.

> **참고**
> 라이브러리 저자라면 전체 생태계에 대한 비용을 인식하고 호환성이 손상되는 변경을 가하기에 앞서 주의 깊게 생각할 필요가 있다.

절대로 여러분이 호환성이 손상되는 변경을 만들지 않아야 한다고 제안하고 싶지는 않다. 라이브러리의 API 설계는 닭과 달걀과 같은 상황에 가깝다. 여러분의 라이브러리에 투자한 사용자가 생기기 전까지 때로는 의사 결정에 확신이 없거나 실수에서 배우지 못할 수도 있다. 이 시점에서 실수를 바로잡으려면 동일 사용자 코드의 호환성에 손상을 일으킬 필요가 있다. 하지만 처음부터 몇 가지 사항을 고려하면 성공 가능성을 훨씬 더 높일 수 있다.

12.2.3 호환성에 손상을 가하는 변경을 처리하기 위한 기법

이 절은 아이디어를 담은 보물 뽑기 주머니와 같아서 순서에 무관하게 살펴볼 수 있다. 일반적인 교훈은 버전 관리에 신중을 기하는 것이다.

- **언어, 플랫폼, 공동체라는 컨텍스트를 이해하라**

이 장은 언어별 세부 사항이 중요하다는 주의 사항으로 가득 차 있다. 예를 들어, 자바에서 매개변수 이름 변경은 호환성이 손상되는 변경이 아니지만, C#에서는 호환성이 손상되는 변경이다. 이런 컨텍스트에 따른 세부 사항은 호환성이 손상되는 변경 사항으로 간주되는 이상의 의미가 있다. 이런 언어별 세부 사항은 또한 의존성 그래프를 해소하는 패키지 관리자의 처리 방식, 공동체 기대, 심지어 호환성이 손상되는 변경을 피하기 위한 기법이 무엇인지를 포함한다.

예를 들어, 최소한 당신이 합리적인 기본 구현을 제공하는 위치에 있을 경우 자바에서 **기본 메서드**와 C#에서 **기본 인터페이스 구현**은 둘 다 호환성이 손상되는 변경을 가하지 않고서도 인터페이스에 새로운 메서드를 추가하게 허용한다. (정말로 합리적인 기본 구현이 없다면 no-op 구현을 제공해서 기본 메서드를 호출하는 어떤 코드에도 실제로 호환성이 손상되게 만들지만, 이런 방식이 호환성이 손상되지 않는 변경 사항처럼 보이는 착각을 줄 수 있다.) 이는 라이브러리 내에서 인터페이스나 추상 클래스를 제공하는지 그렇지 않은지에 따라 설계에 영향을 미칠 수 있다. 버전 관리가 라이브러리 설계에 영향을 미치는 **유일한** 요소가 아니라는 것은 명백하지만, 라이브러리의 향후 버전 관점에서 가능한 선택지의 영향을 염두에 두는 것이 중요하다.

이와 같은 고려 사항이 중요한 또 다른 예는 생성자와 메서드 매개변수다. 새로운 기능을 추가하고 싶을 때마다 계속해서 확장해야 하는 매개변수 리스트가 존재한다면 이런 매개변수를 독자적인 타입으로 캡슐화해서 유연성을 더 많이 제공하는 방식을 고려하자.

여기서도 여러분이 사용할 정확한 디자인 패턴은 코드를 작성하는 언어에 크게 의존할 것이며, 목표로 하는 플랫폼에 따라 더 많은 제약을 받을 수도 있다. (예를 들어 C#에서 기본 인터페이스 구현은 예전 .NET 버전에서 사용할 수 없다.)

- **공개 API 표면을 제한하라**

실수로 Customer 대신에 Costumer라는 공개 클래스를 선언하고 이 클래스가 존재하는 라이브러리 버전을 릴리스하면 오탈자를 수정하는 행위도 호환성이 손상되는 변경이 될 것이다. 반면, 시작부터 클래스를 라이브러리 내부에 보존하면 새로운 패치 버전에서 이름을 변경할 수 있고, 어떤 사용자도 이를 눈치채지 못할 것이다.

라이브러리에 들어 있는 모든 공개 클래스, 메서드, 속성, 인터페이스는 미래에 잠재적인 두통거리다. 반면, 어떤 것도 외부에 공개하지 않는다면 사용자들이 라이브러리 내부의 코드를 전혀 사용할 수 없으므로 여기에도 트레이드오프가 존재한다.

> **참고**
>
> 초기에는 예를 들어 기본 옵션과 같이 상당히 제한적인 API 표면만 제공할 수도 있다. 일단 사용자가 기본 기능을 탐색할 수 있게 되면 추가적인 유연성이 필요한 사안에 대해 유용한 피드백을 얻을 가능성이 높아진다. 이렇게 하면 사용자의 요구를 충족하지 못하고 호환 가능한 방식으로 작업을 수행하게끔 진화할 수 없는 특정 설계에 라이브러리를 묶어버리는 상황을 방지할 수 있다.

공개 API 표면을 제한하는 한 가지 측면은 사용자가 필요로 하지 않는 이상 클래스를 외부에 공개하지 않는 경우만큼 명확하지 않다. 상속이 허용될 경우에는 특정 메서드가 자신이 속한 동일 클래스 내부의 다른 메서드를 호출하는 구현 세부 사항의 변경이 호환성에 손상을 가할 수 있지만, 이런 메서드가 재정의될 수 없을 때는 훨씬 더 유연하게 변경할 수 있다는 사실을 앞서 살펴봤다.

> **참고**
>
> 때로는 원하는 범위보다 API 표면을 훨씬 더 많이 외부에 공개해야 하는 실용적인 이유가 있고, 이런 API 표면에서 호환성이 손상되는 변경을 일으킬 수 있기를 원하는 상황도 존재한다. 일반 사용자가 이런 타입을 건드릴 수 없도록 명확하게 만든다면(예를 들어, 이런 타입을 internal로 끝나는 패키지나 네임스페이스에 넣을 경우), 비록 이상적이지는 않더라도 실용적인 접근 방식이 될 수 있다.
>
> 마찬가지로, 종종 API 표면의 일부가 여전히 안정적이지 못할 때 일반에 제공될 수준의 안정적인 릴리스 내에서 기능을 외부에 공개하고 싶은 경우도 있다. 구아바(Guava) 라이브러리는 정확히 이런 목적을 위해 @Beta라는 애노테이션을 지원한다. 애노테이션과 이름을 놓치기 쉽기에 이상적이지는 않지만 위험을 감수할 만한 가치가 있다.

상속은 훌륭한 도구가 될 수 있지만, 파악하기 어려울 수도 있는 날카로운 모서리가 존재한다. 나는 조슈아 블로치의 "상속을 위해 설계하라. 아니면 상속을 금지하라"라는 지침을 선호한다. 상속을 위해 **적극적으로** 설계하고 재정의된 메서드가 다른 메서드를 호출하는 경우에 그것이 더 이상 구현 세부 사항이 아니라 사실상 공개된 계약의 일부라는 사실을 문서화할 가치가 있다.

- **자신의 종속성에 주의하라**

바로 앞 절에서 버전 변경이 어떻게 생태계를 요동치게 만들 수 있는지 살펴봤다. 라이브러리에 공유된 의존성이 많을수록 더 많은 사용자가 이런 의존성에 대한 변경에 영향을 받을 것이다. 물론 이런 논의가 바퀴를 재발명하라는 일반적인 권고는 아니다. 신뢰할 수 있고 제대로 테스트된 타사 컴포넌트를 사용할 수 있으면 환상적이다. 이런 의존성을 받아들이는 경우에 발생하는 영향을 인식하기만 하면 된다.

나중에 의사 결정을 변경하고 싶다면(예: JSON 파싱 라이브러리에서 다른 파싱 라이브러리로 이동) 이런 행위는 호환성이 손상되는 변경이 될 수 있고, 외부에 공개하는 API 내부의 의존성 타입 중 하나를 사용할 경우 특히 더 그렇게 될 것이다. 도구나 애플리케이션에서 의존성을 변경하는 작업은 일반적으로 라이브러리에서 의존성을 변경하는 작업보다 쉽다.

라이브러리에서 의존성으로 뭔가를 사용하는 결정을 내리기에 앞서 프로젝트 이력을 살펴볼 필요가 있다. 여러분이 얼마나 많은 의존성 코드를 사용 중에 있는가? 라이브러리의 버전 관리 정책은 무엇인가? 프로젝트는 버그 보고와 기능 요청에 얼마나 신속하게 대응하는가? 프로젝트 진행 상태가 양호한가?

의존성을 격리하면 이런 파급 효과는 훨씬 더 제한적이겠지만, 여전히 영향을 줄 수 있으므로 새로운 의존성을 추가하기에 앞서 주의 깊게 생각하는 것이 최선이다. 당연하지만, 다른 라이브러리에 의존하되 당신과 당신의 라이브러리 고객과 관련된 잠재적인 지속 비용을 고려해서 신중하게 결정하라.

- **호환성이 손상될 대상을 결정하라**

12.2.1절에서 **호환성의 손상**이 항상 주어진 변경의 이진 속성은 아니라는 사실을 살펴봤다. 몇몇 변경은 코드를 사용하는 모든 사람에게 매우 명백하게 호환성에 손상을 주며, 다른 변경은 특이한 방식으로 라이브러리를 사용하고 있는 고객에게만 호환성에 손상을 준다.

변경을 고려하고 있으며 호환성이 손상되는 변경으로 간주할지 아닐지를 평가할 필요가 있을 때 변경으로 인해 호환성이 손상될 가능성이 가장 높은 고객 코드가 무엇인지를 찾으려고 노력하자. 고객이 이런 문제를 일으키기 위해 특히 모호한 몇 가지 언어 기능을 사용해야만 한다면 부 버전만 증가시키는 편이 아마도 최선일 것이다.

> **참고**
>
> **의심스러울 때는 호환성이 손상되는 변경으로** 가정하는 보수적인 접근 방식을 취하고 싶은 마음이 들 수도 있다. 이는 신중한 접근 방식처럼 보이지만, 실제로는 새로운 주 버전의 전파로 인해 아주 값비싼 접근 방식이다. 가끔 이론상으로는 **명백히 손상을 입히지만**, 실제로는 어떤 사용자에게도 손상을 입히지 않을 것이라는 확실한 증거가 있는 변경을 원할 수도 있다. 이런 경우 최선의 선택지는 변경하고 나서 부 버전을 올리는 것이다. 이처럼 SemVer를 위반하기로 결정하면 이를 숨기려고 노력하는 대신 이렇게 하는 이유를 공개적이고 투명하게 밝혀야 한다.

호환성이 손상되는 변경 사항과 관련해 아직 논의하지 않은 한 가지 회색 영역은 지원 중단 (deprecation)이다. 대다수 언어에는 클래스나 메서드의 지원 중단을 알리는 개념이 있으며, 이는 일반 적으로 경고로 이어진다. 새로운 경고를 도입하는 것도 소비자에게 호환성이 손상되는 행위로 간주해야 할까? 빌드 과정에서 **경고를 오류로 취급해왔다면** 어떻게 될까? 개인적으로 나는 이를 소비자 쪽에서 내린 적극적인 의사결정으로 본다. 소비자는 호환성이 손상되는 변경 사항에 대해 경고를 받고 싶어했으며, 우리는 이런 소비자에게 사전 경고를 하고 있을 뿐이다. 잠시 후에 살펴보겠지만, 지원 중단은 사용자가 새로운 버전으로 이주하게끔 돕는 강력한 도구가 될 수 있다.

이 모든 의사 결정에는 개인적 판단에 따른 결정이 개입된다. 도구는 몇몇 사례에서 호환성이 손상되는 변경에 대해 조언해줄 수 있지만, 심지어 이름 충돌을 **초래할 수** 있음에도 불구하고(의미론적인 호환성이 손상되는 변경 사항에 대해 조언해줄 가능성은 물론 아주 희박하다) **새로운 클래스를 추가하는 행위** 가 호환성이 손상되지 않는 변경이 된다는 사실을 알려주는 개인적 판단에 따른 결정이 내장된 상태로 구축되어 있다. 가능하면 소비자가 깜짝 놀라지 않게 라이브러리가 호환성이 손상되는 변경으로 간주하는 내용을 문서화하는 편이 좋다.

■ 주 버전으로 올릴 때 배려하라

마지막으로, 불가피하게 호환성이 손상되는 변경이 발생할 때 이를 어떻게 다뤄야 할까? 먼저 시작부터 우리가 원하는 모든 호환성이 손상되는 변경에 대한 문서를 체계적으로 유지하는 방식을 권장한다. 모든 주 버전은 비용을 요구하므로 변경을 하나로 묶어서 필요 이상으로 자주 호환성이 손상되는 상황을 줄여야 한다. 여기서도 새로운 주 버전을 얼마나 자주 릴리스하는지에 대한 이상적이며 엄격한 규칙은 존재하지 않으며, 라이브러리와 사용자에 따라 달라질 것이다. 사용자가 더 많을수록, 특히 여러분의 라이브러리가 의존하는 다른 라이브러리가 더 많을수록 주 버전을 올리는 과정은 더욱 고통스러울 것이다.

다음으로, 문서에 가능한 한 이런 내용을 명확하게 기술하는 것이 바람직하다. 이상적으로는 버전 이력 문서를 어떻게든 유지하겠지만, 특히 이력은 주 버전 변경이 중요하다. 인식하고 있는 모든 호환성이 손상되는 변경 사항을 문서화하고, 이상적으로는 사용자를 돕기 위해 이주 지침 문서를 작성하자.

이주와 관련해 몇몇 경우에는 가교 역할을 하는 릴리스로서 부 버전을 사용해 훨씬 더 쉽게 사용자 이주를 도울 수 있는 방법이 있다. 여기서는 구체적인 사례로 NodaTime을 사용할 것이다. NodaTime 1.0에서 1.3으로 가면서 다음 코드처럼 `IClock` 인터페이스가 선언되었다.

코드 12.9 NodaTime 1.0 - 1.3에서 도입된 **IClock** 인터페이스

```
public interface IClock
{
    Instant Now { get; }
}
```

이는 실수였다. 시스템 지역 시각을 반환하는 `DateTime.Now`와 너무 유사했고, 그것은 실제로 속성이 되어서는 안 된다. 다음 코드처럼 NodaTime 2.0에서 이 문제를 수정했다.

코드 12.10 NodaTime 2.0의 **IClock** 인터페이스

```
public interface IClock
{
    Instant GetCurrentInstant();
}
```

그냥 그렇게 완료했다면 사용자에게 무엇이 잘못되었거나 어떻게 이를 수정해야 하는지 아무런 암시도 주지 못했을 것이다. 이렇게 하는 대신 2.0.0을 릴리스한 **직후에** 1.4.0을 릴리스해서 다음 코드처럼 Now 속성을 더 이상 쓸모가 없게 만들고 확장 메서드를 도입했다.

코드 12.11 NodaTime 1.4에서 **IClock** 이주 권장 내역

```
public interface IClock
{
  [Obsolete("Use the GetCurrentInstant() extension [...]")]
  Instant Now { get; }    ← ① IClock.Now의 기존 사용을 더 이상 쓸모가 없다고 표시한다
}
public static class ClockExtensions
{
  public static Instant GetCurrentInstant(    ← ② 2.0 IClock 메서드처럼 보이는 확장 메서드
      this IClock clock)=> clock.Now;
}
```

버전 1.4.0은 경고를 제외하고는 1.3.0과 완벽한 소스 호환성은 물론이고 바이너리 호환성을 유지한다. 사용자가 경고를 무시하고 싶다면 무시해도 괜찮다. 또는 2.0.0으로 전환을 준비하기 위해 코드를 변환하는 작업을 시작할 수도 있었다. 몇몇 변경 사항은 이런 식으로 처리할 수 없었지만 대부분은 이렇게 처리할 수 있었다.

이런 방식이 모든 라이브러리에 적합한 올바른 프로세스는 아니지만, 모든 라이브러리 저자는 호환성의 손상에 따라 생기는 변경 비용을 최소화하려는 동일 목표를 시도해볼 수 있다. 아마도 설정 파일을 이주하거나 심지어 소스 코드를 재작성하기 위한 도구를 제공할 수도 있다. 얻을 수 있는 정보가 문서뿐일 수도 있지만, 매우 명확하고 제대로 동작하는 예제로 설명해야 한다. 공감이 중요하다. 만일 이 라이브러리를 사용하다가 주요 버전을 올리는 상황에 직면했다면 **당신**은 무엇을 목격해야 할까? 라이브러리 버전 관리와 관련된 마지막 주제는 살짝 다른 각도에서 상당히 많은 개발자가 직면하는 내부 전용 라이브러리라는 시나리오를 다룬다.

12.2.4 내부 전용 라이브러리 관리하기

내가 일해왔던 회사마다 내부 라이브러리 버전 방식과 관련해 살짝 다른 관례가 있었다. 심지어 **내부**라는 용어 자체도 사람들마다 의미가 달랐다. 제품이 여러 라이브러리로 나뉘어진 애플리케이션이지만 다른 사람이 여러 라이브러리를 사용하리라고 기대하지 않으며 항상 전체 시스템을 한 번에 업그레이드한다면 이런 라이브러리는 내부용일까 아닐까? 이런 경우에는 일반 라이브러리와 동일한 규칙을 따를 필요가 거의 확실히 없다.

마찬가지로, 바이너리 자체가 결코 고객 컴퓨터에 도달하지 않는 진짜 내부 라이브러리가 있을 수도 있다. 단지 웹 사이트나 네트워크 API만 챙기는 라이브러리가 대표적이다. 이런 진짜 내부 라이브러리에도 **버전**이 있을까? 이런 라이브러리에서 호환성이 손상되는 변경과 관련된 규칙은 무엇일까?

> **참고**
>
> 특정 변경이 뭔가의 호환성에 손상을 입힐 것인지에 대한 질문은 해당 라이브러리를 사용하는 모든 코드를 찾을 수 있을 때 더욱 구체화된다. 전반적인 코드베이스가 수천만 행에 걸쳐 있다면 여전히 관리가 벅차며 잠재적으로는 실현 불가능한 작업일 수도 있다. 그래도 내부 라이브러리는 어떻게 사용되는지 알려줄 방법이 없는 경우가 많은 오픈소스 라이브러리보다 훨씬 더 유리한 상황에 있다.

예를 들어, "지불 팀이 라이브러리의 다음 버전으로 업그레이드할 때 코드를 변경할 필요가 있을 것이다."라는 메모를 남기는 수준으로 호환성이 손상되는 변경을 자유롭게 할 수 있을 때조차도 훨씬 더 신중한 접근 방식을 권장한다. 소비자 코드와 라이브러리 코드가 함께 진화한다는 목표를 삼아 모든 것이 항상 동작하게 만들 것이지만, 제거하고 싶은(또는 호환성에 손상을 입히고 싶은) 클래스나 메서드의 사용 빈도가 점진적으로 낮아지므로 궁극적으로는 이런 클래스나 메서드를 영향 없이 제거할 수 있다. 심지어 그렇더라도, 어떤 것을 제거하기 앞서 일종의 **냉각 기간**을 둬서 최근 변경 사항이 롤백될 필요가 있더라도 여전히 유리한 상황에 있게 만드는 방법을 권장한다.

종종 이런 점진적인 접근 방식은 현실적이지 않거나 아니면 얻는 가치에 비해 훨씬 더 많은 노력이 필요할 것이다. 이는 종종 업그레이드를 위한 일시 중단 비용이 온라인 이주에 따른 비용과 위험보다 적은 데이터 스키마 이주와 유사하다. 하지만 몇몇 시스템에서는 정기적인 유지보수 일정이 있는 반면, 어떤 시스템에서는 잠시라도 중단되는 상황에 매우 민감하기에 상황에 따라 달라진다.

내부 시스템에 명확한 버전 전략이 없을 경우 변경 작업이 훨씬 더 힘들어질 것이라는 사실은 확실하다. 어쩌면 모든 컴포넌트가 다른 모든 컴포넌트의 최신 버전에 대응해서 빌드되는 **라이브 상태**일 수도 있다. 어쩌면 내부 패키지 관리자에서 독립적으로 버전이 관리되는 모듈일 수도 있다. 그리고 어쩌면 버전 관리가 이뤄지는 몇몇 핵심 모듈과 그 이외 다른 컴포넌트를 위한 공통 소스 코드 관리 방식이 결합된 하이브리드 방식일 수도 있다. 어떤 전략을 선택하든 팀 내 모든 사람은 시스템과 자신의 코드가 다른 동료에게 영향을 미치는 방식을 이해할 필요가 있다.

> **참고**
>
> 이 절을 시작하면서 언급한 바와 같이 회사마다 관행이 다르다. 종종 팀은 최대한 다른 팀으로부터 독립적으로 구성되어 심지어 독립적인 소스 제어 시스템을 갖추고 가시성을 제한하기도 한다. 이는 호환성이 손상되는 변경을 통해 내부 시스템의 안전한 진화가 얼마나 쉬워질지에 대해 궁극적인 영향을 미치며, 완전히 외부에 공개된 시스템보다 내부적으로 통제된 시스템에서 훨씬 더 실현 가능성이 높다. 다른 팀에 호환성의 손상 문제를 일으키지 않고 회사의 개발 문화의 다른 측면을 희생하지 않은 채로 이런 유형의 변경에 사용될 프로세스 유형을 고려하고 문서화하기 위해 시간을 투자하는 편이 바람직하다.

이제 **동일 애플리케이션에서 동작하는 수많은 라이브러리**에서 **동일 네트워크 API를 호출하는 수많은 클라이언트**로 복잡성의 원천을 변경함으로써 기어를 급격하게 전환할 것이다. 라이브러리와 네트워크 버전 관리 사이에는 확실히 몇 가지 공통적인 고려 사항이 존재하기는 하지만 다른 사고 방식을 요구한다.

12.3 네트워크 API를 위한 버전 관리

네트워크 API 버전 관리에 대한 논의를 시작하기 앞서, **네트워크 API**가 무엇을 의미하는지 정의해야 한다. 여러 가지 변형이 있을 수 있지만, 여기서는 범위를 **네트워크를 통해 접근하는 요청-응답 서비스**로 설정할 것이다. 이와 반대로 사용자 코드에 거꾸로 요청하는 서비스인 웹훅 API와 같은 변형이 존재할 수도 있지만, 사용자가 요청하고 서비스가 응답하는 경우로 논의를 제한하는 편이 훨씬 더 단순할 것이다. 나는 데이터를 위해 JSON을 사용하는 평범한 HTTP 서비스와 프로토콜 버퍼를 사용하는 gPRC

서비스에 대한 경험이 가장 풍부하지만, 여러분은 이 모든 서비스에 광범위하게 버전 관리 방식을 적용할 수 있을지 자문해야 한다(프로토콜 버퍼는 구글의 바이너리 직렬화 형식이며, 초기에는 내부에서 사용하다 2008년에 공개되었다. 12.4절에서 세부 사항을 살펴볼 것이다). 하지만 대답은 크게 달라질 수 있기에 다양한 컨텍스트에서 대답을 재사용할 때 편견이 있음을 인식하는 것이 바람직하다.

12.3.1 네트워크 API 호출이라는 컨텍스트

라이브러리를 외부에 공개할 때 사용자가 버그 보고, 기능 요청, 스택 오버플로에서 질문 등을 통해 우리에게 말하기로 결정한 사안 이외에 일반적으로 어떻게 사용되는지에 대한 정보는 거의 없다. 일반적으로 라이브러리는 단일 프로그래밍 언어 생태계에서 사용되리라고 기대한다. 예를 들어, 나는 NodaTime 라이브러리가 펄과 상호 호환성을 유지하는 방법에 대한 어떤 질문도 받지 못했다. 생태계는 상당히 크고 다양하며 여러 언어를 다룰 수도 있지만, 너무 많은 충격에 대처할 필요는 없다.

네트워크 API(적어도 직접 호스팅하는 경우)에서는 들어오는 요청을 확인할 수 있기에 API의 직접적인 사용 방식 관점에서 많은 정보가 존재한다. 하지만 일반적으로 API 호출이 생성되는 컨텍스트에 대한 아이디어는 없다. 이런 호출과 관련된 네트워크 API의 강력한 특징 중 하나지만, 변경의 영향에 대해 추론하기 어렵게 만들기도 한다.

그림 12.8은 요청을 만들어내는 애플리케이션과 장비 관점에서 다양한 컨텍스트를 보여주는데, 내부에는 훨씬 더 복잡한 다양성이 존재한다. 다양한 프로그래밍 언어로 작성된 애플리케이션에서 요청을 받을 수 있다. 몇몇은 수작업으로 이런 요청을 작성하고, 몇몇은 전용 클라이언트 라이브러리를 사용한다. 심지어 동일 플랫폼을 대상으로 하는 클라이언트 라이브러리가 복수로 존재할 수도 있다.

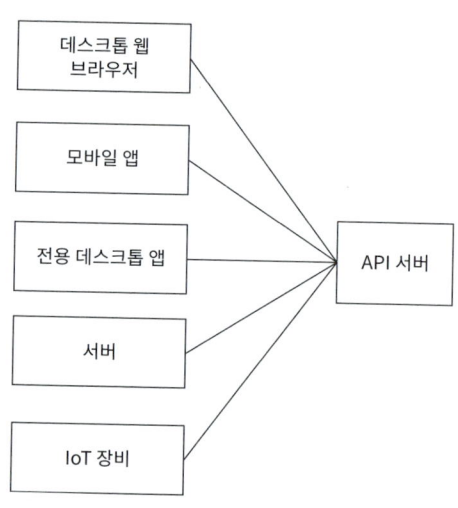

그림 12.8 API는 다양한 장비에 의해 호출될 수 있다.

> **클라이언트 라이브러리에 대한 가정**
>
> 클라이언트 라이브러리는 사용자의 삶을 훨씬 더 단순하게 만들 수 있지만, 여러 언어와 여러 API를 대상으로 확장할 필요가 있을 때 특히 제대로 대응하기 어려울 수도 있다. 특정 크기를 넘어서면 OpenAPI와 같은 API 설명 형식을 위한 기존 도구나 독자적인 코드 생성기로 라이브러리의 상당 부분을 생성할 필요성이 높아진다. 이는 호환성 관점에서 추가적인 복잡성을 일으킨다. 즉, 요청과 응답 관점에서 호환되는 API에 요구되는 몇 가지 변경 사안이 존재하지만, 호환되지 않는 새로운 라이브러리를 생성할 수도 있다. (라이브러리의 새로운 주 버전에서 발생하는) 이런 상황을 받아들일지 말지를 결정하는 주체는 당신이다.
>
> 심지어 클라이언트 라이브러리를 제공하는 경우에도 (라이브러리가 제공하는 암호화 서명과 같은) 몇 가지 방식으로 강제되지 않는 이상 모든 요청이 클라이언트 라이브러리를 통해 생성될 것이라고 가정해서는 안 된다. 대다수 API는 전용 라이브러리를 필요로 하지 않으며, 일반적으로 전용 라이브러리는 포스트맨(https://www.postman.com/)과 같은 도구를 사용해 쉽게 실험할 수 있는 API보다는 덜 친숙하게 느껴질 것이다.

라이브러리와 의존성 그래프를 설명할 때 각각 공통 의존성의 버전이 다른 라이브러리에 의존하는 여러 애플리케이션을 고려했다. 네트워크 API의 경우에는 이와 딱 맞아떨어지는 유사성은 없지만, 예전 버전과 새 버전이 섞여서 함께 동작하고 있는 경우에 다음과 같은 유사한 고려 사항이 존재한다.

- 서비스 전반에 걸쳐 배포하는 동안 예전 서버와 새 서버는 동시에 동작할 것이다. 현대적인 서비스는 서버를 새 버전으로 업데이트할 때 일반적으로 서비스 중단 시간을 요구하지 않게 설계돼야 한다.
- 예전 버전만 인식하는 클라이언트와 새 버전을 인식하는 클라이언트가 동시에 동일 데이터에 접근할 수도 있다.

이런 고려 사항의 영향에 대한 세부 내용을 잠시 후에 자세히 설명하겠지만, 클라이언트의 광범위한 스펙트럼과 궁극적으로 일관성을 갖출 서버 집합을 고려하는 마음 가짐을 갖추기 시작해야 한다. 이렇게 하기 앞서 고객 관점에서 목표를 살펴보자.

12.3.2 고객 친화적인 명료함

많은 일이 그렇듯이 API 버전 관리에 대해 생각하기 시작할 때 기술적인 해법과 전략으로 바로 뛰어들고 싶은 유혹이 존재한다. 하지만 사전에 요구사항을 명시적으로 파악하지 않으면 누구도 만족시킬 수 없는 단순한 전략이나 이해하기 너무 어려운 복잡한 전략으로 끝날 수 있다. (물론 더 나쁜 경우는 고객 요구를 충족하지 못하면서 스스로 뽑아 내기도 어려운 복잡한 전략이다.)

자신에게 물어봐야 하는 질문은 다음과 같을 것이다.

- API가 특정 컨텍스트에서 전형적으로 사용되게 설계되었는가? (일반적으로 API는 여러 컨텍스트에서 **사용 가능**하지만, 99%의 클라이언트가 다른 서버에 존재하는 경우와 99%의 클라이언트가 결코 업데이트되지 않고 응답 크기에 아주 민감할 수 있는 IoT 장비에 존재하는 경우를 비교하면 완전히 다르게 설계해야 할 수도 있다.) 이는 5장에서 설명한 트래픽 패턴과 파레토 원칙의 응용을 떠올리게 만든다.
- 주의를 요하는 향후 변경을 경고하기 위해 모든 사용자와 연결된 명확한 의사소통 채널이 존재하는가?
- 몇몇 API 버전에 대해 더 느슨한 안정성 요구사항이 받아들여지게 API 표면에서 고객과 협업하기를 기대하는가?
- API가 얼마나 급격하게 진화하고, 고객이 얼마나 빨리 최신 버전으로 업데이트하기를 기대하는가?
- 예전 버전을 얼마나 오래 지원할 것인가? 그리고 그렇게 하면 고객 기대치를 충족할 수 있는가?
- 버전, 클라이언트 라이브러리 RPC와 같은 개별 항목 관점에서 API의 사용 현황을 추적할 수 있는가?

이런 질문 중 몇몇은 단순한 단독 라이브러리에도 의미가 있지만, 네트워크 API는 훨씬 더 지속적인 상호 작용을 수반한다. 하나의 예로 공급자가 라이브러리에 대한 지원을 중단한 다음에도 오랜 기간 동안 라이브러리 사용을 유지하고 싶다면 (당연히 사용자의 책임 하에) 아마도 그렇게 할 수 있을 것이다. 네트워크 API인 경우에는 공급자가 API를 제공하고 있던 엔드포인트를 꺼버리면 사용자는 그 즉시 영향을 받게 된다.

> **참고**
>
> 위에 제시한 모든 질문은 버전 관리 전략에 영향을 미칠 수 있지만, 한 가지 사실은 바뀌지 않는다. 즉, 고객이 버전 관리에 대해 명확하고 포괄적인 문서를 좋아한다는 사실에는 변함이 없다. 이는 얼마나 안전하게 API에 의존할 수 있는지에 대해 조직의 사업 측면에서 확신을 제공하고, 클라이언트 코드를 어떻게 계획할지에 대해 조직 내 개발 측면에서 확신을 제공한다. 대다수 문서와 마찬가지로 불행하게도 API 문서 역시 종종 간과되는 영역이지만, 공개용 문서는 버전 관리 전략의 산출물 중 하나로 고려돼야 한다.

이런 배경을 바탕으로, 자주 사용되는 두 가지 광범위한 접근 방식을 살펴볼 것이다.

12.3.3 일반적인 버전 관리 전략

여러 해 동안 다양한 조직에서 버전 관리에 대한 다양한 접근 방식을 제안해왔다. 가장 일반적인 접근 방식은 버전 관리 전략이 **실제로 문제가 아니기를 희망하면서 진행하면서 보완해가는 방식**인 것 같다. 하지만 그것이 내가 권장하는 방법은 확실히 아니다.

여전히 끔찍하게 잘못될 수 있고 제대로 구현하기 고통스러울 수 있지만 적어도 어느 정도 성공할 가능성이 있는 신중한 접근 방식이 두 가지 더 있다. 나는 이를 **클라이언트가 제어하는 버전 관리**와 **서버가**

제어하는 버전 관리로 생각한다. 두 가지 모두 다소 분명하지 않은 용어지만 아래에서 자세히 설명할 것이다.

하지만 두 경우를 보면 클라이언트가 요청을 만들 때 정해진 형태로 버전을 정의한다. 정확히 **어떻게** 정의하는지는 나머지 의사 결정에 크게 영향을 미치지는 않는다. 예를 들어, HTTP 요청에서 버전은 다음과 같이 표현될 수 있다.

- 헤더
- 질의 매개변수
- URL에서 경로의 일부

다른 프로토콜에서는 다른 위치에 나타날 수도 있다. 클라이언트에게 버전을 명시하도록 요청하는 위치 선택에는 장단점이 있지만, 세부 사항은 이 책의 범위를 벗어난다. 그 대신, 버전 번호가 API에 어떤 영향을 미치는지에 초점을 맞출 것이다. 클라이언트가 처리할 준비가 된 API 버전에 대해 상당히 구체적으로 접근할 수 있는 상황부터 시작해보자.

- **클라이언트가 제어하는 버전 관리**

클라이언트가 제어하는 버전 관리의 경우, 클라이언트가 정의한 버전이 코드가 알고 있는 **정확한** API 표면을 결정한다. 예는 다음과 같다.

- 클라이언트는 심지어 다른 버전에 필드가 등장하는 경우에도 해당 버전에 없는 요청 필드를 지정해서는 안 된다.
- 서버는 클라이언트가 요청한 버전에 없는 필드로 응답해서는 안 된다.
- 서버는 클라이언트가 요청한 버전에 존재하지 않는 필드의 지식을 가정하는 방식으로 자원을 변경해서는 안 된다.

다양한 예를 구체적으로 들기 위해 `Person` 자원을 중심으로 돌아가는 아주 단순한 API를 상상해보자. 버전 1.0에서 `Person`에는 `id`와 `name`이라는 필드가 있다. (이는 정말로 믿기 어려울 만큼 단순화되었으므로 버전 관리에만 초점을 맞출 수 있다. ID의 특성, ID를 만든 사람과 같은 다른 모든 고려 사항이 존재한다. 일반적인 API 설계에 대해 훨씬 더 자세한 정보가 필요하면 J.J. 지웍스가 집필한 《API Design Patterns》[Manning, 2021]을 참고하자.) 버전 1.1에서는 `occupation`이라는 새로운 필드를 도입한다. API에는 `CreatePerson`, `UpdatePerson`(요청은 사람 자원), `GetPerson`(요청은 가져올 사람의 ID)라는 메서드가 존재한다. 표 12.1은 클라이언트가 제어하는 버전 버전 관리에서 몇 가지 예제 요청과 응답을 보여준다. 첫 예제는 CreatePerson와 GetPerson만 관여되어 있으며, 잠시 후에 UpdatePerson도 살펴볼 것이다.

표 12.1 클라이언트가 제어하는 버전 관리로 API를 요청하고 응답하는 예제

클라이언트 요청	서버 응답	비고
Version: 1.0 Method: CreatePerson Body: id=1, name="Jane"	OK	
Version: 1.1 Method: CreatePerson Body: id=2, name="Erik", occupation="Accountant"	OK	occupation은 버전 1.1 요청에서 지정될 수 있다.
Version: 1.0 Method: GetPerson Body: id=2	OK id=2, name="Erik"	자원에 occupation이 있지만, 버전 1.0 응답에는 반환되지 않는다.
Version: 1.0 Method: CreatePerson Body: id=3, name="Kara", occupation="Engineer"	Bad request	occupation은 버전 1.0 요청에서 지정될 수 없다.

버전 번호 자체의 형식은 유연하다. 주 번호와 부 번호를 SemVer와 같은 형식으로 분리하면 유용하지만, SemVer의 패치 차이는 API보다는 구현(또는 주석)에 대한 것이기 때문에 패치 번호를 포함하는 방식은 보통 가치가 덜하다. 부 버전은 (1.0, 1.1, 1.2라고 버전을 만드는 방식으로) 규칙적으로 증가하는 정수가 될 수 있지만, 또한 1.20200619, 1.20201201, 1.20210504와 같이 버전 순서로 이어지는 8자리 날짜로 만드는 편이 유용할 수도 있다. 날짜 기반의 버전은 읽는 데 오래 걸리지만 완벽한 버전 이력을 참조할 필요 없이 유용한 정보를 제공한다.

> **패치 번호의 비용과 가치**
>
> 절대적인 API 안정성이 중요한 몇몇 틈새 API를 위해 심지어 해당 동작이 올바르지 않을지라도 특정 버전을 요청하는 클라이언트가 동일하게 올바르지 않은 동작의 일관성을 얻는 패치 번호를 포함할 수도 있다. 예를 들어 소수 API가 1이 소수(prime number)라고 올바르지 않게 주장하는 버전 1.2.0과 문제가 수정된(단, API 표면은 변경되지 않음) 버전 1.2.1을 포함할 수 있다. 버전 1.2.0을 명시해서 요청하는 클라이언트는 여전히 올바르지 않은 결과를 얻을 것이다. 이는 버전별로 모든 구현을 유지해야 한다는 의미로, 상당히 복잡한 작업이다. 대다수 API는 이 정도 수준의 절대적인 일관성이 필요하지 않다.

클라이언트가 제어하는 버전 관리는 서버가 지금까지 공개해왔던 모든 다양한 버전 또는 적어도 여전히 지원하고 싶은 모든 버전을 인식하고 있을 필요가 있기에 구현에 비용이 들 수 있다. 예전 버전 번호를 거부하면 해당 버전의 모든 기존 클라이언트에 대한 호환성이 손상될 것이다. 클라이언트에 대한 호환성이 손상되는 정확한 시나리오는 전혀 유효하지 않는 버전과 유효하지만 더 이상 지원되지 않는 버전에 대한 오류 내역을 의사소통하는 방식에 달려있다. 이렇게 의사소통하는 방식은 이 장의 범위를 벗어나지만, 처음부터 설계에 포함되어야 한다.

클라이언트가 제어하는 버전 관리의 한 가지 단점은 요청을 어떻게 검증하고 응답에 어떤 필드가 포함될지를 알고 있어야 하기에 구현이 모든 부 버전의 세부 사항을 챙겨야 한다는 것이다. 요청이 시스템을 통해 전파되면서 클라이언트가 정의한 버전 번호 역시 전파될 필요가 있다. 요청을 검증하고 클라이언트가 정의한 버전에 존재해서는 안 되는 필드를 제거하는 과정을 처음부터 바로 자동화하는 것이 바람직하다.

이론적으로, 클라이언트가 제어하는 버전 관리는 클라이언트의 호환성에 손상을 주지 않고 빠르게 API가 진화하게 만든다. 예를 들어, 버전 1.0에서 필드 이름에 철자 오류가 있다면 철자 오류를 수정한 2.0 버전을 시작해서 두 가지 버전의 다른 요청을 하나의 내부 요청 형태로 변환해서 버전에 중립적인 방식으로 처리할 수 있다. 그런 다음에 내부 응답 형식은 역시 버전별 응답 형식으로 역변환될 수 있다. 버전 1.0을 사용하는 동안 기본 버전 1.0 사용자에게는 문제가 없지만, 코드 변경 관점에서 2.0으로 업그레이드하고 싶을 때 여전히 비용이 들어간다.

> **참고**
>
> 주 버전 번호는 사람에게만 관심사가 된다. 각 부 버전은 사실상 독립적이므로 서버 코드나 클라이언트 코드는 여기에 신경 쓸 필요가 없다. 1.0에서 1.1로 버전이 올라가는 경우에는 하위 호환성을 유지하는 변경이지만 1.1에서 2.0으로 버전이 올라가는 경우에는 호환성이 손상되는 변경이 된다. 사람들은 새로운 버전을 사용하기 위해 애플리케이션을 업데이트할 시점에 관심을 가진다. 즉, 사람들은 호환성이 손상되는 변경으로 인해 코드를 변경할 필요가 있는지 아닌지를 안다.

클라이언트가 제어하는 버전 관리는 이 절의 처음에 열거한 목록의 마지막 항목처럼 읽고-변경하고-쓰는 주기 관점에서 부작용이 있다. 버전 1.0에서 `id`와 `name` 필드가 존재하는 `Person` 자원 API를 다시 살펴보자. 버전 1.1에서 `occupation`이라는 새로운 필드를 도입했다. API는 `Person`을 받아들이는 `UpdatePerson` 메서드가 존재하며, 기본적으로 해당 요청의 모든 필드를 요청 값으로 설정한다. 필드가 존재하지 않으면 값이 지워진다.

클라이언트가 알고 있는 필드들을 고려하지 않을 경우에 이런 방식은 위험한 결과를 초래할 수 있다. 다음에 제시하는 사람 이름을 갱신하는 단순화된 코드를 고려해보자.

> **코드 12.12 이름을 갱신 위한 단순한 코드**
>
> ```
> public void updateName(String id, String newName) {
>   Person person = client.getPerson(id);
>   person.setName(newName);
>   client.updatePerson(person);
> }
> ```

위 코드는 충분히 무해해 보이지만, 클라이언트가 버전 1.0에 대해서만 알고 있지만, 갱신되고 있는 Person에 다른 클라이언트가 설정한 occupation 필드가 존재하면 어떤 일이 벌어질까? 표 12.2는 서버가 버전 관리를 올바르게 구현하지 않을 경우 예제 API에서 정보를 잃어버리는 요청 추이를 보여준다.

표 12.2 정확하게 구현되지 않아서 데이터를 잃어버리는 읽고-변경하고-쓰는 시나리오

클라이언트 요청	서버 응답	비고
Version: 1.1 Method: CreatePerson Body: id=2, name="Erik", occupation="Accountant"	OK	
Version: 1.0 Method: GetPerson Body: id=2	OK id=2, name="Erik"	1.0 클라이언트가 이를 이해하지 못하기에 occupation은 반환되지 않는다.
Version: 1.0 Method: UpdatePerson Body: id=2, name="Eric"	OK	1.0 클라이언트는 알고 있는 모든 필드를 제공한다.
Version: 1.1 Method: GetPerson Body: id=2	OK id=2, name="Erik"	occupation이 사라졌다!

이 예제를 보면 서버에서 `UpdatePerson` 메서드를 처리하는 과정에 결함이 있다. 비록 메서드는 완전한 자원을 송신할 것으로 기대되지만, 클라이언트가 이해하고 있는 관점에서만 자원이 완전할 뿐이다. 클라이언트가 `occupation`을 지정하지 않았다고 해서 클라이언트가 존재하는 `occupation`을 제거하고 싶다는 의도를 내포하지는 않는다. `Person` 자원에서 `occupation`이라는 개념을 클라이언트가 인지하지 못한다는 사실을 의미할 뿐이다.

다행히도, 서버는 이보다 훨씬 더 똑똑할 수 있다. 클라이언트가 버전 1.0을 지정했고, 해당 버전에 존재했던 필드만 업데이트한다는 것을 안다는 사실을 고려할 수 있다. 기존 필드와 비교해 검증해야만 하는 새로운 필드가 추가되면 까다로운 결정을 내려야 하지만 대부분 이 정도로 충분하다. 제대로 구현된 서버인 경우에, 클라이언트는 심지어 인식하지도 못하는 데이터를 짓밟을 걱정 없이 전체 업데이트를 수행할 수 있다. 이런 방식은 데이터 손실을 피하는 또 다른 측면인 병행성 검증의 필요성을 무시한다. 하지만 데이터 손실의 두 가지 원인은 사실상 직교성에 있으며, 병행성은 API 버전 관리와 특별히 관련이 없다(**자원** 버전 관리에 더 가깝다). 서버 쪽에서 구현하는 방식은 항상 단순하지는 않지만, 흔히 상당히 일반적인 자동화된 방식으로 구현이 가능하다.

이제 서버가 제어하는 버전 관리를 살펴보자. 서버가 제어하게 만들면, 서버를 무작정 자유롭게 만들지는 않지만 확실히 더 많은 재량권을 부여한다.

▪ 서버가 제어하는 버전 관리

서버가 제어하는 버전 관리에서 부 번호에 대한 개념은 없다. API는 동일한 주 버전 내에서 하위 호환성을 유지하는 방식으로만 진화할 수 있으며, 클라이언트는 이해하지 못하는 응답 정보를 받으면 무시해야 한다.

서버가 제어하는 버전 관리에서는 클라이언트가 지정한 주 버전 번호가 여전히 존재해야 한다. 이는 URL, IP 주소, 헤더에 명시될 수 있으며, 어딘가에는 있어야만 한다. **이런** 수준의 협상이 없다면 기존 클라이언트의 호환성에 손상을 입히지 않고서는 변경이 불가능하다.

서버가 제어하는 버전 관리는 클라이언트가 제어하는 버전 관리보다 훨씬 더 동적이며 정확성이 떨어지는 듯이 느껴진다. 일반적으로 버전 제어를 서버에서 구현하기가 더 쉬운 이유는 모든 부 버전을 독립적으로 지원하게 보증하는 대신 주 버전으로만 구현을 유지할 필요가 있기 때문이다. 내부 형식에 맞춰 주고받는 요청과 응답을 변환하는 동일한 접근 방식은 서버가 제어하는 버전 관리에서도 동작하며 관련된 변환 프로그램이 훨씬 더 적을 뿐이다.

서버가 예상보다 더 많은 정보로 응답할 수 있다는 사실은 몇몇 클라이언트에게는 문제가 될 수도 있다. 예를 들어, IoT 장비가 책에 대한 정보를 요청할 때 요약 정보로 수백 바이트만을 받기로 기대하지만, 그 대신 API는 응답을 처리하는 과정에서 장비가 메모리 부족을 일으키게 첫 장을 샘플 형태로 모두 포함하기 시작했을 수도 있다. 이는 해결 불가능한 문제는 아니며, 클라이언트가 특정 부분에만 관심이 있다는 사실을 알고 있을 때 반환되는 정보를 제한하는 API 패턴도 염두에 둘 가치는 있다.

우리가 앞서 고려한 읽고-변경하고-쓰는 주기는 서버가 제어하는 버전 관리에서 더 큰 문제가 되는데, 서버는 클라이언트가 어떤 필드 집합을 인식하는지 알아낼 수단이 없기 때문이다. 전체 자원을 받아들이고, 무조건적으로 필드를 복사하는 업데이트 메서드는 쉽게 데이터를 잃어버리므로 업데이트되어야 할 필드 목록과 이런 필드에 대한 데이터를 받아들이게 설계한 API로서 패치 기반의 접근 방식이 선호된다. 자원뿐만 아니라 필드 목록도 받아들이는 PatchPerson 메서드를 제공하도록 예제 API를 변경할 것이다. 표 12.3은 표 12.2에서 보여준 유사한 이벤트 추이를 보여주지만, 이번에는 서버가 제어하는 버전 관리의 경우다. 클라이언트가 버전 1.0 또는 1.1에 대응해서 어떤 정보를 쓰는지는 더 이상 요청의 일부가 아니며, 심지어 특정 버전 1.1도 아니다. 단지 코드 생성 시점에서 v1 API일 뿐이다.

표 12.3 패치 의미론을 사용해 읽고-변경하고-쓰는 시나리오

클라이언트 요청	서버 응답	비고
Version: 1 (client 1.1) Method: CreatePerson Body: id=2, name="Erik", occupation="Accountant"	OK	
Version: 1 Method: GetPerson Body: id=2	OK id=2, name="Erik" occupation="Accountant"	주 버전만 지정되었기에 occupation이 반환된다. 클라이언트는 이해하지 못하는 정보를 버릴 수 있다.
Version: 1 Method: PatchPerson Body: resource={id=2, name="Eric"} fields="name"	OK	클라이언트는 수정하기를 원하는 필드를 지정한다. (단지 하위 집합이거나 아니면 인식하는 전체 집합일 수 있다.)
Version: 1 Method: GetPerson Body: id=2	OK id=2, name="Eric" occupation="Accountant"	occupation이 여전히 존재하는 이유는 지정된 필드만 변경되었기 때문이다.

클라이언트가 제어하는 버전 관리를 이용하는 API는 효율성을 위해 서버가 제어하는 버전 관리와 마찬가지로 유사한 패치 의미론을 제공할 수 있다. 클라이언트가 인식해야 할 필드가 무엇인지 추가적인 정보를 제공하므로 이런 방식은 단순히 데이터 손상을 피할 목적으로 수행**해야만** 하는 것은 아니다. 서버가 제어하는 버전 관리를 사용하는 API에서 패치 의미론은 가장 단순한 경우를 제외한 모든 경우에 중요하다.

> **≡Q 알려지지 않은 필드 보존하기**
>
> 몇몇 직렬화 형식은 응답을 파싱할 때 알려지지 않은 필드를 보존할 수 있으며, 응답 데이터가 다른 요청에 사용된다면 동일 정보를 다시 만들어낼 수 있다. 예를 들어, 프로토콜 버퍼는 이런 동작 방식을 지원한다. 하지만 응답 데이터가 몇몇 다른 객체 모델로 역직렬화되면 알려지지 않은 필드는 이 시점에서 손상될 가능성이 있기에 이런 방식은 여전히 불안정하다. 변경하고 싶은 필드에 대한 명시적인 지정은 여전히 훨씬 더 강력한 접근 방식이다.

버전 관리에 대한 이런 두 가지 접근 방식은 둘 다 완전히 유효하다. 자원 업데이트에서 살펴본 바와 같이, 클라이언트 라이브러리 버전 관리, 문서, 서버 쪽 구현, 심지어 API 자체의 설계에 대해 다양한 시사점이 존재한다. 완전히 판이 바뀔 수도 있는 어떤 전략이 가장 합리적일지 결정하는 주체는 여러분이지만, 이 두 가지 접근 방식을 두고 과도하게 모험심을 발휘하기에 앞서 상당히 신중하게 생각하는 편을 권장한다.

이런 전략 양쪽에 동일한 영향을 미치는 몇 가지 추가적인 고려 사항이 있다. 이 장의 마지막 절에서 다룰 데이터 저장소에 대한 구현 고려 사항에서 다시 살펴보기로 하자.

12.3.4 추가적인 버전 관리 고려 사항

네트워크 API 버전 관리의 모든 가능한 측면을 완벽하게 분석하는 작업은 이 책의 범위를 벗어나며, 그 자체만으로 적절한 분량의 책이 될 것이다. 하지만 간략하게 언급할 가치가 있는 마지막 영역이 있는데, 대부분 독자적인 API별 컨텍스트에서 향후 더 생각할 내용을 이끌어내는 내용이다.

■ 사전 릴리스 버전 관리

API 설계는 어렵다. 결국 모든 API 표면은 자체적으로 어떤 로직도 포함하지 않기에 종종 과소 평가된다. 구현이 가장 어려운 부분이라고 볼 수도 있다. 몇몇 API에 대해서는 이런 생각이 맞지만, 대부분의 경우에 설계는 공학과 예술이 혼합된 형태를 요구한다. API가 어떻게 사용될지 정확하게 알기가 어려우며(그리고 이런 난해함이 바로 API 설계가 즐거운 이유 중 하나다), 이는 상당히 불완전한 정보로 설계를 진행해야 한다는 뜻이다. 호환성 문제로 인해 반복적인 API 개선 작업에 제한이 가해지는 어려움까지 더해지면 제대로 설계를 진행하는 것이 기적이다. 여기서 사전 릴리스가 등장한다.

API의 잠재적인 사용자에게 초기 버전 또는 기존 API에 추가되고 있는 새로운 기능이 담긴 초기 버전을 제공하는 방식으로 최종 API 표면을 변경하기 어려울 만큼 너무 늦기 전에 피드백을 받을 수 있다. 언제든 어떤 문제를 수정하기 위해 API의 새로운 주 버전을 **릴리스할 수도** 있지만, 이렇게 되면 코드를 변경할 필요가 있는 사용자들로부터 신뢰를 잃어버릴 것이다. 그림 12.9는 반복적인 사전 릴리스 개선이 첫 안정 API 릴리스 전후에 어떻게 동작하는지 보여준다.

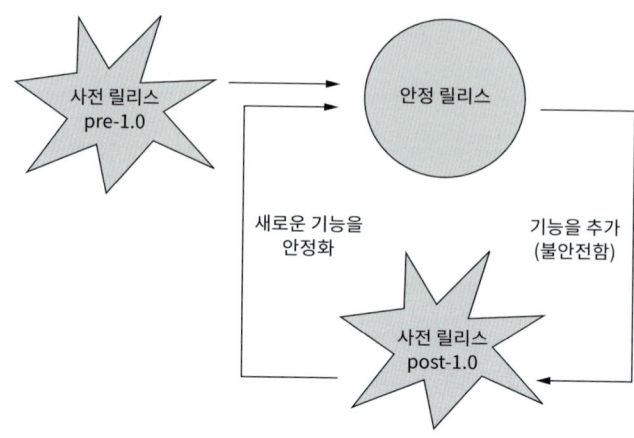

그림 12.9 사전 릴리스 버전으로 API를 반복적으로 개선

표 12.4는 API와 관련해 가상의 릴리스 순서를 보여준다. 여기서 버전 문자 형식을 관행에 맞추려고 의도하지는 않았다. 따라서 클라이언트가 제어하는 버전이나 서버가 제어하는 버전 관리와 관련한 모든 초기 논의는 여전히 유효하다. 다음 표는 안정성을 요구하는 고객 코드에 손상을 주지 않고서 API 설계를 개선하기 위해 고객의 피드백을 어떻게 사용할 수 있는지 힌트를 주기 위한 목적으로 만들어졌다.

표 12.4 가능한 API 릴리스 순서

버전	릴리스 날짜	비고
1.0-alpha.1	2023-01-10	고객 피드백을 위한 API의 첫 초안이다. 몇몇 부분은 구현되지 않았거나 성능 저하가 있을 수도 있다.
1.0-beta.1	2023-02-15	알파 피드백에 기반해 변경하고 구현이 개선되었지만, 여전히 API 표면의 안정성이나 서비스의 가용성에 대한 보장은 없다.
1.0-beta.2	2023-02-25	1.0-beta-1에서 받은 피드백을 바탕으로 몇 가지 호환성이 손상되는 변경이 생겼다. 충분히 자신 있다면 이 버전을 릴리스 후보로 발표할 수도 있다.
1.0	2023-04-05	API 표면 안정성과 서비스 가용성을 보증하는 첫 안정화 릴리스
1.1-beta.1	2023-04-08	두 가지 새로운 기능(X와 Y)을 위한 사전 릴리스
1.1-beta.2	2023-05-05	1.1-beta.1에 기반한 업데이트이며, 기능 X에는 API 표면에서 호환성이 손상되는 변경 사항이 있다.
1.1	2023-05-30	고객 피드백에 따르면 여전히 해야 할 작업이 많으므로 기능 X가 아니라 기능 Y를 포함하는 안정화 릴리스

버전	릴리스 날짜	비고
1.2-beta.1	2023-05-30	1.1과 동시에 출시되어 (여전히 불안정한) 기능 X를 시도하려는 고객들은 기능 Y를 포함해 더 넓은 안정화 API 표면을 사용할 수 있다. 기능 Z를 도입한다.
1.3	2023-07-14	기능 X와 Z가 포함된 안정화 릴리스. 눈에 띄는 불안정한 기능은 없으므로 동시에 베타 릴리스를 발표할 필요는 없다. (대규모 API에서는 동시에 베타 릴리스를 발표할 일은 결코 벌어지지 않을 가능성이 높다. 항상 안정적이지 않은 몇 가지 기능이 존재하는 상황은 큰 문제가 되지 않는다.)

사전 릴리스 API 버전은 선택된 일부 고객에게만 제공되는 정규 API 버전이 아니다. 이 버전은 API 표면과 구현의 안정성/성능이라는 양쪽 관점에서 다양한 기대와 함께 출시된다. 고객이 이런 기대를 공유해서 어느 누구도 놀라지 않게 만드는 것이 중요하다

여기서도 마찬가지로, 사전 릴리스를 다루는 방식은 다양하다. 하지만 스스로 답해야 하는 질문은 다음과 같다.

- 고객이 실수로 안정적이지 않은 기능을 사용하지 않게 사전 릴리스를 어떻게 통제하는가?
- 각 요청이 사전 릴리스 기능을 사용할 예정임을 어떻게 나타내야 하는가?
- 안정된 API 버전과 완전히 독립적으로 사전 릴리스 API 버전을 실행하는가? 아니면 두 종류의 트래픽을 API 서버 하나가 처리할 수 있는가?
- API의 안정성과 가용성에 대해 고객에게 어떤 보장(보장이 있다면)을 제공하는가? 예를 들어, 각 요청이 사용되고 있는 사전 릴리스 API 버전을 필요로 한다면, 얼마나 오랫동안 개별 버전을 동작시켜야만 하는가? 호환성이 손상되는 변경을 급작스럽게 만들 수 있는가? 아니면 짧은 지원 중단 기간을 가져가는가?
- 고객에게 사전 릴리스를 사용 가능하게 만드는 방법은 무엇이며, 고객을 위한 클라이언트 라이브러리가 존재하는가?
- 사전 릴리스를 어떻게 문서화하는가?
- 모든 사전 릴리스를 외부에 공개하는가? 아니면 모두 비공개하는가? 아니면 일부는 공개하고 일부는 비공개하는가?
- 고객별 사전 릴리스가 필요한가?
- 이 모든 질문에 대한 대답을 지원하기 위해 필요한 내부 도구와 프로세스는 무엇인가?

제대로 고려하지 않고서 이미 짜인 버전 관리 전략에 사전 릴리스를 적용하려고 하면 어려움을 겪을 수 있고 고객에게 거친 면을 남길 가능성이 높다. 심지어 처음부터 사전 릴리스를 구현하지 않더라도 사전 출시에 대한 계획을 세우는 편이 가치가 있다.

▪ 서버 배포

당연한 말처럼 들릴지 모르지만, API를 위해 여러 서버를 유지할 가능성이 매우 높다. (실제로 양산 서비스 목적으로 만드는 API의 경우에 별도 서버로 유지하지 않고 있다면 오히려 걱정해야 할 상황이다.) 이는 아무 때나 양산 서비스 환경에서 API 버전이 혼재될 수 있음을 의미한다. 버전 관리 전략과 요청 내에서 클라이언트별 버전의 표현 방식에 따라 버전에 기반한 공개 요청을 잠재적으로 라우팅할 수도 있지만, 현재 외부에 공개된 버전을 위한 모든 요청을 모든 서버가 처리할 수 있게 만들고 배포가 완료된 다음에 업데이트된 API의 세부 정보만 공개하는 방식이 일반적으로 훨씬 더 단순하다.

배포 공개는 다음과 같은 일련의 단계로 이뤄질 수 있다.

- 카나리 서버 집합에 배포
- 이런 카나리 서버에 오류가 생기는지 모니터링
- 이런 카나리 서버에 대해 새로운 API 기능을 테스트
- 서버의 나머지를 배포(서버 집합의 크기에 따라 여러 시간 또는 심지어 여러 날에 걸쳐 진행될 수도 있음)
- 임의로 선택된 서버에 대해 새로운 API 기능을 테스트
- 새로운 API 세부 사항을 외부에 공개

언제든 롤백할 준비가 되어 있어야 하며, 이는 테스트 과정에서 새로운 API 변경으로 수정된 자원에 어떤 일이 일어날 것인지를 고려해야 함을 의미한다. 새로운 API를 외부에 공개한 **직후** 롤백할 필요가 있다면 새로운 필드로 채워진 더 큰(그리고 더 민감한) 자원 집합을 처리할 필요가 있으며, 당연히 클라이언트에게 롤백을 알려야 한다.

▪ 교차 버전 자원 처리

API가 종종 호환성이 손상되는 변경을 할 수 있게 (드물게!) 주 버전을 사용하는 방법에 대해 설명했다. 대다수 API는 영구적으로 저장된 자원과 함께 동작하며, 일반적으로 다른 주 버전을 사용하는 클라이언트가 동일 자원에 접근할 수 있기를 원할 것이다. 여기에는 당연히 예외가 있다. v1에서 v2로 이동할 때 몇몇 자원을 폐기하기로 결정할 수도 있으며, 몇몇 자원 타입은 이후 주 버전에서만 사용 가능하게 만드는 방식이 확실히 합리적이다. 하지만 v1에 있는 대다수 자원은 v2를 통해서도 접근이 가능해야 하며, 이는 몇몇 유형의 제어 로직이 없다면 v2 클라이언트가 접근했던 자원은 더 이상 v1 클라이언트가 접근할 수 없음을 의미한다.

이는 자원 주소 지정 방식에 영향을 미친다. 즉, 자원 식별자 자체는 API 버전 번호를 포함하지 않아야 한다. 또한 새로운 주 버전을 설계하고 구현하는 방법과 관련해 제한이 따른다. v2를 위해 백지 상태에서 시작하기를 원하겠지만, 여전히 v1 클라이언트에도 서비스를 제공해야 하므로 완전히 개념적인 재작성은 까다롭다. 물론 고려는 해야 하지만 여기서 논의하는 내용은 v1 클라이언트의 개발자가 v2로 이주하는 방식이 아니라는 점을 의식적으로 인식할 필요가 있다. 오히려 서버 쪽 구현에 미치는 영향에 관한 내용이다. v1을 사용하는 고객이 소수이며, 이 소수의 고객은 결코 v2로 이주하고 싶지 않을 수도 있지만(따라서 업그레이드 경로에 대해 걱정할 필요가 없다), v2 클라이언트와 동일 자원에 접근하고 싶을 경우에 여러분의 원대한 아이디어는 좌절될 것이다. 처음부터 재설계하는 방식이 불가능함을 의미하지는 않는다. 예상보다 훨씬 더 많은 구현 비용이 따라온다는 사실을 의미할 뿐이다.

이런 비용 중 일부는 사용 중인 저장소 시스템 내부의 기능이 결정할 수 있다. 이 장 마지막 절에서 버전에 유연한 방식으로 데이터 저장소를 설계하는 방법을 살펴보겠다.

12.4 데이터 저장소를 위한 버전 관리

우리는 빅데이터 시대에 살고 있다. 수십 년 전에는 SQL 데이터베이스에 대다수 데이터가 저장되어 있다고 가정하는 편이 안전했으며, SQL 스키마 진화에 관한 내용으로 채워진 수많은 기사와 책이 존재한다. 이 절에서는 더 일반적인 의미에서 데이터 진화를 설명할 것이다. 여기서는 예시를 들기 위한 형식으로 프로토콜 버퍼를 사용할 테지만, 설명 과정에서 얻는 교훈은 프로토콜 버퍼 형식에 국한되지 않을 것이다. 아브로(Avro)나 스리프트(Thrift)와 같은 여러 가지 형식이 존재하며, 각각 버전 관리와 관련해 미묘한 차이를 보인다. 이 절은 형식별 문서화를 대체하려고 시도하지 않지만, 어떤 형식을 사용하기로 선택하더라도 여러분이 특별히 주의를 기울이고 싶어 하는 문서 영역을 제안한다. 이 절의 내용은 SQL에도 적용되지만, 사용 중인 SQL 변종에 따라 선택이 달라질 수 있다.

비록 이 절은 저장소에 관한 내용만 다루지만, 우리가 논의하는 다양한 형식은 네트워크 API에도 사용될 수 있으며, API 설계와 버전 체계를 고려할 때 호환성이 손상되는 변경에 대한 형식별 고려 사항과도 관련이 있다. 앞 절은 더 높은 수준에 머물며 의도적으로 해당 분야에서 중립적인 입장을 취했지만, 일단 고수준 API 버전 관리 전략을 수립하고 나면 이 절의 세부 사항은 일상 작업과 관련이 있을 것이다. 이 절의 나머지를 설명하기에 충분할 정도로만 프로토콜 버퍼에 대한 아주 간략한 튜토리얼부터 시작하자.

12.4.1 프로토콜 버퍼에 대한 간략한 소개

프로토콜 버퍼(protobuf라고 알려진)는 구글 내부에서 고안되어 광범위하게 사용되는 직렬화 형식이지만, 특히 gPRC RPC 프레임워크와 함께 훨씬 더 광범위한 생태계에서 점점 더 많이 사용되고 있다. 프로토콜 버퍼는 주로 효율적인 바이너리 저장소를 위해 설계되었지만, 지금은 JSON 표현법도 지원한다.

Protobuf 스키마 파일은 proto라고 알려져 있으며, 관례적으로 .proto 파일 확장자를 사용한다. 스키마 파일은 소스 코드 제어 시스템에 저장되어야 하며, 다른 소스 코드 산출물처럼 주의 깊게 취급되어야 한다. 스키마 파일은 파일의 시작 부분에 몇 가지 옵션과 스키마를 정의하는 일련의 항목으로 구성된다.

- **메시지**(message): 대다수 proto 파일의 주요 부분이며, 대다수 프로그래밍 언어 내에서 타입을 정의하는 방식과 거의 유사하다. 메시지는 필드를 포함하며, 중첩된 메시지와 열거형도 포함할 수 있다.
- **열거형**(enum): 명명된 정수 매핑을 정의한다.
- **서비스**(service): RPC를 정의하기 위해 사용된다. gRPC와 프로토콜 버퍼는 상당히 자주 함께 사용되지만, gRPC 없이 프로토콜 버퍼를 사용하는 RPC 프레임워크를 설계하거나 protobuf 형식이 아닌 데이터와 함께 gPRC를 사용하는 것도 전적으로 가능하다. 여기서 서비스에 대해서는 자세히 살펴보지 않을 것이다.

메시지 내에서 각 필드는 다음과 같은 세 가지 주요 측면이 존재한다.

- **타입**: 기본 타입(정수, 부동소수점 수, 바이트 문자열, 텍스트 문자열)이나 열거형이나 메시지 중 하나가 될 수 있다. 타입은 또한 사실상 리스트인 **반복되는** 필드를 지시할 수도 있다.
- **이름**: 생성된 코드나 JSON으로 메시지를 인코딩할 때 사용된다.
- **숫자**: 바이너리 직렬화 형식에서 사용된다.

프로토콜 버퍼에서는 extension, oneof, map, optional 필드와 같은 추가적인 몇 가지 개념도 존재한다. (**oneof**는 필드 집합이며, 한 번에 oneof 내의 필드 하나만 설정될 수 있다.) 더 자세한 정보는 https://developers.google.com/protocol-buffers에 제시된 문서에서 찾을 수 있지만, 그 세부 사항은 호환성이라는 더 일반적인 고려 사항에 초점을 맞추는 이 장의 범위를 벗어난다.

일반적으로 protobuf 스키마는 protobuf 컴파일러 도구(protoc)를 실행해 라이브러리와 애플리케이션에서 사용되는 코드를 생성한다. 이론적으로는 바이너리 직렬화 형식을 직접 사용하는 코드를 작성할 수도 있지만, 스키마를 사용하지 않는 경우는 매우 드물다. (일부 프로그래밍 언어에서는 데이터 모델을 위한 코드를 작성하고 protobuf 필드 번호와 타입을 지정하기 위해 여기에 애노테이션을 붙일 수도 있다.)

조금 더 구체적인 설명을 위해 롤플레잉 게임의 일부를 위한 proto 파일이 어떻게 보이는지 간단한 예를 들어보자. 캐릭터의 이름, 직업, 건강 정보, 소지품(물품 목록)을 포함해 사용자가 제어 가능한 캐릭터를 표현하고 싶다. 다음 코드는 데이터를 저장할 수 있는 proto 스키마가 어떻게 생겼는지를 보여준다.

코드 12.13 롤플레잉 게임 캐릭터를 위한 예제 proto 스키마

```
syntax = "proto3";
message Character {
  string name = 1;
  bytes icon_png = 2;
  Profession profession = 3;
  repeated Item inventory = 4;
// 물품 목록이 가득 차기 전 가용 슬롯의 최대 수
  int32 inventory_slots = 5;
  int32 health = 5;
  int32 max_health = 6;
}
message Item {
  string name = 1;
  // 물품 목록에서 차지하는 슬롯 수
  int32 slots = 2;
}
enum Profession {
  PROFESSION_UNKNOWN = 0;
  MAGE = 1;
  THIEF = 2;
  WARRIOR = 3;
}
```

이보다 더 자세한 내용은 다루지 않을 것이지만, 이 proto를 사용해 시간이 흐르면서 생기는 잠재적인 변경과 그 변경이 미치는 영향을 설명할 것이다. 다시 한번 말하지만, 이 절은 프로토콜 버퍼에 대한 모든 세부 사항에 대한 참고 자료가 아니라 사용하는 저장소 형식에 무관하게 주의할 필요가 있는 세부 사항을 보여줄 의도로 작성되었다. 어떤 유형의 변경 사항이 문제를 초래할 수 있는지 고려하는 내용부터 시작하자.

12.4.2 호환성이 손상되는 변경 사항은 무엇일까?

어떤 코드 변경도 누군가에게는 호환성에 손상을 입힐 수 있다고 제안하는 하이럼의 법칙에 따르면, 사용자가 특히 취약한 방식에 따라 데이터로 작업하는 경우에 감지 가능한 어떤 저장소 스키마 변경도 문제를 초래할 수 있다. 하지만 내부 저장소에 대한 스키마 변경에 관해서라면 어떤 변경도 몇 가지 시나리오의 부분 집합에 호환성과 관련된 손상을 입힐 수 있다(아마 사용자는 신경 쓰지 않을 것이다). 이는 소스 코드 호환성이나 바이너리 호환성과도 다소 비슷하지만, 이 두 가지 측면보다 고려할 변수가 훨씬 더 많다.

예를 들면 다음과 같다.

- protobuf에는 부호 있는 32비트 정수를 표현하는 여러 타입이 있으며, 직렬화 형식이 다르다. 이 경우 int32에서 sint32로 필드 타입을 변경하면 저장된 데이터의 의미를 바꾸지만 생성된 코드의 API를 바꾸지는 않을 것이다.
- health에서 hit_points로 필드 이름을 변경하더라도 저장된 데이터에 영향을 미치지는 않지만, 모든 사용자를 위해 생성된 코드의 호환성이 손상되는 변경을 초래할 것이다.
- protobuf를 위한 자바와 C# 코드 생성기는 메서드와 프로퍼티를 생성할 때 필드 이름에 카멜 표기법을 적용한다. 이는 inventory_slots에서 inventorySlots로 필드 이름을 변경하는 것이 저장된 데이터나 자바 또는 C#을 위해 생성된 코드에 영향을 미치지 않지만, 대다수 다른 언어를 위해 생성된 코드에는 영향을 미칠 것임을 의미한다.
- 값을 열거형(예: 궁수(ARCHER)라는 새로운 직업)에 추가하는 것은 어떤 빌드 실패나 저장소 실패도 초래하지 않을 것이지만, 캐릭터의 직업을 사용하려고 시도하는 모든 코드는 새 값으로 특정 작업을 수행하거나 일반적인 방식(예: **나는 이 값이 의미하는 바가 무엇인지는 모르지만 그냥 보존할 뿐이다**)으로 처리할 필요가 있다.
- 필드 제거는 여전히 이 필드를 사용하려고 시도하는 어떤 코드의 호환성에도 손상을 입히겠지만, 그렇지 않으면 심지어 저장된 데이터에 필드가 여전히 존재하는 경우에도 문제를 초래하지 않을 것이다.
- 새 필드를 포함하는 데이터를 읽는 예전 코드와 함께 새 코드가 동시에 배포되는 경우라도 필드 추가는 어떤 코드의 호환성에도 손상을 입히지 않아야 한다.

API 응답이라는 컨텍스트에서 언급한 바와 같이 예제 설명 중에서 마지막 항목은 프로토콜 버퍼가 알려지지 않은 필드를 다루는 방식에 의존한다. 이 내용은 잠시 후에 조금 더 자세히 살펴볼 것이다.

위의 모든 진술은 바이너리 protobuf 표현법을 사용한 데이터 저장을 가정하고 있다는 사실에 주목해야 한다. 또한 JSON 표현법을 사용해 데이터를 저장한다면 필드 이름 변경도 저장된 데이터에 마찬가지로 호환성과 관련한 손상을 입힐 것이다. JSON 형식에서 필드 번호는 무시되지만 JSON 속성 이름은 필드 이름에서 파생된다. 여러 표현법이 가능한 데이터 형식으로 작업하고 있다면 어떤 변경을 고려할 때 이런 사실을 감안할 필요가 있다.

저장소가 완전히 내부적으로만 사용될 경우, 통제된 방식으로 사용되는 모든 코드를 찾아서 변경할 수 있고 코드 생성 관점에서 호환성이 손상되는 변경이 가능하고 심지어 이런 작업이 단순해질 가능성도 있음을 발견할 수 있다. 이는 내부 코드를 위해 사용 중인 버전 관리 전략에 크게 의존한다. 저장소 형식에 호환성이 손상되는 변경을 가하는 작업은 코드보다 훨씬 더 어렵기에 가볍게 여겨서는 안 된다. 일반적으로 데이터 이주를 통해 이를 달성할 수 있지만, 상당한 계획이 필요하다. 사례를 살펴보자.

12.4.3 저장소 내에서 데이터 이주하기

데이터 이주 유형이 다양하다는 사실을 인식하면서 시작하는 것이 매우 중요하다. 예를 들어, 종종 한 시스템에서 완전히 다른 시스템으로 이주하거나 아니면 동일 시스템에서 다른 스키마로 이주할 수도 있다. 여기서는 한 단계로 수행할 때 호환성이 손상되는 변경을 염두에 두고 기존 스키마를 변경하는 사례를 살펴볼 것이다.

캐릭터를 위해 표시하는 아이콘을 다양한 크기와 용도로 사용하게끔 처리 방식을 변경하고 싶다고 가정하자. 예를 들어, 단일 캐릭터 프로필을 표시할 때는 큰 아이콘을 원하지만, 여러 캐릭터 목록을 표시할 때는 작은 아이콘을 원한다. 현재는 `icon_png`라는 단일 필드만 있다. `Character` 메시지에 더 많은 필드를 추가하고 싶지만, 이렇게 하면 얼마 후에 관리가 어려워지고 또한 다른 엔티티(예: 아이템이나 장소)에도 비슷한 상황이 벌어질 경우 아이콘 처리를 위한 로직을 재사용하기가 훨씬 더 어려워진다. 그 대신, 스키마와 코드 양쪽에서 재사용을 위한 기회를 개선하기 위해 `IconCollection` 메시지를 도입하기를 원한다.

> **참고**
>
> 작동하는 가장 단순한 구현체를 만드는 접근 방식은 프로토타이핑을 할 때 아주 유용할 수 있지만, 데이터 저장소와 같이 나중에 변경하기 어려운 측면에 적용할 때 위험할 수 있다. 모든 가능한 시나리오를 상상하기란 불가능하며 지금껏 요구했던 것보다 훨씬 더 많은 유연함을 도입하는 방식에는 단점도 있지만, 스키마에서 기본 필드를 지정할 때 심지어 메시지가 단 하나의 필드만으로 시작하는 경우에도 최소한 메시지를 도입할지 말지를 **고려하는** 것은 가치가 있다.

`IconCollection` 메시지는 상당히 복잡해질 수도 있지만, 여기서는 단순하게 유지할 것이다.

코드 12.14 아이콘 모음을 위한 예제 proto

```
message IconCollection {
  message Icon {
    bytes data_png = 1;
    int32 width = 2;
```

```
    int32 height = 3;
  }
  repeated Icon icons = 1;
}
```

궁극적인 목표는 `Character` 메시지에 포함된 현재의 `bytes icon_png = 2` 필드를 새로운 `IconCollection icons = 7` 필드로 대체하는 것이다. 이 과정에서 현재 클라이언트의 호환성을 손상하지 않고서 해당 작업을 수행할 수 있기를 원한다. 이때 필드 번호가 다르다는 사실에 주목하자. 이는 데이터 이주 가능성을 가늠하는 데 있어 매우 중요하다.

이제 데이터 이주를 위한 일련의 단계를 밟을 필요가 있다.

01. 나머지 단계로 계획을 작성하고, 모든 이해관계자가 여기에 만족하게 만든다.

02. 새로운 `IconCollection` 메시지를 스키마에 추가하고 `icons` 필드를 `Character`에 추가한다.

03. 기존 `icon_png` 필드에서 읽는 모든 서버 코드를 변경한다.

    - `Character.icons` 필드가 존재하며 여기서 반복되는 필드가 적어도 하나의 항목을 포함한다면 첫 항목을 사용한다.
    - 그렇지 않다면, 예전 `icon_png` 필드를 사용한다.

04. 기존 필드에 쓰는 모든 서버 코드를 변경한다.

    - 반복되는 필드에 단일 항목을 넣은 새로운 `IconCollection` 메시지로 `Character.icons` 필드를 설정한다.
    - 예전 `icon_png` 필드도 새로운 아이콘 데이터로 설정한다.

05. 새로운 서버 코드를 배포한다.

06. 배포를 롤백할 필요가 없다는 확신이 들 때까지 기다린다.

07. 이주 지원 도구를 돌려 시스템에서 모든 캐릭터를 점검한다. `icon_png`가 채워져 있지만 `icons` 필드가 없는 경우에는 데이터를 `icons` 필드의 새로운 `IconCollection`으로 복사한다.

08. `icon_png` 필드를 참조하는 코드를 제거하기 위해 모든 서버 코드를 변경한다.

09. 새로운 서버 코드를 배포한다.

10. 배포를 롤백할 필요가 없다는 확신이 들 때까지 기다린다.

11. 이주 지원 도구를 돌려 시스템에서 모든 캐릭터를 점검하고 `icon_png`가 채워져 있는 경우 (쓸모없는 서비스를 수행하는 김빠진 데이터가 없도록) 이를 정리한다.

12. 스키마에서 `icon_png` 필드를 `reserved 2` 행으로 치환한다.

마지막 단계는 필드 번호 2를 향후 결코 우연히 재사용하지 않도록 보증한다. 많은 경우에 이렇게 재사용해도 문제가 없지만, 나중에 이주를 잊어버린 몇몇 예전 데이터를 발견하는 경우에 필요한 추가적인 안전 조치다. 즉, 예전 아이콘 데이터를 다른 뭔가로 잘못 해석하고 싶지는 않다.

그림 12.10은 위의 단계를 시각적으로 보여준다. 텍스트의 왼쪽 열은 각 단계마다 스키마 상태와 저장된 데이터를 기술하고, 텍스트의 오른쪽 열은 해당 단계에 도달하기 위해 필요한 변경 사항을 기술한다. 롤백해야 하는 경우를 피하기 위해 다음 단계로 넘어가기 앞서 적절히 멈추면서 주의 깊게 각 단계를 수행해야만 한다. 절대적으로 필요한 경우 롤백을 위한 계획이 있어야 하지만, 가능하면 이를 피해야 한다.

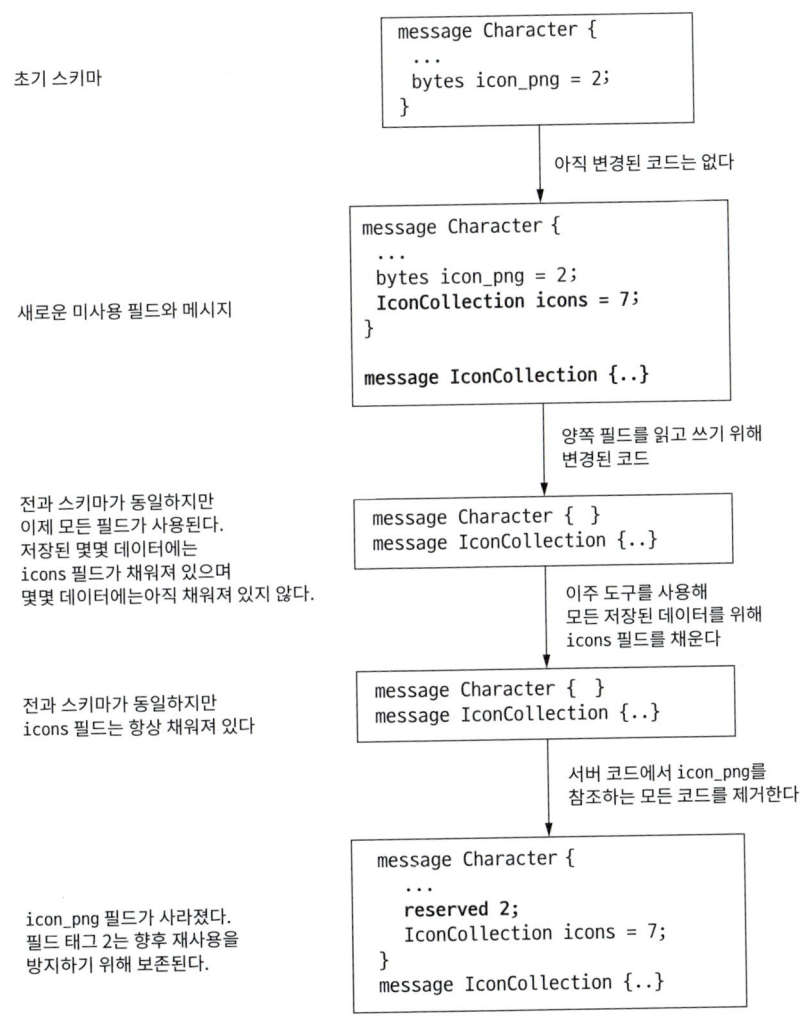

그림 12.10 저장소 이주 단계의 시각적 표현

이 시점에서 모든 코드는 새로운 필드로 이동했고, 새로운 기능 구현을 시작할 수 있다. **아이콘이 캐릭터당 하나만 있던 상황에서 여러 아이콘이 존재하는 상황으로 이동하기에** 여러 가지 신중한 단계가 필요하다. 배포를 롤백할 필요가 없다는 확신이 들 때까지 기다리는 단계가 중요하다. 이와 같은 데이터 이주는 어떤 코드가 데이터에 접근하고 있는지 알고 있을 때만 제대로 동작한다. 다른 코드 버전 두 가지가 동일 데이터 저장소에 대해 동시에 작업할 수 있으므로 불가피하게 신중하게 접근해야 한다. (여기서 일시 중단이 허용되지 않는다는 가정을 염두에 둔다. 이주를 위해 시스템을 완전히 내릴 수 있다면 많은 작업이 훨씬 더 단순해진다. 현대적인 시스템에서 일시 중단은 사실상 선택지가 아니다.) 동일 데이터에 접근하는 서너 개 이상의 다른 코드를 추론하는 작업은 훨씬 더 까다로우며, 거의 항상 진행 과정을 천천히 그리고 꾸준히 챙기는 편이 더 좋다. 상기 예제에서는 다음과 같이 총 세 가지 다른 서버 버전이 존재했다.

- icon_png에 대해서만 알고 있는 원본 버전
- icon_png와 icons에 대해서 알고 있으며 양쪽의 일관성을 보장하는 이주 버전
- icons에 대해서만 알고 있는 최종 버전

만일 이 세 가지 버전이 모두 동시에 동작하고 있다면 첫째 코드 버전으로 저장된 icon 변경 사항은 셋째 코드 버전이 볼 수 없으며 그 반대도 마찬가지다. 데이터에 접근할지도 모르는 모든 코드를 인식하는 것 또한 중요하다. 새 필드에 대해 메시지를 받지 못한 서비스가 하나라도 있음이 밝혀진다면 이론적으로는 이주가 완료된 다음에도 심각한 문제를 초래할 수 있다. 첫 단계가 모든 이해관계자들과 계획을 동의하는 과정이 되는 이유가 바로 여기에 있다.

위에서 열거한 단계는 상당히 일반적이지만, 더 복잡한 이주는 한 번에 여러 필드를 이주하는 등 더 많은 단계나 더 **큰** 단계가 있을 수도 있다. 각 이주마다 위험과 비용 항목이 따라오며, 복잡한 이주를 고려할 때 이주를 여러 작은 이주(예: 더 많은 단계나 전반적으로 더 오래 걸리는 시간)로 분할하면서 발생하는 비용이나 위험을 최대한 작은 단계(각 단계마다 더 많은 위험을 내포하며 더 주의 깊은 검증을 요구한다)로 수행할 때 발생하는 비용이나 위험과 비교해서 선택지를 고려해야 한다.

이주 단계에서 핵심 가정 중 하나는 심지어 원본 코드가 배포되었을 때 스키마에 icons 필드가 존재하지 않을 경우에도 원본 코드가 icons 필드를 포함하는 Character 메시지를 안전하게 읽을 수 있다는 점이다. 이런 점이 코드 작성 방식에서 어떤 의미가 있는지 살펴보자.

12.4.4 예상치 못한 상황을 예상하기

솔직해지자. 우리 중 어느 누구도 미래를 예측하는 데 아주 뛰어나지 않다. 당신에게 던져지는 **어떤** 새로운 요구사항에도 준비가 가능하게 코드를 과도하게 공을 들여 만들어야 한다는 제안이거나 아니면 첫 코드를 작성하기 앞서 다음 10년 동안 발생할 요구사항을 확정하게 만들어야 한다는 권장 사항으로 이 절 내용을 잘못 해석하지 않기를 바란다. 두 가지 예시 모두 동작하지 않을 것이다. 그 대신, 현재 요구사항의 구현에 너무 많은 복잡성을 추가하지 않고서 미래를 내다보는 자연스러운 유연성을 어느 정도 갖춘 소프트웨어와 데이터 스키마를 우리가 설계할 수 있다는 내용을 제안하고 싶다. 이미 기본 필드만을 사용하는 대신 단일 필드 메시지로 시작해서 개방형 스키마 표현을 사용해 미래를 계획할 수 있는 한 가지 방식을 살펴본 바 있다.

> **참고**
>
> 앞서 소개한 Character 메시지는 여러 기본 필드를 포함한다. 물품 목록과 가용한 물품 목록 슬롯 수를 독자적인 필드로 유지하는 대신 Inventory 메시지를 생성했어야 할까? 건강 관련 필드는 어떤가? 일반적으로 동일한 문제를 다루는 복합 필드는 코드에서 부딪히는 상황과 유사하게 캡슐화로 가는 힌트가 될 수 있다. 하지만 엄격하고 빠른 규칙은 없으며, 저장소 스키마의 티핑 포인트는 코드의 티핑 포인트와는 다를 수 있다.

심지어 이런 접근 방식도 추가되는 새로운 필드를 코드가 다룬다고 가정한다. 현대적인 빅데이터 형식은 일반적으로 이미 예상되는 상황을 중심으로 설계되지만, 사용하고 있는 형식에서 **정확히** 무엇을 지원하는지 파악할 필요가 있을 것이다. 특히, 다른 표현 형태로 변환하는 관점에서 제약이 존재할 가능성도 있다. protobuf에서는 필드 이름이 바이너리 직렬화 포맷의 일부가 아니므로 **알려지지 않은 필드**(데이터를 파싱하는 일부로 인식되지만 원본 스키마에서 코드가 생성될 때 알려지지 않는 필드)가 바이너리 표현법에서는 보존되지만, JSON과 같은 텍스트 표현법에서는 표현이 불가능하다.

저장소-형식-제공 복제 연산은 데이터를 보존할 수도 있지만, 어떤 스키마 메시지를 다른 스키마 메시지로 변환하기 위해 수동으로 작성한 코드가 있을 경우 어떤 일이 벌어질까? 특정 데이터 조각의 의미를 모른다면 이 데이터가 어떻게 변환에 참여해야 할지 알기가 무척 어렵다. 변환 코드를 작성할 때마다 새로운 필드를 도입하는 능력이 미치는 영향을 염두에 둬야 하며, 해당 메시지에서 이미 수행되고 있는 변환을 고려해야 한다.

- **열거형 값 추가하기**

필드를 추가하는 작업은 일반적으로 해당 로직이 새로운 값을 이해하지 못한 채로 전파할 수 있는 한 기존 로직을 간섭하지 않는 반면, 열거형은 추론하기가 약간 더 까다롭다.

열거형은 특정 컨텍스트를 위해 모든 알려진 값의 집합으로 생각하기 쉽지만, **모든 알려진 값**은 실제로 **코드를 생성할 시점에서 모든 알려진 값**(또는 이와 동등한 값)을 의미한다는 사실을 종종 잊어버린다. 열거형은 코드가 현재 알고 있는 모든 값을 의미하지만, 앞으로 알려질 모든 값은 아닐 가능성도 있다.

몇몇 열거형은 확실히 고정된다. 전통적인 카드 게임을 위한 앱을 작성한다면 HEARTS, CLUBS, DIAMONDS, SPADES라는 값을 포함하는 Suit 열거형을 사용하는 편이 전적으로 합당할 것이다. 이렇게 하면 작업하기도 쉽고 열거형 중 하나가 아닌 값이 주어질 경우 예외를 던지며 실패하는 코드를 작성하는 것이 합리적이기도 하다.

몇몇 열거형은 롤플레잉 게임에서 볼 수 있는 Profession 열거형처럼 확실히 확장 가능하게 설계되어 있다. 코드가 **모든** 직업을 다룰 수 있어야 한다면 새로운 직업이 등장하기 전에 코드가 업데이트되고 배포되도록 확인할 필요가 있으며, 이런 특성은 요구사항을 발견할 때 주목할 가치가 있다. 다른 코드는 여전히 보존되고 있는 한 이해하지 못하는 열거형 값을 무시할 수도 있다. (프로토콜 버퍼에서 알려지지 않은 열거형 값은 바이너리 형식을 사용해 직렬화와 역직렬화될 때 숫자 값으로 보존**된다**.)

마지막으로, 몇몇 열거형은 고정된 듯이 느껴지지만, 나중에 확장될 필요가 있다고 판명이 날 수도 있다. 예를 들어, 미국 내 모든 주를 열거형으로 만들 수 있다. 이 열거형은 아주 오랜 기간 동안 안정적이지만, 어느 시점에서 새로운 값이 추가될 때(아니면 심지어 제거될 때) 대응할 필요가 있을 것이다. 아마도 이에 대한 세부적인 계획이 필요하지 않을지도 모르지만, 이런 변경이 애플리케이션을 완전히 재작성하게끔 요구하지 않을 것이라는 점을 스스로에게 납득시키기에 충분할 정도로 생각해볼 만한 가치는 있다.

열거형 버전 관리와 관련된 미묘한 문제는 몇몇 경우에 열거형 사용을 재고하게 만드는 경우도 있다. 특히, MIME 타입이나 ISO-3166 국가 코드와 같이 고려하고 있는 값의 유형에 업계 표준 문자열 표현이 존재하는 경우에는 이 문자열 값을 열거형 대신 저장하는 편이 종종 훨씬 더 좋다.

앞서 몇 페이지에 걸쳐 저장된 데이터와 상호 작용하는 모든 코드를 통제할 수 있다는 가정 하에 저장소 표현을 고려해왔다. 이제 잠시 이런 가정도 한번 고려해보자.

12.4.5 API와 저장소 표현 분리하기

몇몇 일반적인 우수 사례는 익숙해지기까지 시간이 걸리지만 몸에 배면 일상을 단순하게 만들어주기에 다시 생각할 필요가 거의 없다. 이 절에서 제시하는 핵심 조언은 이런 유형이 아니라는 사실이 걱정스럽다. 여기서는 일상적인 반복과 지루한 코딩(또는 복잡한 기반 구조)을 소개하는데, 일반적으로 짜증나는 일이다. 하지만 시스템이 진화할 필요가 있을 때 이로 인한 장점은 압도적으로 뛰어나다.

■ 네트워크 API 스키마와 저장소 스키마를 분리해서 유지하자

데이터를 저장하는 시스템을 만들고 또한 저장된 데이터를 받아들이고 반환하는 네트워크 API를 유지하는 관례는 매우 일반적이다. 순수하게 '현재 시각'과 같은 일시적인 정보를 다루지 않는 이상 API가 있는 거의 모든 시스템은 이와 같은 몇 가지 항목을 포함한다.

일단 저장소 스키마를 주의 깊게 설계했다면 저장소와 네트워크 API 양쪽 측면을 위한 동일한 데이터를 전반적으로 사용한다는 가정하에 저장소 스키마를 네트워크 API 스키마로도 외부에 공개하고 싶은 유혹이 강하게 들 것이다. 받은 내용을 그대로 저장하고, 저장했던 내용을 그대로 돌려보낸다. 참 단순하다. 안정성에 대해 신경 쓰기 시작할 필요가 있기 전까지, 몇몇 경우에 첫 번째 프로토타입으로 합리적이다. 불행히도, 초기 속도는 엄청나게 빠르지만 장기적인 안정성을 악화시킨다.

네트워크 API 버전 관리와 저장소 버전 관리를 두고 이 장에서 소개한 권장 사항을 비교해보면 다른 컨텍스트를 다뤄야 하기에 상당한 차이점을 보인다. 네트워크 API의 경우, 어느 때라도 일반적으로 여러 시점에 공개된 API 스키마를 사용하고 있는 클라이언트가 있으며, 이 스키마의 호환성이 손상되는 변경을 만들면 엄청난 비용이 든다고 가정해야 한다. 스키마 변경을 수용하게 코드를 변경하도록 고객을 격려할 수 있지만, 적극적으로 적대적인 입장이 되지 않고서는 기간을 통제할 수단이 마땅하지 않다. (새로운 주 버전으로 이주할 시간을 아주 짧게 고객에게 주는 방식은 기술적으로는 가능할지 몰라도, 특히 이런 행위를 자주 하게 되면 고객을 잃어버릴 가능성이 높아진다. **기술적으로 가능한 방식**과 **실질적으로 가능한 방식**은 여기서 상당히 다르다.) 수명이 긴 시스템은 저장소 스키마를 진화하는 능력으로부터 장점을 얻는 경향이 있으며, 이를 인식해 처음부터 설계에 반영하는 편이 가치가 있다.

두 스키마를 분리하는 정확한 방법은 사용 중인 저장소 형식과 작업에 활용할 수 있는 도구에 따라 달라진다. 저장소 스키마에서 API 스키마를 분리하는 작업은 다음과 같은 두 가지 유형의 변환을 요구한다는 점이 핵심이다.

- 저장소 스키마를 API 스키마로 어떻게 변환할까?
- 두 스키마 사이에서 데이터를 어떻게 변환할까?

저장소 스키마는 거의 항상 진실의 원천이 될 것이므로 여기서는 의도적으로 저장소 스키마로 시작했다는 사실에 주목하자. 항상 저장소 스키마와 API 스키마 사이에 관계가 있겠지만, 이런 관계를 컴퓨터가 읽을 수 있는 방식으로 표현하기는 어려울 수도 있다. 도구에 투자할 시간이 많지 않고 어쨌든 어떤 변환이 필요할지 제대로 이해하지 못하는 시스템 생명 주기의 초반부에는 이런 작업이 특히 어렵다.

- **수동 변환**

저장소 스키마를 네트워크 API 스키마로 **변환하는** 가장 단순한 방법은 복사하고 붙여 넣고 편집하는 것이다. 패키지 이름이나 네임스페이스를 잠재적으로 변경하는 것 이외에는 시작할 때 심지어 많은 부분을 편집할 필요도 없을 것이다. 저장소 스키마를 변경할 때 작업하는 동안에 생각하면서 이런 변경 내역을 바로 네트워크 API 스키마에 복사해서 붙여 넣을 수 있다.

실행 시간에 데이터를 변환하는 작업(예: 요청에 실린 데이터를 변환해서 저장할 수 있게 만들거나 저장소에서 가져온 자원을 응답으로 변환하는 방식)은 더 힘들 수 있다. 기술적으로 가장 단순한 선택지는 일반적으로 스키마마다 각 방향으로 변환을 수행하는 메서드를 생성하는 것이다. 이런 작업은 따분하고 힘들고 오류가 발생하기 쉽다. 저장소 API를 변경하고 이를 네트워크 API에 복사하는 작업은 매우 쉽지만, 변환 메서드를 변경하는 작업을 잊어버릴 수 있다. 여전히 이런 문제는 대개 API 통합 테스트에서 빠르게 잡아낼 수 있어야 한다. (종합적인 API 통합 테스트는 버전 관리를 넘어서 여러 가지 이유로 중요하다.)

이 모든 논의가 끔찍한 아이디어처럼 들리고 입맛만 버렸다면 전적으로 이해한다. 어느 누구도 원하지 않는 지저분한 작업이다. 하지만 이런 작업에는 장점이 있다. 원본 스키마 변경을 넘어 연쇄적으로 바꿔 나가는 동안 **사고**의 규율을 유지할 수 있다면 결국 문제나 기회를 발견하게 될 수도 있다. 종종 새로운 기능의 가장 적절한 저장소 표현은 가장 적절한 API 표현이 아니다. 예를 들어, (현재 지원되는 값의 구체적인 집합을 유지하기 위해) 저장소 스키마에서 열거형을 사용하면 이익을 거둘 수 있는 반면에 미래 변경에 열린 상태를 유지하기 위해 네트워크 API에서 문자열을 사용할 수도 있다. 또한 다양한 수준의 세분화와 비정규화를 사용할 수도 있다. 이런 스키마의 다양한 컨텍스트를 기억하고 스스로에게 다른 의사 결정을 내릴 수 있는 **선택지**를 제공하자. 스키마가 점점 더 커지고 변환 과정에서 확신이 생김에 따라 몇몇 작업을 자동화하는 방식을 고려하고 싶을 것이다.

- **자동 변환**

분리된 API와 저장소 스키마를 수동으로 유지하는 작업이 너무나도 단조로워서 견디기 힘들면 사용 가능한 도구를 살펴봐야 한다. 기성품으로 제공되는 몇 가지 도구가 존재하지만, 필요한 도구를 직접 작성해야 할 수도 있다. 직접 만들면 유연성의 수준이 훨씬 더 높아지지만 당연히 유지보수해야 하는 코드가 더 많아진다.

동일 단계를 수동으로 수행한 경험이 충분히 생길 때까지 자동화에 신중을 기해야 한다. 이는 단지 파일만을 편집하는 상대적으로 단순한 환경에서 특이한 경우와 이상치를 발견하는 데 도움이 된다. 나중에 변환을 자동화할 예정이라면, 특이한 경우, 해결한 방법, 계속 진행한 이유를 기록해둘 필요가 있다. 이는 자동화된 프로세스를 이끌고 좋은 테스트 케이스 집합을 제공하는 데 도움이 된다.

자동화 도구를 설계할 때 내 경험상 다음과 같이 설계 과정에서 탈출구를 제공하는 방식 또한 유용하다. 만일 스키마의 특정 측면이 저장소와 API 표현 사이에서 상당히 차이나는 경우에는 도구에 기능을 추가하려고 시도하는 것보다 해당 부분을 수동으로 제작해 자동화에서 제외하는 편이 훨씬 더 간단하다. 절대적으로 뭐든 할 수 있지만 단순한 작업을 위해 사용하고 유지하기가 너무 복잡해질 때까지 말이다.

마지막으로, 스키마 변환이라는 주제에서 적어도 처음에 몇 차례 스키마를 변경할 때 도구의 출력 결과를 주의 깊게 수동으로 검토하는 방식을 조언하고 싶다. 일단 오랫동안 도구가 예상치 못한 아찔한 결과를 내지 않는 단계에 도달하고 나면 프로세스에서 검토 과정을 제거하기 시작할 수 있다.

데이터 변환은 검토하기 까다롭지만 일반적으로 테스트하기는 더 쉽다. 여기서도 어떤 저장 형식을 사용하든 제공되는 도구는 좋은 출발점이 될 수 있다. 예를 들어, 프로토콜 버퍼 라이브러리는 메시지 데이터에 동적으로 접근할 수 있게 지원하며 변환 자동화를 위한 좋은 출발점인 리플렉션 API를 제공한다. 스키마 변환을 위한 탈출구가 필요한 장소는 데이터 변환을 위한 수동 코드를 요구할 가능성이 높으며, 심지어 즉시 특별한 뭔가를 할 필요가 없는 경우에도 자동화를 설계하는 동안 이런 수동 코드를 추가하는 방식을 고려하는 편이 가치가 있다.

특히 직전 단락에서 **리플렉션**이라는 단어가 언급되었을 때 데이터 변환을 위한 성능에 미치는 영향에 대해 걱정이 됐을 수도 있다. 성능 문제는 언제나 그렇듯이 수동 변환과 자동 변환의 영향을 비교하고 관련 비용을 측정하는 편이 확실히 가치가 있지만, 내 경험에 따르면 API 호출당 들어가는 전반적인 시간 관점에서 큰 비용이 추가되는 경우는 드물다. 메모리와 CPU 사용 관점에서 더 큰 영향을 느낄 가능성이 있으므로 여기서도 주의 깊은 벤치마크가 현명한 의사 결정의 핵심이다.

저장소 형식의 선택은 일상 작업의 많은 측면에 영향을 미치므로 이는 분명히 중요한 결정이다. 이런 결정의 일부로 질문해야 할 몇 가지 내용을 검토해보자.

12.4.6 저장소 형식 평가하기

이 책은 특정 저장소 형식이나 기술을 추천하는 참고서가 아니다. 어떤 저장소를 사용하는지 결정을 내리기 위한 여러 가지 고려 사항이 있으며 상당수는 버전 관리와 관련이 없지만, 이 장의 초점이 호환성이므로 다음에 제시한 목록은 다양한 저장소 선택지를 평가할 때 검토해야 할 몇 가지 질문을 제공한다.

- 저장소가 심지어 스키마 없는 방식을 지원하더라도 어떤 형태로든 스키마를 지원하는가?
- 저장소가 스키마 진화를 위해 바로 사용 가능한 형태의 지원을 제공하는가? 예를 들어, 아파치 아브로는 처음부터 이를 염두에 두고 설계되었으며, 이를 강제하기 위한 호환성 규칙과 도구를 제공한다.
- 클라이언트가 사용하는 스키마에 존재하지 않았던 필드나 열거형 값과 같이 예상치 못한 값을 저장소는 어떻게 처리하는가?
- 스키마 변경을 빌드 과정에 어떻게 포함시키는가? 가상의 데이터 이주를 위한 일련의 단계를 작성하는 등 몇 가지 계획 연습을 직접 해보는 편이 도움이 될 수 있다.
- 생성된 코드를 사용할 계획이라면 내부 코드 버전 전략에 영향을 미치는가? 저장소의 호환성이 손상되지는 않지만, 기존 코드의 호환성이 손상되는 스키마 변경에 대한 정책은 무엇인가?
- 저장소와 API 표현 양쪽에 동일 형식을 사용하고 싶은가? 그렇다면 다음 몇 가지 질문을 스스로에게 해보자.
    - 스키마 변환을 위한 도구가 있거나 아니면 최소한 독자적인 도구를 작성하게 지원하는가?
    - 서로 다른 스키마 사이에서 데이터 변환을 위한 도구나 지원이 존재하는가?
    - 계획된 API 버전 관리 전략에 어떻게 맞아떨어지는가?

위에서 제시한 질문 목록은 예 또는 아니오와 같은 대답을 기대하는 점검 목록이 아니라는 사실을 숙고할 가치가 있다. 여러 저장소 기술은 당신이 원하는 어떤 작업도 지원하기에 충분한 기능을 갖출 것이다. 상기 질문은 얼마나 쉽게 또는 고통스럽게 이런 과업을 수행하는지 평가하기 위해 도움을 줄 목적으로 만들었다. 시스템을 위한 저장소 선택지를 평가할 때 세상에서 가장 좋은 저장소 형식을 결정하려고 하는 대신 컨텍스트에 따라 시스템에 가장 적절한 저장소 형식을 결정하고 있다는 사실을 잊지 말기 바란다.

요약

- 버전 관리는 시간이 지남에 따라 뭔가가 어떻게 변경되는지에 대한 내용이다. 버전 번호는 이런 변화에 대한 중요 정보를 간결한 형태로 의사소통하기 위해 만들어졌다.
- 하위 호환성과 상위 호완성은 코드의 새로운 부분과 예전 부분과 정보가 서로 상호 운영되는 방식을 기술한다.
- 유의적 버전 관리는 다음과 같이 주.부.패치 형태로 호환성 정보를 인코딩한다.
    - 호환성이 손상되는 변경은 새로운 주 버전을 유도한다.
    - 하위 호환성이 있는 변경은 새로운 부 버전을 유도한다.
    - 상위 호환성과 하위 호환성이 있는 변경은 새로운 패치 버전을 유도한다.
    - 사전 릴리스 상태나 빌드 메타 데이터와 같은 추가 정보는 주.부.패치 번호 뒤에 포함될 수 있다.

- 라이브러리 코드에서 호환성은 크게 소스 코드 호환성(즉, 새로운 버전에 대응해 기존 코드가 빌드될 것인가?), 바이너리 호환성(즉, 기존 바이너리가 새로운 버전에 대응해 동작할 것인가?), 의미론적인 호환성(즉, 기존 코드가 동일한 방식으로 동작하는가?)으로 나눠서 고려해야 한다.
- 의존성 그래프는 동일 애플리케이션이 동일 의존성의 다른 버전을 기대하는 다이아몬드 의존성을 보여줄 수 있다. 의존성의 버전 사이에서 호환성이 손상되는 변경은 애플리케이션을 성공적으로 동작하게 만드는 완전한 의존성 집합을 찾는 행위를 불가능하게 만들 수도 있다.
- 주 버전은 의존성 그래프를 통해 생태계로 확산된다. 인기있는 라이브러리는 아주 드물게 새로운 주 버전을 통해 호환성이 손상되는 변경을 만들어낼 것으로 기대해야 한다.
- 내부 코드는 일반적으로 외부에 공개된 코드 보다 훨씬 더 쉽게 호환성이 손상되는 변경을 흡수할 수 있지만, 여전히 롤백을 위한 주의와 계획이 필요하다.
- API 버전 관리는 일반적으로 라이브러리 버전 관리보다 훨씬 더 복잡하며, 다음과 같은 여러 가지 접근 방식이 존재한다.
  - 클라이언트가 제어하는 버전 관리는 클라이언트에게 상당히 구체적인 특정 버전을 제공하도록 만들고 응답은 결코 더 많은 정보를 포함해서는 안 된다.
  - 서버가 제어하는 버전 관리는 클라이언트에게 주 버전을 제공하며 응답은 클라이언트가 이해하는 범위를 벗어나 더 많은 정보를 포함할 수도 있다.
- 사전 릴리스 버전은 사용자가 새로운 버전에 전념하기 앞서 계획된 변경으로 실험하게 허용한다. 안정적인 API 표면이 아니라는 사실은 분명하게 짚고 넘어가야 한다.
- 저장소 형식마다 스키마 진화를 둘러싼 특성이 다양하다.
- 저장소 스키마에서 변화를 예상하면서 코드를 설계하는 것은 어려울 수 있지만, 처음부터 고려하는 편이 가치가 있다.
- API 스키마를 저장소 스키마로부터 분리하면 비록 수작업이나 잠재적으로 복잡한 자동화라는 관점에서 추가적인 비용을 발생시키지만 훨씬 더 많은 유연성을 제공한다.
- 향후 필요한 모든 버전 관리의 유형을 예측할 수는 없지만, 처음부터 버전 관리 전략을 계획하기 위해 소비한 시간은 장기적으로 보상받을 것이다.

13

최신 유행을 따르는 방식 대
코드 유지보수 비용을 줄이는 방식

이 장에서 다루는 내용

- 의존성 주입 프레임워크
- 리액티브 프로그래밍과 데이터 처리하기
- 코드의 함수형 프로그래밍
- 지연(lazy) 평가 대 빠른(eager) 평가

소프트웨어 공학에서는 새로운 라이브러리나 개념이 주기적으로 등장한다(실제로는 거의 매주). 애플리케이션이나 아키텍처를 새롭고 반짝거리는 프레임워크나 패턴에 적용하자마자 또 다른 프레임워크나 패턴이 개발되어 대중화된다. 일례로 마이크로서비스, 리액티브 프로그래밍, 서버리스 애플리케이션 등이 있다. 이런 패턴 각각은 낮은 결합도, 더 나은 성능, 더 적은 자원 소비와 같은 여러 가지 장점을 제공한다. 하지만 이런 패턴과 라이브러리마다 고유한 복잡성이 따라온다.

예를 들어, 전체 애플리케이션 처리를 요청별 스레드에서 비동기식 리액티브 패턴으로 변경하기로 결정했다고 가정하자. 프로그래밍 유행과 인기도에 따라 의사 결정이 주되게 일어난다면 문제가 있을 것이다. 시간 투자와 새로운 모델이 애플리케이션 처리 모델에 적합하지 않다고 밝혀질 수도 있다.

많은 문제를 해결한다고 약속하는 새로운 프레임워크나 패턴을 선택하기 앞서, 먼저 이런 문제가 무엇인지 이해하고 측정해야 한다. 애플리케이션에서 사용하고 있는 새로운 프레임워크가 몇 가지 복잡한 문제를 해결한다면 어딘가에는 추가적인 복잡성이 숨겨져 있다. 주어진 프레임워크가 해결하는 주요 문제가 주된 걸림돌이 아니라는 사실이 밝혀진다고 가정하자. 이 경우 애플리케이션의 복잡도를 높이고 새로운 해법의 장점을 보지 못할 것이다. 이런 이유로, 사용하기에 앞서 새로운 해법과 해당 프레임워크의 장단점을 주의 깊게 조사해야 한다. 새로운 프레임워크로 이주할 경우에 발생하는 추가적인 복잡성과 비용이 우리의 컨텍스트에서는 정당화되지 못할 가능성도 있다.

이 장에서는 의존성 주입과 리액티브 프로그래밍과 같이 더 나은 소프트웨어 공학을 위한 잘 알려지고 증명된 해법 몇 가지를 보여줄 것이다. 소프트웨어 공학 유행을 따르면 유리해지는 시점과 사용할지 말지 결정하는 과정을 분석할 것이다. 또한 언제 그냥 더 단순하고 덜 유행하는 해법을 선택하는 게 나은지도 살펴볼 것이다. 증명된 의존성 주입 패턴과 이를 구현하는 프레임워크로 시작하자.

13.1 언제 의존성 주입 프레임워크를 사용할까?

의존성 주입(DI) 프레임워크 이면의 핵심 아이디어는 간단하다. 서비스, 데이터 접근 계층, 구성과 같은 컴포넌트는 자체 의존성을 구성해서는 안 된다. 그 대신 특정 컴포넌트가 요구하는 모든 의존성은 **외부**에서 주입돼야 하지만, 여기서 외부가 제대로 정의되어 있지 않다. 이는 구현을 제공하는 어떤 호출자도 가능하며, 주입은 어떤 수준에서도 수행될 수 있다.

컴포넌트 A를 사용하는 연산을 수행할 필요가 있는 메서드 하나가 있다고 가정하자. 다음 코드가 보여주듯이 메서드 인수를 통해 이 컴포넌트를 쉽게 주입할 수 있다.

코드 13.1 메서드 인수를 통한 주입

```
public void doProcessing(ComponentA componentA) {
    // 처리
}
```

호출자는 컴포넌트를 주입한다. `doProcessing()` 메서드가 ComponentA의 출처에 대해 아무것도 알지 못하는 이유는 그것이 외부에서 제공되었고 `doProcessing()` 메서드는 내부적으로 이 컴포넌트의 새로운 인스턴스를 생성하지 않았기 때문이다. 하지만 이는 메서드를 훨씬 더 쉽게 테스트하게 해준다.

메서드에 목(mock) 또는 대체 구현을 전달하고 명시적으로 모든 것을 테스트할 수 있다. 이렇게 하는 대신 내부적으로 `doProcessing()` 메서드에서 ComponentA를 생성한다면 이 메서드를 테스트하기가 훨씬 더 어려울 것이다. 테스트 목적으로 구현을 변경할 수 없을 것이다. 예를 들어, ComponentA의 기본 구현이 다른 서비스의 동작 중인 API에 연결할 필요가 있을 수도 있다. 이 컴포넌트의 스텁을 주입할 수 있다면 몇몇 가짜 데이터로 동작 중인 API에 대한 호출을 쉽게 우회할 수 있다.

이런 주입의 또 다른 장점은 doProcessing() 메서드가 ComponentA의 생명 주기에 대해 신경 쓸 필요가 없다는 점이다. 이 컴포넌트의 생성과 소멸은 외부에서 이뤄지며 호출자가 처리할 수 있다.

인수 주입은 유효한 기법이다. 하지만 객체지향 프로그래밍 언어에서 사람들은 다른 객체들을 사용하는 훨씬 더 복잡한 객체를 구성하는 경향이 있다. 이런 이유로 모든 메서드 호출에서 컴포넌트를 주입하는 방식이 이상적인 해법은 아니다. 모든 메서드 호출에 컴포넌트를 전달하면 코드가 장황해지고 읽기 어려워진다.

이런 상황에 대응하는 해법은 생성자 주입을 사용해 더 고차원에서 컴포넌트를 주입하는 것이다. 이 기법을 사용할 때 호출자는 객체의 새로운 인스턴스를 생성하는 과정에서 모든 의존 컴포넌트를 제공한다. 그리고 나서 필드에 이들 컴포넌트를 대입한다. 마지막으로, 해당 객체의 모든 메서드는 필드 참조를 통해 직전에 주입된 컴포넌트를 사용할 것이다.

13.1.1 DIY(Do-it-yourself) 의존성 주입

그림 13.1에서 의존성 주입을 설정하는 예제를 살펴보자. 애플리케이션이 다음 네 가지 컴포넌트로 구성되어 있다고 가정할 것이다.

- DbConfiguration은 데이터베이스 구성을 포함한다.
- InventoryConfiguration은 물품 목록 구성을 포함한다.
- InventoryDb는 DbConfiguration에 의존성이 있는 데이터 접근 계층이다.
- InventoryService는 애플리케이션의 주요 진입점이며, InventoryDb와 InventoryConfiguration에 대한 의존성이 있다.

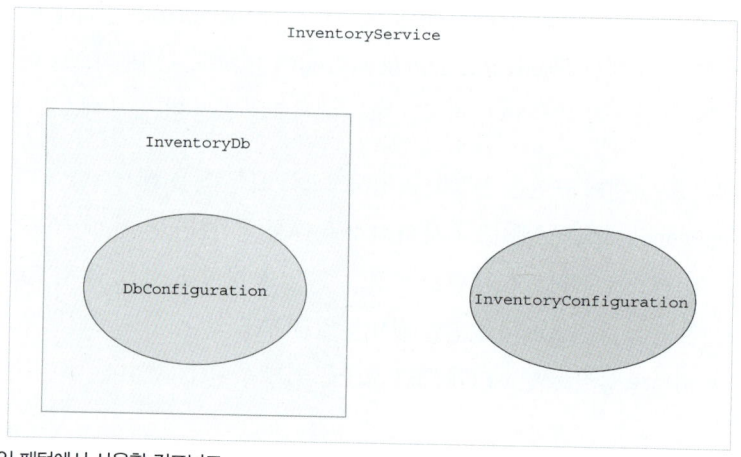

그림 13.1 의존성 주입 패턴에서 사용할 컴포넌트

의존성 주입 패턴을 사용해 애플리케이션 빌드를 원하기 때문에 다른 컴포넌트에서 이들 컴포넌트들의 새로운 인스턴스를 생성할 수 없다. 또한 앱에서도 생성자 의존성 주입을 사용하고 싶다. 이는 필요할 때 서비스와 구성을 생성해서 주입하는 전용 장소를 요구한다는 것을 의미한다. 그리고 의존성 그래프를 생성한 다음에 `InventoryService`에 있는 `prepareInventory()` 메서드를 호출하고자 한다.

이 시나리오에서는 앱의 진입점인 `Application` 클래스를 생성한다. 여기서 모든 의존성을 생성해서 필요한 곳에 주입할 것이다. 다음 코드는 의존성 주입 기법을 활용해 `Application` 클래스를 구현하는 과정을 보여준다.

코드 13.2 DIY 의존성 주입

```java
public class Application {
  public static void main(String[] args) {
    // 의존성을 구성함
    DbConfiguration dbConfiguration = loadDbConfig();
    InventoryConfiguration inventoryConfiguration = loadInventoryConfig();
    InventoryDb inventoryDb = new InventoryDb(dbConfiguration);
    InventoryService inventoryService = new InventoryService(inventoryDb,
    inventoryConfiguration);
    inventoryService.prepareInventory();
  }
}
```

이렇게 전용 장소 한 곳에서 모든 서비스와 구성을 생성한다는 사실에 주목하자. 컴포넌트 중 그 무엇도 내부적으로 다른 컴포넌트를 초기화하지 않으므로 이 모든 클래스 중 아무 클래스나 격리해서 빠르게 테스트할 수 있다. 예를 들어, `InventoryService`를 격리해서 테스트하기를 원한다면 테스트에서 구성할 때 어떤 `InventoryDb`와 `InventoryConfiguration`도 주입할 수 있다. 또한 모든 컴포넌트의 생명 주기가 한 장소에 있다. 예를 들어, `prepareInventory()` 호출 이후에 일단 애플리케이션이 끝나고 나면 어떤 서비스도 쉽게 닫거나 멈출 수가 있다.

`InventoryDb`의 특화된 구현을 주입할 필요가 있다고 가정하자. 다음 코드는 이에 대한 설정 방법을 보여준다.

코드 13.3 특화된 서비스 생성

```java
public class SpecializedInventoryDb extends InventoryDb {
  public SpecializedInventoryDb(DbConfiguration dbConfiguration) {
    super(dbConfiguration);
  }
}
```

그러고 나서 모든 컴포넌트를 초기화하는 main 메서드에서 다른 객체를 쉽게 생성할 수 있다. 다음 코드는 이런 변경 내용을 보여준다.

코드 13.4 DI 초기화 변경

```
public class Application {
  public static void main(String[] args) {
    // 의존성을 구성함
    DbConfiguration dbConfiguration = loadDbConfig();
    InventoryConfiguration inventoryConfiguration = loadInventoryConfig();
    InventoryDb inventoryDb =
      new SpecializedInventoryDb(dbConfiguration);     ← ① 새롭게 특화된 InventoryDb 인스턴스를 생성한다
    InventoryService inventoryService =
      new InventoryService(inventoryDb, inventoryConfiguration);  ←
      inventoryService.prepareInventory();             ② InventoryDb를 InventoryService에 주입한다
  }
```

DIY DI 해법은 간단하지만, 몇 가지 빠진 기능이 있다. 예를 들어, `InventoryService`가 스레드에 안전하지 않지만 애플리케이션은 여러 스레드를 사용한다고 가정하자. 이 경우, 스레드마다 `InventoryService`의 인스턴스를 생성해야 한다(이런 방식이 불가능하면 요청마다 스레드를 생성해야 한다). 여기서 제시한 DIY DI 해법은 이런 기능을 제공하지 않는다. 따라서 이 기능을 직접 구현하는 대신 의존성 주입 프레임워크 중 하나를 사용하기로 결정한다고 가정하자.

13.1.2 의존성 주입 프레임워크 사용하기

스프링(Spring), 드롭위저드(DropWizard), 주스(Guice)와 같이 양산 서비스 환경에서 입증된 몇 가지 의존성 주입 프레임워크가 존재한다. 가장 대중적이고 요청마다 서비스를 구성하게 해주기 때문에 스프링 프레임워크를 골랐다고 가정하자.

의존성 주입 프레임워크는 모든 컴포넌트의 생명 주기를 관리하기 위해 DI 컨테이너를 사용한다. 스프링은 이런 컴포넌트를 **빈**이라고 부른다. DI 컨테이너는 빈(bean) 생산자 쪽에서 새로운 빈을 등록할 수 있게 허용한다. DI 컨테이너는 또한 소비자 쪽의 컨테이너로부터 빈을 얻을 수 있게 허용한다. 빈을 생산하고 소비하는 과정에서 많은 일이 벌어진다.

빈마다 다른 범위(scope)를 고를 수 있다(http://mng.bz/0w86). 빈은 애플리케이션 생명 주기마다 한 번만 생성할 수 있다(싱글턴 패턴). 요청마다, 세션마다, 애플리케이션마다 생성할 수 있다. DI 프레

임워크는 또한 빈 메서드가 호출되기 전에 추가적인 로직을 덧붙일 수도 있다. 예를 들어, (프락시를 사용해) 호출을 가로채 매개변수를 로그로 남길 수 있다. 지원되는 기능의 수는 방대하다.

이 스프링 DI 프레임워크를 사용해 애플리케이션을 재작성해보자. 먼저, 다음 코드에서 볼 수 있듯이 두 구성 클래스는 @Configuration 애노테이션으로 표시될 것이다(http://mng.bz/KBJ0).

코드 13.5 스프링 DI @Configuration 구현

```
@Configuration
public class DbConfiguration {}
@Configuration
public class InventoryConfiguration {}
```

다음으로 InventoryDb는 스스로를 @Service 애노테이션(http://mng.bz/9Kx1)으로 등록한다. 다음 코드는 이 구현을 보여준다.

코드 13.6 스프링 DI @Service 생성

```
@Service
public class InventoryDb {
  private final DbConfiguration dbConfiguration;
  @Autowired
  public InventoryDb(DbConfiguration dbConfiguration) {
    this.dbConfiguration = dbConfiguration;
  }
}
```

코드 13.6에서 InventoryDb는 생산자와 소비자 양쪽을 모두 제공한다는 사실에 주목하자. InventoryDb는 또한 컴포넌트로 구성되기에 앞서 주입된 DbConfiguration이 필요하다. @Autowired 애노테이션은 스프링에게 생성에 앞서 의존 컴포넌트를 주입할 필요가 있다고 알려준다. DI 프레임워크는 모든 컴포넌트의 초기화 순서를 처리한다.

마지막으로 InventoryService는 @Service로 등록된다. 이는 범위가 request와 동일하다고 지정한다. 매번 새로운 요청이 도착하면 새로운 InventoryService가 생성되어 주입된다. 다음 코드가 보여주듯이 DI 프레임워크는 이런 작업도 처리한다.

코드 13.7 사용자 지정 범위로 서비스 정의

```java
@Service
@Scope("request")
public class InventoryService {
  private final InventoryDb inventoryDb;
  private final InventoryConfiguration inventoryConfiguration;

  @Autowired
  public InventoryService(InventoryDb inventoryDb, InventoryConfiguration
    inventoryConfiguration) {
    this.inventoryDb = inventoryDb;
    this.inventoryConfiguration = inventoryConfiguration;
  }

  public void prepareInventory() {
    System.out.println("Preparing inventory");
  }
}
```

Application 클래스(모든 컴포넌트가 초기화되었던 직전의 진입점)가 어떻게 변경되었는지 살펴보자. 먼저, 새로운 인스턴스를 생성하는 작업과 관련된 모든 로직을 제거한다. 여전히 이들 클래스의 새로운 인스턴스를 수동으로 생성할 수 있지만, 그렇게 하면 스프링 DI가 이들을 관리하지 않을 것이다. 이런 이유로 컴포넌트를 위한 두 가지 메커니즘이 공존할 수 있다. 하지만 스프링 DI에 독점적으로 의존하고 있기 때문에 이런 방식은 이상적이지 않으며 오류가 발생하기 쉽다. 다음 코드는 변경된 Application 클래스를 보여준다.

코드 13.8 변경된 스프링 DI 애플리케이션

```java
@SpringBootApplication
public class Application {
  @Autowired private InventoryService inventoryService;   ① 스프링 DI가 자동으로 InventoryService를 주입한다

  public static void main(String[] args) {
    SpringApplication.run(Application.class, args);
  }

  @PostConstruct   ② 일단 모든 것이 구성되고 나면 prepareInventory()를 호출한다
  public void useService() {
```

```
    inventoryService.prepareInventory();
  }
}
```

직전 해법과 비교하면 `main()` 메서드가 변경되었다. 또한 `@SpringBootApplication`이라는 애노테이션을 붙여 스프링 `Application` 클래스에게 시작을 위임할 필요가 있다. `@SpringBootApplication`은 모든 빈의 애노테이션을 탐색해 필요한 모든 컴포넌트의 주입을 처리한다. 모든 컴포넌트가 준비된 다음에 마지막 `prepareInventory()` 메서드가 호출된다.

여기서 몇 가지 중요한 관찰 사항이 존재한다. 첫째, 실제 생성, 생명주기, 초기화 순서는 숨겨져 있다. 모든 것은 스프링 DI 프레임워크가 내부적으로 처리한다. 모든 것이 예상대로 동작하기만 하면 문제없을 것이다. 하지만 애플리케이션을 계속해서 개발하면서 몇몇 생명 주기 문제를 목격한다. 디버깅하기가 상당히 어려울 수도 있는 이유는 모든 로직이 암시적이기 때문이다. 이전에는 모든 것을 우리가 제어했고 우리가 소유한 코드를 사용했다. 우리가 제어하고 소유하는 코드를 디버깅하는 편이 훨씬 더 쉽다.

우리가 고려해야 할 두 번째 측면은 스프링 프레임워크와 강결합되는 상황이다. 애노테이션 기반의 DI로 인해 모든 클래스와 컴포넌트는 스프링 프레임워크 클래스(또는 애노테이션)가 **오염시킬** 것이다. 게다가 우리가 만든 애플리케이션은 더 이상 단순한 `main()` 함수가 아니다. 이제 시작 로직을 스프링에게 위임할 필요가 있다. 이 또한 감춰져 있으며, DI를 사용하기를 원한다면 이 메커니즘에 의존할 필요가 있다.

마지막으로, 앞서 모든 컴포넌트 초기화 로직은 한 장소에 있었다. 이제 초기화는 코드베이스의 전반에 분산되어 있다. 상당한 분량의 코드를 분석하지 않고서는 컴포넌트 생명 주기의 전체 그림을 그리기가 쉽지 않다.

DIY 해법을 스프링 DI로 변경하기로 결정한 이유에 대한 논쟁의 골자로 돌아가보자. 요청마다 서비스 하나를 달성하기 위해 `InventoryService`에 `@Scope("request")`를 사용하기 시작했었다. 하지만 여기서 한 가지 중요한 주의 사항이 존재한다. 새로운 `InventoryService`는 스프링 DI 호환 웹 프레임워크를 사용하는 한 요청마다 확실히 초기화될 것이다. 실제로 이는 결국 스프링 REST를 사용하게 될 거라는 의미다. 스프링 REST는 또 다른 의존성이므로 애플리케이션을 스프링 REST와 동작하게 바꿀 필요가 있다. 일단 스프링 DI를 사용하는 첫 번째 단계를 구현하고 나면 두 번째 단계를 수행해 웹 컨트롤러를 스프링 호환 프레임워크로 이주하게끔 강제된다. 이런 단계를 더 많이 밟을수록 애플리케이션과 주어진 프레임워크가 더욱 강하게 결합된다. 또한 애플리케이션에 부과되는 복잡성도 더 커진다.

스프링 웹과 DI는 모두 증명된 고품질 프레임워크라는 사실에 주목하자. 하지만 사용 사례가 단순하거나 (9장에서 살펴본 바와 같이 여러 가지 이유로) 외부 의존성의 숫자를 제한하게끔 분투하고 있다면 단순한 DIY 해법 대신 몇 가지 특정 DI 프레임워크를 고르는 행위는 좋은 의사 결정이 아닐 수도 있다.

몇몇 외부 프레임워크로 초기화 문제를 해결하려고 시도하는 대신, DIY 해법의 작은 부분을 재작업할 수 있다. 예를 들어, 매번 호출될 때마다 실제 서비스의 새로운 인스턴스를 생성하는 **InventoryServiceFactory**를 구현할 수도 있다. 새로운 요청이 웹 서비스에 도착하는 장소에서 이 메서드를 호출할 수 있다. 모든 사람이 몇몇 특정 프레임워크를 사용한다고 해서 복잡도와 다른 요소를 고려하지 않은 채로 이를 사용해야 한다는 의미는 아니다. 반면, 증명된 프레임워크 기능이 필요하면 몇 가지 단점에도 불구하고 외부 프레임워크나 라이브러리를 사용하는 방식을 고려해야 한다.

이것으로 애플리케이션의 구조를 변경하는 접근 방식으로서 의존성 주입의 분석을 마무리한다. 다음 절에서는 리액티브 프로그래밍을 살펴볼 것이다.

13.2 리액티브 프로그래밍을 사용할 때

리액티브 프로그래밍 이면의 핵심 아이디어는 들어오는 데이터를 훨씬 더 쉽고 효율적으로 처리하는 데 있다. 일반적으로 리액티브 흐름은 데이터를 변환해서 결과를 방출한다. 결과는 어딘가에 싱크(sink)로 저장되거나 이런 결과에 관심이 있는 다른 코드가 소비할 수 있다. 리액티브 모델은 비차단인데, 처리를 비동기식으로 수행하고 결과는 미래 어느 시점에 방출될 수 있음을 의미한다. 또한 리액티브 처리는 무한한 데이터 스트림으로 작업하고 데이터가 도착하면(또는 소비자가 이를 요청하면) 필요에 따라 처리할 수 있다.

리액티브 프로그래밍은 비차단 방식으로 동작하는 함수형의 데이터 주도 처리 방식을 제공한다. 리액티브 프로그래밍은 처리를 고도로 병렬화하게 만든다. 이런 병렬화는 작업을 여러 스레드로 분할하는 방식으로 달성한다. 하지만 스레드 모델은 처리 과정과 분리되어 있다. 스레드와 처리 과정의 어느 부분을 어느 스레드가 담당할지에 대해서는 어떤 명백한 가정도 할 수 없다.

리액티브 프로그래밍의 핵심적인 특징 중 하나는 배압(back-pressure) 지원이다. 생산자가 방출한 이벤트 스트림이 있을 때 방출된 모든 이벤트를 소비자가 처리할 수 없을 가능성을 예상할 수 있다. 이런 상황은 몇몇 간헐적인 소비자 문제로 인해 초래될 수 있다. 생산자가 동일 속도로 이벤트를 계속해서 방출하는 상황에서 소비자가 이를 처리할 수 없는 경우에 이벤트는 어딘가 버퍼에 쌓일 필요가 있다. 버퍼가 메모리에 맞아 떨어지는 한 이는 문제가 아니다. 소비자가 정상 속도로 처리를 재개하면 버퍼에 쌓인 이벤트를 처리하고 정상으로 돌아올 수 있다. 불행히도, 버퍼가 가득 차거나 노드 하나에 장애가 발행하면 처리 과정에서 실패하는 위험에 직면하고 몇몇 이벤트를 잃어버릴 것이다.

이런 경우, 리액티브 처리는 **배압**이라는 메커니즘을 제공한다. 소비자는 처리할 더 많은 이벤트가 필요하다는 사실을 생산자와 의사소통할 수 있다. 생산자는 이 신호를 받고 요청된 이벤트 숫자만큼 방출한다. 작업 흐름은 **당김(pull)** 기반이다. 소비자는 처리할 수 있는 경우에만 생산자로부터 이벤트를 당긴다. 이는 자연스러운 배압 메커니즘을 제공한다.

보다시피 리액티브 모델은 많은 것을 제공하고 많은 복잡한 문제를 해결한다. 하지만 여기에는 대가가 따른다. 리액티브 API는 배우고 추론하기가 쉽지 않다. 이런 모델이 단순한 사용 사례에는 쉬워 보일 수도 있지만, 사용자 정의 처리를 위해서는 복잡해진다. 리액티브 모델은 프리사이즈 사용 사례 접근 방식이 아니다. 이런 사실을 이해하기 위해 데이터 처리 파이프라인을 구현하고 리액티브 방식으로 진화하게 만들어보자.

13.2.1 단일 스레드, 차단 처리 생성하기

먼저 각 사용자 ID가 차단 HTTP GET을 수행하는 처리 작업 흐름부터 구현하기 시작하자. 이는 응답이 올 때까지 기다리는 차단과 관련된 I/O 연산이다. 처리 과정의 두 번째 단계는 CPU 집약적인 작업이며, `blockingGet()` 메서드가 반환한 숫자에 대해 고급 산술 연산을 수행한다. 마지막 응답은 호출자에게 반환된다. 그림 13.2는 이런 사용 사례를 보여준다.

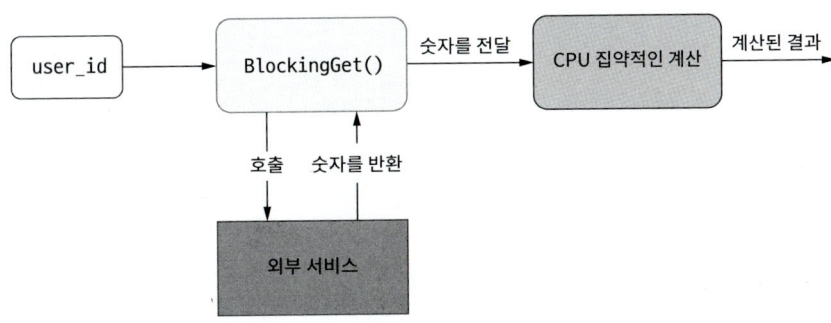

그림 13.2 I/O와 CPU 집약적인 작업

이런 처리를 구현하는 첫 번째 시도가 간단하다고 가정해보자. 이런 처리 연산을 다른 연산에 연쇄하기 위해 자바 스트림 API를 사용할 것이다. (.NET에서 LINQ와 같이 자바 스트림 API와 유사한 API가 다른 플랫폼에도 존재한다.) 다음 코드는 초기 처리를 보여준다.

코드 13.9 초기 처리 구현

```java
public List<Integer> calculateForUserIds(List<Integer> userIds) {
  return userIds.stream()
      .map(IOService::blockingGet)
      .map(CPUIntensiveTask::calculate)
      .collect(Collectors.toList());
}
```

일단 모든 `userIds`가 처리되면 결과는 호출자에게 반환된다. 구현된 로직이 차단이라는 사실에 주목하기 바란다. 이는 호출자가 (비동기식 연산이 되도록 감싸지 않고서) 이 메서드를 직접 호출하면 메서드가 끝날 때까지 기다릴 필요가 있다는 의미이다. 다음 코드에서 볼 수 있듯이 `IOService`와 `CPUIntensiveTask` 둘 다 수행되는 연산이 무엇인지 스레드를 로그에 남긴다.

코드 13.10 연산의 스레드를 로그로 남기기

```java
public class CPUIntensiveTask {
  public static Integer calculate(Integer v) {
    System.out.println("CPUIntensiveTask from: " +
      Thread.currentThread().getName());
// ...
  }
}

public class IOService {
  public static Integer blockingGet(Integer userId) {
    System.out.println("IOService from: " +
      Thread.currentThread().getName());
// ...
  }
}
```

상기 처리 로직을 위한 단위 테스트를 작성해보자. `IntStream.rangeClosed` 생성기를 사용해 10개 항목이 담긴 리스트를 생성한다. 다음으로, 모든 데이터를 `calculateForUserIds()` 메서드로 전달한다. 마지막으로 10개 항목을 반환하는지 단정문으로 점검한다. 다음 코드는 이런 접근 방식을 보여준다.

코드 13.11 처리 로직을 위한 단위 테스트

```java
@Test
public void shouldCalculateNElements() {
  // given
```

```
CalculationService calculationService = new CalculationService();
List<Integer> input = IntStream.rangeClosed(1,
    10).boxed().collect(Collectors.toList());
// when
List<Integer> result = calculationService.calculateForUserIds(input);
// then
assertThat(result.size()).isEqualTo(10);
}
```

여기서 이 테스트를 돌릴 때 어떤 처리를 수행하는지 스레드를 관찰할 수 있다는 사실이 훨씬 더 중요하다. 다음 코드는 예상되는 출력을 보여준다.

코드 13.12 초기 처리에서 얻은 로그 확인

```
IOService from: main
CPUIntensiveTask from: main
IOService from: main
CPUIntensiveTask from: main
```

모든 처리가 호출자 스레드의 컨텍스트에서 수행된다. 이 테스트는 처리 과정이 차단되고 있으며 또한 단일 스레드라는 사실을 확인해준다. 이는 처리가 병렬이 아님을 의미한다.

13.2.2 CompletableFuture 사용하기

CompletableFuture라는 자바 클래스를 동원해 비동기 추상화를 사용하도록 흐름을 다시 구축하는 방법으로 차단과 단일 스레드라는 두 가지 측면을 해결할 수 있다. 또한 사용하고 있는 프로그래밍 언어가 결과를 차단하지 않고 연산을 제출할 수 있는 promise-future API를 제공할 확률이 매우 높다.

이 패턴을 사용해 N개 작업을 병렬로 제출할 수 있다. 이런 작업 각각은 다른 스레드나 스레드 풀에서 가져온 스레드 집합에서 수행할 수 있다. 외부 라이브러리에 의존할 필요 없이 바로 자바에서 지원되므로 자바 SDK에 내장된 CompletableFuture API를 사용할 것이다.

바로 앞 절의 메서드가 어떻게 변경될 것인지 살펴보자. 우리가 얻는 모든 사용자 ID에 대해 (호출자 스레드가 아닌) 별도의 스레드에서 수행하는 비차단 작업을 시작한다. 이를 위해 supplyAsync() 메서드를 사용하고 여기서 첫 번째 I/O 차단 연산을 호출한다. 다음으로 연이은 CPU 집약적인 작업을 연쇄할 필요가 있다. 하지만 이런 작업은 첫 번째 메서드(blockingGet())가 끝날 때 호출돼야 한다. 이를 위해 다음 코드에서 볼 수 있듯이 thenApply() 메서드를 사용한다.

코드 13.13 CompletableFuture를 사용한 비동기식 구현

```
ublic List<CompletableFuture<Integer>> calculateForUserIds(List<Integer> userIds) {
  return userIds.stream()
      .map(
          v ->
              CompletableFuture.supplyAsync(() -> IOService.blockingGet(v))
                  .thenApply(CPUIntensiveTask::calculate))
      .collect(Collectors.toList());
}
```

I/O 집약적인 작업이 완료된 이후에 CPU 집약적인 작업이 수행된다는 사실에 주목할 필요가 있다. 이는 동일 ID를 위한 두 단계를 병렬화할 수 없음을 의미한다. 또한 `supplyAsync()` 메서드는 `Executor` 서비스를 명시적으로 받아들이는 변종이 있다. 이는 독자적인 스레드 풀을 제공하게 만든다. 명시적으로 전달되지 않으면 일반적인 fork-join 풀이 사용된다.

이제 `CalculationService` 서비스는 비동기이자 병행 방식으로 동작한다. 이 서비스는 미래 어느 시점에서 볼 수 있는 결과를 포함하는 `CompletableFuture` 태스크 리스트를 반환한다. 하지만 결과를 기다리고 차단할지 연이은 비동기 연산을 연쇄할지 결정하는 것은 호출자에게 달려있다. 예를 들어, 호출자는 모든 연산에 `get()` 연산자를 호출하고 결과를 리스트로 수집할 수 있다. 아래에 이를 테스트하는 코드를 제공한다.

코드 13.14 비동기 구현 테스트 작성

```
@Test
public void shouldCalculateNElementsAsync()
    throws ExecutionException, InterruptedException {
  // given
  CalculationService calculationService = new CalculationService();
  List<Integer> input = IntStream.rangeClosed(1,
      10).boxed().collect(Collectors.toList());
  // when
  List<CompletableFuture<Integer>> resultAsync =
      calculationService.calculateForUserIds(input);
  List<Integer> result = new ArrayList<>(resultAsync.size());
  for (CompletableFuture<Integer> asyncAction : resultAsync) {
    result.add(asyncAction.get());   ← ① 차단 방식으로 결과를 기다린다
}
```

```
    // then
    assertThat(result.size()).isEqualTo(10);
}
```

비동기식 API와 동기식 API 사이의 변환을 상당히 쉽게 끝낼 수 있다는 점에 주목하자. calculateForUserIds() 메서드의 새로운 비동기식 구현을 코드 여러 곳에서 호출한다고 가정하자. 이 경우, 모든 호출자가 비동기식 CompletableFuture 추상화를 사용하도록 강요하지 않는다. 호출자 코드가 차단 방식으로 동작하면 CompletableFuture 리스트에서 값을 쉽게 추출해서 차단 API를 사용해 작업을 계속할 수 있다. 컴포넌트에서 동시성을 달성했지만, 모든 호출자에게 비동기식 작업 흐름을 강요하지는 않는다. 코드 13.14에 있는 테스트를 실행하면 다음 코드가 제시하는 바와 유사한 출력 결과를 확인할 수 있다.

코드 13.15 비동기식 처리의 스레드 출력 결과 보기

```
IOService from: ForkJoinPool.commonPool-worker-9
IOService from: ForkJoinPool.commonPool-worker-2
.....
IOService from: ForkJoinPool.commonPool-worker-1
CPUIntensiveTask from: ForkJoinPool.commonPool-worker-2
CPUIntensiveTask from: ForkJoinPool.commonPool-worker-9
...
CPUIntensiveTask from: ForkJoinPool.commonPool-worker-1
```

여러 스레드에서 연산이 수행되고 있음에 주목하자. 심지어 호출자가 결과를 차단하더라도 실제 연산은 동시에 수행된다. I/O 집약적인 작업과 CPU 집약적인 작업이 둘 다 main이 아닌 동일한 스레드에서 수행될 때의 동작 방식인 **스레드 친화도**를 달성하고 싶다고 가정해보자. 이 경우, 단일 스레드 Executor를 supplyAsync() 메서드에 전달할 수 있다.

현재 우리가 사용하는 접근 방식은 상대적으로 단순하다. 모든 잠재적인 호출자가 사용 가능한 자바 API를 사용하고 있다. 스레드 모델에 직접적인 영향을 미칠 수 있으며, 동작 방식을 상당히 쉽게 사용자에 맞춰 정의할 수 있다. 비동기 방식으로 모든 처리 과정을 구현할 필요성을 호출자에게 강요하지도 않는다. 어렵지 않게 CompletableFuture를 감싸고 차단 작업 흐름으로 변환할 수 있다.

13.2.3 리액티브 해법을 구현하기

코드를 더욱 최신 기술을 동원해 만들고 싶고 리액티브 접근 방식으로 재작업하기로 결정했다고 가정하자. 우리의 처리 과정은 입력 항목 N개에 대한 변환을 수행하므로 리액티브 접근 방식은 잘 맞아 떨어지는 듯이 보인다. 여전히 이전 접근 방식과 마찬가지로 비동기식으로 동시성을 유지하기를 원한다. Flux 추상화(http://mng.bz/jyMP)를 제공하는 리액티브 API를 사용하기로 한다. 이는 이벤트 N개의 리액티브 스트림이다. 다른 플랫폼은 리액티브 프로그래밍을 위한 다른 라이브러리와 프레임워크를 제공한다. https://reactivex.io/ 웹사이트는 여러 다양한 플랫폼을 위한 선택지를 제공한다.

새로운 처리 과정이 어떻게 보이는지 살펴보자. 흐름은 N개 단계로 나뉘어진다. 다음에 제시하는 코드에서 볼 수 있듯이 map에서 가져온 각 연산은 직전 단계가 끝나고 나서 수행된다.

코드 13.16 리액티브 흐름 구현

```java
public Flux<Integer> calculateForUserIds(List<Integer> userIds) {
  return Flux
      .fromIterable(userIds)
      .map(IOService::blockingGet)
      .map(CPUIntensiveTask::calculate);
}
```

fromIterable() 메서드를 사용해 항목을 담은 리스트에서 Flux를 구성한다. 실제 리액티브 처리에서 Flux는 외부 원천에서 생성되며, 시스템에 도착하는 방출된 이벤트를 소비한다. 이벤트는 중지할 수 있는 수단이 없는 상태로(뜨거운(hot) 데이터 원천) 지속적으로 방출될 가능성이 높을 것이다. 리액티브 스트림은 이런 동작 방식을 모델링하게 만드는 추상화다.

보다시피 메서드에서 Flux를 반환한다. 이 메서드의 호출자는 코드와 상호 작용할 때 Flux API를 사용할 필요가 있다. 메서드에서 Flux를 반환하는 것은 호출자에게 데이터가 **무한히** (스트리밍 방식으로) 방출될 수 있다는 신호를 보내는 것이다. 이런 사실로 인해, 모든 Flux 소비자는 자신의 흐름도 리액티브가 되도록 이주할 필요가 있다. 이는 쉬운 작업이 아니며, Flux 구성 요소를 차단 중인 추상화로 변환하는 작업은 안전하지 않다. 잠재적으로 무한한 데이터 생산자를 사용할 때 무한히 차단될 위험에 직면할 수도 있다.

이런 변경은 상당히 큰 교란을 일으킨다. 갑자기 컴포넌트 재설계와 리액티브 접근 방식을 사용한다는 사실이 모든 호출자에게 누출된다. 리액티브 처리 과정은 생산자에서 시작해서 마지막 소비자까지 구현돼야 한다. 코드의 작은 일부만 병렬화하기 위해 리액티브를 사용하고 싶어 하면 잘 작동하지 않는다.

우리의 목표는 main 스레드를 차단하지 않으며 계산을 병렬화하는 메서드를 확보하는 것이다. 새로운 리액티브 코드를 실행할 때 다음 코드에서 볼 수 있듯이 이상한 동작을 목격할 것이다.

> **코드 13.17 리액티브 단일 스레드 처리의 출력 결과**
>
> ```
> IOService from: main
> CPUIntensiveTask from: main
> IOService from: main
> CPUIntensiveTask from: main
> ```

모든 처리 과정이 main 호출자 스레드에서 수행된다! 비록 리액티브 API를 사용하고 있지만, 처리 과정은 단일 스레드로 동작하며, main 스레드를 사용하기에 호출자를 차단한다. 이런 문제를 어떻게 완화할 것인가?

리액티브 작업 흐름의 특정 부분이 수행되는 스케줄러를 지정하기 위해 publishOn() 메서드를 사용할 수 있다. 하지만 blockingGet() 메서드가 차단 중인 I/O 호출을 포함한다는 사실을 기억할 필요가 있다. 리액티브 명세에 따르면 리액티브 작업 흐름에 사용된 연산은 차단 중이면 안 된다. 차단 중인 연산을 호출할 필요가 있다면 이를 위한 특수한 스케줄러(boundedElastic())를 사용할 수 있다. 이 스케줄러는 차단 중인 호출과 함께 동작하도록 설계되어 있다. 불행히도, 이 스케줄러는 상당한 시간 동안 스레드를 사용하는 CPU 집약적인 호출을 수행할 때는 제대로 동작하지 않는다. 이런 이유로 CPU 집약적인 사용 사례를 위해 최적화된 스케줄러(parallel())를 사용해야 한다. 다음 코드는 이와 같은 동시성 구현을 보여준다.

> **코드 13.18 리액티브 동시성**
>
> ```
> public Flux<Integer> calculateForUserIds(List<Integer> userIds) {
> return Flux.fromIterable(userIds)
>     .publishOn(Schedulers.boundedElastic())
>     .map(IOService::blockingGet)
>     .publishOn(Schedulers.parallel())
>     .map(CPUIntensiveTask::calculate);
> }
> ```

다음 코드는 이 코드를 실행할 때 출력 결과를 보여준다. 코드에서 이제 I/O 집약적인 작업과 CPU 집약적인 작업이 다른 스레드를 사용한다는 사실에 주목하자. 연산이 상호 교차하며, 이는 어느 정도 병렬성을 달성했다는 사실을 의미한다.

> **코드 13.19 리액티브 처리의 스레드 출력 결과 보기**
>
> ```
> IOService from: boundedElastic-1
> IOService from: boundedElastic-1
> CPUIntensiveTask from: parallel-1
> IOService from: boundedElastic-1
> CPUIntensiveTask from: parallel-1
> ```

리액티브 스레드 지침을 따를 때 스레드 친화도를 달성하기는 어렵다. I/O 집약적인 작업과 CPU 집약적인 작업을 동시에 사용하면 두 작업은 분리된 스레드 풀에서 수행돼야 한다. 따라서 `CompletableFuture`와 단일 스레드 `Executor`를 사용할 수 있는 경우처럼 동일 스레드에서 두 가지 유형을 수행하는 방식은 가능하지 않다.

우리의 목표를 달성했지만, 현재의 접근 방식에는 몇 가지 단점이 있다. 먼저 스레드 구성이 암시적이다. 두 스케줄러에게 병렬 처리 수준을 전달할 수 있지만, 조정하고 구성하기가 쉽지는 않다. 성능 분석과 테스트가 이를 뒷받침해야 한다. 또한, Flux API의 스레드 모델은 간단하지 않다. 우리 컴포넌트에서 이 API를 외부에 공개하고 나면 이 API를 사용하는 모든 사람이 리액티브 API를 이해할 필요가 있다. Flux를 외부에 공개할 때 이를 사용하는 방식에는 영향을 미치지 못한다. 호출자는 우리 코드가 사용한 스레드 풀을 변경하기 위해 `subscribeOn()`메서드를 사용해 우리 코드의 처리 과정에 영향을 미칠 수 있다.

또한, 호출자는 스레드를 변경하고 `calculateForUserIds()`가 반환한 Flux에 직접 후속 차단 작업을 연쇄할 수 없다. 이런 작업은 CPU 집약적인 작업 수행에 영향을 미치는 `parallel()` 스레드 풀을 사용해 수행될 것이다.

이게 바로 Flux API를 사용할 때 발생할 수 있는 유일한 문제점이다. 물론 이 문제는 모두 해결할 수 있지만, 모든 팀원이 리액티브 API를 알 필요가 있다. 단지 처리 과정의 일부만 병렬화하는 것이 목표라면 전체 애플리케이션을 리액티브 API로 재작업하는 경우에는 수정할 부분이 너무 많다. 반면, 전체 애플리케이션 작업 흐름을 리액티브로 재작업할 계획이라면 이 API의 하위 컴포넌트 하나만 재작업하는 대신 종단 관점에서 이 문제를 공략해야 한다. 다음 절에서는 함수형 프로그래밍 사용법을 분석할 것이다.

13.3 함수형 프로그래밍을 사용할 때

함수형 프로그래밍 접근 방식에는 (불변 상태로 인한) 더 쉬운 병행 모델, 더 간결한 코드, (부수 효과나 전역 상태가 없는 이유로 인한) 더 쉬운 테스트와 같은 여러 가지 장점이 있다. 하지만 객체 지향 개발에 최적화된 (자바와 같은) 프로그래밍 언어에서 함수형 프로그래밍 접근 방식을 과도하게 사용하면 몇몇 상황에서 문제가 될 수도 있다. 객체지향 성격이 강한 프로그래밍 언어에서 100% 함수형 코드를 작성하려고 시도할 때 발생하는 몇 가지 문제를 고려해보자.

자바는 객체지향 언어로 만들어졌다. 다행히 최근 몇 년 동안 람다 함수나 스트림 API와 같은 몇 가지 함수형 프로그래밍 구성 요소가 자바에 추가되었다. 비록 이런 개념들은 함수형 프로그래밍에서 잘 알려져 있지만, 함수형 프로그래밍 구성 요소 중에서 작은 부분 집합에 불과하다. 함수형 방식으로 모든 로직을 작성하려는 유혹이 들 수 있는 이유는 이런 구성 요소를 사용할 수 있기 때문이다. 하지만 자바는 여전히 뼛속부터 객체지향 프로그래밍 언어이다.

객체지향 프로그래밍 언어를 사용해 순수 함수형 코드를 작성하려고 할 때 빠질 수 있는 몇 가지 함정이 있다. 재귀를 사용해 reduce() 함수를 작성하고 싶다고 가정하자. 다음 절에서 이를 위해 객체지향 프로그래밍 언어를 사용할 것이다.

13.3.1 비함수형 언어에서 함수형 코드 생성하기

우리의 목표는 값의 리스트를 받아 이 모든 값에 reducer 함수를 적용해 호출자의 결과를 반환하는 **reduce()** 함수를 작성하는 것이다. 이 함수는 어떤 인수 타입도 받아들여야 함을 의미하는 제네릭 성격이 되어야 한다.

또한 함수형 프로그래밍에서 영감을 받아 이 로직을 함수형 방식으로 구현하기를 원한다고 가정하자. 재귀와 리스트 분해를 사용할 수 있다. 모든 리스트는 그림 13.3에서 볼 수 있듯이 머리와 꼬리로 표현될 수 있다. 머리는 리스트의 첫 항목이며, 꼬리는 리스트의 마지막 항목이다.

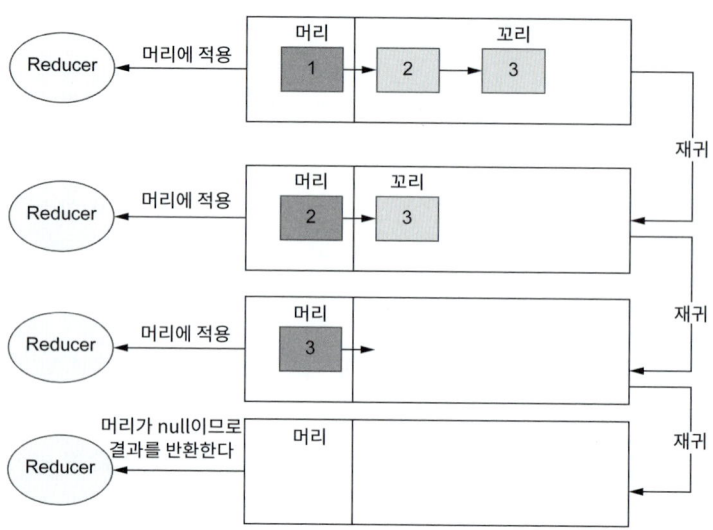

그림 13.3 재귀를 사용한 리스트 분해

일단 리스트에서 머리를 가져와서 제거하면 이 항목에 reducer 함수를 적용할 수 있다. 다음으로, 동일 함수에 다시 꼬리를 전달할 수 있다. 리스트 분해는 여기서 일어나며, 머리를 얻고 연산을 적용하고 꼬리를 계속해서 전달한다. 이 로직은 머리가 비지 않을 때까지 반복(재귀)된다. 리스트가 비어 있다면 재귀 함수에서 최종 값을 반환한다. 다음 코드가 보여주는 메서드로 이 로직을 자바 프로그래밍 언어에서 구현하는 방법을 살펴보자.

코드 13.20 reduce() 메서드 생성

```
public static <T> T reduce(List<T> values, BinaryOperator<T> reducer,
    T accumulator) {
  return reduceInternal(values, reducer, accumulator);
}
```

이 reducer 함수는 인수로 현재 집계된 값과 리스트의 머리를 받는다. 첫째 순회 과정에서는 아직 집계 값이 없으므로 호출자는 `accumulator` 매개변수로 초기 값을 제공할 필요가 있다. `reduce()` 메서드는 실제 구현을 `reduceInternal()` 메서드에 위임한다. 이 메서드는 재귀적으로 호출되므로 함수가 반환해야 할 시점을 지정한 종료 조건에서 시작해야 한다.

여기서는 값 리스트가 비어 있을 때 누적된 값을 반환하기를 원한다. 이 조건 없이는 함수가 결코 값을 반환하지 않으며, 무한 반복해서 동작할 것이다. 그 다음으로, 다음 코드에서 볼 수 있듯이 리스트를 분해해서 머리와 꼬리를 추출한다. 이는 잠시 후 살펴볼 분리된 메서드에 위임되어 있다.

코드 13.21 자바 reducer인 reduceInternal() 구현

```java
private static <T> T reduceInternal
    (List<T> values, BinaryOperator<T> reducer, T accumulator) {
  if (values.isEmpty()) {
    return accumulator;
  }
  T head = getHead(values);
  List<T> tail = getTail(values);
  T result = reducer.apply(head, accumulator);
  return reduceInternal(tail, reducer, result);
}
```

일단 머리를 추출하고 나면 머리와 누적된 값을 전달하면서 reducer 함수를 호출할 수 있다. 마지막으로 메서드를 다시 호출한다(재귀).

머리와 꼬리 추출은 상대적으로 간단하다. 다음 코드는 머리와 꼬리 추출 구현을 보여준다.

코드 13.22 머리와 꼬리 추출

```java
private static <T> List<T> getTail(List<T> values) {
  if (values.size() == 1) {
    return Collections.emptyList();
  }
  return values.subList(1, values.size());
}

private static <T> T getHead(List<T> values) {
  return values.get(0);
}
```

값에 항목 하나만 존재한다면(머리) `getTail()` 메서드는 빈 리스트를 반환한다. 그렇지 않으면, 첫 번째 항목을 제외한 나머지 모든 항목을 반환한다. `getHead()` 메서드는 리스트의 첫 번째 항목을 반환한다.

값의 리스트에서 모든 항목들을 합하기 위해 사용할 함수형 `reduce()` 구현을 검증하는 단위 테스트를 구현해보자. 다음은 이를 위한 코드를 보여준다.

코드 13.23 자바 reduce 단위 테스트 작성

```java
@Test
public void shouldReduceTenValues() {
  // given
  List<Integer> input = IntStream.range(1,
     10).boxed().collect(Collectors.toList());
  // when
  Integer result = Reduce.reduce(input, (value, accumulator) -> value +
     accumulator, 0);
  // then
  assertThat(result).isEqualTo(45);
}
```

reducer 함수는 누적된 값과 머리 값을 받아서 합한다. 초기에 누적된 값이 0과 동일한 이유는 이 값으로 덧셈을 시작하기 때문이다.

이 단계에서 우리 구현에 완벽하게 만족할 수 있다. 비 함수형 프로그래밍 언어에서 함수형 접근 방식(재귀)을 사용해 함수형 구성 요소를 구현할 수 있었다. 하지만 우리의 접근 방식에는 한 가지 큰 문제가 있다. 더 많은 수의 값을 연산하는 단위 테스트를 작성하는 방법으로 이 문제를 잡을 수 있다. 예를 들어, 다음 코드에서 볼 수 있듯이 항목 100,000개에 대한 로직을 실행할 때 우리 코드가 StackOverflowError를 던진다는 사실을 관찰할 것이다.

코드 13.24 StackOverflowError를 던지는 reduce() 테스트

```java
@Test
public void shouldStackOverflowForALotOfValues() {
  // given
  List<Integer> input = IntStream.range(1,
     100_000).boxed().collect(Collectors.toList());
  // when
  assertThatThrownBy(() -> Reduce.reduce(input, Integer::sum, 0))
     .isInstanceOf(StackOverflowError.class);
}
```

이 StackOverflowError의 원인은 무엇일까? 재귀가 제대로 최적화되지 않았고 자바 프로그래밍 언어에 적합하지 않음이 밝혀진다. 모든 재귀 호출은 호출 스택에 프레임을 할당할 필요가 있다. 처리를 위한 항목 100,000개에 대해 이는 동일한 스택 프레임 할당을 요구한다. 모든 스택 추적은 메모리를 어느 정도

차지한다. 스택 추적에서 항목의 상한은 프로그램에 대한 가용 메모리가 제한한다. 따라서 스택 추적의 깊이는 제한될 수 있다. 코드가 너무 많은 호출과 연관이 있으면 문제를 알려주는 예외로 끝날 것이다.

이는 비함수형 프로그래밍 언어에서 접근하는 함수형 프로그래밍의 극단적인 경우 중 하나다. reduce() 함수는 표준 for 루프를 사용해 명령형 방식으로 구현할 수 있고, 객체지향 언어에서는 이런 접근 방식을 선호해야 한다.

reduce() 메서드는 자바 스트림 API에서 사용 가능하므로 자바에서 안전하게 사용할 수 있다는 사실에 주목하자. 이렇게 되는 이유는 이 메서드가 재귀 방식이 아니라 명령형 방식(for 루프)으로 구현되어 있기 때문이다. 자바와 같은 객체지향 프로그래밍 언어에서 코드를 작성할 때 가장 흔한 함수형 프로그래밍 문제(재귀) 중 하나를 보여주기 위해 자체적인 reduce() 함수를 구현했었다.

13.3.2 꼬리 재귀 최적화

완전한 함수형 언어를 사용한다면 재귀 구현과 관련한 문제는 쉽게 해결이 가능하다. 예를 들어, 스칼라 프로그래밍 언어는 꼬리 재귀 최적화를 구현한다.

이 컴파일러 수준의 최적화는 재귀를 풀게 만든다. 이는 사용하는 재귀 호출이 메서드의 마지막 호출인 경우에만 발생할 수 있다. 이런 경우에 컴파일러가 재귀를 for 루프로 변경한다. 스택이 너무 커지는 상황을 걱정하지 않고서도 여전히 재귀적이면서 완전한 함수형 코드를 작성할 수 있다. 완전한 함수형 프로그래밍 언어(여기서는 스칼라)에서 함수형 재귀 reduce() 메서드의 구현이 얼마나 단순한지 확인하기 위해 다음 코드가 보여주는 구현을 살펴보자.

코드 13.25 스칼라에서 reduce() 구현

```
@tailrec
def reduce[T] (values: List[T],
    reducer: (T, T) => T, accumulator:T ): T = values match {
  case Nil => accumulator
  case head :: tail => reduce(tail, reducer, reducer(head, accumulator))
}
```

이제 우리 코드는 더 간결해졌고 입력 값이 엄청나게 많은 경우에도 완벽히 안전하게 동작한다. 분해와 더불어 패턴 매칭이라는 또 다른 함수형 프로그래밍 구성 요소로 코드를 간결하게 만들 수 있다. 머리와 꼬리 리스트 분해는 간단히 `head :: tail` 명령만으로 가능하다. reduce() 메서드에는

@tailrec(http://mng.bz/W7J1) 애노테이션이 붙어 있다. 이 애노테이션은 컴파일러에게 주어진 메서드를 최적화할 수 있는지 확인하도록 알려준다(꼬리 재귀 최적화). 이런 최적화를 수행할 수 없다면 컴파일러는 오류를 반환한다. 하지만 여기서 최적화를 수행할 수 있는 이유는 재귀 호출이 메서드에서 마지막 명령문(statement)이기 때문이다.

이 예제를 분석하고 스칼라와 자바 구현 양쪽을 살펴보면 특정 프로그래밍 작업을 위해 적절한 언어와 도구 선택이 중요하다는 결론을 내릴 수 있다. 함수형 프로그래밍은 여러 가지 장점을 제공한다. 하지만 모든 함수형 기법과 패턴을 맹목적으로 사용할 때 여러 가지 잠재적인 문제가 발생할 위험에 처한다. 한편으로 함수형 프로그래밍 언어에서 최고의 아이디어를 채택하기 위해 노력해야 한다. 다른 한편으로 순수 함수형 프로그래밍 언어가 아닌 경우에 함수형 프로그래밍 구성 요소를 사용할 때는 주의해야 한다. 최고의 패턴을 적용하면 함수형 프로그래밍(예: `Stream.reduce()`)과 잘 어울리지만 기반에서는 명령형 방식으로 구현된 API를 외부에 공개할 수 있다.

13.3.3 불변성 활용하기

불변성은 강력한 개념이지만, 대가가 따른다. 불변 객체는 일단 만들어지고 나면 어떤 식으로든 변경될 수 없다. 자바 프로그래밍 언어에서 모든 필드를 final로 만들면 불변 객체를 생성할 수 있다. 하지만 final 참조는 해당 참조가 재할당될 수 없다는 사실만 명시한다.

변경을 허용하는 방식으로 생성되면 객체가 변경될 수 있다. 불변 객체를 생성할 수도 있지만, 클래스 설계를 주의 깊게 해야 한다. 불변 객체를 변경하는 모든 수단은 호출자로부터 감출 필요가 있다. 변경을 허용하는(예: `List`) API 구성 요소를 사용하면 가변 구조를 불변 래퍼로 감쌀 필요가 있다. 일단 래퍼로 감싸고 나면 기반 객체의 변경을 허용하는 모든 메서드 호출을 금지할 필요가 있다.

일단 객체가 불변이면 스레드 안전성에 대해 걱정하지 않고서도 컴포넌트 사이에서 이 객체를 안전하게 공유할 수 있다. 객체는 접근만 허용하므로 모든 스레드는 이 객체에 대한 가시성이 동일하다. 따라서 객체에 접근할 때 동기화가 필요하지 않다. 이는 코드 성능에 영향을 미친다.

또한 이런 코드를 작성하고 추론하기가 훨씬 더 쉬우므로 버그 없는 코드 작성이 훨씬 더 쉬워진다. 객체 상태는 나중이 아니라 생성 시점에 채워진다는 사실이 핵심이다.

실제로는 객체가 불변일지라도 종종 상태를 변경할 필요가 생긴다. 함수형 접근 방식에서는 새로운 객체를 생성하고 원본 객체의 상태를 복사하고 필요한 상태로 변경하는 방식으로 이를 수행한다. 하지만 일단 사본이 생성되고 나면 원본 객체와 동일한 접근 방식을 따를 필요가 있다. 즉, 어떤 식으로도 변경될 수 없다. 이 시점에서 이런 접근 방식이 상당히 많은 객체를 생성하는 결과를 야기한다는 사실을 확인할 수 있다. 각 객체는 약간의 메모리 공간을 할당한다. 우리가 만드는 원본 객체의 깊은 복사가 더 많을수록 필요한 메모리도 그 만큼 많아질 것이다. 따라서 코드 작성 과정에서 함수형 접근 방식은 더 많은 메모리 압박과 더 비싼 가비지 컬렉션을 초래할 수도 있다. 생성된 객체 수와 가비지 컬렉션에 미치는 영향은 주의 깊게 측정되어야 한다.

실제로는 복사된 객체 숫자는 줄일 수 있다. 예를 들어 불변 List 구현을 고려해보자. 전체 리스트는 불변이며, 포인터를 통해 연결된 노드를 포함한다. 노드 두 개가 담긴 리스트를 가리키는 list1 참조가 있다고 가정하자. 다음으로, 불변 list1에 기반하지만 값 C가 담긴 추가 노드를 포함하는 새로운 list2를 생성하고 싶다. 그림 13.4는 이런 구현을 보여준다.

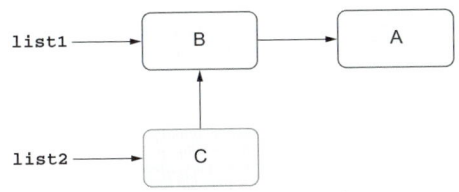

그림 13.4 불변 리스트 설계

list1에서 모든 노드를 복사하고 추가 노드를 하나 더할 수 있지만, 이는 추가 노드 세 개를 위한 공간을 차지할 것이다. 이렇게 하는 대신, 새로운 노드 하나를 생성하고 list1의 머리를 가리키도록 할 수도 있다. 이 연산이 끝나면 노드 둘을 포함하는 list1과 노드 셋을 포함하는 list2가 존재할 것이다. 하지만 노드 다섯 개(원본 list1에는 노드 2개, 새로운 list2에는 노드 3개) 대신 노드 세 개에 대한 메모리 공간만 필요하다. 다른 불변 구조체와 객체를 위한 메모리 간접 비용을 줄이기 위해 이와 유사한 패턴을 사용할 수 있다.

함수형 프로그래밍은 복잡한 주제이며, 훨씬 더 깊게 이해할 필요가 있다. 이 절의 목적은 함수형 프로그래밍의 한 가지 측면만 보여주고 이를 객체지향 프로그래밍 언어라는 컨텍스트에서 분석하는 것이었다. 함수형 프로그래밍에 대해 더 배우고 싶다면 피에르 이브 쏘몽(Pierre-Yves Saumont)이 집필한 《Functional Programming in Java》(http://mng.bz/8lVw, Manning, 2017)를 권장한다. 다음 절에서는 지연 평가와 빠른 평가라는 두 가지 초기화 접근 방식을 살펴볼 것이다.

13.4 지연(lazy) 평가 대 빠른(eager) 평가

애플리케이션은 여러 컴포넌트와 상호 작용하는 경향이 있다. 데이터베이스에 연결(세션을 열기)해서 가장 최근의 사용자 ID 데이터로 캐시를 채울 필요가 있는 웹 애플리케이션을 하나 고려해보자. 서비스의 인스턴스가 N개가 될 수 있는 환경에서 그림 13.5에 제시한 이 모든 작업은 모든 노드에서 수행될 필요가 있다.

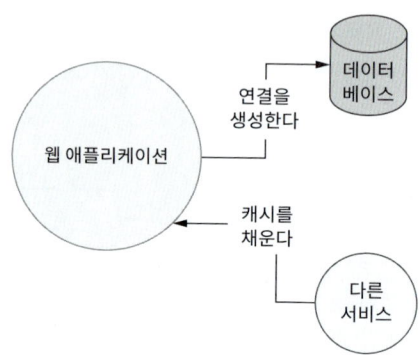

그림 13.5 두 다운스트림 컴포넌트가 있는 애플리케이션

두 연산을 지연시켜 수행하거나 빠르게 수행하도록 선택할 수 있다. 최근의 추세는 애플리케이션 시작을 최대한 빠르게 만들기 위해 노력하는 것이다. 이는 데이터베이스 연결 초기화와 같은 시간을 많이 소비하는 작업을 애플리케이션 생명 주기의 후반부로 이동함으로써 달성할 수 있다. 이런 패턴에서 데이터베이스 연결은 지연되어 생성된다. 이는 애플리케이션을 시작할 때 연결이 초기화되지 않음을 의미한다. 작업을 지연시킴으로써 초기화 로직을 사용자의 첫 번째 요청이 수행되는 시점으로 늦춘다. 하지만 이는 또한 첫 요청에서 연결을 초기화하는 비용을 사용자가 지불할 것이라는 의미이기도 하다. 그림 13.6은 지연 초기화가 어떤 모습인지 보여준다.

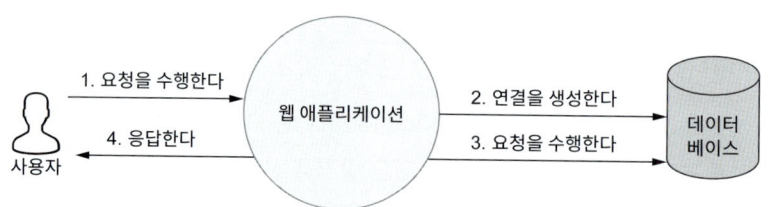

그림 13.6 데이터베이스에 연결할 때 지연 초기화 사용

빠른 접근 방식을 사용하면 초기화 비용은 애플리케이션 시작 시점에서 한 번 들어간다. 이 시나리오에서 첫 최종 사용자 요청은 초기화할 필요 없이 이미 존재하는 연결을 사용한다. 연결은 애플리케이션 시작 시점에서 생성된다(그리고 연결 풀에 유지된다). 첫 번째 요청은 연결 풀에서 이 연결을 가져와서 요청을 수행하기 위해 이를 사용한다. 그림 13.7은 빠른 초기화가 어떤 모습인지를 보여준다.

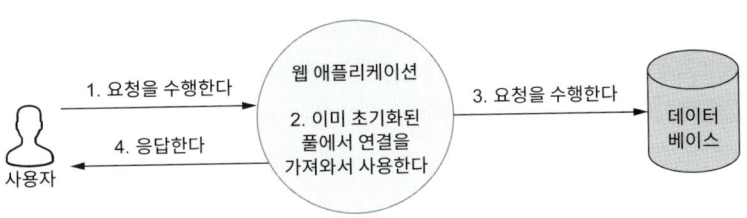

그림 13.7 데이터베이스에 연결할 때 빠른 초기화 사용

실제 애플리케이션에서는 이런 효과가 더욱 두드러질 것이다. 종종 기반 시스템에 N개 연결이 있으며, N개 연결 풀을 유지한다. 풀은 동적으로 증가할 수 있지만, 안정적인 숫자만큼 열린 연결로 시작한다. 모든 연결에 대해 지연 초기화를 사용한다고 결정하면 초기화 비용은 N개 요청만큼 지불되는데, 여기서 N은 풀에 있는 연결의 수와 동일하다.

시작 시간을 늘이느냐 아니면 첫 번째 (더 많은) 요청 처리 시간을 늘이느냐를 두고 하나를 선택할 필요가 있다. SLA에 엄격한 상한이 있고, 특정 요청 처리 시간을 초과할 수 없다고 가정하면 지연 초기화가 문제가 될 수 있다. 반면, 애플리케이션을 최대한 빨리 시작하기를 원한다면 모든 시간 소모적인 로직을 후반 단계로 옮기는 결정은 정당화될 수도 있다.

또한 애플리케이션에 영향을 미칠 수 있는 빠른 초기화의 잠재적인 문제가 하나 있다. 캐시를 채우는 시점을 선택할 필요가 있다고 가정하자. 이 작업을 빠르게 진행해서 시작 시점에 앱을 미리 채우거나 아니면 이 작업을 지연시키고 요청 수행 과정에서 캐시를 채울 수도 있다. 이런 결정은 명백히 직전 예제와 동일한 측면에 영향을 미친다. 즉, 시간 비용은 시작 시점이나 첫 N 요청 과정에서 지불될 것이다.

또한 외부 호출이 문제가 될 수 있다는 사실도 염두에 둬야 한다. 예를 들어, 외부 호출은 서비스 중단으로 인해 실패할 수도 있다. 따라서 캐시를 채우기 위해 사용되는 다른 서비스에 문제가 있는 상황이 발생할 수도 있다. 또한 이 데이터를 가져올 때 몇 가지 프로그래밍 버그를 유발할 수도 있다.

초기화의 지연 접근 방식을 사용할 때 어떤 초기화 문제도 애플리케이션의 실행 시점에서 감지될 것이다. 이는 또한 애플리케이션이 시작하고 나서 훨씬 이후에 감지될 수도 있다. 이런 시나리오에서는 애플리케이션을 배포하고 모든 사항이 예상대로 작동하는 상황을 관찰할 수 있다. 애플리케이션이 트래픽을 처리하기 시작할 때만 문제를 목격할 수 있다. 이런 지체 현상은 지연 초기화와 로직 수행을 뒤로 미뤘기 때문에 발생한다. 애플리케이션이 이런 행위를 (시작 시점에서) 빠르게 수행하기로 선택하면 잠재적인 문제점을 더 빠르게 감지할 수 있다.

프로그래밍 오류가 발생하는 경우에는 새로운 버전의 새로운 코드가 배포될 때 문제점을 즉각 감지할 수 있다. 이런 정보가 있으면 배포를 훨씬 더 빠르게 롤백할 수 있다. 심지어 롤링 배포를 수행한다면 최종 사용자가 알아채지 못할 수도 있는데, 롤링 배포에서는 새로운 노드가 활성화되어 수행될 때까지 애플리케이션의 예전 버전이 지워지지 않기 때문이다. 지연 접근 방법을 사용하면 배포 시간 동안 장애가 눈에 띄지 않을 수도 있다. 일단 모든 노드가 배포되고 나면 최종 사용자가 문제를 인식하기 시작한다. 표 13.1은 조사 결과를 요약한 것이다.

표 13.1 지연 초기화 대 빠른 초기화

초기화 단계	시작 시간	첫 N개 요청까지 걸리는 시간	오류 감지
지연	더 빠름	영향을 받음: 더 느려짐	나중에 서비스가 운영 모드가 될 때
빠른	더 느림	영향을 받지 않음	배포 과정에서

보다시피 지연 초기화는 더 빠른 시작 시간을 제공한다. 하지만 이런 시간 부하는 사라지지 않으며, 서비스에 첫 요청이 N개 들어올 때 지불될 것이다. 또한 잠재적인 오류는 서비스가 운영 단계에 접어들고 나서야 감지된다.

빠른 초기화는 이런 비용을 시작 시점에 전가한다. 따라서 빠르게 초기화를 수행하는 애플리케이션의 시작은 더 느려지며, 이런 비용을 이미 지불했기에 첫 N 요청은 영향을 받지 않는다. 또한, 몇몇 잠재적인 오류는 배포 과정에서 감지될 수 있다.

애플리케이션의 초기화를 빠른 단계나 지연 단계로 옮기는 결정은 이런 요소들을 고려해야 한다. 또한 몇몇 연산은 빠르게 수행하고 몇몇 연산은 지연시켜 수행하는 하이브리드 접근 방식을 선택할 수도 있다.

요약

- 의존성 주입으로 특정 컴포넌트가 필요한 모든 의존성은 **외부**에서 주입되어야 하며 어떤 수준에서도 수행될 수 있다. 이 장에서는 이런 패턴을 구현하기 위해 DIY 해법과 기존 해법을 사용해야 할 때를 살펴봤다.
  - 메서드 주입 패턴은 유효한 기법임에도 불구하고, 자바와 같은 객체지향 프로그래밍 언어에는 적합하지 않다. 이를 위한 해법은 생성자 주입을 사용해 더 높은 수준에서 컴포넌트를 주입하는 것이다.
  - 스프링, 드롭위저드, 주스와 같은 몇 가지 양산 서비스 환경에서 입증된 의존성 주입 프레임워크가 존재한다. 이런 프레임워크는 다양한 가능성을 제공하지만, 암시적인 가정에 의존하고 코드베이스에 강결합을 초래한다.
- 리액티브 프로그래밍은 처리를 병렬화하도록 비차단 방식으로 동작하는 함수형 데이터 주도 처리 과정을 제공한다. 하지만 병렬화는 여러 스레드로 작업을 분리함으로써 달성할 수 있다.
  - 단일 스레드 처리를 예로 들어, 동기식 프로그램을 비동기식 병행 처리 방식으로 진화하게 만들었다. 비동기식 병행 처리는 처리 과정을 병렬화하고 더 높은 처리량을 다룰 수 있게 만든다.
  - 최근 추세에 따라 입력 항목 N개에 대해 변환 작업을 수행하는 데 적합한 듯이 보이는 리액티브 흐름을 타게 재작업했다.
  - 스레드 모델에 대해 알아 두면 이런 접근 방식의 장단점을 제대로 분석할 수 있다.
- 함수형 프로그래밍 접근 방식에는 여러 가지 장점이 존재하지만 함수형 프로그래밍 접근 방식을 객체지향 프로그래밍에 최적화된 프로그래밍 언어에 맹목적으로 활용하면 문제가 될 가능성이 높다.
  - 함수형 접근 방식으로 재귀를 사용해 자바로 함수형 구성 요소를 구현할 수 있었다. 그리고 나서 이런 접근 방식을 스칼라의 꼬리 재귀 방식과 비교했다.
  - 불변성은 강력한 개념이지만, 대가가 따른다. 일단 불변 객체를 만들고 나면 어떤 식으로든 변경될 수 없다. 예를 들기 위해 불변 리스트를 구현했다.
- 애플리케이션이 여러 컴포넌트와 상호작용하는 경향이 있으므로 지연 초기화 대 빠른 초기화와 초기화 시간, 요청 처리 시간, 오류 감지를 중심으로 각각의 트레이드오프를 살펴봤다.

【기호】

@Beta	382
@tailrec	438
80/20 규칙	124
99번째 백분위	34
99번째 백분위 수	122
99번째 백분위 시간	141

【A – O】

acks	343
AutoCloseable 인터페이스	63
auto.offset.reset	350
BenchmarkDotNet	119
Blackhole	84
CompletableFuture	427
CQRS	312, 314
DCL(Double Checked Locking)	9
DI 컨테이너	420
DRY	212
DRY(Don't Repeat Yourself) 원칙	18
Error 모나드	75
Executor	428, 429, 432
Executors	68
final	438
finally 블록	63
Flux	430, 432
Future	69, 71
GNU 일반 공중 라이선스	303
gPRC RPC	402
GPS	181
HDD	264, 266
HDFS	253, 259, 268, 315
IANA 시간대	209
IANA 시간대 데이터	238
IANA 시간대 데이터베이스	197, 234
ImmutableList	110
ISO-8601	196, 222, 225
java.time	180, 209, 213, 214, 217, 227
java.util.Date	222
JMH	82, 119, 138
JMH 성능 테스트 도구	11
JSON	402
LoadingCache	141
MurmurHash	250
ObjectMapper	156
Option	78
Optional	78

【P – Z】

pub-sub	337, 354, 356
RDD	268
react-test 라이브러리	289
SemVer	360, 392
shading	298
SLA	114, 125, 277, 332, 334, 355, 441
SLA(Service Level Agreement)	33
SQL 스키마 진화	401
SSD	264, 266
Temporal 제안	209
ThreadLocal	10
ThreeTen-Backport	209
Throwable 타입	51
Try 모나드	75, 79
try-with-resources 문	63
tz	197
tzdb	197
upsert	326
UTC	193
UTC 오프셋	193, 223, 226, 234, 235
UUID	316
YAML	154, 161, 164, 168
zoneinfo	197

【ㄱ - ㄹ】

가용성	334, 342, 343
가짜 객체	290
가짜 시계	218
간접 종속성	376
강한 결합	44
개틀링	131, 135, 138, 147
격리된 의존성	377
결합도	28, 332, 355
결합 법칙	190
경쟁 조건	325
경합	326
공개 API	56, 58, 59
공개 API 표면	381, 382
공유된 의존성	377
공유 라이브러리	21, 25, 27
관례	275
교차 버전	400
구성 메커니즘	154
국제화	221
그레고리력	183, 186, 189, 200, 209, 221
그레고리력만	232
기껏해야 한 번 배송	349
기본 메서드	381
기본 인터페이스 구현	381
기억 가능성	358
긴 시간 형식	225
깃 해시	358
깊은 복사	110, 439
꼬리 재귀 최적화	437
날짜 간격	188, 189
내결함성	49, 57, 319, 328, 332, 333, 334, 342, 354, 355
내부 전용 라이브러리	386
내재된 중복	47
네트워크 분할	309, 310, 315, 317, 319, 320
네트워크 시간 프로토콜	181
네트워크 API	387, 388, 411
노다 타임	180, 209, 214
논리 샤드	249
다운스트림 서비스	34
다이아몬드 의존성	377
단위 테스트	3, 5, 305
단일 스레드	9, 68, 429, 432
달력 산술 연산	232
달력 시스템	186, 200
당김	425
대기 시간	355
데이터베이스 연결 초기화	440
데이터 변환	413
데이터 비대칭	246
데이터 지역성	242, 244, 253, 258, 260
데이터 파티셔닝	246
도커	300
독립적인 마이크로서비스	31
독립적인 저장소	24
동기식	103, 281, 284, 333
동기식 API	72
동시성 모델	280
동적 타입 언어	378
드롭위저드	420
디스크	259
디자인 패턴	7, 381
뚱뚱한 jar	300, 378
라운드 로빈	323, 342
라이브러리	365
라이브러리 호환성	66
라이선스	305
래퍼	282
램	265
레코드	342, 343
로케일	213, 221
롤링 배포	442
롤백	311, 386
리더	343
리더-팔로워	286
리스너 API	106, 112
리스트 분해	433
리액티브	288
리액티브 프로그래밍	424
리팩터링	43, 45, 90
리플렉션	413

【ㅁ - ㅂ】

마스터-워커	267
마이크로벤치마크	138
마이크로서비스 아키텍처	13, 28, 277, 319, 324
마케팅 버전	363
매개변수 검증	370

맵리듀스	258, 260
맵리듀스 하둡	259
멀티스레드	9, 68, 118, 120, 326
메타데이터	342
멱등성	311, 312, 315, 328, 353
모놀리스 아키텍처	14
모키토	295
무상태형	118
문서화	59
물리 샤드	249
바이너리 호환성	365, 368
발행-구독	332, 333
방향성 그래프	375
배송 의미론	335, 345
배압	424, 425
배치 서비스	159, 161, 170, 174, 177
버전 관리	32, 357
버전 순서	363
버전의 속성	358
버전 충돌	298
범위 파티셔닝	250
벤치마크	12, 83, 115, 118, 125
보안 취약점	304
복제 계수	338, 343
부 번호	361, 392, 395
부트스트랩 서버	339
부하 분산 서비스	322
분산 시스템	18
분산 트랜잭션	353
불변 객체	110
불변성	109, 112, 358, 438
브로드캐스트	271
브로드캐스트 데이터 집합	258
브로커	343
비동기	280
비동기식	281, 282, 283, 284, 305, 333, 341, 349, 354, 429
비동기식 API	72
비원자적인 중복 제거	321
비즈니스 도메인	28
비차단	125, 280, 424
비함수형 프로그래밍	437
빌드 메타데이터	362
빠른 접근 방식	441

【ㅅ-ㅇ】

사전 릴리스	362
사전 릴리스 버전	397
상대성	198
상속	40, 46, 98, 382
상용 시간	188, 193
상위 호환성	359, 360
생명 주기	295, 296
샤드 재분배	250
샤딩	249
서머타임	194
서머타임제	233, 235
서버가 제어하는 버전 관리	390, 395
서버리스	300
서비스 레지스트리	17
선후 관계	105, 107
섣부른 최적화	115, 148
성능	33
성능 최적화	117
세계화	221
셰이딩	298
소스 코드 호환성	365, 366
손목시계	181
수동 커밋	348
수직 확장	14
수평 확장	14
스레드 경쟁	8
스레드 친화도	429, 432
스레드 풀	70, 104, 107, 282, 283, 284, 331
스레드 한정	10
스리프트	401
스칼라	437
스키마	414
스키마 변환	413
스택 추적	68, 85
스택 추적 정보	51
스택 프레임	436
스트리밍 서비스	163, 170, 176, 177
스트림 API	116
스파크 데이터셋 API	268
스포크	295
스프링	420
스프링 부트	296
시간 간격	183, 188
시간대	188, 192, 217, 220, 233, 235, 238

시간대 지시자	196
시계 추상화	217, 234
시스템 시간대	219
시스템 시계	213, 214, 217, 218
시작 시간	441, 442
실행 계획	270, 272
싱글턴	7
싱글톤	217
싱크	424
아브로	253, 268, 360, 401
아카	50
아키텍처 설계 패턴	13
아파치 스파크	243, 265, 266
아파치 카프카	334, 335
안정적이지 않은 버전	362
암달의 법칙	19
액터	50
얼랭	50
에포크	182
역 배압	111
역직렬화	243, 314, 345, 397
연결 풀	441
연속적인 배포	16
연속적인 통합	16
열거형	409
영국 서머타임 시간제	196
영국 표준시	196
예외	49, 51
예외 계층	51
오류	49
오프셋	335, 345, 347, 348, 349, 350
옵저버 디자인 패턴	106
요청-응답 처리	331
우연한 중복	47
우회	174
워커 스레드	281
원자성	326
원자적	327
웹훅 API	387
윈도우 시간대 데이터베이스	196
유닉스 에포크	183
유의적 버전 관리	360, 361, 362, 363
유지보수 비용	171, 177
윤년	187, 233
윤초	181, 188, 199
율리우스력	186, 200
의미론적인 호환성	365, 370, 379, 384
의존성	298
의존성 그래프	375, 379, 389
의존성 주입	214
의존성 주입 프레임워크	420
이그제큐터	267, 270
이름 충돌	367
이벤트 스트림	424
이벤트 큐	332
이슬람력	186
인스턴트	188, 193, 213, 236
인스턴트(INSTANT)	181
일관성	342, 343
일관성 있는 해싱 알고리즘	253
임피던스 불일치	212

【 ㅈ - ㅋ 】

자동 커밋	345
자바독	230
자바 플라이트 레코더	138
자원 소비	33
자정	233
작업 훔치기	117
재귀	433
재귀 호출	436
재시도	310, 315
재시도 매개변수	342
재정의된 메서드	382
재컴파일	368
저장소 형식	413
전략 패턴	46
전역 예외 처리기	70
전이적인 종속성	376
정확히 한 번 보증	353
조인	253, 256, 258, 259, 266, 268, 270, 271
종단간 E2E 테스트	5
주 번호	361, 392
주석	229
주스	420
중복	342
중복된 전송	311

중복 제거	316, 326, 328, 353, 354
중복 제거 로직	319, 324
지수 백오프 기법	34
지역화	221
지연 접근 방식	441
지원 중단	384
직렬화	243, 314, 397
짧은 시간 형식	225
차단	282, 284, 429
최소한 한 번 배송	347, 348, 351, 353, 354, 355
최소한 한번 배송	342
최소한 한 번 보증	353
최소한 한 번 전송	315
최소한 한 번 전송 의미론	311
추종자	343
추종자 브로커	339
카나리 서버	400
카프카 브로커	338, 345
캐시	140, 146, 290
캐시에서 밀어내는 시간	141
커밋	355
컨테이너	300
컴퓨터 시간	181
코드 중복	20, 35, 40
콜백	341
큐	281, 314
클라우드 서비스 클라이언트	151
클라이언트가 제어하는 버전 관리	390, 391
클라이언트 라이브러리	31, 389
키-값	335, 339, 345

【ㅌ - ㅎ】

타사 라이브러리	65, 95, 274, 277, 283, 285, 294, 298, 299, 302, 305
타임스탬프	211
타임아웃	277, 284, 309, 320
태평양 서머타임 시간제	195
태평양 표준시	195
테스트 더블	290
테스트 커버리지	26
토픽	334, 335, 338, 342, 343, 345, 350, 354, 355
통합	150
통합 테스트	5, 296, 305
퇴거	290
트랜잭션	353, 354
트레이드오프	1
파레토 법칙	124, 131
파티셔너	342
파티셔닝	249
파티션	335, 338, 342
파티션 비대칭	336
파티션 키	249, 261
패치 번호	361
패치번호	362
펄사	334
포크-조인 스레드 풀	118
프라미스	72, 76, 283, 284
프로토콜 버퍼	360, 397, 401, 402, 413
하둡	243, 265, 266
하둡 분산 파일 시스템	247
하루 중 시간	187
하위 호환성	359, 360, 365, 372, 373
하이럼의 법칙	370
함수형 프로그래밍	75, 76, 433, 437
합성	46
핫 코드 경로	115, 121, 123, 146
해시 파티셔닝	251
해시 파티셔닝 알고리즘	270
해싱 알고리즘	250
호출 스택	60
호환성	359
호환성의 손상	383
확인되지 않은 예외	52, 58
확인된 예외	52, 56
회계 분기	212
회로 차단기	335
훅 메커니즘	98
훅 API	104, 112
히브리력	186